Wolfgang Imo
Sprache in Interaktion

Linguistik –
Impulse & Tendenzen

Herausgegeben von
Susanne Günthner, Klaus-Peter Konerding,
Wolf-Andreas Liebert und Thorsten Roelcke

Band 49

Wolfgang Imo

Sprache in Interaktion

Analysemethoden und Untersuchungsfelder

DE GRUYTER

ISBN 978-3-11-057924-6
e-ISBN 978-3-11-030632-3
ISSN 1612-8702

Library of Congress Cataloging-in-Publication Data
A CIP catalog record for this book has been applied for at the Library of Congress.

Bibliografische Information der Deutschen Nationalbibliothek
Die Deutsche Nationalbibliothek verzeichnet diese Publikation in der Deutschen Nationalbibliografie; detaillierte bibliografische Daten sind im Internet
über http://dnb.dnb.de abrufbar.

© 2013 Walter de Gruyter GmbH, Berlin/Boston
Dieser Band ist text- und seitenidentisch mit der 2013 erschienenen gebundenen Ausgabe.
Einbandabbildung: Marcus Lindström/istockphoto
Druck: Hubert & Co. GmbH & Co. KG, Göttingen
♾ Gedruckt auf säurefreiem Papier
Printed in Germany

www.degruyter.com

Danksagung

An erster Stelle möchte ich Susanne Günthner für die Betreuung der Arbeit danken. Zahllose Anregungen, hilfreiche Kommentare und kritische Lektüre verdanke ich ihr. Ich danke außerdem den Mitgliedern des DFG-Projekts „Grammatik und Dialogizität" für ihre Diskussionen von Teilen der Arbeit. Ganz besonders danke ich Jörg Bücker, Elisa Franz, Katharina König, Benjamin Stoltenburg, Lars Wegner und Beate Weidner für ihre hilfreichen Kommentare zu meinem Manuskript.

Inhalt

1	Einleitung	1
2	Die deutsche Gegenwartssprache im Kontext aktueller gesellschaftlicher Entwicklungen	6
3	Kommunikation, Diskurs, Dialog, Interaktion: Eine Begriffsbestimmung	21
3.1	Kommunikation	22
3.2	Diskurs und Dialog	28
3.2.1	Die Diskursanalyse/Funktionale Pragmatik nach Ehlich/Rehbein/Redder	31
3.2.2	Die Dialoganalyse nach Hundsnurscher/Weigand	35
3.2.3	Die Dialogic Syntax nach Du Bois und der Dialogism nach Linell	40
3.3	Interaktion	46
3.3.1	Interaktion nach Kieserling	47
3.3.2	Interaktion in der Konversationsanalyse / Interaktionalen Linguistik	51
4	Sprache-in-Interaktion	59
4.1	Grundannahmen der Forschung zu Sprache-in-Interaktion	60
4.1.1	Das übergeordnete Prinzip: Reflexivität	61
4.1.2	Das erste fundamentale dialogische Prinzip: Sequenzialität	64
4.1.3	Das zweite fundamentale dialogische Prinzip: Gemeinsames Hervorbringen von Bedeutung und Struktur („joint construction")	67
4.1.4	Das dritte fundamentale dialogische Prinzip: Sprache ist in Kontext eingebettet	69
4.2	Theoretische Ansätze: Gesprächsanalyse, Interaktionale Linguistik und die Analyse kommunikativer Gattungen	71
4.2.1	Gesprächsanalyse	71
4.2.2	Interaktionale Linguistik	77
4.2.3	Die Analyse kommunikativer Gattungen	84
4.3	Kann man Kommunikation lehren?	88
4.4	Getippte Gespräche? Sprache-in-Interaktion in den Neuen Medien	94
4.5	Sprache-in-Interaktion und normierte Sprache	100

4.6	Sprache-in-Interaktion und Deutsch als Fremdsprache —— 107	
4.6.1	Rahmenbedingungen: Die Anforderungen an DaF im Gemeinsamen Europäischen Referenzrahmen für Sprachen —— 108	
4.6.2	Interaktionskompetenzen: Lehrbuchinteraktionen und Arbeiten zur Vermittlung von Strukturen gesprochener Sprache und computervermittelter Kommunikation im DaF-Kontext —— 115	
4.6.3	Wie viel Wissen über Sprache-in-Interaktion vertragen DaF-Lehrende? —— 122	
4.6.4	Wie viel Wissen über Sprache-in-Interaktion vertragen DaF-Lernende? —— 132	
5	**Die Arbeit mit Gesprächsdaten —— 140**	
5.1	Was sind und wozu brauchen wir authentische Gesprächsdaten? —— 142	
5.2	Datenkorpora des gesprochenen Deutsch —— 145	
5.3	Das Transkriptionssystem —— 151	
6	**Von der Theorie zur Empirie: Sprache-in-Interaktion —— 156**	
6.1	Sprache-in-Interaktion und Partikelgebrauch —— 158	
6.1.1	*ja* als Modalpartikel —— 159	
6.1.2	*ja* als Responsiv —— 161	
6.1.3	*ja* als Hörersignal —— 174	
6.1.4	*ja* als Zögerungs- und Planungssignal bzw. als Diskursmarker —— 176	
6.1.5	*ja* als Beendigungssignal —— 184	
6.1.6	*ja* als Vergewisserungssignal —— 191	
6.1.7	*ja* als Teil von Erkenntnisprozessmarkern —— 193	
6.1.8	Zusammenfassung der Ergebnisse —— 195	
6.2	Sprache-in-Interaktion und Einheitenbildung —— 200	
6.2.1	Äußerungserweiterungen —— 202	
6.2.2	Projektionen —— 213	
6.2.3	Fragmente und Zäsurierungen —— 220	
6.2.4	Zusammenfassung der Ergebnisse —— 232	
6.3	Sprache-in-Interaktion und Sequenzmuster/Gattungen —— 237	
6.3.1	Vorschläge annehmen und ablehnen —— 237	
6.3.2	Gesprächseinstieg und Gesprächsausstieg —— 248	
6.3.3	Zusammenfassung der Ergebnisse —— 268	

7	**Ausblick: Sprache-in-Interaktion in unterschiedlichen Anwendungsfeldern —— 269**
7.1	Sprache-in-Interaktion in computervermittelter Kommunikation —— 269
7.1.1	Partikelgebrauch in der computervermittelten Kommunikation —— 271
7.1.2	Einheitenbildung in computervermittelter Kommunikation —— 277
7.1.3	Sequenzmuster/Gattungen in computervermittelter Kommunikation —— 281
7.2	Sprache-in-Interaktion in Referenzgrammatiken —— 285
7.2.1	Partikelgebrauch in Referenzgrammatiken —— 286
7.2.2	Einheitenbildung in Referenzgrammatiken —— 288
7.2.3	Sequenzmuster/Gattungen in Referenzgrammatiken —— 291
7.3	Sprache-in-Interaktion und Deutsch-als-Fremdsprache —— 292
7.3.1	Partikelgebrauch im DaF-Unterricht —— 292
7.3.2	Einheitenbildung im DaF-Unterricht —— 296
7.3.3	Sequenzmuster/Gattungen im DaF-Unterricht —— 298
8	**Fazit —— 305**

Literatur —— 308

Anhang: Das vollständige Transkript eines privaten Telefongesprächs —— 335

Sachregister —— 352

Personenregister —— 354

1 Einleitung

Die linguistisch, soziologisch und anthropologisch orientierten Forschungsdisziplinen der *Gesprächsanalyse, Gesprochene-Sprache-Forschung* und *Interaktionalen Linguistik* haben seit den 1970er Jahren die These von Chomsky widerlegen können, gesprochene Sprache sei im Grunde als eine durch externe Faktoren wie Planungsunsicherheit limitierte Umsetzung der „competence" aufzufassen.[1] Ausgehend von den Arbeiten der BegründerInnen der amerikanischen *Conversation Analysis* konnte gezeigt werden, dass in alltäglicher sprachlicher Interaktion „order at all points" (Sacks 1984: 22) herrscht. Die stark soziologisch orientierte *Conversation Analysis* wurde in Deutschland zunächst in geringerem Maße in der Soziologie (z.B. Bergmann 1981) rezipiert und in stärkerem Maße in den Teilbereichen der Linguistik, die ein besonderes Interesse an soziolinguistischen Fragen der Aktivitätskonstitution oder der gemeinsamen Herstellung von Sinn hatten (z.B. Kallmeyer 1981). Im Laufe der Zeit wurde die Konversationsanalyse (v.a. deren stark empiriebasierte Methode) aber auch immer mehr von LinguistInnen aufgegriffen, die sich für die syntaktischen und prosodischen Strukturen im engeren Sinn interessierten, die in (Alltags)- gesprächen verwendet werden. Die konversationsanalytisch motivierten Untersuchungen hatten Erfolg: Innerhalb der linguistischen Fachdiskussion besteht inzwischen kein Zweifel mehr daran, dass gesprochene Sprache im Besonderen und Sprache-in-Interaktion im Allgemeinen hochgradig strukturiert ablaufen. Offen ist lediglich die Frage, ob man als Konsequenz dieser Einsicht eine eigenständige Grammatik interaktionaler Sprache erstellen muss (meist wird diese nicht ganz passend auf eine Grammatik gesprochener Sprache reduziert), oder

---

[1] Chomsky (1965: 3) sieht beispielsweise für die Sprachverwendung so zentrale Aspekte wie „memory limitations, distractions, shifts of attention and interest [...]" als „grammatically irrelevant conditions" an, obwohl Grammatik sich ja gerade aus der Sprachverwendung heraus entwickelt hat und daher auf genau solche Phänomene ausgerichtet ist (vgl. Haspelmath 2002). Etwas später klassifiziert Chomsky (1965: 10) ungeplante gesprochene Sprache als deviante und limitierte Umsetzung der Kompetenz. In ähnlicher Argumentation verteidigt auch Grewendorf (1995: 57) die Verwendung von Sprachintuition als Mittel der Überprüfung von grammatiktheoretischen Thesen, wobei irrelevant sei, ob die intuitiv beurteilten Phänomene auch tatsächlich im Sprachgebrauch vorkommen. Relevant sei nur, dass sie potentiell in der idealisierten Kompetenz vorkommen könnten. Linell (2005: 11) beschreibt diese Auffassung wie folgt: „The popular, common-sense theory of language includes a conception implying that talk and spoken languages are not real language; they are incoherent and incomplete, sometimes even improper, often faulty, impoverished, unclear, impure and illogical, whereas writing and written language are (or can be) really fully fledged language; they are (or should be) proper, correct, clear, logical and coherent."

ob es weiterhin möglich ist, von *einer* einheitlichen Grammatik der deutschen Sprache auszugehen. Als exemplarisch für die beiden Pole dieser Kontroverse können die Positionen von Fiehler und Eisenberg in dem Sammelband „Beiträge zur Grammatik der gesprochenen Sprache" von Ágel/Hennig (2007) gewertet werden.

Die Debatte dauert bis heute an, denn sie betrifft zahlreiche ungeklärte Aspekte des genauen Status der Strukturen interaktional verwendeter Sprache:

– Zunächst müssen theoretische und methodische Fragen geklärt werden: Was ist und umfasst die ‚deutsche Sprache' überhaupt? Mit welchen Methoden kann sie beschrieben werden? Was sind Komponenten einer validen und viablen Sprach*theorie*? Können und sollen wir die Dichotomie zwischen *langue* und *parole* aufrechterhalten – mit anderen Worten, „gibt es eine Sprache hinter dem Sprechen" (Krämer/König 2002) oder nicht? Wenn syntaktische Strukturen aus dem interaktionalen Sprachgebrauch heraus entstehen – nach Haspelmath (2002: 270) ist Grammatik „geronnener Diskurs" –, wie entsteht dann im Laufe der Zeit eine als statisch wahrgenommene *Grammatik des Deutschen*?

– Eine zweite Fragestellung zielt auf die oft nicht besonders klar gezogene Grenze zwischen *Mündlichkeit* und *Schriftlichkeit*: Es ist durchaus möglich, von prototypisch gesprochener und prototypisch geschriebener Sprache auszugehen und dabei mediale und konzeptionelle Konzepte engzuführen, wie Dürscheid (2006b: 24–34) dies tut. Das Problem ist dabei allerdings, dass leicht die Ursachen verdeckt werden, die zu den grammatischen Unterschieden zwischen diesen Prototypen führen. Ein zentraler Unterschied ist nämlich, ob Sprache eher monologisch (entsituiert und ohne sequenzielle Struktur) oder eher interaktional (situationsgebunden und sequenziell strukturiert) verwendet wird (vgl. ausführlich hierzu Abschnitt 3). Gerade im Fall von *interaktionaler schriftlicher computervermittelter Kommunikation* wird deutlich, dass diese mit monologischen schriftsprachlichen Konzepten nicht erfasst werden kann.

– Eine dritte Fragestellung betrifft den Aufbau von Grammatiken: Welche Phänomene sind es ‚wert', in *Referenzgrammatiken* aufgenommen zu werden? Sollen Grammatiken weiterhin nur schriftsprachlichen, stark monologisch geprägten Standardgebrauch berücksichtigen oder sollen sie auch interaktional geprägte schriftliche und mündliche Sprache beschreiben (vgl. Hennig 2002)? Wie die in der letzten Zeit erschienenen Grammatiken (Zifonun et al. 1997, Weinrich 2005, Duden 2005; 2009) zeigen, geht der Trend deutlich in diese Richtung. Unklar ist aber immer noch: Soll es nur eine Grammatik geben oder besser zwei, nämlich eine Grammatik der monologisch ausgerichteten Schriftsprache und eine der interaktional ausgerichteten gesprochenen Sprache?[2] Wie ist mit Phänomenen umzugehen, die zwar weit verbreitet sind, aber dennoch nicht im gesamten deutschen Sprachraum vorkommen oder nur in bestimmten Situationen – Fiehler (2000: 97–100) spricht von „kommunikativen Praktiken" – oder von bestimmten Sprechergruppen verwendet werden? Wie kann eine Balance erreicht werden zwischen der Akzeptanz von Sprachwandel einerseits und einer vorschnellen und unkritischen Aufnahme von Phänomenen in den Kanon einer Referenzgrammatik andererseits, die sich dann letzten Endes als kurzlebig oder regional beschränkt herausstellen?

– Der vierte Komplex betrifft anwendungsorientierte Fragestellungen: Der Einblick in die Geordnetheit von Sprache-in-Interaktion hat zunächst zu einem großen Optimismus in Bezug auf die Lehrbarkeit ihrer Strukturen geführt. Die konkrete Umsetzung in der Lehre hinkt dem Wissen über interaktionale Grammatik allerdings hinterher. Am Beispiel des *Deutsch-als-Fremdsprache*-Unterrichts sollen im Rahmen dieser Arbeit daher auch folgende Fragen thematisiert werden: Welches Deutsch soll den Lehrenden, welches den Lernenden vermittelt werden? Ist eine (Über)Betonung monologischer, schriftsprachlicher Kompetenzen zeitgemäß? Ist angesichts der großen Bedeutung interaktionaler Kommunikation im Alltag, am Arbeitsplatz, an der Universität etc. nicht vielmehr die Entwicklung von Kompetenzen in Bezug auf die Beherrschung der deutschen Umgangssprache nötig? Diese Frage stellt sich umso mehr, als durch die computervermittelte Kommunikation DaF-LernerInnen im Ausland ein leichter Zugang zu Chats, Newsgroups, Foren, Blogs etc. zur Verfügung steht, in denen interaktional kommuniziert wird.

Die Arbeit setzt sich zum Ziel, ausgehend vom aktuellen Erkenntnisstand der *Gesprochene-Sprache-Forschung*, *Gesprächsanalyse* und *Interaktionalen Linguistik* über Sprache-in-Interaktion[3] der Frage nachzugehen, was an Konzepten und Begriffen benötigt wird, um mündliche und schriftliche Sprache beschreiben zu

---

2 Ganz zu schweigen von der Frage, ob es eine oder mehrere Grammatiken für den gesamten deutschsprachigen Raum oder jeweils eine bzw. mehrere Grammatiken für – mindestens – den bundesdeutschen, den österreichischen und den Schweizer Raum geben sollte.
3 Der hier verwendete Begriff Sprache-in-Interaktion lehnt sich an den Ausdruck „talk in interaction" (Sacks/Schegloff/Jefferson 1974: 720) bzw. in späteren Arbeiten „talk-in-interaction" (z.B. Schegloff 1986, 1990, 1993, Psathas 1995) an. Während sich „talk-in-interaction" jedoch explizit auf gesprochene Sprache bezieht, soll mit „Sprache-in-Interaktion" ein weiteres Feld von Sprachverwendung in interaktionalen Kontexten abgesteckt werden (Details dazu finden sich in den Abschnitten 3.3 und 4).

können, die für interaktionale Zwecke verwendet wird. Um diese Frage zu beantworten, muss über die notwendigen Terminologien, Methoden und Theorien ebenso wie über das Gebiet der Setzung und Definition sprachlicher Normen nachgedacht werden. In einem weiteren Abschnitt soll zudem diskutiert werden, welchen Stellenwert Sprache-in-Interaktion im Kontext des Fremdsprachenunterrichts haben kann.

Die Arbeit ist dementsprechend wie folgt aufgebaut: Zunächst wird zu erläutern sein, weshalb es sinnvoll ist, die Strukturen von Sprache-in-Interaktion zu thematisieren. Eine Reihe von Gründen spielt dabei eine Rolle: Die verstärkte Aufnahme von typisch gesprochensprachlichen Phänomenen in Grammatiken des Deutschen, die Annahme einer neuen Sprachperiode seit der Mitte des zwanzigsten Jahrhunderts (vgl. Bär 2000; Elspaß 2008), die Ausgleichsprozesse zwischen Dialekten und ‚Standard' und nicht zuletzt die Entwicklung der computervermittelten Kommunikation mit einhergehender Lockerung („Informalisierung" nach Linke 2000) der Kommunikationsnormen sind dabei hauptsächlich zu nennen.

In einem zweiten Schritt soll geklärt werden, welche Beschreibungskonzepte (*Kommunikation, Diskurs, Dialog, Interaktion*) in der Linguistik zur Verfügung stehen und welche Vor- und Nachteile diese haben. Daran anschließend wird der Stand der Forschung zur gesprochenen Sprache bzw. zu Sprache-in-Interaktion beschrieben. Hier werden Ansätze wie die *Interaktionale Linguistik*, die *Gesprächsanalyse* oder die *Angewandte Gesprächsforschung* mit ihren Implikationen für die Konzeptualisierung von Sprachwissen generell und Grammatikwissen im Besonderen vorgestellt.

Im dritten Teil sollen unterschiedliche Anwendungsfelder auf ihre Bezüge zu Sprache-in-Interaktion untersucht werden. Zunächst werden die Auswirkungen der computervermittelten Kommunikation auf die heutige Wahrnehmung von Sprachnormen und sprachlichen Strukturen aufgezeigt und daran anschließend wird gefragt, inwieweit Grammatik-in-Interaktion und Normvorstellungen (wie sie zum Beispiel vielen Referenzgrammatiken zu Grunde liegen) überhaupt zusammenpassen. Desweiteren werden die Anforderungen, Rahmenbedingungen und Möglichkeiten der Umsetzung der linguistischen Forschungsergebnisse im Rahmen des DaF-Unterrichts diskutiert. Dabei ist zunächst auf die im *Gemeinsamen Europäischen Referenzrahmen* postulierten Ziele kritisch einzugehen, danach werden Lehrbuchdialoge mit aktuellen Arbeiten zur Vermittlung von dialogischen Strukturen im DaF-Kontext kontrastiert und zum Schluss die Frage behandelt, wie viel Grammatik DaF-Lehrende und Lernende ‚vertragen' bzw. benötigen.

Im letzten Abschnitt des theoretischen Teils der Arbeit geht es darum, aus linguistischer Perspektive darzulegen, was es heißt, mit authentischen Daten zu arbeiten: Welche Korpora kommen in Frage? Was heißt Authentizität? Wie verschriftet man Gesprächsdaten?

Dem theoretischen Teil der Arbeit folgt ein empirischer Teil. Dessen Kern besteht in einer exemplarischen Analyse dreier ausgewählter Bereiche, die unter dem Blickwinkel der Entwicklung einer Grammatik-in-Interaktion behandelt werden. Bei den Bereichen handelt es sich um den *Partikelgebrauch* (exemplarisch an der Partikel *ja* gezeigt), die Frage, welche *grammatischen Grundeinheiten* für Sprache-in-Interaktion zentral sind und wie diese Einheiten bestimmt werden können und die Darstellung der wechselseitigen Bedingtheit grammatischer Einheiten mit *größeren Mustern wie Sequenzen und kommunikativen Gattungen*.

Im Anschluss soll gezeigt werden, wie unter einer anwendungsorientierten Perspektive mit diesen Strukturen in Bezug auf die Beschreibung computervermittelter Kommunikation, die Darstellung in Referenzgrammatiken und die Vermittlung im Deutsch-als-Fremdsprache-Unterricht umgegangen werden kann.

Mit ihrem Ziel, die Relevanz des Reflexionswissens über syntaktische Strukturen von Sprache-in-Interaktion aufzuzeigen, sieht sich die Arbeit im weiten Sinne auch als Beitrag zur Vermittlung linguistischer Forschungsergebnisse in Bereiche der angewandten Linguistik und beabsichtigt, Lücken zu schließen in Bezug auf den Kenntnisstand über die Struktur und Funktionsweise von Sprache-in-Interaktion.

2 Die deutsche Gegenwartssprache im Kontext aktueller gesellschaftlicher Entwicklungen

Aus dem Blickwinkel einer „sprachhistorischen Standortbestimmung" (Bär 2000: 9) dessen, was das heutige Deutsch ausmacht, stellt sich seit einigen Jahren nicht mehr so sehr die Frage, *ob* man für das heutige Deutsch eine neue Sprachstufe annehmen sollte, sondern vielmehr *wie* diese Sprachstufe zu benennen ist. So sieht Elspaß (2008: 6) genügend „Argumente für eine fünfte Sprachperiode in der Sprachgeschichte des Deutschen ab ca. 1950" und Bär (2000) diskutiert Begriffe wie „Gegenwartssprache", „Nachneuhochdeutsch", „Postneuhochdeutsch" oder „Spätneuhochdeutsch" als mögliche – jedoch von ihm als eher unpassend bezeichnete – Begriffe, um das Deutsch der letzten sechzig Jahre zu benennen. Bär schlägt stattdessen den – allerdings mindestens ebenso fragwürdigen – Begriff „E-Hochdeutsch" vor, der seiner Meinung nach den Vorteil hat, dass das darin enthaltene *E* auf die zentralen Faktoren verweist, die einen Einfluss auf die Ausbildung des heutigen Deutsch haben und hatten: *E*galisierung, *E*manzipation und *E*ngagement als soziale Faktoren, die *E*lektronischen Medien als technische Faktoren, das *E*nglische als sprachlicher Veränderungsfaktor für die deutsche Sprache und die *E*uropäische Einigung als politisch-sozialer Faktor. Wie man an dieser Auflistung sehen kann, handelt es sich primär um außersprachliche Veränderungen, die nach Bär für den Sprachwandel verantwortlich sind. Dazu gehören vier große Bereiche, von denen zwei – die Globalisierung (v.a. der Einfluss des Englischen) und die Europäische Einigung – für die vorliegende Untersuchung weniger relevant sind, da sie eher Aspekte der Wortbildung und des Wortschatzes generell betreffen (Anglizismen wie *cool* oder *Notebook*, Kurzwortbildungen wie *EWG* oder *EU* oder neue Fachbegriffe wie der *Gemeinsame Europäische Referenzrahmen*).

Hoch relevant für die Herausbildung neuer syntaktischer Strukturen sind dagegen die Bereiche der gesellschaftlichen Veränderungen und der Entwicklung neuer Medien. In Bezug auf die gesellschaftlichen Veränderungen stellt Bär (2000: 13) fest, dass „sich die gesellschaftliche Entwicklung in der zweiten Hälfte des 20. Jahrhunderts" mit drei Schlagwörtern beschreiben lässt: „Egalisierung, Engagement und Emanzipation." Darunter wird der Abbau von hierarchischen Strukturen, die Lockerung von Anredekonventionen, verstärktes Duzen und eine erhöhte Beteiligung der breiten Bevölkerung am gesellschaftlichen Leben verstanden, die früher vor allem über Vereine oder Bürgerinitiativen gewährleistet wurde, heute aber eher über Beteiligungsformate im Fernsehen und Rundfunk und die aktive Gestaltung von Inhalten (Foren, Blogs, Homepages, soziale Netzwerkseiten etc.) im Internet verläuft.[1] Diese Prozesse wirken massiv auf die Sprachverwendung ein: „Auch in der Sprache spiegeln sich die Veränderungen im sozialen Gefüge. Nicht mehr eine bestimmte, einer sozialen Schicht oder Gruppe mit besonderem sozialen Prestige zugeordnete Art des Sprechens und Schreibens wird für die beste gehalten" (Bär 2000: 13). Dadurch, dass SprecherInnen und SchreiberInnen unterschiedlichster sozialer und regionaler Herkunft mittlerweile ihre Sprachprodukte öffentlich machen, entsteht eine anerkannte Ausgleichsform, die mit dem Begriff *Umgangsdeutsch* (parallel zu der Varietät, die beispielsweise in Großbritannien als *colloquial English* bekannt ist) bezeichnet werden kann. Dieses Umgangsdeutsch enthält viele syntaktische Strukturen, die heute als unmarkiert gelten, die aber früher als für öffentliches Reden ungeeignet klassifiziert wurden.[2] Von Polenz (1999) verweist explizit auf die wichtige Rolle der Massenbeteiligung von SprecherInnen an der Konstitution dessen, was man als *die deutsche Sprache* bezeichnet: Über die Medien wird das Sprechen (und Schreiben) der Gesellschaftsmitglieder untereinander im großen Stil wahrnehmbar (inzwischen gilt das durch den Computer auch für schriftliche und nicht nur für mündliche Kommunikation), so dass die Medien dadurch als starker Motor des Sprachwandels fungieren:

> Seitdem durch auditive Massenmedien und Demokratisierung öffentliches Reden nicht mehr auf eine schreib- und bildungssprachliche Elite beschränkt ist, wird zunehmend deutlich, dass von der traditionellen Schreib- und Schulnorm diskriminierte Satzbaumuster, die sich großenteils bereits im älteren Deutsch nachweisen lassen, im öffentlichen Reden meist ohne soziale Unterschiede verwendet werden. (von Polenz 1999: 358)

---

[1] Linke (2000) sieht eine ähnlich gelagerte Entwicklung, die sie unter die Begriffe „Informalisierung", „Ent-Distanzierung" und „Familiarisierung" fasst und exemplarisch an der Veränderung von Gruß- und Abschiedsfloskeln aufzeigt: Wo noch vor einigen Jahrzehnten „Guten Tag" und „Auf Wiedersehen" erwartet wurde, wirken diese Floskeln heute steif und zu formell und haben den informelleren, Distanz reduzierenden Floskeln „Hallo", „Ciao" und „Tschüß" Platz gemacht. Zu umfassenderen Vorschlägen einer Verbindung von sprach- und kulturwissenschaftlichen Ansätzen vgl. auch den von Günthner/Linke (2006) herausgegebenen Sammelband „Linguistik und Kulturanalyse".

[2] Diese Sichtweise deckt sich mit dem neu entstandenen Interesse an der Sprache und Sprachverwendung *aller* SprecherInnen statt nur einer kleinen Bildungs- oder Machtelite: „Eine alternative Beschau der Sprachgeschichte kann sich nicht mit so genannten ‚innersprachlichen' Faktoren, der Entwicklung der Schriftsprache und der Sprache herausgehobener Persönlichkeiten der Geschichte begnügen, sondern hat die Sprache der gesamten Sprachbevölkerung des Deutschen – auch deren gesprochene Sprache – sowie soziopragmatische Aspekte der Sprachentwicklung zu berücksichtigen." (Elspaß 2008: 3)

In diesem Zitat klingt bereits an, was bei Bär als zweite für den aktuellen, besonders auch die Syntax betreffenden, Sprachwandel verantwortliche Komponente genannt wird: Die Kommunikation in den Massenmedien. Dabei spielt die „elektronische Kommunikation mittels der so genannten neuen Medien [...] eine wichtige Rolle für die deutsche Gegenwartssprache und voraussichtlich ihre zukünftige Entwicklung" (Bär 2000: 16). Bär geht in diesem Zusammenhang primär auf die Kommunikation in den ‚alten neuen' Medien ein, d.h. Fernsehen und Radio,[3] auch wenn – wie weiter unten gezeigt wird – die computervermittelte Kommunikation inzwischen einen mindestens ebenso großen, wenn nicht noch größeren Einfluss auf den Sprachwandel bzw. Sprachnormenwandel hat. Bei Bär sind die Medien Fernsehen und Radio deswegen so zentrale Faktoren für sprachliche Veränderung, weil sie durch die Erweiterung der Teilhabe an öffentlicher Kommunikation von ‚normalen' DurchschnittssprecherInnen maßgeblich zur Egalisierung beigetragen haben:

> Besonders hervorzuheben ist die Textsorte der Talkshow, weil hier – insbesondere im Zeitalter des Privatfernsehens – nicht nur wenige, unter Aspekten der Sprachkompetenz elitäre Personen zu Wort kommen, sondern ein breiter Querschnitt der Bevölkerung, der für eine ebenso große Bandbreite der deutschen Gegenwartssprache steht. Dadurch werden der Sprachgemeinschaft auch Varietäten als ‚medienwürdig' präsentiert, die nicht oder nur bedingt zur Standardsprache zu rechnen sind, was wiederum Rückwirkungen auch auf bestimmte schriftsprachliche Textsorten hat, z.B. in der Pressesprache. (Bär 2000: 15)

Das Ergebnis der Beteiligung breiter Sprecherschichten an einer impliziten – allein durch ihre Präsenz in öffentlichen Medien bedingten – Setzung von sprachlichen Normen ist eine Veränderung der Sprachverwendung auf verschiedenen Ebenen. Es verändern sich, wenn auch nur langsam, Schreibnormen in bestimmten, eher informelleren Textsorten, und es findet in der zweiten Hälfte des 20. Jh. „teilweise eine Annäherung an Satzbauformen spontan gesprochener Sprache statt" (von Polenz 1999: 535). Dies geschieht primär in informellen Schreibprodukten wie beispielsweise Fanzines (vgl. Androutsopoulos 2007) und in weniger starkem Maße in den Bereichen der Zeitungssprache, die von einem geringeren Formalitätsgrad geprägt sind, wie der Sportberichterstattung oder dem Feuilleton (vgl. Betz 2006). Schwitalla/Betz (2006: 389) zitieren

---

[3] Den hohen Stellenwert des Mediums „Fernsehen" betont auch von Polenz (1999: 516): „In Bezug auf das Verhältnis zwischen schriftlicher und mündlicher Sprache bedeutet das Fernsehen, noch stärker als der Kinofilm, eine Rückkehr zur mündlichen öffentlichen Kommunikation, nach Jahrhunderten der Geltungsdominanz der Schriftlichkeit von Briefen, Büchern, Zeitungen, Zeitschriften, Plakaten und Akten."

beispielsweise den Satz „Naja, halt so ein Einfall", den ein Theaterkritiker in einer Rezension im FAZ-Feuilleton als Resümee verwendet hatte und sehen dies als ein Anzeichen für einen „verstärkten Trend zu mehr Mündlichkeit und Informalität", von dem „auch andere Medien und Textsorten in der Öffentlichkeit, in Institutionen und in der privaten Kommunikation" betroffen seien (zu beobachten ist dies im wissenschaftlichen Betrieb beispielsweise in der Lockerung der Kommunikationsnormen in E-Mails). Allerdings habe es diesen Trend zu informeller Sprachverwendung sowie zu einer Aufwertung der Mündlichkeit (gemeint ist hier eine „konzeptionelle Mündlichkeit" im Sinne von Koch/Oesterreicher 1985) bereits „im ganzen 20. Jahrhundert" gegeben. Dennoch kann man seit dem letzten Drittel des vergangenen Jahrhunderts eine Beschleunigung dieser Tendenzen beobachten, die von Polenz (1999: 341) primär dem Fernsehen (und, in geringerem Maße, dem Hörfunk) zuschreibt:[4]

> Seit den 1970er Jahren kam die allgemeine umgangssprachliche und emotionale Auflockerung des Infotainment-Sprechstils hinzu [...]. Vor allem wird heute durch Hörfunk und Fernsehen ein überregionaler Substandard verbreitet, der eine zunehmend beliebte und zugelassene Alternative zu den traditionellen schreibsprachlichen und bildungsbürgerlichen Hochnormen darstellt.

In dem Zitat wird deutlich, dass neben der rein syntaktischen, strukturellen Annäherung von gesprochener und geschriebener Sprache auch die Veränderungen in Bezug auf den in bestimmten Situationen jeweils erwarteten Formalitätsgrad und die dort möglichen Stilebenen zu beachten sind sowie die Relation von unterschiedlichen Varietäten (Dialekten, Soziolekten) zu einer (hypothetischen) Standardvarietät. Die Veränderungsprozesse betreffen also mehrere Bereiche, es findet „ein Ausgleich zwischen Varietäten und Standardsprache, ein Ausgleich zwischen gesprochener Sprache und geschriebener Sprache und ein Ausgleich der Stilebenen" (Bär 2000: 22) statt.

Diesen Entwicklungen standen und stehen Gruppen präskriptiv orientierter Sprecher- und SchreiberInnen meist skeptisch bis ablehnend gegenüber, da Sprachveränderung traditionell eher mit Skepsis betrachtet wird (vor allem dann, wenn sie „von unten" kommt; vgl. Bourdieu 1990). Es finden sich aber selbst auch bei SprachwissenschaftlerInnen, die einem konkreten Phänomen,

---

[4] Diese Aspekte der „Personalisierung" und „Emotionalisierung" (Klemm 1996), wie sie beispielsweise in Fernsehsendungen beobachtet werden können, betreffen als soziologische Prozesse natürlich nicht nur die Sprache, sondern alles soziale Handeln in der Gesellschaft (vgl. exemplarisch hierzu den Sammelband zu „Mündlichkeit und Schriftlichkeit im Fernsehen" von Biere/Hoberg 1996).

das sie untersuchen, neutral begegnen, häufig Begriffe wie „Krise" und „Verlust", wie ein Zitat von Gobber (2004: 244) illustriert:

> Im heutigen Deutsch ist das Flexionssystem in eine ‚Krise' geraten, die viele Forscher auf die immer stärkere Tendenz des Systems zum analytischen Aufbau zurückführen. Dabei kann aber nicht übersehen werden, dass viele Entwicklungstendenzen für Mundarten und regionale Umgangssprachen schon typisch waren und in die Standardsprache eingedrungen sind, nachdem die Grenze zwischen der Standardsprache und den Dialekten porös geworden ist.

Auch wenn das Wort „Krise" in Anführungszeichen gesetzt ist, verweist es doch auf die Wertung des Sprachwandels als etwas potentiell Problematisches. Mit den Stichwörtern der „regionalen Umgangssprachen" und der Aufweichung der Grenzen zwischen Dialekten, Umgangssprachen und Standardsprache sind zwei zentrale Aspekte genannt, die für eine neue Sprachepoche namens *Gegenwartsdeutsch* verantwortlich sind. Die Ursprünge dieser Entwicklung sind ebenfalls wieder zu Beginn des 20 Jahrhunderts zu suchen: „Überregionaler Militärdienst", „Zeitunglesen" und „Rundfunkhören" sind nach von Polenz (1999: 457) die Ursachen für einen sich immer mehr verstärkenden „Standardsprachkontakt aller Bevölkerungsschichten", der „seit der Jahrhundertmitte teilweise zum Dialektverlust" führte.[5] Wieder ist hier von einem „Verlust" die Rede – allerdings bei gleichzeitiger implizierter Zunahme des Standards. Die Schlussfolgerung, dass durch den Dialektabbau der Standard zunimmt, kann jedoch nicht gezogen werden, wie Spiekermann (2004) zeigt. Das, was von Polenz als „Dialektverlust" bezeichnet, geht einher mit einer parallelen Veränderung der Standardsprache. Spiekermann (2004: 109) spricht daher auch von zwei Prozessen, bei denen es sich „einerseits um einen Abbau dialektaler Formen (Dialektabbau) und andererseits um eine zunehmende Abkehr von standardsprachlichen Normen (Standardabbau)"[6] handelt. Das heißt also – um dem negativ konnotierten Befund „Dialektmerkmale gehen im gesprochenen Standard zurück" (Spiekermann 2004: 109) eine positive Bewegung entgegenzustellen –, dass

---

[5] Vgl. hierzu auch Macha (1991: 219), der in seiner Untersuchung der Sprache rheinischer Handwerksmeister feststellen konnte, dass eine „Flexibilität im Umgang mit Sprachvarietäten" entstanden ist, die „im Gefolge jüngster gesellschaftlich-historischer Veränderungen (Bevölkerungsdurchmischung seit dem 2. Weltkrieg; regionale Mobilität in Richtung Köln-Bonn und vice versa etc.)" dazu geführt hat, dass das Rheinland zu einer „sprachlich sehr gemischten Welt" geworden ist.
[6] Zum gleichen Thema auch Ziegler (1997; 2000) und, mit einem Schwerpunkt auf die „Umstandardisierung" der Standardvarietäten, Mattheier (1997: 6).

gleichzeitig „(noch) nicht-standardsprachliche, nicht-regionale Merkmale" zunehmen.

Diese Entwicklungen sind nicht nur für die Innenwahrnehmung aus der Perspektive der muttersprachlichen DeutschsprecherInnen von Bedeutung, weitaus relevanter sind sie auch für die Entwicklung neuer Konzepte der Vermittlung der deutschen Sprache an DaF-LernerInnen. Wo noch vor 50 Jahren eine relativ klare ‚Arbeitsteilung' zwischen Standardsprache und Dialekt vorherrschte, die es ermöglichte, zu argumentieren, dass z.B. den DaF-LernerInnen mit der schriftorientierten Standardsprache eine Varietät zur Verfügung stünde, die in allen – außer extrem nähesprachlichen (Familie, Dorfgemeinschaften) – Kontexten funktioniere, hat sich heute die Umgangssprache auf viele vormals distanzsprachliche Bereiche – und, seit dem Aufkommen der computervermittelten Kommunikation, sogar auf öffentliche schriftliche Kommunikation – ausgedehnt und dabei zugleich auch die Dialekte zurückgedrängt. Der (didaktische) ‚Nachteil' dieser Entwicklung besteht darin, dass nun mindestens zwei ‚Standard'-Varianten, ein monologisch orientierter und ein interaktional orientierter Standard, gelehrt werden müssen.[7] Der ‚Vorteil' liegt auf der anderen Seite aber darin, dass die Barriere zwischen der Umgangssprache (bzw. den Umgangssprachen) und den Dialekten heute weniger hoch ist:

> Die heutige Dialektalität ist nicht mehr diejenige von 1950 (auch in Bayern nicht!), die Umgangssprachlichkeit hat eine eminente quantitative Erweiterung erfahren und die Vorbildlichkeit einer überall in Deutschland verbindlichen Standardsprachlichkeit als übergeordneter Zielnorm des Sprechens ist um Einiges herabgestuft worden. (Macha 2006: 151)

Wie bereits erwähnt, betrifft der Sprachgebrauchswandel allerdings nicht nur die „Zielnorm des Sprechens", sondern auch die des Schreibens. Parallel zur Umgangssprache bzw. Alltagssprache entsteht eine Umgangs- oder Alltagsschriftlichkeit, die zwar durchaus Ähnlichkeiten mit der Art der Sprachverwendung hat, die Elspaß (2005) bereits für Auswandererbriefe „kleiner Leute" im 19. Jahrhundert festgestellt hat, die aber dadurch, dass sie nun nicht mehr nur für einen extrem engen Adressatenkreis (Freunde, Familie) in einem nähesprachlichen Kontext bestimmt ist, sondern je nach Kommunikationsform in der Öffentlichkeit deutlich wahrnehmbar ist,[8] eine völlig neue Qualität in Bezug auf

---

[7] Die Menge der zu lehrenden ‚Standards' weitet sich allerdings aus, wenn man textsorten- und gattungstypische Besonderheiten mit erfassen möchte.
[8] Insofern ist es beispielsweise weniger verwunderlich und entsprechend weniger wirkungsvoll in Bezug auf den Sprachwandel, dass nicht-öffentliche SMS typischerweise „fast durchweg mündlich konzipiert" sind. Moraldo (2004: 259) gibt folgende Erklärung für die Präferenz von

den Sprachwandel bzw. Sprachnormenwandel hat. Bereits 1997 stellte Pansegrau fest, dass „sich in E-Mails eine neue Form von Dialogizität und sprachlicher Kreativität (konstituiert), die sich an mündlichen Kommunikationssituationen zu orientieren scheint" (Pansegrau 1997: 22). Diese Entwicklung hat sich, wie von Pansegrau prognostiziert, in den letzten Jahren fortgesetzt und gilt nicht mehr nur für rein private Kommunikationsformen, sondern auch für (semi)öffentliche Kommunikation über Homepages, Foren, geschäftliche E-Mails u.a. Das Resultat ist das langsame Entstehen einer „neuen Schriftlichkeit" (Androutsopoulos 2007), die – parallel zu den bereits teilweise vollzogenen Normveränderungen in der gesprochenen Sprache – auch zu Normveränderungen in der geschriebenen Sprache führen wird:

> Die Neuen Medien eröffnen Möglichkeiten schriftbasierter Kommunikation, die zu einer (vermutlich nachhaltigen) Transformation von Schriftlichkeitsnormen führen. Insbesondere in der privat-außerinstitutionellen, durch Beziehungszentriertheit und Flüchtigkeit geprägten schriftbasierten Interaktion sind Schreibstile zu verorten, die sowohl von konzeptioneller Mündlichkeit als auch von der der Exploration der Visualität der Schrift gekennzeichnet sind. [...] Es spricht einiges dafür, dass spezifische Tendenzen mündlicher Schreibung, beispielsweise Reduktionen und Klitisierungen, mittelfristig das bisherige normative Inventar von Umgangsschreibungen anreichern werden. (Androutsopoulos 2007: 94–95)

Die gesellschaftlichen und technischen Veränderungen der letzten fünfzig bis sechzig Jahre haben zu tiefgreifenden Auswirkungen einerseits auf die Sprachstruktur selbst (das allerdings in geringerem Maße) und andererseits auf die Wahrnehmung der Angemessenheit sprachlicher Mittel (dies in weitaus größerem Maße) geführt.

Was sich vor allem geändert hat, ist die Bewertung gesprochener Sprache, die sich besonders deutlich in den Grammatiken des Deutschen, wie z.B. in den

---

mündlicher Konzeption in SMS: „Informalität der situativen Rahmenbedingungen, kolloquialer Kommunikationsstil, Gesprächsthemen, bei denen ungezwungen, formlos und spontan über meist belangloses Zeug ‚getextet' wird, jugendspezifische Begrüßungs- und Abschiedssequenzen, fragmentarische Äußerungen, dialektale Einflüsse, expressive Markierung von Emotionalität fokussieren Parameter mündlicher Sprachgebrauchsstrukturen, die kommunikative Nähe und Intimität der SMS-User ausdrücken." Was dagegen weitaus relevanter für den Sprachwandel ist, ist die Tatsache, dass auch in Foren und Newsgroups, Blogs (ausführlich zu den Eigenschaften dieser Kommunikationsform Moraldo 2007), privaten Homepages, online Fanzines und virtuellen Kommentarseiten und Gästebüchern eine konzeptionell mündliche Sprache vorherrscht, denn diese sind nicht nur für jeden sichtbar, der einen Internetzugang hat, sie werden oft auch über Jahre und Jahrzehnte archiviert und haben damit eine Lebensdauer, die die vieler traditioneller Schriftprodukte wie ‚offline' Zeitungen und Zeitschriften bei weitem übersteigt.

letzten beiden Auflagen der Duden-Grammatik (2005; 2009) zeigt. Zunehmend wird gesprochener Sprache (bzw. generell interaktionaler Sprache) mit einer akzeptierenden anstatt einer diskriminierenden Einstellung begegnet. Parallel dazu ist eine Normdebatte in der Linguistik und Sprachdidaktik aufgekommen, die mit den veränderten Auswahlmöglichkeiten der sprachlichen Mittel einhergeht, die in bestimmten Situationen als angemessen gelten (Denkler et al. 2007; Günthner/Imo/Meer/Schneider 2012). Von Polenz fasst den durch die linguistische Forschung ausgelösten Einstellungswandel in Bezug auf die bis in die zweite Hälfte des 20. Jhd. verbreitete Einstellung, dass nur der „ganze Satz" grammatikalisch korrekt sei, pointiert zusammen: „Seitdem sich die Germanisten auch auf die Erforschung gesprochener Sprache eingelassen haben, ist deutlich geworden, dass der vollständige Verbalsatz nicht die einzige Satzbauform ist, von der man alle anderen Formen als ‚fehlerhaft' ableiten könnte." (von Polenz 1999: 359) Was sich zunächst als Einsicht innerhalb der linguistischen Fachdisziplin durchsetzte, beginnt sich seit den 90er Jahren auch in den Grammatiken niederzuschlagen. Eine der ersten Grammatiken, die systematisch die gesprochene Sprache berücksichtigte, war die von Zifonun et al. (1997) herausgegebene Grammatik der deutschen Sprache („IDS-Grammatik"). Seitdem sind die „Textgrammatik des Deutschen" von Weinrich (2005), die einen ausschließlich der gesprochenen Sprache gewidmeten Abschnitt zur „Syntax des Dialogs" beinhaltet (der immerhin fast einhundert Seiten umfasst), und seit 2005 die Duden-Grammatik mit dem von Reinhard Fiehler verfassten Kapitel zur gesprochenen Sprache hinzugekommen. Neben den eben erwähnten Grammatiken, die mehr oder weniger umfassend auf die gesprochene Sprache eingehen, finden sich aber inzwischen in fast allen Grammatiken immer wieder Verweise auf typisch mündliche Strukturen:

> Die Tatsache, dass die einschlägigen Grammatiken Angaben zum gesprochenen Deutsch machen, zeigt, dass das Interesse an Informationen zum gesprochenen Deutsch in den 90er Jahren gewachsen ist – eine Berücksichtigung gesprochener Sprache ist inzwischen obligatorisch in der Grammatikschreibung. ‚Wie hältst du's mit der gesprochenen Sprache?' dürfte zur Gretchenfrage für Grammatikautoren werden. Dies ist sicherlich dadurch zu begründen, dass sich das Normverständnis in den letzten Jahrzehnten geändert hat – die Tendenz geht eindeutig in Richtung des von Eisenberg einfühlsam beschriebenen offeneren Normverständnisses, das eine Negativbeurteilung der gesprochenen Sprache auf Grundlage der schriftsprachlichen Normen immer mehr ausschließt. (Hennig 2002: 314)

Wie stark die Grammatikschreibung von den Forschungsergebnissen der Linguistik abhängig ist, zeigt der Fall von „weil mit Verbzweitstellung", also von Sätzen wie „warum kauft ihr denn keine größeren müslipäckchen↓ *weil*die reichen doch nirgends hin" oder „ich will das geld nicht weil was soll ich damit" (in der Duden Grammatik 2005: 1219 werden diese aus Günthner 1993 entnommenen Beispiele als Belege angeführt). Heute kann es sich kaum noch eine Grammatik erlauben, dieses Phänomen, zu dem inzwischen zahlreiche Untersuchungen vorliegen – Kilian (2006: 79) spricht von der „mittlerweile berühmt-berüchtigte[n] Zweitstellung des Finitums im untergeordneten Nebensatz" –, nicht mindestens in einer Fußnote zu erwähnen.

Die Tatsache, dass die Gesprochene-Sprache-Forschung bislang einige Phänomene ausgiebig und umfassend, andere jedoch nur in Ansätzen beschrieben hat, führt zu einer Schieflage der Repräsentation gesprochensprachlicher Syntax in den Grammatiken. Im Moment sieht der Ablauf in Bezug auf die Grammatikschreibung so aus, dass immer dann, wenn ein Phänomen in der Fachwissenschaft etabliert ist, es zunächst als Fußnote, später dann als eigener Eintrag aufgenommen wird (vgl. Günthner 2005c). Die Vergleichsfolie „Standard" bildet dabei aber immer noch die konzeptionell geschriebene Sprache, zu der ungleich mehr Untersuchungen vorliegen: „Medial gesehen steht die Standardsprachnorm eher für die geschriebene Sprache, während die gesprochene Sprache eigene, teilweise abweichende Regularitäten aufweist, welche aber (v.a. im Kernbereich der Grammatik) noch kaum systematisch beschrieben sind." (Busse 2006: 322) Angesichts der Tatsache, dass die Erforschung der Strukturen interaktionaler Sprache inzwischen zu einem anerkannten Forschungsbereich geworden ist und zunehmend Datenbanken und Archive entstehen, die einerseits medial mündliches Deutsch (Interviews, Alltagsgespräche, Radio Anrufsendungen, Talkshows etc.) und andererseits konzeptionell mündliches, aber medial schriftliches Deutsch (Chat-Kommunikation, SMS-Kommunikation etc.) speichern,[9] ist es hoffentlich nur eine Frage der Zeit, bis sich der Wissensstand über (konzeptionell) gesprochene Sprache trotz deren größerer Heterogenität dem über (konzeptionell) geschriebene Sprache annähern wird. Dann wird möglicherweise auch die Frage beantwortet werden können, welche neuen Begriffe und Konzepte notwendig sind, um interaktionale Sprache zu beschreiben und welche Konzepte aus der traditionellen Grammatikschreibung übernommen werden können (vgl. Abschnitt 3).

In einem zweiten Schritt hat die Aufnahme der Strukturen interaktionaler Sprache in Grammatiken eine grundlegende Wirkung auf das Normverständnis, d.h. also auf den Bereich der (tendenziell präskriptiv orientierten) Didaktik. Schon seit 2005 sieht sich die Dudengrammatik trotz des im Vergleich zum Gesamtumfang schmalen Kapitels zur gesprochenen Sprache als Instanz, die „zur Klärung von Normunsicherheiten herangezogen werden [kann], die sich aus der

---

9 Mehr dazu in Abschnitt 5.

Differenz zwischen geschriebener und gesprochener Sprache ergeben" (Duden 2005: 5).

An genau dieser Stelle setzt nun auch die vorliegende Arbeit mit dem Ziel an, Erkenntnisse über den Aufbau interaktionaler Sprache zusammenzuführen und auf diese Weise zu zeigen, dass ein Umdenken von einer Defiziteinstellung (interaktionale Sprache ist defizitäre monologische Sprache) zu einer Differenzeinstellung (interaktionale und monologische Sprache teilen viele Merkmale, haben aber je eigene, den unterschiedlichen Verwendungsweisen geschuldete syntaktische Strukturen) notwendig ist. Typischerweise verläuft die Aufnahme neuer Erkenntnisse aus der Fachwissenschaft der Linguistik in nicht-fachwissenschaftliche Bereiche folgendermaßen ab:

1. Zunächst wird durch die linguistische Forschung ein Phänomen beschrieben und avanciert dort zum (mehr oder weniger unstrittigen) Wissensbestand.
2. In einem zweiten Schritt greifen GrammatikautorInnen das Phänomen auf, das meist zunächst zögerlich (in Fußnoten, oft als „dialektal", „regional" oder „umgangssprachlich" bezeichnet) in den Grammatiken Erwähnung findet, dann vollständig in die Grammatik integriert und somit kodifiziert wird.
3. Im dritten Schritt wird das Phänomen für diejenigen, die mit Sprache arbeiten, zu einem Gegenstand, mit dem man sich befassen *muss*. Diese Gruppe umfasst naturgemäß in großem Umfang Lehrende des Deutschen (ganz gleich ob im Mutter- Fremd- oder Zweitsprachkontext).

Im Bereich der interaktionalen Sprache – bislang primär beschränkt auf interaktionale *gesprochene* Sprache – ist dieser Dreischritt allerdings selbst für MuttersprachlerInnen nicht ganz einfach nachzuvollziehen, ganz zu schweigen von Lehrenden, die Deutsch nicht als Muttersprache erworben haben. Das liegt daran, dass interaktionale gesprochene Sprache als scheinbar natürliches und unproblematisches Phänomen zumeist nicht thematisiert wird und somit paradoxerweise, obwohl sie die häufigste Form der Sprachverwendung darstellt, den SprecherInnen fremd ist,[10] und zwar deutlich fremder als die Schriftsprache, die stets bewusst erlernt werden muss.[11] Es ist daher nicht damit getan,

---

10 Dieses Fremdheitsgefühl stellt sich beispielsweise bei Studierenden ein, die das erste Mal in einem Seminar transkribieren und dabei ausschließlich auf die sprachliche Struktur, nicht den Inhalt der Äußerungen achten sollen.

11 Insofern kann die Grunddefinition, die Hernig (2005: 15) für den Begriff der „Fremdsprache" gibt, durchaus auch für Bereiche der Muttersprache angewandt werden: „,Fremd' bedeutet zunächst einmal soviel wie unbekannt, fern und damit außerhalb der unmittelbaren Erfah-

sich lediglich blind auf die – notwendigerweise immer sowohl im Umfang beschränkten als auch hinter der sprachlichen Entwicklung zurückbleibenden – Einträge in den Grammatiken zu verlassen. Vielmehr werden Grundkenntnisse über den Aufbau von Sprache-in-Interaktion benötigt, auf deren Basis dann schnell bislang unerforschte, unerkannte oder auch sich gerade erst im Zuge des aktuellen Sprachwandels entwickelnde Konstruktionen erkannt und verstanden werden können – etwa indem Konzepte wie die *Projektion* und *Retraktion* den Blick schärfen für typische Strukturen interaktionaler Sprache wie Diskursmarker, *wenn*-Sätze im Vor-Vorfeld oder Inkremente (vgl. Abschnitt 6.2). Wenn Thurmair (2002) fordert, dass auch Lehrende des Faches Deutsch sich mit Entwicklungstendenzen der Gegenwartssprache befassen sollen, so ist dies nicht ohne ein fundiertes Hintergrundwissen über die Sprachstruktur interaktionaler Sprache möglich:

> Die Analyse von Entwicklungstendenzen ist nicht nur für den Sprachwissenschaftler von Interesse, weil sie etwas über das System und die zugrunde liegenden Regeln aussagen und – wenn man nicht bei der reinen Deskription stehen bleibt – eingeordnet und bewertet werden müssen; sondern auch für denjenigen, der mit der Vermittlung einer Sprache beschäftigt ist (Fremd- wie Muttersprache), ist die Beobachtung und darauf aufbauend die Beurteilung von Entwicklungstendenzen relevant. (Thurmair 2002: 3)

Die Begriffe „das System" und „die [...] Regelaussagen" dürfen in dem Kontext eines sich primär in der konzeptionellen (und meist auch medialen) Mündlichkeit vollziehenden Sprachwandels keinesfalls als das *System der Schriftgrammatik* und die *Regelaussagen der Schriftgrammatik* aufgefasst werden. Würde man die sprachlichen Veränderungen vor diesem Hintergrund betrachten, so führte das lediglich wieder in eine bis in die zweite Hälfte des 20. Jahrhunderts vorherrschende Defizithypothese, die interaktionale Sprache als im negativen Sinne abweichend von der ‚eigentlichen' Sprache betrachtet.[12] Sprachwandel kann

---

rungswelten des sprachlichen Akteurs oder Rezipienten." Wie die Ethnomethodologie anhand der Brechungsexperimente Garfinkels (1967) gezeigt hat, ist ein großer Teil unseres alltäglichen Handelns für uns tatsächlich ‚fremd' in dem Sinne, dass wir zwar die Situationen mehr oder weniger automatisch erkennen und ebenso automatisch und routiniert bestimmte Handlungsmuster anwenden, uns aber dieses mustergeleiteten Handelns nicht bewusst sind. So erklärt sich auch der sich immer wieder einstellende ‚Aha-Effekt', wenn Studierende in Seminaren erstmals erkennen, dass selbst Reparaturen, Unterbrechungen und Abbrüche regelgeleitet sind und dass Partikeln wie *ja, ah, äh, mhm* u.a. keinesfalls ‚Wortmüll' sind, sondern feste Funktionen haben.

12 Koch/Oesterreicher (1985: 25) stellen noch für die achtziger Jahre des zwanzigsten Jahrhunderts fest, dass der gesprochenen Sprache nicht die gleiche Achtung entgegengebracht und der gleiche Stellenwert zugemessen wird wie der traditionell stärker mit hochkulturellen Praktiken

nur vor dem Hintergrund eines doppelten Wissens begriffen und mit all seinen didaktischen Implikationen erfasst werden: Einerseits über das Wissen der Regeln, die für formelle, streng kodifizierte konzeptionell schriftliche Sprache gelten und andererseits über das Wissen um jene Regeln, die – eher im Sinne von Regularitäten – den Gebrauch der informelleren, weniger streng kodifizierten konzeptionell mündlichen Sprache leiten. Ein Zitat von Kramsch (1997: 334) zeigt, welche Wirkung der Kontakt von Nicht-Muttersprachlern, die lediglich die Grammatik der konzeptionell schriftlichen Sprache erlernt haben, mit den Strukturen und Regularitäten der konzeptionell mündlichen Sprache auslösen kann:

> Es war klar geworden, dass die stilisierte hochdeutsche Schriftsprache, die man an den Schulen lehrte, nie der Sprachwirklichkeit entsprochen hatte. Ich kann mich noch gut an meine Verblüffung erinnern, als ich 1976, nach Jahren, in denen ich Konversationskurse unterrichtet und anhand von Lehrwerken Deutsch sprechen gelehrt hatte, plötzlich in der Bibliothek das Freiburger Korpus von Texten ‚gesprochener deutscher Standardsprache' entdeckte. So sah richtig gesprochene Sprache aus: halbfertige Sätze, Redundanzen, Unterbrechungen, Verzögerungen, eine Menge nichtssagender Füllsel, und sogar – horribile dictu! – grammatische Fehler.

Die von Kramsch hier beschriebene Erfahrung dürfte von vielen Deutsch-LernerInnen geteilt werden. Wer auf diese Weise mit der gesprochenen Sprache in Kontakt kommt, stößt in der Tat zunächst auf eine ganze Reihe von Phänomenen, die „halbfertig", „redundant" und „nichtssagend" sind oder sogar als „grammatische Fehler" erscheinen. Doch wie Kramsch zu Recht betont: Dabei handelt es sich um „richtig gesprochene Sprache", die vermeintlichen Fehler sind zum größten Teil auf Strukturen zurückzuführen, die grundlegend und notwendig für prototypisch gesprochene Sprache (d.h. konzeptionell und medial mündlich realisierte spontane, interaktional eingebettete Äußerungen) sind. Notwendig sind die besonderen syntaktischen Strukturen, weil gesprochene Sprache unter den Bedingungen der Flüchtigkeit, eines gemeinsam geteilten Wahrnehmungsraumes (und, damit einhergehend, der erweiterten Möglichkeit, Deiktika einzusetzen), der Synchronizität der Sprachproduktion und -rezeption und der Anforderungen des Interaktionsmanagements realisiert werden muss (zu einer zusammenfassenden Gegenüberstellung der Merkmale des gesprochenen und geschriebenen Deutsch vgl. Dürscheid 2006b). Ausgehend von der prototypisch mündlichen Sprache ist allerdings inzwischen eine Ausweitung

---

(vor allem Literatur und Wissenschaft) verbundenen geschriebenen Sprache: „Nicht nur bei gebildeten Laien hält sich hartnäckig die Ansicht, die gesprochene Sprache sei als defizienter Modus der ‚eigentlichen' Sprache, sprich: der geschriebenen Sprache, zu betrachten."

der Strukturen auf Bereiche geschehen, die bislang durch einen höheren Formalitätsgrad (was zumeist gleichzeitig eine geringe oder gar keine Interaktivität bedeutet) gekennzeichnet waren. Von Polenz (1999: 358) stellt fest, dass „das Vorkommen umgangssprachlicher Merkmale in öffentlicher Rede als teilweise Annäherung der Standardsprache an die Umgangssprache, zumindest als Entstehung eines sozial nicht mehr diskriminierten Substandards erklärt werden muss". Der Begriff des Substandards ist hier nicht abwertend zu verstehen, sondern eher im Sinne einer Verschiebung des Varietätengefüges in Deutschland. Dadurch, dass hoch formelle Register sich auf dem Rückzug befinden und vor allem im Gesprochenen, immer häufiger aber auch im Geschriebenen markiert erscheinen, entsteht der Bedarf für ein Register, das weniger formell ist und sich dennoch von Dialekten, Regionalsprachen, Soziolekten etc. dadurch unterscheidet, dass es auch für Bereiche wie den der „öffentlichen Rede" verfügbar ist: „Dieser Substandard steht textsorten- und situationsspezifisch allen wahlweise zur Verfügung und sollte deshalb auch in Deutsch als Fremdsprache gelehrt werden." (von Polenz 1999: 358)

An dieser Stelle kann der Bogen geschlagen werden zu der Frage, welches Deutsch im DaF-Unterricht vermittelt werden sollte. Es ist nicht zweckmäßig, ein Deutsch zu vermitteln, das nur noch in wenigen hoch formellen Situationen seinen Platz hat.[13] Die mangelnde Nachfrage nach einem solchen Deutsch besteht zu Recht. Was die Mehrzahl der LernerInnen des Deutschen wollen, ist der Erwerb von Kompetenzen, die dazu führen, dass man sich in der Zielsprache effektiv und effizient beschweren kann, einen Wunsch auszudrücken vermag, ein Kompliment machen oder empfangen kann, an Small Talk teilnehmen kann etc. Bei solchen Aufgaben ist eine normierte schriftsprachliche Syntax weitaus weniger wichtig als die kommunikative Kompetenz, über die erwarteten Praktiken und die sequenzielle Struktur dieser Aufgaben Bescheid zu wissen. Huneke/Steinig (1997: 48) erwähnen hier beispielsweise die Tatsache, dass die Deutschen „die eindeutige Aussage" bevorzugen: „Sie meinen ‚ja', wenn sie ‚ja' sagen und ‚nein', wenn sie ‚nein' sagen; manchmal auch dann, wenn dies den Gesprächspartner verletzen könnte." Das Potential, das Gesicht von Gesprächspartnern zu verletzen, sei groß, wenn man die Praktiken nicht kennt, mit denen in der Zielsprache operiert wird. Huneke/Steinig erwähnen hier jedoch nicht, dass negative Antworten oder Bewertungen nicht, wie in dem Ausschnitt suggeriert, in einem abrupten „nein" geliefert werden. Vielmehr gibt es routinierte

---

13 Pointiert hat dies Krumm (1997: 134; vgl. auch Krumm 2006) gefasst: „Der sprachliche Standard von ‚Abendgesellschaften' ist auch bei den Deutschlernenden nicht mehr gefragt." Der Standard von Abendgesellschaften ist dabei allerdings selbstverständlich nicht als mit dem Standarddeutsch schlechthin identisch zu setzen.

Strategien, mit Hilfe von Vorlaufelementen auf eine Nicht-Übereinstimmung hinzuarbeiten (vgl. hierzu z.B. Auer/Uhmann 1982 zum Aufbau von Bewertungen im Deutschen). Weiß man über den so beschriebenen sequenziellen Ablauf einer negativen Antwort oder Bewertung Bescheid, werden die von Huneke/Steinig beschriebenen Kommunikationsprobleme vermieden. Gleiches gilt auch für die von Günthner (2005c) diskutierte Möglichkeit, im mündlichen Sprachgebrauch mit Konnektoren wie *obwohl* und *wobei* die Verbzweitstellung anstelle der normgrammatisch geforderten Verbendstellung zu verwenden. Ihre Frage, ob diese Konstruktionen im DaF-Unterricht korrigiert werden sollten, „auch wenn deutsche MuttersprachlerInnen sie im Alltag immer wieder verwenden", beantwortet sie damit, dass es Phänomene gibt, die eben „nicht einfach wie bisher als ‚korrekt' oder ‚unkorrekt'" abgetan werden können, sondern dass es „gewisse Toleranzbereiche [gibt], was die Normen betrifft" (Günthner 2005c: 59). Es ist ja nicht so, dass in der gesprochenen Sprache auf der Ebene der Syntax alles möglich wäre und der DaF-Unterricht dadurch zu einem reinen Vokabelunterricht reduziert werden müsste. Die typischen syntaktischen Strukturen des gesprochenen (besser: des interaktionalen) Deutsch sind überschaubar und somit auch vermittelbar. Das gilt umso mehr, als viele Phänomene, wie auch die Verbzweitstellung nach *obwohl* und *wobei*, nicht einfach nur formale Alternativen darstellen, sondern mit neuen Funktionen einhergehen: Während man durch die Verwendung von *wobei* und *obwohl* mit Verbendstellung Sachverhalte zueinander in Verbindung setzt, markiert man durch *wobei* und *obwohl* mit Verbzweitstellung einen Wechsel in der Sprechereinstellung oder der Haltung zum Gesagten, man wechselt also auf eine metakommunikative Ebene. Das erklärt auch, warum diese Konstruktionen in Sprache-in-Interaktion vorkommen und dort auch notwendig sind: Sie sind Produkte der „verschiedenen Existenzformen von Sprache" (Günthner 2005c: 59) mit ihren jeweils eigenen Anforderungen. Die Anforderungen von Sprache und Sprachverwendung in unterschiedlichen Situationen sollen in dieser Arbeit thematisiert werden. Der Bedarf an fundierter Information für Lehrwerkautoren ist hoch – das gilt im Übrigen auch für Lehrwerke im Bereich des muttersprachlichen Deutschunterrichts, für die Bekes/Neuland (2006: 522) unzureichende fachliche Grundlagen feststellen und kritisieren, „dass die Ergebnisse der neueren linguistischen Forschungen zur Sprachvariation speziell im Hinblick auf die Dynamik von Sprachwandel- und Sprachnormierungsprozessen kaum in die Lehrwerkskonstruktion einbezogen werden." Die gleiche Kritik äußert Lüger (2009: 32) auch für den Fremdsprachenunterricht. Er beklagt, „dass die Ergebnisse konversationsanalytischer Arbeiten bislang kaum Eingang in die Fremdsprachendidaktik gefunden haben [...]. Diese Feststellung trifft in gewissem Sinne auch auf den Gemeinsamen Europäischen Referenzrahmen zu." Dieser Befund ist sicherlich richtig. Gerade für den Bereich der dynamischen, sich ständig in Bewegung befindlichen und von der konkreten Situation und konkreten interaktionalen Einbettung abhängigen gesprochenen Sprache gilt allerdings, was Huneke/Steinig (1997: 49) zu einer idealen pädagogischen Grammatik sagen: Es wird sie niemals „'fertig' zum Nachlesen" geben können, denn „nur die einzelne Lehrerin und der einzelne Lehrer verfügen über das nötige Wissen und die nötigen Fähigkeiten, um eine pädagogische Grammatik für ihre jeweiligen Lerner zu erarbeiten." Lehrerinnen und Lehrern kommt somit die große und schwierige Aufgabe zu, sich mit der deutschen Sprache in einer breiten Palette ihrer Ausprägungen auseinanderzusetzen. Damit Strukturen interaktionaler Sprache, die sich nun einmal nicht für präskriptive Kodifizierung eignet, nicht aus Angst vor ihrer Komplexität gemieden werden, müssen aus der linguistischen Forschung Vorschläge kommen, wie das Phänomen Sprache-in-Interaktion verstanden werden kann. Das umfasst ganz zentral die Kenntnis über die Strukturen interaktionaler *gesprochener* Sprache, die als phylogenetisch und ontogenetisch primäre sowie als im Alltag häufigste Sprachverwendung den wichtigsten Bereich von Sprache-in-Interaktion bereitstellt (vgl. Dürscheid 2006b).

3 Kommunikation, Diskurs, Dialog, Interaktion: Eine Begriffsbestimmung

> Let me preface these remarks with the (hopefully unprovocative) proposition that interactive language is the core phenomenon to be explained – all other forms of discourse are, however interesting, derivative in every sense, ontogenetic and phylogenetic included. (Levinson 2006: 85)

Gerade in Bezug auf die Begriffe *Kommunikation*, *Diskurs*, *Dialog* und *Interaktion* liegen zahlreiche divergierende Definitionsversuche sowie auf diesen Begriffen aufbauende Theorieansätze vor, die teilweise hochgradig komplex sind – wie zum Beispiel die Systemtheorie –, sich jedoch teilweise auch zum Ziel gesetzt haben, eine allzu große Komplexität zu Gunsten einer oberflächennahen, aber entsprechend dichteren Beschreibung zu reduzieren – wie z.B. der Ansatz des „Dialogism" von Linell.

Neben den genannten Begriffen *Kommunikation*, *Diskurs*, *Dialog* und *Interaktion* finden sich auch enger gefasste wie *Konversation* und *Gespräch*, die in Ansätzen wie der *Konversationsanalyse* und *Gesprächsanalyse* namengebend sind. Anders als die erstgenannten Begriffe werden allerdings *Konversation* und *Gespräch* nicht auf der gleichen Abstraktionsebene wie die ersteren verwendet. Die Gesprächs- und Konversationsanalyse ziehen es vielmehr vor, wahlweise von *Dialog* oder von *Interaktion* zu sprechen, wenn es um theoretisch fundiertes begriffliches Inventar geht und nicht um eine bloße Bezeichnung für ein konkretes zur Untersuchung vorliegendes Datum, das dann als Gespräch, Konversation, Interview, Verhandlung, Rede etc. eingestuft wird (vgl. ausführlich dazu Abschnitt 3.3.2).

Doch nicht nur *Gespräch* und *Konversation* werden selten genau definiert, gerade auch für die abstrakteren Begriffe *Kommunikation*, *Diskurs*, *Dialog* und *Interaktion* ist festzustellen, dass sie wenig trennscharf verwendet werden und noch dazu manche davon – wie der *Diskurs* und der *Dialog* – so stark mit bestimmten Theorieansätzen assoziiert sind (vgl. Abschnitt 3.2), dass eine begriffliche und konzeptuelle Klärung unabdingbar ist.

Die Feststellung Goffmans (1986c: 7; im Original 1967 veröffentlicht), dass die „Untersuchung direkter Interaktion in alltäglichen Zusammenhängen [...] bis jetzt noch keine angemessene Bezeichnung" habe und zudem „die analytischen Grenzen dieses Untersuchungsfeldes unscharf" seien, trifft auch heute immer noch zu, wie im Folgenden gezeigt wird. Trotz der Unschärfe hinsichtlich der Bezeichnung und der Grenzen des Forschungsfeldes ließ sich nach Goffman (1986c: 7) der Untersuchungsgegenstand jedoch schon immer problemlos bestimmen: „Es sind jene Ereignisse, die im Verlauf und auf Grund des Zusammenseins von Leuten geschehen." Das Ziel bei der Analyse dieser Ereignisse bestehe dieser Definition entsprechend darin, „die Beschreibung natürlicher Interaktionseinheiten" (Goffman 1986c: 7) zu leisten. Wie genau das geschehen kann und vor allem mit welchen Konzepten, darüber herrschte und herrscht jedoch kaum Einigkeit. Im Folgenden sollen daher exemplarisch jeweils prominente Ansätze vorgestellt werden, die – aufbauend auf den Begriffen der *Kommunikation*, des *Diskurses*, des *Dialogs* und der *Interaktion* – den Versuch der Beschreibung eben jener von Goffman (1986c: 7) genannten „Ereignisse" unternehmen, „die im Verlauf und auf Grund des Zusammenseins von Leuten geschehen". Es wird zum Schluss dieses Kapitels dafür plädiert, mit dem Begriff der *Interaktion* zu arbeiten. Dabei wird eine Definition von *Interaktion* vorgeschlagen, die weder, wie es häufig geschieht, so eng gefasst ist, dass sie nur gesprochene Sprache im Gebrauch von Angesicht zu Angesicht zulässt, noch so weit, dass sie als kategorienbildende Einheit sinnlos wird.

3.1 Kommunikation

Gerade der „Kommunikationsbegriff wird in den verschiedenen Disziplinen der Human- und Naturwissenschaft sehr uneinheitlich verwendet" (Rickheit/Strohner 1993: 17) und entsprechend unklar ist auch, was im Einzelfall jeweils damit gemeint ist.[1] In den meisten Fällen wird Kommunikation in der Linguistik als ein Begriff aufgefasst, der zu generell für das eigene Forschungsfeld ist, da er weit über den Einsatz von Sprache – selbst von multimodal angereicherter Sprache – hinausgeht. So stellt Ehlich (1996: 184) fest, dass Kommunikation „weiter als Sprache" sei, denn „Kommunikation umfasst biologisch-anthropologische Aspekte in der Gattungs- und in der individuellen Reproduktion. Sprache tritt in diesen Zusammenhang ein und wird sicher zum wichtigsten Kommunikationsmittel." Mit dieser Definition ist zwar festgelegt, dass Sprache einen zentralen Teilbereich der Kommunikation darstellt, da letztere aber so weit gefasst wird, lassen sich kaum Aussagen darüber treffen, welche Eigenschaften Sprache denn erfüllen muss, um als Kommunikationsmittel eingesetzt zu werden.[2] Allerdings wird durch den expliziten Verweis auf die anthropolo-

---

1 Nach Fuchs (1993: 9) ist Kommunikation „unbestreitbar eines der Zauberwörter dieses Jahrhunderts", obwohl – oder vielleicht gerade weil – niemand genau weiß, was es bezeichnet: „Wie es dem heiligen Augustin mit der Zeit erging, so ergeht es dem, der das Wort Kommunikation benutzt: Ungefragt, weiß er, befragt, weiß er nicht, was es bedeutet."
2 Vgl. auch die Definition, die Watzlawick/Beavin/Jackson (2000: 22) für Kommunikation geben: „Das Studium menschlichen Verhaltens wendet sich dann von unbeweisbaren Annah-

gische Grundlage von Kommunikation implizit einer anthropologischen Linguistik das Wort geredet.

Deutlich klarer wird dagegen die Kommunikation in vielen Ansätzen der klassischen Pragmatik oder der Psycholinguistik definiert. Meggle (1993: 484) schränkt „kommunikatives Handeln" dadurch ein, dass er nur intentionales Handeln als solches zulässt: „Kommunikative Handlungen sind Spezialfälle intentionaler Handlungen, genauer: spezielle Fälle eines Handelns mit einer bestimmten Absicht." Das Problem bei einer solchen Definition von kommunikativem Handeln besteht allerdings darin, dass die Intention von Handlungen nie zweifelsfrei geklärt werden kann. Selbst wenn eine Äußerung metakommentativ gerahmt wird und so eine Intentionszuschreibung erhält (wenn z.B. jemand sagen würde „Weil ich mich über dich geärgert habe, verweise ich dich jetzt des Raumes") bleibt unklar, ob das die Intention des Sprechers wiedergibt oder ob dieser beispielsweise tatsächlich gegen seinen Willen innerhalb eines durch eine bestimmte Situation vorgegebenen Rahmens handelt. Zudem entstehen Intentionen meist erst dadurch, dass die anderen Interaktionsteilnehmer reagieren und so durch ihre Aufzeigepraktiken eine Interpretation ermöglichen. Als analytisch problematisch erweisen sich auch die beispielsweise für Small Talk typischen phatischen Sequenzen, bei denen Intentionszuschreibungen besonders schwierig zu begründen sind (vgl. dazu die Diskussion der Dialoganalyse in Abschnitt 3.2.2).

Auch der Lösungsvorschlag von Rickheit/Strohner (1993: 17), die statt der *Intention* die *Informationsübermittlung* in den Mittelpunkt von Kommunikation stellen, ist problematisch: "Wir gehen von einer Konzeptualisierung aus, bei der in Analogie zur Kognition als Informationsverarbeitung von Lebewesen die Kommunikation als Informationsübermittlung von Lebewesen gesehen wird." Im Gegensatz zur *Intention* als Kern von Kommunikation hat die *Information* den Vorteil, dass sie beobachtbar sein kann. Allerdings führt das – auch hier wieder ganz besonders im Bereich des Small Talk – dazu, dass man den Informationsbegriff so weit fassen muss, dass im Endeffekt alles, was beobachtet werden kann, auch Information ist. Das ist sicherlich eine mögliche Betrachtungsweise, hilft jedoch wenig dabei, wenn eine *Sprach*theorie bzw. eine

---

men über die Natur des Psychischen den beobachtbaren Manifestationen menschlicher Beziehungen zu. Das Medium dieser Manifestationen ist die menschliche Kommunikation." Etwas komplizierter wird es allerdings etwas später, wenn zwischen „Kommunikation" und „Interaktion" unterschieden wird: „Eine einzelne Kommunikation heißt Mitteilung (message), sofern keine Verwechslung möglich ist, eine Kommunikation. Ein wechselseitiger Ablauf von Mitteilungen zwischen zwei oder mehreren Personen wird als Interaktion bezeichnet." (Watzlawick/Beavin/Jackson 2000: 50)

*Grammatik*theorie erstellt werden soll: Wichtig ist dabei ja, dass nicht alles, was beobachtet wird, gleichermaßen bedeutend ist und dass sprachliche Strukturen nicht nur auf die Informations*übermittlung* zugeschnitten sind, sondern auch auf die gemeinsame *Erzeugung* von Information (Ko-Produktion) und auf das *Monitoring* der Reaktionen des Gegenüber.[3]

Einen besonders detaillierten Definitionsversuch von Kommunikation, der allerdings ähnlich wie bei Rickheit/Strohners (1993) Fokussierung auf *Information* trotz allem inhaltlich sehr vage bleibt, unternimmt Baecker (2005a, b) aus soziologischer Perspektive, genauer aus dem Blickwinkel der Systemtheorie. Baecker (2005a: 7) geht zunächst von der Etymologie des Begriffes „communicatio" aus, den er mit „Mitteilung, Gewährung, Austausch, Verkehr, Umgang, Gemeinschaft" übersetzt und als eine Kernthematik philosophischen Denkens in das „Zentrum jeden Strebens nach Erkenntnis" verortet:

> Doch dieses Zentrum hat einen merkwürdigen Status. Es liegt ein Verdacht auf der Kunst des menschlichen Redens. Seit man, so zumindest in der alteuropäischen Tradition, über das Reden nachdenkt, liegt die Abwertung des Redens zum ‚bloßen Reden' nie fern, scheinen die eigentlichen Bedingungen einer möglichen Einsicht in das Wahre, Gute und Schöne immer erst dann gegeben zu sein, wenn der Mensch schweigt. (Baecker 2005a: 7)

Die Definitionsprobleme, die bei den Versuchen, Kommunikation über die *Intention* oder die *Information* zu bestimmen, bereits deutlich wurden, werden hier von Baecker auf den Punkt gebracht. Das „Reden", also die Sprache, bildet zwar in der Tat, wie Ehlich (1996: 184) festgestellt hat, den Kern von Kommunikation, doch offensichtlich geht es nicht generell um beobachtbare Strukturen und Muster der (sprachlichen) Interaktion, sondern um irgendetwas ‚dahinter Liegendes', wie zum Beispiel *Information*. In diese Richtung, nämlich der Frage nach der Information oder Mitteilung, die über die Kommunikation ausgetauscht wird, entwickelt sich der Kommunikationsbegriff ab dem Ende des 18. Jahrhunderts zunächst weiter. Baecker (2005a: 52) fokussiert die Hauptpositionen des Nachdenkens über Kommunikation im 19. Jahrhundert schließlich auf zwei Pole, nämlich auf die „Frage von Schlegel, wie eine Mitteilung möglich sei" und die „Antwort von Novalis, dass alles Mitteilung sei".

---

3 Gerade deshalb ist die Dreiteilung in „Probleme der Nachrichtenübermittlung", die der „Syntax" zugerechnet werden, Fragen, die „semantisches Übereinkommen" von Nachrichten betreffen („Semantik") und schließlich die Beeinflussung des Verhaltens aller Teilnehmer durch die Kommunikation („Pragmatik"), die Watzlawick/Beavin/Jackson (2000: 22) vorschlagen, analytisch wenig hilfreich. Ähnliche Probleme hat auch die Theorie des kommunikativen Handelns von Habermas (1981), die zu sehr auf einen idealisierten, geordneten Diskurs setzt, um für empirische Forschung verwendbar zu sein.

Im 20. Jahrhundert konstatiert Baecker (2005a: 99) dann allerdings eine grundlegende Verlagerung der Bestimmung des Kommunikationsbegriffs. Es wird „die Beobachtung von Ursache und Wirkung durch die Beobachtung von in Grenzen wählbaren Beziehungen [ausgetauscht], die auf beiden Seiten Autonomie voraussetzen." Wie die Definitionsversuche von Meggle und Rickheit/Strohner zeigen, wird diese Verlagerung allerdings nicht überall vollzogen. Baecker bezieht sich hier vor allem auf die Systemtheorie und die ihr zu Grunde liegende Kommunikationsbestimmung, wenn er im Folgenden konstatiert, dass Sprache „jene Kommunikation bezeichnet, die sich über sich selbst verständigt." (Baecker 2005a: 99) Dies führt dann zu dem für die Systemtheorie typischen zirkulären Beschreibungsmuster, das sich auch in Baeckers endgültigem Definitionsversuch von Kommunikation zeigt, der im Kern die Ablehnung eines Definitionsversuches darstellt:[4]

> In diesem Sinne ist der vorliegende Text eine sprachliche Verständigung auf einen Kommunikationsbegriff, der offen lässt, was Kommunikation ‚ist', weil nur so mit in den Begriff aufgenommen werden kann, dass Kommunikation darin besteht, nicht zu determinieren, wie sie fortgesetzt wird. (Baecker 2005a: 99)

Mit dieser Quasi-Definition ist nun die Grundlage gegeben, mit der zwar nicht mehr konkret an Phänomenen der Kommunikation weiter gearbeitet werden kann, dafür aber seltsamerweise an einem Formalisierungsversuch von Kommunikation, bei dem unklar bleibt, welchen Zweck er außerhalb des systemtheoretischen Gedankengebäudes haben soll. Kommunikation wird in diesem Formalismus wie folgt bestimmt:

$$\text{Kommunikation} = \overline{\text{Bezeichnung} | \text{Unterscheidung}}$$

Kommunikation ist somit zugleich „das zu bestimmende und das sich durch den Terminus rechts des Gleichheitszeichens selbst Bestimmende" (Baecker 2005b: 67). Die „Bezeichnung" bedeutet die „Selektion einer Nachricht" – hier kommt wieder die Idee der Informationsübertragung ins Spiel –, mit „Unterscheidung" wird auf „die Konstruktion eines in der Selektion einer Nachricht als Voraussetzung der Möglichkeit der Selektion produzierten Auswahlbereichs" abgestellt. Das Symbol aus dem Formenkalkül ‚⌐' verweist auf „die Markierung der Unterscheidung der Bezeichnung" und „macht die Einführung des Freiheitsgrads der Auswahl einer Bezeichnung explizit, ohne den die Bezeichnung

---

[4] Eine umfassende kritische Diskussion des Luhmann'schen Kommunikationsbegriffs findet sich in Feilke (1994).

auch als exogen gegeben, zum Beispiel als motiviert durch die bezeichnende Sache, interpretiert werden könnte". Das Symbol ‚⊐' zeigt „die Markierung der Unterscheidung und Wiedereinführung der Unterscheidung von Bezeichnung und Unterscheidung in den Raum der Unterscheidung" an, und diese Markierung und Wiedereinführung von Unterscheidungen macht wiederum „die Selbstkonditionierung der durch die Bezeichnung gegebenen Möglichkeiten explizit, indem diese Möglichkeiten ihrerseits nur im Rahmen einer Bezeichnung aktualisiert werden können". Letztendlich weist dann schließlich das leere Symbol ‚ ' als „der unmarked state rechts des re-entry-Hakens" darauf hin, „dass die Konstruktion einer Unterscheidung zwecks Kontextuierung der Auswahl einer Bezeichnung ihrerseits die Außenseite einer Form mitlaufen lässt, die mit beobachtet werden kann, um die Selektivität auch dieser Konstruktion zu reflektieren" (Baecker 2005b: 67–68). Eine so gelagerte Kommunikationsdefinition mag zwar ausgereift erscheinen, in Bezug auf die Frage nach ihrem Sinn, besonders dann, wenn es darum geht, sprachliche Kommunikation zu analysieren, ist sie jedoch zweifelhaft: Schnell können solche ausgefeilten Theorien dazu führen, dass die beobachtete Materie der Komplexität der Theorie angepasst wird statt umgekehrt: „Der alltägliche kommunikative Beobachter unterstellt dem Sprecher die Komplexität der Bezüge, die er selbst herzustellen in der Lage ist. Der wissenschaftliche Beobachter unterstellt dem Sprecher die Komplexität der Bezüge, die seine Theorie herzustellen in der Lage ist." (Knobloch 1999: 38)

Einen alternativen Ansatz, bei dem zwar einerseits die Luhmannsche Systemtheorie (Luhmann 1984) die Grundlage bildet, andererseits jedoch allzu hermetische theoretische Höhenflüge durch eine empirische Verortung vermieden werden, legt Schneider in seiner Monographie „Die Beobachtung von Kommunikation" (1994) vor. Schneider versucht, weniger abstrakt zu argumentieren, indem er die systemtheoretische Sicht auf Kommunikation auf Datenanalysen anwendet, die von ForscherInnen aus den Bereichen der Gesprächsanalyse vorgelegt wurden. Das führt automatisch dazu, dass er einen stärker interaktional ausgerichteten definitorischen Ansatz von Kommunikation verfolgen muss. So besteht für Schneider (1994: 168) die „minimale Einheit der Kommunikation" immer in einer „Sequenz von zwei Mitteilungsereignissen, in der das zweite dem ersten einen mehr oder weniger eindeutig bestimmten Sinn zuweist." Entscheidend ist dabei die Verlagerung der bislang angesprochenen eher monologisch orientierten Ausrichtung solcher Konzepte wie *Intention*, *Information* oder *Mitteilung* auf die dialogische *Herstellung von Sinn* durch die Gesprächsteilnehmer, d.h. die Umorientierung in ein dialogisches oder interaktionales Erzeugen von Kommunikation:

Als Einzelerscheinung ist eine Mitteilung nur im Bewusstsein des Urhebers und eventuell anderer Hörer sinnhaft identifizierbar durch die Gedanken, die daran anschließen. Psychisch kann auch die isoliert bleibende Äußerung als Handlung verstanden und zugerechnet werden. Sozial bleibt sie hingegen unbestimmt. (Schneider 1994: 168)

Die soziale Dimension ist die, die beobachtet werden kann und somit auch die, die für die empirischen Analysen die Grundlage bereitstellt. Erst wenn eine Mitteilung auf eine andere „als Mitteilung referiert" und diese „damit als Mitteilungshandlung ausweist", entsteht eine „Mitteilung in der Kommunikation" (Schneider 1994: 169). Hier kann nun empirisch gefragt werden, welche Strategien des Anschließens an vorangegangene Äußerungen eine Sprache zur Verfügung stellt, welche Rückmeldungsmechanismen bereitgestellt werden, wie Mitteilungen nicht nur bereitgestellt, sondern ausgehandelt und letztendlich gemeinsam hergestellt werden. Zudem wird für Schneider (1994: 169) eine deutlich kleinteiligere und stärker auf konkrete Äußerungen bezogene Analyse relevant als dies in stärker theoretisch ausgerichteten Ansätzen wie dem von Baecker (s.o.) der Fall ist. Dies zeigt sich an der Beschreibung des Kernaspekts einer jeweils in einer Sequenz produzierten Äußerung: „Nach rückwärts gerichtet trifft sie eine Auswahl aus den Anschlussmöglichkeiten, die von vorausgegangenen Mitteilungen eröffnet werden. Nach vorne gerichtet eröffnet sie neue Möglichkeiten des Weitermachens." Durch diese Fokussierung auf die Anschlussmöglichkeiten sowohl in Richtung der Vorgängeräußerungen als auch der Folgeäußerungen weist der Ansatz von Schneider (1994: 169) durchaus gewisse Bezüge zum aktuellen, stark empirisch orientierten Theoriespektrum der Interaktionalen Linguistik (Couper-Kuhlen/Selting 2000, 2001a, b) und der „*on line*-Syntax" (Auer 2000, 2005a, 2007a) auf. Eine Besonderheit dieses Ansatzes und der ihm zugrundeliegenden Definition von Kommunikation liegt dann auch tatsächlich darin begründet, dass er explizit interaktional ausgerichtet ist, dass also Kommunikation nur jeweils durch Reaktionen zustande kommt. Ein Problem dieser Sichtweise ist allerdings, dass auch extrem zerdehnte Kommunikation den gleichen analytischen Stellenwert hat: Wenn jemand einen Kommentar zum Nibelungenlied verfasst, so entsteht dabei eine Sequenz von Mitteilungsereignissen, die dem ersten Ereignis, dem Nibelungenlied, Sinn zuschreibt. Diese weite Auffassung von Kommunikation vertritt auch Bachtin (vgl. die Diskussion in 3.2), der dafür allerdings den Begriff des *Dialogs* verwendet. Auf Grund der Tatsache, dass zwischen stark zerdehnter Kommunikation und synchroner Kommunikation genauso wenig unterschieden wird wie zwischen formeller und informeller Kommunikation und dass das, was Schneider unter den Begriff der *Kommunikation* fasst, in anderen, sehr ähnlich gelagerten Ansätzen, mit Begriffen wie *Dialog* oder *Interaktion* und nicht mit *Kommunikati*-

on bezeichnet wird, nimmt der Ansatz von Schneider eine gewisse Sonderstellung im Bereich der Kommunikationskonzepte ein.

Grundsätzlich kann somit zum Begriff der *Kommunikation* gesagt werden, dass er als Leitbegriff für die vorliegende Arbeit aus mehreren Gründen ungeeignet ist: Erstens deckt er ein zu weites Feld ab, in dem eine ausreichend trennscharfe Analyse von sprachlicher Kommunikation kaum noch möglich ist. Zweitens ist er forschungsgeschichtlich fast immer mit eher statischen Konzepten wie *Information*, *Intention* oder *Mitteilung* verbunden (selbst Schneider kann sich nur schwer davon lösen) und erscheint auch deswegen für die Analyse von Sprache-in-Interaktion nicht geeignet. Drittens wird *Kommunikation* primär mit soziologischen und kommunikationswissenschaftlichen Ansätzen assoziiert und ist entsprechend für die Zwecke dieser Ansätze mit bestimmten definitorischen Merkmalen konnotiert. Es scheint daher angebracht, nach alternativen Begriffen Ausschau zu halten. Als Kandidaten, die stärker in der Linguistik beheimatet sind als der Kommunikationsbegriff, kommen dabei die Begriffe *Diskurs* und *Dialog* in Frage: Für beide liegen auch tatsächlich genuin linguistische Forschungsansätze und Theorien vor.

3.2 Diskurs und Dialog

Der *Diskurs* ist mindestens ebenso schwierig zu definieren wie die *Kommunikation*. Während das Hauptproblem bei dem Begriff der Kommunikation darin besteht, dass er in unterschiedlichen Forschungsansätzen uneinheitlich verwendet wird, um jeweils unterschiedliche Phänomene zu bezeichnen, haben sich um den Begriff Diskurs gleich mehrere ‚Diskursanalysen' herausgebildet, die zwar teilweise einige Gemeinsamkeiten haben, jedoch auch so viele Unterschiede aufweisen, dass sie als eigene Forschungsansätze oder Schulen bezeichnet werden müssen. Die Verwechslungsgefahr ist entsprechend hoch, wenn man von *Diskursanalyse* spricht, und eine genaue Gegenstandsklärung ist nötig, denn „the term discourse covers different objects which have often rather little in common and vary, due to scientific development, from a verbal object as text to a social domain of language use including spoken and written texts" (Weigand 1994: 56). Die Vielfalt der Untersuchungen, die sich als diskursanalytisch verstehen, wird von Wooffitt (2005: 39) mit der Kapitelüberschrift „Discourse analysis, discourse analysis and discourse analysis" ironisch auf den Punkt gebracht: Für den englischsprachigen Raum ordnet Wooffitt (2005: 39–40) diskursanalytisch motivierte Arbeiten drei großen Gruppen zu. Zunächst könne *die von Foucault inspirierte Diskursanalyse* als ein Ansatz bestimmt werden, der sich einerseits theoretisch durch das Interesse daran bestimmen lasse, wie durch Sprache soziale Gegebenheiten strukturiert und erzeugt werden und zum anderen methodisch dadurch, dass alle sprachlichen Zeugnisse gleichermaßen als Datenmaterial herangezogen werden: „This form of discourse analysis tries to show how conventional ways of talking and writing within a culture serve political or ideological functions, in that they constrain or circumscribe how people think and act as social beings." (Wooffitt 2005: 39) Eng damit verwandt ist die zweite Gruppe, *die kritische Diskursanalyse*, die theoretisch und methodisch zwar sehr heterogen ist, aber ähnlich wie die Diskursanalyse Foucault'scher Prägung vor allem daran interessiert ist, wie mit Hilfe von geschriebener und gesprochener Sprache gesellschaftliche Strukturen erzeugt werden. Ein besonderes Augenmerk der kritischen Diskursanalyse gilt dabei der Erzeugung, Perpetuierung, Begründung und Kritik von Machtstrukturen. Die Fokussierung auf Machtstrukturen zeigt sich sehr gut in Blommaerts (2005) Einführung „Discourse: A Critical Introduction":[5] Das erste Kapitel beginnt direkt mit folgenden Sätzen, die das Forschungsinteresse klar eingrenzen: „Power is not a bad thing – those who are in power will confirm it." (Blommaert 2005: 1) Die Fokussierung auf Machtstrukturen ist so stark, dass Blommaert (2005: 1; Hervorhebung im Original) nur wenige Zeilen später klarstellen muss, dass trotz dieses Interesses „a critical discourse analysis should not be a discourse analysis that reacts against power *alone*."

Die ersten beiden „Diskursanalysen" sind im Kern dadurch gekennzeichnet, dass sie eindeutig soziologische Fragestellungen in das Zentrum ihres Interesses stellen und nicht linguistische.[6] Die dritte Gruppe – die zugleich die heterogenste darstellt – bewegt sich nach Wooffitt (2005: 39) mit Vertretern wie Gilbert, Mulkay, Coulthard, Brown und Yule dagegen eher in linguistischem Territorium, ihre Interessen bestehen vor allem in der Rekonstruktion von Regeln oder Mustern, die sprachlicher Interaktion zu Grunde liegen:

> So, mirroring the analysis of grammatical rules which ordered the combination of clauses, verbs, nouns and so on, attempts were made to discover if episodes of verbal interaction displayed quasi-syntactical rules. In this way, analysts tried to identify the formal architecture of real-life speech situations and the formal rules which governed the production of speech acts. (Wooffitt 2005: 39)

---

5 Blommaert sieht seine Arbeit allerdings nicht als ‚reine' kritische Diskursanalyse, da er dieser durchaus kritisch gegenübersteht.
6 Das wird auch in der Auflistung von Forschungsgebieten der kritischen Diskursanalyse deutlich, die Blommaert (2005: 26) liefert: „[P]olitical discourse", „ideology", „racism", „the discourse of economics", „advertisements and promotional culture", „media language", „gender", „institutional discourse" und „education" sind typische Arbeitsbereiche der eher soziologisch orientierten „Diskursanalysen".

Es ist diese Art der eher *linguistisch orientierten Diskursanalyse*, auf die sich auch Levinson (2000: 311–320) in seiner Gegenüberstellung von Diskurs- und Konversationsanalyse bezieht. Anders als die ersten beiden Gruppen von Diskursanalysen wird bei der dritten Gruppe schärfer zwischen gesprochenen und geschriebenen Sprachzeugnissen unterschieden, was aus linguistischer Perspektive auch notwendig ist, da zwischen einem Interview, einem privaten Gespräch, einem Gesetzestext oder einem Roman deutliche Unterschiede zu beobachten sind, die auch in der jeweiligen grammatischen Struktur der dort verwendeten Sprache ihren Niederschlag finden.

Eine genaue Abgrenzung der drei Diskursanalysen ist insofern höchst problematisch, als immer wieder bewusst Versuche unternommen wurden, zu enge Schulenbildungen aufzubrechen und die Vor- und Nachteile der Diskursanalysen untereinander auszugleichen sowie starkere Bezüge zu anderen linguistischen Teildisziplinen aufzubauen (als exemplarisch für solche Versuche kann beispielsweise die aktuelle Einführung in die Diskurslinguistik von Spitzmüller/Warnke 2011 angesehen werden). Es ist durchaus möglich, dass in Zukunft deutliche Konvergenzen der unterschiedlichen Ansätze zu beobachten sind. Im Rahmen der vorliegenden Untersuchung, in der es speziell um *syntaktische Phänomene* der deutschen Sprache geht, werde ich allerdings auf die dritte Gruppe fokussieren. Da es zudem mit der Diskursanalyse/Funktionalen Pragmatik nach Ehlich (1996), Rehbein (2001) und Redder (2008) in Deutschland eine eigene und etablierte linguistische Tradition der Diskursanalyse gibt, die sich speziell mit den Strukturen des Deutschen befasst, werde ich mich in der Folge auf diesen Bereich beschränken.

Nach dem *Diskurs* wird als nächstes das Konzept des *Dialogs* näher beleuchtet. Auch hier ist mit der Dialoganalyse nach Hundsnurscher (1994a, b, 2001) und Weigand (1994, 2000) eine eigene Richtung entwickelt worden, die sich speziell mit der deutschen Sprache befasst.

Zum Schluss werde ich noch kurz auf die Überlegungen zu einer „Dialogic Syntax" von Du Bois (2010) sowie ausführlicher auf das von dem schwedischen Sprachwissenschaftler Linell (1998, 2005, 2009) entwickelte Konzept des „Dialogism" eingehen. Beide Ansätze unterscheiden sich deutlich von denen der Diskurs- und Dialoganalyse, da Du Bois und Linell einerseits stark auf die Arbeiten Bachtins (1979, 1996) zur dialogischen Sprachverwendung zurückgreifen und andererseits auf die Ergebnisse der Gesprochene-Sprache-Forschung, Konversationsanalyse und Gattungsanalyse und nicht auf die klassische Pragmatik bzw. Sprechakttheorie, wie es die Diskurs- und die Dialoganalyse tun.

3.2.1 Die Diskursanalyse/Funktionale Pragmatik nach Ehlich/Rehbein/Redder

Wie bei den in 3.1 vorgestellten Ansätzen spielen in der Diskursanalyse/Funktionalen Pragmatik[7] die *Handlungen* der Interagierenden eine zentrale Rolle (zur Unterscheidung zwischen Aktivität und Handlung vgl. Selting 2008: 244). Auch hier ist also eine Ausrichtung auf implizit soziologische anstatt auf ausschließlich linguistische Kategorien als Ausgangspunkt der Theoriebildung zu beobachten, wobei allerdings der Ursprung dieser Ansätze keinesfalls in der Soziologie liegt, sondern in der ursprünglich philosophisch zu verortenden Sprechakttheorie.[8] Nach Ehlich (1996: 192) handelt es sich bei Diskursen um „über den Zusammenhang von Zwecken konstituierte Musterfolgen, die sich an der sprachlichen Oberfläche als Abfolge sprachlicher Handlungen darstellen." Damit sind die entscheidenden Merkmale der Diskursanalyse genannt: An erster Stelle stehen die *Zwecke*, die die Interagierenden verfolgen.[9] Im Laufe der Zeit bilden sich so genannte *Musterfolgen* heraus, die sich als geeignete Strategien der Durchsetzung dieser Zwecke erwiesen haben. Diese wiederum zeigen sich dann an der sprachlichen Oberfläche und werden so zu beobachtbarem und analysierbarem sprachlichen Material. Auf die durchaus problematische Unterscheidung zwischen einer Tiefenstruktur aus Intentionen oder Zwecken und einer Oberflächenstruktur sprachlich realisierter Muster werde ich im Rahmen der Diskussion der Methodologie der Diskursanalyse noch genauer eingehen.

Während also ein erstes wichtiges Merkmal der Diskursanalyse darin besteht, dass Sprache als eine „sociohistorically developed action form that medi-

---

7 Die Bezeichnungen *Diskursanalyse* und *Funktionale Pragmatik* werden von den VertreterInnen dieser Richtung gleichermaßen verwendet: Während Ehlich (1996) von „funktionalpragmatischer Kommunikationsanalyse" und Redder (2008) von „Functional Pragmatics" spricht, verwendet Rehbein den Begriff „Diskursanalyse", stützt sich dabei aber primär auf die Arbeiten von Ehlich. Umgekehrt spielt der Begriff des *Diskurses* in Ehlichs „funktionalpragmatischer Kommunikationsanalyse" eine entscheidende Rolle. Die Beschreibung des methodischen Vorgehens sowie der theoretischen Annahmen ist nahezu deckungsgleich in den unterschiedlichen Ansätzen. Da ich mich im folgenden Abschnitt nur auf die Funktionale Pragmatik beziehe und eine Verwechslung mit den anderen ‚Diskursanalysen' damit ausgeschlossen ist, werde ich von nun an nur den Begriff *Diskursanalyse* verwenden, um die Funktionale Pragmatik zu bezeichnen.
8 Ein teilweise theoretisch, teilweise forschungsgeschichtlich begründeter Unterschied zur Dialoganalyse besteht bei der Diskursanalyse/Funktionalen Pragmatik auch darin, dass letztere primär institutionelle Kommunikation untersucht und weniger informelle Alltagskommunikation.
9 Hier kommt wieder die bereits bei der Diskussion des Begriffs der Kommunikation erwähnte *Intention* ins Spiel.

ates between a speaker (S) and a hearer (H)" (Redder 2008: 136) angesehen wird und das „fundamental aim" der analytischen Arbeiten sein muss, diese verfestigten „action forms" herauszukristallieren und zu beschreiben, besteht ein zweites Merkmal darin, dass zwischen *Diskurs* und *Text* klar unterschieden wird. Dabei werden „Diskurse als sprachliche Tätigkeiten von zwei oder mehr Aktanten bestimmt, die in einer Sprechsituation kopräsent sind. Die sprachlichen Tätigkeiten im Diskurs sind flüchtige kommunikative Prozesse" (Rehbein 2001: 929). Dies sind zwei Aspekte, die für die weitere Bestimmung dessen, was in der vorliegenden Untersuchung Sprache-in-Interaktion genannt wird, hoch relevant sind: Die Kopräsenz der Teilnehmer in einer Sprechsituation und die Flüchtigkeit der sprachlichen Prozesse. Beides scheint auf den ersten Blick sehr eng gefasst zu sein, in dem Sinne, dass tatsächlich rein medial mündliche Sprache den Untersuchungsgegenstand stellt. Allerdings verweist die Präzisierung durch die „Sprechsituation", die die Kopräsenz der Teilnehmer definiert, darauf hin, dass es eher darum geht, innerhalb eines situativen Rahmens zu agieren und entsprechend diesen Rahmen als mehr oder weniger gegeben zu nehmen. Das führt dazu, dass sich die eingesetzten sprachlichen Mittel verändern, vor allem hinsichtlich der Deixis, aber auch generell hinsichtlich der Strategien der Äußerungs- und Sequenzverknüpfung.

Dass ein solches eher weit gefasstes Bild von Kopräsenz und Flüchtigkeit herrscht, das prinzipiell auch medial schriftliche aber situationsgebundene und flüchtige Kommunikation einschließen kann, wird in der folgenden Unterscheidung von „Diskurs" und „Text" deutlich:

> Da Diskurse durch die Sprechsituation (allgemeiner: die Handlungskonstellation) ‚getragen' werden, Texte die Konstellationselemente in verbalisierter Form enthalten, ergeben sich einige phänographische Unterschiede: Während im Diskurs Sequenzen und Verkettungen sprachlicher Handlungen emergieren, werden in Texten sprachliche Handlungen ausschließlich verkettet; während im Diskurs die Aktanten auf außersprachliche Objekte im Wahrnehmungsraum und in anderen Räumen deiktisch orientieren, wird im Text Wissen eher lexikalisiert (symbolisiert) und in propositionaler Struktur präsentiert; in Texten haben Äußerungen gewöhnlich – im Unterschied zum Diskurs – Satzform. In Texten ist die Konnektivität mannigfaltig und explizit ausgeprägt (einschließlich komplizierter Phorik), in Diskursen häufig der Mitkonstruktion des Hörers überlassen. Texte sind Planungsresultate, Diskurse bilden Pläne in statu nascendi und funktionalisieren z.B. Herausstellungen [...] und Nachträge, Einschübe usw. Nicht zuletzt sind Diskurse in nonverbalkorporelle Kommunikation eingebettet, Texte hingegen auf mediale Repräsentationen angewiesen. (Rehbein 2001: 929)

Bis auf den letzten Aspekt, der Texte auf mediale Repräsentationen beschränkt, treffen alle übrigen Kriterien ganz generell für die Arten der Sprachverwendung zu, die nach der Klassifikation von Koch/Oesterreicher (1985) auf dem Pol der konzeptionellen Schriftlichkeit (= Text) bzw. auf der anderen Seite dem Pol der konzeptionellen Mündlichkeit (= Diskurs) angesiedelt sind. Die mediale Realisierung ist dabei für Koch/Oesterreicher der weitaus weniger relevante Aspekt, entscheidend ist, ob mittels Sprache situationsgebunden,[10] mit offener Themenstruktur, ohne vorherige Planung und in einem gemeinsam erzeugen Situations- und Handlungsraum kommuniziert wird oder eben nicht.

In der Diskursanalyse werden die hier angesprochenen Unterschiede zwischen konzeptioneller Mündlichkeit und Schriftlichkeit als bedeutsam hinsichtlich der Ausprägung sprachlicher Strukturen angesehen: Syntaktische Strukturen wie Herausstellungen, Nachträge, Einschübe etc. werden durch ihre Verwendung jeweils im Text oder Diskurs erklärt. Die Diskursanalyse ist insofern prinzipiell als theoretischer Ansatz für die Analyse von informellen, alltagssprachlichen Produkten gut geeignet – auch wenn in der Forschungspraxis vor allem auf institutionelle Kommunikation fokussiert wurde –, und es sind enge Bezüge zu Ansätzen wie der Konversationsanalyse oder der Interaktionalen Linguistik (vgl. Abschnitt 3.2) zu beobachten. Ein Problem liegt allerdings im methodologischen Bereich. Redder bringt das zentrale methodologische Vorgehen sehr knapp auf den Punkt: "*Discourse* and *text* are the largest units of linguistic action. They consist in ensembles of speech actions that are organized, in a complex manner, with respect to an overarching purpose. Their inner action can thus be fully explored by speech action analysis." (Redder 2008: 140) Eine "Sprechhandlungsanalyse" als Instrument anzusehen, mit dem es möglich ist, ein Alltagsgespräch vollständig zu beschreiben (Redder spricht von „fully explored"), ist aus folgendem Grund problematisch: Das Sprechhandlungsinventar ist etwas, das bereits vor der Analyse – oder bestenfalls parallel zur Analyse – theoretisch aufgebaut wurde, und dies führt in der Tendenz dazu, dass die Sprechhandlungskategorien lediglich in den Daten ‚gefunden' werden und der Blick für alles verdeckt wird, was nicht in diese Kategorien passt. Redder (2008: 131) bezeichnet die Methode, mit einem bereits etablierten, nicht empirisch gewonnenen Set an Kategorien an die Daten heranzugehen als „reflected empiricism" bzw. „hermeneutic analysis". Nach Ehlich (1996: 200) ist genau diese „Unterscheidung von Tiefenstruktur und Oberfläche" methodologisch von großer Bedeutung. Sie dient dazu, eine „systematische Scheidung der verschiedenen Determinanten einzelner Handlungen als Konkretisierung der allgemeinen Kategorien" vornehmen zu können. Dabei wird es dann immer wieder notwendig, zwischen „Basisfällen und abgeleiteten Fällen" (Ehlich 1996: 200) zu unterscheiden. Gegen diese Methode kann allerdings kritisch hervorgebracht wer-

---

[10] Mehr zum Begriff der Situation in Abschnitt 3.3.2.

den, dass die Analyse entsprechend blind wird: Wenn „Basisfälle" vorliegen, also solche Fälle, bei denen das existierende Kategorieninventar funktioniert, ist alles in Ordnung. Wenn dagegen Fälle vorliegen, die nicht diese Kategorien stützen, werden nicht die Kategorien in Frage gestellt, sondern es wird nach Mitteln gesucht, wie diese Abweichungen aus Basisfällen heraus erklärt werden können. Eine Falsifizierung der Kategorien der Tiefenstruktur findet nicht statt. Ehlich (1996: 200) weist allerdings Kritik dieser Art zurück und hält vehement an der Methode fest, nicht auf die Kategorien passende Fälle als „abgeleitet" zu betrachten, anstatt die Kategorien aufzugeben. Er hält den Kritikern vor, dass es „merkwürdige Argumentationsstrukturen" seien, die „am Paradigma der Mathematik orientiert [seien] und auf einen völlig andersartigen Phänomenbereich" übertragen würden, wenn gefordert wird, „dass auch in der Linguistik über beliebige Beispiele die Falsifikation von Theorien geleistet werden kann." Ein solches Vorgehen sei falsch, da es verkenne, „dass die besonderen, ja einzelnen Beispiele gerade nicht als Falsifikationsmittel, sondern als Rekonstruktionsaufgabe interessant wären, nämlich in dem Sinne, dass es zu verstehen gilt, warum das Beispiel möglich ist." So betrachtet könnte die Methode der Diskursanalyse anscheinend durchaus noch dazu führen, dass auch der Kernbereich der Sprechhandlungen überarbeitet, verändert oder zumindest ausgebaut wird. Dies ist aber eher nicht der Fall. Stattdessen soll ein Verständnis des abweichenden Falls, „sofern es theoretisch entwickelt wird, die Angabe der Ableitungsschritte aus den allgemeineren Fällen" (Ehlich 1996: 200) nach sich ziehen. Diese allgemeinen Fälle bleiben als Tiefenstrukturen jedoch unangetastet.

Trotz der theoretischen Grundannahmen, die die Diskursanalyse zu einer durchaus geeigneten Theorie für die Analyse von Sprache-in-Interaktion machen, führt das methodologische Beharren auf ein feststehendes theoretisches Basisinventar zu Problemen: Das erste Problem, die Tendenz, abweichende Fälle zu ignorieren, kann zwar durch gewissenhaftes wissenschaftliches Arbeiten gelöst werden. Das zweite Problem, mit Hilfe von Ableitungsregeln die abweichenden Fälle als von Basisfällen abgeleitet zu konstruieren, führt allerdings leicht zu einem ‚Wegerklären' der Fälle, die damit entsprechend auch nicht als eigenständige Strukturen wahrgenommen werden. Es ist zu fragen, ob ein ‚offenerer' Blick auf die Daten nicht sinnvoller ist, als bereits mit einem etablierten Kategorienkanon an diese heranzutreten.

Ganz ähnlich wie die Diskursanalyse operiert auch die im folgenden Abschnitt vorgestellte Dialoganalyse, und auch hier sind es vor allem methodologische Probleme, die diesen Ansatz problematisch gestalten.

3.2.2 Die Dialoganalyse nach Hundsnurscher/Weigand

Wie bei der Diskursanalyse (d.h. Funktionalen Pragmatik) steht auch in der Dialoganalyse der Zweck, zu dem sprachliche Handlungen eingesetzt werden, im Vordergrund. Dies führte zunächst dazu, dass anfangs auf „zweckorientierte Dialogtypen" (Hundsnurscher 1986: 36) fokussiert wurde und somit der große Bereich der informellen alltäglichen Kommunikation ausgeblendet wurde: „Gesprächsformen ohne klare Zweckdetermination" wurden, vor allem am Anfang der Theorieentwicklung und der ersten Analysen, „von der unmittelbaren Betrachtung zurückgestellt" (Hundsnurscher 1986: 36). Gleiches gilt auch für Mehrpersonengespräche.

Zumindest was letztere betrifft, ist dieser (vorläufige) Ausschluss allerdings bereits durch die Definition eines prototypischen Dialogs gegeben. Nach Hundsnurscher (1994a: XIII) ist nämlich als „Prototyp des Dialogs [...] die spontane mündliche Wechselrede zwischen zwei Personen face-to-face" anzusehen. Durch die methodologisch begründete Beschränkung auf zwei Gesprächsteilnehmer und auf die Interaktion von Angesicht zu Angesicht ist der *Dialog*, anders als der *Diskurs* in der Diskursanalyse, deutlich enger gefasst. Gemeinsamkeiten zwischen beiden Konzepten finden sich dagegen darin, dass auch der Dialog nicht als „besondere formelle und thematisch anspruchsvolle Gesprächsform" aufgefasst wird, die etwa als Kontrast zu einer „informellen Unterhaltung oder einer einfachen Redesequenz wie beim Einkauf im Bäckerladen" nur formelle oder reflektierte Gespräche bezeichnet: „Vielmehr werden aus guten theoretischen Gründen für die Konstitution des Gegenstands Dialog zunächst einmal keine Grenzen gezogen zwischen formellen und informellen Gesprächstypen oder unterschiedlichen Funktionstypen." (Hundsnurscher 1994a: XIII)

Ausgehend von dem so definierten Prototyp eines Dialogs werden dann „vielfältige Verwandtschaftslinien" zu Randfällen von Dialogen postuliert. Letztere umfassen zum Beispiel den „Mehrpersonendialog", „die mündliche Kommunikation mit eingeschränkter Wechselrede (z.B. Predigt, Vorlesung)" oder „die technisch über Entfernungen übertragene mündliche Kommunikation". Doch nicht nur Konstellationen, in denen die gesprochene Sprache verwendet wird, zählen im weiteren Sinne als Dialoge, auch schriftlich vermittelte Formen gehören über Verwandtschaftsbeziehungen dazu, so z.B. das „‚Gespräch in Briefen'", „die wissenschaftliche Kontroverse in schriftlicher Form", „die Leserbriefkontroverse" und schließlich sogar der „‚Dialog' zwischen Mensch und

Maschine" (Hundsnurscher 1994a: XIII).[11] Hundsnurscher betont bei dieser Aufzählung allerdings, dass mit einer allzu starken Ausweitung des möglichen Untersuchungsgegenstandes die Dialoganalyse an Konturen verlieren würde und macht daher deutlich, dass die Orientierung am Prototyp des Dialogs nicht aufgegeben werden soll.

Wie sieht nun konkret die Analyse von Dialogen aus? Das zentrale Interesse besteht bei der Dialoganalyse an der „Klassifikation sprachlicher Handlungsformen" (Hundsnurscher 1994b: 216), und wie bei der Diskursanalyse bildet auch hier die Sprechakttheorie die Grundlage:

> Dialoge in dem hier präparierten Sinn setzen sich aus Sprechakten zweier sprachlich Handelnder zusammen, d.h. sie sind Sprechaktsequenzen, in denen Sp1 und Sp2 abwechselnd aufeinander bezogene Sprechakte vollziehen, wobei sie gemeinsam handelnd individuelle Ziele verfolgen. (Hundsnurscher 1994b: 217)

Dies führt dazu, dass methodologisch bei der Dialoganalyse die gleichen Probleme auftreten wie bei der Diskursanalyse (d.h. Funktionalen Pragmatik): Zum einen ist es für viele Äußerungen nicht (oder nur sehr schwer) möglich, ihnen bestimmte Sprechakte zuzuordnen. Des Weiteren ist es problematisch, davon auszugehen, dass die Interagierenden jeweils ihre Ziele konsequent als individuelle Ziele verfolgen. Viele Gesprächsziele (wenn es überhaupt überall feststellbare Gesprächsziele gibt, wie zum Beispiel beim Small Talk, bei dem man sich mit so einer vagen Angabe wie ‚phatische Kommunikation' behelfen muss) entstehen erst aus der Interaktion und bilden sich durch die Interaktion heraus. Auch die Tatsache, dass die Sprechakte „abwechselnd aufeinander bezogen" sind, trifft für den Bereich der Ko-Produktionen von Äußerungen oder für ganze Gesprächssequenzen nicht zu.

Das genannte Forschungsziel der Dialoganalyse führt in letzter Konsequenz dazu, dass man die sprachlichen Produkte erst von Performanzproblemen reinigen müsste, damit sie als Sprechaktabfolgen rekonstruiert werden können. Genau dies ist der Weg, den Hundsnurscher (1994b: 225) auch vorschlägt: Authentische Gespräche werden jeweils als „performanzbedingte Realisierungen von Typen" betrachtet, die von einem jeweils zu Grunde liegenden Muster abweichen. Auch hier sind wieder die engen Bezüge zur Diskursanalyse zu sehen mit ihrer Annahme einer Tiefen- und Oberflächenstruktur und der Idee, dass

---

11 Hierzu allerdings kritisch Pfänder/Wagner (2009: 92), die den Begriff „Mensch-Maschine-Interaktion" eher als Metapher sehen denn als Bezeichnung einer echten Interaktion, denn „ein Computer-Interface [erlaubt] keine Interaktion im sozialen Sinne: Gemeinsames Aushandeln und Monitoring (im Sinne einer gegenseitigen Vergewisserung, Objekte und Handlungen identisch zu bezeichnen und zu bewerten) finden nicht statt." (Pfänder/Wagner 2009: 92)

Gespräche Realisierungen zu Grunde liegender, mehr oder weniger idealer Muster seien. Dies wird deutlich in der Formulierung von dem „zentralen Anliegen einer Dialoggrammatik", das darin bestehe, „einen methodologischen Rahmen zu schaffen, um sprachliche Kommunikation über den Bereich der grammatisch wohlgeformten Sätze hinaus systematisch und regelhaft zu beschreiben und zu erklären" (Hundsnurscher 2001: 945). Neben wohlgeformten Sätzen gibt es dieser Ansicht nach somit auch wohlgeformte Diskurse, und wie bei der Diskursanalyse ist unklar, wie mit den Fällen verfahren werden soll, die nicht dem wohlgeformten Diskurs entsprechen: Die Wahl besteht darin, sie entweder als wenig relevante Performanzphänomene abzuwerten oder wie in der Diskursanalyse Ableitungsregeln zu erstellen. Wie die Diskussion der Methodologie weiter unten zeigen wird, besteht eine gewisse Präferenz für die erste Lösung.

Neben der Annahme von Mustern wohlgeformter Dialoge ist für die Dialoganalyse, wie bereits erwähnt, der kommunikative Zweck von großer Bedeutung. Er fungiert dabei jeweils als Auslöser für sprachliche Handlungsketten, die wiederum die Grundlage für Dialogmuster sind: „Mit der Festlegung des kommunikativen Zwecks einer sprachlichen Handlung auf das Eintreten eines intendierten perlokutionären Effekts wird der Grund für eine dialogische Sprechhandlungstheorie gelegt." (Hundsnurscher 2001: 946)

Ein kommunikativer Zweck kann zwar tatsächlich vielen Gesprächen zugewiesen werden, vor allem solchen, die in einem institutionellen Kontext verortet sind. Doch selbst bei so etwas Einfachem und hochgradig Routiniertem wie dem Beantragen eines Personalausweises im Bürgerbüro finden sich häufig Abweichungen von einem idealen Abfolgemuster an zweckorientierten Sprechhandlungen. Hundsnurscher (1994b: 225) geht auf diesen Aspekt ein, indem er neben dem Idealtyp des „kommunikationszweckorientierten Dialogs" noch „beziehungsgestaltende" und „handlungsbegleitende" Dialoge annimmt. Diese dienen der „Kontaktpflege, Imagepflege, Stabilisierung von Sozialbeziehungen unterschiedlichster Art, Stimmungsgestaltung", der „Unterhaltung" oder sie finden statt, wenn „sich die Gesprächspartner gegenseitig auf interessante Beobachtungen aufmerksam machen oder wenn bei gemeinsamen Tätigkeiten wie Kochen oder Basteln kommentierende, anleitende oder bewertende Äußerungen gemacht werden." (Hundsnurscher 1994: 225)

So richtig es ist, dass neben der zweckorientierten Kommunikation die phatische und handlungsbegleitende Kommunikation existiert, so unklar ist allerdings ihr Status: Handelt es sich um ‚Beiwerk' zweckorientierter Kommunikation oder um zweitrangige Gesprächsformen? Wie geht man mit der Vermischung von zweckorientierter, phatischer und handlungsbegleitender Kommunikation in einem authentischen Gespräch um und wie sequenziert man dann die Teile jeweils in Sprechakte? Wie kann man eine stark phatisch orientierte Konstellation wie beispielsweise den Small Talk als Abarbeiten eines Musters plausibel erklären?

Das Kernproblem der Dialoganalyse ist somit ein methodologisches: Der Wunsch, die Sprechaktkategorien als Ausgangspunkt zu verwenden, erschwert die Analyse aller Gesprächspassagen, die nicht ohne weiteres als Realisierungen von Sprechakten beschrieben werden können.

Als eine Gegenposition zu einem Vorgehen, das zunächst einen Analyseapparat mit Kategorien (wie den Sprechakten) entwickelt und dann mit diesem Apparat authentisches Datenmaterial untersucht, kann die Konversationsanalyse (Sacks/Schegloff 1973; Sacks/Schegloff/Jefferson 1974; Sacks 1984; Bergmann 1981; vgl. die ausführliche Diskussion in Abschnitt 4.2.1) angesehen werden. In der Konversationsanalyse bilden authentische Gesprächsdaten den Ausgangspunkt. Es gilt, alle für die Analyse benötigten Kategorien aus diesen Daten heraus zu erarbeiten, die Abfolgerichtung von Kategorienbildung und Analyse wird dabei umgekehrt. Weigand (1994) kritisiert dieses Vorgehen allerdings scharf und plädiert weiterhin für das Vorgehen der Dialoganalyse,[12] das methodologisch das einzig Sinnvolle sei und auch alleine zu belastbaren Ergebnissen führen könne. Sie (1994: 65) reduziert dabei das Vorgehen der Konversationanalyse beinahe parodistisch auf einen einzigen Aspekt, das Turn-Taking-System: Das Konzept der *Konversation* sei „characterized mainly by one central feature", und dieses zentrale Merkmal sei das „feature of ‚turn-taking'". Das Turn-Taking-System, das eines der ersten Erkenntnisse der Konversationsanalyse war, wird von Weigand (1994: 65) als *die* Methode der Konversationsanalyse schlechthin ausgemacht:

> The turn-taking methodology is based on an object of conversation as performance phenomenon which [...] remains without structure not being subject to general rules. The main categories of analysis refer to situational, sociological aspects. Analysing conversation according to this methodology adheres to marginal phenomena and misses the object. Before deciding a methodology the object should be clarified.

Durch die kleinteilige, schrittweise und situationsgebundene Rekonstruktion von Gesprächen verliere die Konversationsanalyse jeden Blick für das eigentlich Wichtige, sie verwechsle nebensächliche Strukturen und Muster mit den tatsächlichen Triebkräften für Sprache. Kurz: Es sei für die Konversationsanalyse ein "failure of empirical methods" zu konstatieren (Weigand 1994: 65).

---

12 Sie spricht dabei auch von dem dialogischen Handlungsspiel bzw. „dialogic action game" (Weigand 2000).

Dass die Konversationsanalyse durch ihr strikt empirisches Vorgehen und ihre Skepsis bezüglich vorgängig ausgearbeiteter Analysekategorien deutlich kleinteiliger vorgeht als andere Theorien, ist unbestritten. Nicht korrekt ist allerdings die Reduktion der Methode der Konversationsanalyse auf Turn-Taking-Analysen. Ganz im Gegenteil, wie Schegloff (1993: 104), einer der Begründer der Konversationsanalyse, schreibt, besteht das Ziel der Konversationsanalyse darin, jeweils durch detaillierte Analysen herauszufinden, „how talk-in-interaction is conducted as an activity in its own right and as the instrument for the full range of social action and practice" (Schegloff 1993: 104). Nicht kleinteilige Strukturen wie das Turn-Taking stehen also im Mittelpunkt, sondern soziale Handlungen – allerdings nicht Handlungen, die bereits vor der Analyse auf feste Handlungstypen oder gar Handlungsmuster festgelegt wurden. Noch deutlicher bringen diese Fokussierung Drew/Heritage (1993: 17) auf den Punkt:

> The decisive feature that distinguishes the CA treatment of interaction and language from others that are current in the field is what may be termed its *activity focus*. In contrast to perspectives that begin, at one pole of the analytic enterprise, with a treatment of culture or social identity or, at the other pole, with linguistic variables such as phonological variation, word selection, syntax etc., CA begins from a consideration of the *interactional accomplishment of particular social activities*. These activities are embodied in specific social actions and sequences of social actions. (Drew/Heritage 1993: 17)

Es ist klar, dass Aktivitäten, die in dieser Art und Weise konzeptualisiert werden und bei denen im Mittelpunkt das „interactional accomplishment" steht, nicht aus festen Handlungsmustern bestehen können.

Doch zurück zu dem theoretischen und methodologischen Gegenentwurf der Dialoganalyse, den Weigand als einzig geeigneten Ansatz betrachtet. Während also die Konversationsanalyse zwar über eine „new empirical methodology" verfüge, aber durch ihre Beschränkung auf nicht relevante, situationsgebundene Details kein „fixed object of study" habe, habe die Dialoganalyse den Vorteil, dass dort das „discrete object dialogue delimited by communicative purpose" den Gegenstand bereits fest umreiße. Das „feature of communicative purpose" sei das eine konstituierende Merkmal, das die weitere Analyse überhaupt erst ermögliche: "The main categories of analysis derived from purpose are categories of an action theory of language use, not categories of a situational analysis of turn-taking." (Weigand 1994: 71)

Was zunächst in der Dialoganalyse von Weigand selbstkritisch bemängelt wird, ist, dass erst noch eine Methodologie entwickelt werden müsse. Dies geschah in der Folgezeit: In einer Untersuchung sechzehn Jahre später legt Weigand (2000: 16) die Methodologie der Dialoganalyse fest und lehnt als erstes ein empiriezentriertes Vorgehen ab: „[W]e cannot start from a corpus as observers when trying to understand what is going on in the action game." Als alternativer Startpunkt bietet sich nach Weigand (2000: 16) die kognitive und anthropologisch begründete Grundausstattung von Menschen an: „We have to start from human beings and their abilities, from their way of perceiving the world, of having goals, of being oriented towards each other, of always negotiating meaning and understanding." Durch das Nachdenken darüber, wie Menschen die Welt wahrnehmen, Ziele verfolgen und miteinander in Beziehung treten, soll es möglich sein, die Grundkategorien herauszufinden, die dialogisches Verhalten steuern: „There must be some relatively simple principles at our disposal which we can use as guidelines in our dialogic behavior. It is these principles we are trying to discover and verify using authentic examples." (Weigand 2000: 16)

Zwei entscheidende Aspekte werden hier angesprochen: Zum einen die Tatsache, dass es „relativ simple principles" sein müssen, die dem dialogischen Handeln zu Grunde liegen und zum anderen, dass es leichter sei, diese Prinzipen theoretisch zu entwickeln als sie durch detaillierte empirische Analysen herauszufinden. Beide Annahmen sind problematisch. Auch wenn die Kognitionsforschung in den letzten Jahren Fortschritte gemacht hat, sind wir noch weit davon entfernt, zu wissen, wie menschliche Wahrnehmung und Kognition generell aufgebaut sind. Reines Nachdenken darüber führt daher wahrscheinlich eher nicht zum Ziel. Und ob die menschliche Kognition dann letztendlich auf „einfachen Prinzipien" beruht, ist alles andere als klar. Trotz dieser äußerst vagen Ausgangslage, die die neue Methodologie der Dialoganalyse begründet, und der Tatsache, dass die „einfachen Prinzipien" zunächst nur spekulative Produkte sind, sollen sie auch in einem zweiten Schritt nicht kritisch hinterfragt, sondern lediglich anhand von Daten bestätigt (verifiziert) werden: „It is these principles we are trying to discover and verify using authentic examples." (Weigand 2000: 16) Zumindest Weigands Ansatz fällt damit noch weiter hinter den der Diskursanalyse zurück, in der abweichende Fälle immerhin zur Ausbildung oder Verfeinerung von Ableitungsregeln führen können. In der so betriebenen Dialoganalyse werden Fälle, die nicht die a priori behaupteten Prinzipien dialogischer Kommunikation stützen, gar nicht erst zur Kenntnis genommen.

3.2.3 Die Dialogic Syntax nach Du Bois und der Dialogism nach Linell

Die in den ersten beiden Abschnitten vorgestellten Ansätze der Diskurs- und Dialoganalyse teilen, wie gezeigt wurde, in großem Umfang theoretische und methodologische Grundannahmen. Ganz anders sieht es dagegen mit den relativ neu entwickelten Ansätzen der „dialogic syntax" (Du Bois 2010) und des "dialogism" von Linell (1998; 2005; 2009) aus. Beide Ansätze haben außer dem Begriff des Dialogs nur wenig mit diesen Ansätzen gemeinsam und müssen unter theoretischer Perspektive eher den im letzten großen Abschnitt (3.3) diskutierten interaktionalen Ansätzen zugerechnet werden. Da es in diesem Kapitel jedoch um die Wahl und die Begründung eines angemessenen *Begriffs* für den Untersuchungsgegenstand geht und weniger um die Darstellung von Theorien, werden beide Ansätze hier besprochen.

Den Ausgangspunkt sowohl von Du Bois' als auch Linells Überlegungen bildet das extrem weite Dialogkonzept, das der Kultursemiotiker Bachtin (1979; 1996) entwickelte. Nach Bachtin ist die Dialogizität das Grundmerkmal von Sprache überhaupt, nicht nur eines Teilbereichs der (typischerweise gesprochenen) Sprache:

> Die Sprache lebt nur aus dem dialogischen Umgang jener, die sie sprechen. Der dialogische Umgang ist die eigentliche Lebenssphäre der Sprache. Das Leben der Sprache, in jedem Bereich ihres Gebrauchs (Alltag, Geschäftsleben, Wissenschaft, Kunst) ist von dialogischen Beziehungen durchwirkt. (Bachtin 1996: 103)

Bachtin spricht hier von *der* Sprache schlechthin. Dies ist nur möglich, indem das Konzept des Dialogs so weit ausgedehnt wird, dass damit nur noch Folgendes gemeint ist: Eine schriftliche oder mündliche Äußerung nimmt in irgendeiner Weise auf eine vorangegangene Bezug. Die Produzenten einer Äußerung müssen dabei nicht mehr als reale Personen in Erscheinung treten, sie können schon lange tot sein. In dieser Art konzeptualisiert, besitzt jede Äußerung „so gesehen, ihren Autor, den wir in dieser Äußerung als Schöpfer hören. Der reale Autor, wie er außerhalb dieser Äußerung existiert, muss uns deswegen nicht bekannt sein." (Bachtin 1996: 105) Wenn jemand auf ein sprachliches Produkt reagiert, so erzeugt diese Person für sich einen Autor des Sprachprodukts, der mit dem ‚eigentlichen' Autor dieses Produkts nichts zu tun haben muss.[13] Der Vorteil dieser Sichtweise besteht darin, dass kognitive und entsprechend nicht belegbare Konzepte wie die *Intention* oder der *Zweck* dabei irrelevant werden. Wichtig ist, wie auf eine Äußerung reagiert wird, wie sie behandelt wird und wie in der Folge wiederum auf diese Reaktion auf eine Äußerung reagiert wird usw. Damit wird sprachliche Kommunikation als dialogische Kommunikation zeitlich unbestimmt gelassen, Sprache wird primär über die Tatsache definiert,

---

[13] Das meint Bachtin (1996: 105), wenn er anmerkt, dass auch wenn ein Werk durch ein Autorenkollektiv produziert wurde oder sogar als „Ergebnis der Arbeit mehrerer aufeinanderfolgender Generationen" zu Stande kam, wir dennoch „im Werk den einheitlichen Schöpferwillen, eine bestimmte Position, auf die wir dialogisch reagieren können" wahrnehmen. Kurz: „Die dialogische Reaktion verpersönlicht jede Äußerung, auf die sie reagiert."

dass jede Äußerung Anschlussoptionen für weitere Äußerungen bereitstellt, die wiederum neue Anschlussoptionen liefern: „Es gibt kein erstes und kein letztes Wort, und es gibt keine Grenzen für den dialogischen Kontext (er dringt in die unbegrenzte Vergangenheit und in die unbegrenzte Zukunft vor)." (Bachtin 1979: 341)

An diese Bereitstellung von Anschlussoptionen – bzw. konkreter gefasst sogar von direkten Schablonen für eigene Äußerungen – durch einen mündlichen oder schriftlichen Prä-Text knüpft Du Bois (2010) mit seiner „dialogic syntax" an.[14] Für Du Bois (2010: 3) ist die Tatsache von besonderer Bedeutung, dass sich in sich aufeinander beziehenden Äußerungen häufig deutliche formale Parallelen feststellen lassen: „Patterns match at varying levels of abstraction, from identity of overt morphology to abstract features and syntactic structures." Das heißt, dass in einer Folgeäußerung (annähernd) die gleichen Wörter, der gleiche Satzbau, die gleiche Prosodie etc. verwendet werden. Dem zu Grunde liegt dabei nach Du Bois (2010: 7) ein „dialogic bootstrapping", das eng mit der prägenden Wirkung von „paradigms, parallelism, and other implicitly analogy-implicating structures" zusammenhängt. Dabei müssen die Äußerungen nicht unbedingt in einer zeitlich unmittelbaren Abfolge und in einer Kopräsenz der Interagierenden produziert werden. Wenn innerhalb einer Interaktionssituation von Angesicht zu Angesicht formale Übereinstimmungen entstehen, dann ist das sogar eher ein Sonderfall, eine so genannte „dynamische Resonanz": „In cases of dynamic resonance, we can say that the source of resonance lies in the immediate dialogic configuration of meanings: in such cases, the resonance might rightly be called emergent." (Du Bois 2010: 13) Weitaus häufiger entstehen Resonanzen jedoch auch über längere Zeiträume und über schriftliche und mündliche Äußerungen hinweg. Semantische Felder (Du Bois 2010: 13) und das Thema, über das gesprochen oder geschrieben wird („content or subject matter"; Du Bois 2010: 13), stellen Schablonen bereit, an denen sich mündliche und schriftliche Äußerungen orientieren.

Das mechanistische Bild einer Orientierung an Schablonen ist dabei durchaus intendiert. Du Bois (2010: 16) definiert den Begriff der „Resonanz" als „some kind of algorithmic process of feature-matching" mit dessen Hilfe dem Inventar der Syntax „a whole new class of formal relations between signs" (Du Bois 2010: 22) hinzugefügt werden könne: "Specifically, dialogic syntax encompasses a formal relation of mapping between a given structure produced by one speaker and a (partially) parallel structure produced by another speaker." (Du Bois

---

14 Dieser Ansatz wird auch von Anward (2004) vertreten, der ihn unter anderem auch auf die Entstehung von syntaktischen Kategorien (Wortarten) anwendet.

2010: 23) Das Interesse an einer Formalisierung solcher Bezüge auf vorausgegangene Äußerungen schlägt sich auch in der von Du Bois (2010: 8–10) ausgearbeiteten Darstellung in so genannten „diagraphs" nieder, mit deren Hilfe Äußerungen auf formale Übereinstimmung überprüft werden können. Ein Austausch zwischen zwei Personen M und B, bei dem M die Äußerung „it's erasable" produziert und B daraufhin mit „I don't care if it's erasable" reagiert, wird nach Du Bois (2010: 39) wie folgt dargestellt:

						S		
						NP	VP	
						PRP	BEZ	JJ
1 M:						it	's	erasable
3 1 B:	I	do	n't	care	if	it	's	erasable
	PRP	AUX	NEG			PRP	BEZ	JJ
				VB				
	NP	VP			CS	S		
			S					

Abb. 1: „diagraph"-Beispiel

Das Verdienst des Versuchs von Du Bois besteht darin, die traditionelle, auf Einzeläußerungen beschränkte Syntax um eine „diatax" (Du Bois 2010: 24) auszubauen, in der das „mapping", das Vergleichen paralleler Strukturen möglich ist. Für eine echt dialogische Syntax fehlt allerdings in diesem Ansatz alles, was mit dem funktionalen und sequenziellen Bereich der Gesprächsorganisation zu tun hat. Die Beobachtung ist zwar richtig, dass Sprache erst über die Reaktion auf vorgängige Sprachprodukte entstehen kann. Die sehr allgemeine Dialogizitätshypothese von Bachtin einerseits und die schematische, auf formale Übereinstimmung beruhende Dialogizitätshypothese von Du Bois andererseits verdecken aber den Blick auf die konkreten Unterschiede und deren Funktionen, die entstehen, wenn man (i) im engeren Sinne situationsgebunden – siehe Abschnitt 3.3.2 zum Konzept der „Situation" – und wechselseitig kommuniziert, im Vergleich dazu, wenn (ii) ein Gesprächspartner nicht mehr reagieren kann und keine geteilte Handlungssituation mehr besteht, also eine zeitlich extrem zerdehnte Kommunikationssituation herrscht. Der Blick für spezifisch „dialogische Phänomene" (Schwitalla 2001: 900) der Syntax von im ersteren Sinn dialogisch eingesetzter Sprache geht dabei verloren.[15]

---

[15] Vgl. auch die Arbeit von Zima (2011), die die dialogische Syntax u.a. auch durch kognitive Annahmen anreichert.

Linell (2009: 4) knüpft an die definitorische Unschärfe der Dialogkonzepte an, indem er drei Grundbedeutungen von Dialog auseinanderhält. Die erste Definition ist dabei als „most down-to-earth meaning of ‚dialogue'" identisch mit dem von Hundsnurscher (s.o.) beschriebenen Prototyp eines Dialogs:

> According to this definition, a dialogue is a direct interactive encounter between two or more, mutually co-present individuals who interact by means of some semiotic resources, such as spoken language and its accompanying body language. Here, 'dialogue' comes close to 'face-to-face interaction in and through talk'.

Die verbale, nonverbale und paraverbale Interaktion von Angesicht zu Angesicht gilt als Ausgangspunkt des Dialogs, der dann ähnlich wie bei der Dialoganalyse im Sinne von Familienähnlichkeiten ausgeweitet werden kann, indem einerseits "Interaction via telephone, radio, television and computer-borne communication in real time" hinzugerechnet werden und andererseits „delayed interaction, as when responses are normally not given immediately, in real time (e.g. e-mail, chat-systems, SMS, etc.)" (Linell 2009: 4). Die Ausweitung des Dialogbegriffs zeigt dabei, dass das Entscheidende des Dialogs nicht in der physischen Anwesenheit liegt, sondern in den sich dadurch ergebenden Konstellationen, nämlich erstens eine Situation, die gemeinsam hergestellt und geteilt wird und zweitens die Möglichkeit der Reaktion durch die Beteiligten.[16]

Die zweite Definition von „Dialog" betrifft Konzeptionen des „idealen" Dialogs, wie er z.B. von Habermas vorgeschlagen wird. Grundsätzlich geht es dabei um „the idea that a ‚true' or ‚ideal' dialogue must be some kind of 'high-quality interaction'" (Linell 2009: 5). Diese Definition müsse nach Linell zwar wissenschaftsgeschichtlich zur Kenntnis genommen werden, empirisch sei dieses Konzept aber nicht einsetzbar, da zum einen unklar sei, was genau einen Dialog qualitativ hochwertig mache und zum anderen, weil gerade Aspekte wie Asymmetrie oder Macht, die z.B. bei Habermas eine große Rolle spielen, von der lokalen, situativen Aushandlung abhängen.[17]

---

[16] Unglücklich ist dabei die vage Formulierung in Bezug auf „radio" und „television". Dialogisch wird in diesen Medien nämlich nur kommuniziert wenn es a) um die Kommunikation innerhalb des Mediums geht, also z.B. in einem Interview im Radio und Fernsehen oder b) wenn ein Zuhörer bei einer Radio- oder Fernsehsendung anruft und live zugeschaltet wird. Passives Empfangen einer Radiosendung ist nicht dialogisch in diesem Sinne. Eine Definition des Begriffs *Situation* findet sich in Abschnitt 3.3.2.
[17] Vgl. hierzu ausführlich die Untersuchung zur Herstellung und Aushandlung der kommunikativen Ungleichheit (z.B. Macht, Dominanz, Hierarchie, Asymmetrie) in Gesprächen von Brock/Meer (2004).

Die dritte Definition schließlich knüpft an die weite Definition Bachtins an: „This third sense of the term would refer to *any* kind of human sense-making, semiotic practice, action, interaction, thinking or communication, as long as these phenomena are 'dialogically' (or 'dialogistically') understood." (Linell 2009: 6) Dabei geht Linell noch über Bachtin hinaus. Für Bachtin als Kultursemiotiker war vor allem die Bezugnahme mit Texten auf Texte relevant. Linell sieht ganz allgemein „communication and cognition (or thinking)" als menschliche Fähigkeiten, die grundsätzlich „interaction with others" benötigen. Diese Interaktionen umfassen "other persons, other systems, other dimensions of one's self, others through texts and additional types of artifacts with 'inscriptions', etc." (Linell 2009: 14–15). Selbst das stille Lesen eines Textes ist – ähnlich wie bei Bachtin – Interaktion in diesem Sinn, denn der Leser interagiert „with the printed text (and perhaps with images), with elements, parts and wholes of text. The meanings of a text result from the reader's interaction with and reconstruction of the author's construct (the text with its 'inscriptions')." (Linell 2009: 16)

Wie bei der Diskussion der bislang behandelten Ansätze mehrfach angemerkt, ist eine solche Ausweitung des Dialog- oder Interaktionskonzeptes zwar nicht unplausibel, allerdings wenig hilfreich, wenn es darum geht, die konkreten grammatischen Eigenschaften von Sprache-in-Interaktion zu erfassen. Linell selbst schränkt daher in der Folge den Bereich der dritten Definition von Dialog wieder ein, so dass er beinahe wieder zur ersten Definition zurückkehrt. Im Mittelpunkt des Interesses steht für ihn nämlich der "connected discourse", der entsteht, „when talking together in a conversation". Zentral ist diese Form deshalb, weil dort spezielle sprachliche Strukturen sichtbar werden: Die Gesprächsteilnehmer sind gezwungen, „links between utterances" aufzubauen:

> Utterances, turns and larger sequences (communicative projects) are linked backwards to situations and prior contributions to the discourse, and they also have links to possible next actions or contributions, and thereby to projected changes in situations. They are not autonomous 'speech acts' uttered by speakers as autonomous acts, as if they had no context. Utterances are 'inter-acts' with retrospective and prospective aspects, or, with slightly different terms, 'responsive' and 'projective' properties. (Linell 2009: 296)

Diese wieder sehr auf die Sprechsituation von Angesicht zu Angesicht bezogene Eingrenzung (Linell verwendet explizit die Bezeichnung „speakers" und „utterances") führt zu der Fragestellung der Beschreibung einer Grammatik von interaktional eingesetzter Sprache: „Grammatical constructions have their origin in conversational practices which have become increasingly routinized, conventionalized and perhaps partly ritualized in the repertoire of linguistic resources." (Linell 2009: 302) Nicht ganz klar wird in Linells Dialogkonzept, wie nun die Situation von Angesicht zu Angesicht als zentrale dialogische Kommunikationskonstellation genau zu den übrigen Kommunikationskonstellationen steht. Können also nur aus der mündlichen dialogischen Kommunikation neue grammatische Konstruktionen emergieren oder zum Beispiel auch aus der schriftlichen dialogischen Kommunikation wie E-Mail, Chat, IM oder SMS? In Bezug auf die Dialog-Konzepte bei Linell bietet es sich daher an, von dem für diese Fragen tatsächlich wenig hilfreichen Begriff *Dialog* Abstand zu nehmen (der darüber hinaus auch in der germanistischen Sprachwissenschaft stets mit der Dialoganalyse verbunden wird) und diesen – ähnlich wie den Begriff *Kommunikation* (vgl. 3.1) – als weites, übergeordnetes Konzept einzusetzen, mit dem ein typisch menschliches Grundmerkmal der Bezugnahme auf vorangegangene schriftliche oder mündliche Kommunikation beschrieben wird, ganz gleich, ob diese zeitlich extrem zerdehnt ist, ob sie synchron stattfindet oder ob wie beim stillen Lesen die Interaktion nur im Kopf geschieht. Linell selbst weist mit dem Begriff der „inter-acts" auf eine mögliche Bezeichnung hin, mit der der spezielle linguistische Gegenstand der Beschreibung grammatischer Strukturen, die in der Sprache vorkommen, die situationsgebunden und kooperativ eingesetzt wird, erfasst werden kann: *Sprache-in-Interaktion*. Um diese – bzw. um den Interaktionsbegriff an sich – wird es im letzten Abschnitt gehen.

3.3 Interaktion

Ein dritter geläufiger Begriff für das Phänomen, das im Mittelpunkt dieser Arbeit steht, ist der der *Interaktion*. Anders als die Begriffe *Kommunikation*, *Diskurs* oder *Dialog* wird *Interaktion* allerdings meist terminologisch enger gebraucht und ist daher geeigneter, wenn es darum geht, Konstellationen sprachlicher Kommunikation mit besonderen grammatischen Phänomenen und Strukturen zu beschreiben.[18]

Zunächst soll ein Ansatz sprachlicher Interaktion mit systemtheoretischen Fundament nach Kieserling (1999) vorgestellt werden. Ihm folgt der Interaktionsbegriff, wie er in den eng verwandten Forschungsansätzen der *Konversationsanalyse*, der *Analyse kommunikativer Gattungen* und der *Interaktionalen Linguistik* vertreten wird.

---

18 Wie oben bereits erwähnt, gilt dies nicht für Watzlawick/Beavin/Jackson (2000: 50), die unter „Interaktion" eine Aneinanderreihung von einzelnen Nachrichten fassen, die sie jeweils als „eine Kommunikation" bezeichnen. Hier wäre die Interaktion der Kommunikation übergeordnet.

3.3.1 Interaktion nach Kieserling

Kieserling (1999) setzt sich für einen möglichst engen Begriff von Interaktion ein, sicherlich nicht zuletzt wegen der grundsätzlichen Gefahr, dass das Konzept der *Interaktion* schnell wie auch das der *Kommunikation* oder des *Dialogs* so umfassend gehandhabt werden könnte, dass das Konzept als Grundlage eines analytischen Programms kaum mehr einen Nutzen hat. Kieserling (1999: 15) hält daher fest, „dass Interaktion hier nicht Wechselwirkung oder Sozialität schlechthin meint. Es geht also nicht um den Gegenstandsbereich der Soziologie im Ganzen." Er stützt sich dabei auf eine Definition von Luhmann (1976: 5), der „als definierendes Merkmal für ‚elementare Interaktion' [...] die Anwesenheit der Beteiligten" ansieht. Gemeint ist mit Interaktion ein „spezifischer und umschriebener Sachverhalt, der die Personen in Hörweite und ihre Körper in Griffnähe bringt. Eine Interaktion kommt nur zustande, wenn mehrere Personen füreinander wahrnehmbar werden und daraufhin zu kommunizieren beginnen" (Kieserling 1999: 15). Das Insistieren auf die Körperlichkeit der Interaktion („Körper in Griffnähe") führt dazu, dass „das Erfordernis der gemeinsamen Anwesenheit" zum „Konstitutionsprinzip von Interaktion" wird (Kieserling 1999: 17).[19] Diese extreme Einschränkung auf körperliche Anwesenheit ist sicherlich dann sinnvoll, wenn es beispielsweise darum geht, multimodale Kommunikation zu analysieren, also die Kombination von verbalen mit para- und nonverbalen Signalen zu untersuchen. Wenn es aber darum geht zu fragen, wie sich sprachliches Handeln in einer gemeinsamen Situation und mit dem sequenziellen Aufbau von Äußerungen auf die sprachliche Struktur niederschlägt, driftet die Definition Kieserlings allerdings in das andere Extrem ab: Anstatt zu breit ist sie zu eng gefasst.[20] Recht willkürlich wird dabei z.B. das

---

19 So im Übrigen, wenn auch etwas schwächer formuliert, bei Berger/Luckmann (1980: 31): „Die Vis-à-vis-Situation ist der Prototyp aller gesellschaftlichen Interaktion. Jede andere Interaktionsform ist von ihr abgeleitet." Hier gilt die Situation von Angesicht zu Angesicht lediglich als Prototyp. Auch in der Definition von Wagner (2006: 91) erhält die „leibgebundene innerartliche Verständigung" einen hohen Stellenwert, wenn sie auch in der darauf folgenden Liste der grundlegenden Charakteristika von Interaktion als „immer schon gegeben", „regelgeleitet", beschreibbar im Sinne eines „rekursiven Algorithmus", als ein „geschlossener Handlungskreis" und als „dynamische Einheit" nicht mehr auftaucht. Wie so oft bleibt daher auch hier die Frage offen, ob nun Interaktion ausschließlich auf die leibliche Kopräsenz beschränkt wird oder nicht.
20 Trotz der mehrfachen Wiederholung der These, dass Interaktion gegenseitige akustische und optische Wahrnehmbarkeit bedeutet (z.B. Kieserling 1999: 110), geht Kieserling jedoch auch immer wieder auf Telefongespräche ein, die dann wohl im Sinne einer Familienähnlichkeit doch auch zur Interaktion gerechnet werden. Ähnlich wie Kieserling argumentiert auch

Kommunizieren via Chat oder Instant Messaging ausgeschlossen, obwohl auch dort eine gegenseitige (allerdings ‚virtuelle') Wahrnehmbarkeit gegeben ist, wie z.B. im IM über Statusanzeigen oder Aktivitätsanzeigen, wenn eine Person eine IM-Nachricht verfasst. Kieserling (1999: 25) verteidigt seinen engen Interaktionsbegriff damit, dass „andere Arten der Kommunikation [...] ohne dieses Erfordernis der gemeinsamen Anwesenheit auskommen und dadurch einerseits mehr Möglichkeiten haben, andererseits aber auch unter spezifischer definierte Beschränkungen gestellt werden können." Neben der Schrift und dem Buchdruck erwähnt Kieserling als weiteren „Gegenbegriff zur Interaktion" auch die „Telekommunikation" (Kieserling 1999: 25). Ein Telefongespräch wäre somit dem – allerdings nicht weiter definierten und abgegrenzten – Konzept der „Telekommunikation" unterzuordnen, das den gleichen analytischen Stellenwert wie „Interaktion" hätte. Auf der anderen Seite aber gilt für Kieserling (1999: 27) konsequenterweise „das laute Vorlesen vor kleinerem oder größerem Publikum" als Interaktion, da dort die Anwesenheit gegeben ist, selbst wenn, wie z.B. bei einer Predigt, eine Interaktion im Sinne eines wechselseitigen Austauschs von Gesprächsbeiträgen durch die Anwesenden nicht vorkommt. Umgekehrt wäre die „Rundfunkübertragung einer solchen Lesung wiederum [...] als Massenkommunikation keine Interaktion".

Für bestimmte soziologische Fragestellungen oder für die Erforschung von Gestik, Mimik, Bewegung im Raum, Wahrnehmung von Verhalten oder Kleidung etc. mag diese Einschränkung sinnvoll sein, für die Linguistik – vor allem die Erforschung grammatischer Strukturen, die mit Interaktion zusammenhängen – ist es dagegen weniger von Bedeutung, ob aus einem Buch vor Publikum oder vor einem Radiomikrofon vorgelesen wird. Darüber hinaus ist die Begründung der Exklusion von Kommunikationsmedien aus der Interaktion auch wenig nachvollziehbar. Kieserling (1999: 151) beruft sich auf die Systemtheorie, wenn er die „Ausklammerung der Materialität der Kommunikation" dadurch rechtfertigt, dass „solche Materialien vom System der Kommunikation aus gesehen zur Umwelt gehören":

Goffman (1967: 2), der ebenfalls Anwesenheit von Angesicht zu Angesicht zur Voraussetzung von Interaktion macht. Goffman kann man allerdings zu Gute halten, dass diese Aussage noch aus der Zeit vor der Entwicklung des Internet und der damit verbundenen Möglichkeiten von interaktiver Kommunikation mit Hilfe der Schrift stammt: „I assume that the proper study of interaction is not the individual and his psychology, but rather the syntactical relations among the acts of different persons mutually present to one another". Wie Storrer (2002: 4) feststellt, ist es erst durch das Internet ermöglicht worden, dass mit schriftlicher Sprache in großem Umfang und alltäglich interaktional kommuniziert wird: „Zum ersten Mal wird schriftliche Sprache genuin und im großen Stil für die situationsgebundene, direkte und simultane Kommunikation genutzt." (Storrer 2002: 4)

> Ein gutes Beispiel dafür ist abermals die Interaktion am Telefon. [...] Die Verbindung kann schlecht sein, und sie kann unterbrochen werden, zum Beispiel wenn am Münzfernsprecher die Münzen ausgehen. Und das unterbricht dann selbstverständlich auch die Kommunikation. Aber die Unterbrechung als physikalisches Ereignis trägt keine Operation zum System bei. Man kann nachher nicht einfach unter Berufung auf die technisch bedingte Unterbrechung anders kommunizieren als zuvor.[21] (Kieserling 1999: 151)

Wer jemals mit der Bahn unterwegs war, weiß, dass dies nicht der Fall ist: Die Unterbrechung des Handyempfangs hat auf vielen Ebenen einen Einfluss auf die Kommunikation. Nach der Wiederherstellung der Verbindung werden häufig unter Bezug auf die schlechte Verbindung telegrammartig die wichtigsten Informationen weitergegeben und das Gespräch beendet – und umgekehrt kann die Ausrede eines schlechten Empfangs auch dazu genutzt werden, ein unliebsames Gespräch abzubrechen, ebenso wie es auch die Strategie gibt, solche Gespräche mit einem Verweis auf den leeren Akku abzukürzen.[22] Die materialen Bedingungen der Kommunikation gehen also nicht nur via Stimme und Körper in die Interaktion ein, sondern genauso auch über die technischen Kommunikationsmittel.

Aus linguistischer Sicht ist zudem zu bemerken, dass sich die Forschungen im Entstehungsbeginn der Konversationsanalyse vor allem auf Telefongespräche stützten, also auf medial vermitteltes Sprechen, und die grundlegenden Erkenntnisse über Strukturen interaktionaler Sprache (das Turn-Taking-System, Nachbarschaftspaare, Sequenzstrukturen etc.) auf diesen Daten aufgebaut wurden. Dabei zeigte sich im Laufe weiterer Forschungen, dass sich genau diese Strukturen auch in der Face-to-face-Interaktion wiederfinden. Zudem wurde gerade durch die konversationsanalytischen Arbeiten deutlich, dass das Medium (hier das Telefon) nahtlos in die Strukturen der Interaktion integriert wird, wie zum Beispiel die Nachbarschaftspaare zeigen: Ein Telefonat beginnt übli-

---

21 Vgl. als Gegenkonzept allerdings Schneiders (2008a) Untersuchung zur Medialität von Sprache. Schneider argumentiert, dass ohne eine materielle Substanz Sprache nicht existieren kann. Eine Trennung von Medium und Sprachsystem (langue) sei daher dem Gegenstand nicht angemessen.

22 Ein Beispiel für einen Gesprächseinstieg, bei dem – typisch für Kommunikation via Mobiltelefon – die Umwelt direkt in die Kommunikation hineinspielt, ist folgender Hörbeleg: „ich bin grad im ZUG; also nich wundern wenn verBINdung wech is; ne,". Diese Äußerung wurde von der Angerufenen (einem ungefähr fünfzehn Jahre alten Mädchen) als erster Gesprächsbeitrag ohne vorherigen Gruß o.ä. direkt nach dem Entgegennehmen des Anrufs geäußert. Der Verweis auf die externe Situation erfüllt somit gleich drei Funktionen: Er dient als Antwort-Ersatz auf das Klingeln des Telefons, er repariert präventiv mögliche technische Gesprächsstörungen und er liefert die bei Mobiltelefonaten häufig gegebene Information, wo man sich gerade befindet.

cherweise mit einem Klingeln, das von dem Empfänger als „Aufruf" gewertet wird, ganz ähnlich wie wenn jemand „Hallo" oder „Huhu" rufen würde (vgl. Schegloff 1968 zu einer detaillierten Analyse dieser Aufruf-Reaktions-Nachbarschaftspaare).

In seiner starren Einengung auf die gegenseitige körperliche Wahrnehmung geht Kieserling somit zu weit – und weiter, als es in Luhmanns Definition angelegt war. Das zu Beginn dieses Abschnitts angeführte Zitat von Luhmann (1976: 5) setzt sich nämlich wie folgt fort:

> Wir wollen als definierendes Merkmal für ‚elementare Interaktion' ebenso wie für ‚einfaches Sozialsystem' die Anwesenheit der Beteiligten benutzen. Die Beteiligten sind diejenigen, die eigenes Erleben und Handeln zur jeweiligen Interaktion beisteuern. Anwesend sind sie, wenn und soweit sie einander wechselseitig (also nicht nur einseitig!) wahrnehmen können.

Es bleibt dabei offen, was genau „wechselseitig wahrnehmen" bedeutet – dies muss keinesfalls von Angesicht zu Angesicht sein, wenn man zugesteht, dass man sich auch in einem Chatraum wechselseitig wahrnehmen kann und selbst über den Austausch von Briefen, SMS oder E-Mails eine wechselseitige Wahrnehmung entsteht. Legt man diese weite Definition von Wahrnehmung zu Grunde, die nicht unbedingt den Körper des Gegenübers einschließen muss, dann bleiben als definitorische Kriterien für Interaktion folgende:

1. Die Interagierenden steuern, wie Luhmann schreibt, „ihr eigenes Erleben und Handeln zur jeweiligen Interaktion bei" – mit anderen Worten, sie erzeugen eine Situation und liefern Interpretationen der Situation.
2. Die Interagierenden nehmen einander wechselseitig wahr, d.h. sie reagieren aufeinander und erzeugen gemeinsam sprachliche Strukturen. Auf den konkreten Aufbau dieser Strukturerzeugung gehen viele soziologisch orientierten Ansätze nicht ein, in einem Vorgriff auf das folgende Kapitel kann daher darauf verwiesen werden, dass die Konversationsanalyse und die Interaktionale Linguistik dafür den Begriff der *Sequenz* geprägt haben: Von den Interagierenden werden Bezüge auf Vorgängeräußerungen durchgeführt, Projektionen von Nachfolgeäußerungen aufgestellt, Äußerungen koproduziert und – ein Merkmal für Interaktion par excellence – Nachbarschaftspaarsequenzen gemeinsam durchgeführt.

Um eine so definierte Art der Interaktion geht es nun im folgenden letzten Abschnitt.

3.3.2 Interaktion in der Konversationsanalyse / Interaktionalen Linguistik

Da auf die theoretischen und methodischen Grundlagen der Konversationsanalyse und der Interaktionalen Linguistik in den Abschnitten 4.2.1 und 4.2.2 noch jeweils gesondert und ausführlich eingegangen wird, soll hier nur auf den Interaktionsbegriff fokussiert werden, der diesen Ansätzen zu Grunde liegt.

Zunächst wäre eigentlich zu erwarten, dass der zentrale Gegenstand, der der Konversationsanalyse bzw. der Gesprächsanalyse zu Grunde liegt, die *Konversation* bzw. das *Gespräch* sei. In der amerikanischen Konversationsanalyse wird der namengebende Begriff der Konversation aber meist eher mehr oder weniger alltagssprachlich vorausgesetzt und gar nicht erst definiert. Ein nicht sehr hilfreicher und auch nicht weiter systematisierter Versuch einer Definition – der allerdings ex negativo vollzogen wird – findet sich beispielsweise am Ende der Untersuchung zum Sprecherwechselsystem von Sacks/Schegloff/Jefferson (1974: 729) unter der Überschrift „The place of conversation among the speech-exchange systems":

> The use of a turn-taking system to preserve one party talking at a time while speaker change recurs, for interactions in which talk is organizationally involved, is not at all unique to conversation. It is massively present for ceremonies, debates, meetings, press conferences, seminars, therapy sessions, interviews, trials etc. All these differ from conversation (and from each other) on a range of other turn-taking parameters, and in the organization by which they achieve the set of parameter values whose presence they organize.

Konversation erscheint hier somit als eher informeller, nicht institutionalisierter verbaler Austausch mit regelmäßigem Sprecherwechsel. Doch findet sich in der Definition bereits ein Hinweis auf „interactions in which talk is organizationally involved", also ein Interesse der Konversationsanalyse an mehr als nur an Konversationen in einem – wie auch immer – engeren Sinn. Auch bei Heritage (2001: 915) wird der Begriff der „conversation", der hier sogar noch zu „ordinary conversation" eingeengt wird, ebenfalls nur im Kontrast zu „interaction in the law courts or news interviews" negativ bestimmt, nicht aber genau definiert. In der Folge wird dann betont, dass die Konversationsanalyse ihr Interesse „beyond ordinary conversational interaction" (Heritage 2001: 916) ausgedehnt habe.

Noch nicht einmal die traditionelle Beschränkung der Konversationsanalyse auf die Untersuchung gesprochener Sprache lässt sich bei genauerer Betrachtung halten, wie weitere Versuche zeigen, die den Untersuchungsgegenstand der Konversationsanalyse bestimmen wollen.[23] So definieren Hutchby/Wooffitt (1998: 13) das Ziel der Konversationsanalyse zwar in der Tat als „study of talk", genauer als die „systematic analysis of the talk produced in everyday situations of human interaction: talk-in-interaction." Auch hier findet sich jedoch wieder der Rekurs auf die *Interaktion* als das, womit sich die Konversationsanalyse eigentlich beschäftigt. Während Hutchby/Wooffitt die engere Fokussierung auf die gesprochene Sprache („talk") beibehalten, geht Psathas (1995: 2) noch einen Schritt weiter. Auch er bevorzugt den Begriff „talk-in-interaction" vor dem engeren Begriff der „conversation", plädiert dann aber in der Folge dafür, die Konversationsanalyse in „interaction analysis" umzubenennen. Letzteres sei möglicherweise „an even more appropriate term because all aspects of interaction, nonverbal and nonvocal, are also amenable to study, but this would be to claim perhaps too vast a territory" (Psathas 1995: 2). Auch Hutchby/Wooffitt (1998: 4) rücken wenig später von ihrer engen Festlegung auf gesprochene Sprache und Kopräsenz der Interagierenden ab, wenn sie schreiben, dass die Konversationsanalyse „only marginally interested in language as such" sei. Vielmehr sei ihr "actual object of study" die "interactional organization of social activities." Die Untersuchung sozialer Aktivitäten ist nun allerdings keinesfalls zwangsläufig an die Untersuchung von gesprochener Sprache gebunden.

Das ist der Grund, warum Bergmann (2001: 919) von vornherein eine Festlegung auf die gesprochene Sprache vermeidet. Er definiert die Konversationsanalyse vielmehr als einen Forschungsansatz, „der sich der Untersuchung von sozialer Interaktion als einem fortwährenden Prozess der Hervorbringung und Absicherung sinnhafter sozialer Ordnung widmet und der dabei einer strikt empirischen Orientierung folgt" (Bergmann 2001: 919; vgl. auch Abschnitt 4.2.1). Noch deutlicher wird die Ausweitung in der Definition in Bergmann (1993: 18): „Das Untersuchungsmaterial bilden sprachliche und nichtsprachliche Interaktionen, die insofern in ‚natürlichen' Situationen abgelaufen sind, als sie unter Bedingungen stattfanden, die nicht vom Untersucher festgelegt, kontrolliert oder manipuliert wurden." Es geht hier um *Interaktion* generell

---

23 Für das deutsche Pendant *Gespräch* gilt genau das gleiche, es wird meist ohne eine genaue Definition verwendet bzw. die Gesprächsanalyse wechselt, sobald es um theoretische Konzepte geht, in Begriffe wie die *Interaktion*, den *Diskurs* oder den *Dialog*. So beginnt beispielsweise der Handbuchartikel zu „Gesprochene-Sprache-Forschung und ihre Entwicklung zu einer Gesprächsanalyse" von Schwitalla (2001: 896; meine Hervorhebung) direkt mit dem Abschnitt „Die anfängliche Ausblendung des *Dialogs*" und Hausendorf (2001: 971) stellt heraus, dass der Begriff „Gesprächsanalyse" als „Sammelbegriff für die im deutschsprachigen Raum vertretenen Richtungen der Konversations-, Diskurs-, und Dialoganalyse" verwendet werden kann.

sowie den Ablauf, die prozessuale Struktur von Handlungen in der Interaktion, nicht aber um das Objekt *Gesprochene Sprache*. Diesen Prozesscharakter der Interaktion genau zu beschreiben, genauer die „konstitutiven Prinzipien und Mechanismen [...], die im situativen Vollzug und Nacheinander des Handelns die sinnhafte Strukturierung und Ordnung eines ablaufenden Geschehens und der Aktivitäten, die dieses Geschehen ausmachen, erzeugen" (Bergmann 2001: 919), ist das eigentliche Ziel der Konversationsanalyse. Die folgende Aufzählung der Untersuchungsgegenstände, mit denen sich die Konversationsanalyse im Laufe ihrer Entwicklung befasst hat, stützt Bergmanns These, dass es in der Tat nicht um medial bestimmte gesprochene Sprache, sondern um *Prozesse der Interaktion* geht: Waren es am Anfang Telefongespräche, wurden im Laufe der Zeit auch Gespräche von Angesicht zu Angesicht untersucht. Mit dem Aufkommen preiswerter Videokameras begannen multimodale Untersuchungen, die die Blickrichtung, die Gestik und das Bewegen im Raum mit berücksichtigten,[24] parallel dazu fand eine Ausweitung der Untersuchungsgegenstände auf den Bereich institutioneller Kommunikation statt, es wurde massenmediale Kommunikation untersucht und, hier besonders hervorzuheben, es wurden Analysen von „Computer-Mediated-Communication" mit der Methode der Konversationsanalyse durchgeführt (Bergmann 2001: 924–925).[25]

Bergmann plädiert dafür, diese Tatsachen nicht zu vergessen und die Konversationsanalyse nicht auf die Analyse gesprochener Sprache zu reduzieren. Geschieht dies, so bestehe die Gefahr, „dass die KA, die doch das lebendige soziale Geschehen des Alltags zu ihrem Untersuchungsgegenstand machen möchte, zur Transkriptanalyse denaturiert." (Bergmann 2001: 925)

Es geht also, fasst man das bislang Erwähnte zusammen, um die *Analyse von über Sprache vermittelten kooperativen, intersubjektiv erzeugten Handlungen, die in ihrer Prozesshaftigkeit untersucht werden sollen*. Ein entscheidender Faktor ist dabei die Beschränkung auf die beobachtbare Oberfläche, d.h. die Beschränkung auf die Strukturen, die sich in der Sprache beobachten lassen. Sacks (1995: 11) plädiert dafür, Spekulationen über mögliche „Gedanken", „In-

---

24 Für das Deutsche u.a. Mondada/Schmitt (2010) sowie Stukenbrock (2008, 2009a, b, 2010, i.E.).
25 Ein Beispiel wäre hierfür die Untersuchung von Chat-Kommunikation mit den Methoden der Gesprächsanalyse, wie sie Schönfeldt (2002: 52) durchgeführt hat. Dabei stellt sie fest, dass die „Analysekategorien aus der Gesprächsforschung [...] mit Einschränkungen auf die Chat-Kommunikation übertragbar" sind. Typische Konzepte aus der Konversations- bzw. Gesprächsanalyse wie die „Gesprächsschritte" (Schönfeldt 2002: 39), die „Hörersignale" (Schönfeldt 2002: 41) oder die „Gesprächssequenzen" (Schönfeldt 2002: 44) lassen sich dort wiederfinden. Einzig das System des Sprecherwechsels ist im Chat auf Grund der medialen Gegebenheiten anders strukturiert (Schönfeldt 2002: 52).

tentionen" oder „mentale Prozesse" zu Gunsten einer Oberflächenbeschreibung der beobachteten Phänomene zurückzustellen:

> One final note. When people start to analyze social phenomena, if it looks like things occur with the sort of immediacy we find in some of these exchanges, then, if you have to make an elaborate analysis of it – that is to say, show that they did something as involved as some of the things I have proposed – then you figure that they couldn't have thought that fast. I want to suggest that you have to forget that completely. Don't worry about how fast they're thinking. First of all, don't worry about whether they're 'thinking'. Just try to come to terms with how it is that the thing comes off. Because you'll find that they can do these things. Just take any other area of natural science and see, for example, how fast molecules do things. And they don't have very good brains. So just let the materials fall as they may. Look to see how it is that persons go about producing what they do produce.
> (Sacks 1995: 11)

Was Sacks hier anspricht, ist die Tatsache, dass für den Analytiker die Vorgänge sprachlicher Interaktion so komplex erscheinen, dass es den Anschein hat, als könnten die Interagierenden überhaupt nicht die ebenso komplexen und umfangreichen kognitiven Leistungen erbringen, die zu der Erzeugung der Strukturen notwendig wären. Nach Sacks ist die Frage, wie die Interagierenden tatsächlich kognitiv arbeiten, eine nachrangige. Statt zu versuchen, den Blick auf die Daten von vornherein durch Annahmen über Kognition einzuschränken (wie Weigand 2000 es fordert), sollte man die „features of talk-in-interaction" (Schegloff 1993: 129) als solche ernst nehmen und zunächst einmal eine zufriedenstellende Beschreibung dessen liefern, was tatsächlich passiert: „Should we not give the latter a chance to be recognized in their own right, especially since they constitute their own sociology in any case?" (Schegloff 1993: 129)

Nicht nur für die Soziologie, auch für die Linguistik ist diese Beschränkung hilfreich. Gerade wenn es darum geht, grammatische Strukturen von Sprache-in-Interaktion zu beschreiben und die Verknüpfung von Handeln und Sprachstruktur zu verstehen, ist es sinnvoll, zunächst von dem auszugehen, was sich empirisch in den Daten finden lässt. Die Frage, die sich der Forschung nach einer *Grammatik* von Sprache-in-Interaktion stellt, ist, „ob und wie sich im Handeln überhaupt erst Sprache (qua Grammatik) konstituiert, und ob und wie andererseits Handeln erst durch Sprache (qua Grammatik) möglich wird"[26] (Auer 1999: 6). Dies führt zum Thema der vorliegenden Arbeit, der Suche nach einer theoretischen Fundierung von Grammatik-in-Interaktion. Wie Schegloff/

---

26 Vgl. auch Schegloff/Ochs/Thompson (1996: 38): „Grammar is a mode of social interaction."

Ochs/Thompson (1996: 38) feststellen, muss es möglich sein, eine interaktional fundierte Grammatik schreiben zu können, denn

> grammar is not only a resource for interaction and not only an outcome of interaction, it is part of the essence of interaction itself. Or, to put it another way, grammar is inherently interactional. In this perspective, grammar is imbued with subjectivity and sociability: grammar is viewed as lived behavior, whose form and meaning unfold in experienced interactional and historical time. (Schegloff/Ochs/Thompson 1996: 38)

Darauf aufbauend, kann nun abschließend die Frage geklärt werden, was mit „Sprache-in-Interaktion" genau im Rahmen dieser Arbeit gemeint ist.

Entscheidend für Sprache-in-Interaktion sind zwei Kriterien:

1. Die **Situationsgebundenheit**, die alle Teilnehmer des sprachlichen Austauschs umfasst. *Situation* wird dabei gefasst als „gemeinsame Handlung" (Esser 2002: 111) von den am Austausch Beteiligten, wobei bestimmte Routinen, Emotionen, Erwartungen an Ablaufmuster etc. aktiviert werden:[27]

> Ein zentraler Bestandteil der ‚Definition' der Situation ist die *Orientierung* der Akteure an gewissen, auch mit Emotionen verbundenen, Vorstellungen und gedanklichen ‚Modellen', die sie als ‚Muster' in ihrem Kopf haben und die durch gewisse Objekte in der Situation, den Symbolen, mit denen sie gedanklich und auch emotional assoziiert sind, aktiviert werden. Die mit der Kultur verbundenen gedanklichen Modelle und ‚Einstellungen' und die damit assoziierten Objekte und Symbole bilden im Prozess der ‚Definition' der Situation die Verbindungsstelle der Vermittlung der ‚objektiven' äußeren und mit den ‚subjektiven' inneren Bedingungen der Situation, mit der ‚Identität' des Akteurs also. Erst über die Aktivierung eines kulturellen Bezugsrahmens werden die materiellen Opportunitäten und die zunächst nur ‚extern' geltenden institutionellen Regeln auch subjektiv ‚sinnvoll' und damit handlungsrelevant. (Esser 2002: IX)

Das bedeutet, dass mit Hilfe von Sprache empirisch beobachtbare (da eben sprachlich realisierte) Situationen sowohl hergestellt als auch verändert, diskutiert, in Frage gestellt und beendet werden können und – das ist zentral – dies *gemeinsam* durch die Interagierenden geschieht. Diese Art von Situationsgebundenheit wird als Kette von „ongoing practical accomplishments" (Psathas 1995: 3) verstanden, also als ein handlungsbezogenes, jeweils lokal verortetes Herstellen von *Situation* über die Zeit (vgl. auch Dittmann 1991). Konkret in

---

[27] Ähnlich auch Schütze (1987: 157), der Situation als „diejenige aktuelle Konstellation einer sich allmählich entfaltenden Ereignisabfolge und ihres Aktivitätsrahmens" bezeichnet, die den Rahmen und zugleich die Bezugsgröße für die Interagierenden bildet, die für die Erzeugung von Sinn, dem Abgleichen von Lebens- und Interaktionserfahrungen sowie der wechselseitigen Anpassung an Erwartungen an die Interaktion konstitutiv ist.

Bezug auf die Bedeutung von grammatischen Konstruktionen stellen Schegloff/
Ochs/Thompson (1996: 40) fest, dass

> the meaning of any single grammatical construction is interactionally contingent, built over interactional time in accordance with interactional actualities. Meaning lies not with the speaker nor the addressee nor the utterance alone as many philosophical arguments have considered, but rather with the interactional past, current, and projected next moment. (Schegloff/Ochs/Thompson 1996. 40)

Die Einschränkung, dass die Bedeutung und die Situation von allen Beteiligten fortlaufend (re)definiert werden müssen, schließt ‚weite' Dialoge wie einen Kommentar zum Nibelungenlied oder das Sprechen mit dem Bildschirm eines Fernsehers aus dem Konzept *Sprache-in-Interaktion* aus: Solche Dialoge sind nicht intersubjektiv. Eingeschlossen ist aber zum Beispiel schriftliche Sprache, wenn sie die notwendigen Voraussetzungen erfüllt. Die traditionelle Aufgabe von Schriftsprache, so Weingarten (2001: 1147), bestand darin, ein Verfahren bereitzustellen, das genau das Gegenteil gesprochener Sprache ermöglichte, nämlich „eine weitgehende Unabhängigkeit der Situationen des Produzierens und Rezipierens" zu gewährleisten. Doch seit der Entwicklung der Neuen Medien ist zu dieser entsituierenden Aufgabe der Schrift die situationsgebundene Kommunikation als zweite Hauptaufgabe hinzugetreten:

> [V]iele Besonderheiten der situationsgebundenen mündlichen Kommunikation sind nun auch technisch realisierbar geworden. Damit ist ein breiteres Spektrum an Kommunikationsformenformen entstanden, das nicht auf die Notwendigkeit der physischen Kopräsenz der Teilnehmer angewiesen ist, aber dennoch auf die Mittel der situationsgebundenen Sprache zurückgreifen kann. (Weingarten 2001: 1147)

Wann immer Interagierende gemeinsam über die Schrift Situationen erzeugen, definieren und fortführen, kann von Sprache-in-Interaktion gesprochen werden.[28]

Ergänzt werden muss dieses erste grundlegende Merkmal von Sprache-in-Interaktion durch ein zweites, strukturelles, nämlich um

2. **die sequenzielle Struktur**, die für viele grammatische Besonderheiten interaktional eingesetzter Sprache verantwortlich ist. Die sequenzielle Struktur ist der Bereich, in dem das Phänomen von „order/organization/orderliness of social action" (Psathas 1995: 2) am augenscheinlichsten auftritt, denn sie sorgt

---

[28] Vgl. auch Herring (2004: 339), die den kooperativen situations- und handlungserzeugenden Charakter von Sprache in der computervermittelten Kommunikation in den Mittelpunkt stellt: „[L]anguage is doing, in the truest performative sense, on the Internet, where physical bodies (and their actions) are technically lacking."

dafür, dass Kohärenz erzeugt und mithin Verstehen ermöglicht wird: „In talk-in-interaction each utterance displays a hearing or analysis of a preceding one and, thus, the very organization of talk provides a means by which intersubjective understanding can not only be continually demonstrated but also checked and, where found wanting, repaired." (Sidnell 2010: 12) Das wechselseitige Wahrnehmen von Äußerungen, die dann entweder hingenommen oder überarbeitet („repariert") werden, so dass schrittweise geteilter Sinn entsteht, führt zu einer Reihe von typisch interaktional-grammatischen Verfahren, von denen die der *Projektion* und *Retraktion* zu den bedeutendsten gehören (ausführlich hierzu Abschnitt 4.1.2). Techniken der Anbindung von Äußerungen an Vorgänger- und Nachfolgeäußerungen sind dabei die Kandidaten, bei denen am ehesten systematische Unterschiede zwischen *Sprache-in-Interaktion* und *Sprache-im-Monolog* gefunden werden können: "An important dimension of linguistic structures is their moment-by-moment, evolving interactional production. [...] That linguistic forms manifest a progression of interactional arrangements renders them interactional structures par excellence." (Schegloff/Ochs/Thompson 1996: 39)

Dabei ist natürlich auch klar, dass es keine zwei vollständig unabhängigen Sprachsysteme geben kann, sondern zwischen extrem monologischen und extrem interaktionalen Sprachformen auch Zwischenformen vorliegen.[29] Schon früh wurde durch Koch/Oesterreicher (1985) mit dem Nähe-Distanz-Modell ein Konzept vorgelegt, mit dem versucht wurde, die Merkmale der beiden Pole zu erfassen. Einen neueren Versuch in dieser Richtung unternahm Schütte (2001: 1468), der einen Katalog von Merkmalen für „Alltagsgespräche" vorzulegen versuchte. Diese Merkmalslisten sind durchaus sinnvoll und hilfreich bei der Analyse von Sprachprodukten, sie sollten allerdings nicht im Sinne einer rigiden ‚Punkteverteilung' von Mündlichkeits- oder Schriftlichkeitswerten verwendet werden. Die von Hennig (2006a: 80–84) akribisch aufgelisteten „Rollenparameter", „Zeitparameter", „Situationsparameter", „Parameter des Codes" und

---

29 Das erklärt, weshalb die Frage Schwitallas, ob es grammatische Kategorien gibt, die nur in der konzeptionell mündlichen oder schriftlichen Sprache vorkommen, von ihm dahingehend beantwortet wird, dass es „zumindest für das Deutsche [...] nur wenige Kategorien [gibt], die ausschließlich konzeptionell mündlich sind (z.B. das Superperfekt, die Operator-Skopus-Konstruktion, *weil/obwohl* + Hauptsatz (HS)), und umgekehrt wenige, die nur konzeptionell schriftlich verwendet werden (z.B. das futurum praeteriti). Alles andere sind Häufigkeitsunterschiede gleicher sprachlicher Formen" (Schwitalla 1997: 19–20). Auch Sprache-in-Interaktion kann eher monologisch strukturierte Passagen enthalten und entsprechend monologische grammatische Formen nutzen, wie umgekehrt Sprache-im-Monolog Formen der Sprache-in-Interaktion nachbilden kann (z.B. wenn in einem Roman Alltagsgespräche wiedergegeben werden).

„Parameter des Mediums" enthalten zwar viele wichtige Merkmale von Sprache-in-Interaktion, verleiten allerdings durch ihre schiere Menge zu einem einfachen ‚Abhaken' und ‚Suchen' dieser Parameter in den Daten. Eine reduziertere und somit offenere Merkmalsliste – wie sie die beiden eben genannten Grundmerkmale der Situationsgebundenheit und der Sequenzialität darstellen – hat den Vorteil, dass der Blick für die Daten offen bleiben kann. Eine endgültige Aufstellung der grammatischen Merkmale für Sprache-in-Interaktion kann erst erfolgen, wenn umfangreiche qualitative und quantitative Untersuchungen dazu vorliegen – was bislang allerdings noch nicht der Fall ist.

4 Sprache-in-Interaktion

> Der Kenntnisstand über die Besonderheiten der gesprochenen Sprache entspricht in keiner Weise dem, was wir über die geschriebene Sprache wissen. Dieser Befund ist letztlich nicht verwunderlich, hat doch die Erforschung der gesprochenen Sprache – verglichen mit der an der Schriftlichkeit orientierten Grammatikschreibung – eine vergleichsweise kurze Tradition. (Fiehler 2007b: 463)

Die Forschung zu Sprache-in-Interaktion – um diesen im vorigen Abschnitt erläuterten Ausdruck als Oberbegriff für so unterschiedliche Ansätze wie die (ethnomethodologische) Konversationsanalyse,[1] die Gesprächsanalyse,[2] die Interaktionale Linguistik,[3] die angewandte Gesprächsforschung[4] und Teile der Gesprochenen-Sprache-Forschung[5] wie aber auch für interaktional ausgerichtete Forschungsansätze zur Analyse computervermittelter Kommunikation[6] zu bemühen – hat sich im Laufe der vergangenen Jahrzehnte als wichtiger Arbeitsbereich innerhalb der Linguistik etabliert. Auch weist die Aufnahme zahlreicher aktueller Forschungsergebnisse in Referenzgrammatiken (besonders prominent hierbei die Aufnahme eines eigenen Kapitels zur Struktur gesprochener Sprache in der Duden Grammatik seit 2005) darauf hin, dass die Zeit reif dafür ist, die Forschungsergebnisse aus der Linguistik zu Phänomenen der Sprache-in-Interaktion an die breite Öffentlichkeit zu tragen. Dies geschieht zum einen durch die Aufwertung interaktionaler (meist gesprochener) Sprache durch die Grammatiken, die eine breite Masse an SprecherInnen erreichen, zum anderen aber auch durch die Integration der Vermittlung gesprochensprachlicher Strukturen in Lehrpläne in Schulen (vgl. beispielsweise die von Becker-Mrotzek/Brünner 2006 konzipierte Lehreinheit zur Gesprächsanalyse) und in Lehrwerke für den DaF-Unterricht.

---

1 Exemplarisch Bergmann (1988; 1991), Gülich/Mondada (2008), Keppler (2006), Levinson (2000), Sacks (1971), Sacks/Schegloff/Jefferson (1974; 1977).
2 Z.B. Auer (2003; 2005a, b; 2009), Birkner (2006; 2008), Deppermann (2007), Gohl (2006), Günthner (2000b; 2005a; 2006a, b; 2008b), Günthner/Bücker (2009).
3 Barth-Weingarten (2008), Couper-Kuhlen/Selting (2000; 2001a, b), Fox 2008, Günthner/Imo (2006), Selting (2007a; 2008), im weiteren Sinn auch Fischer (2006; 2008).
4 Becker-Mrotzek/Brünner (2002), Becker-Mrotzek/Meier (2002), Brünner/Fiehler/Kindt (2002), Drew/Heritage (1993), Fiehler (2009), Meer (2001), ten Have (2007).
5 Vgl. Ágel/Hennig (2007), Hennig (2002; 2006a), Imo (2007a), Rath (1979), Schlobinski (1997), Schwitalla (2001; 2002; 2003), Stein (1995).
6 Z.B. Beißwenger (2007), Dürscheid (2005; 2006a), Schlobinski (2000; 2004), Storrer (2002; 2009).

In den folgenden Abschnitten werde ich zunächst die Grundannahmen vorstellen, die von den ForscherInnen vertreten werden, die sich mit der Analyse von Sprache-in-Interaktion beschäftigen. In einem zweiten Abschnitt werden mit der *Interaktionalen Linguistik*, der *Gesprächsanalyse* und der *Gesprochene-Sprache-Forschung* drei Ansätze vorgestellt, die für die Analyse in Abschnitt 6 besonders relevant sein werden. Um die *angewandte Gesprächsforschung*, die sich besonders um die Rückführung der linguistischen Forschungsergebnisse in die Praxis (Unternehmen, Schule, Kommunikationstrainer etc.) bemüht, wird es in Abschnitt 4.3 gehen.

Danach wird für das neue Forschungsfeld der *computervermittelten Kommunikation* gezeigt werden, dass auch in Bereichen der neuen Schriftlichkeit mit den Konzepten gearbeitet werden kann, die für die Analyse interaktionaler gesprochener Sprache entwickelt wurden. Im letzten Abschnitt soll die für die vorliegende Arbeit besonders relevante Frage nach dem Zusammenhang von Forschungsergebnissen zu Sprache-in-Interaktion mit der aktuellen Normdebatte, d.h. der Frage, was als *Grammatik des Deutschen* zu gelten hat, erläutert werden.

4.1 Grundannahmen der Forschung zu Sprache-in-Interaktion

Die Grundbedingungen von Sprache-in-Interaktion unterscheiden sich in einigen zentralen Punkten von denen von Sprache, die in einem monologischen Kontext verwendet wird. Am stärksten sind diese Unterschiede dann zu spüren, wenn sowohl medial als auch konzeptionell mündliche Sprache (zum Beispiel in einer informellen Unterhaltung zweier Freunde oder einem Tischgespräch in der Familie) mit medial und konzeptionell schriftlicher Sprache (zum Beispiel einer amtlichen Verlautbarung) kontrastiert werden. Linell (2005: 21) fasst diese Merkmale folgendermaßen zusammen: „Interactional, spoken language is designed to cope with meaning-making in specific situations, and in real time and space. It has its home base in talk-in-interaction, which is a complex social interplay between actors." Damit sind einige zentrale Punkte angesprochen, die es zu berücksichtigen gilt: Die Situationsgebundenheit, der von den SprecherInnen geteilte Raum, die Gleichzeitigkeit von Sprachproduktion und -rezeption und die Tatsache, dass es bei Sprache-in-Interaktion keine klaren Rollenverteilungen (Sprecher gegenüber Hörer) gibt, sondern die ‚Hörer' mehr oder weniger stark die Beiträge des Sprechers mitgestalten. In Bachtins (1996: 103) Worten: „Die Sprache lebt nur aus dem dialogischen Umgang jener, die sie sprechen. Der dialogische Umgang ist die eigentliche Lebenssphäre der Sprache. Das Leben der Sprache, in jedem Bereich ihres Gebrauchs (Alltag, Geschäftsleben,

Wissenschaft, Kunst) ist von dialogischen Beziehungen durchwirkt." Bachtin kritisiert dabei die (auch heute durchaus noch gängige) Praxis der Linguistik, die Dialogizität von Sprache zu ignorieren und fordert eine „Metalinguistik", die diese Dialogorientierung in die linguistische Betrachtung einbringen kann.[7] In neuerer Zeit hat sich neben Ágel (1997, 2003) vor allem Linell (1998, 2005, 2009) intensiv mit der Problematik eines „written language bias" (Linell 2005) in der Linguistik befasst und die Aspekte herausgearbeitet, die bei einer interaktionalen (von ihm „dialogisch" genannten; vgl. Abschnitt 3.2.3) Perspektive auf Sprache zu berücksichtigen sind. Nach Linell (1998: 85–89) sind für eine dialogische Perspektive vier Prinzipien notwendig, von denen das erste als übergeordnetes Prinzip zu verstehen ist, die anderen drei als „fundamental dialogical principles", mit deren Hilfe erst ein Verständnis von interaktionaler Sprache möglich ist.

4.1.1 Das übergeordnete Prinzip: Reflexivität

"Reflexivity between discourse and contexts: Reflexivity means that two orders of phenomena are intrinsically related, so that one of them is conceptually implicated by the other, and vice versa." (Linell 1998: 84) Reflexivität zieht sich durch alle Ebenen eines Gesprächs: Auf der Ebene der Prosodie wird beispielsweise eine vorwurfsvolle Stimme im Kontext eines Vorwurfs erwartet, umgekehrt konstituiert eine entsprechende prosodische Realisierung überhaupt erst einen solchen Kontext mit (vgl. Günthner 2000b; vgl. generell zu Kontext und Kontextualisierung Auer 1996). Auf der Ebene der Lexik wiederum gibt es bestimmte Schlüsselwörter, die Erwartungen über den Fortgang eines Gesprächs wecken und so beispielsweise eine Gesprächsgattung evozieren. Umgekehrt werden die Schlüsselwörter aber auch über die jeweilige Gesprächsgattung erwartbar gemacht (vgl. Imo 2010a zu den Wörtern „Problem" vs. „Thema" in Radio Beratungssendungen vs. Radio Talksendungen). Auf der Äußerungsebene gilt, dass beitragsbildende Einheiten (*turn constructional units*) einen Gesprächsbeitrag (*turn*) aufbauen und somit syntaktische und sequenzielle Projektionen eröffnen. Umgekehrt wiederum sind diese Gesprächsbeiträge aber davon

---

[7] Es muss hier allerdings angemerkt werden, dass Bachtin einen sehr weiten Dialogbegriff vertritt, in dem seiner Ansicht nach z.B. auch Romantexte immer insofern dialogisch sind, als sie in ihrer Produktion wie Rezeption auf situierte Herstellung von Bedeutung rekurrieren. In der vorliegenden Arbeit wird der Dialogbegriff durch den Interaktionsbegriff ersetzt und an der Sequenzialität als einem zentralen Kriterium für Sprache-in-Interaktion ausgerichtet. Zu einer engeren, linguistischen Ausrichtung vgl. auch Du Bois (2003); vgl. hierzu auch Abschnitt 3.2.3.

abhängig, welche Projektionen bereits zuvor geöffnet wurden, und sie (re)interpretieren ihrerseits diese Projektionen. Was auf theoretischer Ebene sehr abstrakt klingt, lässt sich an einem konkreten Gesprächsausschnitt aus einer TV-Reality-Show[8] leicht illustrieren:

```
Beispiel 1 Fernsehsendung: super sympathisch
534    S1    die is ja echt SÜß ne,
535    S2    ja.
536          SU:per an-
537          SU:per sympAthisch.
538    S1    mhm,
539          (1.0)
540    S1    aber das hab ich auch immer geDACHT.
541          (1.0)
542    S2    hm=hm.
543    S1    (aber die-)
544    S3    hast du jetzt gedacht dass sie kOmmt oder dass sie so
             IS.
545    S1    ah: ich hätt doch NIE gedacht dass sie kOmmt.
546          (1.0)
547    S1    hätte jemand von EUCH das gedacht?
```

Der Transkriptausschnitt wurde hier bewusst ohne vorherige Kontextinformationen präsentiert. Manche Äußerungen sind daher kaum verständlich, andere dagegen können auch mit dem durch den Kotext aufgespannten minimalen Kontext einigermaßen verstanden werden. Was auch ohne weitere Informationen erkennbar ist, ist die Tatsache, dass von Z. 534 bis Z. 537 eine Bewertung durchgeführt wird. Die Bewertungssequenz weist die typische Struktur auf, wie sie von Pomerantz (1984) für das Englische und von Auer/Uhmann (1982) für das Deutsche beschrieben wurde: Auf eine Erstbewertung von Sprecherin 1 (S1 in Z. 534) folgt eine Zweitbewertung, die im Falle einer Zustimmung typischerweise semantisch, prosodisch oder syntaktisch ‚aufgewertet' wird, d.h. die Person, die die zweite Bewertung äußert, formuliert ‚extremer'. Im vorliegenden Fall folgt auf die neutrale Zustimmung durch Sprecherin 2 (S2) in Z. 535 („ja.") eine semantische Aufwertung (aus „echt Süß" wird „SU:per sympAthisch"), die mit einer prosodischen Aufwertung (zweifaches betontes und gedehntes „SU:per") einhergeht. Inwiefern ist diese Sequenz reflexiv? Die Äußerung von Sprecherin 1 („die ist ja echt SÜß") öffnet lediglich den Kontext für eine Bewertungssequenz, und erst dadurch, dass Sprecherin 2 die Bewertung aufgreift und nach dem erwarteten Muster (eskalierende zweite Bewertung) ihre eigene Äußerung anschließt, entsteht die vollständige Bewertungssequenz. Die Wahrneh-

---

[8] Die Teilnehmer an diesem Format verbringen ihre Zeit in einem ‚Container', der laufend von Kameras und Mikrofonen überwacht wird.

mung einer positiven Bewertungssequenz wird also erst durch den Beitrag von Sprecherin 2 konstituiert, obwohl andererseits wiederum der vorangegangene Beitrag von Sprecherin 1 die Folgehandlung erwartbar macht (aber keinesfalls erzwingt – Sprecherin 2 hätte die Äußerung beispielsweise auch ignorieren können, indem sie sich einer anderen Tätigkeit zuwendet).

Nachdem Sprecherin 1 in Z. 538 der positiven Bewertung von Sprecherin 2 zustimmt, liefert sie nach einer Pause von einer Sekunde die Äußerung „aber das hab ich auch immer geDACHT" (Z. 540) nach. Für die LeserInnen, die nur diesen Ausschnitt kennen, steht es vermutlich außer Frage, dass Sprecherin 1 sich mit dieser Äußerung auf ihre Bewertung bezieht – im Sinne von *ich habe auch immer gedacht, dass Person X super sympathisch ist*. Wenn man sich die Reaktion von Sprecher 3 ansieht, wird allerdings klar, dass kontextfreie Äußerungen an einem massiven Informationsdefizit leiden: Für Sprecher 3 (S3) ist die Äußerung von Sprecherin 1 aus Z. 540 ganz offensichtlich nicht eindeutig. Woran liegt das? Wenn man nur den kurzen Transkriptausschnitt vor sich hat, fehlen sowohl Ko- als auch Kontext. Wir müssen den Sinn auf der Basis der wenigen verfügbaren Informationen inferieren, was dazu führt, dass wir die Äußerung aus Z. 540 auf die vorangegangene Äußerung beziehen.

Für Sprecher 3 existiert dagegen ein weitaus umfangreicherer Ko- und Kontext. Bei der Person, auf die sich Sprecherin 1 bezieht, handelt es sich um eine Prominente, die als Gast für einen Tag in den Container einzieht. In den Tagen zuvor wurde den BewohnerInnen des Containers allerdings lediglich angekündigt, dass ein prominenter Gast einziehen würde, nicht aber, wer dieser Gast sein wird. Das hat zu umfangreichen Spekulationen über den Gast bei den BewohnerInnen geführt, die beinahe zu dem einzigen Gesprächsthema im Container wurden.

Vor diesem Hintergrund ist zu verstehen, inwiefern die Äußerung von Sprecherin 1 für Sprecher 3 ambig sein kann: Da es sehr unwahrscheinlich ist, dass Sprecherin 1 die prominente Besucherin persönlich kennt, weiß Sprecher 3, dass die Äußerung von Sprecherin 1, sie habe es schon immer gedacht, sich bestenfalls auf eine Einschätzung beziehen kann, die auf der Basis des Lesens von Zeitschriftenberichten oder von den Auftritten der Prominenten im Fernsehen gebildet werden konnte. Für Sprecher 3 scheint der direkte Bezug zu der Evaluation in Z. 538 daher problematisch. Andererseits ist der Bezug auf die Spekulationen, wer in den Container einziehen wird, für Sprecher 3 eine plausible Interpretation. Aus einer für Sprecherin 1 eigentlich unproblematischen Äußerung wird nun von Sprecher 3 eine Problemstelle gemacht, d.h. Sprecherin 1 ist nicht mehr allein ‚Herrin' über ihre Äußerungen, sie muss nun auf die Reparaturinitiierung („hast du jetzt gedacht dass sie kOmmt oder dass sie so IS"; Z. 544) eingehen. In Z. 545 führt sie die Reparatur durch, indem sie die Ambiguität ihrer Äußerung aus Z. 540 („aber das hab ich auch immer geDACHT") im Rahmen der von Sprecher 3 vorgeschlagenen Alternativen („dass sie kOmmt oder dass sie so IS"; Z. 545) desambiguiert.

Wie man an diesem kurzen Beispiel sehr gut sehen kann, entwickelt sich das Gespräch in kleinen Schritten, die jeweils Bezug nehmen auf vorige Schritte, umgekehrt aber diese vorigen Schritte problematisieren und sogar umdeuten können. So wird erst durch die Frage von Sprecher 3 (Z. 544) die Äußerung von Sprecherin 1 (Z. 540) zu einer Problemstelle und erst durch die Antwort von Sprecherin 1 (Z. 545) die gesamte Sequenz zu einer Reparatur. In einem weiteren Schritt wird wiederum nun von Sprecherin 1 die Reparatursequenz wieder zu einer Vorlage für einen neuen Gesprächsschritt bzw. ein neues Thema verwendet: Sie aktiviert durch die Frage „hätte jemand von EUCH das gedacht?" ein bei den BewohnerInnen in der Zeit vor dem Einzug der Prominenten beliebtes und umfangreich diskutiertes Thema, nämlich die Spekulation darüber, wer wohl als Überraschungsgast in den Container einziehen würde. Dieses Hintergrundwissen ist auch hier wieder nötig, denn es stellt den Wissensrahmen zur Verfügung, innerhalb dessen die BewohnerInnen eine Bandbreite an möglichen Interpretationsvarianten zur Verfügung haben.

In dieser kurzen Diskussion des Gesprächsausschnittes sind nun bereits Aspekte angedeutet worden, die innerhalb des übergeordneten Prinzips der Reflexivität wieder als zentrale Unterprinzipien zum Tragen kommen: Die *sequenzielle* (sich über die Zeit entwickelnde) *Struktur* von Sprache-in-Interaktion, das *gemeinsame Hervorbringen von Sinn* und die *Verschränkung von individueller Einzelhandlung und größeren Einheiten wie Aktivitätstypen oder kommunikativen Gattungen.*

4.1.2 Das erste fundamentale dialogische Prinzip: Sequenzialität

"The first principle says that all discourse [...] has a fundamental sequential organization. Each constituent action, contribution or sequence gets significant parts of its meaning from the position in a sequence." (Linell 1998: 85) Untrennbar mit der Sequenzialität verbunden und diese zugleich bedingend und durch sie bedingt ist der sich über die Zeit entwickelnde Strukturaufbau von Sprache-in-Interaktion. Wie bereits erwähnt, hängt die sequenzielle Struktur zudem sehr eng mit dem Prinzip der Reflexivität zusammen. Jede Äußerung baut auf vorangegangenen Äußerungen oder geteilten Erfahrungen und Wissenshintergründen auf und aktiviert selektiv Aspekte davon. Das führt zu dem Phänomen, dass „one can never fully understand an utterance or an extract, if it is taken out of the sequence which provides its context" (Linell 1998: 85). Durch diese Kontextverankerung von Sprache-in-Interaktion entsteht eine Verschiebung von Relevanzzentren. Für die Interagierenden ist nicht die *Produkt*perspektive grundlegend, nach der wie in der monologisch orientierten Schriftsprache ganze Sätze mit ihrem jeweiligen propositionalem Gehalt zur Kenntnis genommen werden, sondern eine *Prozess*perspektive, unter der Interaktion als emergierende Struktur von entstehenden und verketteten Aktivitäten wahrgenommen wird:[9] "Speech is dynamic behavior distributed in real time. [...] As a consequence, actors are forced to focus on the dynamic behaviour as such, rather than on some persistent products, like in writing." (Linell 2005: 19) Das folgende Beispiel soll den sequenziellen Aufbau interaktionaler gesprochener Sprache illustrieren. Es handelt sich dabei um den Beginn einer Radio-Beratungssendung, bei der AnruferInnen mit psychischen Problemen Rat suchen können. Die Gesprächsteilnehmer sind der Moderator (M), die Anruferin (A) und die Psychologin (B). Gerade bei Gesprächsanfängen und Gesprächsbeendigungen (Schegloff 1968; 1979a) wird die Relevanz sequenzieller Strukturen für den problemlosen Gesprächsablauf besonders deutlich:

```
Beispiel 2 Radio-Beratungssendung: Tot der Schwester
1     M      ich begrüße eine HÖrerin.
2            guten [A:   ]bend,
3     A            [ja:;]
4            guten A:bend;
5            [(ich ru:f)] an LANDSberg);
6     B      [heha;      ]
7            °h ja[::,]
8     A           [ich] hab n gAnz großes proBLEM;
9            meine mutter is vor guten acht wOchen geSTORben.
10    B      ja;
11    A      meine mUtter hat ne (.) SCHWESter. (.)
12           die also diesen DO:T hh° (.) nIcht akzeptIEren kann.
13           (.) ja:;
14           °h und ich weiß NICHT,
15           wie Ich ihr des BEIbringen kann.
16    B      °h was HEIßT denn, (.)
17           nicht akzep[TIEren;]
18    A                 [jA ich ] mein ich hab ALso:;
19           °h sie hat mir also en BRIEF gschrieben, (.)
20           ja:,
21    B      ja,
```

Das Gespräch beginnt mit einem typischen Austausch einer *Aufruf-Antwort-Sequenz* (*summons-answer-sequence*) und von Grußsequenzen. Diese Sequenzen

---

9 Vgl. hierzu Ansätze einer „*on line*-Syntax" bzw. einer „Syntax als Prozess" von Auer (2000; 2007a) sowie einer „emergent grammar" von Hopper (1998).

– es handelt sich um so genannte *Paarsequenzen* oder *Nachbarschaftspaare* (vgl. Levinson 2000: 302–307) – zeichnen sich dadurch aus, dass der jeweils erste Teil, der von Sprecher A produziert wird, einen zweiten dazu passenden Teil von Sprecher B erwartbar macht (dieses Phänomen wird *konditionelle Relevanz* genannt). In diesem Fall kann die sequenzielle Struktur beispielsweise auch die Überlappung erklären, die in den Zeilen zwei und drei vorliegt: Die Anruferin reagiert mit „ja:" auf den an die RadiohörerInnen sowie die Anruferin gerichteten Aufruf und mit „guten A:bend" in Z. 4 auf die an sie gerichtete direkte Begrüßung des Moderators aus Z. 2. Auf einen Aufruf nicht zu antworten würde als absichtliches Nicht-Antworten gelten, ebenso wie die Verweigerung eines Gegengrußes als absichtliches Nicht-Grüßen gelten würde. Doch nicht nur Nachbarschaftspaare (zu denen auch *Frage – Antwort, Bitte – Nachkommen/ Ablehnen der Bitte, Verabschiedung – Gegenverabschiedung* etc. gehören) sind sequenziell strukturiert, auch längere Gesprächseinheiten beruhen auf diesem Prinzip. So wird durch die Problemschilderung, die die Anruferin ab Z. 8 startet, deutlich, dass Äußerungen ihre Bedeutung und Relevanz aus ihrer Position (d.h. ihrer Position im Rahmen der zeitlichen und sequenziellen Platzierung) heraus erhalten. In Z. 8 eröffnet die Anruferin mit „ich hab n gAnz großes proBLEM" das kommunikative Projekt, ihren Grund für den Anruf zu schildern, sie sichert sich also zum einen das Rederecht für die Dauer, die sie zu der Schilderung benötigt. Gleichzeitig signalisiert sie mit dem Wort *Problem* auch bereits, welcher Inhalt zu erwarten ist (auf dieses Phänomen der Verschränkung von einzelnen Äußerungshandlungen und Handlungssequenzen wird im Abschnitt zur „act-activity interdependence" (4.1.4) noch detaillierter eingegangen). Das von der Anruferin durch die projizierende Floskel „ich hab n gAnz großes proBLEM" beanspruchte Rederecht wird von der Psychologin durch minimale Hörersignale (die eine kontinuierende Funktion im Sinne eines *ich habe verstanden, mach weiter* haben) unterstützt (Z. 10 und 13), und erst als die Anruferin zu einem inhaltlich sinnvollen Ende kommt, das sie mit einem stark fallenden Tonhöhenverlauf zusätzlich prosodisch markiert, ergreift die Beraterin das Rederecht. Detailanalysen zeigen, dass die Spuren der Zeitlichkeit in der gesprochenen Sprache an jeder Stelle auftreten und ihren Niederschlag in zahlreichen syntaktischen Konstruktionen finden, die es notwendig machen, eine Syntax der Zeitlichkeit (vgl. Auers 2000; 2007a *on line-Syntax*) zu entwickeln.

4.1.3 Das zweite fundamentale dialogische Prinzip: Gemeinsames Hervorbringen von Bedeutung und Struktur („joint construction")

„Language and discourse are fundamentally social phenomena. [...] A dialogue is a joint construction [...]. This collective construction is made possible by the reciprocally and mutually coordinated actions and interactions by different actors. No part is entirely one single individual's product or experience." (Linell 1998: 86) Dass Sprache-in-Interaktion die aktive Beteiligung aller Interagierenden erfordert, scheint oberflächlich betrachtet eine unproblematische Feststellung zu sein. Für die Entwicklung des Beschreibungsinstrumentariums der Interaktionalen Linguistik hat diese Feststellung aber deutliche Auswirkungen und es zeigt sich, dass bislang viel zu wenig auf die Komponente der gemeinsamen Herstellung von Sprache gelegt wurde – stattdessen ist Sprache primär monologisch konzipiert worden, mit einem Fokus auf einer Art ‚Ping-Pong' an Informations- und Äußerungsübermittlung zwischen Sprecher und Hörer. Das folgende Beispiel illustriert, wie die gemeinsame Herstellung von Handlungen zu einer gemeinsamen Situationsdefinition führt und wie dieser Prozess über die gemeinsame Produktion von Äußerungen verläuft. Beispiel 3 stammt aus einem Telefongespräch zwischen einer Studentin (R) und ihrem Stiefvater (V). Die Tochter erzählt von ihren Tätigkeiten als Babysitterin und von den Ideen für ausgefallene Spiele, die die Kinder hatten.

```
Beispiel 3 Privatgespräch: Kinder
133    V     (eh ich hab) den GANzen tag mit denen gespielt.
134          VORgelesen und- °hhh
135          dAnn haben die mir so ne GRASfrisur gemacht;
136          dann musst ich ne kartOffel mit meinen FINGernägeln
             schälen;
137          die hatten die lUstigsten idEEn für irgendwelche
             SPIEle.
138          haha,
139    R     <(is ja TOLL;) <leise>>
140    V     war wIrklich TOLL;
141    R     wirklich SEHR;
142    V     jaJA.
143          Aber es war auch tOll mit den kindern wIrklich;
144          ja und gestern Abend war ich noch in MÜNSter,
```

Sprecherin V liefert zunächst in den Zeilen 133 und 134 zwei allgemeine Beschreibungen dessen, was sie den Tag über mit den Kindern gemacht hat, nämlich „gespielt" (Z. 133) und „VORgelesen". In Z. 135 und 136 werden dann zwei konkrete Beispiele für solche Spiele genannt, nämlich die „GRASfrisur", die die Kinder für V anfertigten sowie die Aufgabe, dass V eine Kartoffel mit den Fingern schälen musste. In Z. 137 beendet sie die Aufzählung mit der Bewertung

„die hatten die lUstigsten idEEn für irgendwelche SPIEle" und indexikalisiert diese positive Bewertung zusätzlich durch ihr Lachen (Z. 138). Typisch für Bewertungen ist, dass sie eine Zweitbewertung eines Gesprächspartners auslösen, wodurch eine gemeinsam durchgeführte Bewertungssequenz entsteht (Auer/ Uhmann 1982; Pomerantz 1984). R zeigt seine Orientierung an diesem kommunikativen Muster, indem er mit „is ja TOLL" (Z. 139) eine Zweitbewertung liefert. Grundsätzlich gilt bei Bewertungen, dass sie, um als gleichlaufend wahrgenommen zu werden, also als Zustimmungen zur ersten Bewertung, „eskaliert" (Auer/Uhmann 1982: 8) werden müssen. Durch eine solche Eskalation wird die Erstbewertung verstärkt. Dies geschieht häufig durch lexikalische Mittel, indem z.B. ein semantisch stärkeres Adjektiv verwendet wird (*gut* → *super*) oder eine Gradpartikel eingesetzt wird (*gut* → *sehr gut*). Auch die Prosodie spielt eine wichtige Rolle bei der Eskalation, emphatisches Sprechen kann ebenfalls Eskalation signalisieren. Der Stiefvater liefert hier allerdings weder auf der prosodischen Ebene (er spricht sehr leise) noch auf der lexikalischen Ebene (die superlativische Bewertung „lUstigsten" aus Z. 137 wird lediglich mit „TOLL" kommentiert) eine deutliche Eskalation. Entsprechend kann auch nicht direkt danach aus der Bewertungssequenz ausgestiegen werden, denn zunächst müssen sich R und V darüber einig werden, ob sie die Situation tatsächlich gleich bewerten oder R eine Einleitung zu einer Nicht-Übereinstimmung geplant hatte. V eskaliert daher die schwächere Bewertung von R, indem sie eine Gradpartikel hinzufügt: „war wIrklich TOLL" (Z. 140). Hier steigt nun R mit einer eigenen Eskalation ein, indem er noch eine zweite Gradpartikel hinzufügt: „wirklich SEHR" (Z. 141). Dieses „wirklich SEHR" greift die „Strukturlatenz" (Auer 2006a: 287) der Vorgängeräußerung auf und könnte, in einem weiteren Sinn, zu der von Auer (2006a: 285) beschriebenen „retrospektiven syntagmatischen Expansion" gerechnet werden, die hier allerdings nicht monologisch, d.h. von einem Sprecher oder einer Sprecherin, sondern kollaborativ produziert wird (vgl. zu Ko-Produktionen Helasuvo 2004 und Lerner 2002). Erst jetzt, nachdem gemeinsam der Sachverhalt positiv bewertet wurde, kann aus der Sequenz ausgestiegen werden, wie V durch ihr mit fallender Tonhöhe produziertes „jaJA" (Z. 142) anzeigt. Nachdem sie nochmals ein bekräftigendes bewertendes Fazit gezogen hat („Aber es war auch tOll mit den kindern wIrklich"; Z. 143) wechselt sie in Z. 144 zu dem nächsten Thema, dem Besuch in Münster (detaillierte Analysen der Funktionen von *jaja* oder *ja* finden sich Abschnitt 6.1).

Das hier gezeigte gemeinsame Hervorbringen von Bedeutung und Struktur durch die Interagierenden und die extreme Abhängigkeit der jeweiligen lokalen Äußerungen von den mitlaufenden Reaktionen der anderen GesprächsteilnehmerInnen sind typische Merkmale von Sprache-in-Interaktion.

4.1.4 Das dritte fundamentale dialogische Prinzip: Sprache ist in Kontext eingebettet

"Act-activity interdependence: Acts, utterances and sequences in discourse are always essentially situated within an embedding activity (dialogue, encounter) which the interactants jointly produce." (Linell 1998: 86) Das übergeordnete Prinzip der Reflexivität kommt auch hier wieder zum Tragen. Bestimmte einzelne Handlungen werden als Teil einer übergeordneten Handlungssequenz wahrgenommen und werden erst dadurch verständlich, dass man sie in Bezug zu einer solchen Sequenz setzt: "The whole interaction between speaker and listener is dependent on (or, better, interdependent with) the situation, and other contexts, in many important ways." (Linell 2005: 19)[10] Wie diese Interdependenz aussieht, wurde im Rahmen der Diskussion der projizierenden Floskel „ich hab n gAnz großes proBLEM" aus Beispiel 2 (Z. 8) angedeutet. Ohne das Wissen um den konkreten Kontext, in den eine solche Floskel eingebettet ist – in diesem Fall beispielsweise in die kommunikative Gattung eines Radio-Beratungsgesprächs – ist es nicht möglich, Projektionen über den wahrscheinlichen Fortgang des Gesprächs aufzubauen. Mit einer solchen Floskel kündigt die Anruferin im Rahmen eines Radio-Beratungsgesprächs nämlich nicht lediglich auf der Mikroebene an, dass sie ein Problem darstellen möchte (und damit auch das Rederecht für sich reklamieren will). Sie signalisiert darüber hinaus, dass sie sich der Gattung *Beratungsgespräch* bewusst ist und sich dem Format einer Beratungssendung unterwirft (und nicht etwa nur reden oder gar Grüße an ihre Bekannten loswerden will). Die Relevanz solcher Verschränkungen wird deutlich im Vergleich mit einer Radiosendung, in der es nicht um Beratungen, sondern um *Talk* geht, d.h. darum, dass sich Anrufer unverbindlich mit einem Moderator über alle möglichen Themen unterhalten können. Der folgende Ausschnitt stammt aus einer solchen Radio-Talk-Sendung, der Anrufer A unterhält sich mit dem Moderator M darüber, dass er „böse Gedanken" gegenüber seinem Vater hat:

```
Beispiel 4  Radio-Phone-in: böse Gedanken
011    M    WEIter jetzt mit(.) XXXX;
012         und XXXX ist ACHTunddreißig jahre alt;
013         hallo hallo XXXX.(.)
014    A    hi XXXXX.
```

---

10 Linell (2009: 188–197) verwendet für solche übergeordneten Handlungssequenzen auch den Begriff des "kommunikativen Projekts": „The most basic idea behind the notion of ‚communicative project' [...] is that in most cases, a speaker's single utterance act is part of a bigger project (or indeed, several projects which are often hierarchically organized)."

```
015    M    ja. (.)
016         XXXX.(.)
017         GRÜß dich. (.)
018         [um was GEHTS ] bei dir;
019    A    [hi GRÜß dich-]
020         erst mal n dicken (KNUDdel)kuss an dich?
021    M    [    DANke]schön;
022    A    [deine sEn]dung guck¹¹ ich schon seit JAH:ren,
023    M    ja,(.)
024    A    und äh-(.)
025         JA.(.)
026         mein THEma ist äh-
027         ich hab böse gedanken gegen meinen VAter.
028    M    BÖse gedAnken,
```

Der unterschiedliche Aufbau dieses Gesprächseinstiegs im Vergleich zu dem aus Beispiel 2 fällt direkt ins Auge: Während der Austausch von Begrüßungen noch nach dem gleichen grundlegenden schematischen Muster abläuft, das der Struktur von Paarsequenzen geschuldet ist, kann der Anrufer hier aber problemlos zunächst dem Moderator für seine Sendung danken und ihm Komplimente machen (Z. 20–22). Diese thematische Freiheit im Vergleich zu der strikten Themenbeschränkung aus Beispiel 2 (dem Radio-Beratungsgespräch) wird schon in der neutralen Formulierung „um was GEHTS bei dir" (Z. 18) des Moderators deutlich, es wird keine Beratungssituation evoziert, sondern ein ‚einfacher' Anruf mit unklarer Gesprächsmotivation und freier Themenwahl. Auch der Anrufer signalisiert, dass ihm bewusst ist, dass man ‚nur' miteinander plaudert und nicht beraten wird: Er verwendet die projizierende Floskel „mein THEma ist" (Z. 026), obwohl es sich bei diesem *Thema*, den „bösen Gedanken gegen seinen Vater" durchaus auch um ein *Problem* handeln könnte. Auf Grund des Situationswissens orientieren sich die AnruferInnen aber an der generellen Vorgabe der Talksendung und nur selten und mit entsprechendem Aufwand kann innerhalb dieses Formats mühevoll eine annähernde Beratungssituation erzeugt werden (eine detaillierte Untersuchung zu den beiden Formaten Beratungs- und Talksendung findet sich in Imo 2010a).

Die kurze Illustration der Prinzipien, die Linell als typisch für dialogische (d.h. interaktionale) Sprache benennt, hat tiefgreifende Auswirkungen darauf, wie Sprache und Grammatik zu konzeptualisieren sind. Das konsequente Einbeziehen der Gesprächspartner in den Prozess der Sprachproduktion erfordert nicht nur ein generelles Umdenken (worauf Linells 2009 Buchtitel „Rethinking

---

[11] Die Sendung ist als so genanntes „filmed radio" verfügbar, d.h. sie ist einerseits über das Radio zu empfangen, andererseits aber auch über einen regionalen Fernsehkanal, in dem allerdings nichts weiter zu sehen ist als der im Studio sitzende Moderator.

Language, Mind and World Dialogically" verweist) in Bezug auf die Struktur von Grammatik, sondern auch die Fokussierung auf andere Einheiten als den traditionellen Satz als grundlegende Einheiten für die gesprochene Sprache:

> The basic constituents of discourse are interactions and communicative projects, rather than speech acts or utterances by autonomous speakers (authors, communicators) or exchanges of such independent acts. Also, the single utterance by one utterer is interactive in nature: utterances are sequentially organized 'interacts'. (Linell 2009: 14)

Das Interesse der ForscherInnen, die in den Bereichen der Gesprächsanalyse und Interaktionalen Linguistik arbeiten, an der Beschreibung und Analyse von wiederkehrenden Mustern, die ober- und unterhalb der traditionellen Satzgrenze (Gattungen, Konstruktionen) liegen, an dem Aufbau sequenzieller Strukturen, an den Mitteln zur Projektion von Äußerungen oder daran, wie Interagierende auf eigene oder fremde Äußerungen zurückgreifen, um sie zu modifizieren, ist der Orientierung an den von Linell beschriebenen dialogischen Grundprinzipien geschuldet.

4.2 Theoretische Ansätze

Gesprächsanalyse, Interaktionale Linguistik und die Analyse kommunikativer Gattungen

Die drei hier vorgestellten Ansätze sind methodologisch und theoretisch eng miteinander verbunden und unterscheiden sich lediglich darin, dass unterschiedliche Perspektiven (eher soziologisch bzw. eher linguistisch) und Analyseebenen (eher Syntax, Sequenzstruktur oder Makrostruktur) im Vordergrund stehen.

4.2.1 Gesprächsanalyse

> Gespräche sind Routine; Gespräche sind störanfällig. [...] Die beiden scheinbar gegensätzlichen Charakterisierungen können deshalb gleichzeitig auf Gespräche zutreffen, weil Gesprächsteilnehmer auftretende Verständigungsprobleme mittels eines Repertoires an spezifischen Routineverfahren [...] bearbeiten und meist auch unbemerkt überwinden können. (Weber 2002: 449)

Nachdem im vorigen Abschnitt Grundannahmen interaktional orientierter Ansätze der Sprachanalyse vorgestellt wurden, sollen hier mit der eher handlungsorientierten *Gesprächsanalyse*, der stärker an den syntaktischen und prosodischen Phänomenen interessierten *Interaktionalen Linguistik* und der auf die Beschreibung größerer Muster ausgerichteten *Gattungsanalyse* drei Ansätze vorgestellt werden, die Sprache-in-Interaktion analysieren. Da vor allem im Bereich der Erforschung von interaktionaler *gesprochener* Sprache schon lange Forschungstraditionen bestehen und sich viele Richtungen ausgebildet haben – von der ethnomethodologischen Konversationsanalyse (*ethnomethodological conversation analysis*) über die Gesprächsanalyse bis hin zur funktionalen Pragmatik und zu bestimmten Ausprägungen der Diskursanalyse bzw. Diskursforschung[12] – kann zwangsläufig nur ein kurzer, exemplarischer Abriss geliefert werden.

Wie die vollständige Bezeichnung „ethnomethodologische Konversationsanalyse" bereits andeutet, ist die Konversationsanalyse (im Deutschen wird manchmal auch der Begriff „Gesprächsanalyse" synonym verwendet, obwohl mit der Gesprächsanalyse eine zwar an die Konversationsanalyse angelehnte, aber eigenständige Tradition entstanden ist) aus der Soziologie hervorgegangen, genauer aus Garfinkels Ansatz der Ethnomethodologie. Die Ethnomethodologie „beschäftigt sich mit dem Alltagswissen von und innerhalb gesellschaftlicher Strukturen als einem Gegenstand von theoretisch-soziologischem Interesse" (Garfinkel 1973: 189). Das Ziel besteht dabei darin, herauszufinden, an welchen Strukturen sich Interagierende im Alltag – meist unbewusst – orientieren. Diese Strukturen lassen sich in allen möglichen Bereichen menschlichen Lebens finden: Auf welchen Sitzplatz man sich in einem halb leeren Bahnabteil setzt, wie man sich in einem vollbesetzten Fahrstuhl verhält, wie Fußgänger einander überholen, was zu beachten ist, wenn man ein Spiel spielt, wie man sich als Kind bei seinen Eltern zu Hause benimmt im Vergleich dazu, wie man sich als Gast in einem fremden Haus aufführt und letztlich natürlich auch, wie und worüber man sich unterhält, also wie Sprache strukturiert einzusetzen ist. Auch wenn der letzte Punkt, die Sprache, für Garfinkel nur einer von vielen ist, so ist er doch dank des hohen Stellenwerts von Sprache als dem zentralen menschlichen Kommunikationsmittel der wichtigste:

> Vom Standpunkt des Benutzers von alltagsweltlichen Feststellungen sind die Sinngehalte der Beschreibungen die Ergebnisse eines standardisierten Prozesses der Benennung, der

---

[12] So weist beispielsweise das, was Becker-Mrotzek/Meier (2002: 25) als „Diskursforschung" bezeichnen, stärkere Ähnlichkeiten zu der Gesprächsanalyse als zu der angelsächsisch orientierten „discourse analysis" auf, die einer anderen Forschungstradition entstammt. Eine gute, überblicksartige Gegenüberstellung von Konversations- und Diskursanalyse findet sich in Levinson (2000: 311–320).

methodischen Verdinglichung und der Idealisierung des vom Benutzer der alltagsweltlichen Feststellungen erlebten Stromes von Erfahrungsgehalten: d.h. die Ergebnisse einer identisch durchgehaltenen und mit anderen geteilten Sprache. (Garfinkel 1973: 191)

Die „standardisierten Prozesse" im Alltag versuchte Garfinkel mit Hilfe von Brechungsexperimenten (auch Krisenexperimente genannt) zu erfassen: Der Experimentator sollte durch Beobachtung von Alltagsverhalten Hypothesen über bestimmte Strukturen aufstellen, an denen sich Mitglieder eines Kulturkreises unbewusst orientieren, und dann durch beabsichtige Brüche des von der Versuchsperson eines Brechungsexperiments erwarteten Verhaltens des Experimentators die Versuchsperson zur Offenlegung ihrer Erwartungen (oder zumindest zur Kritik am Verhalten des Experimentators oder zum Zeigen von Befremden über ein abweichendes Kommunikationsverhalten) bewegen (vgl. Garfinkel 1967, 1973). Eines der wichtigsten Ergebnisse dieser Experimente in Bezug auf die Sprache war die Erkenntnis, dass Sprache in großen Teilen indexikalisch operiert, d.h. dass die sprachlichen Ausdrücke selbst meist vage sind und die Interpretation von Äußerungen daher stets von dem Ko- und Kontext (zuvor Gesagtes, Weltwissen, Wissen über die momentane Situation etc.) abhängt (vgl. hierzu die knappe, aber gründliche Darstellung von Garfinkels Konzept der Indexikalität in Auer 1999: 127–135). So wertvoll die Erkenntnisse Garfinkels für die Erforschung der Strukturen interaktionaler gesprochener Sprache waren, so problematisch war allerdings das methodische Programm. Die Brechungsexperimente hatten zwei große Nachteile: Zum einen hingen Erkenntnisse davon ab, welche Hypothesen der Experimentator aufstellte (ohne Hypothesen konnten keine Experimente durchgeführt werden), zum anderen erzeugten die Brechungsexperimente eine künstliche Situation, so dass das ‚normale' Alltagshandeln dort gerade *nicht* beobachtet werden konnte. Die Experimente konnten zwar zeigen, dass der Alltag durch feste Erwartungen strukturiert abläuft, die Strukturen selbst konnten aber nur über Umwege erkannt werden.

An dieser Stelle setzte der Begründer der ethnomethodologischen Konversationsanalyse, Harvey Sacks, an: Das ethnomethodologische Forschungsinteresse wurde beibehalten, die Methode aber auf strikte Empirie umgestellt. Da es für die Ethnomethodologen nicht von Bedeutung war, welcher Aspekt gesellschaftlicher Organisation auf die zu Grunde liegenden Strukturen hin untersucht wurde,[13] bot es sich an, sich auf sprachliche Strukturen zu konzentrieren.

---

[13] Diese Einstellung, dass überall Ordnung herrscht und daher überall mit deren Erforschung begonnen werden könne, wird als „ethnomethodologische Indifferenz" (vgl. Auer 1999: 129 und 137) bezeichnet.

Sprachdaten konnten (auch schon in den 60er und 70er Jahren) relativ problemlos mit dem Tonband aufgezeichnet werden und vor allem dann, wenn man, wie Sacks, Telefongespräche verwendete, enthielt ein solcher Mitschnitt alle Informationen, die auch den Interagierenden selbst zur Verfügung standen. Die Struktur, die die Interaktion ermöglichte, musste also in den aufgezeichneten Daten zu erkennen und zu rekonstruieren sein. Zudem erlauben es Sprachdaten, dass sie verschriftet und so einer intensiven Analyse unterzogen werden können (vgl. Auer 1999: 137).[14] Nach Bergmann (1981, 1988) kann die ethnomethodologische Konversationsanalyse wie folgt definiert werden:[15]

> Konversationsanalyse bezeichnet einen Untersuchungsansatz, dessen Forschungsziel es ist, auf dem Weg einer strikt empirischen Analyse ‚natürlicher' Texte (vorrangig Transkriptionen von Tonband- und Videoaufzeichnungen ‚natürlicher' Interaktion) die formalen Prinzipien und Mechanismen zu bestimmen, mittels deren die Handelnden in ihrem Handeln die sinnhafte Strukturierung und Ordnung dessen, was um sie vorgeht und was sie in der sozialen Interaktion mit anderen äußern und tun, bewerkstelligen. (Bergmann 1991: 213)

Zu den wichtigsten und grundlegendsten Forschungsergebnissen, die Sacks sowie seine MitarbeiterInnen Emanuel A. Schegloff und Gail Jefferson erbracht haben und die in keiner Einführung in die Konversationsanalyse fehlen, gehören:[16]

---

[14] Zu den Problematiken der Verschriftung von Audiodaten siehe Abschnitt 5. Eine generelle praktische Einführung in das gesprächsanalytische Arbeiten mit Daten liefert Deppermann (2001).

[15] Vgl. hierzu auch die Definition von „Gespräch", die Bose/Schwarze geben: „Das Miteinandersprechen ist folglich als geordnete soziale Aktivität zu bezeichnen, zu deren Bewältigung den Menschen Ethnomethoden bzw. Gesprächspraktiken [...] zur Verfügung stehen. Ein Gespräch ist durch die folgenden Merkmale gekennzeichnet: Konstitutivität (Gespräche werden von den Gesprächsteilnehmenden aktiv hergestellt), Prozessualität (Gespräche vollziehen sich in der Zeit und erfordern ein hohes Maß an Koordination der Sequenzstruktur), Interaktivität (Gesprächsteilnehmende handeln gemeinsam, sind mithin abhängig von einander und leisten wechselseitig aufeinander bezogene Beiträge), Methodizität (Gesprächsteilnehmende nutzen Regeln bzw. Gesprächspraktiken, die in ihrer Diskursgemeinschaft erprobt und kulturell verankert sind) und Pragmatizität (Gesprächsteilnehmende verfolgen Ziele und Zwecke im und durch das Gespräch)." (Bose/Schwarze 2007: 10)

[16] Empfehlenswerte Einführungen sind das Kapitel „Konversationsstruktur" in Levinson (2000) sowie – allerdings mit französischen Beispielen – das Studienbuch „Konversationsanalyse" von Gülich/Mondada (2008). Gülich/Mondada widmen der „Organisation des Sprecherwechsels", der „sequenziellen Organisation", den „Reparaturen", der „Eröffnung und Beendigung von Gesprächen" und dem „Erzählen in der Interaktion" jeweils eigene ausführliche Kapitel und bilden damit die zentralen Forschungsbereiche der Konversationsanalyse ab.

- Die Beschreibung des Systems des Sprecherwechsels, das von Sacks/Schegloff/Jefferson (1974) in dem Aufsatz „A Simplest Systematics for the Organization of Turn-Taking in Conversation" analysiert wurde.
- Die Beschreibung der Möglichkeiten, Reparaturen durchzuführen, d.h. Problemstellen in eigenen oder fremden Äußerungen zu beheben. Besonders von Bedeutung ist dabei, dass die Reparaturtechniken nicht nur rein linguistische Phänomene sind, sondern in einer Präferenzstruktur geordnet sind, die dazu dient, das Gesicht der Person, die die Problemstelle produziert, zu bewahren. Sprache ist hier untrennbar mit sozialer Organisation verbunden. Beispielhaft können die Untersuchungen von Sacks, Schegloff und Jefferson (1977) und Schegloff (1979b, c; 1992) genannt werden.
- Die Bedeutung der sequenziellen Struktur von Gesprächen, und in diesem Rahmen ganz besonders die Funktion und der Aufbau von Nachbarschaftspaaren wie *Aufruf – Reaktion, Gruß – Gegengruß, Frage – Antwort, Bitte – Nachkommen/Ablehnen der Bitte* etc. Diese Strukturen wurden ausführlich in Schegloff (1968, 1990) beschrieben.
- Eng verbunden mit Fragen der Sequenzstrukturierung war die Erforschung der Techniken, mit deren Hilfe Gespräche begonnen und beendet werden können. Dies wurde vor allem anhand von Telefongesprächen gezeigt (Schegloff 1979a; Sacks/Schegloff 1973).
- Die Erklärung, wie das Erzählen von Geschichten, Witzen etc. im Alltag abläuft. Von Bedeutung ist hier die Erkenntnis, dass solche Aktivitäten angekündigt und von den ZuhörerInnen ratifiziert werden müssen (beispielsweise durch sogenannte Präsequenzen wie „kennst du den schon" oder „weißt du was mir gestern Unglaubliches passiert ist?"). Als exemplarisch können die Arbeiten von Sacks (1971, 1974) betrachtet werden.

Alle hier genannten Themengebiete haben gemeinsam, dass sie Bereiche des Alltagshandelns betreffen, die zuvor eher als unorganisiert und chaotisch betrachtet wurden. Die Konversationsanalytiker konnten dagegen zeigen, dass selbst Zögerungssignale wie *äh* oder *ähm* keineswegs die sprachliche Inkompetenz des Sprechers anzeigen, sondern regelhaft an bestimmten Stellen wie zum Beispiel vor Reparaturen verwendet werden (und dort die Funktion einer Reparaturinitiierung haben) oder auch dazu dienen, im Rahmen des Sprecherwechselsystems einen Redezug für sich zu reklamieren. Diese Strukturiertheit wurde von Sacks (1984: 22) mit dem bereits in der Einleitung zitierten „order at all points" programmatisch auf den Punkt gebracht und konnte in zahlreichen Untersuchungen zu den unterschiedlichsten sprachlichen Alltagshandlungen gezeigt werden.

Als roter Faden zieht sich das Konzept der sequenziellen Strukturiertheit von Sprache-in-Interaktion durch alle gesprächsanalytischen Untersuchungen. Das fängt bei kleinen Sequenzmustern wie bei dem Sprecherwechsel oder den Reparaturen an und setzt sich bis zu Makrostrukturen beim Aufbau von Erzählungen, Listen oder gar ganzen Gesprächen fort. Für die Interagierenden ist es daher notwendig, ständig die „placement considerations" im Auge zu behalten, d.h. ständig die Frage zu stellen, warum etwas an genau dieser Stelle geäußert wurde (und, umgekehrt, ob eine eigene Äußerung an genau dieser Stelle sinnvollerweise platziert werden kann) – kurz: „a pervasively relevant issue (for participants) about utterances in conversation is 'why that now'" (Sacks/Schegloff 1973: 299). Unter dieser Fragestellung sind inzwischen zahlreiche Arbeiten entstanden, die sich mit der Korrelation von sprachlichen Strukturen mit in der Interaktion durchgeführten Aktivitäten auseinandersetzen. Vieles davon wird im Analyseteil noch thematisiert werden, daher sei hier nur eine kurze, eklektische Auswahl von Arbeiten zu Reparaturen im Deutschen (z.B. Egbert 2009; Uhmann 1997; Weber 2002), zu Bewertungen (Auer/Uhmann 1982; Pomerantz 1984), dem Erzählen von Geschichten (Gülich 2008), der Durchführung von Beschwerden und Vorwürfen (Günthner 2000b) oder von Komplimenten (Golato 2005; Pomerantz 1978) erwähnt. Gerade im Hinblick auf die Frage der Vermittlung von Kenntnissen einer fremden Sprache sind diese Bereiche hoch relevant: Die Kenntnisse, wie ein Kompliment gemacht oder empfangen wird, wie man in Bezug auf eine Bewertung mit dem Gesprächspartner anderer Meinung sein kann, wie man einen Witz erzählt (oder erkennt, dass man einen Witz erzählt bekommt) und wie man jemanden auf einen Fehler aufmerksam macht, ohne bei all diesen Handlungen das eigene Gesicht zu verlieren oder das des Gegenübers zu verletzen, sind Kernbereiche dessen, was man als Handlungskompetenzen im Alltag bezeichnet.

Während die soziologisch orientierte Konversationsanalyse die Sprachdaten primär unter der Fragestellung behandelt hat, wie die Aktivitäten der Beteiligten rekonstruiert werden können, also welche Ethnomethoden der sprachlichen Interaktion zu Grunde liegen, und ihr Interesse an den genuin grammatischen, prosodischen und phonologischen Strukturen der Sprache eher peripher war, hat sich die Interaktionale Linguistik zum Ziel gesetzt, auf den Grundannahmen der Gesprächsanalyse aufbauend speziell auf die linguistische (und weniger die soziologische) Ebene abzuheben.

4.2.2 Interaktionale Linguistik

> Instead of approaching the data with an idea of what a theory of syntax should look like, we have followed Schegloff [who] tried to outline a theory of syntax that arises from the data, postulating just those abstract elements and units that are needed to account for the data. (Ono/Thompson 1995: 215)

Das Zitat beschreibt sehr gut das Vorgehen der Interaktionalen Linguistik, auch wenn dieser Begriff zu dem Zeitpunkt, als Ono/Thompson ihr Forschungsziel formulierten, noch nicht existierte.[17] Was direkt ins Auge fällt, ist die explizite Bezugnahme auf einen der Begründer der Konversationsanalyse: Emanuel A. Schegloff. Trotz dieses engen Bezuges ist das Forschungsinteresse jedoch nicht identisch mit dem der Konversations- bzw. Gesprächsanalyse. Der Titel des eben zitierten Aufsatzes von Ono/Thompson (1995) – „What can conversation tell us about syntax?" – weist klar auf die von der Konversationsanalyse abweichende Zielsetzung der Interaktionalen Linguistik hin: Die Beschreibung der *Syntax* interaktional verwendeter gesprochener Sprache. Den Ausgangspunkt der Analysen bilden dabei empirische Daten, wobei in der Praxis allerdings bislang fast ausschließlich auf Aufzeichnungen von gesprochensprachlichen (Alltags)Gesprächen fokussiert wurde, die dann auf wiederkehrende syntaktische Muster hin untersucht werden. Der Vorteil einer solchen Vorgehensweise besteht darin, dass möglichst unvoreingenommen und frei von normgrammatischen Vorstellungen darüber, wie die Grammatik einer Sprache auszusehen habe, tatsächlich vorliegende syntaktische Konstruktionen beschrieben werden können: „A strictly empirical approach to identifying the schemas of a language would involve something like examining transcripts from thousands of hours of conversation, noting the recurrent syntactic patterns, and attempting to describe them" (Ono/Thompson 1995: 221). Der Fokus auf rekurrente Muster führt dazu, dass die Struktur der gesprochenen Sprache ernst genommen wird[18] und so spezifisch gesprochensprachliche syntaktische Muster überhaupt erst erkannt werden können – bislang wurden diese Muster häufig als Abweichungen einer an der Schriftsprache orientierten normativen Syntax eingestuft und so

---

[17] Im englischsprachigen Raum wird auch weiterhin Forschung betrieben, die man unter den Ansatz der Interaktionalen Linguistik fassen könnte, die sich aber selbst nicht explizit diesem Paradigma zuordnet (vgl. z.B. Fox 2008).
[18] Vgl. Selting (2007a: 99): „Unser Ziel ist es, die gesprochene Sprache als solche ernst zu nehmen und sie nicht einfach nur als fehlerhaft realisierte Verwendung dessen zu sehen, was i.d.R. anhand von konstruierten Beispielsätzen oder geschriebenen Texten als ‚das' Sprachsystem rekonstruiert wird." Ausführlich zur Vorgehensweise der Interaktionalen Linguistik auch Barth-Weingarten (2008) und Selting (2008).

die fundamentalen Unterschiede zwischen gesprochener und geschriebener Sprachrealisierung verkannt (zum Einfluss der Medialität auf die Sprache vgl. Schneider 2008a; 2011). Selting (2007a: 103) weist zu Recht darauf hin, dass die Interaktionale Linguistik inzwischen zeigen konnte, „dass – entgegen den Annahmen vieler Grammatiker – die Sprachverwendung in natürlichen Interaktionen viel detaillierter geordnet ist, als wir das mit unseren Intuitionen erfassen und rekonstruieren können." Das liegt daran, dass wir zwar in der Schule gelernt haben, unsere Schriftsprachgrammatik zu reflektieren, die Grammatik der gesprochenen Sprache dagegen selten zu einem objektiven Gegenstand der Sprachreflexion gemacht wurde. Dadurch verliert man den Blick für die spezifischen Anforderungen der gesprochenen Sprache. Die Unterschiede zwischen geschriebener und gesprochener Sprache sind vor allem der Tatsache geschuldet, dass gesprochene Sprache typischerweise (d.h. in der Face-to-face-Interaktion) zeitlich und sequenziell strukturiert ist und eine ausgesprochen interaktionale Ausrichtung hat. An dieser Stelle können durchaus auch Bezüge zu Ansätzen der Funktionalen Pragmatik gesehen werden. Ehlich (2006: 18) spricht von „Sprache ‚in discursu', Sprache als Ressource für das sprachliche Handeln", die er als „eine Menge von Strukturen" definiert, „die in unserer Kommunikation, für unsere Kommunikation und durch unsere Kommunikation entstehen, erhalten und genutzt werden." Auch Redder (1995: 110) stellt ein Umdenken in Richtung auf die Analyse von konkreten sprachlichen Funktionen fest: „Des weiteren wird die Analyse von sprachlichen Formen zunehmend im Wechselverhältnis zu sprachlichen Funktionen betrachtet. Dies befördert eine wieder stärker auf die konkreten sprachlichen Phänomene orientierte Sprachanalyse." Trotz dieser Bezugspunkte unterscheiden sich die Ansätze der Funktionalen Pragmatik und der Interaktionalen Linguistik aber in einigen Punkten erheblich. Bei der Funktionalen Pragmatik war der Ausgangspunkt die sprachliche *Struktur*, die um die Beschreibung der durch diese Strukturen durchgeführten *Funktionen* erweitert wurde. Zudem fokussiert die Funktionale Pragmatik eher auf a priori gesetzte Kategorien (ein Erbe der klassischen Pragmatik-Ansätze, vgl. Abschnitt 3.2.1).[19] Die Interaktionale Linguistik dagegen verweist darauf, dass ihre Wurzeln nicht in der Linguistik, sondern der Konversationsanalyse liegen. Das führt dazu, dass der Fokus auf der Interaktion (d.h. also

---

19 Vgl. Couper-Kuhlen/Selting (2000: 92): „Eine allgemeine und interaktional linguistische Theorie von Sprache und Sprachgebrauch ist auch notwendig, um die zu stark vereinfachenden Theorien über die Funktion von Sprache in der herkömmlichen Linguistik zu überwinden. […] In der deutschsprachigen Linguistik ist beispielsweise Bühlers Organonmodell immer noch ein üblicher Ausgangspunkt. Andere Linguisten entwickeln rein theoretische Konzeptionen von Funktion."

ganz besonders auf den Phänomenen der Ko-Produktion von Äußerungen, der gemeinsamen Herstellung von Bedeutung, den Mitteln der emergenten interaktionalen Organisation von Gesprächen etc.) liegt. Das Ergebnis ist, „dass sprachliche Äußerungen, grammatische Konstruktionen und die Herstellung kommunikativer Bedeutungen keinesfalls nur als Produkte der Kompetenz eines einzelnen Sprechers zu betrachten sind, sondern als dialogisch ausgerichtete Errungenschaften in der Zeit, die beim Vollzug von Sprechhandlungen während der Interaktion in Erscheinung treten" (Günthner 2007: 150). Couper-Kuhlen und Selting (2000; 2001a, b), die den Begriff der *Interaktionalen Linguistik* geprägt und das entsprechende Forschungsprogramm entwickelt haben, verwenden den Begriff „Interface", um die engen Bezüge der Interaktionalen Linguistik zur Konversationsanalyse hervorzuheben:[20]

> 'Interaktionale Linguistik' ist ein neuer Ansatz, als Interface von Linguistik im engeren Sinne und Konversations- bzw. Interaktionsanalyse konzipiert. [...] Die ‚interaktionale Linguistik' versteht sich klar als ein linguistischer Forschungsansatz. Als primären Verwendungskontext von Sprache sieht sie in erster Linie Alltagsgespräche, in zweiter Linie institutionelle Gespräche an. Sprachliche Strukturen sind auf die Erfüllung fundamentaler Aufgaben der Aktivitätskonstitution und der Interaktionsorganisation zugeschnitten, und hier primär der Interaktion im Rahmen natürlicher Alltagsgespräche. (Couper-Kuhlen/Selting 2001a: 260–261)

Eine Theorie und Methode, die strikt empirisch vorgeht und in besonderem Maße Sprache im interaktionalen Verwendungskontext – in „natürlichen Gesprächen" (Selting 2007a: 99) – betrachtet, führt zwangsläufig zu einem neuen Grammatikbegriff. Grammatik kann nicht mehr als kodifizierbares Set aus kontextfreien Regeln (*langue*) betrachtet werden, sondern muss als ständig sich veränderndes Inventar an Orientierungsmustern konzeptualisiert werden. Es geht darum, zu erkennen, „dass Grammatik nicht autonom strukturiert ist, sondern an interaktionale und kognitive Bedingungen angepasst ist und dass sie umgekehrt auch eigenen Regularitäten unterliegt, die ihrerseits interaktive Prozesse beeinflussen" (Deppermann/Fiehler/Spranz-Fogasy 2006: 6). Inzwischen gibt es bereits eine Reihe von Untersuchungen, die – explizit oder implizit – unter dem Begriff der Interaktionalen Linguistik zusammengefasst werden können. Dabei lassen sich – in Anlehnung an die Aufzählung von Untersuchungsbereichen in Couper-Kuhlen/Selting (2000: 91) – folgende Forschungs-

---

[20] Couper-Kuhlen/Selting (2000: 92) bringen die Nähe beider Ansätze auf die griffige Formel: „Interaktionale Linguisten müssen sowohl gut ausgebildete Linguisten als auch gut ausgebildete Konversationsanalytiker sein."

schwerpunkte benennen (vgl. auch Barth-Weingarten 2008 zu einer ausführlichen Darstellung der Interessenschwerpunkte der Interaktionalen Linguistik):

– **Die Einheitenfrage:** In der monologisch-schriftsprachlich orientierten Syntax war lange unbestritten, dass die Grundeinheit der Linguistik der Satz sei. Zweifellos finden sich Sätze auch in der gesprochenen Sprache. Der Satz ist dort aber nicht als feste Struktur zu betrachten, sondern als ein Format (bzw. ein Set unterschiedlicher Formate). Diese Formate sind sehr offen und werden in der Interaktion lediglich als Orientierungsmuster verwendet. In ihrer Untersuchung mit der Fragestellung, welche Relevanz die Kategorie des Satzes in der gesprochenen Sprache hat, kommen Thompson/Couper-Kuhlen (2005: 498) zu dem Schluss, dass ein „model of linguistic ‚structure' must be no more or no less than a model of the way *often-used formats* are acquired, stored, processed and used as resources by speakers in the everyday business of communicating". Von besonderer Bedeutung sind dabei die Konzepte des Gebrauchs (ein Satz wird *nur* durch den Gebrauch überhaupt zu einem Satz; somit ist der Satzbegriff von der Interaktion abhängig) und der Ressourcenbegriff (SprecherInnen verwenden die bekannten und eingeschliffenen Muster nicht im Sinne eines strikten Befolgens von Regeln, sondern im Sinne von Ressourcen, mit denen auch gespielt werden kann). Die Problematik der Einheitenfrage wurde im Englischen unter anderem auch von Ford/Thompson (1996) und von Lerner (1996), der von einem „semipermeablen" Charakter grammatischer Einheiten in der Interaktion spricht, behandelt. Für das Deutsche hat sich Auer (1991, 2006a, 2007a, 2010) intensiv mit der Frage befasst, wie mit der schrittweisen und nicht in einer syntaktischen Projektion angelegten Erweiterung von Sätzen umzugehen ist. Dabei zeigt sich, dass das „Ende deutscher Sätze" (Auer 1991) besonders schwer zu bestimmen ist, da „Einheitenexpansionen im Gespräch keineswegs ein marginales Phänomen sind, das nur dann auftritt, wenn ein nächster Sprecher seinen Beitrag verzögert und so Probleme des turn-taking zu bewältigen sind.[21] Vielmehr handelt es sich um eine fundamentale und allgegenwärtige Technik der sequentiellen Organisation von Gesprächen." (Auer 2006a: 288). Ausführlich wird im empirischen Teil der Arbeit, in Abschnitt 6.2, die Einheitenfrage diskutiert und es wird gezeigt, welche Konzepte für die Einheitenbestimmung in interaktionaler Sprache zentral sind.

---

[21] Zu Inkrementstrukturen im Sprachvergleich siehe auch das Themenheft „Turn continuation in cross-linguistic perspective" von Couper-Kuhlen/Ono (2007). Für das Englische vgl. u.a. Ford/ Fox/Thompson (2002).

- **Emergenz und Zeitlichkeit:** Ein zweites Forschungsgebiet – das allerdings eng mit der Thematik der Einheitenfrage zusammenhängt – besteht darin, die Rolle der Zeit und die Rolle der interaktionalen Verankerung von Sprache zu klären. Für die Berücksichtigung der Zeitlichkeit als prägenden Faktors syntaktischer Strukturen ist von Auer (2000, 2005a, 2007a) ein prozessuales Syntaxmodell (die „*on line*-Syntax") entwickelt worden, das explizit auf Aspekte der Projektion und Retraktion eingeht. Die Begriffe Projektion und Retraktion mögen abstrakt klingen und zunächst als marginale Phänomene erscheinen. Projektionen betreffen aber beispielsweise nicht nur Diskursmarker,[22] die als typisch interaktionale Einheiten dazu dienen, eine Folgeäußerung (oder Äußerungssequenz) anzukündigen. Selbst die für das Deutsche so grundlegende syntaktische Struktur der ‚linken' und ‚rechten' Verbklammern, die den finiten bzw. infiniten Verbteil enthalten, sind als zeitliche Strukturen zu denken. Die Begriffe ‚links' und ‚rechts' mögen für die Schrift gelten, da man einen geschriebenen Satz auf diese Weise betrachten kann. Aus einer Perspektive, die die temporale Entfaltung von Äußerungen beschreibt, ist dagegen die ‚linke' Satzklammer die zeitlich erste – und somit auch die projizierende – und die ‚rechte' Satzklammer die zeitlich folgende – und somit projizierte. Ein typischer deutscher Hauptsatz öffnet also mit dem finiten Verbteil eine Projektion über das Mittelfeld hinaus, die dann durch den infiniten Verbteil geschlossen wird. Die Zeitlichkeit der Sprache ernst zu nehmen hat also grundlegende Auswirkungen auf die Konzeptualisierung der Syntax des Deutschen. Auch Phänomene der Retraktion betreffen ‚kerngrammatische' Phänomene: Wenn im Nachfeld ein Satzglied platziert wird, das ‚eigentlich' (d.h. norm- und schriftgrammatisch) seinen Platz im Mittelfeld gehabt hätte, wird dadurch die Satzstruktur nachträglich, also rückwirkend, verändert – ein Phänomen, das in seiner extremen Form unter dem Begriff der „Holzwegsätze" bzw. „garden path sentences" bekannt wurde.[23] Die Zeitlichkeit interaktionaler Sprache führt somit zu einem allmählichen Entstehen – und, durch Retraktion, auch Überarbeiten – von syntaktischen Strukturen, was wiederum zum Ergebnis hat, dass Grammatik nicht als abstraktes und festes System gesehen werden

---

[22] In letzter Zeit wurden über das Konzept der Diskursmarker hinaus weitere so genannte „Projektorkonstruktionen" wie *Pseudocleft*-Sätze und Extrapositionen mit *es* (Günthner 2008a) oder bestimmte Sorten von *wenn*-Sätzen (Wegner 2010) beschrieben, denen ebenfalls die Zeitlichkeit gesprochener Sprache als zentrales Strukturmerkmal zu Grunde liegt (vgl. auch Hopper/Thompson 2008). Zum Zusammenhang von Diskursmarkern und Projektorkonstruktionen siehe Imo (2012b).
[23] Vgl. auch Imo (2011c) zu „garden path sentences" (Holzwegsätzen) im Deutschen.

kann, sondern als loses, emergentes Inventar von Mustern, die flexibel genug sind, um sich den ständig verändernden Gebrauchsbedingungen von Sprache-in-Interaktion anzupassen. Von besonderer Bedeutung ist dabei Hoppers (1998) Konzept der „emergent grammar", in dem grammatische Strukturen nur dadurch einen Bestand haben, dass sie in bestimmten Situationen immer wieder benutzt werden und somit einerseits erwartbar und andererseits zu schnell verfügbaren Bausteinen für die Kommunikation werden. Diese Strukturen sind aber inhärent flüchtig und offen (Hopper 2004), was letzten Endes bedeutet, dass Sprachwandel seine Ursache im alltäglichen Sprachgebrauch hat. Die Konzeptualisierung von Grammatik als emergentem Musterinventar führt zu einem anderen Begriff von ‚richtiger' und ‚falscher' Sprachverwendung: Die Begriffe treten zurück hinter eine Unterscheidung von Strukturen, die sich durchsetzen, d.h. die von den Interagierenden aufgegriffen und weiterverwendet werden („Grammatik ist geronnener Diskurs"; Haspelmath 2002: 271) und solchen, die sich nicht durchsetzen. Diese Refokussierung ist gerade auch für diejenigen, die den Sprachgebrauch von LernerInnen bewerten müssen, von großer Bedeutung.

– **Kontext- und Aufgabengebundenheit von Sprache:** Sprache ist nicht kontextfrei zu beschreiben, sondern stets in Bezug auf die konkreten Aufgaben in konkreten Situationen, die die Interagierenden durchführen. Das führt dazu, dass sich für bestimmte, immer wiederkehrende Situationen auch bestimmte, mehr oder weniger auf diese Situationen fixierte sprachliche Routinen herausbilden. Den Zusammenhang von Sprache und rekurrenter Situation hat v.a. die Forschung zu kommunikativen Gattungen, die im nächsten Abschnitt noch ausführlicher behandelt wird, in den Blick genommen, daher wird dieser Aspekt hier nur kurz erwähnt.

– **Turnorganisation:** Anders als in der geschriebenen Sprache sind in Sprache-in-Interaktion Mechanismen nötig, die es erlauben, auf die Gesprächspartner direkt einzugehen und ihnen Zugang zum Gespräch, d.h. die Übernahme der Sprecherrolle, zu ermöglichen. Das schlägt sich nicht nur in einer speziellen „grammar of co-constructions" nieder, d.h. in Phänomenen einer „shared syntax" (Helasuvo 2004; Lerner 2002), in der mehrere SprecherInnen gemeinsam eine syntaktische Struktur erzeugen. Solche gemeinsamen syntaktischen Konstruktionen sind keinesfalls marginal und wenig relevant, denn durch die Ko-Produktion syntaktischer Strukturen signalisieren sich die GesprächsteilnehmerInnen, dass sie ‚auf einer Linie' liegen und die Einschätzung einer Situation teilen. Daneben gibt es auch noch den umfangreichen Bereich der „kleinen Wörter", der „Partikeln im Gespräch" (Schwitalla 2002), die als konversationelles Schmiermittel eine Reihe von Funktionen erfüllen: Diskursmarker (vgl. Gohl/Günthner 1999, Günthner

1993; 1999a, Birkner et al. 1995) dienen dazu, zu signalisieren, dass der Sprecher den Turn für sich reklamiert und kündigen meist zugleich an, was für einen Status die folgende Äußerung hat: *Weil* kündigt eine Begründung an, *obwohl* eine Konzession, *aber* einen Widerspruch, *ich glaub* eine Vermutung etc. Am anderen ‚Ende' der Äußerung markieren Vergewisserungssignale wie *nicht wahr, ne* oder *weißte* (Hagemann 2009), dass der Sprecher bereit ist, den Turn aufzugeben, dass eine Reaktion durch die HörerInnen erwünscht wird, dass das Verständnis überprüft werden soll etc. An unterschiedlichen Stellen in Äußerungen dienen Wörter und Phrasen wie *sag ich jetzt mal, kurz gesagt, mal so gesagt, vermutlich* etc. dazu, Äußerungen als vorläufig zu markieren, den Geltungscharakter abzuschwächen und die eigene Stellung zu einer Äußerung zu kodieren.

- **Sequenzielle Phänomene:** Der letzte hier genannte Punkt betrifft eines der frühesten konversationsanalytischen Themen – die Erkenntnis, dass gesprochene, interaktionale Sprache sequenziell strukturiert ist. Allerdings werden in der Interaktionalen Linguistik besonders die syntaktischen und prosodischen Mittel, mit denen Sequenzen strukturiert werden, in den Blick genommen. So lassen sich Gesprächseröffnungen (Schegloff 1968), die Struktur von Nachbarschaftspaaren (Schegloff 1990) oder Gesprächsbeendigungen (Sacks/Schegloff 1973) auch dahingehend analysieren, welche sprachlichen Mittel zu welchem Zweck zum Einsatz kommen. Vor allem im Bereich der Erforschung von Erzählungen und Erzählstrukturen (z.B. Sandig 2000; Günthner 2000b, 2006a; Kern/Selting 2006) zeigt sich, wie sehr syntaktische Strukturen von ihrer sequenziellen Platzierung abhängig sind.

Die hier vorgenommene Trennung der Forschungsthemen ist natürlich lediglich als Orientierung gedacht und nicht so zu verstehen, dass es sich um tatsächlich getrennte Phänomene handelt, die ohne Bezug zueinander analysiert werden können. Vielmehr ist es gerade so, dass stets *alle* sprachlichen Ebenen (Prosodie, Semantik, Pragmatik, Syntax, Kontext, Sequenzstruktur, Gattung und schließlich in letzter Zeit vermehrt auch die Multimodalität der Kommunikation in Bezug auf Gestik, Mimik, Körperposition und Körperhaltung) betrachtet werden müssen, wenn man ein konkretes Gespräch deutend verstehen will. Wie genau so etwas aussehen kann, wird in Abschnitt 6 gezeigt. Doch zuvor muss noch die Theorie vorgestellt werden, die sich mit den größten sprachlichen Mustern, den Gattungen, befasst.

4.2.3 Die Analyse kommunikativer Gattungen

> Jede Kultur- und Sprachgemeinschaft verfügt über ein eigenes Repertoire an kommunikativen Makro- und Mikro-Gattungen wie *telefonisch reklamieren, einen Toast aussprechen, biographisch erzählen* oder *einen Arzt konsultieren*, die alle unterschiedliche Initial- und Rahmungshandlungen, Rederechte, Direktheit-/ Indirektheitskonventionen enthalten [...].
> (Müller-Jacquier 2002: 397)

Was in dem Zitat von Müller-Jacquier auffällt, ist die Betonung der mündlichen Situiertheit der von ihm genannten Gattungen. Es geht um „telefonisches" Reklamieren, um das „Aussprechen" eines Toasts, um das biographische „Erzählen" etc. Damit ist bereits ein wesentliches Merkmal der Forschung zu kommunikativen Gattungen genannt: Die Analyse der sprachlichen Großformen, die zwar ähnlich wie Textsorten bestimmte syntaktische Muster, bestimmte Wörter und Phrasen, bestimmte Abfolgestrukturen und bestimmte Teilnehmer (Produzenten, Rezipienten) etc. erwartbar machen, die aber explizit interaktional ausgerichtet sind.[24] Im schriftlichen Bereich hat die Analyse verfestigter Muster – auch im didaktischen Kontext – eine lange Tradition: Bewerbungsschreiben, Romane, Privatbriefe oder Zeitungsnachrichten sind umfassend analysiert worden und werden fast immer in didaktischen Lehrwerken verwendet. Im Bereich mündlicher Kommunikation dagegen ist die Beschäftigung mit großen Mustern erst viel später entstanden (wenn man folkloristische Gattungen wie Märchen, Schwänke o.ä. ausnimmt, die im übrigen erst nach ihrer Verschriftung untersucht wurden, und spezifisch alltagssprachliche Gattungen wie Reklamationsgespräche, Vorstellungsgespräche oder Klatsch meint).

Entwickelt wurde die Theorie der kommunikativen Gattungen von dem Soziologen Luckmann (1986; 1988; 1992). Von Bergmann (1987), Günthner (1995; 2006c), Günthner/Knoblauch (1994; 1995) und Bergmann/Luckmann (1995) wurden dann Erweiterungen vorgenommen, die den Ansatz für die Analyse von solchen Gattungen wie z.B. Vorwürfen (Günthner 2000b) optimierten, die besonders stark von interaktionalen Faktoren wie der Ko-Produktion von Semantik und Syntax abhängen.[25] Luckmann (1986: 202) definiert Gattungen als routinierte und verfestigte Strukturen, die „mehr oder weniger verbindliche ‚Lösungen' von spezifisch kommunikativen ‚Problemen'" bereitstellen. Typischerweise handelt es sich dabei um Probleme, die aus interaktionalen Konstel-

---

24 Zu Beginn konzentrierte sich die Gattungsanalyse auf medial mündliche Gattungen, inzwischen liegen auch Untersuchungen medial schriftlicher interaktionaler Gattungen vor (z.B. Hauptstock/König/Zhu 2010).
25 Die Anpassung des Ansatzes speziell an Fragestellungen der Linguistik wurde vor allem von Günthner (1995, 2000b, 2006c) vorgenommen.

lationen entstehen, d.h. die mit der in der Face-to-face-Interaktion ständig mitlaufenden Notwendigkeit zusammenhängen, die eigene Perspektive auf das Gesagte mit den Perspektiven der GesprächspartnerInnen abzugleichen: "A recurrent, in fact a universal communicative problem of varied severity which in communicative processes logically and temporarily precedes all other potential problems is the 'reciprocal adjustment of perspectives'" (Luckmann 1992: 229). Produzenten und Rezipienten von Sprache übertragen und empfangen nicht einfach bloß wie Maschinen Informationen, sondern müssen ständig aushandeln, was gerade geschieht (z.B. ob eine konkrete Äußerung als Vorwurf, Hilfestellung, Frotzeln etc. zu werten ist) und überprüfen, ob eine gemeinsame Perspektive auf das Gesagte besteht. Kommunikative Gattungen stellen als Teil des „kommunikativen Haushalts" (Luckmann 1988) Orientierungsmuster bereit, die innerhalb bestimmter Situationen bestimmte sprachliche Verhaltensweisen erwartbar machen und so dazu beitragen, dass eine gemeinsame Perspektive auf die gerade durchgeführte Handlung aufgebaut werden kann. Der Vorteil solcher Orientierungsmuster liegt sowohl für die ProduzentInnen als auch die RezipientInnen auf der Hand: Die ProduzentInnen werden von der Formulierungsarbeit entlastet, sie können sich auf bestimmte Routinen (lexikalischer, phrasaler, syntaktischer und sequenzieller Art) verlassen, während die RezipientInnen den Vorteil haben, eine Gattung frühzeitig erkennen und daher Hypothesen über den weiteren Verlauf machen zu können. Diese Routinierung kann so weit gehen – wie im Beispiel von Bewerbungsgesprächen (vgl. Birkner 2001 zu einer ausführlichen Analyse dieser Gattung) –, dass es möglich wird, Leitfäden zu erstellen, an denen sich Personalchef und Bewerber gleichermaßen ‚abarbeiten' können – negative Überraschungen können so minimiert werden. Doch nicht nur für so stark institutionell eingebettete Gesprächstypen wie das Bewerbungsgespräch haben sich Routinen entwickelt. Grundsätzlich ist es so, dass, wann immer eine kommunikative Aufgabe wiederholt durchgeführt werden muss, sich mit der Zeit feste Muster herausbilden, die dann zu Gattungen gerinnen können. Allerdings ist es in den seltensten Fällen so, dass eine Gattung sich so weit verfestigt, dass sie keine Abweichungen mehr zulässt – dies geschieht nur in wenigen, meist stark zeremoniellen und institutionell verankerten Kontexten, wie z.B. bei einer Heiratszeremonie. Grundsätzlich sind Gattungen eher als Orientierungsmuster zu verstehen, die den Interagierenden zur Verfügung stehen, die aber ein großes Maß an Kreativität zulassen:

> In manchen Arten von Situationen wird der Handelnde so gut wie gezwungen, eine bestimmte kommunikative Gattung zu verwenden, in anderen bleibt ihm eine gewisse Wahl. Wenn er sich aber für die Anwendung einer Gattung ‚entscheidet', unterwirft er sich den Gattungsregeln. Ob er ihnen ‚blind' folgt oder mit ihnen spielt, hängt von vielen soziokul-

turellen, situativen und subjektiven Umständen ab. Menschen sind keine Roboter. (Luckmann 1988: 283)

Für die konkrete Analyse von Gattungen wurde ein Drei-Ebenen-Modell entwickelt, das jedoch nicht so zu verstehen ist, dass Gattungen aus drei getrennten Modulen bestehen, sondern das lediglich als heuristisches Hilfsmittel gedacht ist. Zunächst kann man mit der **Außenstruktur** die Aspekte einer Gattung beschreiben, die sie in größere gesellschaftliche Strukturen einbettet: Handelt es sich um einen bestimmten institutionellen Kontext – z.B. ein Sprechstundengespräch (Meer 2000; 2001) an der Universität oder ein Bewerbungsgespräch (Birkner/Kern 2000) in einer Firma – oder um einen informellen Alltagskontext wie z.B. Vorwürfe (Günthner 2000b) oder Klatsch (Bergmann 1987)? Welche Rollen haben die Beteiligten – z.B. Berater gegenüber Ratsuchendem bei Radio-Beratungsgesprächen (Willmann 1996, Imo 2010a) – oder welche Milieus oder Gruppen sind beteiligt, wie z.B. Jugendliche beim *Dissen* (Deppermann/Schmidt 2001)? Im Rahmen der Außenstruktur wird somit die „Einbettung kommunikativer Gattungen in gesellschaftliche Strukturen und Wertvorstellungen" (Günthner/Knoblauch 1997: 297) analysiert. Diese Verbindung von sprachlichen mit gesellschaftlichen Strukturen ist vor allem dann von großer Bedeutung, wenn es darum geht, einerseits die Unterschiede zwischen Kulturen und andererseits Aspekte des Sprachwandels (der auch den Gattungswandel umfasst) beschreiben zu können:

> Was aber in der einen Gesellschaft wichtig ist, braucht in einer anderen nicht ebenso wichtig zu sein, und was in einer Epoche wichtig ist, braucht in einer anderen Zeit nicht wichtig zu sein. Es sollte deshalb nicht überraschen, dass unterschiedliche Gesellschaften nicht dieselben Bestände an kommunikativen Gattungen haben. Die kommunikativen Gattungen einer Epoche mögen sich zum Teil in lockerer geregelte kommunikative Vorgänge auflösen (oder sogar ganz verschwinden), während bislang ‚spontane' kommunikative Vorgänge zu neuen Gattungen gerinnen können. (Luckmann 1988: 284)

Auf der Mikroebene der Beschreibung ist die **Binnenstruktur** angesiedelt, die die für eine Gattung typischen lexikalischen Einheiten (Schlüsselwörter wie „Problem" in Beratungsgesprächen, Phrasen wie „der Nächste bitte" bei Arztkonsultationen etc.), syntaktischen Strukturen (z.B. sogenannte „dichte Konstruktionen" (Günthner 2006a) wie „er – zur Tür raus" in Erzählungen), stilistischen Mittel (ob ein Gespräch beispielsweise mit „Guten Tag", „Hallo" oder „Hi" eröffnet wird) oder gestischen, mimischen und prosodischen Zeichen (wie z.B. die „vorwurfsvolle Stimme" Günthner 2000b) umfasst.

Als dritte Ebene wird die **situative (oder interaktionale) Realisierungsebene** angenommen, für deren Beschreibung die Elemente nötig sind, die direkt mit der interaktiven Verankerung von Gattungen (und damit deren interaktionalen Aspekten) zu tun haben. Dazu gehören bestimmte Muster des Turn-Taking (wer spricht wann und wie lange; gibt es einen ‚Moderator', der das Rederecht zuweist), Präsequenzen (wie z.B. „gestern ist mir was unglaubliches passiert", womit eine Geschichte eingeleitet werden kann), bestimmte Nachbarschaftspaare (z.B. die typischen Frage-Antwort-Sequenzen in Anamnesegesprächen, die Lalouschek 2002 analysiert) aber auch das Äußerungsformat und der Teilnehmerstatus: „Das Äußerungsformat zeigt an, in welcher Beziehung die Sprechenden zum kommunizierten Sachverhalt bzw. den zitierten Figuren oder Charakteren stehen; [...] Der Teilnehmerstatus bezeichnet das Verhältnis der Kommunizierenden zueinander und zu ihren Äußerungen." (Günthner/Knoblauch 1997: 293)

Wie bereits erwähnt, bedeutet die Tatsache, dass eine bestimmte Gattung typischerweise gewisse lexikalische, sequenzielle, syntaktische etc. Merkmale aufweist, nicht, dass sich die Interagierenden sklavisch daran halten müssen: "Communicative genres are located at a strategic intersection of 'freedom' and 'constraint' in communicative interaction and it is at this intersection that various paths of 'perspective setting' and 'perspective taking' converge" (Luckmann 1992: 223). Mit dem "perspective setting" und "perspective taking" sind zwei Punkte genannt, auf die typische Merkmale kommunikativer Gattungen verweisen: ihre Reflexivität. Bestimmte Kontexte (wie z.B. ein Besuch in einer Arztpraxis) machen zwar bestimmte Gattungen (z.B. ein Arztgespräch) erwartbar, umgekehrt wird aber erst dadurch, dass die erwartete Gattung produziert wird, der Kontext hergestellt (vgl. die Diskussion des Reflexivitätsprinzips in 4.1.1). Es steht Ärzten und Patienten frei, statt eines Arztgesprächs eine zwanglose Plauderei über den Urlaub zu führen oder, wenn der Besucher ein Bewerber oder eine Bewerberin für eine ArzthelferInnenstelle ist, ein formelles Bewerbungsgespräch abzuhalten. Kontext und tatsächlich realisierte Äußerungen bedingen sich also gegenseitig, es ist daher nötig, nicht nur die in einem Kontext typischerweise erwartete Routine zu kennen, sondern über mögliche Alternativen Bescheid zu wissen. All die möglichen Alternativen (zusammen mit den Äußerungen, die nicht Teil von kommunikativen Gattungen sind), bilden zusammen den „kommunikativen Haushalt"[26] (Luckmann 1988) einer Gesellschaft. Da

---

26 „Den Begriff des kommunikativen ‚Haushalts' führe ich ein, um die spezifisch kommunikative Dimension des gesellschaftlichen Lebens zu bezeichnen. Dieser Begriff ist um einiges abstrakter als der der kommunikativen Gattungen. Er bezieht sich auf die Gesamtmenge derjenigen kommunikativen Vorgänge, die auf Bestand und Wandel in einer Gesellschaft einwirken. [...] Vieles an diesem ‚Haushalt' kann nur geschätzt werden. Er ist lose strukturiert und enthält ‚spontane' kommunikative Vorgänge. Aber der wichtigste Bestandteil dieses ‚Haushalts' hat

kommunikative Gattungen sich als Lösungen für kommunikative Probleme herausgebildet haben, bilden sie den wichtigsten Bereich in diesem „Haushalt" – völlig frei und kreativ gebildete Äußerungen im Sinne von Humboldts „unendlichem Gebrauch von endlichen Mitteln" scheinen, wie neuere Untersuchungen (Feilke 1996, Stein 1995; 2004, Imo 2007a) zeigen, ohnehin eher die Ausnahme als die Regel zu sein.

Für das Wissen, wie in einer bestimmten Gesellschaft ‚gut' kommuniziert werden kann, ist also das Wissen über ein kontextfreies Lexikon, abstrakte Syntaxregeln und ebenso abstrakte Gesprächsregularitäten (wie das Turn-Taking-System) – wenn es solche kontextfreien und abstrakten Aussagen über Wörter, syntaktische Strukturen und Gesprächsstrukturen überhaupt geben kann – nicht ausreichend: Sprache, ganz besonders Sprache-in-Interaktion, ist ohne Situations- und Gattungswissen nicht möglich.

4.3 Kann man Kommunikation lehren?

> Mündliche Kommunikation ist im privaten wie im beruflichen Leben grundlegend und gewinnt in einer multimedialen Informationsgesellschaft noch stärker an Bedeutung. Im sozialen Umgang und der Auseinandersetzung mit anderen Menschen spielen Fähigkeiten eine zentrale Rolle, wie den Verlauf von Gesprächen bewusst wahrzunehmen, zu kontrollieren und zu gestalten, Kommunikationsprobleme rechtzeitig zu erkennen und angemessen auf sie zu reagieren und bei Konflikten gleichzeitig soziale Sensibilität und Perspektivenübernahme wie Durchsetzungsvermögen zu zeigen. (Becker-Mrotzek/Brünner 2006: 3)

Die Konversationsanalyse ging zunächst davon aus, dass Gespräche ohne Vorannahmen über Kontext, soziale Rollen der Beteiligten, Einbettung in Institutionen etc. analysiert werden sollten. Das liegt daran, dass einerseits das Ziel der Konversationsanalyse darin bestand, allgemeingültige Muster und Verfahrensweisen herauszufinden, die sprachliche Interaktion strukturieren. Andererseits lag die Beschränkung auf die ‚reinen Daten', d.h. ausschließlich auf die aufgenommenen Gespräche, darin begründet, der strikten Forderung nach Empirie nachzukommen. Alles, was für ein Gespräch relevant ist – so die Auffassung –, würde auch im Gespräch in irgendeiner Weise von den Interagierenden relevant gesetzt und sei somit beobachtbar. Daher sei es nicht nötig, auf Vorannahmen zurückzugreifen, die empirisch zweifelhaften Status haben. Doch diese strikte Beschränkung alleine auf die aufgenommenen Daten erzeugt Prob-

---

die wesentlich strengere Form eines Systems. Es besteht aus einem Feld kommunikativer Gattungen." (Luckmann 1988: 284)

leme. So stellt Bergmann (1991: 215) fest, dass „institutionsspezifische Gesprächstypen (Schulunterricht, Gerichtsverhandlungen) [...] ihren genuinen Charakter u.a. durch eine Transformation der Strukturen der alltäglichen außerinstitutionellen Kommunikation [erhalten]". Es ist daher nicht sinnvoll, Informationen über Institutionen von vornherein auszuklammern, auch wenn das dazu führt, dass die „reine Lehre" („pure CA") der Konversationsanalyse aufgegeben werden muss, wie ten Have ausführt:

> CA was originally developed as a ‚pure' science, motivated by the wish to discover basic and general aspects of sociality. Later, it has also been 'applied', in the sense that interactions with an institutional purpose have been studied in order to discover how those interactions are organized as institutional interactions. The expression 'applied' CA can also be used to denote the implicit or even explicit use of CA-inspired studies to support efforts to make social life 'better' in some way, to provide data-based analytic suggestions for, or critiques of, the ways in which social life can be organized. (ten Have 2007: 174)

Die angewandte Gesprächsforschung unterscheidet sich von der „reinen" Konversationsanalyse also in zwei Punkten: Zum einen werden verfügbare Informationen über die Institutionen oder die gesellschaftlichen Hintergründe, in die eine bestimmte Interaktion eingebettet ist, mit in die Analyse einbezogen (z.B. im Bereich der Wirtschaftskommunikation Informationen über den sozialen Status der Beteiligten, die Organisationsabläufe, firmeninterne Vorgaben über den Ablauf von Besprechungen etc.). Zum anderen, und das ist hier besonders relevant und bot gleichzeitig einen Angriffspunkt für die VertreterInnen der „reinen" Konversationsanalyse, entstand in der angewandten Gesprächsforschung das Interesse, die aus der Analyse institutioneller Kommunikation gewonnenen Erkenntnisse in die Institutionen zurückzugeben und so zur Verbesserung der Kommunikation beizutragen. Die ‚Anwendung' in der angewandten Gesprächsforschung zielt also in zwei Richtungen: Das Interesse an Kommunikation in bestimmten institutionellen Situationen (Bewerbungen, Besprechungen, Beschwerden, schulische Vermittlung etc.)[27] und das Interesse an der Verbesserung von Kommunikationsstrukturen:

> [M]it Anwendung meinen wir nicht nur, dass sich die linguistische Forschung der konkreten gesellschaftlichen Kommunikationspraxis zuwendet, sondern auch, dass sie ihre Ergebnisse dieser Praxis unmittelbar zur Verfügung stellt. Wesentliches Kennzeichen An-

---

27 Vgl. die Definition von Keppler (2006: 302–303): „Institutionelle Kommunikation beinhaltet zum einen eine Orientierung zumindest eines der Kommunikationsteilnehmer im Hinblick auf ein Ziel, eine Aufgabe oder Identität der jeweiligen Institution. Institutionelle Interaktion unterliegt zum anderen oft speziellen und besonderen Beschränkungen, die von einem oder beiden Interaktionspartnern als Erfordernis der gegebenen Situation akzeptiert werden."

gewandter Diskursforschung ist also das Ziel, linguistische Forschung in den Dienst der sprachlich Handelnden zu stellen. (Becker-Mrotzek/Meier 2002: 18)

Beide Ziele der angewandten Gesprächsforschung (Becker-Mrotzek/Meier verwenden den Begriff „Diskursforschung", der aber inhaltlich eher dem der Gesprächsforschung entspricht) sind für die heutige Gesellschaft hoch relevant. Günthner (2005c: 42) spricht in Anlehnung an Habermas von der „Schlüsselposition der Kommunikation" in der modernen Gesellschaft, die sich darin zeigt, dass „wesentliche Entscheidungen in den unterschiedlichsten Organisations-, Arbeits- und Sozialbereichen in Gestalt kommunikativer Vorgänge getroffen werden" (vgl. auch Günthner/Knoblauch 1994). Darunter fallen beispielsweise Entscheidungen über „berufliche Karrieren", „Auftragserteilungen", „Arbeitsschritte" etc., die alle kommunikativ ausgehandelt werden. Besonders eindrucksvoll zeigt Grießhabers (1987) Analyse von Bewerbungsgesprächen, wie wichtig kommunikative Aspekte für die Karriere sind. So gilt „der unmittelbare persönliche Kontakt weiterhin als entscheidende Grundlage für die endgültige Auswahl" (Grießhaber 1987: 1) von BewerberInnen. Die Entscheidungsfindung der Personalchefs verläuft dabei jedoch nicht als linearer Prozess (indem z.B. ein starres Bewerbungsmuster abgearbeitet wird), sondern sie verläuft „dynamisch" (Grießhaber 1987: 164):

> Die sich anbahnende Entscheidung und die Entscheidung selbst werden diskursiv überprüft. Im positiven Fall erfolgt dies im Rahmen einer konvergierenden Gesprächsführung, bei der die entscheidende Kontrolle so durchgeführt wird, dass akzeptierte Bewerber kaum durchfallen können. Im negativen Fall dagegen erfolgt die Überprüfung im Kontext einer divergierenden Gesprächsführung so, dass abgelehnte Bewerber kaum bestehen können; der Gesprächszweck verlagert sich danach auf die Ratifizierung, d.h. die Umorientierung der Bewerber. Dazu wird die Divergenz systematisch weiter verschärft, bis der Agent den Eindruck hat, dass die Bewerber ihre partielle Inkompetenz wahrgenommen haben und damit indirekt die spätere Absage vorwegnehmen. (Grießhaber 1987: 173)

BewerberInnen müssen über ein hohes Maß an kommunikativer Kompetenz verfügen, um dieses ‚Spiel' eines Bewerbungsgespräches mitspielen zu können: Sie müssen frühzeitig Kontextualisierungshinweise (Gumperz 1982) erkennen, die eine solche Divergenz signalisieren, um sich lokal an die veränderte Gesprächsführung anpassen und auf die Richtungswechsel eines Bewerbungsgespräches reagieren zu können. Mit dem Beherrschen der (Schrift)grammatik des Deutschen ist dies nicht getan[28] – es geht vielmehr um Kenntnisse der Ge-

---

[28] Besonders deutlich wird das auch in Birkners (2001) Analyse ost- und westdeutscher Bewerbungsgespräche: Was zählt, ist das Verfügen über bestimmte, den jeweiligen Gattungen

sprächsstruktur, d.h. um die Kompetenz, im Sinne der *Reziprozität der Perspektiven* nach Schütz (1993[1933]) die Gesprächsabsichten des Gesprächspartners jeweils erkennen zu können (d.h. Perspektiven und Standpunkte wechseln zu können) und mit den Techniken zur Erzeugung von Gleichlauf und Gegenläufigkeit von Aussagen, Bewertungen und Einschätzungen umgehen zu können.

Kotthoff (2006: 166) bringt das im Kontext von didaktischen Fragestellungen dahingehend auf den Punkt, dass die Fähigkeit, zu kommunizieren, „von vornherein mehr als Grammatikerwerb und Worterwerb" voraussetzt. Sie erfordert, „dass man sich in verschiedenen Situationen adäquat verhalten kann, Sprechaktivitäten in einem stilistischen Repertoire praktizieren kann, das Rederecht zu erobern und zu halten weiß, Menschen unterhalten kann, Beziehungen befriedigend mitgestalten kann" (Kotthoff 2006: 166). Kommunikationsfähigkeit in diesem Sinne – also als die Fähigkeit, mit Sprache so angemessen umgehen zu können, dass man zur Beziehungsgestaltung und zur Wahrnehmung und Steuerung von Gesprächsverläufen in der Lage ist – ist für jede Didaktik von zentraler Bedeutung, die mehr erreichen will, als die Kompetenz zu vermitteln, Romane, Zeitungen und/oder wissenschaftliche Texte lesen zu können. Bevor nun aber die Frage gestellt werden kann, inwieweit es überhaupt möglich ist, im DaF-Unterricht diese Fähigkeiten zu vermitteln, muss zunächst mit Fiehler (2002) grundlegend gefragt werden: „Kann man Kommunikation lehren?" Je nachdem, welchen Kommunikationsbegriff man zu Grunde legt, kommt man zu unterschiedlichen Antworten. Sieht man Kommunikation „als natürliches Verhalten des Menschen" an, „stellt sich die Frage der Veränderbarkeit bzw. Verbesserbarkeit normalerweise nicht." Betrachtet man Kommunikation dagegen „als äußerliche Fähigkeit bzw. Technik", so gilt: „Man muss sich anstrengen, der Erfolg ist unterschiedlich, aber im Grundsatz kann man es lernen." Die dritte Auffassung ist die von Kommunikation „als Teil und Ausdruck persönlicher Identität". In diesem Fall ist das Kommunikationsverhalten tief „in der Persönlichkeitsstruktur verankert, so dass seine Veränderung einen erheblichen Aufwand erfordert und an langwierige Prozesse der Persönlichkeitsveränderung gebunden ist" (Fiehler 2002: 19). Von den drei Kommunikationsauffassungen kann die erste als nicht plausibel abgelehnt werden. Jeder, der eine neue kommunikative Gattung erlernen muss (z.B. wie man ein Prüfungsgespräch optimal führt) oder z.B. in ein neues berufliches Umfeld wechselt, merkt schnell, dass Kommunikation nicht natürlich ist, sondern auf bestimmten Konventionen beruht, die beherrscht und erlernt werden müssen. Die zweite Auffassung hat

---

ost- bzw. westdeutscher Bewerbungsgespräche angemessener Strategien und Kommunikationsmuster.

im Kern richtige Annahmen: Wenn ich Routinen eines Prüfungsgespräches beherrsche, dann habe ich das ‚Werkzeug', um die meisten Prüfungsgespräche meistern zu können. Diese Werkzeugmetapher von Sprache greift aber zu kurz, so dass die Realität dessen, was als Kommunikation bezeichnet werden muss, letztendlich zwischen Auffassung zwei und drei liegt: Kommunikation umfasst das rein technische Wissen um bestimmte Floskeln, Routinen, sequenzielle Strukturen u.ä., sie ist aber stets auch Teil und Ausdruck der persönlichen Identität – was dazu führt, dass das gleiche Prüfungsgespräch, wenn es von zwei unterschiedlichen Personen zum selben Thema abgehalten wird, einen völlig anderen Verlauf nehmen kann. Jede Frage nach der Veränderbarkeit von Kommunikationsverhalten muss also sowohl die Techniken als auch die Individuen im Auge behalten. Diesen Brückenschlag beschreibt Fiehler (2002: 34) in seiner Analyse der Wirksamkeit von Kommunikationstrainings wie folgt:

> Jedes Gespräch ist zwar singulär und einzigartig, doch gerade weil der Vorgang des Miteinandersprechens in so verschiedenartigen Situationen durchgeführt wird, an ganz spezifische, einmalige Umstände angepasst werden kann, muss man davon ausgehen, dass es allgemeine Organisationsprinzipien und Regularitäten gibt, die situationsübergreifend gelten. Von ihnen kann und muss in konkreten Situationen dann kontextsensitiv Gebrauch gemacht werden. Die zentrale Frage ist also, wie man lehren und lernen kann, diese Organisationsprinzipien und Regularitäten im situativen Einzelfall anzuwenden, sie zu adaptieren und umzusetzen.

Dieses Ziel ist hoch gesteckt und erscheint zunächst kaum durchführbar. In der Praxis können jedoch die beiden Schritte der Vermittlung der Technik und der Veränderung des zur Persönlichkeit gehörigen Verhaltens künstlich getrennt werden, indem zunächst das Kommunikationsverhalten selbst thematisiert wird und die SprecherInnen dabei realisieren, nach welchen Strukturen und Mustern Sprache in der Interaktion funktioniert. Der Phase der „Bewusstmachung und Sensibilisierung" folgt in einem zweiten Schritt der Aufbau eines „Umsetzungspotentials": „Dieses Umsetzungspotential besteht in einem höheren Aufmerksamkeitsniveau für kommunikative Prozesse, in einer verbesserten Fähigkeit zum (Selbst- und Fremd-)Monitoring, einer differenzierteren Typisierungsfähigkeit und einem größeren Wissen um mögliche Alternativen." (Fiehler 2002: 34) All dies sind Punkte, die für LernerInnen des Deutschen als Fremdsprache relevant sind. Bose/Schwarze (2007: 2) sehen z.B. im Rahmen der „Orientierung am Lernziel kommunikative Kompetenz", die für den modernen Fremdsprachenunterricht gilt, „Fähigkeiten zur Präsentation und zum Führen von Gesprächen" als besonders wichtig an, und gerade diese Fähigkeiten benötigen in einem hohen Maße Typisierungsfähigkeit und Alternativenwissen. Ihre Forderung ist dementsprechend die nach der „Herausarbeitung inhaltlich-methodischer Anknüpfungspunkte zwischen der Beschreibung authentischer Gespräche aus Sicht der Gesprächsanalyse und den sprechwissenschaftlich fundierten Trainings in rhetorischer Kommunikation", mit dem Ziel, die „Schüler und Schülerinnen auf die Fremdsprachenbeherrschung in konkreten Kommunikationssituationen vorzubereiten" (Bose/Schwarze 2007: 2). Dabei sprechen sie als Lernziele das Beherrschen gesprochensprachlicher Muster und Ablaufschemata („Typisierungen mündlicher dialogischer Kommunikation [...] hinsichtlich der Gesprächstypen, -strukturen und -verläufe" Bose/Schwarze 2007: 24) an sowie die „Fähigkeit, mit Regeln kreativ umzugehen, denn der Verlauf eines Gesprächs ist nur teilweise antizipierbar" (Bose/Schwarze 2007: 11). Das läuft dann darauf hinaus, dass konkrete Gesprächsaufzeichnungen im Unterricht verwendet werden sollen, anhand derer sowohl die Musterhaftigkeit erkennbar wird als auch Strategien, wie man ‚kreativ' mit diesen Mustern umgeht. Konkret könnte das so aussehen:[29]

> Lerngruppen analysieren zusammen mit der Lehrperson authentische Gespräche (Audio- und/oder Video-Aufnahmen) auf das Vorhandensein dieser Muster und vor allem auf Mustervarianz, entwickeln darauf gemeinsam ein Beobachtungsraster, kontrastieren die Muster der Zielkultur mit denen der Herkunftskultur soweit sie vorhanden und bekannt sind. Schließlich trainieren die Lernenden, solche Gespräche selbst zu führen, zu beobachten und zu beurteilen. Vermittelt wird das unter Nutzung der Methoden der Gesprächsforschung. (Bose/Schwarze 2007: 24)

Der Vorteil eines solchen Vorgehens liegt darin, dass zahlreiche Aspekte der Zielsprache gleichzeitig thematisiert werden: Aussprache, Prosodie, möglicherweise dialektale Besonderheiten, Landeskunde (je nach Gesprächsthema), syntaktische Strukturen des gesprochenen Deutsch, sequenzielle Faktoren, Gesprächsmuster, Turn-Taking, Reparaturen uvm. Der Nachteil hängt allerdings genau mit dieser Fülle zusammen: Es erfordert eine äußerst kompetente, in den Strukturen gesprochener Sprache bewanderte Lehrperson, wenn die Lernenden nicht überfordert werden sollen und eine Lehreinheit dieser Art Erfolg haben soll. Fiehler selbst (2002: 35) warnt vor vorschnellem Optimismus in Bezug auf die Vermittlung von Gesprächskompetenzen: „Kommunikation ist sehr wohl zu lehren [...]. [Z]ugleich ist das Lernen von Kommunikation eine viel schwierigere und langwierigere Angelegenheit, als gemeinhin angenommen." Derartig komplexe Lehreinheiten, wie sie von Bose/Schwarze vorgeschlagen werden, können im passenden Kontext (z.B. bei DaF-Studierenden, die bereits gute linguistische

---

[29] In Abschnitt 4.6 wird noch detaillierter auf unterschiedliche Vorschläge zur Didaktisierung von gesprochener Sprache im DaF-Unterricht eingegangen. Hier geht es lediglich um die Darstellung der Idee hinter einer gesprächsanalytischen Vermittlung von Gesprächskompetenz.

Kenntnisse in der Zielsprache z.B. während des Studiums erworben haben) hoch effektiv sein, man sollte aber „in keinem Fall zuviel versprechen" (Fiehler 2002: 35). Wie weiter unten noch gezeigt werden wird, ist es daher sinnvoll, zwischen dem, was die DaF-Lehrenden an Kenntnissen mitbringen sollten und dem, was den Lernenden vermittelt werden soll, zu unterscheiden.

4.4 Getippte Gespräche? Sprache-in-Interaktion in den Neuen Medien

> So glauben wir denn im schulischen Schreiben etwas beobachten zu können, das in der gesamten Sprachentwicklung unseres Jahrhunderts eine wichtige Tendenz darstellt: eine Angleichung von geschriebener und gesprochener Sprache, wobei die Tendenz deutlich in Richtung der gesprochenen Sprache läuft. Wir charakterisieren solche Tendenzen mit dem Terminus Parlando. Diese Benennung entlehnen wir der Musiktheorie, wo sie eine vor allem in der Opera buffa des 18. und 19. Jhdts gängige Art der musikalischen Vertonung und Vortragsweise bezeichnet, die das (natürliche, rasche) Sprechen nachzuahmen versucht. (Nussbaumer/Sieber 1994: 319)

Das vorangestellte Zitat von Nussbaumer/Sieber aus dem Jahr 1994 macht deutlich, wieso computervermittelte Kommunikation in einer Arbeit über Sprache-in-Interaktion zwingend Erwähnung finden muss. Nussbaumer und Sieber untersuchten Schreibprodukte von Schülerinnen und Schülern und stellten dabei ein Phänomen fest, das sie mit dem Namen „Parlando" bezeichneten. Darunter verstehen sie „eine Schreibhaltung, die von anderen Konstellationen geprägt ist als die traditionelle Haltung der Schriftlichkeit". Drei solcher Konstellationen sind nach Nussbaumer/Sieber (1994) für das Phänomen des „Parlando" verantwortlich: Zum einen die „Chance zur Verwirklichung hochgehaltener kommunikativer Ideale wie Authentizität, Direktheit, Spontaneität", dann die Bevorzugung eines „Erfahrungsdiskurs gegenüber einem traditionellen Wissensdiskurs" und zuletzt der Sieg der „‚Macht' des common sense gegenüber der ‚Macht' des Textes" (Nussbaumer/Sieber 1994: 327). Alle drei Punkte sind typisch für Sprache-in-Interaktion. Die von Nussbaumer/Sieber festgestellte Ausbreitung kommunikativer Normen der gesprochenen Sprache in die Schriftsprache hat sich inzwischen, beinahe zwanzig Jahre nach dem Erscheinen ihrer Untersuchung, bestätigt. So zitiert Dürscheid (2006a: 382) beispielsweise eine an sie gerichtete offizielle E-Mail, die Sätze enthält wie „Vielen Dank für Ihre Infos. Ja es wäre super nett, wenn Sie mir vielleicht die Klassenlehrer der Gewinner/Innen angeben könnten"³⁰ und kommt in ihrer Analyse zu dem Schluss, dass die Gesprächspartikeln und Intensifikatoren eine konzeptionelle Mündlichkeit evozieren, obwohl der

> Schreibanlass der E-Mail beruflicher Natur ist. Eine solch legere Ausdrucksweise zeigt sich zwar nicht durchgängig in E-Mails, sie findet sich aber häufiger als in der herkömmlichen Geschäftspost und ist auf Merkmale zurückzuführen, die durch die Kommunikationsform E-Mail bedingt sind. Hier zeichnet sich also möglicherweise ein Sprachgebrauchswandel ab (bzw. ein Wandel im Umgang mit Textsortennormen), der [...] zu einer Verschiebung im Varietätensystem des Deutschen führen kann. (Dürscheid 2006a: 382)

Der hier konstatierte Sprachgebrauchswandel findet bereits Einzug in Grammatiken – seit 2005 verweist die Duden Grammatik in ihrem Vorwort darauf, dass erstmals Internetbelege berücksichtigt wurden. Auch im didaktischen Kontext kann der Sprachgebrauchswandel somit nicht länger ignoriert werden: „Gerade in einer Zeit, wo der Sprachgebrauch einem zunehmenden Wandel unterliegt und sprachliche Normen im Fluss sind, ist es wichtig, auf diese Veränderungen im Sprachunterricht Bezug zu nehmen." (Dürscheid 2006a: 387) Noch offen ist dabei allerdings, ob eine solche „Bezugnahme" gerade im fremdsprachlichen Sprachunterricht aktiv vermittelnd erfolgen sollte, ob also die neuen und neu entstehenden Normen gelehrt werden sollten oder ob die Lehrenden eher eine passive Rolle einnehmen sollten. In letzterem Fall müssen sie lediglich über die aktuellen Trends informiert sein und die entsprechenden Äußerungen der SchülerInnen nicht als Fehler, sondern als Signale eines Sprachwandels erkennen können, ohne diese neu entstehenden Normen zu einem dezidierten Teil des Sprachunterrichts zu machen.

Im Folgenden sollen nun einige verbreitete analytische Sichtweisen auf die computervermittelte Kommunikation (CMC) dargestellt werden. Die meisten empirisch orientierten Ansätze fassen die Verortung von CMC in einem Spannungsfeld zwischen *Mündlichkeit und Schriftlichkeit* ins Auge.³¹ Die Grundlage bietet dabei das Nähe-Distanz-Modell von Koch/Oesterreicher (1985), das es

---

30 Der Schreibstil dieser E-Mail entspricht dabei den Kategorien der „Beschleunigung" und „Informalität", die von Schütte (2002: 353) als „soziale Bedingungen und Muster von Internetkommunikation" beschrieben wurden und Aspekte umfassen wie die Verwendung informeller Anredekonventionen, Abkürzungen und den Verzicht auf lange Vorreden, bevor ein Anliegen formuliert wird. Vgl. auch Schwitalla/Betz (2006: 390): „Email-Briefe sind im Vergleich zu handschriftlichen oder maschinengeschriebenen viel sprechsprachlicher und salopper, sowohl im geschäftlichen wie im privaten Verkehr."
31 Exemplarisch Günther (2000) "Sprechen hören – Schrift lesen – Medien erleben", Meise-Kuhn (1998) "Zwischen Mündlichkeit und Schriftlichkeit" oder Wende (2002) "Über den Umgang mit Schrift".

ermöglicht, Sprachprodukte einerseits nach der medialen Realisierungsform (Schall, Schriftzeichen) und andererseits nach der konzeptionellen Realisierungsform (korrelierend mit „Nähe" und „Distanz") zu verorten. Dieses Modell hat sich als äußerst trag- und ausbaufähig erwiesen, wie beispielsweise der Sammelband von Ágel/Hennig (2010) zeigt, in dem sowohl diachron als auch synchron Sprachbeschreibungen mit Hilfe des Nähe-Distanz-Modells vorgenommen werden. Unter der Perspektive des Nähe-Distanz-Modells wurde computervermittelte Kommunikation – vor allem zu Beginn der linguistischen Beschäftigung mit diesen Kommunikationsformen – primär mit Blick auf die Abweichungen von traditioneller Schriftsprache analysiert. Wenn beispielsweise Beißwenger (2002: 271) Chats als „getippte Gespräche" bezeichnet, die sich dadurch auszeichnen, dass eine „Rückholung der Interaktivität in die Schriftkultur und somit letztlich eine Reintegration der Schriftlichkeit in eine Kommunikationskultur der Nähe" erfolgt, so geschieht dies mit dem Blick auf neu entstehende schriftliche Kommunikationsnormen. Dass dabei Chat- und SMS-Kommunikation an erster Stelle stehen, verwundert nicht, handelt es sich doch in beiden Fällen um besonders stark interaktional ausgerichtete Kommunikationsformen.

Auch bei Haase et al. (1997: 68) liegt der Fokus auf der Entstehung neuer sprachlicher Verfahren, in diesem Fall einer „emulierten Prosodie", d.h. der Nachbildung prosodischer Phänomene durch graphische Mittel. Schlobinski (2004: 139) spricht generell davon, dass die Schriftsprache „unter den Druck ‚emulierter' Mündlichkeit" komme und so „funktionale Schriftsprachvarianten, die sich in Konkurrenz zu Standardisierungs- und Normierungsprozessen ausbilden", entstehen. Für die interaktional ausgerichteten Kommunikationsformen SMS, Chat und E-Mail haben solche Aussagen in jedem Fall ihre Berechtigung.[32] Unklar ist allerdings noch, inwieweit sie auch auf weniger interaktiv geprägte Formen (Blogs, Online-Zeitungen, Mailinglisten) angewandt werden können und ob man tatsächlich bei der Schriftverwendung in der computervermittelten Kommunikation von „emulierter Mündlichkeit", also getippter gesprochener Sprache sprechen kann. Gegen diese Ansicht plädieren beispielsweise Crystal (2006: 51) und Thimm (2000: 11), die als Ausgangspunkt nicht die gesprochene Sprache nehmen, sondern der Auffassung sind, es handele sich

---

32 Ein Beleg für die Nähe von interaktionaler gesprochener Sprache und interaktionaler Sprache im CMC-Kontext ist die Entwicklung der „computer-mediated discourse analysis" von Herring (2004), die zeigt, dass die ursprünglich für die Analyse gesprochener Sprache entwickelten Instrumentarien der Gesprächs- und Diskursanalyse sehr gut für die Analyse von CMC-Kommunikation geeignet sind. Sehr überzeugend argumentiert auch Bücker (2012: 72–75) für eine „transmediale" Konzeption von *Gespräch*.

bei Sprache in der CMC um geschriebene Sprache, die lediglich den neuen medialen und interaktionalen Gegebenheiten angepasst werde. Eine dritte mögliche Auffassung besteht darin, computervermittelte Kommunikation als Form sui generis wahrzunehmen. Begriffe wie „telelog" (Ball-Rokeach/Reardon 1988; Voiskounsky 1998), „Parlando" (Nussbaumer/Sieber 1994), „E-Hochdeutsch" (Bär 2000) oder „Netspeak" (Crystal 2006) stellen Versuche dar, dem Phänomen der CMC-Kommunikation terminologisch gerecht zu werden. Diese Versuche können allerdings das Problem nicht lösen, dass nicht alle Kommunikation im Internet die gleichen ‚gesprochensprachlichen' Phänomene aufweist. Dürscheid (2003) übt daher deutliche Kritik an Vorschlägen wie dem einer eigenen „Netzsprache", die sie als „neuen Mythos" bezeichnet, der aus der medialen und gattungs- bzw. textsortenbezogenen Vergessenheit entstanden ist. Ihr Fazit: „Es gibt keine Netzsprache" (Dürscheid 2003: 8). Stattdessen sei es nötig, das Modell von Koch/Oesterreicher um eine weitere, dritte Ebene zu erweitern: Neben der Medialität von Sprache und ihrer Konzeption sei eine Unterscheidung in synchrone, quasi-synchrone und asynchrone Kommunikation zu treffen. Diese Unterscheidung betrifft dabei nicht das verwendete Kommunikationsmedium, sondern die durch die gewählten Kommunikationsformen bereitgestellten Interaktionsmöglichkeiten, sie ist also auf einer technischen Ebene angesiedelt, die speziell die Möglichkeiten von vernetzten Computern betrifft. Die Dreiteilung in synchrone, quasi-synchrone und asynchrone Kommunikationsformen hat den Vorteil, dass einseitige und vorschnelle Aussagen über eine „Netzsprache" oder ähnliche verallgemeinernde Konzepte vermieden werden können. Neuere Entwicklungen scheinen aber darauf hinzudeuten, dass durch die „nahezu vollständige Durchdringung aller Berufe mit Computerapplikationen" die Diskussion „neuer Ausdrucksformen schriftsprachlicher Kommunikation" (Moraldo 2004: 268) doch auf einer generalisierenden Ebene notwendig wird. In seiner Untersuchung zur Kommunikation in Weblogs – die in Dürscheids (2003) Klassifikation als asynchron einzustufen wären – kann Moraldo (2007: 54) zeigen, dass auch dort eine „Integration sprechsprachlicher Elemente" und ein „an der Mündlichkeit orientierte[r] Schreibstil" zu finden sei: „Zurzeit lässt sich der Rückkopplungseffekt von gesprochener auf die Schriftsprache nicht von der Hand weisen." Dieser allgemeinen Tendenz versucht Androutsopoulos (2007) gerecht zu werden, indem er von „digitaler Schriftlichkeit" spricht. Er folgt Dürscheid, indem er sich ebenfalls gegen die Annahme einer festen Netzsprache ausspricht, stellt aber fest, dass Gattungs-, Textsorten- und Kommunikationsform übergreifend Gemeinsamkeiten von Sprache in computervermittelter Kommunikation zu finden sind.

Trotz der teilweise deutlichen Unterschiede zwischen verschiedenen Kommunikationsformen und Gattungen innerhalb der computervermittelten Kommunikation kann eine generelle Veränderung von Schreibnormen in den Neuen Medien festgestellt werden, die je nach Blickrichtung als *Abbau* oder *Aufbau* gedeutet werden kann. Von *Abbau* kann gesprochen werden, wenn – wie bei Grießhaber (2007), allerdings in einem anderen Kontext – von der Entstehung eines „Einfachdeutsch" oder bei Wegener (2007) eines „Umgangsdeutsch" die Rede ist und der Fokus auf syntaktischen und orthographischen Vereinfachungstendenzen liegt (zu morphologischen Aspekten auch Schmitz 2000). Den Blick auf den *Aufbau* neuer Formen richtet dagegen Androutsopoulos (2007: 84), der die Schreibveränderung in der CMC als Repertoirewandel analysiert, in dem „spezifische Tendenzen mündlicher Schreibung" das bestehende normative Inventar der Schriftsprache „anreichern". Auch Schlobinski (2004: 140) spricht zwar davon, dass die „Schriftsprache als standardisierte Sprache [...] von zwei Seiten in die Zange genommen wird – durch die gesprochene Sprache sowie Visualisierungstechniken", dass das aber nicht zu einem Abbau von Formen, sondern zu „sprachlichen Variationen" führe. Noch positiver fasst Grätz (2001: 257) die Entwicklung: „Der Verlust alter Regeln führt zu mehr neuen Regeln oder zu mehr spielerischer Anarchie in der Gesprächsführung und im sprachlichen Stil." Akzeptiert man die Sichtweise, dass die Ausgleichsprozesse zwischen Mündlichkeit und Schriftlichkeit zu Wandel und nicht zu einem beklagenswerten Abbau an sprachlichen Mitteln führen, so schließt sich der Kreis zu den zu Beginn dieses Abschnitts zitierten Ergebnissen von Nussbaumer/Sieber. Konzepte wie die des „Parlando" oder der „digitalen Schriftlichkeit" sollten daher im Unterricht – sei es in der Muttersprache, sei es in der Fremdsprache – berücksichtigt werden, weil die sprachlichen Formen in der computervermittelten Kommunikation ebenso wie die der gesprochenen Alltagssprache funktional und sinnvoll – nämlich der jeweiligen medialen und kontextuellen Situation angemessen – sind. In Bezug auf den Grammatikunterricht gilt daher:

> Syntaktische Strukturen unterscheiden sich erheblich in Abhängigkeit von Medien. Dies betrifft z.B. den Grad der Syntaktisierung oder die Verwendung von Ellipsen. Das Ziel eines Sprachunterrichts sehe ich nicht darin, [...] den höchsten Grad der Syntaktisierung anzustreben (d.h. z.B. hypotaktische gegenüber parataktischen Formen zu belohnen), sondern ein Wissen über situations- und medienangemessene Formen zu erarbeiten. (Weingarten 1995: 125)

Diese Einschätzung wird auch von Steinig/Huneke (2007) in ihrem Standardwerk zur Einführung in die Didaktik des Deutschunterrichts vertreten:

> Die Fähigkeit, in wechselnden Zusammenhängen kompetent und effektiv Gespräche zu führen, wird in der modernen Informationsgesellschaft immer wichtiger. In Besprechungen, Verhandlungen und in der Beratung geht es darum, verständlich, sachlich, stringent

und integer seine Argumente zu entwickeln. Dabei wird die Face-to-face-Kommunikation den größten Raum einnehmen, aber technische Medien spielen zunehmend eine wichtigere Rolle: nicht nur Telefonate, sondern bald auch Gespräche über Bildtelefone sowie Videokonferenzen oder auch Chat-Konferenzen im Internet, wobei hier das Medium zwar die Schrift ist, aber der Modus eindeutig mündlich wäre. Die technischen Medien stellen spezifische Anforderungen an die Art der Gesprächsführung. (Steinig/Huneke 2007: 84)

An dieser Stelle schließt sich der Kreis endgültig: Steinig/Huneke machen deutlich, dass zwischen der computervermittelten Kommunikation und der mündlichen Kommunikation enge Bezüge bestehen, die durch die interaktionale Struktur begründet sind. Die Ansätze, die für die Erforschung von Interaktion geeignet sind – Gesprächsforschung, Interaktionale Linguistik, die Analyse kommunikativer Gattungen und die angewandte Gesprächsforschung (vgl. die vorigen Abschnitte zu diesen Ansätzen) – können daher auch die methodologische Grundlage für die Analyse von CMC-Kommunikation bilden.[33] Die Fähigkeit, „kompetent und effektiv Gespräche zu führen" ist dabei ein Lernziel, das unbestreitbar nicht nur im von Steinig/Huneke behandelten Muttersprachunterricht höchste Priorität hat, sondern für alle DaF-LernerInnen, die in deutschen Unternehmen arbeiten, an deutschen Universitäten studieren oder auch nur in Deutschland Urlaub machen wollen, als Hauptziel der Sprachvermittlung gelten muss.[34] Für die DaF-Lehrenden ist das natürlich zunächst nicht einfach: „Wenn sich Lehrer auf die Anforderungen der Wissensgesellschaft und der neuen Medien einlassen, sind sie – wie nie zuvor in der Geschichte dieses Berufsstandes – selbst Lernende, die ähnliche Unsicherheiten und Misserfolge erleben wie ihre Schüler." (Steinig/Huneke 2007: 38) Angesichts der gesellschaftlichen Veränderungen im Bereich der Kommunikationsmittel wie der Kommunikationsnormen führt allerdings kein Weg um eine Ausbildung von Lehrenden auch in den Kommunikationsformen des Internet herum, wobei die Kenntnis gesprochensprachlicher Strukturen grundlegend für das Verständnis vieler ‚neuer' sprachlicher Strukturen in der CMC ist.

---

33 Dürscheid/Brommer (2009: 22) plädieren ebenfalls für die Interaktionale Linguistik als geeigneten Forschungsansatz für die Analyse von CMC-Kommunikation.
34 Die einzige Ausnahme sind dabei selbstverständlich Kurse, die dezidiert und ausschließlich Lesekompetenz vermitteln wollen, so z.B. Deutschkurse für Philosophiestudierende, die zum Ziel haben, die Lektüre im Original zu ermöglichen. Die Mehrheit der Deutsch Lernenden hat allerdings mit Sicherheit andere Interessen.

4.5 Sprache-in-Interaktion und normierte Sprache

> Es gibt nämlich in der Sprache keinen an sich ‚besseren', ‚richtigeren', ‚angemesseneren' Sprachgebrauch. Über ‚besser' entscheidet einzig und allein die Konvention der Sprachgemeinschaft, wie sie in der Statistik erfasst wird. In ihr spiegelt sich sozusagen der Volkswille wider. (Gelhaus 1969: 324)

Zu diesem Schluss kam Gelhaus im Anschluss an seine quantitative empirische Untersuchung von *brauchen ohne zu* und von *trotzdem in der Verwendung als subordinierende Konjunktion* – beides sind von Sprachwächtern gerne kritisierte ‚Fehler' – bereits 1969. Die Einsicht an sich ist zwar nicht neu, denn nach Saussure wird Sprache als ein auf geteilten Konventionen basierendes Zeichensystem bestimmt.[35] Ernst genommen wurde dieses Postulat allerdings viel zu selten. Konzepte von Sprachrichtigkeit, die häufig durch sprachexterne Variablen wie der Logik oder dem Sprachgebrauch der ‚besten' (d.h. sozial angesehensten) SprecherInnen begründet wurden, ignorieren diese Grundtatsache der Sprache. Das drückt sich in regelmäßigen Publikationswellen von sprachkritischen Arbeiten aus, und gerade während des letzten Jahrzehnts konnte wieder eine Zunahme der Normendiskussion in der Gesellschaft beobachtet werden (vgl. zu einem historischen Überblick über die „Wellenbewegung" sprachkritischer Arbeiten Weidner 2010). Bastian Sick mit seinen „Zwiebelfisch"-Kolumnen und seinen sprachpflegerischen Auftritten in Stadthallen ist in diesem Kontext sicherlich der prominenteste Vertreter, der es auch geschafft hat, innerhalb der Sprachwissenschaft hitzige Diskussionen auszulösen. So lieferten sich beispielsweise Elspaß und Maitz mit Roggausch in der Zeitschrift *InfoDaF* einen längeren Schlagabtausch: Gestartet wurde die Diskussion von Maitz/Elspaß (2007), die gegen eine positive Rezension und ein Plädoyer für die Verwendung der Texte von Bastian Sick im DaF-Unterricht Stellung bezogen, die in InfoDaF (2007, Heft 34 2/3) erschien. Maitz/Elspaß argumentierten gegen die Verwendung der Texte von Sick im Unterricht, weil diese zu viele fachliche Fehler enthalten (falsche linguistische Terminologie, Verwechslung von Dialekt und Standard etc.).[36] Roggausch (2007) argumentierte in einer Replik dagegen, dass die von Maitz/Elspaß genannten Fehler durch die gerade auch für den DaF-Unterricht notwendige Fokussierung auf Normen, die bei Sick besonders

---

[35] Wobei sich allerdings die Frage stellt, wessen Konvention der Sprache zu Grunde liegt (vgl. die Diskussion von Bourdieu im selben Kapitel weiter unten).
[36] Weitere Auseinandersetzungen mit Bastian Sick in Bezug auf die in seinen Kolumnen, Vorträgen und Büchern verbreiteten und aus linguistischer Sicht problematischen Aussagen finden sich auch in Ágel (2008), Eisenberg (2006), Topalovic/Elspaß (2008) und Schneider (2008b), um nur einige wenige Arbeiten zu nennen.

unterhaltsam vermittelt würden, aufgewogen würden und somit vernachlässigt werden könnten.

Während dieser erste ‚Schlagabtausch' über den Nutzen von Sick für den DaF-Unterricht noch primär auf die Diskussion der fachlichen Richtigkeit der Aussagen Sicks abhob, wechselten Maitz/Elspaß (2009), wieder in der Zeitschrift *Info DaF*, auf die Ebene der sozialen Verantwortung, die man als Vermittler sprachlichen Wissens im Unterricht trage. Sick würde dadurch, dass er dialektale und soziolektale Varietäten lächerlich mache, zahlreiche SprecherInnen diskriminieren, was ihn neben den bereits bemängelten sachlichen Fehlern für den didaktischen Bereich ungeeignet mache. Auch hier antwortete Roggausch (2009) im selben Heft mit einer erneuten Replik. Das Diskriminierungsargument ist für Roggausch insofern nicht relevant, als er sich gerade *für* Diskriminierung – bzw., positiv gewandt, Erziehung zur Sprachrichtigkeit – einsetzt. Er sieht in Deutschland „in erschreckend großer Anzahl Kinder und Jugendliche mit erheblichen sprachlichen Defiziten" (Roggausch 2009: 79) und ist der Ansicht, „dass wir eine progredierende Verwahrlosung" (Roggausch 2009: 81) zu beklagen hätten, der es durch das Beharren auf sprachlichen Normen (im Sinne einer absolut gesetzten Sprachrichtigkeit) entgegenzuwirken sei.

Die Debatte zwischen Maitz/Elspaß und Roggausch bringt die Problematik auf den Punkt, die eine Diskussion sprachlicher Normen und deren Vermittlung im Unterricht mit sich führt: Es lässt sich nicht vermeiden, dass rein linguistische Kriterien mit sozialen Kriterien in Verbindung gebracht werden. Während viele Linguisten den Blick entweder auf die Struktur des Sprachsystems oder auf den tatsächlichen Sprachgebrauch richten und dabei feststellen, dass die Zahl tatsächlicher Fehler (unter einer Systemperspektive) oder Kommunikationszusammenbrüche (unter einer Anwendungsperspektive) eher gering ist, betrachten andere auch Sprache als – um mit Bourdieu (1990) zu sprechen – ein ökonomisches Tauschmittel. Hier stellt sich dann allerdings die Frage, wie man konkret zu der „Ökonomie des sprachlichen Tauschs" Stellung bezieht: Bourdieu (1990: 30) stellt zwei Extrempositionen gegenüber. Auf der einen Seite die Position derjenigen, die „die in der Realität vollzogene Fetischisierung der legitimen Sprache in der gehobenen Sprache reproduzieren", indem sie die Existenz eines elaborierten Codes annehmen, „ohne ihn als gesellschaftliches Produkt auf die gesellschaftlichen Bedingungen seiner Produktion und Reproduktion zu beziehen", und zum anderen die Gegenposition derjenigen, die eine „Kanonisierung der ‚Sprache' der unteren Klassen als solcher" anstreben, und in dieser Sprache die gleiche „Genauigkeit und Prägnanz" nachweisen wie in der „legitimen" Sprache, dabei aber ebenfalls außer Acht lassen, dass diese ‚Sprache' auf dem Bildungsmarkt weniger Wert hat. Mit dem Begriff des *Bildungsmarkts* wird der Schlüssel zu einer realistischeren Einschätzung von Sprache und Norm angegeben. Der Bildungsmarkt entscheidet darüber, welchen Wert unterschiedliche Sprachverwendungen haben: „[D]ie ‚richtige Sprache' im Gegensatz zur implizit als minderwertig angesehen gesprochenen Sprache (conversational language) bekommt im Bildungssystem und durch das Bildungssystem Gesetzeskraft." (Bourdieu 1990: 25) Insofern setzt die eingangs erwähnte Debatte von Maitz/Elspaß und Roggausch an der richtigen Stelle an, dem Bildungssystem. Es gilt nun, einen Mittelweg zu finden, der weder unhinterfragt bestimmte Varietäten diskriminiert noch alle Varietäten realitätsfremd als ‚gleich relevant' und ‚anerkannt' stilisiert. Wenn Ammon (2004: 31) beispielsweise darauf hinweist, dass „Sprachwissenschaftler [...] natürlich klüger [sind] und wissen, dass auch Nonstandardvarietäten Normen haben, dass man z.B. fehlerhaft Dialekt sprechen kann", so ist das zwar richtig, hilft aber nicht dabei, die (im positiven wie negativen Sinne) Abgrenzungsfunktion und Funktion der Gruppenkonstituierung von Dialekten aufzuheben. Was dagegen notwendig ist, ist eine Aufklärung darüber, wie die soziale Wirkung von Sprache und die Schaffung eines Bewusstseins für die Koppelung von Grammatikalität und sozialen Normen funktionieren. Tomasello (2009: 311) illustriert diese Verbindung sehr anschaulich, indem er die „Grammatikalität" von Äußerungen als „nur eine weitere Instantiierung sozialer Normen für alltägliches Verhalten" ansieht und sie mit der „gruppenspezifische[n] Art, Honig zu ernten oder mit Stäbchen zu essen" vergleicht. Die scheinbare Stabilität und Allgemeingültigkeit grammatischer Normen hängt dabei von der Tatsache ab, dass „gewöhnliche grammatische Äußerungen jeden Tag dutzende oder gar hunderte von Malen gehört werden, so dass ihr Muster in unseren Kommunikationstätigkeiten recht stark verankert ist" (Tomasello 2009: 311). Dies gilt umso stärker, wenn es sich nicht nur – wie hier von Tomasello beschrieben – um gesprochene Sprache handelt, sondern wenn diese Sprache niedergeschrieben wird und somit als zeitenüberdauerndes Produkt objektiviert wird. Die Kombination aus einer solcherart durch die Schrift ‚geronnenen' Sprache und deren ständige Wiederholung führt dann dazu, dass die grammatischen Muster im Sinne präskriptiver Normen gedeutet werden und darüber zugleich vergessen wird, dass der Ursprungsort von Sprache in ihrem Gebrauch liegt. Bourdieu (1990: 22) macht „die Objektivierung in der Schrift" sowie „die quasi rechtliche Kodifizierung, die mit der Entstehung einer offiziellen Sprache einhergeht" als die Hauptursachen für die Annahme einer stabilen Sprachnorm aus. Auch Linell betont in diesem Zusammenhang: „With writing, language becomes an object of reflection, and, simultaneously, its interactional nature will be more easily forgotten." (Linell 2005: 11) Die gesprochene Alltagssprache ist zwar stark von immer wiederkehrenden Mustern geprägt, im Vergleich zu der geschriebenen Sprache, die oft auch die Vorlage für formelle gesprochensprachliche Situationen liefert, ist sie aber wesentlich toleranter gegenüber Veränderungen und Varianz:

> Cultures have needed grammars for written language, books of norms which show how to compose correct sentences. [...] By contrast, no need has been felt for explicit grammars of spoken language. At times, this attitude has been transformed into a related one which says that spoken language does not have a grammar, in the sense of implicit standards of correctness; there are no linguistically interesting regularities to be discovered in conversational language. (Linell 2005: 12)

Gesprochene Sprache – besser: interaktionale Sprache – lässt sich nicht in strikte Normen zwängen: Selbst die Aussprachevorschläge von Siebs (1957; erstmals 1898 erschienen) konnten sich nie umfassend durchsetzen und haben heute selbst auf der Bühne und im Fernsehen weitgehend ausgedient. Anstatt dieser Offenheit der gesprochenen Sprache positiv gegenüberzustehen und deren Funktionalität anzuerkennen (vgl. Günthner 2011b), wurde gesprochene Sprache aber meist als fehlerhafte *parole*, als schlechte Umsetzung der ‚eigentlich' richtigen (Schrift)Sprache betrachtet. Das ist ein Vorwurf, dem sich vor allem die Grammatiken heute auszusetzen haben:[37]

> Üblicherweise ist die Unterscheidung von gesprochener und geschriebener Sprache für Grammatiken nicht zentral, weil sie beanspruchen, ‚die' Sprache (bzw. ‚das' Sprachsystem) als solche(s) zu beschreiben. (Dabei ist es eine hochinteressante Frage, wie man das tun kann, ohne auf mündlich oder schriftlich realisierte Sprache zu rekurrieren.) Dieser Anspruch bedeutet jedoch in der Regel, dass Grammatiken sich unter der Hand auf die Beschreibung konzeptionell schriftlicher Sprache beschränken. (Fiehler 2007a: 302)

Die Ursache für die Missachtung der Strukturen von Sprache-in-Interaktion ist allerdings nicht alleine bei den Grammatiken und deren AutorInnen zu suchen. Es fehlt eine anerkannte „konsistente Beschreibungssprache, die an die spezifische Konstitutionsweise des Gesprochenen angepasst ist" (Deppermann 2006: 44). Fiehler (2006: 38) sieht seine Aufgabe als Mitautor der Duden Grammatik daher darin, die Lücke in der Beschreibungssprache für gesprochene Sprache zu füllen: „Entsprechend hat die Beschreibung der gesprochenen Sprache und

---

[37] Zu einer ausführlichen Diskussion des „Skriptizismus" innerhalb der Linguistik und zur Darstellung von Möglichkeiten des Umgangs mit gesprochener Sprache siehe Hennig (2006a). Ein theoretischer Abriss des Problems findet sich in Ágel (1997; 2003). Auch Becker-Mrotzek/Brünner (2006: 29) stellen fest: „Die meisten Grammatiken beanspruchen, schriftliche und mündliche Sprache zu beschreiben. Dahinter steht die Annahme, dass beide Sprachformen denselben Regeln gehorchen. Wenn man jedoch gesprochene Sprache empirisch untersucht, kommt man dazu, diese Behauptung in ihrer Allgemeinheit zu bezweifeln und gewinnt den Eindruck, dass die Grammatiken faktisch meist Schriftsprache beschreiben."

ihrer Grammatik noch keine kanonischen Standards entwickelt, sondern die Ausarbeitung von Beschreibungskonzepten und -kategorien ist in einer ständigen Entwicklung begriffen." (Fiehler 2006: 38) So lange diese Beschreibungskategorien nicht entwickelt und über die Grammatiken und das Bildungssystem zum Allgemeinwissen geworden sind, so lange bleiben Debatten über das „richtige und gute" Deutsch – das häufig mit monologisch orientiertem Schriftdeutsch gleichgesetzt wird – bestehen und so lange werden solche Inkonsistenzen in Grammatiken auftauchen, wie sie von Pleister/Blüher (1994: 74) dahingehend beschrieben werden, dass die von ihnen untersuchten Grammatiken „was die Sprachnorm anbelangt, keine einheitliche Struktur zeigen."

Eine Aufgabe der vorliegenden Arbeit wird sein, dazu beizutragen, dass ein einheitliches und umfassendes Beschreibungsinventar für Sprache-in-Interaktion entwickelt wird. Parallel dazu muss über die methodischen und theoretischen Grundlagen nachgedacht werden, die für die Beschreibung für so etwas wie „gesprochenes Alltagsdeutsch"[38] sowie für informelle, interaktionale computervermittelte Kommunikation zum Einsatz kommen sollen. Barbour (2004: 325) schlägt dabei vor, den Begriff der Standardsprache zwar beizubehalten, ihn aber auf die gesprochene und geschriebene Sprache anzuwenden und ihn auf diese Weise in seiner Bedeutung zu verändern: „Da es sowohl um gesprochene als auch um geschriebene Sprache geht, handelt es sich hier um einen Gebrauchsstandard oder eine Gebrauchsnorm, und nicht um einen kodifizierten Standard oder eine Sollnorm." Die letztgenannte „Sollnorm" bezieht sich dieser Ansicht nach lediglich auf „geschriebene Sprache" und „die wenigen Äußerungstypen, die in besonders engem Verhältnis zur Schrift stehen" (Barbour 2004: 325)[39]. Die Problematik einer solchen Unterscheidung von „Sollnorm" und „Gebrauchsnorm" bzw. deren Operationalisierung wird allerdings von Busse (2006) in seiner Kritik des Konzepts „Standarddeutsch" diskutiert. Auch Spiekermann (2007: 4) steht der Möglichkeit, von einer deutschen Standardsprache zu sprechen, äußerst skeptisch gegenüber. Die Soziolinguistik und die moderne Dialektologie haben sich seiner Ansicht nach „längst von der Vor-

---

38 In Anlehnung an die Definition von „Alltagssprache": „Der alltägl. Bereich der Standardsprache, in Abgrenzung zum lit.-künstlerischen, wiss., arbeitsprakt. Bereich der Standardspr. Ihre Funktion, wie bei Umgangssprache und Sondersprache, ist die Sicherung sozialer Beziehungen und die Förderung von Gemeinschaftsbeziehungen. [...] Die Abgrenzung zwischen Alltagsspr. und Umgansspr. ist nicht unproblemat. Braun (1987) nennt die Umgangsspr. als Hauptvarietät der Alltagsspr.." (Glück 2000: 31)

39 Hier muss allerdings darauf hingewiesen werden, dass Barbour ausschließlich traditionelle und normierte Schriftprodukte berücksichtigt und den gesamten Komplex der computervermittelten Kommunikation außer Acht lässt.

stellung distanziert, dass es den Standard, die eine Standardsprache gibt." Ersetzt wurde das Konzept eines übergreifenden Standards durch die Annahme von „Gruppen von Standardvarietäten" (Spiekermann 2007: 4), die es ermöglichen, auch regionale Standardvarietäten mit in die Beschreibung aufzunehmen. Eine Gruppe dieser Standardvarietäten könnte dann das von Durrell (2006: 115) mit einer Reihe von gemeinsamen Merkmalen[40] beschriebene „sprechsprachliche Register des Deutschen [sein], das nicht stark regional gebunden ist und das vor allem jüngere gebildete Deutsche in alltäglichen Gesprächen als ihre übliche Sprachform verwenden". Dieses „sprechsprachliche Register" hat insofern einen besonderen Status, als es als eine Sammlung überregionaler sprechsprachlicher Gebrauchsnormen auch im "gesprochenen Deutsch gebildeter Sprecher" (Durrell 2006: 115) nachweisbar ist und weil Verstöße gegen die Normen dieses Registers „auffällig sind und eventuell stigmatisiert werden können" (Durrell 2006: 115). Der Vorteil dieser Sichtweise ist, dass – anders als bei Barbour (2004) – der gesprochenen Sprache von vornherein ein eigener Status zugesprochen wird und eine Offenheit hin zu regionalen Gebrauchsnormen bestehen bleibt. Lediglich der Begriff des Registers ist m.E. nicht optimal gewählt, da die von Durrell (2006) beschriebenen Phänomene eher einen ‚default'-Charakter haben und nur in geringem Ausmaß mit Registern konnotiert sind: Die von Durrell genannten sprechsprachlichen Gebrauchsnormen lassen sich in unzähligen formellen wie auch informellen Situationen – und zudem natürlich auch schriftsprachlich – verwenden. Ammon (2004: 35) macht daher einen anderen terminologischen Vorschlag. In seiner Diskussion der Bedeutungsvarianten des Begriffs „Umgangssprache" stellt er fest: „Der Terminus Umgangssprache hat sonst mindestens noch die dritte Bedeutung einer die Sprachnormebenen übergreifenden breiten Stilschicht: das im alltäglichen Umgang sprachlich Übliche." Aufbauend auf der situativen Verortung „im alltäglichen Umgang" schlägt Ammon (2004: 35) vor, einen neuen Begriff einzuführen, wenn auf das „im alltäglichen Umgang sprachlich Übliche" verwiesen wird: „Vielleicht sollte man bei dieser Bedeutung lieber von Alltagssprache sprechen, um den Terminus Umgangssprache semantisch zu entlasten." (Ammon 2004: 35) *Alltagssprache* kann dabei auch jene schriftsprachlichen Produkte umfassen, die beispielsweise Zimmer (2005) – wenn

---

40 Durrell (2006: 115) nennt unter anderem die Schwa-Tilgung und Assimilation bei verbalen Flexionsendungen („gebm"), die Klitisierung von Pronomen („haste"), eine Differenzierung zwischen Artikel und Demonstrativum bzw. Zahladjektiv („n Buch" vs. „ein Buch"), den Gebrauch des Indikativs in der indirekten Rede („sie hat mir gesagt, sie kommt heute nicht"), Ausklammerungen („Ich rufe an aus London") und die Verwendung von Relativhauptsätzen statt Nebensätzen („Es gibt Leute, die freuen sich darüber").

auch in sehr sprachkritischem Duktus – als „Alltagsschriftdeutsch"[41] bezeichnet. Der Begriff Alltagsdeutsch ist allerdings ebenfalls nicht unproblematisch, da die Reichweite des Konzepts „Alltag" unklar ist und auch formelle Situationen für viele SprecherInnen und SchreiberInnen zum Alltag gehören (vgl. aktuell hierzu den Sammelband von Birkner/Meer 2011 zur Kommunikation im „institutionalisierten Alltag").

Wie in Abschnitt 3 dargelegt, werde ich daher für den Begriff *Sprache-in-Interaktion* plädieren, der als kontrastierender Überbegriff zur monologischen Schriftsprache etabliert werden soll. Sprache-in-Interaktion bedeutet auch, dass ein Augenmerk auf unterschiedliche Varietäten, also situationsbezogenen Sprachgebrauch, gelegt wird. Die Konsequenzen einer solchen Vermehrung von vermittlungswürdigen Varietäten für die Didaktik hat von Polenz bereits 1973 beschrieben:

> [Die] unterrichtsökonomische Beschränkung auf einen bestimmten Standard der zu lehrenden Sprache bringt es mit sich, dass dem Sprachschüler mitunter gängige Ausdrucksmöglichkeiten abwertend vorenthalten werden, deren allgemeiner Geltung und Benutzung bei den Muttersprachlern er später zu seinem Erstaunen dann doch begegnet. [Der Sprachlehrer darf sich] nicht mehr der Illusion hingeben, es gäbe so etwas wie die deutsche Sprache als einen bestimmten Sprachcode oder als Sprachkompetenz […]. Eine Sprache wie die deutsche ist vielmehr nur ein abstraktes ‚Diasystem' über einer großen Zahl miteinander verzahnter Gruppensprachen und Subcodes für bestimmte Themen, Situationen und kommunikative Rollen. (von Polenz 1973: 118f.)

Diese Vielfalt führt zu einem „Abschied vom sprachlichen Reinheitsgebot", wie Di Meola (2006: 463) treffend formuliert. Für den didaktischen Bereich heißt das also, dass zumindest die beiden großen Bereiche *Sprache-in-Interaktion* und *monologisches Schriftdeutsch* gleichermaßen berücksichtigt werden müssen, wobei letzteres weitgehend normierbar ist, ersteres jedoch nicht. In der interaktional eingesetzten Sprache sind nämlich „zahlreiche Konstruktionen zu finden, die in [monologisch W.I.] schriftlicher Form als Verstoß gegen die Grammatik oder zumindest als äußerst mangelhafter Stil gewertet würden", gleichzeitig „können aber auch mündliche [d.h. interaktionale W.I.] Äußerungen Erstaunen bei der Hörerschaft hervorrufen, wenn sie der Schriftsprache zu nahe kommen" (Bubenheimer 2001: 2). Solche unangemessenen Äußerungen wurden lange Zeit

---

41 Das wiederum in seiner heutigen Gestalt viel mit den in Abschnitt 2 beschriebenen Informalisierungstendenzen der Gesellschaft zu tun hat, bzw., wie Volmert (2006) es formuliert, mit einer abnehmenden Formalisierung der Schreibsituationen. Unter wissenschaftlicher Perspektive haben sich Dürscheid/Brommer (2009), Elspaß (2004, 2005) und Androutsopoulos (2007) mit dem Phänomen „Alltagsschriftdeutsch" auseinandergesetzt.

als seltene und wenig problematische Nebeneffekte eines Unterrichts gesehen, in dem die Vermittlung der monologisch orientierten Schriftsprache oberstes Ziel war und interaktionale kommunikative Kompetenzen kaum eine Rolle spielten. Erst nach der kommunikativen Wende, und im Fremdsprachenunterricht noch um einiges später, wurde der Wert dieser Kompetenzen erkannt. So schätzen Huneke/Steinig (2005: 131) „Missverständnisse, die auf Grund der Unkenntnis von Gebrauchsregeln in der L2 entstehen" als „häufig viel schwerwiegender als solche auf Grund von morpho-syntaktischen Verstößen gegen Sprachnormen" ein. Der Grund liegt auf der Hand: ‚Alltagssprache' ist typischerweise Sprache-in-Interaktion und die Unkenntnis ihrer Strukturen bedeutet oft die Unkenntnis der Mittel, ein Gespräch höflich und gesichtswahrend zu führen. Während man einen Kongruenzfehler als rein sprachlichen Fehler bemerkt, wird das Fehlen von Vergewisserungssignalen, hörersteuernden Partikeln, Höflichkeitsmarkern und ähnlichen Signalen meist nicht bewusst als Lernerproblem wahrgenommen, sondern unbewusst als unpassendes und unhöfliches Verhalten registriert: „Dies hat damit zu tun, dass die pragmatischen Normen von vielen nicht als kulturspezifisch verstanden werden, man hält sie oft für Universalien, während Unterschiede in den Sprachsystemen jedermann bewusst sind." (Huneke/Steinig 2005: 131) Auch wenn es für die Ausbildung von SprachlehrerInnen eine zusätzliche Aufgabe bedeutet: Die Vermittlung von Gebrauchsnormen der Sprache-in-Interaktion ist ein notwendiger Bestandteil des Sprachunterrichts – es ist durch technische Veränderungen (siehe das vorige Kapitel) und durch gesellschaftliche Veränderungen bedingt nicht mehr möglich, sich auf den Standpunkt zurückzuziehen, ein normgeprägtes Schriftdeutsch reiche als alleiniger Inhalt aus.

4.6 Sprache-in-Interaktion und Deutsch als Fremdsprache

In den folgenden drei Abschnitten wird es nun darum gehen, zu fragen, welchen Stellenwert Sprache-in-Interaktion im DaF-Unterricht hat und haben kann. Zunächst sollen die Rahmenbedingungen für den DaF-Unterricht, wie sie im *Gemeinsamen Europäischen Referenzrahmen für Sprachen* formuliert wurden, kritisch betrachtet werden. Die Kernfrage lautet: Woraus bestehen genau die kommunikativen Kompetenzen, die die LernerInnen erwerben sollen? In einem zweiten Schritt sollen anhand von einigen ausgewählten Lehrbuchinteraktionen die Probleme erläutert werden, die entstehen, wenn Strukturen von Sprache-in-Interaktion im Unterricht thematisiert werden sollen und es werden Vorschläge zu ihrer Vermittlung gemacht. In einem dritten Schritt wird dann der häufig vorgebrachte Einwand diskutiert, die Thematisierung der Strukturen interaktional verwendeter Sprache überfordere die LernerInnen des Deutschen. Es ist hier wichtig, einen Unterschied zu machen zwischen dem Grammatikwissen, das den *Lerner*Innen aktiv vermittelt wird – hier kann es in der Tat zu einer Überfrachtung kommen, die kontraproduktiv wäre – und dem Grammatikwissen, über das die *Lehrer*Innen aktiv und passiv verfügen müssen. Letzteres muss deutlich umfangreicher sein, damit sie in der Lage sind, Äußerungen der Lernenden korrekt in Bezug auf ihre syntaktische und funktionale Angemessenheit einzuordnen sowie bei Zweifelsfragen oder bei im Unterricht entstehenden Problemen punktuell zusätzliches Wissen bedarfsgerecht vermitteln zu können.

4.6.1 Rahmenbedingungen: Die Anforderungen an DaF im Gemeinsamen Europäischen Referenzrahmen für Sprachen

> Sprachverwendung – und dies schließt auch das Lernen einer Sprache mit ein – umfasst die Handlungen von Menschen, die als Individuen und als gesellschaftlich Handelnde eine Vielzahl von Kompetenzen entwickeln, und zwar allgemeine, besonders aber kommunikative Sprachkompetenzen. (Referenzrahmen 1995: 21)

Die im *Gemeinsamen Europäischen Referenzrahmen für Sprachen* (kurz: Referenzrahmen) zu Grunde gelegte Definition von Sprachkompetenz orientiert sich an einem weiten Konzept kommunikativer Kompetenz (vgl. ausführlich Hymes 1972 zu Merkmalen kommunikativer Kompetenz). Der Referenzrahmen betrachtet sich selbst als „handlungsorientiert", „weil er Sprachverwendende und Sprachenlernende vor allem als sozial Handelnde betrachtet, d.h. als Mitglieder einer Gesellschaft, die unter bestimmten Umständen und in spezifischen Umgebungen und Handlungsfeldern kommunikative Aufgaben bewältigen müssen, und zwar nicht nur sprachliche" (Referenzrahmen 1995: 21). Dies deutet bereits darauf hin, dass es nicht nur darum gehen kann, ein reduziertes systemlinguistisches Wissen zu vermitteln – im Sinne der Beherrschung des Wortschatzes und der (standard)grammatischen Regeln –, sondern vielmehr die Kompetenz, mit Sprache in konkreten Situationen und mit unterschiedlichen Personen (und somit wechselnden Rollen) umzugehen. Definiert wird eine derart weit gefasste „kommunikative Sprachkompetenz" als aus drei zentralen Komponenten bestehend: „einer linguistischen, einer sozio-linguistischen und einer pragmatischen Komponente" (Referenzrahmen 1995: 24). Alle drei Komponenten umfassen einerseits deklaratives Wissen über Strukturen und andererseits prozedurales Wissen im Sinne einer Anwendungskompetenz. Das linguistische Wissen steht dabei traditionell im Vordergrund. Es umfasst die Bereiche der Lexik, Syntax und Phonologie des Deutschen. Die prozeduralen und eher soziolinguistischen Kompetenzen sind bereits schwerer zu fassen. Ein relativ etablierter Bereich in Lernergrammatiken betrifft die Höflichkeitskonventionen. Diese werden allerdings häufig in sehr groben und verallgemeinernden Kategorien dargestellt, was gerade bei einem so heiklen – da interpersonelle Relationen betreffenden – Gebiet wie der Höflichkeit hoch problematisch ist. Günthner (2005b) zeigt beispielsweise, dass chinesische Studierende im DaF-Unterricht in China häufig lernen, dass Deutsche weniger Wert auf Höflichkeit und mehr auf Direktheit legen. Unter einem sehr allgemeinen Blickwinkel kann man eine solche Aussage vielleicht treffen, doch führt diese Aussage dazu, dass die LernerInnen mit der Direktheit übertreiben, wie Günthners (2005b) Analyse von chinesischen Anschreiben an deutsche DozentInnen zeigt. Es ist nämlich nicht so, dass deutsche MuttersprachlerInnen die Höflichkeit der Direktheit opfern – es liegen lediglich andere Konventionen der Höflichkeit vor. Anders als ein grammatisch falscher Satz führt allerdings ein allzu direkt formulierter (und von Deutschen als unhöflich wahrgenommener) Brief meist dazu, dass der Brief schlichtweg ignoriert wird und in den virtuellen oder realen Papierkorb wandert: Dem Wissen um sozio-kulturelle Normen gebührt daher mindestens die gleiche, wenn nicht sogar eine noch größere Aufmerksamkeit als dem um die syntaktischen Strukturen. Andere soziolinguistische Kompetenzen, die im Referenzrahmen (1995: 24) genannt sind, umfassen „Normen, die die Beziehungen zwischen den Generationen, Geschlechtern, sozialen Schichten und Gruppen regeln" sowie „linguistische Kodierungen bestimmter fundamentaler Rituale im gesellschaftlichen Zusammenleben". Hier bleiben die Angaben sehr vage, gerade der letztere Punkt bezieht sich auf das Wissen um kommunikative Gattungen (vgl. Abschnitt 4.2.3), von denen es unzählige gibt,[42] die aber weder genannt noch als Konzept eingeführt werden. Die dritte Komponente der kommunikativen Kompetenz umfasst die pragmatischen Fähigkeiten, die in der Darstellung des Referenzrahmens (1995: 25) allerdings nicht klar von den soziolinguistischen Kompetenzen abgetrennt werden. So werden hier „interaktionelle Szenarien und Skripts" erwähnt, die genauso gut zu den „Ritualen im gesellschaftlichen Zusammenleben" (s.o.) gezählt werden könnten. Hinzu kommen aber auch Fertigkeiten in den Bereichen der „Diskurskompetenz", der „Herstellung von Kohäsion und Kohärenz", der Identifizierung von Ironie und Parodie und, generell, der Fähigkeit, die Intention von Äußerungen deuten zu können und umgekehrt eigene Äußerungen der jeweiligen Interaktionssituation anzupassen und die Wirkungen eigener Äußerungen auf den Gesprächspartner abschätzen

---

42 Z.B. Bewerbungsgespräche, Prüfungsgespräche, Reklamationsanrufe, Verabredungen treffen, Arzt-Patienten-Gespräche etc.

zu können (vgl. auch Hymes 1972: 292, der als Aspekte kommunikativer Kompetenz „the capacities of persons", „the organization of verbal means for socially defined purposes" sowie „the sensitivity of rules to situations" benennt). Dadurch, dass zwei der drei zentralen Komponenten der kommunikativen Kompetenz ‚weiche', d.h. soziale und pragmatische Faktoren, betreffen, ist der Sprachunterricht gefordert, auf diese Vorgaben umzuschwenken und diesen Komponenten auch in den Lehrwerken entsprechend mehr Gewicht zu geben. Zudem wird generell – sowohl für die gesprochene als auch die geschriebene Sprache – ein besonderer Wert auf den Begriff der Interaktion gelegt, wobei hier auf die Terminologie der Konversationsanalyse („turn taking") rekurriert wird:

> In mündlichen oder schriftlichen Interaktionen tauschen sich mindestens zwei Personen aus, wobei sie abwechselnd Produzierende oder Rezipierende sind, bei mündlicher Interaktion manchmal beides überlappend. Es kommt nämlich nicht nur vor, dass zwei Gesprächspartner gleichzeitig sprechen und einander zuhören. Selbst wenn Sprecherwechsel (turn taking) genau beachtet werden, bildet sich der Hörer bereits beim Hören Hypothesen über den Fortgang der Äußerung des Sprechers und plant seine Antwort. Diese Interaktionsweise zu erlernen, erfordert daher mehr als nur das einfache Empfangen bzw. Produzieren von Äußerungen. Der Interaktion wird allgemein in der Sprachverwendung und beim Sprachenlernen hohe Bedeutung zugeschrieben, weil sie eine so zentrale Rolle bei der Kommunikation spielt. (Referenzrahmen 1995: 26)

Es handelt sich bei dieser Beschreibung eines idealen Sprachunterrichts um einen klar an der Vermittlung von Interaktionskompetenzen ausgerichteten Unterricht. Dass der Interaktion beim Sprachenlernen eine hohe Bedeutung zugeschrieben wird, wie in dem Zitat angedeutet, ist allerdings oft eher Wunsch als Realität. So kritisiert beispielsweise Storch (2001: 15) die „fremdsprachendidaktische Konvention, von den ‚vier Fertigkeiten' zu sprechen", da eine solche Aufteilung „der Realität sprachlicher Kommunikation nur partiell" entspreche. Das liege daran, dass im Gespräch ein andauernder Rollentausch stattfinde, bei dem die Kommunikationspartner abwechselnd die Hörer- und Sprecherrolle einnehmen müssen – und dies in hoher Geschwindigkeit. Storch (2001: 15) plädiert daher – ähnlich wie der Referenzrahmen – dafür, interaktionale Sprachverwendung einzuüben: „Diese dialogisch-interaktive Fertigkeit (direkte Face-to-face-Kommunikation) kann sprachpsychologisch durchaus vom reinen Hörverstehen und Sprechen unterschieden werden, und sie muss im Unterricht auch mit speziellen methodischen Verfahren vermittelt und geübt werden." (Storch 2001: 15)

Ein Problem des Referenzrahmens ist allerdings, dass er nicht einheitlich aufgebaut ist. Auch wenn der Interaktion hier vordergründig die höchste Priorität gewährt wird, finden sich doch in weiten Teilen immer wieder Versuche, eine Systemsicht auf die Sprache zu rechtfertigen. Fandrych (2008: 22) kritisiert daher, dass im Referenzrahmen der „Übergang zwischen Grammatik und Wortschatz" nicht thematisiert wird und idiomatische Wendungen und feste Phrasen „recht umstandslos der ‚lexikalischen Kompetenz' zugeordnet und wie Wortschatzeinheiten behandelt" werden. Die Probleme liegen dabei auf der Hand: Gerade formelhafte Wendungen sind besonders stark mit der Durchführung gesprächsorganisierender und soziale Beziehungen aufbauender und pflegender Funktionen verbunden (vgl. Feilke 1996 und Stein 1995). Hier wird leichtfertig eine Möglichkeit verschenkt, die Forderung nach einer von der Interaktion ausgehenden Sprachvermittlung umzusetzen. Weiter kritisiert Fandrych (2008: 22) auch die „recht strikte Trennung zwischen ‚Sprachsystem' [...] und ‚Sprachverwendung in der Situation'". Für ersteres sei die Grammatik zuständig, für letzteres die Pragmatik, was dazu führt, dass „die gesamte über die Satzgrammatik hinausgehende Dimension an sprachlicher Regelhaftigkeit ausgelagert [wird] aus dem Sprachsystem in Teildisziplinen, die es dann nur noch mit der ‚Verwendung' zu tun haben" (Fandrych 2008: 22). Zu Recht bezeichnet Fandrych diese Aufteilung als „überholt" und „aus fremdsprachendidaktischer Sicht nicht sinnvoll". Bose/Schwarze (2007: 4) kritisieren darüber hinaus, dass auch in dem Bereich, in dem es um dialogische Aspekte geht, die „Deskriptoren für Gesprächsfähigkeit" zwar recht umfassend sind, allerdings aber die Kategorien „nicht einheitlich gefasst, die Inhalte oft verstreut und aus sprechwissenschaftlicher und gesprächsanalytischer Sicht ungewöhnlich systematisiert" seien.

Beide Kritikpunkte hängen meines Erachtens eng miteinander zusammen: Erstens fehlt es generell noch an einer umfassenden Sprachbeschreibung aus einer interaktional ausgerichteten Perspektive heraus. Bislang sind erst einige wenige Bereiche aus einer solchen Perspektive recht gut beschrieben (wie z.B. das Turn-Taking-System), andere dagegen, wie z.B. die Morphologie des Deutschen, noch kaum. Zweitens ist aber auch festzustellen, dass der Referenzrahmen teilweise auch Stellen aufweist, bei denen offensichtlich ist, dass grundlegende Ergebnisse aus der Analyse gesprochener Sprache nicht berücksichtigt wurden. So gilt zum Beispiel als Forderung für die Stufe C2 im Bereich „Mündliche Interaktion allgemein":

> Beherrscht idiomatische und umgangssprachliche Wendungen gut und ist sich der jeweiligen Konnotationen bewusst. Kann ein großes Repertoire an Graduierungs- und Abtönungspartikeln weitgehend korrekt verwenden und damit feinere Bedeutungsnuancen deutlich machen. Kann bei Ausdrucksschwierigkeiten so reibungslos neu ansetzen und umformulieren, dass die Gesprächspartner kaum etwas davon bemerken. (Referenzrahmen 1995: 79)

Im Bereich "Flüssigkeit (mündlich)" der gleichen Stufe wird erwartet:

> Kann sich in längeren Äußerungen natürlich, mühelos und ohne Zögern fließend ausdrücken. Macht nur Pausen, um einen präzisen Ausdruck für seine/ihre Gedanken zu finden oder ein geeignetes Beispiel oder eine Erklärung. (Referenzrahmen 1995: 129)

Jeder, der einmal gesprochene Alltagssprache transkribiert hat, weiß, dass kaum ein Muttersprachler heute C2 erreichen würde. Diese Vorgaben entsprechen einem idealisierten Sprachverhalten, das bestenfalls in den 50er und 60er Jahren eventuell auch jenseits der Sprache von Nachrichtensprechern vorkam, wie Interviewdaten des IDS Mannheim aus dieser Zeit nahe legen. Wenn man aber folgendes Beispiel – es handelt sich dabei um einen kurzen Ausschnitt aus einer Radio Phone-in Sendung, in der sich der Moderator M mit dem Anrufer A darüber unterhält, dass A der Ansicht ist, mit Stubenfliegen telepathisch kommunizieren zu können – betrachtet, so fällt auf, dass die Einordnung der Sprecherkompetenz in die vom Referenzrahmen vorgegebenen Stufen äußerst problematisch ist:

```
Beispiel 5 Radio-Phone-in: Stubenfliege
43    M    was fasziNIERT dich denn an an an der an der profAnen
           äh stUbenfliege.
44    A    äh man äh man kann durch äh äh man kann äh te' äh
           telepathisch mit ihnen kommuniZIEren;
45    M    NEI:N.
46         man kann telePAthisch mit der stUbenfliege (.)
           [kom]munizieren.
47    A    j[a:;]
48    M    was [(was-)]
49    A        [äh  em] heißt also[ ähm das HEIßT] also-
50    M                            [((lacht))     ]
51    A    äh wenn ich äh wenn ich irgendwas äh dEnke (.) ich hab
           es zum beispiel scho' schon erLEBT,
52    M    jA:,
53         (-)
```

Sprecher A hat bei dem Moderator M angerufen, um sich mit ihm darüber zu unterhalten, dass er Stubenfliegen faszinierend findet und immer versucht, sie über den Winter zu retten und vor Spinnen zu schützen. In Z. 43 fragt der Moderator nach dem Grund für diese Faszination. Bei diesem Moderator handelt es sich um keinen ‚Sprachanfänger‘: Er hat Germanistik studiert und moderiert bereits seit 1993 Radio Talk-Sendungen, ist also ein professioneller Radiosprecher. Dennoch ist seine kurze und wenig komplexe Frage durchsetzt mit Abbrüchen, Neustarts und einer gefüllten Pause: „an an an der an der" und „äh". In Bezug auf „reibungsloses neues Ansetzen" dürften hier mit Sicherheit Defizite konstatiert werden. Noch deutlicher wird dies bei dem Anrufer (bei dem es sich – wie anhand seiner Aussprache und seines deutschen Namens geschlossen werden kann – um einen Deutschen handelt). Der einfache Satz *Man kann telepathisch mit ihnen kommunizieren.* enthält sechs gefüllte Pausen, einen Konstruktionsabbruch („durch") und drei Neustarts („man äh man; man kann ... man kann; te' äh telepathisch"). Die Äußerungen in Z. 49 und 51 sind ähnlich strukturiert. Niemand würde nun allerdings dem Sprecher pauschal die sprachliche Kompetenz abstreiten. Es ist nicht ohne Grund, dass sowohl der Moderator als auch – in einem weitaus stärkeren Maße – der Anrufer an dieser Stelle ins ‚Schleudern' kommen und, was noch viel wichtiger ist, dieses Schleudern anhand von „Disfluenzen" (Fischer 1992) kontextualisieren: Das Thema ist ungewöhnlich, der Moderator muss also überlegen, was für eine Anschlussfrage er an die Schilderung des Anrufers zu Beginn des Gesprächs liefern kann. Der Anrufer dagegen setzt sich mit seiner These, man könne mit Stubenfliegen telepathisch kommunizieren, einem potentiellen Gesichtsverlust aus: Tatsächlich macht sich der Moderator ein wenig später über ihn lustig, indem er die These aufstellt, dass die Stubenfliegen möglicherweise wegen des schlechten Körpergeruchs zu dem Anrufer hinfliegen, nicht weil er mit ihnen telepathisch kommuniziert. Die scheinbaren ‚Fehler' in der Realisierung der Äußerungen sind also alles andere als Fehler oder Performanzprobleme: Es handelt sich um indexikalische Einheiten, die auf die potentielle Problematik und Ungewöhnlichkeit des Gesagten verweisen.

Wenn nun DaF-LehrerInnen ohne eine grundlegende reflektierte Kenntnis der Strukturen von Sprache-in-Interaktion versuchen, die Kriterien des Referenzrahmens anzuwenden, so kann dies zu einer unfairen Beurteilung führen, da Standards angelegt werden, die kein Muttersprachler erfüllen kann. Die Kriterien machen nur Sinn, wenn man sie als DaF-LehrerIn kontextspezifisch zu interpretieren weiß.[43]

Fandrych (2008: 25–26) diskutiert einen ähnlichen Fall im Bereich der „soziolinguistischen Angemessenheit". So ist im Referenzrahmen (1995: 121) auf

---

43 Dass dies keine Selbstverständlichkeit ist, soll eine kurze Anekdote zeigen. Auf einem Studientag zur gesprochenen Sprache in Mailand wurde mit italienischen DaF-LehrerInnen ein deutsches Transkript analysiert. Eine Lehrerin mokierte sich darüber, dass die Sprecher in dem Transkript ihre Äußerungen oft mit *ja* begannen, obwohl der Kontext kein Antwortsignal erwartbar machte. Auf den Hinweis, dass dieses *ja* ein typisches Startsignal sei, mit dem SprecherInnen ihr Rederecht nehmen, meinte ein Teilnehmer, dass dies im Italienischen mit *si* ebenso der Fall sei. Die LehrerIn lehnte diese Einschätzung zunächst vehement ab, um nach einer längeren Diskussion mit anderen italienischen LehrerInnen (es wurden zahlreiche Beispiele, wie z.B. Nachrichtenmoderatoren etc. angeführt) plötzlich zu sagen, „Ja, stimmt, das machen wir ja auch so". Dieser Fall zeigt deutlich, dass die Kenntnis über bestimmte Phänomene des alltäglichen Sprachgebrauchs weder in der Erst- noch in der Lehrsprache vorhanden ist. Auf einer solchen Basis können Bewertungskriterien des Referenzrahmens natürlich nur negative Auswirkungen haben.

der Stufe B1 von einem „neutralen Register" die Rede, das die LernerInnen beherrschen müssten. Fandrych konstatiert bei dieser Aussage eine „vergleichsweise große Naivität bezüglich alltagssprachlicher und schriftstandardsprachlicher Variation", denn es sei unklar, ob Sätze mit *weil* und Verbzweitstellung oder mit dem *am*-Progressiv zum neutralen Register gezählt werden. Fandrych befürchtet, dass die meisten LehrerInnen dies verneinen würden, obwohl sie „elementarer Bestandteil eines allgemein akzeptierten, alltagssprachlichen Registers [sind], das in mündlichen Situationen verwendet wird, die nicht deutlich als ‚formell' gekennzeichnet sind. Ein solches Register ist vermutlich aber für Lernende, die einen Deutschlandaufenthalt planen, von hochgradiger Relevanz" (Fandrych 2008: 25–26). Auch hier ist wieder ein sehr tiefgreifendes Wissen von Seiten der Lehrenden über die deutsche Alltagssprache gefragt, um einen Begriff wie „neutrales Register" überhaupt angemessen bewerten zu können.

Es bleibt also folgendes festzuhalten: Der grundlegende Ansatz des Referenzrahmens bevorzugt Sprache-in-Interaktion als Vermittlungsgegenstand. Gesprächsanalytische Themen – und teilweise sogar gesprächsanalytisches Vokabular – sind Teil des Referenzrahmens und werden als Unterrichtsgegenstand eingefordert. Die Problematik liegt aber in einer unzureichend systematischen und klaren Umsetzung, die jedoch nicht den AutorInnen des Referenzrahmens anzulasten ist. Es fehlt an Verbindungen zwischen Gesprächsanalyse und Didaktik. Die Forderungen sowie die Bewertungstabellen des Referenzrahmens haben gezeigt, dass es dringend notwendig ist, in der Ausbildung von DaF-LehrerInnen die Beschäftigung mit authentischer, interaktionaler und gesprochener Sprache zur Pflicht zu machen. Mindestens ebenso wichtig wie die Aktualisierung von Lehrwerken ist der Aufbau der Kompetenz von LehrerInnen, die Forderungen des Referenzrahmens vor dem Hintergrund der Struktur der Alltagssprache richtig einordnen zu können (vgl. Abschnitt 6).

Im folgenden Abschnitt wird nun zunächst der aktuelle Stand in Lehrwerken in Bezug auf Sprache-in-Interaktion betrachtet und in einem zweiten Schritt dann diskutiert, welches Wissen *Lernende* und welches *Lehrende* vermittelt bekommen müssen.

4.6.2 Interaktionskompetenzen: Lehrbuchinteraktionen und Arbeiten zur Vermittlung von Strukturen gesprochener Sprache und computervermittelter Kommunikation im DaF-Kontext

> Das gesprochene Deutsch hat seit den 80er Jahren einen festen Platz im Deutschunterricht errungen; doch haben sich in jüngster Zeit insbesondere durch die Entwicklung der Neuen Medien und die Ausgleichsprozesse zwischen Mündlichkeit und Schriftlichkeit wichtige neuere Perspektiven für den Unterricht ergeben. [...] In den jüngsten Debatten über Sprachnormen für den DaF-Unterricht haben sich einige Stimmen sehr deutlich für die Berücksichtigung nicht nur der Aussprache, sondern auch gerade der Grammatik der gesprochenen wie der geschriebenen Sprache im heutigen Deutsch erhoben. (Neuland 2006: 18)

Wenn man Lehrwerke für DaF und DaZ betrachtet, die innerhalb der letzten zehn Jahre erschienen sind, so kann man tatsächlich feststellen, dass die von Neuland beschriebene zunehmende Berücksichtigung der syntaktischen Strukturen gesprochener (gemeint ist interaktionaler gesprochener) Sprache stattgefunden hat. Nicht nur die Modalpartikeln, die auf Grund ihrer vergleichsweise leichten Vermittelbarkeit (geringe Anzahl, feste Stellung im Satz) und ihrer prinzipiellen Verwendbarkeit in der Schriftsprache schon früher berücksichtigt wurden, sondern auch eine ganze Reihe weiterer gesprochensprachlicher Phänomene finden sich inzwischen in den Lehrwerken.[44]

Eine kurze und keinesfalls repräsentative Aufstellung von kurzen Interaktionen aus einigen Lehrwerken soll dies verdeutlichen:

Bereits in Lehrwerken für die Stufe A1 bis A2 sind beispielsweise die folgenden beiden Gespräche zu finden:

Beispiel 6
Also, Tina, was sagst du? Wohin soll ich das Bett stellen?
Stell es rechts, an die Wand. [...]
Meinst du, ich soll den Teppich unter den Schreibtisch legen?
Nein, am besten legst du den Teppich in die Mitte des Zimmers.
(Wir – Grundkurs Deutsch für junge Lerner; A2; 2007: 114)

Beispiel 7
Darf ich Sie denn wieder einmal fragen?
Klar. Fragen kostet nichts.
(Tangram aktuell; Niveaustufe A1/2; 2009: 7)

---

[44] Eine ausführliche Analyse von Lehrwerksinteraktionen aus der Perspektive der Gesprochene-Sprache-Forschung legt Al-Nasser (2011) vor.

In einem Lehrwerk der Stufe B1 bis B2 finden sich folgende Beispiele aus der mündlichen Kommunikation (Beispiele 8 und 10) und aus der E-Mail-Kommunikation (Beispiel 9):

> Beispiel 8
> Mensch, ich habe gar nicht gewusst, dass du so gut kochen kannst!
> Ach, weißt du, ich koche einfach gern.
> *(Berliner Platz 3; B1; 2004: 30)*
>
> Beispiel 9
> Lieber Rolf, bei einer Besprechung am 18.01. haben die ADMs den Zielen der Vertriebstagung weitgehend zugestimmt. Das zeigt ihre hohe Motivation. Ist doch gut, oder?
> *(Unternehmen Deutsch Aufbaukurs; B1–2; 2005: 112)*
>
> Beispiel 10
> Ja, also, hm, ich bin 28 Jahre alt und in einem kleinen Dorf in der Nähe von Rosenheim geboren [...].
> *(Aspekte Mittelstufe Deutsch; B2; 2008: 146)*

In der Kompetenzstufe C1 werden sogar stark umgangssprachliche Transkripte abgedruckt und es wird auf alltagssprachliche Kompetenzen wie das Erzählen von Witzen eingegangen:

> Beispiel 11
> Kennt ihr den mit dem Sonderurlaub und dem Verrückten? Nee, erzähl ... Los ... Also ... äh ... wie war das ... Ja ... da ist ein Mann, der überlegt wegen Sonderurlaub ... naja, also wie er am besten frei bekommt ... Und er denkt, dass er frei bekommt, wenn er verrückt ist ... also ... äh ... den Verrückten spielt. [...] sagt der Mann: Ich bin eine na ... Dings ... äh ... Glühbirne, ja 'ne Lampe. Super, ne?" [...]
> *(Aspekte Mittelstufe Deutsch, Arbeitsbuch 3; C1; 2010: 144)*

Wenn man diese Fälle unter einem interaktionalen, alltagssprachlichen Blickwinkel betrachtet, so kann man feststellen, dass die Interaktionsausschnitte zum Teil sehr nahe an authentischer Sprache sind und tatsächlich Kompetenzen der syntaktischen Strukturen der Gegenwartssprache vermitteln: Der Diskursmarker „Also" im ersten Interaktionsausschnitt („Also, Tina, was sagst du?"; Beispiel 6), der noch vor der Anrede platziert wird, ist ebenso typisch wie die Reihung von Satzgliedern in einer inkrementellen Struktur (markiert durch das Komma in dem Satz „Stell es rechts, an die Wand"; Beispiel 6). Auch die Konstruktion eines Matrixsatzes mit einem folgenden abhängigen Hauptsatz ist typisch für die mündliche Syntax („Meinst du, ich soll den Teppich unter den Schreibtisch legen?"; Beispiel 6).

In Beispiel 7 ist allerdings bereits der Lehrende mit zusätzlichem Wissen gefragt. Auf die Frage „Darf ich Sie denn wieder einmal fragen?" wird im zweiten Beispiel „Klar. Fragen kostet nichts." als Antwort angegeben. Die syntaktische Struktur aus Antwort („klar") + Kommentar („Fragen kostet nichts") ist zwar interaktional prinzipiell durchaus angemessen, der Kommentar ist allerdings insofern problematisch, als er nicht ohne weiteres in jeder Interaktionssituation geäußert werden kann: Er könnte als überheblich oder schnippisch gewertet werden und gerade die Tatsache, dass die Anredeform „Sie" verwendet wird, verweist eher auf eine Distanzbeziehung der Interagierenden. Hier liegt eines der Probleme der Forderungen des Referenzrahmens: Es ist nicht klar, wo die Grenzen einer ‚neutralen' Alltagssprache gezogen werden können und wo vertrauliche oder gar unhöfliche (bzw. nur in extremem Nähekontext verwendbare) Strukturen beginnen. Ohne ein fundiertes Wissen der Lehrenden kommt man in einem solchen Fall nicht weiter.

Auch in den Interaktionsbeispielen der Kompetenzstufe B finden sich zahlreiche häufig verwendete gesprochensprachliche Strukturen wie Interjektionen (*ach*), Vergewisserungssignale (*weißt du*) und Modalpartikeln (*einfach*) (alle in Beispiel 8). Bemerkenswert ist hier, dass auch auf die Veränderung der schriftlichen Kommunikation in den Neuen Medien am Beispiel einer Geschäfts-E-Mail eingegangen wird (Beispiel 9). Das Lehrwerk ist für erwachsene LernerInnen konzipiert, die Deutsch v.a. für den Geschäftskontext lernen möchten. Die E-Mail enthält aber mit der Äußerung „Ist doch gut, oder" (Beispiel 9) – die aus einer „uneigentlichen Verbspitzenstellung" (Auer 1993: 200) und einem Vergewisserungssignal (vgl. Hagemann 2009) aufgebaut ist – typisch interaktionale Strukturen, die in der Tat auch in halbformellen Geschäfts-E-Mails zu finden sind. Das Lehrwerk ist hier vollständig auf der Höhe der Zeit. Auch der Anfang eines Bewerbungsgesprächs im dritten Beispiel der Kompetenzstufe B (Beispiel 10) beginnt mit typischen äußerungsinitiierenden Signalen (*ja, also*) und gefüllten Pausen (*hm*), die der Sprachrealität nahe kommen. In der höchsten Stufe C wird in dem Transkript einer Witzerzählung eine ganze Serie von Formulierungsverfahren illustriert (Beispiel 11): Gefüllte Pausen, Haltesignale wie *ja*, Thema-Rhema-Strukturen wie *da ist ein Mann, der überlegt...*, Reparaturmarker wie *also ... äh* oder *na ... Dings*, Artikelreduktionen wie *ne* statt *eine* etc. Auch hier stellt sich allerdings wieder die Frage, ob möglicherweise das Lehrbuch weiter ist als die Lehrenden: Wie viele DaF-LehrerInnen sind wohl in der Lage, diese Signale zu deuten und als mehr als ‚Wortmüll' erklären zu können? Dennoch: Der kurze Überblick über Lehrwerksbeispiele zeigt, dass der Referenzrahmen an manchen Stellen bereits sehr gut in den Lehrwerken umgesetzt wurde.

Dies soll natürlich nicht bedeuten, dass die Lehrbuchinteraktionen deshalb immer vorbildlich sind. Oft wird ein bestimmtes Lernziel der Interaktion übergeordnet, so dass dann unrealistische Interaktionen z.B. mit extremer Konjunktiv-Verwendung in Verbindung mit umgangssprachlichen Merkmalen wie der Klitisierung von Pronomen zu Stande kommen können: „Wie wär's wenn wir nach Rom führen" (Mittelpunkt B2; 2007: 101; vgl. Weidner 2012). Es werden in der entsprechenden Lehreinheit zwei Gespräche gleichen Inhalts aber mit unterschiedlichen Formalitätsgrad kontrastiert, was im Kern didaktisch gesehen durchaus sinnvoll angelegt ist – die Lernenden sollen die sprachlichen Mittel in Bezug auf ihre Höflichkeitswirkung und ihre Funktionen der interaktionalen Herstellung von Übereinstimmung oder Kontroverse betrachten. Die Arbeitsanweisungen und Hilfestellungen sowohl für die Lerner im Lehr- und Arbeitsbuch als auch die Lehrer im Lehrerhandbuch lassen allerdings viel zu wünschen übrig, denn es bleibt unklar, welche der sprachlichen Phänomene als umgangssprachlich und welche als unhöflich markiert werden sollen. Zudem wird der Stilbruch zwischen der Klitisierung und dem Konjunktiv nicht thematisiert (und, allem Anschein nach, nicht einmal als potentiell problematisch angesehen).

Manche Beispiele aus den Lehrwerken sind nicht immer besonders realitätsnah bzw. benötigen eigentlich umfangreiche Zusatzinformationen über die Situationen, in denen sie überhaupt verwendet werden können. So ist ein Austausch aus dem Lehrwerk *Berliner Platz 3* (2004: 147) wie

> A: Was möchten Sie essen, Gerlinde?
> B: Bestellen Sie ruhig, Helmut. Ich habe keinen Hunger.

ungewöhnlich, da die Verbindung der Verwendung eines Vornamens mit der Höflichkeitsform (*siezen*) markiert klingt. Reershemius (1998: 399) sieht die Ursache für solche markiert klingenden Interaktionen in der Sperrigkeit des Gegenstandes *Gesprochene Sprache*: Denn auch wenn man sich darüber einig sei, dass man sich im DaF-Unterricht „an der tatsächlich verwendeten Sprache, schriftlich oder mündlich" zu orientieren habe, so lässt sich der Anspruch zwar für die geschriebene Sprache leicht einlösen, „denn es gibt eine Fülle geschriebener Textsorten, die dem Unterricht zugrunde gelegt werden können", für die gesprochene Sprache ist das jedoch schwierig, da die Sprechsituationen im

Unterricht meist nicht natürlich, sondern gespielt sind.⁴⁵ Dazu kommt, dass die gesprochene Sprache auch häufig für didaktische Zwecke wie das Wiederholungslernen oder Üben von Aussprache ‚missbraucht' wird. Helbig (1992: 152) listet in diesem Kontext eine Reihe von Antwortmöglichkeiten auf eine Frage auf, um an den Varianten die Bandbreite zwischen (1) *syntaktisch korrekt aber unüblich in informeller und formeller Sprache*, (2) *syntaktisch korrekt und üblich in formeller Sprache*, (3) *syntaktisch korrekt in der Alltagssprache und üblich* und (4) *in formeller und informeller Sprache unüblich* zu illustrieren:

    A: Hast du den Vater besucht?
    B: (a) Ja, ich habe den Vater besucht.
       (b) Ich habe ihn besucht.
       (c) Habe ich. / Das habe ich.
       (d) Habe ich gemacht. / Das habe ich gemacht.
       (e) *Habe besucht.
       (f) *Habe gemacht.

Die Antworten (a) und (b) – vielfach in Lehrbüchern als einzig möglich angegeben – sind standardsprachlich korrekt, aber etwa in der Interaktion kaum üblich. Dort werden Reduzierungen vorgenommen (wie in (c) und (d)), die aber wiederum nicht beliebig sind ((e) und (f) sind ausgeschlossen), sondern besonderen Regularitäten unterliegen (Helbig 1992: 152).

Die erste Antwort ist weder in formellen noch in informellen Kontexten üblich, es handelt sich ganz klar um eine „transitorische Norm" (Feilke 2012), eine Norm, die zur Routinierung von Aussprache und Lexik im Unterricht angewandt wird, aber in der Zielsprache keine Bedeutung hat und daher im Verlauf des Lernfortschritts ‚verlernt' werden muss.⁴⁶ Gegen solche transitorische Normen ist selbstverständlich nichts zu sagen, gerade in der Anfangsphase des Lernens sind sie ein hilfreiches und notwendiges Lernmittel. Die Problematik ist, dass auch im fortgeschrittenen Bereich die Gespräche oft hölzern und gebrauchsfern klingen. Nach Wieler (2000: 30) hat die Tatsache, dass „der Lernbereich der

---

45 Dieses Argument wird zum Ende des Abschnitts noch einmal unter dem Aspekt der Verwendung von computervermittelter Kommunikation thematisiert.
46 „Schulische Sprachnormen und schulische Sprachgebrauchsnormen sind – als schulische – präskriptiv. Allerdings sind sie im Regelfall keine definitiven Zielnormen. Auch wenn das den Akteuren vielfach kaum bewusst ist, schulische Sprachnormen sind in der Regel bezogen auf *didaktisch konstruierte Gegenstände* eines Curriculums und ihr Erwerb kennzeichnet zweitens einen didaktisch bestimmten Zustand des Wissens und Könnens, der im Regelfall selbst wieder zu überwinden ist. Sprachnormen für den didaktischen Gebrauch sind insofern *transitorische Normen*. Im Sinne eines sozialkonstruktivistischen Denkansatzes sind sie *nicht als Ziel, sondern als unterstützendes Mittel* im Sinne eines „Scaffolding" der Kompetenzentwicklung intendiert." (Feilke 2012: 159)

Mündlichkeit noch nicht den Stellenwert in der deutschdidaktischen Diskussion hat, der ihm zukäme," damit zu tun, dass ein „Mangel an Kohärenz mit sprach- und literaturdidaktischen Konzepten für den Deutschunterricht" vorliege. Eine Lösung nach Wieler wäre es, verstärkt „authentische" Formen wie das alltägliche Erzählen im Unterricht zu verwenden. Damit dies funktionieren kann, muss allerdings die Bewertung durch die Lehrenden so angelegt sein, dass die Authentizität gewährleistet bleibt. Die ausschließliche Fokussierung auf eine schriftsprachlich orientierte universelle „Standardsprache" muss aufgegeben werden – eine Forderung, die auf mehreren Ebenen auf Widerstand stößt. So diskutiert Neuland (2006: 14f.) Gegenargumente wie die Überforderung der Lerner oder die angeblich im Vergleich zum Schriftstandard geringere Gebrauchsreichweite der Alltagssprache. Beide Argumente weist sie jedoch als nicht stichhaltig zurück – und die Diskussion der Beispiele hat gezeigt, dass der Schriftstandard in seiner Reichweite ebenfalls begrenzt ist. Durrell (2006: 112) sieht hinter den Widerständen eine „Ideologie des Standards",[47] die sich in der „Vorstellung der kodifizierten Standardsprache als Prestigevarietät und a priori überlegener Erscheinungsform, die die verbindliche Norm für alle Sprachteilhaber darstellt", offenbart. Diese Einstellung ist nach Durrell (2006: 112) typisch für das Deutsche, denn in anderen Sprachgebieten werde ohne weiteres akzeptiert, dass ein alltagssprachliches Sprechen „zum normalen sprachlichen Repertoire des gebildeten Muttersprachlers" gehöre: „Man spricht vom ‚colloquial English' oder vom ‚français parlé', und diese Varietäten werden auch an anderssprachliche Lerner des Englischen oder des Französischen vermittelt." Durrell kritisiert dabei besonders Götze (2001), der für Deutsch als Zweitsprache durchaus auch die Vermittlung von Alltagssprache akzeptiert,[48] für Deutsch als Fremdsprache im Ausland aber strikt gegen die Vermittlung von alltagssprach-

---

47 Von Fandrych (2008: 30) wird diese Ideologie als die in der Didaktik weit verbreitete „Annahme einer monolithischen sprachlichen Norm" bezeichnet. Spiekermann (2007: 1) weist zu Recht darauf hin, dass die deutsche Standardsprache „sowohl in ihrer geschriebenen als auch in ihrer gesprochenen Form regionale Varianten" aufweise, dass also selbst in Bezug auf den Schriftstandard keine solche monolithische Norm vorhanden ist. Vgl. auch Baßler/Spiekermann (2001: 18) zu einer kritischen Diskussion der angeblichen Vorteile des Festhaltens an einem Standard.

48 Und damit in Einklang mit der gängigen Einschätzung steht, dass bei DaF das Beharren auf einen (Schrift)Standard nötig sei, bei DaZ aber nicht: „Bei der Vermittlung des Deutschen als Zweitsprache geht es um die Erweiterung umgangssprachlicher Fähigkeiten und alltagsüblicher Kommunikationsstrategien und weniger um das ‚Standard-Hochdeutsch' und dessen möglichst fehlerlose Anwendung. So sehr auch in Lernangeboten Sprachrichtigkeit angestrebt sein sollte, rangiert die kommunikative Akzeptabilität dennoch vor dem Korrektheitsanspruch." (Barkowski 2009: 302)

lichen Kompetenzen ist und bestenfalls um des Verstehens willen alltagssprachliche Gespräche zulässt. Dagegen wendet Durrell (2006: 114) ein, dass Deutschland „kein weit entferntes und schwer zugängliches Land" sei, und britische, italienische, polnische etc. SchülerInnen und Studierende „praktische Sprachkenntnisse, die sie etwa zu touristischen oder beruflichen Zwecken im deutschsprachigen Raum anwenden können", erwerben wollen. Gekünstelte Dialoge widersprechen daher „grundsätzlich ihren Lernzielen":

> Damit können unsere Schüler und Studenten nichts anfangen. Für sie ist die Frage vollkommen berechtigt, warum man eine Sprache auf eine Art und Weise lernen soll, die es nicht ermöglicht, die Leute zu verstehen, wenn sie ganz normal sprechen, und man im schlimmsten Fall ausgelacht wird, wenn man selber so spricht. Das Ergebnis kann nur Ärger und Frust sein, was letzten Endes für das Erlernen der deutschen Sprache im Ausland schädliche Folgen haben könnte. (Durrell 2006: 113f.)

Die Tendenzen in den Lehrwerken gehen in der Tat dabei in die Richtung, die Durrell vorgeschlagen hat. Was allerdings noch aussteht, ist eine Anreicherung der in den Lehrwerken bereit gestellten Interaktionen mit Hintergrundinformationen sowohl für die Lehrenden als auch die Lernenden über die jeweilige situationale Angemessenheit der syntaktischen Strukturen, die in den Interaktionen verwendet werden. Da dies aus Platzgründen immer nur in Ansätzen erfolgen kann, ist eine fundierte Ausbildung von DaF-LehrerInnen im Bereich der Analyse der Strukturen gesprochener Sprache notwendig, so dass sie ihren SchülerInnen auch tatsächlich vermitteln können, wie die Leute in Deutschland „ganz normal sprechen" (Durrell 2006: 113).

Ein Punkt, der in diesem Abschnitt nochmals aufgegriffen werden muss, ist der Einwand, dass Strukturen interaktionaler gesprochener Sprache im Unterricht schwieriger zu vermitteln seien als die der monologischen geschriebenen Sprache, da für eine Verwendung von gesprochener Sprache im Unterricht auch eine entsprechende – und auch in vereinfachten Versionen immer noch komplexe – Transkription notwendig ist, deren Konventionen erst erlernt werden müssen. Diesem Einwand kann zumindest in Teilen dadurch begegnet werden, dass – wie es ja auch in dem oben zitierten Lehrwerk „Unternehmen Deutsch" getan wurde – Texte aus der interaktional ausgerichteten computervermittelten Kommunikation herangezogen werden. Grätz (2001: 248) weist darauf hin, dass „wer Deutsch lesen möchte" jetzt bessere Voraussetzungen dazu habe „als vor der Popularisierung des Internets." Diese Aussage gilt nicht nur für traditionelle schriftsprachliche Texte wie online verfügbare Zeitungen, Zeitschriften, Fachtexte etc., sondern eben auch für E-Mails, Chats, Foren, Twitter-Sequenzen u.a. Kelle (2001) verweist auf die Bedeutung von Chats als „Spiegel des Sprachgebrauchs", und auch für E-Mails gilt nach Dürscheid (2001: 45) dieser Befund: Da viele E-Mails „spontansprachliche Merkmale aufweisen, können Sie dem Deutschlerner zudem einen guten Einblick in den alltäglichen deutschen Sprachgebrauch geben."[49] Kilian (2005: 211) befürwortet daher die Verwendung sowohl von E-Mails als auch von Chatsequenzen im DaF-Unterricht, da mit diesen Kommunikationsformen „mündliche wie interaktive schriftliche Interaktion" eingeübt werden könne. Huneke/Steinig (2005: 188) diskutieren darüber hinaus auch die Verwendung von Newsgruppen im Unterricht und heben den Vorteil hervor, dass „kein Lehrwerk [...] diesen Grad an Aktualität in der Orientierung an der Gegenwartssprache erreichen" kann, der durch die Verwendung von internetbasierter Kommunikation gegeben ist.

Eine Orientierung am aktuellen Stand der Gegenwartssprache erfordert allerdings ein tiefgreifendes Wissen der Lehrenden. Ihnen kommt die Aufgabe zu, Strukturen herauszufiltern, die im Unterricht dann thematisiert und als Lernstoff vermittelt werden müssen und zwischen typischen alltagssprachlichen Konstruktionen und selten – oder gar nur singulär – auftretenden Phänomenen unterscheiden zu können. Es stellt sich daher nicht nur die Frage, wie viel Grammatik den LernerInnen beigebracht werden soll (vgl. hierzu Breindl/Thurmair 2003), sondern auch, wie viel Wissen die Lehrenden selbst mitbringen müssen.

4.6.3 Wie viel Wissen über Sprache-in-Interaktion vertragen DaF-Lehrende?

> In vielen Instituten werden keine Seminare zum Thema ‚gesprochene Sprache' angeboten. Dass sich die gesprochene Sprache von der geschriebenen unterscheidet, erfahren Germanisten meistens in den sprachpraktischen Seminaren. Es handelt sich aber dabei nur um ein sehr oberflächliches Wissen, das meistens nur ein paar Merkmale des Gesprochenen impliziert. Eine bewusste Analyse der Spezifik der gesprochenen Sprache findet nicht statt. (Pieklarz 2010: 267)

Pieklarz beschreibt hier aus einer fremdsprachendidaktischen Perspektive das Dilemma, dass die zukünftigen DaF-LehrerInnen in ihrer universitären Ausbildung gar nicht erst das nötige Grundwissen bereit gestellt bekommen, um die Strukturen interaktionaler Sprache verstehen und lehren zu können. Auf die Frage, warum DaF-Lehrende diese Kompetenzen überhaupt erwerben müssen – und um welche Kompetenzen es sich im Einzelnen handelt –, lassen sich vier Antworten geben: Erstens benötigen LehrerInnen ein Wissen über die *Grundbe-*

---

[49] Vgl. auch Ziegler (2005) zum Zusammenhang von Interaktionsmodus und Wahl zwischen Standard- bzw. Dialektschreibung.

griffe der Gesprächsanalyse und Gattungsforschung und die entsprechenden grundlegenden interaktionalen Strukturen von Gesprächen. Dieses Wissen wird relevant in den Bereichen, in denen die LernerInnen Gesprächsfähigkeit entwickeln sollen. Zweitens benötigen LehrerInnen ein Wissen über die *syntaktischen Strukturen von Sprache-in-Interaktion*. Dieses Wissen ist nötig, um echte Lernerfehler – also Strukturen, die deutsche Muttersprachler nicht verwenden würden – von situational angemessenen, aber von der Standardschriftsprache abweichenden Formen des Sprachgebrauchs unterscheiden und so die Äußerungen der SchülerInnen richtig bewerten zu können. Drittens benötigen Lehrer/Innen ein Wissen über den *aktuellen Sprachwandel und den Sprachnormenwandel des Deutschen*. Sie müssen Schritt halten mit den Veränderungen im Sprachgebrauch, damit das Deutsch, das vermittelt wird, nicht bereits veraltet ist – gerade durch das Internet ist der Druck auf die Lehrenden gestiegen, das gelehrte Deutsch mit dem wahrgenommenen Deutsch in Einklang zu halten. Und viertens benötigen LehrerInnen ein Wissen über *unterschiedliche Varietäten* – d.h. Register, Dialekte, Soziolekte, Fachsprachen und Regiolekte – um den SchülerInnen situationsgerechtes Sprechen zu vermitteln sowie sie auf die regiolektale Variation des Deutschen vorzubereiten. Letzteres wird vor allem dann relevant, wenn beispielsweise eine ausländische Hochschule Kooperationen mit einer deutschen Hochschule in einem Dialektgebiet (z.B. Bayern oder Baden-Württemberg) oder gar mit einer schweizerischen oder österreichischen Hochschule pflegt (vgl. auch Eichinger 1997 und Löffler 2004 zu diesem Thema). Im Folgenden werde ich auf die vier eben genannten Kompetenzbereiche näher eingehen.

Die erste Frage betrifft das Wissen über die Grundbegriffe der Gesprächsanalyse und der Gattungsforschung. Da die Gesprächsanalyse primär an der sprachlichen Durchführung von Handlungen interessiert ist – und weniger an den sprachlichen Formen an sich – liegt der Fokus in diesem Bereich auf dem Erwerb von „Ablaufmustern" bzw. „Gesprächszügen" (Lüger 2009: 35), mit denen zentrale und potentiell problematische Aufgaben bewältigt werden können (vgl. hier auch den Ansatz der kommunikativen Gattungen). Lüger (2009: 35) empfiehlt, „in Ergänzung zu den Lehrwerkdialogen auch natürliche, ‚realistische' Gespräche bereitzustellen", die dann dazu dienen, dass die größeren sequenziellen Muster und Gattungen daran geübt werden können. Er nennt z.B. „einen Vorschlag höflich abzulehnen" oder „ein Thema abzuschließen" als solche auf der Ebene der Gesprächsstruktur angesiedelten Lernbereiche. Die Liste lässt sich ausweiten mit Handlungen des Gebens und Empfangens von Komplimenten, des Eröffnens und Beendigens von Telefongesprächen, der Bitte um etwas, des Erzählens von Geschichten etc. Sobald mit authentischen Gesprächen gearbeitet wird, wird für die Lehrenden ein Grundwissen im Bereich der Gesprächsanalyse (Turnstruktur, Nachbarschaftspaare, Sequenzanalyse) notwendig: Authentische Gespräche folgen anders als Lehrbuchinteraktionen nie einem völlig starren Muster, so dass die Besonderheiten und Abweichungen in den authentischen Gesprächen – die zwar für die Lernenden nicht unmittelbar vermittlungsrelevant sind, aber zu Verständnisproblemen führen können – von den Lehrenden verstanden werden müssen, damit sie sie nötigenfalls den Lernenden erklären können.[50] Lüger stellt daher in Bezug auf die Verwendung von authentischen Gesprächen zur Vermittlung von sequenziell-interaktionalen Strukturen fest:

> Allerdings erfordern diese Vorgehensweisen, sollen sie Erfolg haben, eine gewisse Vertrautheit der Lehrperson mit Methoden der Gesprächsanalyse und der Auswertung empirischen, authentischen Sprachmaterials. Nur so erscheint das Ziel, zu grammatisch korrekter, pragmatisch angemessener und kulturell akzeptabler Kommunikation zu befähigen, realisierbar. (Lüger 2009: 35)

Bose/Schwarze (2007: 26) betonen ebenfalls, dass bei dem „Lernziel Gesprächsfähigkeit" besondere Anforderungen an die Lehrenden gestellt werden, denn es handele sich dann „nicht um Unterricht im üblichen Sinne, nicht um kondensierte Informationsvermittlung in Form von kleinschrittigen und fertigkeitszentrierten Übungen", sondern um den Einsatz eines vollständigen Gesprächs. Das birgt zwei Gefahren: Zum einen wird die Planbarkeit des Unterrichts (speziell die Planbarkeit in Bezug auf mögliche SchülerInnenfragen) nahezu unmöglich. Es können Fragen zu Reparaturen, Zögerungspartikeln, Überlappungen, Paarsequenzen u.v.m. im Unterricht auftauchen, die ad hoc von den LehrerInnen beantwortet werden müssen. Zum anderen sollen die SchülerInnen bei dem Lernziel der Gesprächsfähigkeit auch in der Lage sein, z.B. ein Reklamationsgespräch zu führen oder sich eine Geschichte zu erzählen – und auch hier steht das Gespräch als Ganzes zur Bewertung, d.h. die LehrerInnen können nicht auf syntaktische oder lexikalische Fehler fokussieren, sondern müssen die Angemessenheit der Mittel, die Effektivität des Gesprächs (Hat es seinen Zweck erreicht?) und die Orientierung am Gesprächspartner (Kooperieren die Gesprächspartner? Machen sie einander klar, was sie wollen?) beurteilen – eine weitaus schwierigere Aufgabe als das bloße Bewerten einzelner syntaktischer Konstruktionen. Dazu kommt noch, dass „das Angebot an Unterrichtskonzepten und besonders an geeigneten Materialien nach wie vor schmal ist, ganz anders als

---

50 Hinzu kommt, dass all die genannten Strukturen nicht universal sind, sondern kulturell geprägt. Diese kulturellen Unterschiede müssen gelernt werden (vgl. z.B. aus didaktischer Perspektive Olbertz-Siitonen 2007 zu unterschiedlichen Konventionen des Gebrauchs von Zögerungspartikeln im Deutschen und Finnischen).

etwa in der Schreibdidaktik. Gerade für dialogische Formen, für Gespräche, fehlt Lehrmaterial" (Becker-Mrotzek/Brünner 2006: 2). Der Mangel wird zwar langsam behoben, im Vergleich zu anderen didaktischen Bereichen ist aber immer noch eine eklatante Lücke zu sehen, was sicherlich dazu beiträgt, dass die Ausbildung der Lehrenden in diesen Bereichen zu wünschen übrig lässt.

Der zweite Kompetenzbereich betrifft die grammatischen Strukturen des gesprochenen – d.h. des prototypisch interaktional eingesetzten – Deutsch. Die Lernziele der Gesprächsfähigkeit und der Vermittlung von aus der Gesprächs- und Gattungsforschung entnommenen Konzepten sind auf Grund der ganzheitlichen Struktur von Gesprächen mit die schwierigsten im Unterricht. Etwas einfacher ist dagegen die Vermittlung von syntaktischen Strukturen der gesprochenen Sprache, da hier der Ko- und Kontext etwas reduziert und der Unterricht auf bestimmte mehr oder weniger klar abgrenzbare Phänomene fokussiert werden kann. Zudem können zumindest manche der syntaktischen Besonderheiten der gesprochenen Sprache auf eine etablierte Beschreibungstradition in den DaF-Grammatiken sowie Lehrwerken zurückblicken. Günthner (2000a: 356–357) nennt etwa Modalpartikeln, Dialogpartikeln, Interjektionen, Ellipsen und Vokative als gängige Themen. Dazu muss allerdings gesagt werden, dass die Qualität der Beschreibung oft zu wünschen übrig lässt und eine interaktional orientierte Darstellung – die für diese Phänomene eigentlich nötig wäre – ausbleibt. Das erklärt auch, warum Günthner nur selten die „Aspekte dialogischen Sprechens" in den Lehrwerken erklärt findet: „Sprecher- und hörerbezogene Elemente", „interaktive Elemente" und „kollaborative Konstruktionen" kommen kaum vor. Selbst bei den interaktional relevanten Gesprächseinheiten, die in den Lehrwerken auftauchen, bleibt die Frage nach den systematischen Korrespondenzen zwischen Form und Funktion meist unbeantwortet. Gerade für den Fremdsprachenunterricht ist es aber besonders wichtig, die Beschreibung der (interaktionalen) Funktionen sprachlicher Mittel hervorzuheben, da FremdsprachenlernerInnen, anders als MuttersprachlerInnen, nicht auf ihre Intuition und ihr mehr oder weniger routiniertes Verwendungswissen zurückgreifen können. Hennigs (2002: 316) Befund, „dass sich didaktische Grammatiken für Deutsch als Fremdsprache eher an die Integration gesprochener Sprache gewagt haben als linguistische Grammatiken" ist vor diesem Hintergrund verständlich, denn bei Fremdsprachengrammatiken ist auf Grund der „Bedürfnisse der Praxis eher der Mut dazu da, etwas zu beschreiben, was noch nicht ausreichend erforscht ist und folglich auch Unzulänglichkeiten in Kauf zu nehmen" (Hennig 2002: 316). Das Stichwort der „Unzulänglichkeiten" berührt wieder einmal die Kernproblematik des gesamten Bereichs der Gesprochene-Sprache-Forschung: Das Wissen über die Strukturen interaktionaler Sprache ist bislang selbst im Fachkontext lückenhaft und noch viel lückenhafter im Bereich der

Vermittlung an die Öffentlichkeit (via Grammatiken) oder die Didaktik (via Lehrwerke):

> Das Bedürfnis, gesprochene Sprache in didaktische Grammatiken zu integrieren, ist vorhanden; die Unsicherheiten aber, wie eine solche Integration auszusehen habe und was zu beschreiben sei, sind groß. Das bedeutet: Die Praxis des Deutschen als Fremdsprache verlangt nach Informationen zur Grammatik des gesprochenen Deutsch, diese muss die Gesprochene-Sprache-Forschung ihr bieten. (Hennig 2002: 316)

Auch wenn seit der von Hennig aufgestellten Forderung schon ein Jahrzehnt vergangen ist, ist der Befund noch immer aktuell – eine erweiterte Auflage der Duden-Grammatik mit einem umfangreicheren Kapitel zur gesprochenen Sprache oder gar einer konsequenten Integration der Forschungsergebnisse zu diesem Bereich in den Hauptteil der Grammatik steht weiter aus. So lange kein kanonisiertes Wissen über die Syntax des gesprochenen Deutsch erhältlich ist, sind die DaF-LehrerInnen selbst gefragt. Sie müssen in der Lage sein, syntaktische Strukturen der gesprochenen Sprache zu erkennen und einzuordnen. Thurmair (2002) versucht, mittels einer „Typologie von Normabweichungen" der gesprochenen gegenüber der geschriebenen Sprache eine Entscheidungshilfe für Lehrende zu erstellen. Auch wenn der Begriff der „Normabweichung" äußerst problematisch ist und von der traditionellen Schriftsprachenorientierung geprägt ist, liefert Thurmairs Liste einen guten Überblick über das nötige Wissen über Sprachnormen. Nach Thurmair (2002: 4–6) gibt es folgende „Abweichungen":

1. „Abweichungen aufgrund mangelnder Sprachkompetenz". Hierunter fallen typische lernersprachliche Konstruktionen (wie z.B. falsche Kongruenz zwischen Subjekt und Prädikat), die von MuttersprachlerInnen nicht verwendet würden. Solche Abweichungen sind zu verbessern und als Lernerprobleme zu klassifizieren.
2. „Abweichungen aufgrund von Performanzproblemen": Solche Abweichungen treten auf, wenn SprecherInnen vor Formulierungsproblemen stehen, unter Zeitdruck sprechen müssen, Reparaturen durchführen etc. Thurmair ist der Ansicht, dass solche Phänomene bestenfalls von den Lehrenden erkannt, nicht aber thematisiert und schon gar nicht als Strukturen vermittelt werden sollten, da sie mehr oder weniger automatisch passieren. Im Großen und Ganzen kann man dieser Einschätzung zustimmen, wenn auch die Analyse von Beispiel 5 in Abschnitt 4.1 zeigt, dass in einem fortgeschrittenen Kontext auch die Analyse von Formulierungsproblemen in Bezug auf ihre Funktionalität (z.B. gesichtsbedrohende Äußerungen markieren) sinnvoll sein kann, zumal Formulierungsprobleme nicht ungeregelt ablaufen (vgl. Egbert 2009, Fischer 1992, Uhmann 1997 und Sacks/Schegloff/Jeffer-

son 1977). Für niedrigere Sprachniveaus reicht es aber für die Lehrenden aus, Formulierungsprobleme als solche zu erkennen und sie von Sprachkompetenzproblemen unterscheiden zu können.

3. „Abweichungen als Spiel mit der Sprache" und „Abweichungen zur Erzielung rhetorischer Effekte": Hier geht es um Konstruktionen, die der sprachlichen Kreativität geschuldet sind und sowohl alltagssprachliches Spiel mit der Sprache betreffen als auch Konstruktionen der Werbesprache wie „unkaputtbar", die durch den bewussten Erwartungsbruch Aufmerksamkeit erregen wollen. Auch hier bietet sich eine explizite Beschäftigung mit solchen Strukturen erst in hohen Kompetenzstufen an, da es sich nicht um weit verbreitete Muster handelt.
4. „Abweichungen aufgrund der Spezifika der Mündlichkeit": Hierzu zählt Thurmair die Strukturen, die der zeitlichen und interaktionalen Organisation von gesprochener Sprache geschuldet sind, wie z.B. Ausklammerungen (Informationsstrukturierung) oder doppelte Vorfeldbesetzung (interaktionale Funktion).
5. „Abweichungen aus sprachstrukturellen Gründen": Diese „Abweichungen" sind oft nur schwer von den hier unter Punkt 4 genannten zu unterscheiden. Es handelt sich um Strukturen, die „Vereinfachungen für den Sprecher" oder „Vereinfachungen auch für den Hörer" betreffen, wie z.B. Reduktionen im Flexionssystem, Klitisierungen, doppelte Superlative u.ä.

In Bezug auf den Status dieser „Abweichungen" kommt Thurmair (2002: 6) zu dem Schluss, dass nur die Abweichungen unter den Punkten 4 und 5 für die Didaktik in Frage kommen, die ersten drei Gruppen gelten ihr dagegen als „punktuelle Normveränderungen". Innerhalb der zweiten Gruppe von Performanzabweichungen, die im Laufe der Zeit zu „anerkannten Normabweichungen" werden können „bzw. dieses schon sind" (Thurmair 2002: 6), muss jeweils gefragt werden ob sie erstens sprachsystematisch begründet werden können, zweitens eine weite Verbreitung aufweisen und drittens den SprecherInnen bewusst sind. Wenn ein Phänomen sprachsystematisch begründet werden kann (z.B. der Wegfall des Schwa-Lautes bei Verben in der 1. Person Singular, der möglich ist, da „Person (und Numerus) immer noch genügend differenziert" (Thurmair 2002: 6) bleiben), wenn es weit verbreitet ist (und nicht nur z.B. in der Jugendsprache vorkommt) und wenn es unbewusst passiert, d.h. nicht als bewusstes Spiel mit der Sprache verwendet wird, dann ist dies nach Thurmair (2002: 6) ein Anzeichen für eine „Entwicklungslinie, die von einer singulären Normabweichung über eine anerkannte Normabweichung bis hin zu einer Entwicklungstendenz und damit zu einer Normveränderung, d.h. zu einem Sprachwandel, führt." Spätestens dann müssen solche Phänomene auch gelehrt werden.

Selbst wenn man die vorsichtige und kritische Einschätzung gesprochensprachlicher Strukturen nach Thurmair zu Grunde legt, bleibt also eine große Anzahl von Phänomenen übrig, die tatsächlich gelehrt werden müssen und eine noch viel größere Anzahl von Phänomenen, die von den LehrerInnen nach ihrem Status und ihrem Entwicklungsstand (im Sinne der oben beschriebenen „Entwicklungstendenz") erkannt werden müssen, auch wenn eine direkte Vermittlung nicht (oder nur in Ausnahmefällen) sinnvoll ist.[51] Für die LehrerInnen im Fremdsprachenunterricht (FU) gilt also:

> Deutlich und allgemein gesagt: Für den FU braucht man nicht weniger, sondern mehr Grammatik als für den Muttersprachunterricht (es handelt sich also keineswegs um Reduktionen oder Abstriche gegenüber einer Grammatik für den Muttersprachunterricht). [...] Der Lehrer der Fremdsprache (ebenso wie der Lehrbuchautor) braucht zweifellos viel Grammatik. Er braucht viel mehr Grammatik als der Lerner. Er braucht ein Regelwissen über die Grammatik, das so vollständig, so genau und so explizit wie möglich ist. Für den Lehrer stellt in diesem Falle das Maximum das Optimum dar. (Auch wenn der Lehrer selbstverständlich dieses Maximum in der Regel nicht dem Lerner präsentieren wird.) [...] Anders gesagt: Der Lehrer (sowie der Lehrbuchautor) muss die fremde Sprache nicht nur können, sondern muss sie kennen. (Helbig 1992: 154–155)

Ein solches „Kennen" der Sprache, das Helbig hier dem bloßen „Können" gegenüberstellt, erfordert die Kompetenz, sprachliche Strukturen in Bezug auf ihren jeweiligen funktionalen, kontextuellen und angemessenheitsbezogenen Status einstufen zu können.

Der dritte Kompetenzbereich betrifft das Wissen um aktuelle Sprachwandelprozesse und den Sprachnormenwandel des Deutschen. Die Einschätzung von Sprachwandelprozessen und von Sprachnormenwandel hängt mit der im vorigen Abschnitt diskutierten Einordnung der syntaktischen Strukturen der gesprochenen Sprache zusammen. Thurmair (2002: 3) stellt ihre oben diskutierte Typologie von Abweichungen unter das Schlagwort der „Entwicklungstendenzen unter dem Einfluss der gesprochenen Sprache", die es im Blick zu halten gilt. Sobald eine Norm nach den Kriterien der sprachsystemischen Begründbarkeit, der Verbreitung und der unbewussten Anwendung durch Mut-

---

[51] So auch Richter (2002: 314): „Ich halte es für eine Kernaufgabe des Studienfachs Deutsch als Fremdsprache, künftige Deutschlehrende auf eine reflektierte Praxis vorzubereiten. [...] Über die unterrichtspraktische Relevanz der Gesprochene-Sprache-Forschung lässt sich streiten. Für unstrittig halte ich hingegen ihren Stellenwert bei der Ausbildung künftiger DaF-Lehrender."

tersprachlerInnen sich verfestigt hat, gilt sie als existent und vermittlungswürdig.

Was die Normveränderungen so problematisch macht, ist, dass sich hier die Bereiche der rein linguistischen Ebene – d.h. der Verwendung und Beschreibung von Sprache als Struktur und als funktionales System – und der soziolinguistischen Ebene der Sprechereinstellungen zur Sprache berühren. Eine neue Norm zu akzeptieren, selbst wenn diese sprachsystematisch begründet werden kann, ist nicht nur für Muttersprachler schwierig: „Für nicht-muttersprachliche Lehrkräfte ist dies selbstverständlich noch schwieriger. Erfahrungsgemäß zeigen diese aber eher zu wenig als zu viel Toleranz gegenüber den Charakteristika der gesprochenen Sprache." (Thurmair 2005: 47) Einmal erlernte Normen werden ungerne aufgegeben. Auf der anderen Seite stellen aber Davies und Langer fest, dass es in manchen Kontexten auch passieren kann, dass DaF-LehrerInnen in das entgegengesetzte Extrem verfallen: Davies/Langer (2006: 7) zeigen, dass z.B. LehrerInnen angeben, dass inzwischen „wegen + Dativ" generell als Standard akzeptiert sei, obwohl im Duden eine Einschränkung auf die gesprochene Sprache gemacht wurde. Obwohl die beiden Einstellungen – extreme Intoleranz vs. extreme Toleranz gegenüber sich ändernden Normen – scheinbar diametral gegenüberstehen, liegt ihnen doch im Kern das gleiche Problem zu Grunde: eine mangelnde Grammatikkompetenz, genauer gesagt die mangelnde Kompetenz, sprachliche Strukturen in ihrer Reichweite und Angemessenheit beurteilen zu können. Die Aufgabe, diese Kompetenz herzustellen, haben die Linguistik und Sprachdidaktik an der Universität, wie Selting (1997: 200) fordert: Es ist die Aufgabe „der Linguistik und der Sprachdidaktik ein neues, da nun nicht mehr schriftsprachlich gefiltertes, Bewusstsein über die tatsächlichen Regeln und die situations- und varietätenspezifische Angemessenheit gesprochener Sprache in der mündlichen Kommunikation zu schaffen" (Selting 1997: 200). Eine solche Forderung ist nicht neu, wie ein Zitat von Beneš (1973: 38) zeigt:

> Bei der Auswahl der grammatischen Mittel sollte man beachten, dass die Kodifizierung in den Grammatiken immer hinter der Entwicklung der schriftsprachlichen Norm zurückbleibt. Im Fremdsprachenunterricht sind wir daher berechtigt, ja verpflichtet, den Schülern die wirklich gesprochenen Formen der Schriftsprache einzuprägen und eher die neu aufkommenden Formen zu bevorzugen als die veralteten, im Gespräch schon gespreizt klingenden konservieren zu wollen.

Die Lehrbuchinteraktionen, die im vorigen Abschnitt diskutiert wurden, zeigen, dass selbst heute solche „gespreizt klingenden" Sätze zu finden sind. Die DaF-LehrerInnen müssen daher versuchen, dem Sprachwandel bzw. Sprachgebrauchswandel zu folgen. Dazu ist es notwendig, auf dem jeweils aktuellen Stand linguistischer Forschung zu bleiben und mit Hilfe von Fernsehen, Radio und ganz besonders Internet die Alltagssprache zu beobachten und aufzunehmen.

Der vierte und letzte Kompetenzbereich betrifft das Wissen über unterschiedliche Varietäten und Register des Deutschen. Es geht dabei um die Frage, wie viel Wissen über die Varietäten des Deutschen für DaF-Lehrende notwendig ist. Diese Frage ist besonders heikel, weil sich spätestens bei der Aufnahme von Dialekten (regionale Varietäten) oder Registern (situationale und soziale Varietäten) in den DaF-Unterricht ganz massiv das Problem zeigt, dass der Unterricht sowohl in Bezug auf die Menge des Lehrstoffs als auch die Komplexität an seine Grenzen gelangt. Beneš (1973: 37) schränkt daher den Bereich deutlich ein, der für den DaF-Unterricht nötig sei. Er plädiert zwar dafür, nicht eine abstrakte Schriftsprache („Buchsprache") zu lehren, sondern nur die Sprache, die als „Konversationssprache" auch gesprochen wird und die einer „nach sprachdidaktischen Prinzipien gewählten und festgelegten Stilnorm" entspricht: „Eine Grundlage dafür bietet die Stilebene, die von der sog. bildungstragenden Schicht in der gesprochenen Alltagsrede [...] gewöhnlich eingehalten wird; sie müsste von territorialen Abweichungen und individuellen Schwankungen und Entgleisungen gereinigt werden." Hinter dieser Auffassung steht die Sicht, dass es tatsächlich so etwas wie einen umgangssprachlichen Standard gibt, den man in allen Situationen gleichermaßen gut verwenden kann. Spiekermann (2007: 12) stellt dagegen fest, dass Alltagssprache „nun aber durchaus nicht mit einer variationsfreien Standardsprache gleichzusetzen" ist. Dies wird von den DaF-*Lernenden* nicht unbedingt negativ empfunden, bei den DaF-*Lehrenden* dagegen herrscht aber eher Skepsis:

> Aus Befragungen ist bekannt, dass Lerner und Lernerinnen oft offener für die Behandlung regionaler Varietäten sind als ihre Lehrer und Lehrerinnen [...]. Gerade was passive Kenntnisse in regionalen Varietäten anbetrifft, wünscht sich zumindest ein Teil der Lerner/Lernerinnen eine intensivere Auseinandersetzung als Lehrer/Lehrerinnen dies oft für nötig und vor allem für möglich halten. (Spiekermann 2007: 12)

Dieses Bedürfnis der Lernenden ist sicherlich darin begründet, dass aus der persönlichen Erfahrung der Wechsel zwischen Varietäten wichtige Funktionen erfüllt. Das wird unter anderem daran deutlich, dass in Fremdsprachenseminaren von den Lernenden immer sehr schnell Fragen nach Schimpfwörtern, informellen Begrüßungsfloskeln, Dialektausdrücken oder Verabschiedungsmustern gestellt werden und das Wissen um solche Formen sehr begehrt ist. Dass es z.B. in Deutschland zahlreiche Dialekte gibt, ist auch im Ausland bekannt. Entsprechend wird von den Lehrenden erwartet, dass sie die Dialekte thematisieren, da sie einen „Möglichkeitsraum" (Macha 1991: 2) des alltagssprachlichen Kommunizierens konstituieren:

> Das einsprachig-dialektale Individuum stellt in der heutigen Gesellschaft sicherlich eine höchst seltene Erscheinung dar. Weitaus häufiger beobachtet man Personen, die sich mehr oder minder souverän in einem Möglichkeitsraum zwischen Dialekt und Standardsprache bewegen, einem Möglichkeitsraum, der sich im Zusammenhang mit veränderten sprachhistorischen Konstellationen zunehmend ausgeformt hat. (Macha 1991: 2)

Die Thematisierung von Dialekten geschieht im Unterricht aber nur sehr selten, und der Grund dafür liegt bei den Lehrenden:

> Nach den Erfahrungsberichten einer Deutschschweizerin, die an einer australischen Hochschule Deutsch unterrichtet, stehen die Studierenden der Plurizentrik der deutschen Sprache durchaus offen gegenüber, während andererseits deutschstämmige Kolleginnen und Kollegen ‚fremde' Standardvarietäten weder kennen noch als gleichberechtige Norm anerkennen. (Maijala 2009: 448)

Weshalb herrscht dann also diese Kluft zwischen dem Bedürfnis der Lernenden, ein Basiswissen über Varietäten zu erhalten, und der ablehnenden Haltung der Lehrenden gegen eine solche Thematisierung von Dialekten oder Registern? Davies (2009) sieht den Grund darin, dass den LehrerInnen zwar durchaus bewusst ist, dass es eine systematische und an Dialekte und Register gebundene Normvarianz im Deutschen gibt, dass sie aber diese Kenntnis meist aus Gründen mangelnden Faktenwissens nur selten umsetzen. Hennig (2003: 80) geht noch einen Schritt weiter und konstatiert eine „mangelnde Reflexion sprach- und grammatiktheoretischer Voraussetzungen für eine Änderung des Normverständnisses", d.h. sie sieht die Schuld primär bei der universitären Ausbildung sowie den Grammatiken, die immer noch an einer Fiktion des schriftsprachlich orientierten Standards festhalten. Die Fokussierung auf einen festen Standard des Deutschen führt dazu, dass die LehrerInnen einer „Ideologie des Standards" (Durrell/Langer 2005) verhaftet sind, die eine Behandlung von Variation im Unterricht weitgehend unterbindet – was wiederum dazu führt, dass auch die SchülerInnen und StudentInnen diese Ideologie erwerben: „Die Einstellungen der Lehrer bleiben [...] weitgehend der Ideologie des Standards verhaftet, und die Studenten werden nicht systematisch auf die Art und die Rolle der Variation im heutigen Deutsch aufmerksam gemacht." (Durrell/Langer 2005: 313)

Alle drei Erklärungsansätze – mangelndes Faktenwissen, mangelndes Wissen über Normierungsprozesse und, darauf aufbauend, eine Ideologie des Standards – greifen ineinander, mit dem Resultat, dass Varietäten im Unterricht weitgehend ausgeklammert werden. Das Wissen der LehrerInnen muss also auch im Bereich der Varietätenkenntnisse erweitert werden, damit die Lernenden zumindest „passive Kenntnisse" (Spiekermann 2007: 12) über Dialekte und Register erwerben können (vgl. auch Kelle 2001 zu Dialektmerkmalen in der Chat-Kommunikation).

Als Fazit der Diskussion, über welche Fähigkeiten die Lehrenden verfügen müssen, kann abschließend noch einmal auf das oben erwähnte Zitat von Helbig (1992: 155) verwiesen werden, dass das „Maximum das Optimum" darstellt. Vieles von dem, was Lehrende über die Strukturen von Sprache-in-Interaktion, die syntaktischen Strukturen gesprochener Sprache, die Veränderung von Normen und die Varietäten des Deutschen wissen, kann und soll eher nicht im Unterricht thematisiert werden, denn das „Lernen überflüssiger Regeln schadet nicht nur dem Lernerfolg und produziert unnötige Fehler, sondern es beschädigt auch das Ansehen der zu lernenden Sprache, die dann als schwer erlernbar gilt und immer weniger Interessenten findet." (Hentschel 2002: 111) Für die Lehrenden auf der anderen Seite ist dieses Wissen aber nötig, damit

- Leneräußerungen korrekt bewertet werden können,
- die Potentiale der Muttersprache der Lernenden für den Erwerb der Fremdsprache genutzt werden können, indem auf parallele oder gar universale Strukturen (beispielsweise des Turn-Taking-Systems) verwiesen wird,[52]
- bei Bedarf (z.B. einem konkreten bevorstehenden Aufenthalt in Deutschland in einer bestimmten Region) auf Dialekte eingegangen werden kann,
- mündliche und schriftliche Äußerungen in Bezug auf ihre stilistische und situationale Angemessenheit beurteilt werden können und
- sich ändernde Normen im Unterricht berücksichtigt werden (z.B. die Tatsache, dass es sich bei *hallo* und *tschüss* nicht mehr um saloppe Grußformen handelt, die nur zwischen Bekannten eingesetzt werden, sondern um unmarkierte Umgangssprache; vgl. Linke 2000).

Während also für die LehrerInnen gilt, dass das „Maximum das Optimum" ist, muss für die LernerInnen der Lehrstoff deutlich reduziert werden.

4.6.4 Wie viel Wissen über Sprache-in-Interaktion vertragen DaF-Lernende?

Grammatikwissen bildet zwar die Grundlage für das Beherrschen einer Sprache, das Verfügen über eine „korrekte" Grammatik aber „spielt in der interlingualen Kommunikation häufig aber nur eine untergeordnete Rolle" (Liang 1992: 66). Das liegt daran, dass in tatsächlichen Interaktionen zwischen einem Deutschlernenden und einem Muttersprachler grammatische Fehler „schon außeror-

---

52 „Ein ‚Das ist ja genauso wie bei uns!' hilft naturgemäß sehr beim Bau einer Brücke zur anderen Sprache, und das Bewusstsein, dass die Zahl der wirklich fremden, neu zu lernenden Regeln nicht wirklich groß ist, tut ein Übriges." (Hentschel 2002: 111)

dentlich gravierend sein [müssen], wenn an ihnen das Zustandekommen von Verständigung scheitern soll." Von weitaus größerer Bedeutung sind dagegen die „Kenntnisse der kulturpragmatischen Regeln des Kommunikationspartners", da ein Abweichen von diesen Regeln zu „Unverständlichkeit bzw. Missverständnissen und damit verbundenem Unbehagen" (Liang 1992: 66) führen kann. Um solche interaktional ausgerichteten Phänomene geht es der Gesprächsanalyse, und es ist nun zu überlegen, wie viel Wissen über die Struktur von Gesprächen für die Lernenden notwendig ist. Bose/Schwarze (2007: 2) stellen für den Fremdsprachenunterricht Deutsch fest, dass die Lernenden an „Téchne-basierten Fähigkeiten zur Gesprächsbeteiligung und -führung sehr interessiert" sind,[53] diese Vermittlung aber „mit vielen Problemen behaftet" ist, da solche Fähigkeiten nicht isoliert vermittelt werden können (Bose/Schwarze bescheinigen solchen Reduktionsversuchen ein „instrumentalistisches Rhetorikverständnis") und die „Komplexität des Gegenstandes *Gespräch* nicht zu reduzieren"[54] ist. Die „Realisationen bestimmter Gesprächspraktiken weisen eine große Variation in Abhängigkeit von der kommunikativen Situation auf, sodass sie nur unter großem Verlust auf ein Muster und somit für die Didaktik auf eine instrumentelle Fähigkeit zu reduzieren sind" (Bose/Schwarze 2007: 2). Bose/Schwarze schlagen daher vor, „Typisierungen mündlicher dialogischer Kommunikationen zu entwerfen hinsichtlich der Gesprächstypen, -strukturen und -verläufe", und diese im Unterricht zu thematisieren. Auch Lüger (2009: 28) befürwortet die Verwendung von Gesprächen im Unterricht[55] und hält es für ein notwendiges Lernziel, die LernerInnen für die „mikrostrukturellen Besonderheiten gesprochener Sprache zu sensibilisieren". Dies sollte „nicht nur im Fortgeschrittenenunterricht" geschehen, da die Analyse von Gesprächen so wichtige – und im Referenzrahmen explizit benannte (vgl. Lüger 2009: 34) – Bereiche tangiert wie „die kontextuelle Einpassung", die Fähigkeit „Bewertungen abzufedern" und „Dissens zu vermeiden", die „intentions- und adressatenorientierte Äußerungsgestaltung" und dabei vor allem auch die „Details, die hier das gemeinsame Hervorbringen von Dialogbeiträgen veranschaulichen und für Aha-

---

[53] Gemeint sind konkrete Mustervorgaben im Sinne von „wie führe ich die sprachliche Aktivität *X* möglichst effektiv und effizient durch".
[54] Vgl. auch Lüger (2009), der die Problematik herausstellt, dass authentische Gespräche sehr komplex sind und somit die Lehrenden wie die Lernenden vor große Herausforderungen im Unterricht stellen.
[55] Lüger (2009: 31) legt ebenfalls einen besonderen Fokus auf verfestigte Routinen der Gesprächsorganisation wie zum Beispiel die „Eröffnungs- und Beendigungsphasen; hier sind in aller Regel feste Ablaufmuster erwartbar, was jedoch gelegentliche Abweichungen nicht ausschließt."

Erlebnisse sorgen können". Letzteres betrifft vor allem die notorisch schwierig zu vermittelnden Partikeln des Deutschen, deren Verwendung sehr viel einfacher zu verstehen ist, wenn man sie in ihrer Funktion in der konkreten Interaktion beobachten kann. Die Lernziele sind nach Lüger durchaus realistisch im Unterricht umsetzbar durch ein „Abspielen entsprechender Dialogpassagen und mit Hilfe leicht ‚normalisierter' Umschriften" (Lüger 2009: 28).

Von dem Wissen der Lehrenden über den Aufbau von Sprache-in-Interaktion sollen also die Aspekte weitergegeben werden, die
– direkt mit den im Referenzrahmen genannten kommunikativen, die interpersonale Ebene betreffenden Fähigkeiten zusammenhängen (vgl. die Auflistung von Lüger einige Zeilen zuvor) und die
– syntaktische Strukturen betreffen, die ausschließlich über ihre Funktion im Bereich der Gesprächsorganisation (sequenzielle Strukturierungsmittel wie Diskursmarker und Vergewisserungssignale oder interpersonale Strukturierungsmittel wie „Erkenntnisprozessmarker" (Imo 2009) oder Antwortsignale) verstehbar werden.

Speziell das interaktionale Kommunizieren hat einen hohen Stellenwert für die meisten DaF-Lernenden. Je näher an Deutschland die Lernenden wohnen, desto höher ist die Chance, dass ihr primäres Lernziel im Beherrschen vor allem der gesprochenen Sprache besteht (vgl. Durrell 2006). In diesem Fall möchte der Lerner also „vor allem eines lernen [...]: im Rahmen von dialogischen Kommunikationssituationen spontan Gesprochenes zu verstehen und sich selbst spontan zu äußern"[56] (Strauss 1979: 33; vgl. auch Schreiter 1996: 63, die es für „selbstverständlich" ansieht, dass DaF-Lernenden primär die Kompetenz, sich im Alltag zu verständigen, vermittelt werden soll). In seiner Diskussion der Möglichkeiten, die Forschungsergebnisse der Gesprochene-Sprache-Forschung zum fremdsprachendidaktischen Unterrichtsthema zu machen, schränkt Fiehler (2007b: 470) den in Frage kommenden Lehrbereich deutlich ein:

> Vieles von dem, was kognitiv über die Besonderheiten der gesprochenen Sprache vermittelt wird, kann und muss nicht als praktische Fertigkeiten gelehrt werden:
> - Kann nicht gelehrt werden, weil die Phänomene nicht bewusst kontrollierbar sind (z.B. Synchronisation von verbalen Äußerungen und Gesten).

---

56 Das gilt im Übrigen auch für den Muttersprachunterricht, wie Felder (2003: 44) betont: „Der mündliche Sprachgebrauch [...] ist für das berufliche wie auch für das private Leben grundlegend und gehört deshalb unbestritten zu den grundlegenden Qualifikationen, über die jeder einzelne – in der sog. multimedial dominierten Informationsgesellschaft – im Rahmen eines Handlungsrepertoires verfügen sollte." (Felder 2003: 44)

- Muss nicht gelehrt werden, weil die Phänomene sprach-/kulturübergreifend gleich sind (z.B. Retraktion bei Reparaturen).

Dieses Wissen wird in der Ausbildung der *Lehrenden* erworben und ist notwendig, um die Strukturen von Sprache-in-Interaktion verstehen (und somit auch bewerten) zu können, ist aber nicht als an die *Lernenden* zu vermittelndes Wissen zu verstehen. Für andere Bereiche gilt dies aber nicht:

> Vieles kann systematisch gelehrt werden:
> Welche Rezeptionspartikeln gibt es im Deutschen und wie werden sie gebraucht (verschiedene Formen von *hm* und *ja*)?
> Wann sind ‚Verschleifungen' möglich bzw. üblich?
> Welche spezifisch mündlichen syntaktischen Konstruktionen sind möglich bzw. üblich?
> Mit welchen Mitteln mache ich auf freundliche Art deutlich, dass ich das Rederecht behalten will? (Fiehler 2007b: 470)

All diese von Fiehler genannten systematischen und somit auch zu vermittelnden Phänomene sind in der Tat zentral für das Beherrschen einer Sprache: Sie decken sich im Übrigen zu großen Teilen mit den Lehrzielen, die im Bereich der Vermittlung von Erkenntnissen aus der Gesprächsforschung im vorigen Abschnitt thematisiert wurden. Allerdings geht die Analyse von Strukturen der gesprochenen Sprache noch weiter. Es geht im Kern darum, grundsätzlich *alle* syntaktischen Strukturen in Bezug auf ihre Funktionen im Verwendungskontext zu sehen. So definieren Boettcher/Sitta (1983: 374) Grammatik als „die Beschreibung der Wirkungen bestimmter konkreter (üblicher und unüblicher) syntaktischer / phonetischer / semantischer Sprachverwendungen in Äußerungs- / Schreibsituationen und die Regelbedingungen solcher Wirkungen." Ähnlich argumentiert auch Hoffmann (2006: 44) mit seinem Konzept des „funktionalen Grammatikunterrichts", in dem „Formen immer im Blick auf ihre Funktion im sprachlichen Handeln" vermittelt werden. Die Vorteile liegen auf der Hand: Ein „sinnentleerter Kategoriendrill" wird vermieden und das „Kriterium der Funktion ermöglicht auch einen sprachenvergleichenden Zweitsprachunterricht, den wir heute so dringend brauchen." Selbst in Bezug auf scheinbar so abstrakte und auf die Morphologie und Distribution reduzierbare Einheiten wie Wortarten stellt Hoffmann (2009: 947) heraus, dass diese funktional gelehrt werden können: „Zu zeigen ist etwa, wie die prozessuale Dynamik in sprachlicher Gliederung zugänglich gemacht werden kann, welche Momente der subjektiven Vorgeschichte des Handelns diskursiv transparent gemacht werden können [...]." (Hoffmann 2009: 947) Eine ausführliche Untersuchung von Ahrenholz (2007) illustriert beispielhaft, welche Potenziale eine am gesprochensprachlichen Datenmaterial und an der Funktion orientierte Vermittlung von Grammatik hat: Ahrenholz zeigt, dass Demonstrativa systematisch in den

Lehrwerken an der Sprachrealität vorbei gelehrt werden und dass eine Berücksichtigung des tatsächlichen Gebrauchs (zu dem auch die oft kritisierte Verwendung von Artikeln bzw. Demonstrativpronomen zur Personenbezeichnung gehört) den Lehrstoff nicht etwa komplizierter, sondern im Gegenteil leichter verständlich macht.

Von dem Wissen der Lehrenden über die syntaktischen Strukturen von Sprache-in-Interaktion sollen also so viele Aspekte weitergegeben werden, dass der Sprachunterricht konsequent zu einem interaktional und funktional orientierten Unterricht gemacht wird. Das bedeutet, dass
– selbst kerngrammatische Einheiten wie Wortarten oder Satzmuster in Bezug auf ihre Funktionen in der tatsächlichen Verwendung in Gesprächen gelehrt werden sollten (und zum Beispiel dann auch Matrixsätze mit folgenden Hauptsätzen oder die uneigentliche Verbspitzenstellung als funktionale Mittel behandelt werden müssen) und dass darüber hinaus auch
– der weite Bereich rein gesprächstypischer Einheiten (Partikeln, Floskeln zur Bewertung von Äußerungen, Präsequenzen, Einleitungsfloskeln zum Erzählen von Geschichten etc.) thematisiert werden muss, da er zentral für den Erwerb von sprachlich-interaktionaler Kompetenz ist.

Als letzter Punkt soll hier noch das Wissen über Sprachwandelprozesse und sich ändernde Sprachnormen angesprochen werden. Das aktive Wissen über Sprachwandelprozesse ist für die Lernenden in den meisten Fällen nicht zentral und dient eher den Lehrenden dazu, den Unterricht im Laufe der Zeit an die sich ändernden Sprachnormen in Deutschland anzupassen. Als eigener Vermittlungsgegenstand ist es – mit Ausnahme beispielsweise von DaF-Seminaren im universitären Kontext – eher nicht angebracht. Allerdings heißt das nicht, dass dieses Wissen nicht implizit, d.h. im Zusammenhang mit der Behandlung bestimmter Phänomene, mit vermittelt werden muss: Sobald Varietäten des Deutschen thematisiert werden, muss zwangsläufig auf die Normenfrage eingegangen werden, d.h. die Frage, in welchem Kontext man eine Varietät typischerweise verwendet. Konkret bedeutet das, dass bei der Behandlung von 1. dem Verhältnis von gesprochener und geschriebener Sprache, 2. dem Verhältnis von unterschiedlichen stilistischen Varianten (Registern) und 3. dem Verhältnis von regionalen Varietäten die existierenden und sich ändernden Sprachnormen thematisiert werden müssen. Berend/Knipf-Komlósi (2006: 173) bringen dieses Problem auf den Punkt. Sie fordern für den Deutschunterricht in Osteuropa, dass die „informelle Standardvarietät des Deutschen" in der Lehre „mehr in den Vordergrund" gerückt werden sollte, die sie als „die Variation der informellen Sprechweise, die den Kontrast zum Schriftdeutschen (,Standardsprache') ausmacht" bezeichnen. Die Schriftsprache soll zwar weiterhin gelehrt werden und auch einen prominenten Stellenwert im Unterricht behalten, „im Kontrast dazu" soll aber das „‚lockere' Standarddeutsch" vermittelt werden. Dies ist nur möglich, wenn eine „reflektierte Behandlung der Variation" im Unterricht eingesetzt wird. Die Lehrenden sind „aufgefordert, im Deutschunterricht das traditionelle Schema *richtig – nicht richtig* aufzugeben und einen neuen, reflektierten Umgang mit Variation zu beginnen." Ganz ähnlich argumentiert auch Durrell (2006: 117):

> Für eine Mehrheit gebildeter Deutscher stellt es [das umgangssprachliche Register; W.I.] die natürliche übliche Sprachform in alltäglichen Gesprächen dar. Wenn Ausländer Deutsch lernen wollen, um praktisch mit deutschen Muttersprachlern im Alltag zu kommunizieren, dann müssen sie eben diese Varietät beherrschen – sowohl aktiv als auch passiv. Es genügt nicht, wenn sie lediglich eine Varietät sprechen lernen, der die standardsprachlichen Normen zu Grunde liegen, und die daher auf dem Register des formellen Schrifttums beruht und von dem Deutsch, das Muttersprachler in informellen Situationen natürlich verwenden, stark abweicht. (Durrell 2006: 117)

Während im Unterricht des Englischen als Fremdsprache nach Durrell in den Lehrwerken „schon lange eine vollständige Beachtung typischer Merkmale der alltäglichen britischen oder amerikanischen Sprechweise" gegeben ist und somit auch eine Kanonisierung stattgefunden hat, ist für das Deutsche sowohl die Beschreibung der Phänomene an sich als auch deren Bewertung unter einem normativen Gesichtspunkt mangelhaft: „Für diejenigen, die die deutsche Sprache im Ausland lehren, ist die Diskrepanz zwischen den standardsprachlichen Normen mit ihrem Anspruch auf Verbindlichkeit und Alleingültigkeit einerseits und den Gebrauchsnormen des Alltags andererseits eine ständige Quelle des Ärgers und der Unsicherheit." (Durrell 2006: 119)

Im Zuge der Thematisierung der Unterschiede zwischen Schrift- und Alltagssprache (bzw., in der Terminologie der vorliegenden Arbeit, zwischen monologischer und interaktionaler Sprache) müssen also den SchülerInnen die Normen vermittelt werden, die für ein bewusstes Wählen der alltagssprachlichen oder schriftsprachlichen Varietäten maßgeblich sind (beispielhaft dafür die Veränderung der Grußformeln, wie sie Linke 2000 beschrieben hat). Bachmann-Stein (2009: 183) fordert, die „relative Geringschätzung der Mündlichkeit" im Fremdsprachenunterricht aufzugeben und „nicht nur mediale Mündlichkeit zu fördern, sondern immer auch konzeptionelle Mündlichkeit"[57] (Bachmann-Stein 2009: 185). Das Modell der konzeptionellen Mündlichkeit und

---

[57] Vgl. auch Massler (2008: 1), die an dem „Fokus auf sprachliche Korrektheit" im Fremdsprachenunterricht kritisiert, dass er in einer „Hemmung der Lernenden, sich frei zu äußern" resultiert und so dem Erwerb der kommunikativen Kompetenzen entgegensteht.

Schriftlichkeit bietet sich hier an, die unterschiedlichen Gebrauchsbedingungen, die mit sozialer Nähe und Distanz zusammenhängen und die Wahl der sprachlichen Mittel steuern, auch in einem vereinfachten, didaktischen Kontext zu thematisieren. Inwieweit neben den Registern auch die Dialekte selbst zum Thema des Unterrichts gemacht werden sollten, ist allerdings umstritten. Davies (2006: 490) fordert, dass sich der „Erwerb einer Fremdsprache nicht auf den Erwerb linguistischer Kompetenz in einer Standardvarietät beschränken sollte", sondern dass auch „das Wissen um das Varietätengefüge der Zielsprache und um das Sprachwertsystem bzw. die Sprachwertsysteme deren Sprecher und Sprecherinnen" Unterrichtsgegenstand sein sollten. Auch hier wird also die Normenfrage an der Vermittlung der Varietäten festgemacht. Ebenso plädiert Muhr (1997: 199) „für mehr Sprachrealismus im Unterrichtszimmer", worunter er den Einbezug von „überregionalen/großregionalen Gebrauchsstandards" statt der Beschränkung auf „norddeutsch geprägte Normen" versteht, und Spiekermann (2007: 10) sieht sogar die Gefahr einer mangelhaften Vorbereitung von DaF-Lernenden auf den Sprachkontakt in Deutschland, da die Reduktion auf eine Standardsprache dazu führt, dass die Lernenden dann „eine andere Standardsprache als Muttersprachler" sprechen und daher „viele Bestandteile der Sprache – seien es grammatische Konstruktionen oder lexikalische Einheiten" nicht erfassen können. Auch wenn Durrell (2006: 121) den Umgang mit Sprachvariation als „wichtigen Aspekt der erweiterten Kompetenz in der Fremdsprache" ansieht, ist die Frage noch offen, wie viel Dialektwissen den Lernenden vermittelt werden muss. Unstrittig ist allerdings, dass sie stilistische Register (v.a. in Bezug auf formelle und informelle Kommunikation) auswählen und einordnen können müssen.

Von dem Wissen der Lehrenden über die Sprachnormen und den Normenwandel im Deutschen sollen die Lernenden mindestens so viel vermittelt bekommen, dass sie
– in der Lage sind, interaktionale von monologischen Strukturen unterscheiden und situationsgemäß einsetzen und den Einsatz begründen können und
– ein Bewusstsein – nicht notwendigerweise eine tiefere Kenntnis – von den Varietäten des Deutschen und den unterschiedlichen Einsatzzwecken der Varietäten zu besitzen.

Je nach Lernerstufe (z.B. im universitären Kontext) und konkretem Einsatzzweck (z.B. Vorbereitung von DaF-StudentInnen auf einen Aufenthalt in einer bestimmten Region Deutschlands) können zusätzliche Kenntnisse hinzukommen, wie

- die passive Kenntnis von Dialekten oder gar
- die (zumindest auszugsweise) aktive Kenntnis zum Beispiel der bayrischen, schweizerdeutschen oder österreichischen Varietät.

5 Die Arbeit mit Gesprächsdaten

Auch heute noch ist der größte Teil interaktionaler Sprache zugleich auch medial gesprochene Sprache, die Beschäftigung mit Gesprächsdaten daher unerlässlich. Die empirische Arbeit mit Gesprächsdaten, die auf authentischer, interaktionaler Sprachverwendung beruhen und nicht Teil eines experimentellen Settings sind, ist nicht einfach. Das liegt daran, dass sich in der Gesprochene-Sprache-Forschung (ganz zu schweigen von der Gesprächsanalyse und Interaktionalen Linguistik) gezeigt hat, dass die Begrifflichkeiten, die die Sprachwissenschaft traditionellerweise zur Beschreibung von Sprache bereitstellt, oft zwar sehr gut auf monologische, geschriebene Daten anwendbar sind, nicht aber auf gesprochene. Typische Beispiele sind die Partikeln (z.B. der gesamte Bereich der „Gesprächspartikeln", der in den Grammatiken nur sehr oberflächlich und mit zweifelhaften Aussagen über die Funktion und prosodische Realisierung behandelt wird) sowie die Frage nach den Kerneinheiten der Sprache: Der „Satz" ist zwar eine Einheit, die auch in der gesprochenen Sprache relevant ist (vgl. Thompson/Couper-Kuhlen 2005), oft aber sind funktionale Einheiten bzw. Kombinationen aus Syntax, Funktion, Semantik und Prosodie (genannt „turn constructional units") oder sogar Einheiten oberhalb der Satzebene (Paarsequenzen, Prä-Sequenzen, Bewertungssequenzen etc.) weitaus geeigneter, um zu beschreiben, was in einer Interaktion vor sich geht. Das hat selbstverständlich Konsequenzen für die Grammatikschreibung – die neuen Einheiten müssen definiert und in die Beschreibung mit aufgenommen werden und es ist nötig, eine Unterscheidung zwischen monologischer und interaktionaler Sprache zu treffen, die zu einer Erweiterung der Grammatik des Deutschen führt, die für viele untragbar erscheint:

> Die wichtigste Folgerung aus den bisherigen Darlegungen ist, dass man versucht, die Grammatik als Beschreibung des Sprachsystems einer Einzelsprache so aufzubauen, dass man, abgesehen vom rein Medialen, mit einer Menge von Grundbegriffen auskommt. Der schlimmste Fall, der meiner Meinung nach eintreten kann, wäre der, dass man für die Beschreibung des Gesprochenen irgendwelche Begriffe braucht, die in der Beschreibung des Geschriebenen nicht rekonstruiert werden können und umgekehrt. (Eisenberg 2007: 290)

Den „schlimmsten Fall" für eine Beschreibung des Deutschen stellt dies allerdings nur dann dar, wenn man an der These festhält, es gebe eine abstrakte, situations-, mediums- und interaktionsneutrale Sprache (*langue*), die man aus den zahllosen tatsächlichen Sprachverwendungen heraus (oder sogar ohne diese Sprachverwendungen auch nur zu beachten) destillieren könnte. So elegant es auch sein mag, eine solche *langue* anzunehmen, so unrealistisch und für die GrammatiknutzerInnen wenig hilfreich ist dieses Unterfangen. Schon 1973 hat Beneš beispielsweise die mangelnde „Stildifferenzierung" in den Lehrbüchern bemängelt und gefordert, dass „der Lehrer selbst dafür sorgen [sollte], dass die Schüler beim Sprechen nicht die im Schreibstil verfassten Texte nachahmen." Um die SchülerInnen „zum natürlichen Sprechstil zu führen" sollten ihnen „als Vorbild Sprechtexte" (Beneš 1973: 41) vorgelegt werden. Das Problem ist aber nun: Wie sollen LehrerInnen die Kompetenz erwerben, den „natürlichen Sprechstil" zu erkennen, wenn sie diesen weder in den Lehrwerken noch den Grammatiken aufgeführt finden? Es kommt – so Köster (2006: 494) – zu „Vermittlungs- und Beurteilungsproblemen im eigenen Unterricht und zu Zweifeln an der eigenen Sprachkompetenz", wenn es keine Möglichkeiten gibt, sich über die Struktur gesprochener Sprache zu informieren. Anders als in den siebziger Jahren, in denen Beneš schrieb, sind heute die SchülerInnen den LehrerInnen in den Kenntnissen der deutschen Alltagssprache häufig voraus:

> Heute dagegen wird früh authentisches Material eingesetzt, die Umgangssprache dominiert, und Kontakte zu Gleichaltrigen aus dem Zielsprachenland – per Internet vor allem – werden ermutigt und in das pädagogische Konzept einbezogen. Die Lernenden kommen so mit sprachlichen Varianten in Kontakt, die dem Lehrer nicht vertraut sind, aber trotzdem nicht ‚falsch' sind. (Köster 2006: 494)

Auch Ahrenholz (2003: 231) stellt fest, dass Muttersprachler beim Sprechen Mittel der Kohärenzbildung einsetzen, die in „Grammatiken meist nicht beschrieben" werden. Ähnlich wie Beneš versucht auch er, diese Lücke über eine verbesserte DaF-LehrerInnenausbildung zu schließen.

Für die Beschäftigung mit authentischen gesprochensprachlichen Daten spricht also, dass sie 1. dazu führt, dass die Beschreibung der deutschen Grammatik (in Grammatiken und Lehrwerken) diesbezüglich verbessert werden kann, 2. dass die DaF-LehrerInnen in die Lage versetzt werden, ein Deutsch zu vermitteln, das auch tatsächlich heute in Deutschland verwendet wird und 3., dass den DaF-Lernenden im Unterricht an Datenmaterial die Struktur des gesprochenen Deutsch vermittelt werden kann, d.h. sie lernen nicht nur bloße Wörter und syntaktische Regeln, sondern sie lernen, dass Sprache ein „Inventar an [...] Mitteln und Formen" zur Verfügung stellt, „die von den Handelnden genutzt werden, um ihre je konkreten Probleme und Ziele zu bewältigen und zu verfolgen". Der funktionale Zweck von Sprache steht da im Vordergrund, es geht um „kommunikative Anlässe" wie z.B. „Informationen austauschen", „gemeinsame Tätigkeiten planen", „jemandem sein Mitgefühl aussprechen" etc. (Becker-Mrotzek/Meier 2002: 22).

5.1 Was sind und wozu brauchen wir authentische Gesprächsdaten?

Die Funktionen von interaktional verwendeter Sprache können nur anhand authentischer Daten analysiert und vermittelt werden. Dass ein Fokus auf die interaktionale *gesprochene* Sprache gelegt wird, ist dabei mit dem besonderen Stellenwert gesprochener Sprache zu begründen: Sprachliche Interaktion findet für die meisten Menschen immer noch primär im Medium der gesprochenen Sprache statt und nicht im vergleichsweise neuen Medium des Computers.

Wie kann man nun authentische gesprochene Sprache für wissenschaftliche und didaktische Zwecke aufbereiten? Die Antwort geben Becker-Mrotzek/Meier (2002: 22): „Einzig die Konservierung in der Form von Audio- und Videoaufzeichnungen bietet nun die Möglichkeit, ein solches flüchtiges Geschehen in seiner ihm eigenen Verlaufsstruktur [...] zu analysieren." Auch Gut (2007: 7) sieht den Vorteil der „Beschäftigung mit echter Sprache im Gegensatz zu fiktiven Beispielen" darin, dass „die Sensibilität für sprachliche Strukturen geschärft" wird und sich „language awareness" einstellen kann. Huneke/Steinig (2005: 119) geben als weiteren Grund für die Verwendung authentischer Sprachdaten an, dass die DaF-Lernenden nur so auf die Varietätenvielfalt des Deutschen vorbereitet werden können: „Kommen sie aber auf authentische Weise in Kontakt mit Sprechern der Zielsprache, dann erfahren sie die ganze Breite sprachlicher Varietäten. [...] Auf diese Vielfalt sprachlicher Erscheinungsformen sollte im Unterricht mit authentischem Hörmaterial vorbereitet werden." Was heißt in diesem Kontext nun „echte" bzw. „authentische" Sprache? Becker-Mrotzek/Brünner (2006: 3) geben die folgende knappe Definition: „Authentisch heißt, dass die Gespräche nicht extra zum Zweck der Untersuchung geführt oder inszeniert wurden; es werden also natürliche Gespräche aus dem Alltags- und Berufsleben untersucht."

Während für GesprächsforscherInnen zwar vor allem solche Formen besonders relevant sind, in denen Alltagskommunikation vorkommt (informelle Telefongespräche unter Freunden, Familiengespräche, Unterhaltungen in Studenten-WGs etc.), fallen auch Gespräche in einem institutionellen Setting sowie medial vermittelte Gesprächsformen (Interviews, Talk-Sendungen in Radio und Fernsehen etc.) unter diese Definition authentischer Gespräche, da z.B. ein Anruf bei einer Talksendung oder ein Interview nicht zum Zweck der linguistischen Untersuchung inszeniert werden.[1] Vor allem medial vermittelte Kommu-

---

[1] Die Grenze ist allerdings fließend: Je mehr die TeilnehmerInnen als Medienprofis auftreten und je stärker die Vorgaben für die Sendung sind (z.B. durch die Möglichkeit, ausformulierte

nikation ist – z.B. via „streaming" über das Internet – von überall her leicht zu erhalten (siehe den folgenden Abschnitt 5.2 zu Datenkorpora des gesprochenen Deutsch). Etwas ausführlicher und in konkretem Bezug zum DaF-Unterricht definiert Lüger (2009: 15) das Konzept authentischer Daten:

> Im Zusammenhang mit der Etablierung kommunikativer Lernziele wurde auch ‚Authentizität' zu einem wichtigen Aspekt in der fremdsprachdidaktischen Diskussion. In seiner ursprünglichen Bedeutung meint authentisch eigentlich nicht mehr als ‚echt', ‚wirklich', ‚originalgetreu', ‚nicht künstlich'. Übertragen auf das Fremdsprachenlernen verbindet sich damit die Vorstellung, unterrichtliche Kommunikation als eine natürliche zu gestalten, und dies mit Hilfe von Materialien, die nicht eigens für didaktische Zwecke erstellt wurden. (Lüger 2009: 15)

Zu der Grunddefinition authentischer Gespräche von Becker-Mrotzek/Brünner (2006), die von Lüger geteilt wird (Gespräche, die nicht für didaktische Zwecke erstellt wurden), tritt bei Lüger noch der zweite und weitaus schwerer zu erreichende Aspekt der Gestaltung der Kommunikation im DaF-Unterricht als „natürliche" Kommunikation hinzu, wobei die verwendeten Gesprächsdaten die Rolle als Hilfsmittel für die Erzeugung der natürlichen Kommunikationssituation innehaben sollen. Dass dies eher ein Wunsch als eine realistische Einschätzung ist, sieht Lüger (2009: 16) selbst, denn der „Versuch, außerschulische Lebenswirklichkeit gleichsam in den Unterricht hereinzuholen und dadurch Schüler und Lehrer zu Beteiligten eines ‚realen' Kommunikationsgeschehens zu machen" kann deshalb nicht funktionieren, da „jedes noch so ‚authentische' Dokument seinen originären Charakter in dem Moment einbüßt, wo es in einen anderen Situationskontext eingebettet wird". Wenn auch die SchülerInnen und Schüler anhand eines Gesprächs zwar Beobachter – und je nach Involviertheit in gewissem Maß auch Teilnehmer[2] – einer authentischen Gesprächssituation werden können, so bleibt der Unterricht ja nicht bei der Präsentation eines Gesprächs stehen. Im Unterricht wird das Gespräch dekontextualisiert und analysiert, es findet in einem Klassen- oder Seminarraum statt und erhält dadurch automatisch einen „neuen Sinn, eine einfache Sachverhaltskommunikation kann so aus einem ganz anderen Blickwinkel wahrgenommen werden" (Lüger 2009: 16). Authentizität ist zwar ein Merkmal, das in Bezug auf die *Produktion* eines Gesprächs vergeben werden kann, es ist aber „kein feststehendes Merk-

---

Redebeiträge abzuliefern oder sogar ganze Skripte vorher einzustudieren), desto weniger authentisch wird der Beitrag, da dann oft konzeptionelle Schriftlichkeit oder zumindest gelenkte, ‚ausgedachte' konzeptionelle Mündlichkeit vorliegt.
2 In dem Sinne, wie ja auch muttersprachliche Fernseh- oder RadiokonsumentInnen zu TeilnehmerInnen einer an sie (d.h. also an Dritte) gerichteten Kommunikation werden.

mal, das mit einem Dokument untrennbar verbunden bleibt", sondern in der *Rezeption* kann aus einem authentischen Gespräch ein äußerst „unauthentisches" werden, da die Lernenden „als außenstehende, am Kommunikationsgeschehen nur indirekt beteiligte Beobachter aufzufassen sind" (Lüger 2009: 16) und daher das Gespräch nicht authentisch rezipieren. Ein Fall einer tatsächlich authentischen Rezeption durch Dritte wäre in der klassischen „Overhearer-Situation" (Goffman 1981: 132) gegeben, in der man beispielsweise in einem Zug oder Bus das Gespräch der Personen mithört, die sich in der Sitzgruppe nebenan unterhalten. In einem solchen Fall wäre die Rezeption nicht durch einen externen, institutionell vorgegebenen Zweck („Lernsituation") durchbrochen. Es handelt sich um eine „eigentliche", nicht eine „uneigentliche" Gesprächsatmosphäre (Huneke/Steinig 2005: 96):

> Selbst in einem modernen, an kommunikativen Bedürfnissen der Lerner und an lebenspraktisch relevanten Aufgaben orientierten Fremdsprachenunterricht besteht das Problem einer ‚uneigentlichen' Gesprächsatmosphäre: Man bemüht sich zwar um interessante Inhalte und Themen, aber letztlich weiß doch jeder, dass es ‚eigentlich' nur um die Fremdsprache selbst geht.

Dieser Problematik eingedenk kann man mit Lüger (2009: 22) nun fragen, welche Rolle dann authentische Interaktionsbeispiele im DaF-Unterricht überhaupt einnehmen sollen bzw. können. Lüger (2009: 16) gibt trotz der eben dargestellten Vorbehalte folgende Antwort: Authentische Interaktionen „liefern die empirische Basis, die kommunikativen Modelle, an denen sich Lehrbücher (und andere Medien) sowie die unterrichtliche Sprachvermittlung zu orientieren haben bzw. sich orientieren sollten." Sie erfüllen also den Zweck der Orientierungsvorgabe für Lehrende (welches Deutsch vermittelt werden soll) und des Lehrmittels für Lernende (welche Strukturen für das gesprochene Deutsch relevant sind).[3] Die nächste Frage wäre dann: „Wie ließe sich nun aber authentische Kommunikation in den Fremdsprachenunterricht implantieren?" (Huneke/Steinig 2005: 96)

Storch (2001: 242) schlägt „Übungen zu Teilaspekten des situativ und interaktiv angemessenen Sprechens" vor, damit die Lernenden die „kommunikativen Routinen" erwerben können, die Muttersprachler verwenden, damit ein Gespräch nicht als „unhöflich" wahrgenommen wird. Auer/Kotthoff (1987: 24)

---

3 Lüger erwähnt explizit, dass dabei auf gesprochensprachliche syntaktische Besonderheiten eingegangen werden muss: „Die spezifischen Formulierungsbedingungen bringen es mit sich, dass die betreffenden Texte nicht nur syntaktisch ‚wohlgeformte' Sätze enthalten, sondern – als Spuren des Formulierungsprozesses und des interaktiven Austausches – auch einen beträchtlichen Anteil fragmentarischer Formen aufweisen." (Lüger 2009: 22)

verweisen dabei auf den „Rezipientenzuschnitt", der im Unterricht viel zu kurz komme: „Das Ergebnis ist oft ein Lerner, der zwar komplizierte Dinge ausdrücken kann, seine Äußerungen aber nicht zu ‚kontextualisieren' vermag." Die Lösung, die Auer/Kotthoff vorschlagen, besteht darin, dass die Lernenden „möglichst früh und möglichst massiv mit authentischem, natürlichem Sprachmaterial und natürlichen Sprachverwendungssituationen konfrontiert werden" müssen. Sprachenlernen (hier vor allem als Lernen von Interaktionskompetenz) erfolgt nach dieser Sicht primär über die Wahrnehmung von Kommunikationsroutinen, die MuttersprachlerInnen verwenden. Neben dem Vorführen und Erklären der Struktur von authentischen Gesprächen sind nach Stein (2009) zudem aber auch noch Komponenten des *aktiven Einübens* nötig. Am Beispiel des Modalpartikelgebrauchs illustriert er eine mehrstufige Übungsebene: Die erste Phase besteht darin, „an authentischen Beispielen" die „Einsichten und Kenntnisse" eines Phänomens (hier der Modalpartikeln) zu erwerben. In einer zweiten Phase müssen diese dann „in sprachpraktischen Aufgaben umgesetzt werden, wofür sich insbesondere Rollenspiele für alltagsnahe kommunikative Aufgaben anbieten" (Stein 2009: 84).[4] Es geht also auch hier um die Schaffung „geeigneter Verwendungskontexte" im Fremdsprachenunterricht, die eine Annäherung an authentisches Kommunizieren ermöglichen. Diese Unterrichtskonzeption vertritt auch Eichinger (2003a: 104), nach dem „der Fremdsprachenunterricht unter anderem ein Ort ist, in dem laborhaft ausprobiert wird, wie Mediation, das Erreichen von Verstehen und Verständnis, im realen Leben ablaufen könnte". Auch dabei sind sowohl authentische Daten als Vorbilder nötig als auch die Schaffung von „alltäglichen Interaktionen", bei denen die Lernenden ihr Wissen aktiv umsetzen müssen.

5.2 Datenkorpora des gesprochenen Deutsch

Im folgenden Abschnitt wird es nun darum gehen, zu zeigen, wie Lehrende im Ausland an geeignetes Material gelangen können, um den im vorigen Abschnitt erwähnten ersten Schritt, die Präsentation authentischer Gesprächsdaten, im Unterricht umsetzen zu können. Wie bereits erwähnt, umfassen authentische Daten auch medial vermittelte Daten. So stellt beispielsweise die ZDF Mediathek (http://www.zdf.de/ZDFmediathek/hauptnavigation/startseite#/hauptnavigati-

---

[4] Vgl. auch die Untersuchung von Becker-Mrotzek/Brünner (2002) zum erfolgreichen Einsatz von Rollenspielen (bzw. von „Simulationen authentischer Fälle") im Bereich der angewandten Gesprächsforschung.

on/startseite) über das Internet die Sendungen bereit, die auch im Fernsehen ausgestrahlt werden. Diese können als Videos unkompliziert direkt auf der Seite betrachtet werden. Auf diese Weise können die Lehrenden aus der breiten Auswahl an Interviews, Dokumentarsendungen oder Talk-Sendungen aktuelles und ständig erneuertes Material auswählen, das die für die jeweiligen Unterrichtsziele geeigneten Phänomene enthält.

Eine weitere einfache Bezugsmöglichkeit ist die des Live-Streamings von Radio-Sendungen (vor allem Talk-Sendungen, bei denen HörerInnen anrufen können) über das Internet. [5]

Die Vorteile dieser Daten sind:
– leichter Zugriff
– Aktualität
– wahlweise als Audio- oder Videodaten verfügbar
– gute Aufnahmequalität
– breites inhaltliches Spektrum. [6]

Diesen Vorteilen stehen aber auch Nachteile gegenüber:
– Mediale Daten sind insofern besondere Daten, als sie eine triadische Kommunikationssituation bereitstellen. Das Publikum als beobachtender Dritter ist immer mitgedacht und wird auch mit adressiert. Das führt beispielsweise dazu, dass sich die Anfänge von Telefongesprächen bei solchen medial vermittelten Gesprächen signifikant von privaten Telefongesprächen unterscheiden.

---

[5] In Anlehnung an die zweischrittige Strategie von Datenpräsentation und Analyse und danach folgender Einübung der erlernten Strategien schlägt Dürscheid (2001: 43) beispielsweise vor, nicht nur Filme im Unterricht zu zeigen, sondern als Projekte in Anlehnung an die gezeigten Filme von den Lernenden selbst eigene Filme drehen zu lassen. Nicht ohne Grund wird explizit auf die Seifenoper „Lindenstraße" Bezug genommen, die sich als alltagsnahe Sendung besonders für die Vermittlung von Alltagssprache eignet: „Dabei denke ich nicht nur daran, Filme vom Goethe-Institut auszuleihen und diese im Unterricht zu zeigen, man sollte auch selbst geeignetes Videomaterial erstellen. Dies können Nachrichtensendungen und Reportagen sein, aber auch Familiensendungen wie die ‚Lindenstraße' [...]. Die Schüler üben dabei nicht nur komplexe Alltagsdialoge zu verstehen, sondern sie bekommen auch einen Einblick in deutsche Lebens- und Wohnverhältnisse."
[6] Solche *Radio-Phone-in*-Daten lassen sich ausgezeichnet für die Vermittlung von Begrüßungs- und Verabschiedungssequenzen, Reaktionen auf Lob oder Tadel, Einholen, Empfangen und Bedanken für einen Rat, Empfangen und Bedanken für Komplimente, Ausdrücken von Erstaunen oder Ärger etc. einsetzen.

- Die Daten sind nur in ihrer ursprünglichen Form (d.h. als Audio- oder Videodatei) vorhanden. Für den Einsatz im Unterricht ist es daher nötig, die äußerst zeitaufwändige Prozedur einer Transkription vorzunehmen. Das ist in den meisten Kontexten schlichtweg für die Lehrenden nicht machbar.
- Ein dritter Punkt besteht in der rechtlichen Grauzone, die beim Einsatz von Mediendaten im Unterricht (Copyright, Nutzungsrechte, Persönlichkeitsrechte) besteht.

Aus diesen Gründen sind wissenschaftliche Datenbanken, die Audio- und Transkriptmaterial gemeinsam bereitstellen, für den Einsatz authentischer Gespräche im Unterricht unerlässlich. Von solchen Datenbanken gibt es allerdings nicht viele, obwohl Eichinger (2003b: 4) in der Erstellung und Bereitstellung von Korpora für Lehr- und Lernzwecke „nicht nur eine subsidiäre Serviceleistung, sondern für eine Vielzahl von Fragen ein[en] entscheidende[n] Faktor" sieht.

Diese „Vielzahl von Fragen" umfasst:
1. Fragen danach, was überhaupt als relevante Phänomene des Deutschen aufgeführt werden muss. Macha (1991: 195) betont die Bedeutung von authentischen Daten für den Erkenntnisprozess: „Nicht der Explorator soll als Impulsgeber für Sprachen fungieren, sondern die Impulse haben den Anforderungen des normalen Alltags von Sprechern zu entspringen." Diese Stufe betrifft DaF-Lehrende insofern, als sie offen sein sollen für neue (bzw. ihnen unbekannte) Phänomene und diese nicht vorschnell als Fehler qualifizieren dürfen.
2. Fragen nach dem tatsächlichen Sprachgebrauch in Deutschland. So sieht Gut (2007: 2) die Funktion von Sprachkorpora als „Datenquelle für die Erstellung von authentischen Unterrichtsmaterialien und Übungen", die „den tatsächlichen Sprachgebrauch von Muttersprachlern und -sprachlerinnen widerspiegeln." Huneke/Steinig (2005: 186) listen einige solcher Besonderheiten des tatsächlichen Sprachgebrauchs auf, die immer wieder mit sprachkritischem Impetus unhinterfragt als Normverstöße gebrandmarkt werden: „Wie verteilen sich Dativ und Genitiv nach den Präpositionen ‚wegen' und ‚trotz'?" Oder: „Hat sich ‚brauchen' ohne ‚zu' auch in der gehobenen Standardsprache durchgesetzt?". Zu solchen „Fragen grammatischer Sprachbetrachtung lassen sich leicht Belege aus geeignetem Textmaterial der Gegenwartssprache zusammenstellen."
3. Neben der Frage nach dem tatsächlichen Sprachgebrauch können auch solche nach der Varianz im Deutschen beantwortet werden. Costa (2008: 133) betont die Rolle von Korpora bei der „Vermittlung interaktionsorien-

tierten Wissens", die sowohl DaF-LehrerInnen als auch Lernenden „einen Einblick in die Vielfalt und Varianz des Mündlichen" verschaffen können. Das betrifft nicht nur die Dialekte des Deutschen, auch ein Gespür für sprachliche Angemessenheit kann so vermittelt werden: „Erfahrungen [...] zeigen, dass korpusbasiertes Lernen besonders ein ‚Gefühl' für sprachliche Angemessenheit zu entwickeln hilft sowie den Transfer zwischen rezeptiven und produktiven Leistungen in der Zielsprache fördert." (Schneider/ Ylönen 2008: 140)

4. Der letzte Punkt ist der schwierigste, er betrifft die Vermittlung des Wissens um die Verschränkung von Sprache mit Situation und Handlungsstruktur. Fandrych/Tschirner (2007: 201) sehen einen großen Vorteil von Korpusarbeit darin, dass „sprachliche Handlungsmuster" erfasst werden können, so dass die Lernenden diese Handlungsmuster in Beziehung setzen können zu den verwendeten sprachlichen Mitteln:

> Dadurch erst wird es möglich, [...] die Handlungs-‚Mikrostruktur' von Sprache zu rekonstruieren (bis zur Funktion kleiner und kleinster Einheiten), Formulierungsroutinen, sprachliche Varianz und Registerabhängigkeit bei der Realisierung von bestimmten sprachlichen Handlungen zu untersuchen (etwa bei Argumentationen im Alltag, in der Schule, in der Hochschule; Beschwerden äußern; Ratschläge erteilen; Wegauskünfte geben). Auch die jeweilige situative und gegebenenfalls institutionelle Einbettung ist jeweils zu erfassen, denn nur über die Rekonstruktion solcher Faktoren kann letztlich wirkliche Sprachhandlungskompetenz und interkulturelle Kompetenz entwickelt werden.

Dass der Einsatz von Korpora im DaF-Kontext sinnvoll ist, und welche Zwecke man mit korpusbasiertem Arbeiten erreichen kann, sollte der kurze Überblick illustrieren. Den Vorteilen des Arbeitens mit Datenbanken (v.a. auch mit Datenbanken des gesprochenen Deutsch) steht allerdings ein deutlicher Mangel eben solcher Datenbanken entgegen. Costa (2008: 134) kritisiert, dass „Datensammlungen des gesprochenen Deutsch für Zielgruppen im Bereich der Germanistik und der Lehrer-Fortbildung außerhalb der deutschsprachigen Länder kaum vorhanden sind." Dabei sind solche Datenbanken gerade dort besonders wichtig, da sie in der Lage wären, „den ‚Standortnachteil' zu nivellieren [...], der im nichtdeutschsprachigen Ausland in Bezug auf das Lehren und Lernen von Interaktions- und Handlungswissen zweifellos vorhanden ist" (Costa 2008: 138). Dies gilt im Übrigen nicht nur im Ausland. Auch innerhalb Deutschlands sind Korpora der gesprochenen Sprache selten, solche die noch dazu öffentlich zugänglich sind, existieren mit einer einzigen Ausnahme praktisch nicht. Es verwundert daher nicht, dass Merkel/Schmidt (2009) in ihrem Aufsatz „Korpora gesprochener Sprache im Netz – eine Umschau" ihren Gegenstand auf „gesprochene Sprache" generell ausweiten. Von den fünf Korpora, die sie im Detail vorstellen, enthalten zwei französische Daten, eines englische, eines niederländische und eines texasdeutsche („Texas German Dialect Project"). Letzteres ist auf Grund dieser speziellen Varietät des Texasdeutschen nur für sehr spezifische Fragestellungen, nicht aber für DaF-Zwecke zu verwenden. Am Ende ihres Artikels geben Merkel/Schmidt (2009: 92–93) noch eine Aufstellung weiterer Korpora, bei der auffällt, dass – mit Ausnahme der „Datenbank Gesprochenes Deutsch" des IDS Mannheim – kein nennenswertes deutschsprachiges Korpus aufgeführt wird. Die erwähnte „Datenbank Gesprochenes Deutsch" (http://agd.ids-mannheim.de/html/dgd.shtml) ist allerdings eine positive Ausnahme: Eine öffentlich zugängliche Datenbank, in der sowohl Audiodaten gesprochener Sprache als auch Transkripte gespeichert sind. Die Verwendung dieser Daten im Lehrkontext hat seit 2008 mit dem Aufbau des „Forschungs- und Lehrkorpus gesprochenes Deutsch (FOLK)" im Rahmen der DGD eine hohe Priorität erhalten. Mit dem Angebot des IDS steht also inzwischen eine Datenbank gesprochener Sprache zur Verfügung, die bereits eine große Zahl an unterschiedlichen Gesprächsformen enthält und sich daher für den Einsatz im Unterricht gut eignet. Gut (2007: 4) führt als weitere Korpora noch das „Kiel-Korpus", die „phonDAT-Korpora des BAS" und das „Lernerkorpus LeaP" als mögliche Kandidaten für den Einsatz im Fremdsprachenunterricht an. Für die ersten beiden Korpora muss allerdings eine Nutzungsgebühr gezahlt werden, das dritte war bei einer Recherche nicht auffindbar (scheint also nicht frei recherchierbar zu sein, was auch für die von Costa 2008: 134 beschriebene Datenbank gilt). Für die übrigen, meist kleineren Datenbanken, die an deutschen Universitäten aufgebaut wurden, gilt, dass sie nicht öffentlich zugänglich sind (meist aus datenschutzrechtlichen Gründen, aber auch auf Grund des hohen finanziellen und arbeitstechnischen Aufwands, der in ihren Aufbau investiert wurde).

Um dem Mangel an speziell für den DaF-Unterricht im Ausland ausgerichteten Datenbanken für gesprochenes Deutsch Abhilfe zu schaffen, wird seit einiger Zeit mit Förderung des DAAD an der Universität Münster die Datenbank „Gesprochenes Deutsch für die Auslandsgermanistik" (http://audiolabor.uni-muenster.de/daf/) aufgebaut. Diese Datenbank steht Lehrenden in der Auslandsgermanistik kostenfrei zur Verfügung.[7] Diese Datenbank hat den Zweck, folgende Probleme in Bezug auf Datenbanken für DaF-Lehrende zu beheben:
– Viele Datenbanken sind nicht öffentlich zugänglich oder für die Benutzung wird Geld verlangt. Die Datenbank „Gesprochenes Deutsch für die Aus-

---

[7] Detaillierte Beschreibungen der Datenbank sowie Analysen und Didaktisierungsvorschläge auf der Basis der dort eingestellten Daten finden sich in folgenden Artikeln: Günthner (2010b, 2011b, d) und Imo (2011d, 2012a, i.V.).

landsgermanistik" ist über das Internet öffentlich zugänglich und es wird lediglich ein Passwort zur Registrierung verlangt, das über eine formlose E-Mail kostenfrei vergeben wird.
- Viele Datenbanken sind unübersichtlich und somit – gerade für diejenigen, die ohnehin Berührungsängste mit der gesprochenen Sprache haben – schwer zugänglich. Die Datenbank „Gesprochenes Deutsch für die Auslandsgermanistik" ist übersichtlich aufgebaut und die enthaltenen Datensätze (bestehend aus einer Audio- und einer dazugehörigen Transkriptdatei) sind immer nur wenige Minuten lang, also ideal für die Verwendung im Unterricht geeignet (vgl. zur Arbeit mit Transkripten auch Meer 2009a). Zudem sind sie unter Schlagworte wie „Verabredung treffen am Telefon", „Erklären" oder auch „Sprechen über Fußball" geordnet, so dass die Auswahl der Daten auch für ‚Anfänger' erleichtert wird:

Transkripte
- Sprechen über Fußball
  - Fußballfanartikel (» pdf | » doc | » mp3)
  - Fußballdiskussion (» pdf | » doc | » mp3)
  - Mädchen sprechen über Fußball (» pdf | » doc | » mp3)
- Lästergeschichten
  - Lästergeschichte Snobs (» pdf | » doc | » mp3)
  - Lästergeschichte Grillparty (» pdf | » doc | » mp3)
- Erlebnisgeschichten
  - Hühnergeschichte (» pdf | » doc | » mp3)
  - Allergischer Schock (» pdf | » doc | (» mp3)
  - Sushi essen (» pdf | » doc | » mp3)
  - Schnorcheln (» pdf | » doc | » mp3)
  - Tattoos (» pdf | » doc | » mp3)
  - Ausstellungsbesuch
  - Cocktailabend (»mp3)
- Rezepte austauschen / Sprechen über Lebensmittel
  - Mensaessen (» pdf | » doc | » mp3)
  - Möhren (» pdf | » doc | » mp3)

Abb. 2: Screenshot Datenbank „Gesprochenes Deutsch für die Auslandsgermanistik"

- Wenn Lehrende (noch) keine Ausbildung im Umgang mit Gesprächsdaten haben, nützt auch die beste Datenbank nichts. In der Datenbank „Gesprochenes Deutsch für die Auslandsgermanistik" werden daher einige ausgewählte Lehreinheiten bereitgestellt, die sowohl den Lehrenden eine Orientierung geben sollen als auch als Vorlagen für die Unterrichtsplanung verwendet werden können. Zudem ist das Transkriptionssystem so einfach wie möglich gehalten und es findet sich auf der Homepage ein Überblick über die verwendeten Transkriptionskonventionen.

5.3 Das Transkriptionssystem

Dass gesprochene Sprache als Lehr- und Lerngegenstand im DaF-Unterricht sinnvoll einzusetzen ist, war das Thema des vorigen Abschnittes. Ohne eine Transkription ist allerdings weder auf wissenschaftlicher noch auf didaktischer Ebene eine Beschäftigung mit den Strukturen gesprochener Sprache möglich. Mit anderen Worten: Ohne Schrift ist die Beschäftigung mit gesprochener Sprache nicht denkbar, was es nötig macht, über die verwendeten Transkriptionskonventionen genau nachzudenken, um ein unbeabsichtiges Abgleiten in einen „written language bias" zu vermeiden:

> [W]ritten language is still the medium for analyzing and representing authentic spoken language and discourse, in and through transcription. [...] It is generally agreed that transcription is a necessary step in our work with spoken data; analysis would be impracticable without it. But this only makes it crucially important to ask what the process of transcription really involves. The transcript will hardly be a simple reflection of the stream of talk-in-interaction. A written text lacks much that is present in speech. (Linell 2005: 33)

Eine der Hauptforderungen sowohl der Konversationsanalyse als auch der Interaktionalen Linguistik besteht daher darin, dass zwar Transkripte unerlässlich sind – die Daten müssen „der genauen Beobachtung zugänglich gemacht, d.h. in wiederholbarer Form dokumentiert werden" (Bergmann 1981: 18) –, dass aber darauf geachtet werden muss, dass die medial und konzeptionell mündliche (d.h. interaktionale) Struktur nicht verloren geht. Das heißt ganz besonders, dass so viele typische Phänomene der gesprochenen Sprache kodiert werden müssen wie möglich, allen voran die prosodische Struktur: Pausen, gefüllte Pausen, Akzente und Tonhöhenverläufe sind zentral für die Informationsstrukturierung in der gesprochenen Sprache sowie für die Bestimmung der Grundeinheiten wie der so genannten „turn constructional units", die nur in der Kombination aus Syntax, Semantik, Diskursfunktion und Prosodie bestimmt werden können. Um diesen Anforderungen gerecht zu werden, sind bislang bereits einige Transkriptionssysteme entwickelt worden, wie z.B. das in der amerikanischen Gesprächsanalyse weit verbreitete und von Jefferson maßgeblich entwickelte Transkriptionssystem (z.B. Jefferson 2004) sowie die „Halbinterpretativen Arbeitstranskriptionen HIAT" (Ehlich/Rehbein 1976).[8] Beide haben allerdings gewisse Probleme, da sie viel Einarbeitungszeit benötigen, damit man die Sonderzeichen und die halbphonetische Schreibweise überhaupt verstehen[9] oder das Partitursystem des HIAT entziffern kann (ganz zu schweigen davon, dass es auch für die Lehrenden kompliziert zu erstellen ist). Ein System, das seit 1998 existiert und inzwischen so erfolgreich ist, dass 2009 eine verbesserte und erweiterte neue Version bereitgestellt wurde, ist das von Selting et al. (1998; 2009) entwickelte „Gesprächsanalytische Transkriptionssystem (GAT)". Das System hat als Basiseinheit die Intonationsphrase, d.h. eine auf der Prosodie basierende Einheit. Ein Vorteil, der das GAT insbesondere auch für den Einsatz im Bereich der Didaktik prädestiniert, ist das so genannte „Zwiebelprinzip", nach dem zwischen einem extrem reduzierten Minimaltranskript über ein Basistranskript bis hin zum Feintranskript alle möglichen Zwischenstufen möglich sind, so dass je nach Schwerpunkt des Untersuchungs- oder Lehrinteresses alles, was für relevant erachtet wird, beschrieben werden kann.

Für den DaF-Unterricht ist es natürlich wichtig zu fragen, was weggelassen werden kann, ohne das Transkript so stark zu reduzieren, dass man in die Falle des „written language bias" gerät. Schwitalla/Betz (2006: 400) sehen kein Problem im Einsatz von gesprochener Sprache im Unterricht, denn „mündliche [Gespräche] könnten in einer vereinfachten Form transkribiert werden" (Schwitalla/Betz 2006: 400). Spiegel (2009: 11) schlägt hierfür eine stark reduzierte Form vor, die sie "Anschauungstranskripte" nennt. Sie "dienen dazu, Unwissenden, Kunden, Kommunikationsinteressierten Ergebnisse der Gesprächsforschung in adaptierter Form und adressatenspezifisch nahe zu bringen." Diese Art der Transkripte „enthalten nur Informationen, die für die Illustration eines kommunikativen Phänomens unabdingbar sind" (Spiegel 2009: 11). Das Ziel der Anschauungstranskripte ist zwar nachvollziehbar, allerdings sind diese stark reduzierten Transkripte eher für die Präsentation von solchen Daten geeignet, bei denen Wert nur auf größere Strukturen (z.B. inhaltliche Gesprächsabläufe) gelegt wird, nicht aber, wenn spezifisch syntaktische Muster im Fokus des Interesses liegen. Ich plädiere daher für eine vereinfachte Variante des Basistranskripts, die mehr Informationen als Spiegels (2009: 11) Anschauungstranskript

---

[8] Deutlich komplizierter wird es, wenn Interaktion multimodal analysiert werden soll, also auch Gestik, Mimik, Bewegung im Raum etc. im Fokus stehen. Für solche Analysezwecke sind entsprechend komplexe Transkriptionssysteme notwendig (vgl. Stukenbrock 2009b).
[9] Wie die folgende Transkriptzeile aus Jefferson (2004: 17) zeigt, ist mit diesem System weder leicht zu transkribieren noch sind die Transkripte leicht lesbar: „Got lo:st innit ↓e[(y'r fa:ther) °( )°".

oder das Minimaltranskript des GAT 2 (Selting et al. 2009: 359f.) enthält, aber dennoch sowohl schnell zu erstellen ist (ein wichtiges Kriterium für Lehrende) als auch genügend Informationen (v.a. im Bereich der Prosodie) enthält, so dass die Spezifik der gesprochenen Sprache erhalten bleibt. In der in Abschnitt 6 folgenden Analyse werden daher folgende Transkriptionskonventionen verwendet:

1. Jeder Sprecher erhält ein Kürzel, das nicht für jede Zeile erneut angegeben werden muss, sondern nur dann, wenn durch längere Pausen oder durch die Übernahme des Rederechts durch einen Gesprächspartner die Markierung wieder nötig geworden ist (alternativ können statt einem Kürzel auch anonymisierte Namen vergeben werden). Die Grundeinheit ist die Intonationsphrase und diese Intonationsphrasen werden fortlaufend durchnummeriert. Wenn eine Intonationsphrase sehr lang ist und nicht in eine Zeile passt, wird eine neue Zeile *ohne* eine neue Zeilennummer begonnen. Am Ende der Intonationsphrasen wird der Tonhöhenverlauf notiert, wobei fünf Zeichen verwendet werden: Ein Punkt für fallende Intonation, ein Semikolon für leicht fallende Intonation, ein Strich für gleichbleibende Intonation, ein Komma für leicht steigende und ein Fragezeichen für stark steigende Intonation. Diese Zeichen haben nichts mit Satzzeichen zu tun, sie dienen der Markierung des finalen Tonhöhenverlaufs. Es ist daher oft so, dass auf eine Frage ein Punkt oder auf eine Aussage ein Fragezeichen folgt – was zählt, ist nicht die Satzart, sondern die Intonation. Pro Intonationsphrase wird mindestens ein Hauptakzent markiert (die betonte Silbe wird groß geschrieben), nach Bedarf (allerdings sparsam) ein oder mehrere Nebenakzente (nur der Vokal in der betonten Silbe wird groß geschrieben):

```
005    R    ich hab vorhIn schonmal versucht dich zu
            erREIchen; (.)
006         da warst du nicht DA:,
007         (--)
008         [wo WARST du denn?]
009    H    [ja: ich war bis ] Eben grad unterWEGS.
010         ich war inner STADT.
011         °h jo. [hehe    ]
012    R           [SHOppen?] (.)
013    H    °hh NE:_ah ich [mUsst mein:-           ]
014    R                   <<leise> [beSORgungen machen;]>
```

2. Die Transkripte werden in Courier geschrieben, was deshalb notwendig ist, weil es sich um eine äquidistante Schrifttype handelt, die es erlaubt, Überlappungen klar zu kennzeichnen. Überlappungen werden durch eckige Klammern angezeigt, die exakt übereinander stehen müssen. Die geöffne-

ten und geschlossenen Klammern zeigen Beginn und Ende des Simultansprechens an.

```
011   H      °h jo. [hehe    ]
012   R             [SHOPpen?] (.)
```

3. Längere Pausen ab einer Sekunde werden in Zahlen angegeben (reduziert auf vier Stufen pro Sekunde: 1,0 – 0,3 – 1,7 – 2,0 – 2,3 etc.) und keinem Sprecher zugerechnet. Kürzere können, um das Transkript nicht unnötig zu verkomplizieren, an bestehende Intonationsphrasen gehängt werden. Sie werden mit (.) für sehr kurze Pausen (Mikropausen) und mit (-), (--) und (---) für Pausen mit einer Länge von ca. 0,3, 0,5 und 0,7 Sekunden angegeben. Bei den Pausenwerten handelt es sich grundsätzlich um Schätzwerte, da die gefühlte Pausenlänge oft nicht mit der tatsächlich messbaren Pausenlänge korreliert. Das hat mit dem generellen Sprechtempo zu tun: Eine Pause von einer halben Sekunde wirkt länger, wenn die SprecherInnen sehr schnell sprechen, als wenn sie sehr langsam sprechen.

```
005   R      ich hab vorhIn schonmal versucht dich zu
             erREIchen; (.)
006          da warst du nicht DA:,
007          (--)
008          [wo WARST du denn?]
```

4. Kommentare werden in doppelten Klammern geschrieben und zeigen z.B. para- und außersprachliche Handlungen an: ((L räuspert sich)). Interpretierende oder kommentierende Angaben, die sich auf eine bestimmte Dauer der Äußerungen beziehen, werden in spitzen Klammern markiert, wobei die Klammern Anfang und Ende der Reichweite anzeigen. In folgendem Auszug findet sich in Z. 184 ein Kommentar:

```
182   H      KÖNNte es sein dass es schon am ersten märz
             beginnt;
183          und DANN kann ich nIch kommen.
184          [((lacht        ))]
185   R      [ne: DAS is klAr;]
```

Wenn Wörter nicht oder kaum zu verstehen sind, werden runde Klammern ohne Inhalt verwendet (   ). Wenn die Zahl der Silben gehört werden kann, kann man die Silbenzahl in den Klammern angeben (das is (4 Silben) JOB). Wenn man eine Vermutung über die verwendeten Wörter hat, aber sich nicht sicher ist, kann man den Wortlaut in die Klammern stellen (`das is (noch n guter) JOB`) und markiert sie damit als Hypothese.

5. Gedehnte Silben werden mit Doppelpunkten (je länger, desto mehr Doppelpunkte) nach dem gedehnten Vokal (oder, seltener, Konsonant) angegeben (`NE:_jA: ich hAb so`). Bei einem Abbruch mitten im Wort durch einen Glottisverschluss, wie bei Reparaturen oft üblich, wird dies mit einem Apostroph signalisiert (`ich hA' äh ich hab`). Schnelle Anschlüsse werden mit einen Unterstrich markiert (`NE:_jA: ich hAb so`). Lachen wird entweder als silbisches Lachen möglichst nahe an den tatsächlich realisierten Silben dargestellt (`hihi`) oder, wenn ein Wort lachend ausgesprochen wird, wird dies durch in Klammern eingeschobenes *h* angezeigt (`da(h)s is no(h)och n gu(h)ter JOB`). Einatmen wird durch °hhhh, Ausatmen durch hhh° (je länger das Ausatmen, desto mehr *h*) markiert.

6 Von der Theorie zur Empirie: Sprache-in-Interaktion

> Eine interaktional linguistische Methodologie bringt eine radikale Neu-Betrachtung von Konzepten wie Kompetenz und Performanz mit sich. Anstatt Sprache als ein abstraktes System vorgegebener Einzelelemente, die zu Sätzen kombiniert und dann in der Sprache realisiert werden, zu betrachten, deuten interaktional linguistische Forschungsergebnisse darauf hin, dass Sprachformen und -strukturen eher auf eine situative, kontextgebundene Weise als aktiv (re-)produziert und den Erfordernissen der gegebenen Interaktion lokal angepasst betrachtet werden sollten. In diesem Sinne können sie so verstanden werden, dass sie natürlich während ihres Gebrauchs entstehen. (Couper-Kuhlen/Selting 2000: 90)

Bislang wurden die Besonderheiten von Sprache-in-Interaktion und vor allem die Tatsache, dass diese Besonderheiten nicht chaotisch und unreguliert auftreten, sondern strukturiert sind – nur eben strukturiert nach den Anforderungen, die die Situationsgebundenheit und der sequenzielle Aufbau (vgl. Abschnitt 3.3.2) von Sprache-in-Interaktion erfordern –, primär auf theoretischer Ebene betrachtet.

Im zweiten, empirischen Teil der Arbeit gilt es nun zu zeigen, wie die in den Abschnitten 4.1.1 bis 4.1.4 beschriebenen Phänomene der *Reflexivität*, der *Sequenzialität*, der *Zeitlichkeit*, des *gemeinsamen Hervorbringens von Struktur und Bedeutung* sowie der *Verschränkung von Äußerung und Kontext* konkret die Struktur von Sprache-in-Interaktion bestimmen und so einen Vorschlag zu liefern, wie eine Grammatik von Sprache-in-Interaktion – als Grammatik-in-Interaktion – aussehen kann.

Das Kernstück der qualitativen Analyse bildet ein privates, informelles Telefongespräch, anhand dessen gezeigt wird, welche syntaktischen Muster in welcher Weise den Prinzipien der Sequenzialität und Zeitlichkeit, des gemeinsamen Hervorbringens von Sinn und Struktur sowie der Kontextgebundenheit von Sprache geschuldet sind. Die Wahl einer medial mündlichen Interaktion ist dadurch begründet, dass in der Interaktionalen Linguistik „natürliche Alltagsgespräche" (Couper-Kuhlen/Selting 2001a: 260) als prototypische Vertreter von Sprache-in-Interaktion angesehen werden (vgl. auch die Auflistung der „prototypischen Merkmale gesprochener und geschriebener Sprache" bei Dürscheid 2006b: 24; von besonderer Bedeutung ist dabei der Verweis auf das onto- und phylogenetische Primat interaktionaler gesprochener Sprache; Dürscheid 2006b: 30).

Bei dem Telefongespräch handelt es sich um ein privates Telefongespräch zweier Freundinnen (Alter: Mitte 20), das eine Gesamtlänge von ca. 15 Minuten hat (ich danke Beate Weidner für die Bereitstellung des Telefongesprächs). Die beiden Gesprächspartnerinnen Renate und Hanna haben vor kurzem ihr Studium beendet, Hanna ist nach dem Studium von Kassel nach Bremerhaven gezogen und Renate ruft Hanna nun an, um mit ihr ein Treffen zu verabreden. Die Beschränkung auf ein Telefongespräch hat u.a. damit zu tun, dass die zu den im Text verwendeten Transkriptausschnitten gehörigen Audiodateien in verfremdeter Form auf meiner Homepage bereitgestellt werden sollen. Solche Freigaben sind von den Aufgenommenen für authentische, private Kommunikation nur sehr schwer zu erhalten. Das Transkript des Gesprächs findet sich in vollem Umfang im Anhang. Trotz der scheinbar geringen Datenmenge von nur einem Gespräch ist es nicht möglich, alle dort vorkommenden für Sprache-in-Interaktion typischen Phänomene im Rahmen dieser Arbeit zu behandeln, wie sich im Laufe der Analyse des Gesprächs herausgestellt hat. Es ist daher notwendig, eine exemplarische Auswahl von Untersuchungsbereichen zu treffen. Um einen möglichst breiten Überblick über unterschiedliche Aspekte interaktionaler Syntax liefern zu können, wurden drei Phänomenbereiche mit jeweils zunehmender Komplexität ausgewählt:

1. Als erstes wird der Gebrauch von Partikeln untersucht, die für die interaktionale Organisation von Sprache äußerst wichtige Funktionen erfüllen. Partikeln selbst könnten zwar als lexikalische Einheiten oberflächlich gesehen kontextfrei beschrieben werden. Wie die Analyse zeigen wird, führt eine solche Beschreibung aber nicht weit: Um den Gebrauch von Partikeln zu verstehen, ist die Beschreibung der syntaktischen, sequenziellen und situationsbedingten Umgebung, in der eine Partikel jeweils verwendet wird, unabdingbar. Am Beispiel der Verwendung der Partikel *ja* soll gezeigt werden, wie der Partikelgebrauch als Teil einer Grammatik-in-Interaktion beschrieben werden kann.
2. Der zweite Abschnitt beschäftigt sich mit der Einheitenfrage. Es wird sich zeigen, dass man eher von „möglichen Sätzen" (Selting 2007a: 104) ausgehen muss als von festen Satzstrukturen, wie sie in monologischer Sprachverwendung zentral sind: Inkrementstrukturen, Projektorkonstruktionen, Prozesse des „chunking" (Sinclair/Mauranen 2006), der „Zäsurierung" (Auer 2010) und der Gestalteröffnung und -schließung sind grundlegend für Grammatik-in-Interaktion.
3. Der dritte Bereich betrifft die sequenzielle und musterbezogene Organisation von Sprache-in-Interaktion. Als Beispiele für sequenziell organisierte Muster, die sich als routinierte Lösungen für interaktionale Aufgaben herausgebildet haben, werden Gesprächsanfänge und -beendigungen (sie sind zugleich wichtige Fälle von „rituellen Klammern" Goffman 1974a: 118) sowie das interaktionale Muster des Aussprechens und Annehmens bzw. Ablehnens von Vorschlägen behandelt.

6.1 Sprache-in-Interaktion und Partikelgebrauch

Auffällig ist die große Zahl an „kleinen Wörtern" (Schwitalla 2002), die in dem Telefongespräch vorkommen. Dabei handelt es sich in vielen Fällen um Partikeln wie *ja* oder *mhm*, die als Rückmeldesignale anzeigen, dass die Rezipientin einerseits akustisch versteht, was gesagt wird und andererseits auch inhaltlich keine Verständnisprobleme hat (sie wirken somit im Sinne eines *mach weiter, ich höre zu*).[1] Nicht verwunderlich ist auch die hohe Frequenz von Modalpartikeln, die in ihrer Grundfunktion, einen Verweis auf einen als bekannt suggerierten Prätext zu erzeugen und somit eine „unterstellte dialogische Sequenz" (Diewald 1999: 188) aufzubauen, unter anderem persuasiv oder höflichkeitserzeugend wirken können. Während Modalpartikeln zu einer der am besten beschriebenen Partikelklassen im Deutschen gehören, gilt dagegen für andere zahlreich vorkommende Partikeln – zum Beispiel für „Erkenntnisprozessmarker" wie *aha, oh, ah, ah ja* etc. (Imo 2009), „Vergewisserungssignale" wie *ne, oder, oder nich, weißte* etc. (Hagemann 2009; Imo 2007a) oder „Diskursmarker" wie *weil, also, obwohl* etc. (Gohl/Günthner 1999; Günthner 1999a) –, dass ihre Beschreibung bislang noch deutlich ausbaufähig ist. Für manche andere Partikelklassen liegen sogar überhaupt keine etablierten Begrifflichkeiten vor (so ließen sich z.B. in Anlehnung an den Begriff „Diskursmarker" Wörter wie *quasi, irgend-, so, oder so* etc. als „Vagheitsmarker" beschreiben). Zudem werden häufig auch Adverbien wie *dann* oder *jetzt* (vgl. Imo 2010b) wie Partikeln mit gesprächsorganisatorischen Funktionen eingesetzt.

Die stiefmütterliche Behandlung, die Partikeln in der traditionellen Syntax erfahren haben, entspricht jedoch nicht der enormen Bedeutung, die sie in interaktionaler Sprache für das Interaktionsmanagement haben: Sie dienen als Start- und Beendigungssignale für Äußerungen, Turns, Sequenzen und Gattungen, sie helfen als Kontextualisierungshinweise den RezipientInnen bei der Interpretation von Äußerungen als ironisch, ernst, höflich gemeint etc., sie zeigen den Wechsel von Interaktionsmodalitäten an und sie strukturieren Aktivitäten wie z.B. Erzählungen, Listen oder Vorschläge.

Wie die Analyse der Verwendungsweisen von *ja* zeigen wird, wurden Partikeln nicht ohne Grund lange Zeit in der Sprachwissenschaft marginalisiert: Ohne eine sequenzielle und situationale Beschreibung ist der Partikelgebrauch nicht zu analysieren, klare Kategorienbildungen sind aufgrund von multifunktional eingesetzten Partikeln nicht möglich. Gerade unter dem Aspekt der Multi-

---

[1] Vgl. Jefferson (1983) zu einer detaillierten konversationsanalytischen Studie der englischen Gesprächspartikeln *yeah* und *mm hm*.

funktionalität ist die Partikel *ja* eine besonders schwierig zu klassifizierende Partikel. Mit insgesamt 197 Fällen ist *ja* eines der häufigsten Wörter in dem Telefongespräch. Bei dem Versuch, die 197 Fälle jeweils bestimmten Wortarten zuzuordnen, tauchen zahlreiche Probleme auf, da für einige der festgestellten Verwendungsweisen noch keine oder keine fest etablierten Kategorien vorliegen und manche Partikeln auch mehreren Kategorien zugleich angehören. Im folgenden Abschnitt sollen daher jeweils Beispiele für unterschiedliche Verwendungsweisen von *ja* analysiert werden, um am Ende einen vorläufigen Kategorisierungsversuch dieser Partikelvarianten vorzunehmen. Wie die qualitative Analyse des Telefongesprächs zeigt, lassen sich mindestens die folgenden Verwendungsweisen von *ja* feststellen: 6.1.1 *ja* als Modalpartikel, 6.1.2 *ja* als Responsiv (Antwortpartikel), 6.2.3 *ja* als Hörersignal, 6.1.4 *ja* als Zögerungs- und Planungssignal bzw. Diskursmarker, 6.1.5 *ja* als Beendigungssignal, 6.1.6 *ja* als Vergewisserungssignal und 6.1.7 Kombinationen mit *ja* zu komplexen „Erkenntnisprozessmarkern" (*ah ja, ach ja, oh ja* etc.). Wie bereits erwähnt, besteht eine besondere Schwierigkeit bei der Analyse von *ja* darin, dass oft mehrere Funktionen gleichzeitig aktiviert sind (*Amalgamierung* nach Günthner 2006d und Imo 2007b bzw. *blending* nach Fauconnier 2004). Auf diese Schwierigkeiten wird am Ende dieses Abschnitts eingegangen. Zunächst sollen die eben genannten Gruppen jedoch einzeln vorgestellt werden.

6.1.1 *ja* als Modalpartikel

Die Verwendung von *ja* als Modalpartikel stellt mit Sicherheit einen der unproblematischeren Fälle von *ja* dar. Modalpartikeln werden inzwischen in jeder Referenzgrammatik erwähnt und es liegen umfangreiche Untersuchungen zu ihren formalen Ausprägungen (Distribution, Prosodie) und ihrem Gebrauch (Funktionen, Auftreten in bestimmten Textsorten und Satzmodi) vor. Konsens besteht dabei in allen Grammatiken darüber, dass das Grundmuster von Modalpartikeln so zu beschreiben ist, dass es sich um unflektierte, nicht betonbare, fakultative, nicht erfrag- und negierbare Einheiten mit Satzskopus handelt, die auf das Mittelfeld beschränkt und sehr kombinationsfreudig sind (vgl. die Aufzählung der Eigenschaften von Modalpartikeln in Thurmair 1989: 37). Auf Grund dieser Eigenschaften ist die Modalpartikel *ja* verhältnismäßig leicht von anderen Verwendungsweisen von *ja* zu unterscheiden. Noch leichter wird es dann, wenn man auch die Funktionen und die jeweiligen sequenziellen Bezüge in Betracht zieht, die Modalpartikeln auszeichnen. Was damit gemeint ist, soll an folgendem Beispiel illustriert werden, das wie alle Beispiele, soweit nicht explizit anders gekennzeichnet, aus dem Telefongespräch im Anhang stammt:

```
Beispiel 12
181   H     und eh WENN ich das krIEge,
182         KÖNNte es sein dass es schon am ersten märz beginnt;
183         und DANN kann ich nIch kommen.
184         [((lacht     ))]
185   R     [ne: DAS is klAr;]
186      →  das is ja total KURZfristig; (.)
187         wann WEIß man das dEnn.
```

Hanna und Renate sind dabei, den Besuch von Hanna bei Renate zu planen. Hanna weist darauf hin, dass sie noch keine endgültige Planung vornehmen kann, da sie gerade zwei Bewerbungen abgeschickt hat, die, wenn sie Erfolg hat, dazu führen würden, dass sie sehr kurzfristig mit der Arbeit beginnen muss („schon am ersten märz"; Z. 182). Renate signalisiert daraufhin zunächst, dass die Arbeit Vorrang hat vor dem Besuch („ne: DAS is klAr"; Z. 185) und fährt dann mit einer Bewertung und einer Frage fort. Die Bewertung „das is ja total KURZfristig" (Z. 186) enthält die Modalpartikel *ja*.

Die Grundfunktion von Modalpartikeln besteht nach Diewald (1999) darin, auf einen gemeinsamen und als bekannt vorausgesetzten Prätext zu verweisen, so dass die Äußerung mit der Modalpartikel als reaktiver Zug wahrgenommen wird. Diewald (1999: 188) fasst diesen Verweis auf Vorangegangenes als generelles Merkmal aller Modalpartikeln auf, deren „gemeinsame Basis [...] in einer relationalen Struktur [liegt], durch die die partikelhaltige Äußerung mit einer anderen, vorgegebenen Einheit verknüpft wird, sodass die partikelhaltige Äußerung als zweiter, d.h. reaktiver Gesprächszug in einer unterstellten dialogischen Sequenz erscheint." Modalpartikeln sind also interaktionserzeugende Einheiten par excellence, was ihr häufiges Auftreten in Sprache-in-Interaktion erklärt. Zu der Grundfunktion, ein dialogisches Setting aufzubauen, treten bei allen Modalpartikeln jeweils besondere Zusatzbedeutungen hinzu, die meistens als Restbedeutungen der Wörter anzusehen sind, aus denen die Modalpartikeln rekrutiert wurden. So stellt Hoffmann (2008: 194) fest, dass sich die „‚Varianten' des *ja* aus dem Responsiv" herleiten lassen, insofern *ja* in allen Verwendungsweisen „den Wissensstatus eines Gedankens als Gewissheit oder eines zu realisierenden Handlungskonzepts als Notwendigkeit" markiere. Auch Thurmair (1989: 105) geht von einer solchen These aus, wenn sie die Funktion der Modalpartikel *ja* dahingehend angibt, dass sich durch die Verwendung von *ja* „der Sprecher der für den Gesprächsverlauf notwendigen Gemeinsamkeiten versichern [kann]; Er nimmt zwar an, dass der Sachverhalt bekannt ist, erwähnt ihn aber explizit, um sicherzugehen, dass er auch dem Hörer gegenwärtig ist [...]." Das vorliegende Beispiel ist ein guter Beleg für diese Funktion der Modalpartikel *ja*: Renate geht davon aus, dass auch Hanna den Zeitpunkt als kurzfristig ansieht (worauf Hannas „schon" in Z. 182 ebenfalls hindeutet) und markiert damit ihre Bewertung als für den weiteren Interaktionsverlauf unstrittig und auch nicht von Hanna notwendigerweise weiter zu kommentieren. Die Modalpartikel reduziert somit die Verpflichtung zur Reaktion, die bei Bewertungen meist vorhanden ist (auf eine erste folgt eine zweite Bewertung; vgl. Auer/Uhmann 1982 und Pomerantz 1984). Sie kann also mit Stivers/Rossano (2010a, b) als eine Strategie angesehen werden, die Reaktionsverpflichtung zu reduzieren, v.a. im Sinne einer graduellen Abstufung der „response relevance" nach Stivers/Rossano (2010b: 28).

Interessant ist, dass in dem Telefongespräch *ja* zwar sehr häufig als Modalpartikel vorkommt – insgesamt 34-mal –, aber kein Fall einer äußerungsfinalen Modalpartikel *ja* zu finden war (vgl. auch die quantitative Untersuchung der Modalpartikel *ja* in der gesprochenen Sprache von Meer 2012, in deren Korpus ebenfalls keine solchen Muster auftreten). Damit scheint sich *ja* von anderen Modalpartikeln wie z.B. *halt* zu unterscheiden. *Halt* kommt in der gesprochenen Sprache immer wieder im Vor- und Nachfeld von Sätzen vor (vgl. Imo 2008), *ja* dagegen nicht. Ein Grund dafür könnte sein, dass *ja* zwar am Satzrand sehr häufig auftaucht –, allerdings stets in anderen Funktionen als der einer Modalpartikel, nämlich als Diskursmarker oder Zögerungssignal am Äußerungsanfang (6.1.4) und als eine Art Beendigungssignal (6.1.5) und manchmal auch als Vergewisserungssignal (6.1.6) am Äußerungsende. Die Modalpartikel *halt* dagegen hat keine homonymen Dubletten, die Verwechslungsgefahr mit der Imperativform des Verbs *halten* ist gering, weshalb die Modalpartikel *halt* entsprechend freier distribuiert werden kann. Eine systematische Untersuchung der Häufigkeit und Verteilung von Modalpartikeln vor allem im Nachfeld steht allerdings noch aus.

6.1.2 *ja* als Responsiv

Der Begriff *Responsiv* wird hier für die Bezeichnung der Verwendungsweisen von *ja* gewählt, in denen *ja* sequenziell affirmierend auf eine Vorgängeräußerung reagiert. Dabei kann es sich um eine positive Antwort auf eine Entscheidungsfrage, einen positiven Bescheid auf eine Vermutung oder Hypothese, eine Ratifizierung eines Vorschlags u.v.m. handeln. Als Prototyp ist dabei die positive Antwort auf eine Entscheidungsfrage anzusehen, weshalb in der Duden-Grammatik (2009: 596) *ja* als „Antwortpartikel" bezeichnet wird. Problematisch dabei ist aber, dass *ja* eben nicht nur als Antwort, sondern auch beispielsweise zur Bestätigung einer Vermutung oder Akzeptanz eines Vorschlags eingesetzt werden kann. Aufgrund des in einer solchen Verwendungsweise eher generell affirmierenden Charakters spricht Weinrich (2005: 863) von dem „Affirmations-

Morphem" *ja*, dessen Kernbedeutung er mit „Zuspruch" angibt. Gegen diesen Terminus spricht, dass die Unterscheidung extrem kleinteilig ist und neben dem „Affirmationsmorphem *ja*" u.a. auch das „Affirmationsmorphem *doch*" (Weinrich 2005: 864) und das „Negationsmorphem *nein*" (Weinrich 2005: 865) stehen. In der Grammatik der deutschen Sprache (Zifonun et al. 1997: 372) wird als Oberbegriff für diese Formen die Bezeichnung „Responsive" vorgeschlagen, die dadurch definiert sind, dass sie „auf den Dikta von Vorgängeräußerungen" operieren (vgl. speziell zu *ja* auch Hoffmann 2008). Im Folgenden werde ich den angemesseneren Begriff *Responsiv* zur Bezeichnung dieses Typs von *ja* verwenden.

i. *ja* als Responsiv innerhalb einer Paarsequenz: Der einfachste Fall eines Responsivs ist der, den Hoffmann (2008: 216) in der folgenden recht komplizierten Art und Weise beschreibt: „Das *ja* realisiert eine genuin operative Prozedur und kennzeichnet auf der Basis einer spezifischen Wissensabfrage den Wissensstatus eines Gedankens als Gewissheit oder eines zu realisierenden Handlungskonzepts als Notwendigkeit." Im Falle einer Frage-Antwort-Sequenz heißt das nichts anderes, als dass mit *ja* auf eine Entscheidungsfrage reagiert wird und die Sequenz dadurch beendet wird:

```
Beispiel 13
265    H       Ich hehe (.) rufen mich jetzt äh (.) immer DANN an
               wenn sie;
266            (.) so famIlienfeindliche (.) terMIne quasi haben ne,
267    R       AH ja.
268    H       wo kEIner von den andern °hhh [wirklich] HIN will;
269    R                                     [klar.   ]
270    R       ja;
271    H       und das krieg ICH da(h)ann natürlich. (.)
272    R   →   und finds des oKAY:,
273    H       ne? (.)
274        →   ja.
275            (--)
276    H       ich bin ja °hh frei EINsetzbar.
```

Hanna berichtet von ihrer Arbeit bei der Zeitung und davon, dass sie immer die „familienfeindlichen" Termine (Z. 266) wahrnehmen muss, die die anderen Mitarbeiter an sie weitergeben. Renate fragt daraufhin nach, ob Hanna das gut findet („und finds des oKAY:"; Z. 272) und eröffnet so einen ersten Paarteil einer Frage-Antwort-Paarsequenz, die als Entscheidungsfrage als minimalen zweiten

Teil eines der Responsive *ja* oder *nein* erwartbar macht.[2] Hanna produziert zunächst das Vergewisserungssignal „ne?" (Z. 273), das als Fortsetzung ihrer beitragsbildenden Einheit aus Z. 271 gewertet werden kann und antwortet dann auf Renates Frage mit „ja" (Z. 274) und der Begründung, warum sie kein Problem damit hat, diese Termine wahrzunehmen (Z. 276). Hier liegt also eine klare zweiteilige Struktur vor, bei der *ja* den zweiten, responsiven Teil darstellt und als Antwort auf eine Frage dient.

Doch auch dann, wenn der Status des ersten Teils weniger klar ist als bei einer Frage, ist der Status des Responsiv-*ja* meist unproblematisch zu erkennen. Im folgenden Fall handelt es sich bei dem ersten Paarteil nicht um eine Frage, sondern um einen Vorschlag, auf den mit *ja* reagiert wird:[3]

```
Beispiel 14
100    R  →   ich wollte dich EIgentlich mal frAgen äh (.) ob du
              nicht mal wieder lUst hast nach KASsel zu kommen;
101           (.)
102    H  →   JA::: [totAl gErne.        ]
103    R            [(also) ob du was ge]PLANT hast so (.) in den
              [nächsten paar wOchen;]
104    H      [°h äh:m              ] ich HAB (.) das sogar son
              bisschen geplAnt,
```

Renate formuliert auf indirekte Weise (d.h. im Sinne einer Höflichkeitsstrategie) eine Einladung an Hanna, indem sie fragt, ob Hanna „nicht mal wieder lUst" (Z. 100) habe, sie in Kassel zu besuchen. Hanna reagiert allerdings nicht auf die Frage, ob sie Lust habe. Die Antwort „totAl gErne" (Z. 102) würde als Antwort auf die eigentliche Frage nicht funktionieren (*?Ich habe total gerne Lust, nach Kassel zu kommen*). Mit „JA::: totAl gErne" nimmt sie vielmehr die in die Frage eingebettete *Einladung* an: *Ich würde total gerne nach Kassel kommen*. Auch hier liegt eine sequenzielle Struktur vor, in der das Responsiv *ja* als positiver Bescheid auf eine Vorgängerhandlung angesehen wird. Nach „JA::: totAl gErne" beginnen Renate und Hanna, einen konkreten Besuchstermin von Hanna auszuhandeln.

Neben mehr oder weniger eindeutig über die sprachliche Form und ihren Aufbau als Nachbarschaftspaare erkennbaren Fragen, Vorschlägen, Einladungen und ähnlichen Handlungen können auch implizite Handlungen durch *ja* ratifiziert werden, bei denen die Kenntnis der größeren sequenziellen Abfolge

---

[2] Umfangreichere Antworten sowie Erläuterungen sind natürlich auch möglich, wenn die Antwort zum Beispiel zwischen *ja* und *nein* liegt. Auch wenn mit *jein* geantwortet wird, folgt darauf normalerweise eine Erläuterung, warum keine der polaren Antworten möglich war (vgl. ausführlich zu *jein* Bücker i.V.).
[3] Vgl. auch Kress (2011), die die Partikel *ja* als „Resonanz auf eine Bewertung" analysiert.

notwendig ist, um die Funktion von *ja* deuten zu können. Nachdem Renate Hanna gefragt hatte, ob sie sie demnächst in Kassel besuchen will, sagt Hanna, dass ihre Eltern in Kürze in Urlaub fahren werden und sie in dieser Zeit dann nach Kassel kommen möchte. Renate wundert sich darüber, dass Hanna nicht während der Abwesenheit der Eltern auf das Haus aufpassen muss. Es entwickelt sich ein thematischer Exkurs, in dem diese Frage geklärt wird:

```
Beispiel 15
138   H       [wir können ja] n HAUSsitter (.) bUchen [hier;]
139   R       [(           )]                         [ja::;]
140   H       IRgendwo; ((lacht))
141           [ne: hier] und hier im Obergeschoss sind ja auch die
142   R       [ähm;    ]
      H       bEIden stuDENtenweges drin,
143           das HDIST,
144   R       [AH ja mhm-]
145   H       [des äh (.)] Oben läuft das dann sOwieso.
146   R   →   oKAY;
147   H   →   ja.
148   R       <<leise> gut-> (.)
149           °h ja das wÄr ja COOL;
150           dann wÄrst du ja ne ganze WOche da. (.)
151   H       °h [ja: (.) und-    ]
152   R          [dann: eh kÖnnen] wir dich ja einfach unter uns
              AUFteilen.
```

Mit der Feststellung „des äh (.) Oben läuft das dann sOwieso" (Z. 145) schließt Hanna inhaltlich die Sequenz ab, in der über die Frage gesprochen wurde, wer das Haus von Hannas Eltern während deren Abwesenheit hütet. Die fallende Tonhöhe am Einheitenende signalisiert ebenfalls Abgeschlossenheit. Ein Ausstieg aus einer Sequenz erfolgt typischerweise dadurch, dass ein Thema gemeinsam als beendigt ratifiziert wird. Gülich/Mondada (2008: 96) sehen im Bereich der Themenorganisation das kollaborative Strukturieren der Sequenzen als zentrale Aufgabe an, die die Gesprächspartner zu lösen haben. Dabei kommen neben prosodischen Verfahren, festen Floskeln und strukturierenden Metakommentaren vor allem auch Gliederungssignale zum Einsatz: „Sollte ein Gesprächsthema gewechselt werden, werden Regeln befolgt, um den Übergang von einem Gesprächsthema zum anderen glatt zu gestalten." (Goffman 1986b: 42; vgl. auch Gülich/Mondada 2008: 96 speziell zu Gliederungssignalen in diesem Kontext) Im vorliegenden Fall geschieht das Angebot zum Ausstieg aus der Nebensequenz (und somit der Themenwechsel) durch Renates „oKAY". Fischer (2006: 357) stellt für *okay* (in Anlehnung an Grosz 1982) unter anderem die Funktion fest, „die erfolgreiche Erledigung der eingeforderten Handlung zu signalisieren". Renate zeigt durch „oKAY" an, dass ihre Hintergrundfragen geklärt sind und eine Rückkehr zum Hauptthema daher möglich ist. Hanna wiederum ratifiziert dieses Ausstiegsangebot durch „ja" (Z. 147), mit dem sie somit die implizite Frage, die Sequenz zu beenden, positiv beantwortet.[4] Daraufhin bestätigt Renate durch „gut" (Z. 148) ein zweites Mal den Ausstieg und springt mit ihrer positiven Bewertung „das wÄr ja COOL" (Z. 149) zurück zu der Vorschlagssequenz und setzt diese dann mit der Planung der Übernachtung von Hanna fort (Z. 150f.).[5]

Auch diese Art von Responsiven zeichnet also die Grundstruktur aus, dass auf eine Handlung affirmierend reagiert wird, wobei diese Handlung jedoch implizit realisiert wird.

In den nächsten Abschnitten sollen bei den Responsiven nun einige besondere Fälle diskutiert werden, nämlich zum einen die in dem Telefongespräch mehrfach vorkommende Kombination aus *nein* und *ja* (ii), dann Formen der Verstärkung (iii) und der Abschwächung (iv) des Responsivs *ja* und zuletzt die Funktion der besonderen Form *jawohl* (v).

ii. Kombinationen der Responsive *nein* und *ja*: Gelegentlich finden sich scheinbar paradoxe Kombinationen der Responsive *ja* und *nein*. In Z. 15 aus Beispiel 16 reagiert Hanna auf einen Antwortvorschlag von Renate mit der Kombination aus *nein* („NE:") und *ja* („jA:"):

```
Beispiel 16
008    R      [wo WARST du denn?]
009    H      [ja: ich war bis   ] Eben grad unterWEGS.
010           ich war inner STADT.
011           °h jo. [hehe       ]
012    R             [SHOPpen?] (.)
013    H      °hh NE:_ah ich [mUsst mein:-            ]
014    R                     <<leise> [beSORgungen machen;]>
015    H   →  NE:_jA: ich hAb so- (.)
016           ich hAb meinen NEUen-
017           ich hab n neuen persoNALausweis äh beAn[tragt;]
018    R                                            [aHA.  ]
019    H      und musste den ABholen und; °h
020           ich musste zur BA:NK; (.)
021    R                   [ja.]
022           und (.) [zur] apoTHEke;
023           und BLA.
```

Renate hatte mehrfach versucht, Hanna am Telefon zu erreichen und fragt, was Hanna währenddessen gemacht hat. In Z. 012 liefert Renate selbst eine erste

---

[4] Der Übergang von einem Responsiv zu einem Beendigungssignal (6.1.5) ist allerdings fließend.
[5] Das „ja" zu Beginn der Äußerung („°h ja das wÄr ja COOL") trägt nichts im engeren Sinne zu der Bewertung bei, es handelt sich um einen typischen Diskursmarker.

mögliche Antwort („SHOPpen?"), die von Hanna mit „NE:" (Z. 013) zurückgewiesen wird. Hanna setzt daraufhin mit einer Antwort an, während Renate in Überlappung eine zweite mögliche Antwort vorschlägt („beSORgungen machen;"; Z. 014).

Auf diesen Antwortvorschlag reagiert Hanna mit einer Kombination aus den Partikeln „NE:" und „jA", die beide akzentuiert sind und prosodisch eng aneinander angebunden realisiert werden (was im Transkript durch den Unterstrich markiert wird). Bei „NE:_jA:" handelt es sich um eine Strategie, mit der gleichzeitig ein Vorschlag zurückgewiesen und angenommen werden kann: Die Tätigkeitsbeschreibung „beSORgungen machen" trifft zwar durchaus als grobe Beschreibung für die Tätigkeit Hannas zu, da sie aber bereits mit einem viel detaillierteren Erzählplan („ich mUsst mein:"; Z. 013) gestartet war und mit dieser Erzählung auch fortfahren möchte (wie man in den folgenden Zeilen 017–022 sehen kann), kann sie Renates Variante nicht einfach bestätigen – ein einfaches *ja* würde implizieren, dass Renates Beschreibung akzeptiert wird und die Detaillierungsphase der Erzählung erneut initiiert werden müsste.

Diese Art der Verwendung der beiden Responsive hat eine gewisse Ähnlichkeit mit der Verwendung von *ja* und *nein* als Antworten auf negierte Fragen. Negierte Fragen stellen SprecherInnen immer wieder vor das Problem, ob sie mit *ja* oder *nein* darauf antworten sollen. Auf eine Frage wie *Warst du nicht zufrieden?* kann man mit sowohl mit *nein* als auch mit *ja* antworten, wie Hentschel (1986) zeigt.[6] Im ersten Fall reagiert man auf den *Inhalt* der Frage (*Nein, ich war nicht zufrieden.*), im zweiten Fall auf die *metakommunikative Ebene* (*Ja, du hast Recht, ich war nicht zufrieden.*):

> Man kann die spezielle Bedeutung negierter Fragen erfassen, wenn man die Einschätzung von *nicht* als ‚modales' oder ‚metakommunikatives' Element ernst nimmt und zwei Kommunikationsebenen annimmt, auf denen die Äußerung in unterschiedlicher Weise wirksam wird:
> - erstens die primäre Ebene, die Ebene der wörtlichen und ontischen Bedeutung des Satzes;
> - zweitens die metakommunikative Ebene, auf der die Äußerungen der primären Ebene kommentiert werden. (Hentschel 1986: 79)

Ähnlich kann auch die Responsiv-Kombination im eben analysierten Beispiel betrachtet werden: Mit dem Responsiv *nein* weist Hanna auf metakommunikativer Ebene die Aktivität Renates zurück, lehnt also ihren Antwortvorschlag ab

---

6 Zifonun et al. (1997: 112) konstatieren allerdings die negierte Antwort als die unmarkierte Strategie: „Einer negierten Frage entspricht [...] eine negierte Antwort als Wahl der präferierten Version. [...] Eine Antwort gegen die Präferenz wird bei negierter Frage mit der Verwendung von *doch* als Responsiv markiert."

und zeigt damit an, dass dieser interaktional von ihr nicht weiterbearbeitet wird (und auch das Potenzial nicht wahrgenommen wird, durch die Ratifizierung von „beSORgungen machen" aus der Sequenz auszusteigen), während mit dem Responsiv *ja* der propositionale Gehalt der vorgeschlagenen Antwort bestätigt wird, also angezeigt wird, dass der Inhalt nicht zurückgewiesen wird. Um einen ähnlich gelagerten Fall eines Changierens zwischen *ja* und *nein* handelt es sich bei dem von Bücker (i.V.) beschriebenen Portmanteau-Responsiv *jein*. Anders als bei der hier diskutierten Kombination aus *nein* und *ja* wird mit *jein* jedoch typischerweise mit *beiden* Responsiv-Bestandteilen auf den Inhalt einer Äußerung reagiert. *Jein* zeigt dabei an, dass eine Antwort komplex ausfallen wird, also weder eine einfache Affirmation noch eine einfache Negation gegeben werden kann. *Jein* hat allerdings eine deutlich metakommunikative Komponente, da auf *jein* typischerweise eine detaillierende Sequenz folgt, in der der Sprecher den Grund für sein Oszillieren zwischen positivem und negativem Responsiv erläutert. *Jein* hat somit eine stark projizierende Kraft, die es in die Nähe zu einem Diskursmarker (vgl. Abschnitt 6.1.4) rückt.

iii. Formen der Verstärkung des Responsivs *ja*: Als eine auffällige Tendenz zeigt sich in dem untersuchten Telefongespräch, dass eine Präferenz dafür besteht, bei positiver Affirmation das Responsiv *ja* entweder durch prosodische Mittel, wie z.B. die Akzentuierung oder die Dehnung des Vokals (vgl. das „JA:::" aus Beispiel 15) oder durch zusätzliche verstärkende Ausdrücke wie *klar* oder *genau* auszubauen oder sogar nur mit diesen Ausdrücken zu antworten. So findet sich beispielsweise *genau* allein insgesamt siebenmal als positives Responsiv, die Floskeln *alles klar/das ist klar/klar* fünfmal und *(das) stimmt* zweimal. Die Responsiv-Kombination *ja genau* wiederum kommt fünfmal vor, *ja klar* zweimal und *ja (das) stimmt* ebenfalls zweimal. Die folgenden Transkriptausschnitte illustrieren die Verwendungsweisen unterschiedlicher Responsivkombinationen:

```
Beispiel 17
040    R      hAst du [n hübsches FOto drauf?]
041    H              [°hhhh ja ich HATte den] ja äh-
042           °hh bei meinem UMzug lEtzte ähm; (.)
043           LETZten herbst hab ich den ja verlOrn; (.)
044           oder [letzten] SOMmer.
045    R           [wie;   ]
046           du hAst (.) [den] (.) einfach nicht mehr geHABT
              danAch?
047    H                  [ja;]
048      →    <<lachend> ja> geNAU;
049           ich HAB beim, (.)
050           kurz vorm Umzug irgendwann fEstgestellt dass der WEG
              is,
```

```
Beispiel 18
626   H      NE: aber ich mEIn,(.)
627          ne, (.)
628          weil ich EInfach hier noch keine konTAKte hab
             [und deshalb;] (.)
629   R  →   [ja: KLA:R;       ]
630   H      [mich nich (.)] wirklich mit FREUNden
631   R  →   [das STIMMT;   ]
      H      verab[rede und so ne,]
632   R  →        [ja, das STIMMT;]
633          aber ich SAG ja [wenn du Erstmal wieder] was
             Arbeitest,
634   H                      [(                    )]
635   R      dann wIrd (.) wErden auch wieder ANdere zei(h)eiten
             kommen;

Beispiel 19
369   H      NE und das (.) also das t' mAcht mir unheimlich spAß,
370   R  →   [ja GLAUB ich;  ]
371   H      [das LIEGT mir-]
372          (---)
373   H      jo: und ICH (.) ähm- °hh
```

In Beispiel 17 reagiert Hanna auf Renates durch den steigenden Tonhöhenverlauf als Frage markierte Feststellung „du hAst (.) den (.) einfach nicht mehr geHABT danAch?" (Z. 046) mit „ja geNAU". Eine solche Kombination aus Feststellung und Frage wird von Spranz-Fogasy (2010: 51) als „Deklarativsatzfrage" bezeichnet, die sich funktional dadurch auszeichnet, dass die „Zustimmungsfunktion" im Vergleich zu einer Verberstfrage oder einer Entscheidungsfrage „noch stärker ausgeprägt" ist. Das Nachbarschaftspaar *Frage-Antwort* wird hier durch die Responsivkombination *ja genau* als zweiter Teil komplettiert.

Kurz bevor der Ausschnitt von Beispiel 18 einsetzt, sagte Hanna Renate, dass die zahlreichen freien Wochenenden für sie nicht immer schön seien. Renate weist diese negative Bewertung freier Wochenenden zunächst emphatisch zurück, da sie denkt, Hanna beklage sich darüber, dass sie noch keine Arbeit gefunden hat. Im weiteren Verlauf stellt sich dann aber heraus, dass Hanna die freien Wochenenden deshalb nicht schön findet, weil sie in Bremerhaven, wohin sie erst vor kurzem gezogen ist, noch keine Freunde hat (Z. 628 und 630). Dieser Grund wird von Renate in Z. 629 durch „ja KLA:R" und in Z. 631 durch „das STIMMT" sowie „ja, das STIMMT" (Z. 632) als triftiges Argument anerkannt. Renate revidiert damit ihre frühere Position, dass freie Wochenenden nicht schlimm seien.

In Beispiel 19 berichtet Hanna von ihrer Arbeit als freier Mitarbeiterin bei der Bremerhavener Zeitung und sagt, dass ihr die Arbeit „unheimlich spAß" (Z. 369) mache. Diese Information wird von Renate mit der bestätigenden Rückmeldung „ja GLAUB ich" (Z. 370) quittiert, die in Verbspitzenstellung („uneigentliche Verbspitzenstellung" mit floskelhaftem Charakter nach Auer 1993: 200f.) produziert wird.

In allen drei Beispielen erzeugt die Kombination des Responsivs *ja* mit einer weiteren positiven und bestätigenden Einheit eine verstärkende Wirkung der Antwort: Mit *genau* wird im ersten Beispiel Renates Feststellung emphatisch bestätigt. Die Formen *ja klar* und *ja das stimmt* sind als verstärkende Floskeln im zweiten Auszug notwendig, da Renate hier ihre vorherige Meinung revidiert und nun Hannas Argumentation akzeptiert. Im dritten Fall wiederum würde durch die minimale Hörerrückmeldung *ja* nach Hennig (2003: 84) lediglich „der Hörer Bestätigung" signalisieren und „dem Sprecher mit[teilen], dass die Erzeugung eines gemeinsamen Kontextes für Meinen und Verstehen gelungen ist". Die auf *ja* folgende Floskel „GLAUB ich" leistet eine positive Verstärkung dieser Bestätigung. Dadurch wird das bloße Signalisieren von Verstehen um eine Kundgabe des „Einfühlens" in die Situation der Gesprächspartnerin, d.h. eine Alignierung der Situationswahrnehmung und -bewertung, erweitert (vgl. Kupetz i.V.).

Für alle hier vorgestellten Fälle gilt, dass das Responsiv *ja* allein eher unmarkiert ist und auf Grund seiner Verwendung unter anderem auch als reines Hörersignal (6.1.3), als Diskursmarker (6.1.4) und als Beendigungssignal (6.1.5) eine eher schwach affirmierende Wirkung hat. Will ein Sprecher oder eine Sprecherin Involviertheit ausdrücken oder anzeigen, dass ein Argument rückhaltlos akzeptiert wurde, so sind Aufwertungen durch zusätzliche affirmierende Wörter oder Floskeln oder durch prosodische Mittel notwendig.

iv. Formen der Abschwächung des Responsivs *ja*: Während die emphatische Verstärkung des Responsivs *ja* sowohl prosodisch als auch lexikalisch durch eine Responsiv-Kombination geleistet wird, erfolgt eine Abschwächung bevorzugt durch phonologische oder prosodische Mittel. Die folgenden Transkriptauszüge illustrieren unterschiedliche phonologische Varianten von *ja*, mit denen der affirmierende Charakter dieses Responsivs herabgestuft werden kann:

```
Beispiel 20
027   R       [da muss man Immer] acht EUro zahlen oder sO was;
028   H       [°hhhhhh     ja.  ]
029   R       [ne, ]
030   H       [°hhh] [ÄH:M:::;              ]
031   R              [rElativ UNverschämt.]
032                  (--)
033   H    →  mjOA ich hab totAl verGESsen wieviel ich bezAhlt
             habe,
034          das WAR jetzt schon;
035          JA- (.)
036          IRgendwie; (.)
```

```
037            ACHT fünfzehn-
038            IRgendwas in der rIchtung ja.

Beispiel 21
352    R       besser als über irgendwelche loKALereignisse zu
               schreiben;
353            (--)
354    R       finde ICH [also so: so:- ]
355    H  →              [JA. (.) JAja; ]
356            obWOHL; (.)
357            hier im TAUbenzüchterverein;
358            wo dus grad SAGST,
359            gabs GRAD n skandAl. ((lacht))
360    R       aHA, (.)
361    H       MENSCH.

Beispiel 22
613    H       bei mIr sind so ungefähr noch ALle frei,
614    R       <<leise> oKAY;>
615            is doch schön für <DICH; <lachend>>
616    H       JA; (.)
617            ALso; (.)
618    R       [ja;]
619    H       [ja;]
620    R       [ich hab jetzt grAd meinen kaLENder nich] da,
621    H       [ja oder auch NICH; (.) hehehe            ]
622    R  →    JOjo;
623            och KOMM,
624            es wIrd auch wieder ANdere zeiten geben hAnna-
625            also von DAher,
```

Vor dem Einsetzen des Transkriptausschnitts in Beispiel 20 erzählt Hanna Renate, dass sie ihren Personalausweis beim Bürgerbüro abholen musste. Renate antwortet darauf, dass man dafür „Immer acht EUro zahlen" (Z. 027) müsse und bewertet diesen Unkostenbeitrag in Z. 031 mit „rElativ UNverschämt". Nach einer Pause von einer halben Sekunde, die als typisches Vorlaufelement dafür gedeutet werden kann, dass eine nicht-übereinstimmende zweite Bewertung folgt (vgl. Auer/Uhmann 1982), reagiert Hanna mit „mjOA" auf Renates Bewertung. Die phonologische Form deutet an, dass sie nicht ‚aus vollem Herzen' der Bewertung zustimmt. Umgekehrt weist sie die Bewertung aber auch nicht mit einem ebenso eindeutigen *nein* zurück, was gesichtsbedrohend wirken und dem interaktional sehr stabilen Muster von Bewertungen (Auer/Uhmann 1982, Pomerantz 1984) entgegenlaufen würde. Möchte man auf eine Bewertung eines Gesprächspartners oder einer Gesprächspartnerin eine nicht gleichlaufende Gegenbewertung äußern, so kündigt man dies zunächst durch so genannte *Vorlaufelemente* an, zu denen auch die Pause in Z. 032 zählt. Mit „mjOA" kann Hanna signalisieren, dass ihre Folgeäußerung eine dispräferierte zweite Bewertung enthalten wird, ohne dabei Gefahr zu laufen, als unhöflich zu gelten. Eine zweite Strategie, der Gesichtsbedrohung durch nicht gleichlaufende zweite Bewertungen zu entgehen, besteht darin, die Gegenbewertung hinauszuzögern. In der durch „mjOA" projizierten Folgeäußerung liefert Hanna dann auch keine Bewertung, sondern sie gibt zusätzliche Informationen, mit deren Hilfe es Renate möglich ist, Hannas skeptische Einschätzung nachzuvollziehen. Hanna macht deutlich, dass sie bereits vergessen hat, wie viel sie bezahlt hat und die Vagheitsmarker „IRgendwie" und „IRgendwas" (Z. 036 und 038) geben zusätzliche Hinweise darauf, dass Hanna die Kosten nicht hoch genug einschätzt, um sie als „rElativ UNverschämt" bewerten zu wollen. Ihre nicht gleichlaufende Gegenbewertung wird dadurch implizit und auf diese Weise für Renate gesichtswahrend transportiert.

Im zweiten Beispiel findet sich statt der Änderung der phonologischen Form eine Reduplikation (*jaja*) mit einer bestimmten prosodischen Realisierung. Hanna und Renate unterhalten sich gerade darüber, dass Hanna vor allem dafür zuständig ist, für die Zeitung Konzertkritiken zu schreiben. Renate meint zunächst, dass das Konzerterlebnis dadurch etwas getrübt werde, dass Hanna sich die ganze Zeit Notizen machen müsse und das Konzert daher nicht unbeschwert genießen könne, schließt dann aber mit der positiven Bewertung „besser als über irgendwelche loKALereignisse zu schreiben" (Z. 352). Auch hier stimmt Hanna nicht sofort zu, nach einer Pause von einer halben Sekunde modalisiert Renate ihre Bewertung durch einen expliziten Verweis auf ihre subjektive Einstellung („finde ICH also"; Z. 354), und erst darauf reagiert Hanna zunächst mit dem Responsiv „JA", gefolgt von der Reduplikationsform „JAja;". Das „JAja" wird dabei als ein „final dip" *jaja* realisiert, bei dem die Tonhöhe auf dem zweiten *ja* fällt. Diese Art von *jaja* wird nach Barth-Weingarten (2011: 325–331), dazu eingesetzt, einen prinzipiellen Gleichlauf mit einer Einschätzung oder Bewertung eines Gegenübers anzuzeigen und zugleich auf eine sequenzielle Fortführung hinzuweisen. Dadurch wird die Vorgängeräußerung als weniger relevant herabgestuft. Insofern eignet sich *jaja* mit fallender Tonhöhe auch dazu, bei einer Nicht-Übereinstimmung mit einer Bewertung eine Gegenbewertung implizit anzuzeigen, ohne einen expliziten Widerspruch äußern zu müssen: In der Folge leitet Hanna dann mit „obWOHL" (Z. 356) auch tatsächlich diesen Widerspruch ein und berichtet von dem Taubenzüchterverein, bei dem es einen Skandal gab – und der somit als Gegenbeleg zu Renates negativer Bewertung von Lokalereignissen dient.

Eine Kombination aus Reduplikation und Veränderung der phonologischen Form findet sich im dritten Beispiel. Hanna und Renate versuchen, einen gemeinsamen Termin für ein Treffen zu finden. Nachdem Renate in Z. 615 eine positive Bewertung von Hannas Äußerung geliefert hat, dass bei ihr „so ungefähr noch ALle" (Z. 613) Wochenenden frei seien, widerspricht Hanna in Z. 621

dieser Bewertung durch „ja oder auch NICH". Mit dem abwiegelnden „JOjo;" (Z. 622) signalisiert Renate daraufhin, dass sie die Klage Hannas nicht nachvollziehen kann. Golato/Faygal (2008) stellen fest, dass die Form *jaja*, die auf der ersten Silbe einen Tonhöhensprung aufweist, systematisch dazu verwendet wird, anzuzeigen, dass „a coparticipant has proceeded too long in a specific course of action that should now be properly stopped" (Golato/Faygal 2008: 265). Generell kann man davon sprechen, dass Dissens oder zumindest Disaffiliierung angezeigt wird. Im vorliegenden Fall geht es nicht darum, dass Renate andeutet, dass Hanna zu lange redet, sondern dass sie Hannas negative Bewertung nicht teilt. Dieser Aspekt wird vor allem durch die phonologische Realisierung (*jojo* statt *jaja*) angezeigt. Dass der Laut /o/ und seine Varianten – selbstverständlich immer nur in entsprechenden Kontexten – tatsächlich zur Kodierung einer Aktivität des „Nicht-Ernstnehmens" oder „Abwiegelns" verwendet wird, zeigt auch das folgende „och KOMM" (Z. 623): Auch dort wird statt *ach* die Form *och* verwendet, *och* transportiert im Gegensatz zu *ach* Aspekte des „Nicht-Ernstnehmens" bzw. der Implikatur, dass es schon nicht so schlimm sei. Die Floskeln (*jojo* und *och komm*) werden von Renate zur Reparatureinleitung verwendet. Die Reparatur zielt auf die von Renate als unangemessen wahrgenommene negative Bewertung der freien Zeit durch Hanna ab. In Z. 624 begründet Renate diese Reparatur: Der von Hanna beklagte Zustand wird nur von kurzer Dauer sein und stellt somit keinen akzeptablen Grund dar, sich darüber zu beklagen.

Die prosodische und phonologische Realisierung von *ja* ist also vor allem dann von besonderer Bedeutung, wenn der Sprecher oder die Sprecherin zwar den Höflichkeitskonventionen (z.B. im Kontext von Bewertungen, aber auch beim Widersprechen generell) genüge tun will, dennoch aber Nichtübereinstimmung markieren möchte.

v. Das Responsiv *jawohl*: Eine besondere und in diesem Gesprächstyp eher unerwartete Variante des Responsivs *ja* findet sich mit *jawohl* am Ende des Telefongesprächs.

```
Beispiel 23
664    R      GUT ich muss jetzt auch mal eine runde
              wEIterarbeiten,
665           (--)
666    H  →   ja[WOHL,]
667    R        [ähm; ](.)
668           aber dann sprEchen wir uns (.) wIeder würd ich SAgen,
669           (--)
670    H      [ja.]
671    R      [MEL]den wir uns gegensEItig,
```

Die Form *jawohl* ist in der heutigen Alltagssprache als veraltet zu bezeichnen. Die aktuelle Duden Grammatik (2009: 596) führt *jawohl* erst gar nicht unter den Antwortpartikeln auf und Weinrich (2005: 863) beschreibt *jawohl* als ein Responsiv, das „hauptsächlich in asymmetrischen Gesprächssituationen gebraucht" wird und „in der militärischen Kommandosprache die Regelform" ist. Wieso wird diese Form nun in der extrem symmetrischen Gesprächssituation des Telefongesprächs der beiden Freundinnen verwendet? Der Grund wird deutlich, wenn man den sequenziellen Kontext, in dem *jawohl* geäußert wird, mit in die Analyse einbezieht. Renate leitet durch „GUT" ein so genanntes „preclosing" (Sacks/Schegloff 1973) ein, mit dem sie Hanna ein Angebot zur Beendigung des Telefongesprächs macht. Die Partikel *gut* ist nach Weinrich (2005: 839) eine Dialogpartikel, mit der eine vorangegangene Äußerung oder Sequenz potentiell abgeschlossen werden kann, indem „eine partielle Übereinstimmung mit einem Beitrag des Dialogpartners" – hier also mit dem impliziten Angebot Hannas, die Entscheidung zu vertagen – markiert wird:[7] Hanna ratifiziert das Angebot des Gesprächsausstiegs in Z. 666 und indiziert sowohl über die Wortwahl (das markierte „jaWOHL" statt eines einfachen *ja*) als auch durch die auffällige prosodische Realisierung von „↑ja↓WO↑HL" mit einem steigend-fallend-steigenden Tonhöhenverlauf eine spielerische Modalität. Der Grund für den Wechsel in eine spielerische Modalität liegt darin, dass „Begrüßungen und Abschiede [...] die rituellen Klammern für eine Vielfalt von gemeinsamen Aktivitäten" darstellen (Goffman 1974a: 118) und daher entsprechend heikel in ihrer Durchführung sind.[8] Das *jawohl* verweist dabei indirekt – und eben scherzhaft – auf eine Konstellation der Pflichterfüllung, die die zu erledigende Arbeit von Renate mit sich führt. Unter diesem Aspekt ist auch die Tatsache zu sehen, dass Renate mit „ich muss jetzt auch mal eine runde wEIterarbeiten" in Z. 664 eine Begründung für die Gesprächsbeendigung liefert: „Verabschiedungen können [...] benutzt werden, um hindernde Umstände anzuführen und sich dafür zu entschuldigen – [...] im Fall von Verabschieden für Umstände, die die Teilnehmer an der Fortsetzung ihrer Entfaltung von Solidarität hindern." (Goffman 1986a: 49) Die Verwendung der auffälligen Form *jawohl* ist also durch den

---

7 Vgl. auch Barske/Golato (2010: 262), die *gut* als eine Gesprächspartikel sehen, die in bestimmten sequenziellen Umgebungen zugleich rückblickend („responsive to prior talk") und vorausblickend, nämlich sequenzbeendigend („sequence-closing"), wirkt.
8 Selting (2007b: 309) zeigt, dass Beendigungen immer „potentiell problematisch" sind und in besonderem Maße die Kooperation der GesprächspartnerInnen benötigen, d.h. eine besondere „interaktive Leistung" darstellen (vgl. auch die detaillierte Analyse der Gesprächsbeendigung in Abschnitt 6.3.2).

Wechsel in eine spielerische Modalität zu begründen, mit der die heikle Phase der Gesprächsbeendigung ‚entschärft' wird.

6.1.3 *ja* als Hörersignal

Neben der Verwendung als Modalpartikel und Responsiv zählt der Einsatz von *ja* als Hörersignal zu den weithin bekannten und gut beschriebenen Funktionen dieser Partikel. So stellt die Duden Grammatik (2009: 595) fest, dass Hörersignale die Aufmerksamkeit des Zuhörers signalisieren und anzeigen, „dass der Sprecher die Sprecherrolle behalten kann. Besonders am Telefon, wo der Blickkontakt entfällt, steigt die Häufigkeit solcher gesprächsbegleitenden und gesprächserhaltenden Reaktionen stark an." Das liegt daran, dass bei Telefonaten ein Ausbleiben des verbalen Signals sowohl einen Abbruch der Verbindung (akustisch) als auch eine Verweigerung der Zustimmung zum Gesagten (gesprächsorganisatorisch) bedeuten kann.[9] Neben der Aufgabe, Anwesenheit und Zuhören zu signalisieren, kommt bei manchen Hörersignalen auch noch eine typisch responsive Funktion hinzu, die im Ausdruck von Zustimmung besteht. In der Duden Grammatik (2009: 595) wird eine Liste mit potentiellen Hörersignalen präsentiert, bei denen „der Grad an Zustimmung tendenziell" zunimmt: *ja, jaja, hm, hmhm, mhm, aha, klar, gut, stimmt, genau, eben, richtig*.[10] Die Liste macht deutlich, dass der Übergang von einem Hörersignal zu einem Responsiv fließend ist: Je stärker der Zustimmungscharakter ist, desto eher muss von einem Responsiv und nicht von einem Hörersignal gesprochen werden. Insofern ist die hier vorgenommene Trennung der beiden Funktionen von *ja* nicht als Vorschlag einer Etablierung zweier autonomer Kategorien zu werten, sondern als Beschreibung jeweiliger Prototypen. Der Prototyp eines Responsivs ist in eine sequenzielle Struktur eingebettet, in der er als alleinige Reaktion auf eine Vorgängeräußerung eingesetzt wird und einen eigenen Sprecherbeitrag darstellt (z.B. als Antwort auf eine Frage). Der Prototyp eines Hörersignals stellt dagegen gerade *keinen* eigenen Sprecherbeitrag dar, sondern wird parallel zu einem laufenden kommunikativen Projekt einer Person als

---

9 Grundsätzlich müssen bei Gesprächen entweder verbale oder nonverbale Rückmeldungen gegeben werden. Ein Ausbleiben wird von dem jeweils Sprechenden unweigerlich als ein intendiertes Nicht-Rückmelden interpretiert und führt zur Unterbrechung des Redens oder zum Wechsel auf eine Metaebene: Meist wird ein Nicht-Rückmelden als Indikator für Widerspruch, Nicht-Übereinstimmung oder Ärger angesehen.

10 Mazeland (1990) zeigt, dass im Englischen und Holländischen die jeweiligen Äquivalente für *ja* und *mhm* funktional und sequenziell unterschiedlich eingesetzt werden.

stützendes Signal produziert. Die Positionierung eines Hörersignals *vor* einer übergaberelevanten Stelle, also vor einem syntaktischen, semantischen, pragmatischen und prosodischen Abschlusspunkt einer Äußerung („Zäsur" nach Auer 2010), liefert dabei ein ähnlich deutliches Indiz wie umgekehrt die Platzierung eines Responsivs *nach* einer übergaberelevanten Stelle. Im folgenden Ausschnitt kommen die Partikeln *mhm, ja* und *okay* als Hörersignale vor:

```
Beispiel 24
435    R        is halt Immer die frage wie das so ANkommt bei den
                leuten.
436             NE das is-
437             (---)
438             °hhh wEIß ich [AUCH] nich.
439    H   →                  [mhm;]
440    R        ALso:-
441    H        also ich HABS jetzt eben so gemAcht,
442             [und und] (.) eh HAB auch direkt mit ihm gesprOchen,
443    R   →    [ja. ja.]
444    H        mit dem CHEF[redak]teur und der; (.)
445    R   →                [oKAY.]
446    H        FAND das jetzt gut,
447             hat sich geFREUT und.
448    R   →    ja;
449    H        °hhh ähm da wird im sOmmer irgendwann n platz FREI?
450             (.) fürs volontariAT;
```

In Z. 439 gibt Hanna durch „mhm" zu verstehen, dass sie weiterhin zuhört. Vor allem dann, wenn Pausen auftreten, wie in Z. 437, ist es nötig, am Telefon die Rückmeldung zu liefern, dass man noch ‚in der Leitung' ist und zuhört, da gestische und mimische Rückmeldesignale nicht möglich sind. In Z. 443 liefert Renate zweimal die Partikel *ja* als Rückmeldesignal. Diese Partikeln werden parallel zu Hannas Äußerung produziert, wobei der steigende Tonhöhenverlauf nach Z. 441 bereits eine Fortsetzung projizierte. *Ja* ist neben *mhm* das häufigste Hörersignal im Deutschen (auch im Englischen, wie Jefferson 1983 zeigt). Auch bei dem „ja" in Z. 448 handelt es sich um ein stützendes Hörersignal. Hanna hat durch das nahtlos an ihre Äußerung angehängte „und" (Z. 447) eine Projektion von Nachfolgeäußerungen aufgestellt (mehr zu Projektionen in Abschnitt 6.2.2) und Renate orientiert sich daran: Sie produziert kein weiteres eigenes Material, sondern lässt Hanna Zeit, durch Einatmen und ein Zögerungssignal („°hhh ähm"; Z. 449) ihre Äußerung zu planen und zu beenden.

In Z. 445 wird mit „oKAY" ein Hörersignal geliefert. Diese Art von *okay* kann auch als Responsiv eingesetzt werden. Fischer (2006: 359) bezeichnet diese Verwendung von *okay* als „okay-comply", also als Signal, mit dem man anzeigt, dass man den Aktivitäten des Gesprächspartners zustimmt. Dieser zustimmende Charakter ist wie bei allen als Hörersignalen verwendeten Responsiven auch hier vorhanden, mit „oKAY" signalisiert Renate, dass sie Hanna folgen kann und fordert sie zum Weiterreden auf, wobei die Platzierung mitten in einer Äußerung und nicht nach einer übergaberelevanten Stelle die Rückstufung von *okay* als *Responsiv* zu *okay* als *Hörersignal* leistet, so dass *okay* hier als stützendes, mitlaufendes Signal und nicht als eigene Handlung wahrgenommen wird.[11]

6.1.4 *ja* als Zögerungs- und Planungssignal bzw. als Diskursmarker

Ähnlich schwierig wie die Abgrenzung zwischen *ja* als *Hörersignal* und als *Responsiv* ist in vielen Fällen die zwischen *ja* als *Responsiv* und *Diskursmarker* bzw. *Zögerungs-* oder *Planungssignal*. Als Oberbegriff für Ausdrücke wie *Zögerungssignal*, *Planungssignal* und *Diskursmarker* werden in der Duden Grammatik (2009: 594) die Begriffe „Sprechersignal", bzw. „Startsignal" verwendet. Mit beiden Ausdrücken wird auf solche Verwendungsweisen von *ja* referiert, in denen der Sprecher den Anfang eines Redebeitrags anzeigt oder mit denen signalisiert wird, „dass der Sprecher mit seinem Redebeitrag fortfahren möchte". In diesen Fällen hat *ja* häufig neben der Funktion, den Äußerungsbeginn zu markieren, noch einen mehr oder weniger deutlichen funktionalen Anteil, der darin besteht, eine Vorgängeräußerung affirmierend entgegenzunehmen, wie das folgende Beispiel zeigt:

```
Beispiel 25
217   R      und äh wOzu biste wOfür biste jetzt ZUständig da?
218          was SCHREIBste da?
219          (--)
220   H      Äh:: ich bIn in der kulTURredaktion. (.)
221          ich schrEIb (.) über (.) ehm theAter; (.) °h
222          ehm (.) Oper mUsical (.) ehm-
223   R      <<leise> DAS is ja cool.> (.)
224   H   →  JA:: also Alles was Irgendwie mit (.) mit bIldung und
             kultUr zu tun hat ich- °hh
225   R      ja:;
226   H      ne-
227          Irgendwelche KLASsischen konzErte; (.) °h
228          ALso (.) joa. (.)
```

---

11 Die fließenden Übergänge zwischen Responsiv und Hörersignal sind gut in Beispiel 18 (s.o.) zu sehen. Das erste „das STIMMT" ist dabei eher zwischen Responsiv und Hörersignal zu verorten, das zweite „ja, das STIMMT" dagegen klar als Responsiv, es wird am Äußerungsende produziert und in der nachfolgenden Äußerung nimmt Renate mit „aber" eindeutig Bezug auf „das STIMMT", das dadurch den Charakter einer eigenständigen Handlung erhält:
```
630   H      [mich nich (.)] wirklich mit FREUNden verab[rede und so ne,]
631   R   → [das STIMMT;   ]                            [ja, das STIMMT;]
633          aber ich SAG ja wenn du Erstmal wieder was Arbeitest,
```

```
229    R      aHA,
230           über klAssische konzerte kannst du dich wirklich
              ÄUßern?
```

Hanna erzählt Renate von ihrer Arbeit bei der Zeitung, bei der sie als freie Mitarbeiterin angestellt ist. Auf die Frage von Renate, wofür Hanna zuständig ist (Z. 217), antwortet diese mit einer in der typischen Form von Listen realisierten Antwort. Zunächst nennt sie die Punkte *Theater* sowie *Oper* und *Musical* als ihre Tätigkeitsbereiche.

Selting (2004) zeigt, dass die Präsentation von Listen in der gesprochenen Sprache festen Mustern folgt, zu denen vor allem die prosodische Gleichartigkeit der Intonationskonturen gehört sowie die Tatsache, dass irgendwann ‚Schluss' mit der Aufzählung sein muss. Jefferson (1991) hat für das Englische und Selting (2004) für das Deutsche gezeigt, dass eine starke „Präferenz für die Dreiteiligkeit von Listen" (Selting 2004: 8) besteht. Hannas Liste enthält zwar bis Z. 222 auf der Inhaltsebene drei Punkte (*Theater, Oper, Musical*), jedoch sind diese drei Punkte aus prosodischer Perspektive erst als *zwei* Listeneinträge konfiguriert, nämlich in der prosodisch leicht fallenden Einheit „ich schrEIb (.) über (.) ehm theAter;" (Z. 221) als ersten Punkt und der ebenfalls leicht fallenden Intonationsphrase „ehm (.) Oper mUsical" (Z. 222) als zweiten Punkt. Nach diesem zweiten Listeneintrag bewertet Renate – allerdings sehr leise – die Tätigkeiten Hannas mit „DAS is ja cool" (Z. 223). Hanna fährt daraufhin mit ihrer Liste fort und liefert zunächst eine Erläuterung der ersten beiden Punkte („Alles was Irgendwie mit (.) mit bIldung und kultUr zu tun hat"; Z. 224), die durch „JA::" eingeleitet wird, und schließt die Aufzählung dann mit dem dritten Punkt „Irgendwelche KLASsischen konzErte" (Z. 227).

Das „JA::" am Anfang der Äußerung in Z. 224 hat zwei Funktionen: Einerseits bestätigt Hanna dadurch Renates Bewertung, „JA::" funktioniert also als Antwortpartikel, andererseits dient es aber auch als Startsignal (Diskursmarker) dazu, zusammen mit dem direkt folgenden „also" die Fortsetzung der Liste anzukündigen. Hier überlagern sich die Funktionen einer Antwortpartikel und eines Diskursmarkers und ergeben eine amalgamierte, multifunktionale Konstruktion.

Ähnliches gilt auch für folgendes Beispiel aus der bereits mehrfach zitierten Sequenz, in der Hanna und Renate aushandeln, ob und unter welchen Gesichtspunkten freie Wochenenden als positiv oder negativ anzusehen sind:

```
Beispiel 26
628    H      weil ich EInfach hier noch keine konTAKte hab
              [und deshalb;] (.)
629    R      [ja: KLA:R;  ]
630    H      [mich nich (.)] wirklich mit FREUNden
631    R      [das STIMMT;  ]
```

```
           H       verab[rede und so ne,]
632        R            [ja, das STIMMT;]
633                aber ich SAG ja [wenn du Erstmal wieder] was
                   Arbeitest,
634        H                       [(                )]
635        R       dann wIrd (.) wErden auch wieder ANdere zei(h)eiten
                   kommen;
636                also (.) von DAher,
637        H   →   JA:,
638            →   ja;
639            →   [ja im] moMENT is das natürlich so; (.)
640        R       [(   )]
641        H       dann DENK ich <<genervt> ehe::a> ne,
642        R       [KLAR; ]
643        H       [<oKAY,] <genervt>> hehehe
```

Hanna fokussiert auf den negativen Aspekt freier Wochenenden, der in ihren Augen darin besteht, dass sie aus Mangel an Freunden ihre Freizeit nicht genießen kann. Die Wochenenden sind für sie also nicht nur frei von Arbeit, sondern vor allem auch ‚frei von Freizeit'. Renate akzeptiert diese negative Einschätzung (Z. 631), beharrt aber dann in der Folge auf den von ihr fokussierten positiven Aspekt, nämlich auf Wochenenden, die frei von Arbeit sind: In Z. 635 weist sie Hanna darauf hin, dass auch wieder „ANdere zei(h)eiten kommen" werden, wenn sie erst einmal wieder eine feste Arbeitsstelle hat und aus diesem Grund auch manchmal am Wochenende arbeiten muss.

Hanna akzeptiert daraufhin die Perspektive von Renate: Mit der ersten, stark akzentuierten Antwortpartikel „JA:," (Z. 637) signalisiert sie emphatische Zustimmung zu der Einschätzung Renates, dass man freie Wochenenden auch genießen sollte. Das zweite, prosodisch deutlich schwächere „ja;" (Z. 638) zeigt dann bereits wieder eine Distanzierung an und der Diskursmarker „ja" (Z. 639) leitet zusammen mit „im moMENT" eine „verarbeitungsgestützte Umlenkung auf eine damit gewichtete Folgeäußerung" (Hoffmann 2008: 205) ein. Welcher Art diese Umlenkung ist, hängt jeweils von den mit *ja* zusammen geäußerten Einheiten (z.B. *aber, und* etc.) ab. In der Kombination mit „im moMENT", wie in Z. 639, erfolgt die Umlenkung dahingehend, dass von einer allgemeinen (bzw. für die Zukunft geltenden) Zustimmung auf einen für die aktuelle Situation geltenden Widerspruch refokussiert wird. Dieser Widerspruch wird allerdings sowohl durch die zeitliche Begrenzung durch „im moMENT" als auch durch das Adverb „natürlich", mit dem Hanna Renate unterstellt, dass sie diesen Einwand als erwartbar und entsprechend berechtigt ansieht, in seiner Aussagekraft und Reichweite eingeschränkt.

Nach Zifonun et al. (1997: 373) würde dieses *ja* als ein Responsiv der „Kontinuitätssicherung" bezeichnet werden. Es wird Äußerungen vorangestellt und nimmt einerseits rückblickend Bezug auf eine (eigene oder fremde) Vorgängeräußerung und sichert andererseits vorausblickend das Rederecht des Sprechers oder der Sprecherin, wobei zugleich eine positive Ausführung der Vorgängeräußerung in Aussicht gestellt wird.[12] Hoffmann (2008: 205) spricht dabei von einer Gelenkfunktion, die diese Art von *ja* ausübt: „Wie ein Gelenk orientiert es zugleich auf das, was unmittelbar folgt (hier mag der alte deiktische Anteil wirken) und misst ihm Gewissheit zu." Die Formulierung, dass *ja* der Folgeäußerung Gewissheit zuschreibt, ist allerdings insofern missverständlich, als man annehmen könnte, dass die Folgeäußerung damit als positive Bestätigung oder Reaktion auf eine Vorgängeräußerung zu sehen ist. Wie Meer (2009b: 99) anhand einer detaillierten Analyse zeigt, ist die Annahme, dass *ja* „eine positive Bestätigung der Gesprächsbeziehung darstelle, aus semantischer Perspektive" oft abwegig. Meer (2009b: 99) kommt zu folgendem Schluss:

> Vielmehr ist gerade im Hinblick auf das projizierte Folgesyntagma herauszustellen, dass die dominante Funktion des *ja* vielmehr darin besteht, den propositionalen Gehalt des anschließenden Vorwurfs in Form einer deutlich negativen Fremdpositionierung zu verstärken, indem er diese (projektiv) ankündigt.

Meer zieht es daher vor, nicht von einem *Responsiv*, sondern von einem *Diskursmarker* zu sprechen, um die primär gesprächsorganisierende und äußerungsprojizierende Funktion herauszustellen.

Das Konzept der Diskursmarker wurde ursprünglich von Gohl/Günthner (1999) und Günthner (1993) für die Beschreibung von bestimmten Verwendungsweisen der Konjunktion *weil* für das Deutsche etabliert. Diese Konjunktion nimmt besondere Funktionen an, die nichts mehr mit der Markierung einer syntaktischen Subordination und direkten Angabe eines Grundes auf der propositionalen Ebene zu tun haben, wenn *weil* vor unabhängigen Äußerungen wie beispielsweise einem Hauptsatz, einem Fragesatz oder einem Imperativsatz steht. Stattdessen dient *weil* in diesen Kontexten dazu, Aufgaben der Rezipientensteuerung und sequenziellen Strukturierung – also genuin interaktionsbezogene Aufgaben – zu übernehmen. Dies kann so weit gehen, dass die „Folgeäußerung", die von *weil* projiziert wird, eine komplette narrative Sequenz darstellt, und nicht auf einen einzigen Satz reduziert werden kann, wie in folgendem Beispiel aus Gohl/Günthner (1999: 45):

```
01 Nina     ohh ja des bei mir wars eigentlich ziemlich lustig;
02          weil also-
03          ich hatte mal ne zeitlang n auto gehabt, (etc.)
```

---

12 Diese positive Aussicht kann durch Kombinationen wie *ja gut, ja aber, ja nun* oder *ja und allerdings* variiert werden, wie Hoffmann (2008: 205) zeigt.

Die Erzählung, die in Z. 03 beginnt, erstreckt sich über einen langen Zeitraum, und es ist zwar möglich, für *weil* eine begründende Relation im weiteren Sinn anzugeben (die Geschichte als Ganzes liefert den Grund, warum es bei Nina lustig war), jedoch keine enge syntaktisch-semantische Begründungsrelation (die Tatsache, dass Nina „mal ne zeitlang n auto gehabt" hat, ist nicht das, was lustig ist). Im Anschluss an ihre Diskussion der Verwendungsweisen von *weil* vor solchen längeren, autonomen Äußerungseinheiten schlagen Gohl/Günthner (1999: 59f.) folgende Kriterien für die Bestimmung von Diskursmarkern vor (vgl. zur Diskussion einer möglichen Wortart *Diskursmarker* auch Imo 2012b):

- Diskursmarker stehen „in Initialposition, oft außerhalb der syntaktischen Struktur eines Satzes bzw. nur lose damit verbunden".
- Diskursmarker sind „optionale, d.h. grammatisch und semantisch nicht-obligatorische Elemente, die Sprecher benutzen können, um ihren Diskurs zu organisieren".
- Diskursmarker beziehen sich „auf eine größere Einheit als den Satz". Dieses Phänomen wird „Skopusausweitung" genannt.
- Diskursmarker weisen einen „reduzierten semantischen Gehalt" auf im Vergleich zu den Wörtern oder Phrasen, aus denen sie rekrutiert wurden.

Inzwischen wurden neben *weil* zahlreiche weitere Diskursmarker für das Deutsche beschrieben, wie zum Beispiel *also*[13] (Dittmar 2002), *obwohl* (Günthner 1999a), *wobei* (Günthner 2001), *und zwar* (Günthner 2011a), *ich mein(e)* (Günthner/Imo 2003), *nämlich* und *nur* (Imo 2012b), Floskeln mit *sagen*, *meinen*, *wissen* und *glauben* (Imo 2007a) und nicht zuletzt auch das äußerungsinitiale *ja* (Meer 2009b).[14]

---

13 Siehe auch die Diskursmarkerkombination „weil also-" in dem eben zitierten Beispiel aus Gohl/Günthner (1999: 45).

14 Die Liste kann noch erweitert werden, wenn man das ähnlich gelagerte Konzept der „Operator-Skopus-Strukturen" (Barden/Elstermann/Fiehler 2001; Duden 2009: 1201–1204) mit berücksichtigt. Ein eher unauffälliges, aber umso wichtigeres Phänomen, das ebenfalls unter die Diskursmarker gezählt werden kann, ist der häufige Gebrauch von *und* und *aber* in interaktional verwendeter Sprache. Während die Häufung von *und* in schriftlichen Texten meist als stilistisch unbeholfen markiert wird, ist sie in der gesprochenen Sprache unproblematisch. Es ist vielmehr so, dass *und* bei der Konstitution mancher Aktivitäten sogar eine zentrale Rolle spielt, wie Heritage/Sorjonen (1994) im Kontext von Fragesequenzen und Mazeland/Huiskes (2001) in ihrer Diskussion der Funktionen des holländischen *maar* (aber) im Vergleich zu *en* (und) bei der Wiederanknüpfung unterbrochener Erzählungen zeigen. Nach Mazeland/Huiskes (2001: 145) wird *maar* verwendet, um eine markierte und potentiell schwierig zu prozessierende Rückkehr zu einem unterbrochenen Thema anzuzeigen („resumption"), während *en* signalisiert, dass die Rückkehr zu dem unterbrochenen Thema unproblematisch (also leicht nachzu-

Anders als bei den zuvor aufgelisteten Diskursmarkern ist es deutlich schwieriger, *ja* als ausschließlich textstrukturierende und vor allem projizierende Einheit und somit als Diskursmarker zu beschreiben: In den meisten Fällen wirkt bei *ja* sehr stark die sequenziell rückblickende und funktional responsive Wirkung weiter mit.

Die prosodische Realisierung kann allerdings in manchen Fällen dazu beitragen, dass der responsive Charakter von *ja* in den Hintergrund und der projizierende Charakter eines Diskursmarkers in den Vordergrund tritt. So trägt bei der eben analysierten Äußerung aus Beispiel 26 „ja im moMENT is das natürlich so" (Z. 639) die nahtlose prosodische Integration von *ja* in die Folgeäußerung „ja im moMENT" (Z. 639) dazu bei, dass durch *ja* eher projizierende als rückblickende Strukturierungsfunktionen wahrgenommen werden. *Ja* nimmt dadurch eher den Charakter eines Startsignals, also eines Diskursmarkers, an, mit dem Hanna ihre Folgeäußerung einleitet, als den eines rückblickenden Responsivs.

Weitaus deutlicher ist der Abbau responsiver Funktionen aber dann, wenn *ja* dazu eingesetzt wird, nach einer Unterbrechung einen Neustart anzuzeigen, also *innerhalb* einer Äußerung in einer Mischung aus Zögerungssignal und Diskursmarker verwendet wird:

```
Beispiel 27
027   R         [da muss man Immer] acht EUro zahlen oder sO was;
028   H         [°hhhhhhh     ja.  ]
029   R         [ne, ]
030   H         [°hhh] [ÄH:M:::;            ]
031   R                [rElativ UNverschämt.]
032             (--)
033   H         mjOA ich hab totAl verGESsen wieviel ich bezAhlt
                habe,
034             das WAR jetzt schon;
035        →    JA- (.)
036             IRgendwie; (.)
037             ACHT fünfzehn-
038             IRgendwas [in der] rIchtung ja.
039   R                   [ja-  ]

Beispiel 28
104   H         °h äh:m ich HAB (.) das sogar son bisschen geplAnt,
105             und ZWAR ähm- (.)
106             meine ELtern die ähm fliegen am: (.) höä;
107             ich glaub am; (.)
108        →    ja am ACHTundzwanzigsten; (.)
109   R         [ja:,]
110   H         [°hhh] in die türKEI-
```

vollziehen) ist („continuation"). Solche Fälle finden sich in dem Telefongespräch (siehe Anhang) sehr häufig.

| 111 | und die kommen am sIEbten WIEder; |
| 112 | und (.) ähm; (.) |

In Beispiel 27 hat Hanna Renate gerade davon berichtet, dass sie ihren Personalausweis abholen musste und deshalb nicht zu Hause war. Renate nennt die Kosten, die man als Eigenleistung für einen Personalausweis aufbringen muss (Z. 027) und bewertet sie negativ (Z. 031 „rElativ UNverschämt"). Auf Renates negative Bewertung reagiert Hanna mit einem zögerlichen „mjOA" und sagt, dass sie schon vergessen habe, was sie für den Personalausweis zahlen musste (Z. 033). Sie setzt damit an, die Summe zu nennen (Z. 034), bricht aber dann die angefangene Äußerung ab: „das WAR jetzt schon;". Das „JA-" in Z. 035 ist hier als Zögerungspartikel[15] zu betrachten, mit der Hanna (neben „Irgendwie" und „ich hab totAL verGESsen wieviel ich bezAhlt habe") ein „doing failing to remember"[16] inszeniert, also anzeigt, welche Schwierigkeiten sie habe, sich an die Kosten zu erinnern. Dadurch scheint sie implizit auf den geringen Betrag zu verweisen und so einen verdeckten Widerspruch zu Renates negativer Bewertung durchzuführen (wenn man sich nicht merken kann, wie viel Geld etwas gekostet hat, folgt daraus, dass es nicht allzu viel gewesen sein kann). Die Partikel *ja* dient einerseits als Platzhalter – ähnlich wie zum Beispiel das Zögerungssignal *äh* – gleichzeitig hat *ja* aber auch eine projizierende Funktion, denn es signalisiert, dass „der Sprecher mit seinem Redebeitrag fortfahren möchte" (Duden 2009: 594).

Auch im zweiten Beispiel erfüllt *ja* eine solche Funktion, allerdings tritt hier der Charakter eines Startsignals noch deutlicher hervor, da *ja* prosodisch an die Folgeäußerung angebunden ist. Hanna versucht, sich an den Termin zu erinnern, wann ihre Eltern in Urlaub fahren. Diese ‚Erinnerungsarbeit' markiert sie in Z. 106 durch die Dehnung der Präposition „am:", die Mikropause, den Laut „höä" und die Floskel „ich glaub" (Z. 107). Mit dem „ja" in Z. 108 ist die Suche nach dem Termin beendet, Hanna kann zu der durch die zahlreichen „Disfluenzmarker" (Fischer 1992) unterbrochenen Äußerung zurückkehren und diese wird dann auch ohne Probleme beendet.

Ähnlich wie bei den Responsiven finden sich auch bei dem Planungssignal/Zögerungssignal/Diskursmarker *ja* zuweilen Kombinationen mit anderen Partikeln. Im folgenden Ausschnitt wird *ja* mit *gut* kombiniert, wobei letzteres auch allein in der Funktion eines „Startsignals" eingesetzt werden kann (vgl.

---

15 In der Terminologie von Zifonun et al. (1997: 376) handelt es sich allerdings auch hier um ein (turninternes) Responsiv, das als „Mittel zur Überbrückung von Planungs- oder Realisierungsproblemen des Sprechers" eingesetzt wird.
16 Zum gesprächsanalytischen und handlungsorientierten Konzept des „doing" vgl. ausführlich Boden (1994).

Duden 2009: 594) und dadurch einen zusätzlichen Kontextualisierungshinweis für die Lesart von *ja* als Diskursmarker bereitstellt:

```
Beispiel 29
054   H      hab den dann beim Umzug hab ich dann alle SAchen
             dUrchgeräumt,
055   R      ja-
056   H      und hab geKUCKT, (.)
057          aber hab den nich mehr WIEder [<gefunden. <lachend>>]
058   R                                    [<SCHEISse-  <lachend>>]
059      →   <<schneller> ja gut aber dann wArst du auch erstmal
             in CHI:na,> ((Hanna lacht parallel))
060          da brauchtest du ja n PERso nich;
```

Hanna berichtet Renate, wie sie nach ihrem Umzug den Personalausweis nicht wieder finden konnte. Renate liefert daraufhin mit „SCHEISse" in Z. 058 eine negative Bewertung des Verlusts des Personalausweises, die durch ihr Lachen allerdings modalisiert wird in dem Sinne, dass der Verlust des Personalausweises zwar lästig, nicht aber besonders dramatisch ist. Renate erzeugt damit einen Gleichlauf ihrer Bewertung (vgl. zu Techniken des gleichlaufenden bzw. gegenlaufenden Bewertens Auer/Uhmann 1982 und Pomerantz 1984) in Bezug auf die Einschätzung der Situation des verlorenen Personalausweises durch Hanna selbst, die – u.a. auch durch ihr Lachen – den Verlust bereits als nicht besonders schlimm markiert hatte. Ohne Renates Lachen würde ihre Bewertung durch „SCHEISse" deutlich negativer ausfallen als die von Hanna, ein Gleichlauf der Einschätzung der Situation wäre nicht mehr gegeben. Eine solche Divergenz von Bewertungen wird in Gesprächen normalerweise vermieden, die Interagierenden versuchen, Situationseinschätzungen gleichlaufend zu gestalten. Die Überlappung der bewertenden (und ebenfalls unter Lachen produzierten) Interjektion „SCHEISse" mit der rechten Verbklammer von Hannas Äußerung ist insofern ‚regelkonform', als Interagierende versuchen, bei einer gleichlaufenden Bewertung möglichst früh einzusteigen.[17] In diesem Fall zeigen Renate und Hanna durch ihr Lachen an, dass der Verlust des Personalausweises zwar nicht schön, aber auch nicht besonders schlimm war.

---

17 „Mit einer Gegenbewertung in die erste Bewertung einzubrechen, bietet dem Zweiten Teilnehmer ‚strategische' Vorteile: Der Zweite Bewerter hat [...] die Möglichkeit, die Meinung des Ersten Bewerters zu erfahren (und so die Gefahr der Erzeugung von Nichtübereinstimmung zu entgehen), gleichzeitig kann er aber durch seine frühestmögliche turn-überlappende Zweite Bewertung den Eindruck erwecken, als wäre für ihn die Position des Ersten Bewerters keine ‚unbeliebte', sondern nur zufällig nicht wahrgenommene, da er die Situation von Anfang an klar und eindeutig genauso wie der Erste Bewerter eingeschätzt hat." (Auer/Uhmann 1982: 7)

Der Ausstieg aus der Bewertungssequenz erfolgt danach durch die Partikelkombination „ja gut aber" (Z. 059). Mit „ja gut aber" wird von Renate einerseits die vorangegangene Aktivität (d.h. die Erzählung über den Verlust und die Bewertungssequenz) abgeschlossen und andererseits die neue Sequenz eingeleitet, die eine Begründung dafür enthält, warum der Verlust des Personalausweises nicht so schlimm war. Bei *ja gut* handelt es sich um *ja* mit einer Gelenkfunktion, das durch die Kombination mit Ausdrücken wie *aber, und, gut* oder *nun* eine zusätzliche Funktion erhält:

> Dieses *ja* verbindet sich mit Ausdrücken wie *aber, gut, nun, und* zu spezifischen Zwecken, etwa die verarbeitungsgestützte Umlenkung auf eine damit gewichtete Folgeäußerung (*ja aber* + Satz) – öfter im argumentativen Rahmen als Bestreiten – oder dem Hinweis auf in der Verarbeitung offenkundig gewordene Defizite des Vorgängerbeitrags (*ja und*), die zu reparieren sind (Punkt des Gesagten, etwa einer Erzählung und ihrer Bewertung). (Hoffmann 2008: 205)

Renate refokussiert mit der Kombination „ja gut aber dann" von der Bewertung der Situation, dass Hanna den Personalausweis nicht wiedergefunden hat („SCHEISse"; Z. 058) auf den Vorschlag einer Begründung, warum Hanna erst nach dem Umzug bemerkte, dass sie den Personalausweis verloren hatte: Da sie lange in China war und dort nur den Reisepass benötigte, konnte sie den Verlust des Personalausweises gar nicht bemerken.

Der janusköpfige Charakter von *ja* tritt hier gut zu Tage: Auf der einen Seite ist *ja* auf eine Vorgängeräußerung hin orientiert, die damit als unproblematisch entgegengenommen wird und auf der anderen Seite wird vorausblickend eine Folgeäußerung angekündigt. Die Partikel *ja* alleine hat allerdings eine nur schwach projizierende Kraft und wird daher eher innerhalb von Äußerungen nach Planungsproblemen verwendet, um einen Neustart anzuzeigen. Am Beginn von Äußerungen wird meist ein zweites Element benötigt, das auch alleine als Diskursmarker vorkommen kann, also selbst eine sehr stark projizierende Wirkung hat. Darunter fallen vor allem Konjunktionen wie *aber, weil, und* oder *also* sowie bestimmte projizierende Floskeln wie z.B. *ich mein* oder *ich sag mal so* (vgl. Imo 2007a: 108–113 und 190–197).

6.1.5 *ja* als Beendigungssignal

Neben der Verwendung als Startsignal kann *ja* auch als Indikator für das Gegenteil eingesetzt werden, nämlich dafür, die Beendigung einer Aktivität anzuzeigen. In der Duden Grammatik (2009: 595) wird dafür der Begriff „Endsignal" oder „abschließendes Signal" verwendet und als Beispiele dafür *und so, oder so, und so weiter, gut, okay, alles klar, na ja, nun ja, ja* und *hm* angegeben. Die Beendigung kann sich dabei auf ganz unterschiedliche Aktivitäten beziehen.[18] Die einfachste besteht sicherlich darin, mit einem finalen *ja* das Ende eines Redebeitrags zu markieren.

i. *ja* als Indikator für das Äußerungsende: Wenn *ja* als Beendigungssignal eingesetzt wird, werden meist zusätzliche prosodische und phonologische Informationen als Kontextualisierungshinweise dafür eingesetzt, dass ein abschließendes *ja* intendiert ist und nicht etwa der Diskursmarker oder das Zögerungssignal *ja*. Im folgenden Beispiel findet sich beispielsweise die auch bei den Responsiven bereits beschriebene Realisierung in der Form *jo*:

```
Beispiel 30
004    H      hallo reNAte;
005    R      ich hab vorhIn schonmal versucht dich zu erREIchen;
              (.)
006           da warst du nicht DA:,
007           (--)
008           [wo WARST du denn?]
009    H      [ja: ich war bis ] Eben grad unterWEGS.
010           ich war inner STADT.
011    →      °h jo. [hehe     ]
012    R             [SHOPpen?] (.)
013    H      °hh NE:_ah ich [mUsst mein:-        ]
014    R                     <<leise> [beSORgungen machen;]>
```

Direkt zu Beginn des Telefongesprächs und gleich nach dem Austausch der Begrüßungsfloskeln und der gegenseitigen Identifikation der Telefonierenden startet Renate mit „ich hab vorhIn schonmal versucht dich zu erREIchen" (Z. 005) eine für Telefonate typische Nebensequenz („side sequence"; Jefferson 1972a), in der vergebliche Anrufe thematisiert werden. Gülich/Mondada (2008: 75) fassen solche Sequenzen unter den Punkt der „möglichen Erweiterungen der Eröffnungsphase", die z.B. auch Thematisierungen der „Dauer des Telefonklingelns" und „u.U. die Aktivitäten des Angerufenen zum Zeitpunkt des Anrufs" möglich machen. Solche Erweiterungen der Eröffnungsphase geschehen – wie auch im vorliegenden Fall – meist mit Hilfe von mehr oder weniger festen Floskeln („ich hab vorhIn schonmal versucht dich zu erREIchen"; Z. 005). Die Anruferin kann als unmarkierte Erklärung für das Nicht-Beantworten des Telefons schließen, dass die Angerufene nicht zu Hause war, also das „Summons", die Aufforderung durch das Klingeln, schlichtweg nicht hören konnte. Die Anrufe-

---

18 Ausführlich hat sich Selting (2007b) mit einer Typologie unterschiedlicher Beendigungen befasst.

rin Renate zeigt hier, dass sie genau dieses Schlussverfahren anwendet: In Z. 006 äußert sie die Feststellung „da warst du nicht DA:,". Hanna antwortet darauf mit einer Bestätigung, die sie mit dem Diskursmarker/Responsiv *ja* einleitet: „ja: ich war bis Eben grad unterWEGS" (Z. 009). Direkt im Anschluss reagiert sie dann auf Renates nachgeschobene Frage „wo WARST du denn" (Z. 008) mit der Antwort „ich war inner STADT" (Z. 010). Mit dem in fallender Tonhöhe realisierten „jo." zeigt sie an, dass ihr Redebeitrag beendet ist. Mit Weinrich (2005: 833) kann man dieses „jo." als „Beendigungssignal" auffassen, das – ähnlich wie das Diskursmarker-*ja* – gesprächsstrukturierend wirkt, allerdings anders als dieses keine Äußerung projiziert, sondern sie abschließt. Wichtige Indikatoren für das Beendigungssignal *ja* im Vergleich zum Diskursmarker (der in Analogie als Startsignal bezeichnet werden kann) sind auf phonologischer Ebene die häufige Realisierung mit Vokalvarianten um /o/ oder einer Vokal-Konsonant-Kombination (*jo, jou, jep, jup*) sowie die fallende Tonhöhe, die zusätzlich Abgeschlossenheit signalisiert. Der Turn von Hanna wird somit von zwei Varianten von *ja* geklammert, die ihn eröffnen (projizieren) und schließen:

```
009   H   → [ja: ich war bis  ] Eben grad unterWEGS.         ja
010           ich war inner STADT.
011       →  °h jo. [hehe       ]                             jo
012   R              [SHOPpen?]
```

Renate reagiert in Z. 012 auf Hannas Beendigungssignal „jo." und steigt parallel zu Hannas Lachen mit ihrer Frage „SHOPpen?" ein. Durch die stark fallende Tonhöhe und die Realisierung in der Form *jo* statt *ja* erhält die Partikel zusätzlich einen deutlichen terminierenden Charakter.

ii. *ja* als Indikator für das Ende einer Liste: Wenn ein Sprecher oder eine Sprecherin Aufzählungen in Form einer Liste präsentiert, dann finden sich am Ende der Liste typischerweise Signale für deren Abschluss (so genannte „Listenabschlusselemente" nach Selting 2004: 9):

```
Beispiel 31
194   H    äh ich habs anner FACHhochschule hab ichs einfach
           Abgeschickt;
195        und ehm anner zEItung WAR ich? (.)
196        und bIn da jetzt auch schon freie MITarbeiterin,
197        SCHREIB jetzt schon die ersten sAchen; °hhh
198      → und dann ehm (.) JA. (.)
199   R    bei der [bre]merhavener ZEItung? (.)
200   H            [ne,]
201   R    oder WIE heißt die.
```

Bevor der Transkriptausschnitt einsetzt, fragte Renate Hanna, ob diese lediglich Bewerbungen abgeschickt hatte oder ob sie auch schon einen Vorstellungstermin hatte. Hanna antwortet erst, dass sie bei der Fachhochschule die Bewerbung nur abgeschickt hat (Z. 194) und präsentiert dann ihre Bewerbung bei der Zeitung in mehreren Schritten in Form einer Aufzählung, die im typischen prosodischen Format von Listen präsentiert wird (vgl. Selting 2004):

1. Als erster Listeneintrag wird mit steigender Tonhöhe die Äußerung „und ehm anner zEItung WAR ich?" (Z. 195) präsentiert,
2. dem folgt als zweiter Listeneintrag ein erstes Resultat des Vorstellungstermins, nämlich „und bIn da jetzt auch schon freie MITarbeiterin," (Z. 196). Auch dieser Eintrag erfolgt mit einem final steigenden Tonhöhenverlauf.
3. Der dritte Eintrag „SCHREIB jetzt schon die ersten sAchen;" (Z. 197) würde die Gestalt der Liste eigentlich gut abschließen, die Tonhöhe fällt am Ende.

Trotz der eigentlich abgeschlossenen Listengestalt fährt Hanna aber zunächst fort, produziert jedoch nur einige projizierende Einheiten („und dann ehm"; Z. 198) und steigt schließlich mit dem akzentuierten, in stark fallender Tonhöhe geäußerten „JA." aus der Aktivität des Auflistens aus.[19] Die hier deutlich erkennbare Präferenz für Listen, bei denen die Aufzählung nicht endlos weitergeht sowie die Verwendung von „generellen Listenabschlusselementen", wie zum Beispiel *und so weiter* (Selting 2004: 9) oder eben auch ein abschließendes *ja* können unter Bezugnahme auf Garfinkels (1967) Konzept der *Indexikalität* erklärt werden: Garfinkel stellt fest, dass in Sprache-in-Interaktion Begriffe nie vollständig und abschließend erläutert oder definiert werden (können), sondern dass stets vorausgesetzt wird, dass die vagen, unterspezifizierten Begriffe und Referenzen für die Gesprächspartner ausreichen und dass diese sich die fehlenden Informationen aus dem Ko- und Kontext holen. In seiner Diskussion von Garfinkels Konzeptualisierung von Sinngebung im Alltag nennt Auer (1999: 134) die Strategie, mit solchen vagen Konzepten zu operieren, das „etc.-Prinzip":

> Jede Sammlung von Beschreibungen (von Objekten, Situationen, Regeln u.ä.) ist unvollständig und muss mit dem Zusatz ‚etc.' versehen werden; umgekehrt sind prinzipiell immer Erweiterungen möglich und Detaillierungen einklagbar. Aber jede derartige Liste ist aus praktischen Gründen in einem bestimmten Kontext ausreichend, auch wenn sie nie vollständig ist.

---

[19] Auch das kurz darauf produzierte Vergewisserungssignal *ne* zeigt das Ende des Redebeitrags an.

Die starke Orientierung an der dreiteiligen Gestalt von Listen – und somit auch die interaktionale Relevanz dieser Struktur – kann man gut daran erkennen, dass Renate nach dem dritten Punkt keine weiteren Detaillierungen erwartet, sondern das Thema expandiert, indem sie nach dem Namen der Zeitung fragt.

iii. *ja* als Indikator für das Ende einer Sequenz: Neben dem Ende einer Liste können auch beliebige andere sequenziell organisierte Tätigkeiten durch *ja* beendet werden, wie zum Beispiel ein Gesprächsthema:

```
Beispiel 32
590   H       wenn man sich an_n STRAND [hier lEgen kann,]
591   R                                 [ja::::;         ]
592   H       [((lacht))       ]
593   R       [DAS wär ja geil,]
594           boah HANna (.) das wär ja [rIchtig (cool)].
595   H                                 [IÄH::    hihihi]
596           (---) ((Hanna lacht bis Z. 790))
597   R  →    JA;
598           also dann ÄHM- (.)
599           WÜRD ich sagen-
600           hAlten wir doch erst mal so diese MÄRZaktion fest;
601           und anSONSten ähm- (.)
602           plAnen wir WIRKlich schon mal-
```

Hanna und Renate waren dabei, den Besuch von Hanna bei Renate zu planen. Nachdem sich die Terminfindung als schwierig herausstellt und lediglich ein unverbindlicher Vorschlag für ein Treffen im März vereinbart wird, schlägt Hanna vor, dass Renate sie ja auch in Bremerhaven besuchen könnte. Renate sagt, dass sie damit lieber warten würde, bis es Sommer ist, denn dann könne man sich an den Strand legen. Hanna und Renate bewerten diesen Plan sehr positiv (Z. 591–595). Nach einer Pause von 0,7 Sekunden, während Hanna noch weiterlacht, zeigt Renate durch das Beendigungssignal „JA", das akzentuiert und in einer fallenden Tonhöhe geäußert wird, das Ende dieser Bewertungssequenz an. Ausdrücke wie *so* oder *ja*, die alleine stehend geäußert werden, werden oft als gleichzeitig rückblickende und projizierende Elemente eingesetzt. Es wird sowohl das Ende der vorangegangenen Sequenz markiert als auch der Beginn einer neuen Sequenz angekündigt.[20] Welcher Art die neue Sequenz ist, wird durch *also* in Z. 598 klar: Renate kehrt zu der unterbrochenen Sequenz der

---

20 Vgl. Barske/Golato (2010) zu einer ausführlichen Analyse von *so* in deutschen Alltagsgesprächen. Barske/Golato (2010: 261f.) stellen dabei fest, dass *so* nicht nur dafür verwendet wird, den Abschluss einer Sequenz anzuzeigen (terminierende Wirkung), sondern häufig auch dafür, den Übergang zwischen einzelnen Handlungen oder Schritten innerhalb einer größeren Handlung zu markieren (kontinuierende Wirkung).

Aushandlung des Besuchstermins von Hanna zurück und präsentiert als Fazit der bisherigen Überlegungen, dass „erst mal so diese MÄRZaktion" (Z. 600) festgehalten werden soll.

iv. *ja* als Indikator für die Beendigung eines Gesprächs: Auch für das Signalisieren der „Beendigung auf der Ebene der Gesamtorganisation des Gesprächs" (Selting 2007b: 309) kann *ja* eingesetzt werden. Mit *naja* existiert hier sogar eine besonders dafür prädestinierte Form, mit der Kontextwechsel indiziert werden können:

```
Beispiel 33
645    R      JA: also wIE gesagt,
646           ansOnsten KOMM doch auch mal;
647           ich mein du kannst auch immer spontAn mal einfach
              FRAgen, (.)
648           eh: (.) wenn ich in KASsel bIn,
649           und auch wenn MARkus da is;
650           Is doch kein proBLEM, (.)
651           dann KOMMSte einfach mal für ne nacht. (.)
652    H      ((lachendes Ausatmen in einer Silbe))
653    R      also: warum denn NICH, (.)
654           °hhh ich hab doch [noch] n SOfa im wOhnzimmer, (.)
655    H                        [ja,  ]
656    R      haha das GEHT.
657    H      ((lacht))
658    R      dann sAg einfach beSCHEID.
659           (--)
660    H      hm; (.)
661    R   →  naJA.
662    H      °h ja;
663           (--)
664    R      GUT ich muss jetzt auch mal eine runde
              wEIterarbeiten,
665           (--)
666    H      ja[WOHL,]
667    R        [ähm; ](.)
668           aber dann sprEchen wir uns (.) wIEder würd ich SAgen,
```

Nachdem Renate und Hanna keinen konkreten Termin für ein Treffen finden konnten, schlägt Renate vor, dass Hanna ohne vorherige Absprache bei ihr vorbeikommen könnte (Z. 645 bis 658). Hanna geht auf diesen Vorschlag allerdings nur mit minimalen Rückmeldesignalen ein: In Z. 652 lacht sie kurz, in Z. 655 produziert sie parallel zu Renates Äußerung ein „ja", das durch diese Platzierung eher als unmarkiertes Hörersignal und nicht als affirmierendes Responsiv erscheint. In Z. 657 lacht sie wieder und als Renate dann mit „dann sAg einfach beSCHEID" (Z. 658) ihren Turn beendet hat, reagiert sie erst nach einer Pause mit einem abwartenden Hörersignal („hm;"; Z. 660).

Daraufhin bereitet Renate mit „naJA." den Ausstieg aus der Sequenz vor – und, wie sich in der Folge zeigt, zugleich auch implizit den Ausstieg aus dem gesamten Telefongespräch. Generell kann die Funktion von *naja* nach Weinrich (2005: 837) wie folgt angegeben werden:

> Mit der Dialogpartikel *naja* wird der Dialogpartner angewiesen, das Gesagte nicht allzu wichtig zu nehmen und es aus dem Zentrum der Aufmerksamkeit zurückzuziehen. Damit ist nicht selten eine beschwichtigende oder resignative Konnotation verbunden. Auch kann damit eine abwartende, zögernde Einstellung signalisiert werden.

Im vorliegenden Gespräch wirken diese Funktionen von *naja*, einen Kontextwechsel zu indizieren, dahin, dass die Spekulationen über eine mögliche Übernachtung abgebrochen werden und die Entscheidung somit vertagt werden muss. Gleichzeitig mit der rückblickenden, d.h. themenbeendigenden, Funktion erfüllt „NAja" aber auch die Funktion einer „Vorbeendigung" (Gülich/Mondada 2008: 82) bzw. eines „possible pre-closing" (Sacks/Schegloff 1973: 303–304): Das alte Thema wird abgeschlossen und gleichzeitig wird von Renate kein neues initiiert. Dadurch wird der Gesprächspartnerin die Möglichkeit gegeben, durch den Verzicht, selbst ein neues Thema einzuführen, die endgültige Gesprächsbeendigung einzuleiten. Das liegt daran, dass die Folgeäußerungen nach *naja* als die für den Fortgang des Gesprächs relevanten Handlungen betrachtet werden, während die Vorgängeräußerungen aus dem Fokus genommen werden:

> Mit *na ja* vollzieht der Sprecher einen Übergang innerhalb eines durch Diskrepanz oder Divergenz gekennzeichneten Wissens- oder Handlungszusammenhangs. Das Vorgängerelement wird ‚neutralisiert' oder depotenziert, das Nachfolgerelement als das im Kontext relevante, besonders zu bewertende, weiterführende usw. hingestellt. (Zifonun et al. 1997: 401)

Hanna führt selbst kein neues Thema ein und ratifiziert durch „ja;" in Z. 662 implizit das Ausstiegsangebot. Sie lässt es damit zu, dass dem „possible pre-closing" durch Renates „naJA" nun ein „pre-closing" folgen kann, welches von Renate in Z. 664 geliefert wird: „GUT ich muss jetzt auch mal eine runde wEIterarbeiten" (vgl. Abschnitt 6.3.3 zu einer detaillierten Analyse der Gesprächsbeendigung).

6.1.6 *ja* als Vergewisserungssignal

Eine weitere Funktion, die *ja* ausüben kann, ist die einer *tag question* bzw. eines „Vergewisserungssignals" (Weinrich 2005: 833).[21] Es gibt im Deutschen eine Reihe von Vergewisserungssignalen, die von nur dialektal verteilten Einheiten (*gell* im Süden, *woll* im Norden) bis zu allgemein gebräuchlichen (z.B. *nich, nich wahr, ne, weißte, verstehste*) reichen.[22] Je nach Platzierung – d.h. vor oder nach einer Äußerung – haben sie eher die Funktion, die Aufmerksamkeit der GesprächspartnerInnen zu steuern bzw. Gesprächsbeiträge zu gliedern (initial positioniert) oder das Ende eines Gesprächsbeitrags zu markieren und die Reaktion eines Gesprächspartners einzufordern (bei finaler Positionierung).

Während es prinzipiell möglich ist, dass *ja* am Äußerungsende als Vergewisserungssignal eingesetzt wird,[23] mit dem dann die Reaktion eines Gesprächspartners eingefordert wird, kommt in dem vorliegenden Telefongespräch nur ein einziges äußerungsinitiales *ja* vor, das man der Kategorie *Vergewisserungssignal* zurechnen kann. Problematisch bei der Kategorie „Vergewisserungssignal" ist, dass die initialen Verwendungsweisen von *ja* eigentlich auch den Startsignalen zugeordnet werden können und die finalen Verwendungsweisen den Beendigungssignalen. In der Duden Grammatik (2009: 595) wird diese Problematik so gelöst, dass dort „Rückversicherungssignale" als eine Untergruppe der „Endsignale" betrachtet werden (allerdings nicht auch der Startsignale). Funktional unterscheiden sich beide Kategorien jedoch insofern, als Vergewisserungssignale eine stärker rezipientenbezogene Funktion haben: Sie ziehen die Interaktionspartner aktiv mit ein, indem sie deren Aufmerksamkeit einfordern bzw. sie auffordern, das Rederecht zu übernehmen. Reine Start- und Beendigungssignale haben keine einfordernde, sondern nur eine ermöglichende (passive) Wirkung. Ein möglicher Kandidat für ein äußerungsinitiales Vergewisserungssignal könnte folgendes *ja* sein:

```
Beispiel 34
373    H    jo: und ICH (.) ähm- °hh
374         JA das an der fAchhochschule Is eben auch n
            volontariat in der (.) prEsse und
            Öffentlichkeitsarbeit,
```

---

21 Die Duden Grammatik (2009: 595) spricht von „Rückversicherungssignalen".
22 Einen Überblick über weitere Vergewisserungssignale gibt die Duden Grammatik (2009: 595), eine gesprächsanalytische Studie legt Hagemann (2009) vor und eine detaillierte Diskussion von äußerungsinitialem *weißte/weißt du* findet sich in Imo (2007a: 157–163).
23 Vgl. für solche Fälle die Diskussion von äußerungsfinalem Vergewisserungssignal-*ja* im Kontext von interaktionaler computervermittelter Kommunikation (Chat und SMS) in Abschnitt 7.1.1.

```
375   R       aHA,
376   H       m:: und das- (.)
377           DA bin ich eben nich sIcher wann das (.) stArten
              würde.
378           weil da stand zum (.) °h nÄchstmöglichen ZEITtpunkt
              wird besetzt.
379           das HEIßT- (.) °hhh
380   R       oKAY.
381   H  →    ja dIEse woche endet die (.) FRIST? (.)
382   R       ja:,
383           (---)
384   H       dann verMUT ich die (.) ham nÄchste woche
              <<sehr schnell> bewErbungs>gespräche und dann, (.) °h
```

Hanna berichtet von ihrer Bewerbung bei der Abteilung für Presse- und Öffentlichkeitsarbeit bei einer Fachhochschule und spekuliert darüber, wann sie im Fall einer erfolgreichen Bewerbung dort anfangen könnte. Erst zitiert sie den Ausschreibungstext („zum (.) °h nächstmöglichen ZEITpunkt wird besetzt"; Z. 378) und leitet dann eine Explikation durch „das HEIßT" (Z. 379) ein. Die erwartete Explikation wird jedoch in der Folge mit der Äußerung „dIEse woche endet die (.) FRIST" (Z. 381) nicht geliefert: Diese Äußerung bezieht sich nicht auf das Einstellungsdatum, sondern, wie in der Folge deutlich wird, auf den Bewerbungsschluss. Sequenziell betrachtet würde daher die Interpretation von „ja" als ein aufmerksamkeitssteuerndes Signal – also als ein Vergewisserungssignal – zu Beginn der Äußerung in Z. 381 mehr Sinn ergeben:

> Mit Sprechersignalen wie *ne?* oder *ja?* bittet der Sprecher um Bestätigung des Verstehens, d.h., er überprüft, ob ihm der Aufbau eines gemeinsamen Kontextes gelungen ist bzw. ob der Hörer das Gesagte kontextualisieren konnte. (Hennig 2003: 84)

Neben der funktionalen Komponente ist die prosodische Realisierung in diesem Fall extrem wichtig, um ein Startsignal-*ja* von einem Vergewisserungssignal-*ja* unterscheiden zu können. Ersteres wird typischerweise gedehnt und mit einem gleichbleibenden oder fallenden Tonhöhenverlauf geäußert, letzteres kurz und mit steigender Tonhöhe, wie eben das „ja" aus Z. 381. Durch das Vergewisserungssignal überpüft Hanna, ob ihre durch „das HEIßT" (Z. 379) projizierte Schlussfolgerung potentiell für Renate nachvollziehbar ist.[24]

Wie bei fast allen funktionalen Varianten von *ja* gilt allerdings auch hier, dass es sich bei so einer Kategorie wie *Vergewisserungssignal-ja* immer um eine

---

[24] Es ist notwendig, sich die prosodische Realisierung dieses *ja* anzuhören. Die Wiedergabe im Transkript wie auch mit bildgebenden Verfahren wie PRAAT (www.praat.org) kann die deutlich hörbare „aufmerksamkeitsheischende" Komponente dieses *ja* nicht wiedergeben.

prototypische Konstruktion handelt, Amalgamierungen mit anderen Konstruktionen sind eher die Regel als die Ausnahme.

6.1.7 *ja* als Teil von Erkenntnisprozessmarkern

Nur kurz soll zum Schluss noch auf Kombinationen von *ja* mit *ah* und *oh* eingegangen werden. Partikeln wie *ah, oh, aha, ach so* aber eben auch *oh ja* oder *ah ja* wurden von Imo (2009) in Anlehnung an eine Untersuchung von Heritage (1984) als „Erkenntnisprozessmarker" beschrieben.

Ein Beispiel für einen solchen „Erkenntnisprozessmarker" findet sich in folgendem Transkriptausschnitt, der dem Beginn des Telefongesprächs entnommen ist. Renate hatte mehrfach versucht, Hanna anzurufen und fragt sie nun, als sie sie endlich erreicht hat, wo sie war:

```
Beispiel 35
005     R    ich hab vorhIn schonmal versucht dich zu erREIchen;
             (.)
006          da warst du nicht DA:,
007          (--)
008          [wo WARST du denn?]
009     H    [ja: ich war bis ] Eben grad unterWEGS.
010          ich war inner STADT.
011          °h jo. [hehe    ]
012     R           [SHOPpen?] (.)
013     H    °hh NE:_ah ich [mUsst mein:-          ]
014     R                   <<leise> [beSORgungen machen;]>
015     H    NE:_jA: ich hAb so- (.)
016          ich hAb meinen NEUen-
017          ich hab n neuen persoNALausweis äh beAn[tragt;]
018     R →                                        [aHA.  ]
019     H    und musste den ABholen und; °h
```

Auf Renates Frage „wo WARST du denn?" (Z. 008) antwortet Hanna zunächst mit einer Ortsangabe („ich war inner STADT"; Z. 010) und auf Renates Detaillierungsfrage nach der Tätigkeit in der Stadt („SHOPpen?"; Z. 012) damit, dass sie „n neuen persoNALausweis" (Z. 017) beantragt habe. Diese Information wird von Renate, sobald sich für sie der Inhalt der Äußerung abzeichnet (vgl. Auer 2010 zur Bedeutung von syntaktischen und semanto-pragmatischen Projektionsmöglichkeiten für die Interaktion), mit „aHA" (Z. 018) quittiert. Heritage (1984) hat den Gebrauch des sehr ähnlich verwendeten *oh* in der gesprochenen englischen Sprache untersucht und den Begriff „change-of-state token" dafür vorgeschlagen. Dieser Begriff rührt daher, dass *oh* anzeigt, dass die Person, die *oh* äußert, „has undergone some kind of change in his or her locally current state of knowledge, information, orientation or awareness" (Heritage 1984: 299).

Im Deutschen könnte man die englische Bezeichnung mit der etwas unbeholfenen Übersetzung "Informationszustandsänderungsanzeiger" wiedergeben. In Imo (2009) habe ich stattdessen den etwas kürzeren Begriff „Erkenntnisprozessmarker" vorgeschlagen: Der Sprecher oder die Sprecherin zeigt mit einem Erkenntnisprozessmarker an, dass er oder sie eine neue Information erhalten oder Sichtweise eingenommen hat.[25] Im Deutschen gibt es eine Reihe funktional jeweils unterschiedlich eingesetzter Varianten, die alle die Grundfunktion teilen, Informationen entgegenzunehmen. Darunter fallen die Partikeln *oh, ah, ach, aha, ach so* und *ach ja*, im weiteren Sinne auch Ausdrücke wie *echt?, ehrlich?, wirklich?* und *nein!* (vgl. Imo 2011b). Zu der Grundfunktion, die alle diese Partikeln gemeinsam haben, können je nach prosodischer Realisierung und Kontext noch weitere Funktionen (Signalisieren von Überraschung über eine Information, Zweifel an ihrer Validität, Akzeptanz der Information etc.) hinzukommen. Im vorliegenden Fall wird das „aHA" (Z. 018) von Renate vergleichsweise leise geäußert und mit fallender Tonhöhe produziert. Dieses prosodische Format führt dazu, dass die Partikel lediglich in der Funktion des Quittierens einer neuen Information wahrgenommen wird.[26] *Aha* – wie auch *mhm* und unbetontes *ja* – kann, sofern eher die Basisfunktion aktiviert ist, die „Aufmerksamkeit [signalisiert] und [anzeigt], dass der Sprecher die Sprecherrolle behalten kann" (Duden 2009: 595), der Großgruppe der Hörersignale (Duden 2009: 595; Weinrich 2005: 834) zugerechnet werden. Diese Signale werden von einem Sprecher oder einer Sprecherin nicht dazu verwendet, anzuzeigen, dass er oder sie den Redezug für sich beanspruchen möchte, sondern sie zeigen ganz im Gegenteil den GesprächspartnerInnen an, dass sie weitersprechen können/sollen. Hanna interpretiert das „aHA" in genau diesem Sinne und fährt mit der Aufzählung der Liste der Dinge fort, die sie zu erledigen hatte (Z. 019–022).

Bei Kombinationen eines Erkenntnisprozessmarkers mit *ja* entsteht generell eine noch stärker terminierende Wirkung und ein stärkeres Signalisieren von Gleichlauf. Gerade *oh* hat, wenn es alleine geäußert wird, eine eher expandierende Wirkung, da es hohe Involviertheit (z.B. Überraschung) signalisiert und so die GesprächspartnerInnen indirekt dazu auffordert, nach dem Grund

---

[25] Es geht nicht darum, ob die Information für die Person *tatsächlich* neu war oder *tatsächlich* eine Neuorientierung stattgefunden hat. Die Erkenntnisprozessmarker sind konventionalisierte Verfahren, solche Veränderungen des Informationsstandes anzuzeigen, also für die Interaktion bereit zu stellen, und können sowohl ‚echte' als auch ‚gespielte' Veränderungen markieren.

[26] Vgl. Imo (2009: 72) zu Beispielen, in denen *aha* durch eine andere prosodische Realisierung zusätzlich Überraschung signalisiert oder anzeigt, dass die erhaltene Information nicht zur Lösung eines im Gespräch behandelten Problems beiträgt und somit nach weiteren, zusätzlichen Informationen Bedarf besteht.

für die Überraschung zu fragen oder weitere Informationen zu liefern. Wird *oh* dagegen mit *ja* kombiniert, so zeigt *ja* an, dass trotz der Involviertheit kein Bedarf einer Klärung besteht, die Interaktion also weitergehen kann:

```
Beispiel 36
093   R      der dann einen einen äh personalausweis mit einem
             schönen blOnden fOto ZÜCKT dann äh:;
094          SEH ich [das sofOrt.]  °h
095   H              [geNAU dann-]  (.)
096   R      ALles klar. (.)
097   H      PASS auf. (.)
098          ein ein perSOnenbetrüger läuft [rUm.    hehehe ]
099   R  →                                  [OH ja. °h ne:;] (.)
100          ich wollte dich EIgentlich mal frAgen äh (.) ob du
             nicht mal wieder lUst hast nach KASsel zu kommen;
```

Hanna und Renate inszenieren die Situation, dass jemand mit Hannas verlorenem Personalausweis ihre Identität annimmt. Renate quittiert Hannas Warnung vor einem solchen fiktiven Personenbetrüger mit „OH ja." (Z. 099). Während *oh* alleine anzeigt, dass die Sprecherin „von Ereignissen, Handlungen oder Empfindungen in besonderer Weise tangiert" (Zifonun et al. 1997: 390) ist) ist und *oh* somit tendenziell äußerungsexpandierend funktioniert – es lädt dazu ein, zu klären, *warum* die Sprecherin tangiert ist und *wie* der Zustand möglicherweise behoben werden kann –, wird durch die Kombination mit *ja* eine eher terminierende Wirkung erzeugt, die durch die affirmierende Grundfunktion von *ja* zustande kommt. Die terminierende Wirkung wird im vorliegenden Beispiel daran ersichtlich, dass Renate im Anschluss das negierende Responsiv „ne:" äußert, mit dem sie einen Ausstieg aus der scherzhaften Interaktion anzeigt und dann mit „ich wollte dich EIgentlich mal frAgen..." (Z. 100) das Thema wechselt.

6.1.8 Zusammenfassung der Ergebnisse

Was sich bei der Analyse von *ja* gezeigt hat, ist, dass es zwar durchaus möglich ist, prototypische Verwendungsweisen für *ja* anzugeben, dass *ja* in der Interaktion aber meist multifunktional gebraucht wird. Dies ist sicherlich einer der Gründe, warum Partikeln, diese „Zaunkönige und Läuse im Pelz der Sprache" (Eisenberg 2004: 210), lange Zeit von der Linguistik eher vernachlässigt wurden.

In der folgenden Tabelle wurde versucht, anhand der vorangehenden Analyse der Verwendungsweisen von *ja* eine vorläufige Klassifikation zu erreichen. Dabei wurden sowohl etablierte Wortarten als ‚Etikettierungsvorschläge' herangezogen als auch distributionelle und funktionale Eigenschaften:

Kategorie	Stellung	Funktion	Zahl
Modalpartikel	in Äußerungen eingebettet	unterstellt eine dialogische Sequenz; legt dem Rezipienten nahe, dass er einen Sachverhalt als bekannt ansehen soll	34
Responsiv	autonomer reaktiver Zug auf eine Äußerung eines Gesprächspartners	positive Antwort auf eine Frage; Bestätigung einer Annahme; Ratifizierung eines Vorschlags etc.	79
Hörersignal	an beliebiger Stelle während oder nach einer Äußerung eines Gesprächspartners (Alternative zu *mhm*)	stützendes Signal mit der Funktion, dem Sprecher zu signalisieren, dass er weitersprechen kann / soll	38
Diskursmarker / Zögerungssignal / Planungssignal	Startsignal vor einer Äußerung; Neustart nach Abbruch einer Äußerung	Bereitschaft zur Übernahme des Rederechts anzeigen; Äußerung projizieren; Neustart einer Äußerung anzeigen; Planungszeit gewinnen	28
Beendigungssignal	Beendigungssignal nach einer Äußerung	Ende einer Äußerung, Sequenz, Handlung etc. signalisieren	11
Vergewisserungssignal	an unterschiedlichen Stellen einer Äußerung realisierbar; meist steigende Tonhöhe	Einfordern von Aufmerksamkeit bei äußerungsinitialer und -medialer Verwendung; Übergabe des Rederechts bei finaler Verwendung	1
Partikelkombinationen	Kombinationen wie *ah ja*, *oh ja*	bilden zusammen komplexe Erkenntnisprozessmarker mit sequenzterminierender Wirkung (neue Information wird angezeigt und als ausreichend bzw. zufriedenstellend entgegengenommen)	6
Gesamtzahl			197

Tabelle 1: Formen und Funktionen von *ja*

Die Probleme bei einem solchen Versuch, eine systematische Kategorisierung aufzustellen, fallen direkt ins Auge: So weisen beispielsweise die Begriffe *Dis-*

kursmarker / Zögerungssignal / Planungssignal auf problematische kategoriale Grenzziehungen hin in dem Sinne, dass sie entweder auf unterschiedliche funktionale Teilaspekte des formal gleichen Phänomens verweisen oder aber möglicherweise als drei (oder sogar noch mehr) unterschiedliche Kategorien zu werten sind. Zudem ist, wie gezeigt wurde, die Unterscheidung zwischen einem Responsiv und einem Hörersignal in vielen Fällen nicht möglich, ein Hörersignal kann auch als Startsignal verwendet werden, ebenso ein Responsiv etc. Auch die Unterscheidung von Beendigungssignal und Vergewisserungssignal ist problematisch, denn beide können zur Übergabe des Rederechts eingesetzt werden. Sie unterscheiden sich lediglich dadurch, dass Vergewisserungssignale eher mit steigender Tonhöhe produziert werden und aktiv die RezipientInnen zur Übernahme des Rederechts oder zu einer verbalen oder nonverbalen bestätigenden Rückmeldung auffordern, Beendigungssignale dagegen typischerweise mit fallender Tonhöhe realisiert werden und eher passiv für die RezipientInnen anzeigen, dass eine Turnübernahme *möglich* ist, aber eben nicht *eingefordert* wird.

Die Einordnung dient damit auch eher einer Orientierung in dem Sinne, dass mögliche funktional, sequenziell und situativ begründete Muster vorgestellt werden und eine ungefähre Verteilung angezeigt wird.

Um Kategorisierungsprobleme wie die eben genannten zu umgehen, zieht Hoffmann (2008: 217) es vor, sehr allgemein von einer „operativen Prozedur" zu sprechen, die *ja* realisiert, indem es „interaktiv einen Wissensstatus retourniert, resoniert, transferiert, der als Gewissheit hinsichtlich *p* – eines propositionalen Gehalts im weiten Sinne – angesichts faktischer oder virtueller Fraglichkeit zu kennzeichnen ist" (Hoffmann 2008: 217). Eine solche abstrakte Definition ist insofern sinnvoll, als damit auf den Handlungscharakter sowie auf die interaktionale Verankerung von *ja* hingewiesen wird. Allerdings greift die Definition im Gesamten zu kurz, als dass sie alle Verwendungsweisen von *ja* erfassen kann.

Was *ja* in der Interaktion tatsächlich leistet, kann besser mit Hilfe der drei fundamentalen Prinzipien von Sprache-in-Interaktion erklärt werden: Der erste Bereich, der eine so multifunktional verwendbare Partikel wie *ja* prägt und der – umgekehrt – mit Hilfe von (unter anderem) *ja* von den GesprächsteilnehmerInnen überhaupt erst organisierbar gemacht wird, ist der der *Sequenzialität und Zeitlichkeit*. Hier ist vor allem die Funktion von *ja* als Start- und Beendigungssignal von Bedeutung. Mit *ja* kann die Übernahme des Rederechts angezeigt werden und umgekehrt auch der Abschluss der Äußerung oder des kommunikativen Projekts, wie der oben bereits als Beispiel 31 analysierte Gesprächsauszug zeigt, in dem *ja* eine Klammer um die Äußerung bildet:

```
Beispiel 37
009   H    →  [ja: ich war bis  ] Eben grad unterWEGS.
010              ich war inner STADT.
011         →  °h jo. [hehe     ]
012   R                [SHOPpen?] (.)
```

Das erste *ja* in Z. 009 hat dabei zwar Ähnlichkeiten mit einem Diskursmarker, insofern es eine äußerungsprojizierende Funktion hat, anders als die meisten Diskursmarker trägt *ja* aber nichts dazu bei, die Art der folgenden Äußerung (Begründung, Einräumung, Meinungsäußerung etc.) anzuzeigen. Gleichzeitig zeigt *ja* aber durchaus an, dass die Sprecherin sich vorbereitet, eine Anschlusskommunikation zu leisten, d.h. dass sie sich an der bestehenden sequenziellen Struktur und den Vorgängeräußerungen orientiert. Die Funktion von *ja* ist somit auch wiederum umfangreicher als die eines reinen Zögerungssignals wie *äh* oder *ähm*. Die Partikel *ja* steht daher zwischen Diskursmarkern und Zögerungssignalen.

Das zweite *ja* hat dagegen gewisse Ähnlichkeiten mit einem Vergewisserungssignal wie *ne?*, *oder?* oder *nicht?*. Auch hier sind jedoch die Unterschiede deutlich zu sehen: Anders als äußerungsfinale Vergewisserungssignale übergibt äußerungsfinales *ja* nicht das Rederecht, ist also nicht Übergabe-initiierend ausgerichtet, sondern markiert lediglich das Ende der eigenen Äußerung (und stellt damit der Gesprächspartnerin frei, einzusteigen oder nicht). Insofern kann man hier von einer Aufgabenteilung zwischen reaktions*einfordernden* Vergewisserungssignalen und reaktions*ermöglichendem* finalen *ja* als Beendigungssignal sprechen.

Neben dem Einsatz auf der Ebene der sequenziellen Strukturierung von Interaktion spielt *ja* eine große Rolle im Bereich des *gemeinsamen Hervorbringens von Bedeutung und Struktur*: Als *Responsiv* eingesetzt kann es der positiven Rückmeldung auf ein kommunikatives Projekt und somit der Fortführung des Projekts dienen (Bestätigung von Aussagen, Akzeptanz eines Vorschlags, Annahme einer Einladung, positive Antwort auf eine Frage etc.). Als *Modalpartikel* verweist *ja* darauf, dass die SprecherInnen davon ausgehen, dass die Aussage bekannt ist und es werden somit indirekt die RezipientInnen aufgefordert, mit ihnen in der Einschätzung einer Situation zu kooperieren. Als *Hörersignal* wird *ja* wiederum von den RezipientInnen eingesetzt, um anzuzeigen, dass die SprecherInnen mit dem kommunikativen Projekt, das sie gerade durchführen, fortfahren können, es also weder akustische noch inhaltliche Verständigungsprobleme gibt.

Die *Kontextgebundenheit* von Sprache-in-Interaktion, d.h. die Verschränkung von sprachlichem Handeln mit der Aktivität, in die diese Handlung eingebettet ist („act-activity interdependence"; Linell 1998: 86), wird dann deutlich, wenn beispielsweise eine Kombination aus einem äußerungsprojizierenden Diskursmarker und einem äußerungsbeendenden *ja* geliefert wird, wie in Z. 228:

```
Beispiel 38
221   H      ich schrEIb (.) über (.) ehm theAter; (.) °h
222          ehm (.) Oper mUsical (.) ehm-
223   R      <<leise> DAS is ja cool.> (.)
224   H      JA:: also Alles was Irgendwie mit (.) mit bIldung und
             kultUr zu tun hat ich- °hh
225   R      ja:;
226   H      ne-
227          Irgendwelche KLASsischen konzErte; (.) °h
228   →      ALso (.) joa. (.)
```

Die Funktion dieser Kombination wird deutlich, wenn man die Aktivität betrachtet, innerhalb derer diese Worte geäußert wurden: Hanna war dabei, eine Liste mit den Aufgaben zu präsentieren, die sie im Rahmen ihrer Arbeit bei der Zeitung zu erledigen hat. Solche Listen können prinzipiell unendlich ausgebaut werden. Ein einfaches Mittel des Ausbaus von Listen liegt darin, immer detailliertere Beschreibungen zu liefern. Dieses Potenzial wird durch die Ankündigung einer möglichen Explikation mit Hilfe des Diskursmarkers „ALso" deutlich gemacht. Gleichzeitig gilt aber auch für Listen die Regel des „etc.-Prinzips" (Auer 2000: 134), nach dem eine Aufzählung eben nicht unendlich fortgeführt werden sollte. Dies zeigt Hanna durch den Ausstieg aus der Auflistungsaktivität mittels „joa" an. Hanna verbindet dadurch im konkreten Kontext zwei Aktivitäten: Einerseits impliziert sie, dass sie noch weitere Tätigkeiten anführen und beschreiben könnte, und andererseits zeigt sie an, dass sie den interaktionalen Anforderungen nach der Endlichkeit einer Liste Genüge tut.

Die prosodische Realisierung von *ja* spielt dabei eine weitere wichtige Rolle: Fallende Tonhöhe, Mikropausen und Diphthongierung (*joa* oder *jau* statt *ja*) werden als zusätzliche Marker eingesetzt, um kontextspezifisch anzuzeigen, dass ein ‚Beendigungs-*ja*' (vgl. 6.1.5) vorliegt und nicht etwa ein ‚Startsignal-*ja*'.

Gerade die prosodische Variabilität führt deutlich vor Augen, dass nicht nur auf der Funktionsseite von *ja* eine erstaunliche Variabilität vorliegt, die verallgemeinernde Aussagen praktisch unmöglich macht, sondern auch auf der Formseite (sowohl was die Stellung in Bezug auf die umgebenden Äußerungsteile als auch die prosodische Form angeht) eine breite Palette an Variationsmöglichkeiten besteht. Aus einer prozessorientierten, interaktionalen Perspektive ist diese Variationsbreite notwendig, um den Bedingungen von Sprache-in-Interaktion überhaupt gerecht werden zu können – und die Detailanalyse zeigt, dass im konkreten Fall die Frage „why that now?", also *welche Handlung wird durch ja jeweils durchgeführt?*, von den Interagierenden problemlos verstanden wird. Dies ist möglich, weil *ja* stets im Rahmen der Prinzipien der

Zeitlichkeit, Sequenzialität, Kontextgebundenheit und des interaktiven Hervorbringens von Sinn operiert.

6.2 Sprache-in-Interaktion und Einheitenbildung

In der monologischen Sprachverwendung gilt gemeinhin der Satz als die zentrale linguistische Grundeinheit. Auf die Frage, welche Grundeinheit für Grammatik-in-Interaktion anzunehmen ist, ist keine so einfache Antwort zu geben: Auf der einen Seite ist es durchaus so, dass viele Einheiten, die von den SprecherInnen produziert werden, konventionalisierten Satzmustern zugeordnet werden können. Auf der anderen Seite finden sich aber auch immer wieder Abweichungen von dem Muster konventionalisierter Sätze, die einerseits durch besondere syntaktische Strukturen wie zum Beispiel Apokoinukonstruktionen zustande kommen und andererseits durch Techniken der ‚Portionierung' mit Hilfe der Prosodie, mit der syntaktische Grenzen ‚überschrieben' werden sowie umgekehrt entstehende syntaktische Strukturen als abgebrochen markiert werden können.

Die Tatsache, dass der traditionelle Satz eine wichtige Grundstruktur auch von Grammatik-in-Interaktion bereitstellt, ist nicht verwunderlich, wenn man bedenkt, dass die Herausbildung des syntaktischen Musters *Satz* nicht arbiträr ist, sondern unter einer funktionalen und interaktionalen Perspektive als Lösungsversuch für interaktionale Probleme beschrieben werden kann: „So the clause can be thought of as a crystallization of solutions to the interactional problem of signaling and recognizing social actions." (Thompson/Couper-Kuhlen 2005: 484) Satzmuster sind nicht entstanden, um einem formalen – oder gar generativen – Zwang der Sprache zu entsprechen, sondern weil sie besonders geeignete Strukturen für die Aufgabe bereitstellen, sprachlich zu handeln.[27] In vielen Fällen ist in der Tat die vollständige Satzstruktur genau die Einheit, die das angemessene Instrumentarium bereitstellt, im konkreten Kontext die Funk-

---

27 Vgl. hierzu beispielsweise die Analyse unterschiedlicher syntaktischer Muster aus interaktionaler Perspektive von Hopper/Thompson (2008). Einen besonderen Fall, wie Satzstrukturen aus interaktionalen Gegebenheiten entstehen können, beschreibt Couper-Kuhlen (2011) für Linksversetzungen, Extrapositionen und einige andere so genannte „bipartite constructions". Für diese Satzmuster nimmt Couper-Kuhlen (2011: 437) einen Grammatikalisierungspfad an, bei dem zunächst die zwei Teile dieser „bipartite constructions" auf „interactional sequences in discourse" verteilt waren, also von unterschiedlichen Sprechern produziert wurden. Im Laufe der Zeit haben sich daraus die heute bekannten Satzmuster herausgebildet, die nur noch von einem einzigen Sprecher produziert werden.

tion zu erfüllen, alles zu übermitteln, was gesagt werden muss, um für die Herstellung eines geteilten Sinns zu sorgen. Ein Beispiel wäre folgender koordinierter Satz:

```
Beispiel 39
164   H     ich hAb ja mehrere beWERbungen laufen-
165         und eVENtuell stArtet schon was am ersten mÄrz. °hh
```

Der Satzrahmen bietet für Hanna die Möglichkeit, vom Subjekt über Objekte, Modalpartikeln, modale und temporale Adverbien bis hin zum Prädikat alles zu realisieren, was sie für notwendig erachtet, um Renate das vollständige Verstehen des Sachverhalts zu ermöglichen.

Doch auch wenn solche normgrammatisch vollständigen Sätze immer wieder auftauchen, so zeigt eine nur minimale Ausweitung des Ko-Textes, innerhalb dessen der sich von Z. 164 bis 165 erstreckende Satz produziert wurde, dass die umgebenden Strukturen schon wieder deutlich von monologisch schriftsprachlichen Standards abweichen:

```
Beispiel 40
156   H     JA: ich hAb dann auch gedAcht dann; (.)
157         fahr ich vielleicht drEI tage zu JUlia,
158         nach FULda oder so:, (.)
159   R     ja:;
160   H     und- (.)
161         bin den rEst der zeit in KASsel-
162         °h aber ich mUss überLEgen;
163   →     WEIL ich (.) ähm:- (.)
164         ich hAb ja mehrere beWERbungen laufen-
165         und eVENtuell stArtet schon was am ersten mÄrz. °hh
```

Bereits die ‚Satz'struktur von Z. 156 bis 161 ist insofern problematisch, als über die Prosodie (die Portionierung der Äußerungsteile in Intonationsphrasen sowie die Markierung von Grenzen mit Hilfe von Mikropausen) in Z. 156 eine intonatorische Zäsur gesetzt wird, die nicht mit einer syntaktischen Zäsur zusammenfällt. Zudem sind die Doppelung des Adverbs *dann* und der Einsatz des Vagheitsmarkers *oder so* für einen ‚normalen' Satz eher ungewöhnlich.

Von besonderem Interesse ist aber der Übergang von Z. 163 zu Z. 164: Die ohne den Ko-Text als gutes Beispiel für einen vollständigen Satz präsentierte Äußerung aus den Zeilen 164 und 165 entpuppt sich bei näherer Betrachtung als eine Struktur, die nicht nur als abhängiger Hauptsatz dem „WEIL" (Z. 163) folgt, also gar nicht als Satz autonom ist, sondern der zusätzlich auch noch – im Sinne einer Reparatur – das Personalpronomen „ich" zugerechnet werden muss, das in Z. 164 wieder aufgegriffen wird.

Wenn solche Phänomene nicht als lästige Performanzeffekte abqualifiziert werden sollen, muss der Satzbegriff mindestens in einer anderen Weise konzeptualisiert, wenn nicht sogar durch alternative Konzepte ersetzt werden. Selting (2007a: 104) plädiert für die erstere Lösungsvariante, wenn sie von „möglichen Sätzen" spricht, die die Basis von Sprache-in-Interaktion bilden:

> In der gesprochenen Sprache gibt es keine allein syntaktisch definierbaren und identifizierbaren Sätze, sondern allenfalls ‚mögliche Sätze', deren Anfänge, Verläufe und Enden flexibel gehandhabt werden, um sie den aktuellen Bedürfnissen der sequenziell geordneten Interaktion anpassen zu können. Diese flexible Modifizierbarkeit und Erweiterbarkeit ‚möglicher Sätze' wird durch das Zusammenspiel von Syntax und Prosodie ermöglicht und erkennbar gemacht.

Mit dieser Feststellung ist ein Aspekt der „möglichen Sätze" angesprochen, der besonders deutlich hervorsticht: Es gibt kein festes „Ende deutscher Sätze" (Auer 1991) bzw. man kann vielmehr, um die englische Version dieses Artikels von Auer zu zitieren, von einem „neverending sentence" (Auer 1992) sprechen.

Auf diesen Aspekt der schrittweisen Erweiterung möglicher Satzstrukturen werde ich im nächsten Abschnitt 6.2.1 detaillierter eingehen. In Abschnitt 6.2.2 soll dann statt dem *Ende* der *Anfang* möglicher Sätze näher betrachtet werden und dabei vor allem auf die Rolle von äußerungsprojizierenden Einheiten („Projektorkonstruktionen"; Günthner 2008 a,b,c; Günthner/Hopper 2010; Pekarek Doehler 2011) eingegangen werden. Im dritten und letzten Abschnitt (6.2.3) werden Techniken der Portionierung („chunking" nach Sinclair/Mauranen 2006; Aneinanderreihung von „fragments" nach Hopper 2004; „Zäsurieren" nach Auer 2010) vorgestellt. Es wird sich zeigen, dass in Sprache-in-Interaktion sprachliche Einheiten erst über das Zusammenspiel von Prosodie, Funktion, Bedeutung und Syntax entstehen. Man kann sogar wie Auer (2010) noch weiter gehen und feststellen, dass statt der Fokussierung auf Einheiten eher eine Fokussierung auf mögliche Grenzen bzw. Zäsuren, die durch das Zusammenspiel prosodischer, funktionaler, semantischer und syntaktischer Gestalten fortlaufend projiziert, gesetzt und überschrieben werden, zum Ziel führt.

6.2.1 Äußerungserweiterungen

„Inkremente" (Auer 2006a) bzw. „Expansionen" (Auer 1991; 2006a) bezeichnen Strukturen, bei denen eine potentiell abgeschlossene Einheit schrittweise durch zusätzliches Material erweitert wird und deren Existenz der zeitlich emergenten Struktur interaktionaler Sprache (vgl. die theoretische Diskussion in Abschnitt 4.1.2) geschuldet ist. Das Phänomen der „Erweiterbarkeit von Turnkonstruktionseinheiten" (Auer 2006a: 279) hängt eng mit der Tätigkeit des „Zäsurierens" (Auer 2010) zusammen, d.h. des Bestimmens möglicher syntaktischer, semantischer, funktionaler und prosodischer Abschlusspunkte, die das Ende einer Einheit anzeigen können. Interagierende überwachen fortlaufend diese möglichen Abschlusspunkte, um zu wissen, wann ein Redebeitrag eines Gesprächspartners potentiell zu Ende ist. Im Folgenden werde ich mich auf das von Auer (2006a) vorgeschlagene Modell der Typisierung von Äußerungserweiterungen stützen.[28]

Auer (2006a: 285–288) unterscheidet vier grundlegende Möglichkeiten, Äußerungen inkrementell zu erweitern:

1. Zunächst gibt es „Weiterführungen, die ein Element in der Vorgängerstruktur ersetzen" (Auer 2006a: 285). Solche Weiterführungen sind häufig Rechtsversetzungen, in denen eine Pro-Form in der Äußerung am Äußerungsende gefüllt wird oder Reparaturen, bei denen ein Element retrospektiv ausgetauscht wird.
2. Ein zweiter Typ wird nach Auer (2006a: 286) durch die „appositionalen Erweiterungen" gestellt, „deren morphosyntaktische Beziehung zur Vorgängeräußerung nur schwer zu fassen ist." Dieser Typ kommt eher selten vor (auch im vorliegenden Telefongespräch findet sich keine dieser Erweiterungen) und entsteht vor allem dann, wenn morphosyntaktische Indikatoren anzeigen, dass eine Einbettung in die Vorgängerstruktur nicht möglich ist. Als Beispiel führt Auer die Äußerung „aber=ganz andere <<schwärmerisch> FO:RM=hat=doch=der; SCHMÄler; RASsiger;>" an. Die beiden Adjektive können dabei nicht ohne weiteres in die Vorgängeräußerung integriert werden, da sie unflektiert sind, beziehen sich aber dennoch eindeutig auf das Nomen „FO:RM".
3. Ein dritter Typ umfasst „Weiterführungen über ein abschließendes Strukturelement (im Deutschen: ‚rechte Klammer') hinaus durch eine retrospektive syntagmatische Expansion" (Auer 2006a: 285). Die Besonderheit dieser Erweiterung besteht darin, dass ein deutliches syntaktisches Abschlusselement (z.B. ein infiniter Verbteil als rechte Satzklammer) vorliegt und die syntaktische Gestalt geschlossen ist, also im Sinne von Auer (2010) eine Zäsurierung möglich wäre und ein anderer Gesprächspartner das Rederecht übernehmen könnte. Nach dem Abschlusspunkt wird nun ein Element nachgereicht, „das eigentlich seinen Platz in der schon abgeschlossenen Satzstruktur gehabt hätte". Häufig handelt es sich dabei um Adverbiale

---

[28] Ein alternativer, speziell die Prosodie in den Mittelpunkt stellender Ansatz findet sich bei Couper-Kuhlen/Ono (2007).

(Zeitangaben, Ortsangaben, Modalisierungen). Diese inkrementell gelieferten Elemente können prosodisch hervorgehoben werden, indem sie durch eine Pause abgetrennt, in einer eigenen Intonationsphrase realisiert und mit einem eigenen Akzent versehen werden. Eine solche prosodische Markierung ist jedoch optional.

4. Ein vierter Typ umfasst die „Weiterführungen durch eine prospektive syntagmatische Expansion, d.h. ohne dass ein bestimmtes finales Strukturelement den Vorgänger als abgeschlossen markiert hätte" (Auer 2006a: 285). Diese Äußerungsexpansionen benötigen zusätzliche prosodische (bzw. in der Schrift graphische) Markierungen, ohne die sie überhaupt nicht erkennbar wären: „Die Struktur ist nur dann als Expansion einzustufen, wenn sie prosodisch vom Vorgänger abgetrennt ist." (Auer 2006a: 285) Es handelt sich u.a. um solche Fälle, bei denen keine rechte Verbklammer vorkommt und daher aus rein syntaktischer Perspektive das hinzugefügte Wortmaterial nicht auffällig oder gar deplatziert wirken würde.

Ein komplexer Ausbau syntaktischer Strukturen findet sich in Beispiel 41. Hanna berichtet Renate, dass sie „mehrere beWERbungen laufen" (Z. 164) habe, woraufhin Renate fragt, wo Hanna sich beworben hat und um welche Art von Arbeit es sich dabei handelt:

```
Beispiel 41
164    H        ich hAb ja mehrere beWERbungen laufen-
165             und eVENtuell stArtet schon was am ersten mÄrz. °hh
166    R        aHA? (.)
167             was WÄre das dEnn;
168    H        ((H räuspert sich und schluckt))
169    H        ich HAB mich (.) ähm,
170             (--)
171             anner (.) inner ZEItung bewOrben;
172         →   und anner FACHhochschule.
173             (--)
174    R    →   fü:r PRAKtika.
175    H        [eh:- ]
176    R        [Oder,]
177    H    →   ja: und volontariAT.
178    R        AH ja.
179             KRASS,
```

Die Struktur in den Zeilen 171 bis 172 changiert zwischen dem dritten und vierten Typ der Expansionskategorien von Auer: Standardsprachlich wäre es kein Problem, die Äußerung „....inner ZEItung bewOrben" um die durch die koordinierende Konjunktion angefügte Phrase „und anner FACHhochschule" zu erweitern. Die Präpositionalphrase *an der Fachhochschule* kann dabei auch normgrammatisch auf Grund ihrer Länge erst nach der rechten Satzklammer produziert werden, um das Mittelfeld zu entlasten.[29]

Auf der einen Seite hat die Struktur also gewisse Ähnlichkeiten mit dem dritten Expansionstyp, der „Weiterführung [...] über ein abschließendes Strukturelement (im Deutschen: ‚rechte Klammer') hinaus durch eine retrospektive syntagmatische Expansion" (Auer 2006a: 285), da mit dem infiniten Verbteil „bewOrben" (Z. 171) die rechte Verbklammer und somit ein abschließendes Strukturelement vorliegt.

Allerdings kann man nicht sagen, dass „und anner FACHhochschule" tatsächlich „eigentlich seinen Platz in der schon abgeschlossenen Satzstruktur gehabt hätte" (Auer 2006a: 285), die Phrase wäre hier, wie bereits erwähnt, durchaus standardsprachlich korrekt platziert, wenn man von stilistischen Gründen der Mittelfeldentlastung oder der Informationsstrukturierung ausgeht. Insofern ist diese Struktur also eher dem vierten Typ – einer Weiterführung durch eine prospektive Expansion – zuzurechnen, da „und anner FACHhochschule" eben nicht syntaktisch deplatziert ist, aber in einer eigenen Intonationsphrase und somit prosodisch abgesetzt von der Vorgängeräußerung realisiert wird. Ohne den intonatorischen Neuansatz und den eigenen Akzent würde die Äußerung nicht weiter als zeitlich strukturierte Expansion auffallen. Standardschriftsprachlich könnte man den in der gesprochenen Sprache durch prosodische Integration bzw. Desintegration angezeigten Unterschied durch die Schreibung mit oder ohne Satzzeichen abbilden: *...in der Zeitung beworben und an der Fachhochschule* vs. *...in der Zeitung beworben; und an der Fachhochschule* bzw. *...in der Zeitung beworben – und an der Fachhochschule*. In den letzten beiden Fällen wird eine gewisse Eigenständigkeit der Präpositionalphrase betont, was in der gesprochenen Sprache durch die Realisierung in einer eigenen Intonationsphrase geschieht.

Erweiterungsstrukturen sind, wie Auer (2006a: 288) zeigt, „keineswegs ein marginales Phänomen", „das zum Beispiel nur dann auftritt, wenn ein nächster

---

29 Nach Eisenberg (1999: 392) können Präpositionalphrasen ohne Probleme ausgeklammert werden. Eisenberg führt dabei sechs Beispiele mit seiner Einschätzung nach abnehmender Grammatikalität an, die von „Sie ist heute morgen sehr lange oben geblieben auf dem Eiffelturm" über „Wir haben Uschi begleitet auf ihrem Weg zur Weltspitze", „Er hat dich gesehen am vorletzten Abend" und „Sie haben gedacht an ihn" bis zu den als ungrammatisch eingestuften Beispielen „Sie haben gesehen ihn" und „Ihn haben gesehen sie" reichen. Die koordinierte Präpositionalphrase in Beispiel 41 (*in einer Zeitung und an der Fachhochschule*) würde dabei ähnlich wie der zweite Fall, den Eisenberg anführt („Wir haben Uschi begleitet auf ihrem Weg zur Weltspitze"), funktionieren: *Ich habe mich beworben in einer Zeitung und an der Fachhochschule* wäre ebenso möglich wie *Ich habe mich in einer Zeitung beworben und an der Fachhochschule*.

Sprecher seinen Beitrag verzögert und so Probleme des *turn-taking* zu bewältigen sind." Von der Möglichkeit, Äußerungen syntaktisch oder prosodisch markiert zu erweitern, wird vielmehr auch dann systematisch Gebrauch gemacht, wenn Informationen strukturiert oder neue Handlungen oder Teilaspekte eingeführt werden sollen. Im vorliegenden Beispiel ermöglicht es die prosodische Absetzung der Äußerung in Z. 172, die informationsstrukturelle Gewichtung ikonisch abzubilden: Hanna erwähnte mehrere Bewerbungen, und eine davon könnte dazu führen, dass sie schon „am ersten mÄrz" (Z. 165) mit der Arbeit beginnen müsste. Es stellt sich im weiteren Gesprächsverlauf heraus, dass es sich bei dieser Bewerbung um die bei der Zeitung handelt, während die Bewerbung bei der Fachhochschule noch ohne Resultat – also weniger relevant – ist. Dementsprechend fokussiert Hanna in der Folge auch auf die Bewerbung bei der Zeitung und es entwickelt sich eine längere Sequenz, die sich von Z. 194 bis Z. 371 erstreckt (vgl. das Transkript im Anhang) und in der Hanna über ihre Tätigkeit bei der Zeitung berichtet. Die Bewerbung bei der Fachhochschule dagegen wird erst im Anschluss daran (Z. 373 bis Z. 400) und sehr viel kürzer thematisiert.

Eine zweite Expansion, die allerdings nicht monologisch, sondern interaktional organisiert ist, findet sich in Z. 174. Auer (2006a: 291) geht durchaus auf die Tatsache ein, dass Äußerungserweiterungen auch interaktional – im Sinne einer „Ko-Produktion" von Äußerungen nach Helasuvo (2004), Lerner (1996; 2002) und Szczepek (2000a, b) – stattfinden können: „In einigen Fällen ist die Erweiterung mit einem Sprecherwechsel verbunden, in anderen ist es derselbe Sprecher, der weiterspricht."[30] In Z. 174 erweitert Renate Hannas Äußerung durch die Präpositionalphrase „fü:r PRAKtika". Hier liegt insofern eine ambige Struktur vor, als diese Phrase sowohl als kollaborative Äußerungsexpansion gewertet werden kann (inner ZEItung bewOrben; → und anner FACHhochschule. → für PRAKtika) als auch als Frage. Der stark fallende Tonhöhenverlauf indiziert dabei jedoch eher eine Feststellung – und somit eine Erweiterung des dritten Typs über einen syntaktischen Abschlusspunkt hinaus – als eine Frage. Hanna bestätigt Renates Erweiterung in Z. 177 durch „ja:" und erweitert in einer interaktionalen Expansion, die dem vierten Typ einer prospektiven Expansion zuzurechnen ist, Renates „für PRAktika" um „und volontariAT".

---

30 Vgl. Lerner (2004: 159), der nicht nur zwischen „self-initiated and self-completed as well as self-initiated and other-completed increments" (Inkremente, Äußerungserweiterungen) unterscheidet sondern auch zeigt, dass diese Inkremente vom Gesprächspartner initiiert und dann selbst- oder fremddurchgeführt werden können („other-initiated increments that are also other-completed" und „other-initiated yet self-completed").

Der Ausschnitt zeigt sehr gut, weshalb im Fall von Sprache-in-Interaktion eine feste Orientierung am Satzmuster für die Interagierenden keinen Sinn macht: Durch Erweiterungen können die Äußerungen sehr viel flexibler gestaltet werden. Es können informationsstrukturelle Funktionen durch die Expansionstechniken wahrgenommen werden (wie im ersten Fall von Hannas Expansion) und es können interaktional betrachtet bereits bestehende Äußerungen von den Interagierenden als ‚Rohmaterial' dazu genutzt werden, eigenes Material anzuhängen und so sehr effizient zu kommunizieren.

Wie bereits erwähnt, sind „Probleme des Turn-Taking" zwar nicht der einzige Grund für eine Äußerungsexpansion, aber doch ein besonders wichtiger (Auer 2006a: 288). Das folgende Beispiel ist ein Beleg für eine Äußerungsexpansion, die Problemen des Turn-Taking geschuldet ist:

```
Beispiel 42
499    R      FERNbeziehung; ((lacht))
500           das (.) WILL al[les] organisIErt sein. °h
501    H                     [ja;]
502    R      an[sOn]sten äh (.) KLAPPT das nich. (.)
503    H        [ja;]
504    R      [°hhhhh weil-]
505    H   →  [wie (.) wie ] lange FÄHRST du?
506        →  bis (.) zu MARkus?
507    R      ä:hm von KASsel aus vIEr stunden. (.)
508    H      <<gehaucht> BOAH:;>
```

Während Hanna und Renate einen Besuchstermin von Hanna festzulegen versuchen, verweist Renate auf ihre Fernbeziehung und darauf, dass sie deswegen lange im Voraus planen muss (Z. 499–502). Daraufhin reagiert Hanna mit einer Frage („wie (.) wie lange FÄHRST du?"; Z. 505), die in diesem Kontext klar auf die Fernbeziehung und die Fahrdauer von Renate zu ihrem Freund bezogen werden kann. Die Frage ist auf allen Ebenen als abgeschlossene Einheit konfiguriert, sie ist syntaktisch, semantisch, funktional/pragmatisch und durch die stark steigende Tonhöhe am Ende auch prosodisch als vollständige Gestalt erkennbar (Auer 2010 spricht von einer deutlichen „Zäsur", die in diesem Fall nach „du?" anzusetzen wäre). Renate reagiert allerdings nicht unmittelbar mit einer Antwort auf die Frage, was damit zusammenhängen kann, dass sie während eines Teils der Frage in Überlappung bereits selbst einen Redebeitrag gestartet und dann abgebrochen hat: „°hhhhh weil-" (Z. 504). Hanna fügt inkrementell die „prospektive syntagmatische Expansion" (Auer 2006a: 285) „bis (.) zu MARkus" an, die nur durch die Realisierung in einer eigenen Intonationsphrase den Charakter einer Äußerungsexpansion erhält. Ein möglicher Grund für diese Erweiterung könnte darin bestehen, dass damit das Entstehen einer in der Präferenzstruktur von Frage-Antwort-Nachbarschaftspaaren als dispräferiert wahrgenommene Pause (vgl. Schegloff 1968 zu einer Analyse der Struktur präferierter und dispräferierter Reaktionen auf erste Teile von Nachbarschaftspaaren) vermieden wird und das daraus resultierende „Problem des Turn-Taking" schnell behoben werden kann. Im Anschluss an diese Erweiterung liefert Renate dann schließlich den erwarteten zweiten Teil des Frage-Antwort-Nachbarschaftspaars: „ä:hm von KASsel aus vIEr stunden." (Z. 507).

Ein weiterer Grund, warum SprecherInnen ihre Äußerungen inkrementell erweitern, besteht darin, dass sie Verstehensproblemen vorbeugen wollen, indem sie vage Äußerungen im Nachhinein schrittweise klarifizieren. Ein solcher Fall einer Äußerungserweiterung findet sich in Beispiel 43:

```
Beispiel 43
779    R       <aber man kAnn das ja_mal wieder AUFfrischen. <sehr
               schnell>>
780    H       ja sie hat mir IRgendwann zwischendurch mal (.)
               Irgendwie geschrIEben. (.)
781    R       aHA, (.)
782    H   →   aber das is AUCH [schon] Ewigkeiten her, (.)
783    R                        [ja,  ]
784    R       ich hab auch [WIRKlich an- ]
785    H   →                [also beSTIMMT] n jahr. (.)
786    R       an [ihrem geBURTS]tag das letzte mal mit ihr
               gesprOchen.
787    H   →      [MINdestens.  ]
788    R       is SCHON;
789    H       ja,
790    R       im okTOber gewesen;
791            NAja.
792    H       <ha:; <enttäuscht>>
```

Die inkrementelle Struktur in Z. 782 und 785 kann im Sinne von Auers (2006a: 285) Klassifikation dem ersten Typ der „Weiterführungen, die ein Element in der Vorgängerstruktur ersetzen", zugeordnet werden, bzw. spezieller den Weiterführungen im Sinne einer Reparatur oder Präzisierung einer Vorgängeräußerung: Der ungenaue und hyperbolische Ausdruck „Ewigkeiten her" (Z. 782) wird durch die konkretere Angabe „also beSTIMMT n jahr" (Z. 785) ersetzt.[31]

---

[31] Diese Struktur weist Ähnlichkeiten mit den von Antaki/Wetherell (1999: 7) beschriebenen „show concessions" auf, bei denen zu gesprächsrhetorischen Zwecken zunächst eine übertriebene Aussage präsentiert wird, die dann in einer inszenierten Einräumung („making a show of conceding") zurückgenommen wird. Die Funktion dieses Musters besteht darin, dass trotz der Rücknahme der übertriebenen Formulierung diese implizit weiter erhalten bleibt. Auch im vorliegenden Fall bleibt trotz der Präzisierung auf „n jahr" die Einschätzung als „Ewigkeiten her" weiter bestehen. Es handelt sich daher um keine Reparatur im engeren Sinne, in der das Vorgängerelement komplett ersetzt und damit getilgt wird.

Renate behandelt allerdings die Äußerung „aber das is AUCH schon Ewigkeiten her" (Z. 782) als geschlossene Gestalt und steigt in Z. 784 mit einem eigenen Redebeitrag ein („ich hab auch WIRKlich an-"). Sie unterbricht ihren Beitrag kurz, während Hanna das Inkrement liefert, und recycelt dann das Pronomen der unterbrochenen Präpositionalphrase für ihren Neustart („ich hab auch WIRKlich an- an ihrem geBURTStag das letzte mal mit ihr gesprOchen"; Z. 784-786). Dieser Typ der Selbstreparatur, das „Wiederholen eines Elements während einer Überlappung", ist typisch für Reparaturen in einer „kompetitiven Überlappung" (Egbert 2009: 79), in der zwei oder mehr SprecherInnen jeweils mit ihren eigenen Äußerungsplänen fortfahren.

Es wird deutlich, dass Renate Hannas Äußerung auf mögliche Abschlusspunkte (bzw. Zäsuren) hin überwacht, an deren Ende sie selbst einsteigen kann. Die Feststellung solcher möglichen Abschlusspunkte ist für die Gesprächsteilnehmerinnen hoch relevant, da sie im Normalfall für die Übernahme des Rederechts die geeigneten Stellen bilden:

> Interaktionsteilnehmer bilden also bei der *on-line*-Prozessierung der Gesprochenen Sprache keine Einheiten, sie müssen aber ständig mögliche Abschlusspunkte erkennen. Diese Abschlusspunkte können mehr oder weniger gut konturiert sein. Optimale (d.h. prägnante) Gestaltschlüsse sind dann erreicht, wenn an einem Punkt sämtliche syntaktische, prosodische und semanto-pragmatische Projektionen abgearbeitet sind. Weniger prägnante Gestaltschlüsse sind nur auf einigen dieser drei Dimensionen eindeutig markiert oder sind innerhalb einer oder mehrerer Dimensionen nicht eindeutig markiert. Prägnante Gestaltschlüsse sind zugleich gute Kandidaten für die Übergabe des Rederechts. Das *turn taking* erfordert also eine *on-line*-Analyse der laufenden Sprachproduktion des Sprechers in formaler und inhaltlicher Hinsicht, denn gut erkennbare Gestaltschlüsse können turnübergaberelevant sein. (Auer 2010: 12)

Doch während Renate in Z. 786 erneut ansetzt, zeigt sich, dass Hanna ihre vorige Äußerung nochmals um eine Erweiterung des ersten Typs nach Auers Klassifikation ausbaut, indem sie mit dem Adverb „MINdestens" aus Z. 787 das Adverb „beSTIMMT" aus Z. 785 repariert. Gestaltschlüsse können zwar als Indizien dafür dienen, wann eine Turnübergabe erfolgen kann, es besteht aber keine Garantie dafür, dass eine Äußerung nach einem optimalen Gestaltschluss auch tatsächlich beendet ist. Wenn, wie im vorliegenden Fall, eine Äußerung auf Grund zu vager Angaben als potentielle Problemquelle identifiziert wird, können Äußerungserweiterungen zur schrittweisen Reparatur eingesetzt werden.[32]

---

[32] Diese Technik kann daher dem großen Bereich der Verstehenssicherungen zugerechnet werden (vgl. Deppermann/Schmitt 2008).

Schematisch kann man die Annäherung von Hanna an die endgültige Aussage *das ist auch schon mindestens ein Jahr her* wie folgt darstellen:

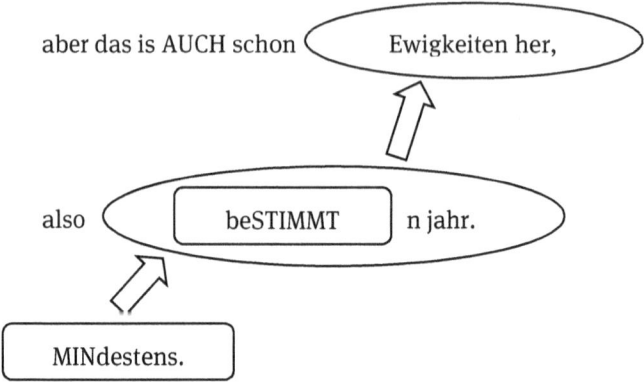

Der schrittweise Ausbau von Renates Äußerung stellt ein anschauliches Beispiel für die allgegenwärtige „chunking"-Technik (bzw. *on-line*-Produktion) gesprochener Sprache dar. Die Äußerungserweiterung geht dabei mit einer langsamen semantischen Umgestaltung einher bzw. kann als prozessuale Annäherung an eine Aussage, mit der Hanna zufrieden ist, begriffen werden.

Ein besonderer Fall der Äußerungserweiterung betrifft Adverbien, die nach der rechten Satzklammer produziert werden. Manche dieser Erweiterungen können auf den ersten Blick eindeutig Auers (2006a: 285) drittem Typ einer retrospektiven syntagmatischen Erweiterung zugerechnet werden, da sie tatsächlich aus einer normgrammatischen Perspektive fehlplatziert sind, also vor der rechten Satzklammer, vor dem syntaktischen Abschlusspunkt produziert werden müssten. Bei anderen fehlt dagegen ein solcher Abschlusspunkt und ihre Einordnung ist entsprechend weniger klar:

```
Beispiel 44
132    R     weil [dAs] ist immer das was mEIne eltern mich
             FRAgen,
133    H          [ja-]
134    R     ob ich nicht dann extra [KOMmen könnte;]
135    H                             [((lacht    ))]
136    R     und (.) (    )
137    H     ne:, ((lacht))
138      →   [wir können ja] n HAUSsitter (.) bUchen [hier;]
139    R     [(            )]                        [ja::;]
140    H  →  IRgendwo; ((lacht))

Beispiel 45
074    H     IS_er [nich also- ]
075    R           [ach ne beim] UMzug,
```

```
076          das kannst verGESsen.
077       →  der liegt jetzt in irgendner kIste wahrSCHEINlich,
             (.)
078          [un:d-]
```

Mit den Adverbien *hier* und *irgendwo* sind im ersten Beispiel gleich zwei Adverbien nach der rechten Satzklammer des Satzes in Z. 138 positioniert, die kanonisch im Mittelfeld hätten realisiert werden müssen. Gerade für das Adverb *hier* kann allerdings empirisch gezeigt werden, dass dieses Adverb nicht nur in Ausnahmefällen nachfeldfähig ist, sondern fast schon regelhaft dort realisiert wird: Imo (2011a) zeigt, dass *hier* mit weitem Abstand das häufigste Adverb ist, das nach der rechten Verbklammer produziert wird und das dort der Verankerung von Äußerungen im Sprechkontext dient.

Während „hier" in Z. 138 prosodisch nahtlos an die Vorgängeräußerung angebunden ist und somit als integraler Teil des Satzes erscheint, wird das folgende Adverb „IRgendwo" (Z. 140) in einer eigenen Intonationsphrase geäußert und wirkt somit deutlich stärker abgesetzt. In der Terminologie von Zifonun et al. (1997: 1672) handelt es sich dabei um eine Unterscheidung zwischen „Nachtrag" und „Zusatz", wobei beide im Nachfeld produziert werden, der Nachtrag jedoch prosodisch nicht markiert wird, während der Zusatz markiert wird (eine detaillierte Diskussion und Kritik an diesem Konzept findet sich in Imo 2011a).

Im zweiten Beispiel liegt zwar kein syntaktischer Abschlusspunkt vor, das Adverb (bzw. Modalwort) „wahrSCHEINlich" (Z. 077) wird jedoch erst am Äußerungsende produziert, während man schriftsprachlich eher eine Satzstruktur wie *Der liegt jetzt wahrscheinlich in irgendeiner Kiste* erwarten würde.[33]

Die hier dargestellten Fälle von Adverbien und Modalwörtern am Äußerungsende – sowohl prosodisch integrierte wie „hier" im ersten Beispiel und „wahrSCHEINlich" im zweiten Beispiel als auch prosodisch nicht-integrierte wie „IRgendwo" im ersten Beispiel – stellen insofern einen Sonderfall von Expansionen dar, als es sich um eine so weit verbreitete Struktur handelt, dass man dabei eher von einem etablierten syntaktischen Muster als von einer prozessualen *on-line*-Erweiterung ausgehen kann (vgl. Imo 2011a). Die äußerungsfinale Platzierung solcher Einheiten hängt mit der Tatsache zusammen, dass die „Satzränder" (Selting 1994) typischerweise die Orte sind, an denen metakommunikatives, gesprächssteuerndes und themenorganisierendes Material bevorzugt platziert wird. Barden/Elstermann/Fiehler (2001) und Fiehler (2006) verwenden dabei den Begriff der „Operator-Skopus-Strukturen", bei denen ein Element als Operator fungiert, der Verstehensanweisungen in Bezug auf die

---

33 Eine parallele Struktur *nach* einem Abschlusspunkt hat Auer (2006a: 285) auch in seinen Daten beschrieben: „die ham gestern @ zuviel geSCHNAPselt. (-) **wahrscheinlich.**"

Modalität, die textuelle Relation, den Wahrheitsgehalt etc. einer Äußerung angibt. Diese Operatoren werden sehr häufig vor einer Äußerung (im Vor-Vorfeld) realisiert, manche davon (wie z.B. *ehrlich gesagt*) aber auch nachgestellt. Dadurch wird auf syntaktischer Ebene eine Trennung erreicht, die die beiden Teile der (1) *semantisch* relevanten Äußerung (der Proposition) und (2) des Metakommentars, d.h. der auf der *pragmatischen* Ebene durchgeführten Kommentierung der Äußerung, ikonisch abbildet.

Bislang wurden Verfahren diskutiert, die in einem engeren Sinne darauf bezogen sind, das mögliche Ende von Äußerungen zu überschreiben. Der Fokus lag dabei vor allem auf dem rückblickenden Aspekt, d.h. die Expansionen wurden als Fortführungen der Vorgängerstruktur gesehen. Rückblickende Äußerungserweiterung und vorausblickende Projektion neuer Äußerungseinheiten sind jedoch meist eng miteinander verbunden, wie das folgende Beispiel zeigt:

```
Beispiel 46
695   H      aber dann IN den Osterferien wIll sie sich gerne mit
             mir trEffen; (.)
696   →   und ZWAR- (.)
697   →   nicht in kAssel oder in bremerhAven sondern in
      →   HILdesheim.> (.)
```

Hannas Satz in Z. 695 ist syntaktisch und semantisch vollständig und durch die fallende Tonhöhe am Ende sowie die Mikropause im Sinne eines „möglichen Gestaltschlusses" (Auer 2010: 2) als abgeschlossen markiert. Doch dann wird die adverbiale Präpositionalphrase mit der Ortsangabe inkrementell nachgetragen (Z. 696–697). Auffällig ist dabei, dass die Ortsangabe in Z. 697 durch „und ZWAR" sowie die Mikropause deutlich abgesetzt wird. Altmann (1981: 102) bezeichnet *und zwar* als „typische Einleitungsfloskel", die dazu dient, einen „Nachtrag" einzuleiten.[34] Worin besteht der „Mehrwert", einen Äußerungsteil auf diese Weise als „Nachtrag" oder „Zusatz" hervorzuheben? Wie Günthner (2011a) zeigt, ist die Verwendung von *und zwar* eng mit Aspekten der Dialogizität verbunden: Mit *und zwar*, das eine deutliche Nähe zu Diskursmarkern aufweist, also gesprächsorganisatorisch wirkt, werden Einheiten projiziert, die sich in besonderem Maße „an vermeintlichen Erwartungen des Gegenübers" orientieren. Hanna verwendet *und zwar* als ein rahmendes Element, mit dem sie die folgende Ortsangabe als besonders relevante Information bzw. als Höhepunkt ihrer angekündigten „sAche" (Z. 686) hervorheben kann. *Und zwar* hat somit einen inszenierenden Charakter, mit dem die Präsentation von Hannas Äuße-

---

[34] Ähnlich argumentieren Zifonun et al. (1997: 1648), die allerdings für diese prosodisch hervorgehobenen, inkrementell gelieferten Einheiten den Begriff „Zusatz" verwenden.

rung auf einen Höhepunkt hin (vgl. Z. 697: „nicht in kAssel oder in bremerhAven sondern in HILdesheim") zusätzlich unterstützt wird.

Mit *und zwar* wird somit wie mit einem Scharnier auf der einen Seite retrospektiv eine Äußerungserweiterung markiert, also angezeigt, dass der „mögliche Satz" (Selting 2007a: 104) „IN den Osterferien wIll sie sich gerne mit mir trEffen" (Z. 695) noch nicht als vollständige Einheit aufzufassen ist, auf der anderen Seite wird prospektiv eine nächste Handlung angekündigt, die hier zugleich auch die Hauptinformation bereitstellt. Die gesamte Äußerung in den Zeilen 695 bis 697 ist somit weder als eine in sich geschlossene Einheit im Sinne eines Satzes zu betrachten noch handelt es sich auf der anderen Seite um zwei autonome Äußerungen: Die Äußerungsteile in Z. 695 und 697 werden als halb autonome und halb integrierte Einheiten präsentiert, die mit *und zwar* geklammert werden.[35]

Die projektive Kraft, die *und zwar* hat, führt zum nächsten Abschnitt, in dem der Frage nachgegangen werden soll, wie die Einheitenbildung am *Anfang* von Äußerungen verläuft.

6.2.2 Projektionen

Der Anfang von Äußerungen kann – ebenso wie das Ende – hoch komplex aufgebaut sein. Am Beispiel von „Projektorkonstruktionen" soll gezeigt werden, wie ein solch komplexer Einstieg in Äußerungen aussehen kann. Kurz bevor der Transkriptausschnitt in Beispiel 47 einsetzt, berichtet Hanna Renate, dass sie von der Zeitung für die familienfeindlichen Termine eingesetzt wird. Renate fragt daraufhin nach, ob sie das denn gut findet und Hanna bejaht das vorbehaltlos. Sie fügt in Z. 280 als Grund dafür an, dass diese Termine für sie völlig unproblematisch sind, da sie „ja keine schreienden kinder" von der Arbeit abhalten und sie daher auch beliebige Termine wahrnehmen kann:

```
Beispiel 47
280    H    MICH halten ja keine schreienden kinder <<lachend>
            von irgendwas ab.>
281    R    ja KLAR. (.)
```

---

[35] Eine Konstruktion, bei der ebenfalls eine Zwitterstellung zwischen einer rückblickenden Anbindung an eine Vorgängeräußerung bei gleichzeitiger Projektion von – allerdings nicht verbalisierten – Folgehandlungen zu beobachten ist, ist die Aposiopese. Vor allem „Mikro-Aposiopesen" wie *von daher* oder *insofern* weisen diese Struktur in besonderem Maße auf. Aus Platzgründen kann auf diese Strukturen hier nicht weiter eingegangen werden. Eine ausführliche Analyse findet sich in Imo (2011e).

```
282            (1) ich dEnk halt nur (1)
               (2) wenn das irgendwie jetzt gAnz sponTAN is,
283            und du entweder was ANderes vor hast, (2)
284            (3) Oder wenns halt relativ weit WEG ist; (.) (3)
285     R      also da musste ja immer mit m AUto hin oder nIch- (.)
286     H      °h JA: [aber das-      ]
287     R             [oder wie groß ] IS der Umkreis so:-
```

Renate akzeptiert Hannas Begründung zwar im Kern, meldet aber doch einige Bedenken an: Durch die Kombination aus der Modalpartikel und dem Adverb („halt nur"; Z. 282) wird der folgende Einwand als nicht grundsätzlicher Widerspruch markiert, sondern es wird angezeigt, dass nun auf einen anderen inhaltlichen Aspekt fokussiert wird. Diese Refokussierung geschieht durch ein komplexes Gefüge an so genannten „Projektorkonstruktionen", die in dem Transkriptausschnitt durch die Nummern (1) bis (3) markiert sind.

Das Konzept der Projektorkonstruktionen wurde von Günthner (2008a, b, c) und Günthner/Hopper (2010) für das Deutsche entwickelt. Es baut auf der Grundlage der *„on line*-Syntax" von Auer (2000, 2005a und 2007a) auf, die der Zeitlichkeit der Produktion und Rezeption von syntaktischen Strukturen in der gesprochenen Sprache einen hohen Stellenwert zuschreibt (vgl. die Diskussion der *on line*-Syntax in Abschnitt 4.2.2.). Die Grundstruktur von Projektorkonstruktionen besteht darin, dass der erste Teil, der *A*-Teil der Konstruktion, eine Gestalt aufbaut, die von den Rezipierenden „nach dem gestaltpsychologischen Prinzip der ‚guten Fortsetzung'" insofern in ihrem Fortgang vorausgesagt werden kann, als sie „die Produktion einer mehr oder weniger präzise vorhersagbaren Abschlussstruktur" erwartbar macht (Auer 2006b: 239). Der Vorteil dieser die Zeitlichkeit gesprochener Sprache ausnutzenden Struktur besteht darin, dass die SprecherInnen sich so lange das Rederecht sichern können, bis der *B*-Teil geliefert ist. Das prädestiniert den *A*-Teil dafür, dort Elemente unterzubringen, die nicht mit dem propositionalen Gehalt zusammenhängen, sondern mit metakommunikativen und pragmatischen Faktoren der Äußerungsmodalisierung und Sequenzstrukturierung. Würde der propositionale Gehalt einer Äußerung bereits im *A*-Teil produziert, bestünde für die RezipientInnen kein (oder nur ein geringer) Grund, dem jeweiligen Sprecher das Rederecht zu belassen. Im vorliegenden Fall werden zwei Projektorkonstruktionen eingesetzt, die beide eher Funktionen auf der äußerungsmodalisierenden und -kommentierenden Ebene als auf der propositionalen Ebene haben: Zunächst wird die Floskel „ich dEnk halt nur" (Z. 282) zur Rahmung einer Meinungsäußerung eingesetzt. Das Verb *denken* wird als Kern einer projizierenden Phrase verwendet, die auf die Anführung und somit Projektion einer Einschätzung oder Meinung verweist,[36] wobei das Adverb *nur* diese noch zu liefernde Einschätzung als – allerdings in seiner Reichweite begrenzten – Einwand kennzeichnet und die Modalpartikel *halt* den Einwand als erwartbar markiert.

Der Vorteil einer solchen Projektorkonstruktion liegt auf der Hand: Die Rezipientin wird bereits vor der Äußerung in Bezug auf die pragmatischen Aspekte der kommenden Äußerung ‚vorgewarnt', kann sich also darauf einstellen, dass Renate erstens eine persönliche Einschätzung liefert, die zweitens die positive Antwort von Hanna auf die Frage, ob sie das gut findet, anzweifeln wird. Solche ‚Vorwarnungen' bezüglich des Inhalts oder des pragmatischen Gehalts von Äußerungen sind wichtig, um Missverständnisse und ein ‚aneinander Vorbeireden' zu minimieren.[37]

Der ersten Projektorkonstruktion folgt eine zweite, die aus einer umfangreichen *wenn*-Konstruktion besteht. Versucht man, die beiden *wenn*-Sätze (von denen einer als komplexer Satz mit *und* koordiniert ist) in kanonische *wenn-dann*-Relationen zu bringen, so stellt man fest, dass dies nur mit dem letzten Satz gelingt.

```
Beispiel 48
282    R   →   ich dEnk halt nur wenn das irgendwie jetzt gAnz
               sponTAN is,
283            und du entweder was ANderes vor hast,
284        →   Oder wenns halt relativ weit WEG ist; (.)
285            also da musste ja immer mit m AUto hin oder nIch- (.)
```

Hier könnte der *wenn*-Satz „wenns halt relativ weit WEG ist" (Z. 284) noch als Protasis des Folgesatzes „also da musste ja immer AUto hin oder nIch" analysiert werden. Diese Lesart würde Folgendes bedeuten: *Wenn die Konzerte weit weg sind, dann muss Hanna mit dem Auto fahren.* Allerdings ist diese Interpretation nicht besonders plausibel, wenn man den Kontext betrachtet: Die Lesart dieser *wenn-dann*-Beziehung würde nicht auf das von Renate angesprochene Problem abzielen, das darin besteht, dass der Einsatz zu Terminen, auf die die übrigen MitarbeiterInnen keine Lust haben, für Hanna möglicherweise ebenfalls nicht angenehm ist. Diese letztere Fokussierung wird durch den vorangehenden komplexen *wenn*-Satz in den Zeilen 282 und 283 nahe gelegt, der

---

[36] Vgl. zu der ganz ähnlich gelagerten projizierenden Struktur mit *meinen* Imo (2007a: 182–190).

[37] Vgl. auch Stein (2004: 280), der eine wichtige Aufgabe von Formulierungsroutinen in der mündlichen Kommunikation darin sieht, dass sie „als bewährte, habitualisierte oder konventionalisierte Lösungen für wiederkehrende Kommunikations- und Formulierungsprobleme" dazu beitragen, dass auf der „Ebene der sozialen Organisation" Kommunikationsprobleme vermieden werden.

wiederum dafür sorgt, dass auch der *wenn*-Satz in Z. 284 nicht ‚kanonisch', d.h. als Protasis, wahrgenommen wird. Eine Folgerelation ist bei dem Satz „wenn das irgendwie jetzt gAnz sponTAN is und du entweder was ANderes vor hast" (Z. 282–283) nicht konstruierbar. Somit scheinen alle Sätze – inklusive der vermeintlichen Apodosis „also da musste ja immer mit m AUto hin oder nIch" (Z. 285) ohne Bezugssyntagma zu stehen.[38] Es handelt sich um mehr oder weniger autonome Punkte auf einer Liste möglicher negativer Einwände gegen Hannas Tätigkeiten.

In einer Analyse eines Gesprächsausschnitts aus der Fernseh-Sendung *Big Brother* beschreibt Auer (2007a: 105) einen ähnlichen Fall eines komplexen *wenn*-Satzes, in dem die Sprecherin (Adr = Andrea) selbst keine Apodosis liefert, diese dann aber nach einer langen Pause von 3 Sekunden durch Sabrina (Sbr) (Z. 06) bereitgestellt wird:

```
Beispiel 49 (Transkript zitiert aus Auer 2007a: 105)
01    Adr:   <<h;all>(-) ich bin da> wesentlich
             verSCHWENderischer.>
02    Jrg:   das sind wir ALle.
03    Adr:   wenn ich zu hause sehe;
04           IHR ja noch nich ma;
05           (was) ICH alles wegschmeiß,
06           (3.0)
07    Sbr:   das_s ne SÜNde.
```

Lines 03–06 bracketed as Protasis; line 07 bracketed as Apodosis.

Auer (2007a: 105) analysiert dieses Beispiel wie folgt:

> Dass Andrea nach dem *wenn*-Satz eine längere Pause entstehen lässt, legt nahe, dass sie selbst keine Fortsetzungsabsicht hatte. Solche Fälle von Aposiopese laden zur tatsächlichen oder ‚gedanklichen' Fortsetzung der begonnenen Struktur durch die Rezipienten ein und können strategisch verwendet werden.

Auch in Beispiel 48 realisiert Renate die komplexe *wenn*-Satz-Struktur als Aposiopese. In den *wenn*-Sätzen werden drei Gründe angeführt, warum Renate das Arrangement mit der Zeitung, von dem Hanna berichtet, problematisch findet: Die Tatsache, dass die Aufträge sehr kurzfristig kommen können (Z. 282), dass Hanna möglicherweise andere Termine dafür fallen lassen muss (Z. 283) und dass die Orte möglicherweise weit entfernt und nur mit dem Auto zu erreichen sind (Z. 284–285).

In ihrer Analyse der unterschiedlichen Funktionen von *wenn*-Sätzen im gesprochenen Deutsch verweist Günthner (1999b: 231) auf die besondere Flexibili-

---

[38] Auch der Diskursmarker *also* („also da musste ja immer mit m AUto hin"; Z. 285) ist ein Indikator dafür, dass die Äußerung einen selbstständigen Argumentationsschritt darstellt.

tät, die diese Strukturen auszeichnet. So zeigt sich, dass die *wenn*-Teile eine „relative Eigenständigkeit" besitzen, „die den Sprecher/innen gestalterische Flexibilitäten liefern, die über die eines topologisch integrierten *wenn*-Satzes hinausgehen und gerade für Gegebenheiten der gesprochenen Sprache von Relevanz sind". Renate kann sich mit Hilfe des komplexen *wenn*-Satz-Gefüges über einen längeren Zeitraum das Rederecht sichern.[39] Danach hat sie dann immer noch die Option, am Ende die projizierte Apodosis offen zu lassen oder der „'gedanklichen' Fortsetzung" (Auer 2007a: 105) durch Hanna zu überlassen und einen Teilaspekt aus ihrem *wenn*-Satz-Gefüge als Grundlage einer neuen thematischen Sequenz auszuwählen.

Neben formal sehr variabel realisierbaren Projektorkonstruktionen auf der Basis von *verba dicendi* oder *sentiendi* sowie auf der Basis von *wenn*-Sätzen, wie eben im Kontext von Beispiel 48 analysiert,[40] gibt es auch eine Reihe von floskelhaften Projektorkonstruktionen, die als Routineformeln eingesetzt werden können. Es handelt sich dabei um Phrasen wie *die Sache ist, das Ding ist, die Frage ist, der Punkt ist* etc. (ausführlich dazu Günthner 2008a). Zwei dieser Floskeln – *die Sache ist* und *die Frage ist* – sollen hier besprochen werden:

```
Beispiel 50
340    H        [des wAr dann so (.) COOL.        ]
341    R   →    [weil SONST ist halt die sAche;]
342             du kannst dich nIch so richtig zuRÜCKleh:nen und des
                genIEßen;
343             du musst dann halt SCHO:N irgendwie dir auch
                zwischendurch notIzen machen;

Beispiel 51
386    H        KÖNnte es ja theoretisch sein dass die sEhr schnell
                EInstellen ne,
387    R   →    die frAge is halt immer nur bei d' solchen
                hOchschulen oder auch FACHhochschulen- (.)
388        →    die müssen erstmal diese verTRÄge dUrchkriegen ne?
389             [dann dann] hOcken die da: (.) inner verWALtung,(.)°h
390    H        [ja oKAY. ]
391    R        un::d also das kEnn ich von meinem EIgenen vertrAg;
392             das hat äh sechs wOchen mindestens geDAUert;
393             bis das halt [mal DURCH] war. (.)
394    H                     [ACH gott.]
```

---

39 Wegner (2010: 90) analysiert beispielsweise einen extrem komplexen *wenn*-Satz, der aus insgesamt 12 Intonationsphrasen besteht und sich über eine zeitliche Dauer von 30 Sekunden erstreckt. Eine der Funktionen, die dieser lange *wenn*-Satz hat, besteht darin, dass sich die Sprecherin damit das Rederecht gegen Versuche der Turnübernahme durch GesprächspartnerInnen sichert.
40 Auch die von Günthner (2008a) analysierten Pseudocleft-Konstruktionen und Extrapositionen gehören zu dieser offenen Gruppe.

In Beispiel 50 berichtete Hanna Renate kurz vor Einsetzen des Transkriptausschnitts, dass sie bei der Zeitung, bei der sie als freie Mitarbeiterin arbeitet, für den Kulturteil zuständig ist und für die kulturellen Veranstaltungen entsprechend Freikarten bekommt. Hanna freut sich darüber, weil sie diese Veranstaltungen ohnehin interessieren (Z. 335), was Renate emphatisch positiv bestätigt (Z. 336: „ja geNAU"). In Z. 341 bringt Renate nun aber einen möglichen Einwand, der in Frage stellt, ob es für Hanna wirklich ein optimales Arrangement ist. Dieser Einwand wird mit der Floskel „SONST ist halt die sAche" (Z. 341) eingeleitet und in den Zeilen 342–343 präsentiert. Günthner (2008a: 102) stellt fest, dass Floskeln mit „die Sache ist" eine Rahmungsfunktion haben, sie kündigen eine Folgeäußerung an:

> Der A-Teil stellt [...] eine prosodisch eigenständige (jedoch meist ‚Unabgeschlossenheit' markierende), syntaktisch nicht abgeschlossene und nicht turn-konstitutive Einheit dar, die von einem potentiell selbstständigen Syntagma fortgesetzt wird. Er fungiert als metapragmatischer Rahmen, der die Aufmerksamkeit auf das Folgesyntagma lenkt.

Die Rahmungsfunktion der Äußerung „weil SONST ist halt die sAche" (Z. 341) besteht darin, im Sinne eines Kontextualisierungshinweises auf ein Problem oder eine Komplikation (eben die „Sache") hinzuweisen, die in der Folge näher erläutert wird. Das Adverb *sonst* und die Modalpartikel *halt* leisten dabei im vorliegenden Fall einen wichtigen Beitrag zur genaueren Spezifizierung der projizierten Folgeäußerungen. Die häufige Kombination von *die Sache ist*-Phrasen mit Partikeln und Adverbien wurde von Günthner (2008a: 101) in den von ihr untersuchten Daten ebenfalls festgestellt. Die Funktion dieser Wörter besteht darin, „die argumentative Ausrichtung (beispielsweise im Falle einer Nichtübereinstimmung oder einer Komplikation) [zu] kontextualisieren." Die angekündigte Komplikation wird in der eingelösten Projektion in Form zweier Hauptsätze in Z. 342 und 343 deutlich: Auch wenn es gut ist, dass Hanna Freikarten für Kulturveranstaltungen bekommt, so besteht der Nachteil darin, dass sie sich über die Aufführungen Notizen machen muss und sie sie daher nicht uneingeschränkt genießen kann.

Im zweiten Beispiel unterhalten sich Hanna und Renate über Hannas Bewerbung bei der Presseabteilung einer Fachhochschule. Hanna stellt die Frage, was die Fachhochschule wohl damit meint, wenn in der Ausschreibung steht, dass zum ‚nächstmöglichen Zeitpunkt' eingestellt würde. In Z. 386 gibt sie sich dann selbst eine Antwort, indem sie die Vermutung aufstellt, dass die Einstellung im Falle eines positiven Bewerbungsgesprächs „sEhr schnell" erfolgen könnte.

Diese Einschätzung wird von Renate nicht geteilt. Sie beginnt ihren Turn mit der floskelhaften Äußerung „die frAge ist halt" (Z. 387), die zu der Gruppe der phrasalen „Projektorkonstruktionen" wie auch *die Sache ist* und *das Ding ist* (Günthner 2008b) gehört.

Ähnlich wie *die Sache ist* dient *die Frage ist* „zur Einführung zentraler Informationen, Bewertungen und allgemein gültiger Maximen, zum Aufbau von Kontrastierungen, zum Aufbau einer Komplikation bzw. zur Dissensmarkierung etc." (Günthner 2008b: 170). Durch den Bedeutungsgehalt, den das Wort *Frage* (im Vergleich zu *Sache* oder *Ding*) zu der Funktion der Floskel beiträgt, wird eine Ankündigung aus dem Handlungsbereich *Komplikation oder Dissens anzeigen* erwartbar gemacht: Renate verweist auf die lange Bearbeitungszeit von Verträgen in deutschen Hochschulen und auf ihre eigene Erfahrung und problematisiert so Hannas optimistische Einschätzung einer schnellen Einstellung.

Eine Schwierigkeit bei der Kategorisierung von „die frAge is halt" besteht allerdings darin, dass diese Floskel hier sehr stark ausgebaut wird: „die frAge is halt immer nur bei d' solchen hOchschulen oder auch FACHhochschulen" (Z. 387). Dadurch überlagert sich der Charakter einer floskelhaften, phrasalen Projektorkonstruktion mit einem weiteren die zeitliche Struktur der gesprochenen Sprache nutzenden Muster, nämlich dem „freien Thema":[41] „Beim FT wird dem eigentlichen Satz eine Konstituente in eigener prosodischer Einheit vorangestellt und im Nachfolgesatz wiederaufgenommen." (Selting 1994: 302) Häufig besteht das freie Thema nur aus einer Nominal- oder Präpositionalphrase, kann aber auch eine komplexere Struktur aufweisen. In der Folgeäußerung wird das freie Thema oft durch eine Pro-Form wieder aufgegriffen. Die Funktion des freien Themas besteht darin, „einen eigenständigen semantischen Fokus vor dem Satz" (Selting 1994: 304) zu erzeugen. Dies führt zu einer Portionierung der Äußerung in zwei Teile mit je eigenem semantischen und pragmatischen Gewicht: Der erste Teil in Z. 387 etabliert das Thema „bei d' solchen hOchschulen oder auch FACHhochschulen", der zweite Teil in Z. 388 das Rhema „die müssen erstmal diese verTRÄge dUrchkriegen".

Es findet sich hier also eine doppelte Projektionsstruktur: Zuerst wird mit der Floskel *die Frage ist* eine Komplikation angedeutet, dann wird durch das

---

[41] Der Begriff der „Projektorkonstruktion" dient in dieser Verwendungsweise als Überbegriff für sehr unterschiedliche projizierende Konstruktionen: Günthner (2008b: 170) zählt als Kandidaten für Projektorkonstruktionen unter anderem „Pseudocleft-Sätze", „Extrapositionen", „Matrix-Komplementsätze", „Thematisierungsformeln", „Freie Themen", und *„es ist so-*Konstruktionen" auf. Die von ihr genannten *„die Sache ist/das Ding ist*-Konstruktionen" bilden dabei eine spezielle Untergruppe dieser Projektorkonstruktionen. Unter einem konstruktionsgrammatischen Blick, nach dem Konstruktionen ähnlicher Funktion oder Form in Netzwerken organisiert sind, ist eine Amalgamierung von Konstruktionen nicht verwunderlich, wie beispielsweise Günthner (2006d) in ihrer Analyse von „Pseudocleft-Konstruktionen" gezeigt hat.

Freie Thema der Verursacher des Problems genannt und schließlich das Problem selbst (nämlich die Zeit, die es dauert, einen Vertrag abzuschließen).

6.2.3 Fragmente und Zäsurierungen

Fasst man die bislang besprochenen, der Zeitlichkeit der Strukturentwicklung interaktionaler Syntax geschuldeten Mechanismen der Äußerungsexpansion sowie der Äußerungsprojektion zusammen, so entsteht ein Bild von Äußerungen, die in einem fortwährenden Wechsel- und Zusammenspiel aus prosodischen, syntaktischen, semantischen und funktionalen/pragmatischen Gestalten bzw. Zäsurierungen (Auer 2010) entstehen. Das gilt nicht alleine für den Anfang oder das Ende von Äußerungen. Wie die folgenden Beispiele zeigen, besteht der gesamte Aufbau eines Turns tatsächlich eher aus schwer definierbaren „Versatzstücken", für die Begriffe wie „chunks" (Sinclair/Mauranen: 2006) oder „fragments" (Hopper 2004) vorgeschlagen wurden, als aus normgrammatisch oder strukturalistisch vollständig zu beschreibenden Sätzen.[42]

Bevor der Auszug einsetzt, der in Beispiel 52 präsentiert wird, berichtete Hanna Renate von ihrer Bewerbung bei einer Zeitung. Sie sagt, dass der Tipp von Renate, sich nicht nur für eine Stelle zu bewerben, sondern zugleich auch die Bereitschaft anzuzeigen, ein Praktikum zu machen, wenn keine Stelle frei wäre, verantwortlich für ihren Bewerbungserfolg war. Renate ist sich allerdings nicht so sicher, ob diese Strategie grundsätzlich zum Erfolg führt („wEIß ich AUCH nich"; Z. 438):

```
Beispiel 52
438   R       °hhh wEIß ich [AUCH] nich.
439   H                     [mhm;]
440   R    →  ALso:-
441   H    →  also ich HABS jetzt eben so gemAcht,
442           [und und] (.) eh HAB auch direkt mit ihm gesprOchen,
443   R       [ja. ja.]
444   H    →  mit dem CHEF[redak]teur und der; (.)
445   R                   [oKAY.]
446   H       FAND das jetzt gut,
447        →  hat sich geFREUT und.
448   R       ja;
449   H       °hhh ähm da wird im sOmmer irgendwann n platz FREI?
```

---

42 Vgl. auch Beckner/Bybee (2009: 30), die dafür plädieren, dass „constituent structure, like all of grammar, is constantly undergoing gradual change". Nur mit einer solchen dynamischen Auffassung von Konstituentenstruktur können viele Phänomene des Sprachwandels und der Grammatikalisierung überhaupt erklärt werden.

```
450        →  (.) fürs volontariAT;
451        →  und er MEINte- °hh
452        →  wenn ich mich im PRAKtikum gut Anstell;
453        →  und in der freien MITarbeit und so;
454           hab ich da sEhr gute CHANcen drauf.
455     R     hat er dir schon geSAGT. (.)
456     H     hat er mir ge[SAGT.]
457     R                  [ja SU]per. (.)
458           hAnna das is RICHtig gut.
```

Renate projiziert in Z. 440 mit dem Diskursmarker „ALso:" (Dittmar 2002) eine Folgeäußerung, die über den funktionalen/semantischen Gehalt von *also* als Erläuterung ihrer skeptischen Haltung („wEIß nich AUCH nich"; Z. 438) angekündigt wird. Hanna ignoriert jedoch diese Projektion und beginnt selbst ihre Äußerung mit dem Diskursmarker „also" (Z. 441). Dass sie eine Projektion unterbricht und sich dessen bewusst ist, wird an mehreren Stellen in der Folgeäußerung deutlich: Zum einen wird durch das akzentuierte „HABS" in Z. 441 ein Kontrastakzent zu dem projizierten Einwand von Renate gesetzt, dass man auch anders bei einer Bewerbung vorgehen könnte. Zum anderen wird durch „eben" die vergangene Handlung als unwiderruflich markiert. Daraus ergibt sich die Schlussfolgerung, dass Einwände gegen Hannas Vorgehen nicht mehr relevant sind, da sich ihr Vorgehen bereits als erfolgreich herausgestellt hat.

Am Ende der Äußerung in Z. 441 weist die steigende Tonhöhe von „gemAcht," darauf hin, dass die Äußerung noch weitergeht. Mit „und und" sichert sich Hanna am prosodischen Einheitenanfang der folgenden Intonationsphrase das Rederecht und projiziert eine Fortsetzung: „eh HAB auch direkt mit ihm gesprOchen". Diese Äußerung, die wieder durch die steigende Tonhöhe am Ende sowie auch pragmatisch/funktional durch die Leerstelle, die das Verb *sprechen* eröffnet,[43] als unabgeschlossen markiert ist, wird dann inkrementell durch eine Weiterführung nach Typ 1 („mit dem CHEFredakteur" in Z. 444 ersetzt das Pronomen „ihm" in Z. 442) ausgebaut.

Am Ende der Präpositionalphrase zeigt sich nun besonders gut das Zusammenspiel prosodischer und syntaktischer Einheitenbildung: Nach „CHEFredakteur" wäre die syntaktische Einheit beendet, Hanna fügt jedoch nahtlos prosodisch angebunden die Konjunktion „und" und mit dem Pronomen „der" auch noch die Vorfeldbesetzung der Folgeäußerung an und sichert sich so sehr effektiv das Rederecht. Durch das eklatante Nicht-Zusammenfallen einer prosodischen und einer syntaktischen Einheit entsteht ein „chunk" oder „fragment",

---

[43] Es ist zu erwarten, dass im weiteren Verlauf das Resultat dessen präsentiert wird, worüber Hanna und der Chefredakteur gesprochen haben.

mit dem gleichzeitig rückblickend die Vorgängeräußerung ausgebaut und die Nachfolgeäußerung begonnen werden kann.

Neben den syntaktischen und prosodischen Gestalten, die jeweils das Ende einer möglichen Einheit aufbauen oder aufheben, ist auch eine funktionale Gestalt im Spiel, die eine weitaus größere Reichweite hat. Durch den Verweis auf das Gespräch mit dem Chefredakteur („HAB auch direkt mit dem gesprOchen"; Z. 442) projiziert Hanna auf der sequenziellen Ebene einen Bericht über dieses Gespräch („action projection" nach Auer 2005a: 8). Erst wenn diese Erzählung abgeschlossen ist, also das Ergebnis des Gesprächs präsentiert wurde, ist auch auf funktionaler Ebene das Ansetzen einer Zäsur und damit eine Redeübergabe möglich. Ford/Thompson (1996: 171) nennen diese Art der Zäsur „pragmatic or action completion".

Drei mögliche Einheiten, die über die Prosodie, die Syntax und die Funktion definiert werden, überlagern sich hier also und sorgen dafür, dass bis zum Ende von Hannas Erzählung in Z. 454 kein „optimaler Gestaltschluss" (Auer 2010: 11) vorliegt:

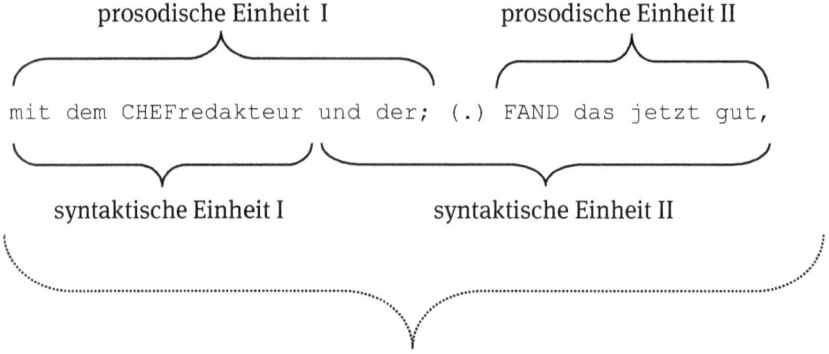

Am Ende der koordinierenden Struktur („FAND das jetzt gut, hat sich geFREUT"; Z. 446–447) wird die gleiche Methode angewandt wie zuvor in Z. 444. Wieder wird mit „und" ein stark projizierendes Element an eine abgeschlossene syntaktische Einheit angehängt.[44] Trotz der stark fallenden Tonhöhe am Ende der Intonationsphrase („und.") kann deshalb nicht von einer guten Zäsur gesprochen werden: Sowohl funktional (das Ende der Erzählung steht noch aus)

---

44 Lerner (2004: 154) nennt diese Einheiten „increment initiators": „I use the term increment initiator to encompass a range of grammatical practices that can be used to explicitly connect a next turn-constructional component to a possibly completed TCU as a continuation."

als auch syntaktisch (eine Fortsetzung wurde durch *und* projiziert) ist die Struktur unabgeschlossen. Renate zeigt durch das stützende Hörersignal „ja" (Z. 448) ihre Orientierung an der unabgeschlossenen Erzählung und in einer Folge aus projizierenden und expandierenden Einheiten beendet Hanna nun ihre Erzählung: Die Redeanführung „und er MEInte" (Z. 451) und der *wenn*-Satz in Z. 452–453 kündigen als Projektorkonstruktionen jeweils Folgeäußerungen an, während die Präpositionalphrase „fürs volontariAT" (Z. 450) die Vorgängeräußerung expandiert. Die Einordnung nach Auers (2006a: 285) Schema würde für diese Expansion den dritten oder vierten Fall ergeben, je nachdem für wie normgrammatisch korrekt platziert man die Präpositionalphrase „fürs volontariAT" im Nachfeld hält.

Mit „hab ich da sEhr gute CHANcen drauf" (Z. 454) wird nun endlich das Ergebnis des Gesprächs mit dem Chefredakteur – und somit der Höhepunkt der Erzählung – geliefert, das von Hanna mit einer positiven Bewertung (Z. 457 und 458) quittiert wird, womit zugleich auch die Erzählsequenz abgeschlossen wird.

Zusammenfassend kann Folgendes zu Hannas Erzählung gesagt werden: Über die gesamte Erzählung hinweg werden zwei konkurrierende Strategien verwendet, um auf der einen Seite weitere Äußerungseinheiten anzukündigen und auf der anderen Seite bereits gelieferte Äußerungseinheiten zu erweitern:

1. *Projizierende Struktur*: An bereits abgeschlossene Einheiten werden in derselben Intonationsphrase direkt jeweils entweder spezielle projizierende Einheiten angehängt oder sogar schon lexikalisches Material, das zu einer neuen Äußerung gehört. Diese Einheiten, die Lerner (2004: 154) als „increment initiators" bezeichnet, dienen dazu, das Rederecht zu sichern, indem potentielle Zäsurierungen (Auer 2010) sofort wieder ‚überschrieben' werden.

2. *Retrahierende Struktur*: Umgekehrt werden abgeschlossene Einheiten über verschiedene Strategien – Rechtsversetzung und Inkrement – expandiert und so zusätzliche Informationen jeweils in eigenen Intonationsphrasen präsentiert. Diese Technik kann mit Sinclair/Mauranen (2006) als „chunking" bezeichnet werden. Die Kerneinheit der von Sinclair/Mauranen (2006) entwickelten „Linear Unit Grammar" besteht aus so genannten „chunks",[45] die – ähnlich wie die „geschlossenen Gestalten" bei Auer (2010)

---

45 Vgl. auch die ähnlich gelagerten Ansätze von Chafe (1994) und Brasil (1995) sowie die ausführliche Diskussion in Abschnitt 6.2.4. Das Konzept des „chunks", wie u.a. von Beckner/Bybee (2009) vorgelegt, unterscheidet sich allerdings von diesen Ansätzen. Beckner/Bybee gehen bei „chunks" weniger von einer „Produktionstechnik" von Sprache aus als vielmehr von der Gestalthaftigkeit von „chunks", die dazu führen kann, dass bei häufigem Gebrauch zum Bei-

– jeweils aus einem Zusammenspiel von Syntax, Semantik, Funktion und Prosodie heraus durch ein mögliches Ende bestimmt sind:

> 'Chunkability' manifests itself in several aspects of language structure because of the abundance of perceptible boundaries. In the phonology there are stress and tone patterns that have beginnings and endings, and pauses and junctures of various kinds; all of these are potential indicators of the possible dimensions and extent of chunks. Syntax envisages a text as divisible into a number of units, starting with the sentence as the largest unit, and the morpheme as the smallest; in between are found clauses, phrases and words. Clause and phrase boundaries are potentially chunk boundaries [...]. [...] The perception of chunks, then, arises from a tension between the unfolding of a text word by word and the boundaries of the various analytic units, some of which coincide with each other. (Sinclair/Mauranen 2006, 130)

Diese Technik, die der zeitlichen Struktur gesprochener Sprache geschuldet ist, kann auch zu besonderen Funktionen instrumentalisiert werden. So kann beispielsweise in Erzählungen durch „chunking" zusätzlich Spannung erzeugt und auf den Höhepunkt der Erzählung hingearbeitet werden, indem die Informationen in kleine Einheiten verpackt geliefert werden. Auch im Kontext der Präsentation von Listen kann mit Hilfe des „chunking" die Unabgeschlossenheit einer Liste signalisiert werden, wie in Beispiel 53:

```
Beispiel 53
217   R    und äh wOzu biste wOfür biste jetzt ZUständig da?
218        was SCHREIBSte da?
219        (--)
220   H    Äh:: ich bIn in der kulTURredaktion. (.)
221        ich schrEIb (.) über (.) ehm theAter; (.) °h
222        ehm (.) Oper mUsical (.) ehm-
223   R    <<leise> DAS is ja cool.> (.)
224   H    JA:: also Alles was Irgendwie mit (.) mit bIldung und
   →       kultUr zu tun hat ich- °hh
225   R    ja:;
226   H →  ne-
227        Irgendwelche KLAssischen konzErte; (.) °h
228   →    ALso (.) joa. (.)
229   R    aHA,
230        über klAssische konzerte kannst du dich wirklich
           ÄUßern?
```

Auf die Frage nach den Tätigkeitsgebieten Hannas beginnt diese mit einer Auflistung („ich schrEIb (.) über (.) ehm theAter"; Z. 221 und „Oper mUsical"; Z. 222), die sie dann aber unterbricht. Durch die Responsiv-Diskursmarker-Kombi-

---

spiel eine komplexe Präpositionalphrase wie „in spite of" als Ganzes als Präposition reanalysiert werden kann, also zu einem „chunk" wird.

nation „JA:: also" in Z. 224 (vgl. Abschnitt 6.1.4) ratifiziert Hanna zugleich rückblickend Renates Bewertung und markiert vorausblickend ihre Folgeäußerung als Explikation, in der ihre ersten beiden Auflistungen aus Z. 221 und 222 als Bereiche, die „Irgendwie mit (.) mit bIldung und kultUr zu tun" haben, zusammengefasst werden.

Am Ende der rechten Verbklammer wäre potentiell eine Zäsur anzusetzen, denn aus semantischer und syntaktischer Sicht ist die Äußerung zu Ende. Wie bereits mehrfach erwähnt, unterscheidet Auer (2010: 12) bei Zäsurierungen, d.h. bei Markierungen des Abschlusses einer Einheit im Gespräch, nach der eine Turnübergabe erfolgen kann, zwischen „prägnanten" und „weniger prägnanten" Gestaltschlüssen. Erstere zeichnen sich durch einen Zusammenfall syntaktischer, semantischer (und funktionaler) sowie prosodischer Grenzmarkierungen aus, letztere „sind innerhalb einer oder mehrerer Dimensionen nicht eindeutig markiert" (vgl. für das Englische auch die Untersuchung von Ford/Thompson 1996). Da nach der rechten Verbklammer („hat"; Z. 224) auf syntaktischer und semantisch-funktionaler Ebene ein deutlicher Gestaltschluss vorliegt und somit eine übergaberelevante Stelle entsteht, bleibt Hanna, wenn sie das Rederecht behalten will, nur die Option, durch die prosodische Integration des Beginns einer nachfolgenden Äußerung in die Vorgängeräußerung den Gestaltschluss weniger prägnant zu gestalten, die Zäsur also zu überschreiben. Die interaktionale Relevanz dieser Markierung wird durch Renates Reaktion deutlich: Obwohl Hanna nach „ich" abbricht und einatmet, zeigt Renate durch ihr Hörersignal an, dass Hanna das Rederecht behalten kann. Durch das Vergewisserungssignal „ne" markiert dann Hanna einen Neustart ihrer Äußerung.

Vergewisserungssignale werden im Deutschen häufig zur Strukturierung von Äußerungen eingesetzt. So auch das Vergewisserungssignal „ne", das insofern eine Scharnierfunktion hat, als es einerseits rückblickend eine Anknüpfung an die unterbrochene Äußerung anzeigt, andererseits aber zugleich vorausblickend einen neuen Handlungsschritt ankündigt. Diese Art von *ne* kann dazu verwendet werden, Äußerungsschritte in kleine „chunks" (Sinclair/Mauranen 2006) zu verpacken und die Informationen somit zu strukturieren. Im vorliegenden Fall wird durch „ne" ein Wechsel von der allgemeinen Zuständigkeitsbeschreibung („irgendwas mit Bildung und Kultur") hin zu der Wiederanknüpfung an die den Zeilen 221–222 bereits begonnene Liste (die Auflistung von *Theater, Oper* und *Musical* als Arbeitsbereiche) durchgeführt, es werden „Irgendwelche KLASsischen konzErte" als drittes Aufgabengebiet an die Liste angehängt, die dadurch die typische dreiteilige Struktur erhält und als kommunikatives Projekt abgeschlossen ist.

Durch den Diskursmarker „ALso" (Z. 228) wird zwar von Hanna eine Folgeäußerung projiziert, diese Projektion wird aber durch das in fallender Tonhöhenbewegung geäußerte „joa" (vgl. Z. 228) direkt wieder abgebrochen, d.h. ein Handlungsabbruch wird signalisiert und die durch den Diskursmarker geleistete Ankündigung einer Folgeäußerung (und potentielle Fortsetzung der Liste) explizit wieder aufgehoben. Das „joa" stellt eine deutliche Markierung einer „Beendigung auf der Ebene der Bildung und Abgrenzung von Turnkonstruktionseinheiten" (Selting 2007b: 309; vgl. die Diskussion zum ‚Beendigungs-*ja*' in Abschnitt 6.1.5) und somit einer übergaberelevanten Stelle dar, auf die Renate mit dem Erkenntnisprozessmarker „aHA" (Z. 229) reagiert, dessen Bedeutung mit „ich habe eine neue Information erhalten, die aber neue Fragen aufgeworfen hat" (vgl. Imo 2009: 72) angegeben werden kann. Diese neu aufgeworfene Frage wird im Anschluss an „aHA" dann von Renate gestellt: „über klAssische konzerte kannst du dich wirklich ÄUßern?".

Die Kombination aus einem projizierenden Element, das eine Folgeäußerung ankündigt, und einem direkt darauf folgenden Beendigung signalisierenden Element kann strategisch dazu eingesetzt werden, um eine Äußerung sozusagen ‚in der Luft hängen zu lassen' und als Aposiopese der verbalen oder gedanklichen Vervollständigung der Gesprächspartnerin zu überlassen (ausführlich zu solchen Aposiopese-Strukturen Imo 2011e).

Auch im folgenden Beispiel findet sich eine ähnliche Strategie. Auf Renates Frage, ob Hanna denn qualifiziert genug sei, klassische Konzerte zu rezensieren, antwortet diese wieder mit einer klassischen dreiteiligen Listenstruktur, in der sie Gründe dafür anführt, warum sie kompetent dazu ist:

```
Beispiel 54
237   H       ne: ich ich bIn ja ich hAb ja ne ne ne KLAssische
              musikAlische AUsbildung quasi also; (.) °h
238           von DAher.
239           ich (.) spiel meh[rere FLÖten und klavIEr und] so
              (weiter).
240   R                        [(dann) fühlst dich DA: fit;]
241           [oKAY.]
242   H       [°hh  ] Und (.) und hab auch sElber (.) äh EIniges an
              klassischen konzerten geGEben; (.) °hh
243   →       und (.) JA.
244   R  →    dann kannst du SAgen; (.)
245           is TOP oder is flOp. hahaha
246   H       geNAU. (.)
```

Hanna verweist mit drei Listeneinträgen auf ihre „KLASsische musikAlische AUsbildung" (Z. 237), auf die Tatsache, dass sie „mehrere FLÖten und klavIEr und so (weiter)" (Z. 239) spielt und darauf, dass sie „EIniges an klassischen konzerten geGEben" (Z. 242) habe. Obwohl nach dem dritten Listeneintrag, am Ende des infiniten Verbteils „geGEben", eine mögliche Zäsur vorliegt, die auf prosodischer (fallende Tonhöhe), syntaktischer (vollständige syntaktische

Struktur) und funktionaler (dreiteilige Liste ist beendet) Ebene einen guten Gestaltschluss bereitstellt, hebt Hanna diese Zäsur zunächst auf: Sie atmet ein („°hh"; Z. 242), was als Ansetzen für eine neue Äußerungseinheit gewertet werden kann, und liefert mit „und" (Z. 243) ein projizierendes Element.

Die Projektion wird dann aber abgebrochen und mit dem ‚Beendigungs-*ja*' mit stark fallender Tonhöhe wird sowohl der Ausstieg aus der Listentätigkeit als auch das Ende des Turns angezeigt.

Renate reagiert in der Folge sowohl auf den Abbruch – indem sie selbst das Rederecht ergreift – als auch auf die vorherige, von Hanna nicht eingelöste Projektion: Mit „dann" (Z. 244) greift Renate Hannas unterbrochene Struktur auf und liefert mit ihrer Schlussfolgerung eine mögliche Fortführung der Äußerung: „dann kannst du sAgen; (.) is TOP oder is flOp" (Z. 244–245). Auch wenn es sich dabei nicht um den Typ einer „kollaborativen Konstruktion" bzw. „Ko-Konstruktion" handelt, wie er von Helasuvo (2004) und Szczepek (2000a, b) beschrieben wurde, gehört diese Struktur im weiteren Sinne in das Feld der kollaborativen Techniken der Äußerungsproduktion. Durch den Wechsel der Person (von *ich* zu *du*) übernimmt Renate zwar nicht direkt die Äußerung von Hanna und vervollständigt sie mit ihrer Stimme, sie greift aber dennoch die Strukturlatenz der Vorgängeräußerung auf, um ihre Schlussfolgerung dort ‚anzudocken' und somit als kompatibel zu Hannas Vorgängeräußerung zu markieren. Die Schlussfolgerung wird von Hanna dann in Z. 246 mit „geNAU" bestätigt.

Solche Kollaborationen bei der Äußerungsproduktion sind sehr wichtig in der Interaktion, denn durch sie können sich die Gesprächsteilnehmerinnen gegenseitig versichern, dass sie sozusagen ‚auf einer Linie' sind, was die Einschätzung einer Situation angeht. In einem etwas anderen Kontext spricht Günthner (2000b: 248) von der wichtigen Rolle der „Synchronisation von Affekten", die beispielsweise bei Beschwerdegeschichten beobachtet werden kann und die dem Signalisieren von einem „Einschwingen" (Günthner 2000b: 248) auf die vom Sprecher intendierte Bewertung dienen. Ganz ähnlich kann auch hier davon gesprochen werden, dass Renate sich mit ihrer Schlussfolgerung auf die Einschätzung von Hanna „einschwingt", d.h. also ihrer Beschreibung als kompetenter Klassik-Kritikerin zustimmt und ihre potentiell gesichtsbedrohende Frage zurücknimmt, ob Hanna denn überhaupt dazu in der Lage sei.

Ein Fall, bei dem die Kombination von Äußerungsfragmenten besonders auffällig ist, sind die so genannten Apokoinu-Konstruktionen (Auer 1992, Norén 2007, Poncin 2000, Sandig 1973, Scheutz 2005), auf die im folgenden Abschnitt noch eingegangen werden soll.

Nach Scheutz (2005)[46] können Apokoinu-Konstruktionen wie folgt beschrieben werden: „[D]uring the production of utterances within a turn, changes in the syntactic structures can be made, but it is only in retrospect that these are recognized as changes and could therefore be categorized as two different syntagmatic structures." (Scheutz 2005: 104) Das zentrale Merkmal von Apokoinu-Konstruktionen besteht darin, dass zwei syntaktische Strukturen etwas als ‚Gemeinsames' haben – daher auch die Bezeichnung „pivot" (Angelpunkt, Drehpunkt) bei Scheutz –, mit dem sie jeweils einen vollständigen Satz bilden können. Als Beleg aus der Literatur wird beispielsweise im *Metzler Lexikon Sprache* (Glück 2000: 51) Gerhard Hauptmann mit der Äußerung „du machst a zu a scheenes Gebete machst du immer" zitiert, wobei „du machst" und „machst du immer" gemeinsam Bezug nehmen auf den „Angelpunkt" des Äußerungsteils „a zu a scheenes Gebete". Ein paralleler Fall aus dem Telefongespräch wäre in Z. 194 mit der Äußerung „äh ich habs anner FACHhochschule hab ichs einfach Abgeschickt" zu finden. Ein Grund für das Entstehen solcher Apokoinukonstruktionen besteht darin, dass so die geklammerte Äußerung hervorgehoben und ggf. refokussiert werden kann.

Interessanter aus der Sicht der fragmentarischen und inkrementellen Äußerungsproduktion ist aber Beispiel 55, bei dem sich die Apokoinukonstruktion über mehrere Intonationsphrasen erstreckt:

```
Beispiel 55
488    R     JA:; (.)
489     →    also [bei MIR is halt-   ]
490    H          [weiß ich AUch nich] sO (.) SO dann kOmmen.
491          ne,
492    R     auch einfach in den: nä' in den nÄchsten °hh WOchen
             oder;
493          EIgentlich jetzt in der GANzen nächsten zEIt-
494     →    is bei mir Immer SO:,
495          dass ich meine wOchenenden ziemlich GU:T, °h
496          und lAnge im voraus PLA:nen muss. °hhh
```

Die Äußerungsteile von Z. 492 bis 493 können alternativ sowohl als Mittelfeld des begonnenen Satzes in Z. 489 als auch als komplexes Vorfeld des mit der Kopula „is" begonnenen Satzes in Z. 494 gewertet werden.

Version a: *Also bei mir ist halt* auch einfach in den nächsten Wochen oder eigentlich jetzt in der ganzen nächsten Zeit so, dass ich meine Wochenenden...

---

46 Scheutz verwendet den Begriff „pivot constructions" anstelle von Apokoinu-Konstruktionen.

Version b: *Auch einfach in den nächsten Wochen oder eigentlich jetzt in der ganzen nächsten Zeit ist bei mir immer so, dass ich meine Wochenenden...*

Solche ambigen Strukturen, bei denen eine klare Zuordnung der Äußerungsteile und eine Einheitenbildung schwierig wird (vgl. auch Norén 2007 und Imo 2011c), entstehen aus folgenden Grundbedingungen interaktionaler Sprache:

1. *Zeitlichkeit*: SprecherInnen hängen „chunks" (Sinclair/Mauranen 2006) aneinander, sie produzieren ihre Äußerungen inkrementell, so dass im Laufe der Zeit Satzpläne umgestellt werden oder auch geöffnete syntaktische Projektionen verblassen und nochmals reaktiviert werden. Im vorliegenden Fall ist es so, dass die syntaktische Projektion, die durch die linke Satzklammer „is" (Z. 489) eröffnet wurde, durch das sehr umfangreiche Mittelfeld (Z. 492–493) überdehnt wurde und ein Wiederaufgriff der Struktur daher aus verarbeitungstechnischen Gründen nötig wird.

2. *Ko-Produktion von sprachlichen Handlungen*: Einer der Gründe, warum Projektionen verblassen, ist der, dass GesprächsteilnehmerInnen mit eigenen Äußerungen einsteigen (so Hanna in den Zeilen 490 bis 491) und auf diese Weise nicht nur die Zeitspanne zwischen der Projektion und ihrer möglichen Einlösung vergrößern, sondern auch noch eigene inhaltliche Beiträge leisten, die die Prozessierung von Projektionen erschweren, die sich über einen längeren Zeitraum erstrecken. Die teilweise mit Renates Redebeitrag überlappenden Äußerungen von Hanna in den Zeilen 490–491 machen einen Wiederaufgriff der bereits geäußerten Einheiten ebenfalls nötig.

Diese Gründe führen also dazu, dass Renate in Z. 494 mit „is bei mir Immer SO" die öffnende Verbklammer mit der Kopula „is" ein zweites Mal setzt und dieses Mal die „Vorlaufkonstruktion mit SO" (Auer 2006b: 298f.) als Projektorkonstruktion im direkten Anschluss liefert. Der Ankündigungscharakter dieser *es-ist-so*-Konstruktion bleibt durch den direkten Anschluss erhalten:[47] Ohne die Apokoinu-Konstruktion wäre das *so* derart weit von der Kopula entfernt, dass die syntaktische Struktur, die Auer (2006b: 299) als „stark formelhaft" bezeichnet, nicht mehr diesen formelhaften Charakter hätte. Man vergleiche:

---

[47] Nach Auer (2006b: 299) ist das expletive *es* für die Konstruktion obligatorisch, es wird allerdings oft klitisiert. Da allerdings *es* häufig nicht nur klitisiert wird, sondern zusätzlich auch noch der Schwa-Laut getilgt wird, führt das dann, wenn auch die Kopula in der 3. Person Singular zu *is* reduziert wird, zu einem Verschwinden des Pronomens: Klitisierte Vollform *istes* → klitisierte, teilreduzierte Formen *ises, ists* → klitisierte, reduzierte Form *iss, is:, is*.

a) **Zerdehnte *Projektion:*** Also bei mir ist halt auch einfach in den nä' in den nächsten Wochen oder eigentlich jetzt in der ganzen nächsten Zeit so, dass ich meine Wochenenden ...
b) ***Direkte Projektion:*** Also bei mir ist halt auch einfach in den nä' in den nächsten Wochen oder eigentlich jetzt in der ganzen nächsten Zeit ist bei mir immer so, dass ich meine Wochenenden ...

Während der Vorteil bei der zerdehnten Projektion darin besteht, dass die früh geöffnete Klammer zu einem kleinen und leicht zu verarbeitenden Vorfeld führt, besteht deren Nachteil in einem Zerreißen der projizierenden „Vorlaufkonstruktion". Umgekehrt besteht der Vorteil der direkten Projektion im Beibehalten der Formelhaftigkeit der „Vorlaufkonstruktion", der Nachteil in einem schwer zu verarbeitenden Vorfeld.

Durch die Apokoinukonstruktion werden die Nachteile aufgehoben: Das Vorfeld bleibt klein und zugleich die Formelhaftigkeit der „Vorlaufkonstruktion" erhalten. Der projizierte Nachsatz – der nicht unbedingt wie im vorliegenden Fall die Form eines eingeleiteten Nebensatzes annehmen muss – wird direkt im Anschluss (Z. 495–496) geliefert. Erst mit der rechten Verbklammer („PLA:nen muss"; Z. 496) ist die Projektion der komplexen Satzkonstruktion eingelöst, die sich über insgesamt sechs Intonationsphrasen erstreckt. Eine deutliche Zäsurierung entsteht nun und damit eine übergaberelevante Stelle, an der Hanna mit einem Hörersignal einsetzt.

In vielen Fällen wird es jedoch schwierig, eine eindeutige Struktur bei einer Apokoinukonstruktion festzustellen. Der gesamte Äußerungsprozess wird fragmentarisch, dabei aber keineswegs chaotisch oder unorganisiert:

```
Beispiel 56
038    H       IRgendwas [in der] rIchtung ja.
039    R                 [ja-   ]
040            hAst du [n hübsches FOto drauf?]
041    H  →            [°hhhh ja ich HATte den] ja äh-
042            °hh bei meinem UMzug lEtzte ähm; (.)
043       →    LETZten herbst hab ich den ja verlOrn; (.)
044            oder [letzten] SOMmer.
045    R            [wie;   ]
046            du hAst (.) [den] (.) einfach nicht mehr geHABT
               danAch?
047    H                   [ja;]
048            <<lachend> ja> geNAU;
049            ich HAB beim, (.)
050            kurz vorm Umzug irgendwann fEstgestellt dass der WEG
               is,
```

Hanna und Renate haben sich vor dem Einsetzen des Transkriptausschnitts über die Kosten für die Beantragung des Personalausweises unterhalten. Bis zu diesem Zeitpunkt ist Renate noch nicht klar, dass Hanna ihren Ausweis verloren hatte, sie ging davon aus, dass sie ihn nur verlängern lassen musste. In Z. 041 setzt Hanna daher mit der Erklärung an, dass sie den Ausweis bereits „letzten SOMmer" (Z. 044) verloren hatte.

Aus syntaktischer Perspektive könnte die gesamte Struktur, die sich von Zeile 041 bis 043 erstreckt, als Apokoinukonstruktion gewertet werden. Im vorliegenden Fall besteht das gemeinsame Element aus der Präpositionalphrase „bei meinem UMzug lEtzte ähm; LETZten herbst" und dem Vollverb „verlOrn". Diese Strukturen können sich sowohl mit dem Subjekt und Hilfsverb in Z. 041 („ich HATte den") als auch mit dem Subjekt und Hilfsverb in Z. 043 („hab ich den") jeweils zu einem vollständigen Satz verbinden.

Gegen die Interpretation als Apokoinukonstruktion sprechen allerdings die Tatsachen, dass die Zögerungspartikeln und Pausen (Z. 041 und 042) eher auf Planungsprobleme hinweisen und dass mit einer Präpositionalphrase und einem finiten Verb gleich zwei ‚Angelpunkte' vorliegen, während typischerweise bei einer ‚klassischen' Apokoinu-Konstruktion nur ein Angelpunkt im Mittelteil vorliegt. Es handelt sich somit eher um einen Übergangsfall zwischen dem Neustart einer Konstruktion (bzw. einem Umstieg im Sinne eines Anakoluths[48]) und einer Apokoinukonstruktion. Sandig (1973: 46) weist dabei auf die enge Verwandtschaft zwischen Apokoinukonstruktionen und Anakoluthen hin: „Das Apo-koinu ist wie der Anakoluth durch Veränderung der syntaktischen Strategie im spontanen Sprechen zu erklären." (Sandig 1973: 46) Das führt gerade im Bereich von Apokoinukonstruktionen sehr häufig zu unentscheidbaren Strukturen. Norén (2007), der eine Studie zu Apokoinu-Konstruktionen im Schwedischen vorgelegt hat, spricht aus diesem Grund auch nicht von einer „Konstruktion" oder einem „syntaktischen Muster", sondern von einem „bundle of methods", da Apokoinukonstruktionen in zahlreichen unterschiedlichen Formen auftreten.[49] Im vorliegenden Fall kann durchaus von einer Art Familien-

---

48 Eine ausführliche Diskussionen von unterschiedlichen Anakoluth-Typen finden sich in Zifonun et al. (1997: 443–466).

49 „Apokoinou utterances are built using a bundle of methods that are used to give the utterances a certain grammatical form. [...] The grammatical forms that emerge as the products of these formal methods are not realizations or instantiations of static structures, but utterances that are built in real time step-by-step (turns, single TCUs or series of TCUs). Speakers continuously integrate these utterances through a succession of local syntactic and prosodic decisions during an incremental process, in interplay with other participants and those aspects of the context that they make relevant there and then in the situation of talk." (Norén 2007: 362–363)

ähnlichkeit der Struktur zu einer Apokoinukonstruktion gesprochen werden. Die inkrementelle Prozedur, die darin besteht, Fragmente oder „chunks" aneinanderzureihen, sticht hier jedoch besonders heraus:

(1) °hhhh ja ich HATte den ja äh- → Projektion durch Einatmen und *ja*, Abbruch durch *äh*

(2) °hh bei meinem Umzug lEtzte ähm; (.) → Neustart durch Einatmen, Abbruch durch *ähm* und Pause

(3) LETZten herbst hab ich den ja verlOrn; (.) → Vervollständigung der Äußerung; Wiederaufgriff der Struktur aus (1)

(4) oder letzten SOMmer. → Äußerungsexpansion (Reparatur)

6.2.4 Zusammenfassung der Ergebnisse

Bereits 1994 stellt Chafe die Technik der Produktion von *chunks* als typisches Merkmal sowohl gesprochener als auch geschriebener Sprache heraus und macht kognitive Verarbeitungsprobleme dafür verantwortlich. Er kommt zu dem Schluss, dass es nicht möglich ist, selbst so zentrale Einheiten der Linguistik wie den Satz zu verstehen, „without taking the flow and displacement of consciousness into account" (Chafe 1994: 302). Während Chafes Arbeit eher als Grundlagenforschung anzusehen ist und wenig konkrete Umsetzungsvorschläge für eine auf *chunks* basierende Grammatik macht, entwickelt Brazil (1995) eine auf ähnlichen Grundsätzen beruhende Grammatiktheorie, die ganz besonders die Zeitlichkeit der Äußerungsproduktion in der gesprochenen Sprache hervorhebt:

> Since speakers manifestly do put their speech together piecemeal and in real time, we might expect to get closer to an understanding of what language is like for the user (as opposed to the sentence grammarian) if we take this into account from the outset. (Brazil 1995: 21)

Die Prinzipien einer solchen die Zeitlichkeit berücksichtigenden Grammatik sind nach Brazil (1995: 222f.) folgende:

> Firstly, it is fundamental to an understanding of the kind of grammar we have proposed that it begins with the speaker's perception of what communicative need must be satisfied at the time concerned. It is based on a here-and-now view of what the speaker is doing: and this perception co-operatively takes into account the listener's here-and-now point of view of what needs to be done. [...] The stretch of speech that we make the focus of our attention is the increment.

Diese Art von „Inkrement" unterscheidet sich allerdings von dem Inkrementbegriff, wie er bei Auer (2007b) oder Couper-Kuhlen/Ono (2007) verwendet wird. Inkremente stellen bei Brazil weniger den Sonderfall von Ad hoc-Erweiterungen von Äußerungen dar, sondern bilden vielmehr die Grundlage von Sprache (und somit Grammatik) überhaupt.

Etwas weiter noch gehen Sinclair/Mauranen, die – teilweise mit Bezug auf Brazil und im Sinne einer verbesserten Umsetzung dessen Konzepts – eine „Linear Unit Grammar" entwickeln. Die zentrale Einheit dieser Grammatik ist dabei der „chunk", d.h. eine Einheit (Sinclair/Mauranen 2006: 130 sprechen von „natural unit"), die sich über prosodische, orthographische, syntaktische, semantische und funktionale Parameter in Kommunikationssituationen bestimmen lässt, jedoch gerade aufgrund ihrer „Natürlichkeit", ihres Status als Konstruktion erster Ordnung, nicht definiert werden kann: „[W]e treat chunk as a pretheoretical term and therefore we do not try to define it." (Sinclair/Mauranen 2006: 130). Konkret entfaltet sich Sprache – im Blick ist dabei nicht nur medial gesprochene Sprache sondern auch medial geschriebene Sprache, wie Sinclair/Mauranen in zahlreichen Analysen zeigen – in einem Wechselspiel aus dem ständigen Hervorbringen möglicher „chunks" und dabei möglicher ‚Grenzen' durch die Sprachproduzenten und dem Zusammenfassen der Wörter und Phrasen zu wahrscheinlichen Einheiten durch die RezipientInnen. Der Vorteil des Ansatzes von Sinclair/Mauranen besteht darin, dass der „chunk" zwar eine Einheit darstellt, diese aber weniger über Merkmale *als Einheit* bestimmt wird, sondern sehr viel stärker darüber, ob im Interaktionsverlauf mögliche Grenzen auftreten, wobei diese Grenzen syntaktisch, semantisch und prosodisch/orthographisch bestimmt sind: „As each word is added to a chunk in progress and the chunk gets longer there is an increase in the likelihood of a boundary, and the coincidence of two or more of the various kinds of boundary mentioned above also increases the likelihood." (Sinclair/Mauranen 2006: 130)

Eine ähnliche Sichtweise vertritt auch Auer (2010). Die Idee, ein endgültiges Inventar an Einheiten aufzustellen, aus denen eine Grammatik-in-Interaktion besteht, beschreibt er als unangemessen und nicht Erfolg versprechend:

> Die strukturalistische Operation des Segmentierens ist, so soll gezeigt werden, keine angemessene Methodik für die Untersuchung mündlicher Sprache. Stattdessen soll die Idee des Gestaltschlusses eingeführt werden, die ihren *on-line*-Charakter in den Vordergrund rückt. Die anstelle des Segmentierens tretende Operation ist dann die des Zäsurierens. (Auer 2010: 2)

Damit ist nicht gesagt, dass es nicht Einheiten gibt, die starke Gestaltschlüsse projizieren und somit als Einheiten auch greifbar sind: Der Satz und die Phrase sind hoch frequent und somit stellen sie auch besonders deutlich wahrnehmbare Gestalten dar. Es ist nun aber nicht möglich, auch für die Einheiten, die nicht diesen Mustern zugeordnet sind, eine umfassende und abschließende Sammlung aller möglichen Formen aufzustellen. Das führt dazu, dass statt des Segmentierens (und somit des Einheitenbildens) das Zäsurieren (und somit das Feststellen mehr oder weniger guter potentieller Abschlusspunkte) in den Vordergrund gestellt wird:

> Vielmehr suggeriert der Begriff des Segmentierens eine Herangehensweise an Gesprochene Sprache, die nicht mit deren grundsätzlicher Eigenschaft der on-line-Prozessierung in Deckung zu bringen ist. Es liegt daher nahe, diesen Begriff endgültig über Bord zu werfen. Dadurch bekommt die Frage nach den ‚Einheiten' in der Gesprochenen Sprache eine ganz andere Wendung; sie lassen sich am besten durch den Begriff der mehr oder weniger prägnanten Gestaltschlüsse ersetzen, die ihrerseits unmittelbar an Fragen des turn taking angeschlossen werden können. (Auer 2010: 17)

Wenn man diese Perspektive einnimmt, so werden die zahlreichen Strukturen nachvollziehbar, die im Verlauf der Analyse des Telefongesprächs besprochen wurden: Die Qualität und Struktur der „chunks" hängt vom Zusammenfall von Signalen ab, die Gestaltschlüsse suggerieren bzw. auf der anderen Seite von Signalen, die Gestaltfortsetzungen initiieren.

So sind beispielsweise die folgenden beiden Strukturen Belege für den Ausbau nach einem jeweils prägnanten Gestaltschluss:

```
Beispiel 57
505   H       wie (.) wie lange FÄHRST du?
506       →   bis (.) zu MARkus?
507   R       ä:hm von KASsel aus vIEr stunden. (.)

Beispiel 58
405   H       °h weil der (.) ähm der chEfredakteur möchte jetzt
              gern dass ich im mÄrz dann °h PRAKtikum mache,
406   R       ja.
407   H   →   ähm (.) bei der bremerhavener ZEItung- °hhhh (.)
```

Im ersten Auszug ist auf der syntaktischen (Verb mit Ergänzungen; Ergänzungsfragemuster), semantischen (Proposition), funktionalen (Frage) und prosodischen (stark steigende Tonhöhe) Ebene gleichermaßen am Ende von Z. 505 die Gestalt geschlossen. Eine Frage ist aber nie kontextfrei zu betrachten, sie ist der erste Teil eines Nachbarschaftspaares. Das erklärt, warum ein Ausbau in Z. 506 erfolgt: Die Antwort von Renate schließt sich nicht unmittelbar an, Hanna kann daher ihre Frage inkrementell erweitern und am Ende von Z. 506 ist nun erneut ein prägnanter Gestaltschluss erreicht, nach dem diesmal Renate mit ihrer Antwort „äh:m von KASsel aus vIEr stunden" (Z. 507) einsteigt. Prinzipiell wäre es tatsächlich möglich, dass Hanna im Sinne eines „neverending sentence" (Auer 1992) ihre Frage so lange erweitert, bis Renate bereit für die Antwort ist.

Im zweiten Auszug ist am Ende von Z. 405 ebenfalls eine deutliche Zäsur vorhanden, auch hier ist die Äußerung syntaktisch, semantisch und funktional – allerdings nicht prosodisch – als abgeschlossen markiert. Renate könnte ohne Probleme den Turn übernehmen. Das tut sie aber nicht. Mit dem Hörersignal „ja" in Z. 406 zeigt sie an, dass sie das Rederecht nicht ergreifen wird. Da es sich hier um eine dyadische Kommunikationskonstellation handelt, geht das Rederecht direkt wieder an Hanna zurück. Die Äußerungsexpansion bietet sich daher als Strategie für Hanna an, um ohne großen Aufwand das Rederecht wieder zu übernehmen, indem sie an eine bereits vorhandene Gestalt anknüpft.

Diese Art der Äußerungserweiterung ist stark von Rezipientenreaktionen abhängig. Hier lassen sich zwar Tendenzen zur Konventionalisierung, d.h. zur Herausbildung bestimmter Expansionsmuster beispielsweise mit inkrementell gelieferten Präpositionalphrasen, bestimmten Adverbien und modalisierenden Ausdrücken (vgl. Imo 2011a) feststellen, diese Muster decken jedoch nicht das gesamte Spektrum möglicher Erweiterungen ab.

Aussichtslos wird eine Einheitenbildung vor allem dann, wenn Äußerungen nicht nach einem möglichen Gestaltende fortgesetzt werden, sondern wenn potentielle Zäsurierungen überschrieben werden (z.B. aus Gründen der Inszenierung einer Geschichte oder der Reservierung von Turns) und so ungewöhnliche „chunks" entstehen, wie sie bereits in Beispiel 52 oben ausführlich analysiert wurden:

```
Beispiel 52
441    H        also ich HABS jetzt eben so gemAcht,
442             [und und] (.) eh HAB auch direkt mit ihm gesprOchen,
443    R        [ja. ja.]
444    H    →   mit dem CHEF[redak]teur und der; (.)
445    R                    [oKAY.]
446    H        FAND das jetzt gut,
447         →   hat sich geFREUT und.
448    R        ja;
449    H        °hhh ähm da wird im sOmmer irgendwann n platz FREI?
```

In den Zeilen 444 und 447 liegen jeweils mehr oder weniger gute Gestaltschlüsse vor: In Z. 444 ist bereits die syntaktisch vollständige Struktur (mit der rechten Verbklammer „gesprOchen") um eine Präpositionalphrase erweitert worden. Nach dieser Präpositionalphrase, d.h. direkt an das Ende von „CHEFredakteur", wäre erneut eine Zäsur anzusetzen, die von Hanna jedoch dadurch überschrieben wird, dass nahtlos die Konjunktion „und" sowie die mögliche Vorfeldbesetzung einer neuen Einheit durch das Demonstrativpronomen „der" angehängt wird (das natürlich erst retrospektiv, d.h. am Ende von Z. 446, als Demonstrativpronomen und nicht als Artikel erkennbar wird). Auch in Z. 447 ist die rechte Satzklammer bereits geliefert, die dadurch entstehende mögliche Zäsur wird durch das angehängte „und" auch hier wieder außer Kraft gesetzt.[50] Die entstehenden Strukturen („mit dem CHEFredakteur und der"; „hat sich geFREUT und") sind unmöglich als *Einheiten* zu beschreiben – sehr wohl aber als *Strategien*, wie Interagierende mit den Zäsurierungspotentialen fortlaufender Sprachproduktion umgehen. Die Wahl der Strategien hängt dabei auf der einen Seite von den RezipientInnen ab, wenn zum Beispiel ein hoher Konkurrenzdruck in Bezug auf den Sprecherwechsel herrscht.[51] Auf der anderen Seite hängt sie aber auch von den momentan durchgeführten Aktivitäten ab, wenn zum Beispiel eine Geschichte präsentiert wird. Geschichten haben ein eigenes Zäsurierungspotential insofern das potentielle Ende einer Geschichte im Sinne einer „pragmatic or action completion" (Ford/Thompson 1996: 171) einen besonders deutlichen Gestaltschluss setzt,[52] während umgekehrt innerhalb einer Geschichte alle syntaktischen und prosodischen Zäsuren automatisch abgeschwächt wer-

---

[50] Vgl. auch Goffman (1974b: 206): „Darüber hinaus kann ein einzelner Gesprächsschritt, wie bereits gezeigt, zugleich den abschließenden Schritt des einen Austauschs und den eröffnenden Schritt eines neuen enthalten. Jede Technik der quantitativen Analyse, die den Satz oder selbst den Gesprächsschritt als Einheit wählt, wird für einige der signifikanten Realitäten der Interaktion blind sein."
[51] Ford/Thompson (1996) zeigen, dass sich die Interagierenden in der Tat am Zusammenfall mehrerer Kriterien (Syntax, Bedeutung/Funktion und Prosodie) orientieren, wenn sie mit einem eigenen Beitrag den Turn übernehmen wollen: „A major finding of this study is the fact that speaker change correlates with CTRPs. This is evidence, that the units defined by the convergence of syntactic, intonational, and pragmatic completion are real for conversationalists, speakers and hearers orient to, and design their own turns in response to, these units." (Ford/ Thompson 1996: 172; der Ausdruck „CTRP" bezeichnet „complex transition relevance points", das sind in Auers Terminologie „gute" Gestaltschlüsse, bei denen syntaktische, semantische, funktionale und prosodische Grenzen zusammenfallen).
[52] Vgl. auch die Untersuchung von Selting (2007b) zu unterschiedlichen Typen von Beendigungen.

den, solange die RezipientInnen erkennen, dass die Präsentation der Geschichte noch im Prozess ist.

6.3 Sprache-in-Interaktion und Sequenzmuster/Gattungen

Auf der Ebene komplexerer interaktionaler Strukturen, die von Sequenzen bis hin zu kommunikativen Gattungen reicht, finden sich zahlreiche mehr oder weniger stark verfestigte Muster, an denen sich die Interagierenden orientieren und zu denen unter anderem zu rechnen sind: Die Organisation des Gesprächseinstiegs und -ausstiegs, die Initiierung und Durchführung von Erzählungen, die Präsentation von Listen, die Bewertung von Handlungen, Personen, Dingen oder Sachverhalten, das Lästern über Dritte, das Führen eines informellen, privaten Telefongesprächs, das Aussprechen und Annehmen oder Ablehnen einer Einladung etc. Alle diese Muster zeichnet aus, dass sie noch viel stärker als syntaktische Muster im engeren Sinne tatsächliche „inter-acts" (Linell/Marková 1993) darstellen. Ihre erfolgreiche Durchführung ist also davon abhängig, dass die TeilnehmerInnen *gemeinsam* das intendierte kommunikative Projekt (zum Begriff des „kommunikativen Projekts" siehe Linell 2009: 188–201) erkennen und erzeugen.

Von den genannten Mustern werde ich auf zwei etwas detaillierter eingehen. Es handelt sich dabei um den Ablauf von Sequenzen, in denen ein Vorschlag angenommen bzw. abgelehnt wird sowie um die „rituellen Klammern" zu Beginn und am Ende eines Gesprächs, mit denen der Einstieg in die kommunikative Gattung *privates, informelles Telefongespräch* ebenso wie der Ausstieg aus dem Gespräch geleistet wird.

6.3.1 Vorschläge annehmen und ablehnen

Ein sequenziell strukturiertes, hochgradig interaktionales Handlungsmuster betrifft die kooperative Durchführung von Vorschlägen: Auf Seiten des Produzenten muss ein Vorschlag vorgebracht werden, auf Seiten des Rezipienten muss dieser ratifiziert oder zurückgewiesen werden oder es werden Veränderungswünsche und Anpassungen explizit oder implizit eingefordert, die dann wieder vom Produzenten des Vorschlags angenommen, umgesetzt, ausgebaut oder zurückgewiesen werden können.

Gerade Vorschläge bilden dabei ein sequenzielles Muster, das in besonderem Maße Aspekte der Gesichtswahrung betrifft. Vor allem die Ablehnung eines Vorschlags muss mit entsprechend viel Aufwand durchgeführt werden, aber auch bei der Annahme eines Vorschlags ist in hohes Maß an Kooperation nötig, um anzuzeigen, ob und wie willkommen der Vorschlag ist, ob er ohne Einschränkungen angenommen wird oder mit Einschränkungen etc. Für das Sequenzmuster *Vorschlag – Annahme/Ablehnung/Überarbeitung des Vorschlags* gilt also ganz besonders Goffmans (1986a: 17) Diktum: „Will man untersuchen, wie ein Image zu wahren ist, so muss man die Verkehrsregeln sozialer Interaktion untersuchen." Im Folgenden soll in der Beispielanalyse auf die „protektiven Manöver" (Goffman 1986a: 22–23) fokussiert werden, mit denen Einladende und Eingeladene jeweils die „Erwartungen und Einschätzungen anderer geringfügig modifizier[en], so dass diese imstande sind, die Situation als eine solche zu definieren, in der ihre Selbstachtung nicht bedroht ist."

Zunächst wird ein Fall analysiert, in dem ein Vorschlag angenommen wird, also die zweite Handlung eine präferierte Handlung darstellt:

```
Beispiel 60
097    H     PASS auf. (.)
098          ein ein perSOnenbetrüger läuft [rUm.    hehehe ]
099    R                                    [OH ja. °h ne:;] (.)
100       →  ich wollte dich EIgentlich mal frAgen äh (.) ob du
             nicht mal wieder lUst hast nach KASsel zu kommen;
101          (.)
102    H     JA::: [totAl gErne.          ]
103    R           [(also) ob du was ge]PLANT hast so (.) in den
             [nächsten paar wOchen;]
104    H     [°h äh:m             ]  ich HAB (.) das sogar son
             bisschen geplAnt,
105          und ZWAR ähm- (.)
106          meine ELtern die ähm fliegen am: (.) höä;
107          ich glaub am; (.)
108          ja am ACHTundzwanzigsten; (.)
109    R     [ja:,]
110    H     [°hhh]  in die türKEI-
111          und die kommen am sIEbten WIEder;
112          und (.) ähm; (.)
113          DA: überlEg ich momentan grade ob ich dann für die:
             wOche,
114          nach KASsel beziehungsweise nach fUlda komme.
115    R     für die GANze woche?
116          (---)
117    H     JA;
118    R     COOL; (.)
```

Bis Z. 098 haben sich Hanna und Renate über Hannas verlorenen Personalausweis unterhalten. Dieses Thema entwickelte sich aus der zu Beginn des Telefongesprächs gestellten Frage von Renate, wo Hanna war (Renate hatte mehrfach vergeblich versucht, Hanna anzurufen). Die Erzählung über den verlorenen Personalausweis gipfelt ab Z. 088 in der scherzhaften Inszenierung einer Situation, in der jemand Hannas Personalausweis gefunden hat und sich nun als Hanna ausgibt. In den Zeilen 097 bis 098 warnt Hanna vor diesem imaginierten „perSOnenbetrüger". Renate bestätigt die Warnung („OH ja"; Z. 099), atmet dann kurz ein und produziert das negierende Responsiv „ne:". Mit „ne:" bezieht sie sich nicht auf den propositionalen Gehalt der Vorgängeräußerung von Hanna, dass ein Personenbetrüger frei herumlaufe, sondern auf die gesamte Vorgängersequenz sowie die dieser Sequenz zu Grunde liegende scherzhafte Interaktionsmodalität (beide Gesprächsteilnehmerinnen lachen immer wieder zwischen den Zeilen 089 und 099). Renate signalisiert durch „ne:", dass eine neue, ernste Interaktionsmodalität eingeleitet werden soll.

Unterstützt wird dieser Wechsel der Interaktionsmodalität in der darauf folgenden Äußerung durch das Adverb „EIgentlich", das einen Kontrast zur Vorgängersequenz aufbaut:[53] „ich wollte dich EIgentlich mal frAgen äh (.) ob du nicht mal wieder lUst hast nach KASsel zu kommen" (Z. 100). Zugleich verweist *eigentlich* an dieser Stelle auf den zu erwartenden Grund für den Anruf, der bislang noch nicht genannt wurde (vgl. ausführlich dazu die Analyse des Einstiegs in das Telefongespräch in Abschnitt 6.3.2): Mit dem Anruf verfolgt Renate nicht das Ziel, zu fragen, was Hanna gemacht hat, während Renate versuchte, sie telefonisch zu erreichen. Vielmehr besteht der Zweck des Anrufs darin, Hanna vorzuschlagen, dass sie Renate in Kassel besuchen soll.

Für das kommunikative Muster eines Vorschlags, der darauf ausgelegt ist, eine Handlung eines Gesprächspartners oder einer Gesprächspartnerin einzufordern, ist typisch, dass zahlreiche „hedges"[54] eingesetzt werden, um den Vorschlag unverbindlich zu halten. Auf diese Weise kann der Vorschlag notfalls ohne Gesichtsverlust oder Gesichtsbedrohung von der Gesprächspartnerin abgelehnt oder überarbeitet werden. Die Abschwächung der Verbindlichkeit des Vorschlags geschieht hier

---

53 Die Modalpartikel *eigentlich* instruiert nach Weinrich (2005: 853) „den Hörer über einen anstehenden Themawechsel". Ihre Grundbedeutung kann mit „<Wendung>" angegeben werden.

54 Vgl. Lakoff (1973) zum ursprünglichen Konzept von „hedges" als *semantische* Vagheitsmarker, die eine Gradierung von Wahrheitsansprüchen vornehmen („degrees of truth"; Lakoff 1973: 458). Ein ähnliches Phänomen, allerdings aus einer pragmatischen Perspektive, beschreiben Hewitt/Stokes (1975) mit den von ihnen „disclaimers" genannten *pragmatischen* Vagheitsmarkern, durch die angezeigt werden kann, dass eine Äußerung potentiell gesichtsbedrohend oder nicht zustimmungsfähig ist. Ein „disclaimer" ist nach Hewitt/Stokes (1975: 4) ein „intentional signal of minimal commitment to the impending line of conduct, an indication of willingness to receive discrepant information, change opinions, be persuaded otherwise or be better informed. Put otherwise, such an expression indicates the tentative nature of the forthcoming action."

- erstens durch die Wahl des Konjunktivs II („ich wollte"),
- zweitens durch die Wahl der Aussage- statt der Frageform (nicht: *Hast du Lust nach Kassel zu kommen*, sondern *Ich wollte dich fragen, ob du Lust hast, nach Kassel zu kommen*), durch die der eigentliche Vorschlag als Komplement eines Matrixsatzes realisiert wird und so nach Auer (1998: 293) eine „pragmatische Relevanzrückstufung" im Vergleich zu dem Matrixsatz erfährt, also informationsstrukturell in den Hintergrund gerückt wird,
- drittens durch den Verweis auf eine zeitliche Unbestimmtheit mit Hilfe des Unverbindlichkeit erzeugenden Vagheitsmarkers „mal wieder" (im Gegensatz zur Nennung eines konkreten Termins) und
- viertens durch die explizite Markierung, dass die Annahme des Vorschlags der freien Entscheidung von Hanna überlassen wird (es hängt davon ab, ob Hanna *Lust* hat, nicht ob sie *Zeit* hat).

Nach einer kurzen Pause, die damit zusammenhängen kann, dass Hanna sich noch auf den Modalitätswechsel und Umstieg aus der Scherzsequenz in die Sequenz des „reason-for-a-call" (Sacks 1995: 163) einstellen muss, reagiert sie in Z. 102 mit einer deutlich als präferiert markierten Antwort: „JA::: totAl gErne" (vgl. auch die Analyse des Responsivs *ja* in Abschnitt 6.1.2). Sowohl über die emphatische Markierung von *ja* durch den Akzent und die Dehnung als auch durch die folgende positive Bewertung des Vorschlags, nach Kassel zu kommen, akzeptiert sie Renates Vorschlag.

Dem zunächst von Renate sehr allgemein gehaltenem Vorschlag folgt nun, nachdem Hanna den Vorschlag ratifiziert hat, eine zeitliche Präzisierung durch „in den nächsten paar wOchen" (Z. 103). Diese Präzisierung ist insofern potentiell gesichtsgefährdend, als Renate sich damit implizit das Recht nimmt, über Hannas Zeit zu verfügen. Aus diesem Grund finden sich auch hier zwei „hedges". Das erste betrifft die Umlenkung der Verantwortung für das Handeln – und somit auch der Kontrolle über das Handeln – auf Hanna, indem Renate fragt, ob Hanna „was gePLANT" (Z. 103) hat. Der Vorschlag, sich „in den nächsten paar wOchen" (Z. 103) zu treffen, wird somit als Teil eines möglicherweise von Hanna bereits getroffenen Plans dargestellt, nicht als Initiative von Renate.

Ein zweites „hedge" ist das „so" aus Z. 103, das als Vagheitsmarker die zeitliche Angabe unbestimmt macht und entsprechend Verhandlungsspielraum über den genauen Termin lässt.[55]

---

[55] Weinrich (2005: 687) bezeichnet *so*, das sich ähnlich wie eine Fokus- oder Gradpartikel auf eine direkt folgende Konstituente bezieht, als „Unschärfe-Partikel". Bei *so* handelt es sich allerdings um eine Art ‚Allzweckwaffe' in Gesprächen. Die Konstruktionstypen, mit denen *so* zusammen verwendet wird, sind entsprechend zahlreich und sehr heterogen (vgl. Auer 2006b,

Hanna greift auch tatsächlich Renates Angebot auf, dass sie selbst als Initiator des Vorschlags in Erscheinung treten kann: Mit „ich HAB (.) das sogar son bisschen geplAnt" (Z. 104) übernimmt sie die Initiative und nennt mit der Woche zwischen dem „ACHTundzwanzigsten" (Z. 108) und dem „sIEbten" (Z. 111) eine konkrete Zeitspanne, während der sie den Besuch plant: „DA: überlEg ich momentan grade ob ich dann für die: wOche, nach KASsel beziehungsweise nach fUlda komme." (Z. 113–114). Diese Ankündigung wird von Hanna dann in Z. 118 mit „COOL" positiv bewertet.

Sehr deutlich wird in dieser Vorschlagssequenz, dass beide Gesprächspartnerinnen gemeinsam das erzeugen, was am Ende als Vorschlag im Raum steht: Renate initiiert den Vorschlag, Hanna greift ihn als etwas auf, was sie selbst schon geplant hat, präzisiert den Zeitpunkt, schlägt eine Zeitdauer vor und erweitert den Vorschlag zudem noch um „nach fUlda" (Z. 114), wo sie weitere Freunde besuchen möchte. Die implizite Verpflichtung, die Renates Vorschlag gegenüber Hanna aufgebaut hatte, wird durch diese Übernahme und den Ausbau des Vorschlags durch Hanna neutralisiert.

Der sowohl von Renate als auch Hanna mit zahlreichen „protektiven Manövern" (Goffman 1986a: 22) versehene Vorschlag wurde schließlich so modifiziert, dass beide SprecherInnen gemeinsam eine Situation definiert haben, „in der ihre Selbstachtung nicht bedroht ist" (Goffman 1986a: 23) und die sie *zusammen* aufgebaut haben. Ein *Vorschlag* ist somit kein a priori festlegbares und fertiges Produkt, sondern ein offener Prozess.[56]

Wenn schon ein Vorschlag, der angenommen wird, interaktional dermaßen komplex aufgebaut ist, so erfordert die Ablehnung eines Vorschlags noch weitaus mehr verbalen Aufwand. Hanna berichtete Renate von ihren laufenden Bewerbungen, die möglicherweise das geplante Treffen in Kassel dadurch zunichte machen können, dass Hanna kurzfristig ihre neue Stelle antreten muss. Aus diesem Grund schlägt sie Renate vor, neben dem geplanten größeren Treffen, das der Grund für Renates Anruf war und bei dem auch andere alte Freunde dabei sein sollten, sich zusätzlich auf ein weniger aufwändig zu planendes

---

Barske/Golato 2010; Ehlich 1987; Golato 2000; Hennig 2006b; Raymond 2004; Stukenbrock 2010; Weinrich 2005). Neben den in den meisten Grammatiken beschriebenen und auch schriftsprachlich verwendeten Formen (z.B. zweiteilige Konjunktionen wie *so...dass* oder pronominale Adverbien wie *so habe ich das nicht gemeint*) taucht in der gesprochenen Sprache häufig das „Rahmen-Adverb *so*" zur Markierung von „Vagheit" (Weinrich 2005: 685) auf. Als eng mit ihm verwandt – und häufig nicht von diesem zu unterscheiden – kann das *so* betrachtet werden, das wie eine Fokus- oder Gradpartikel auf eine Phrase bezogen ist („Unschärfe-Partikel *so*" nach Weinrich 2005: 687).

56 Vgl. auch Hoffmann (1983: 65), der gleiches für Erzählungen feststellt: „Ein Erzählprozess ist nicht qua Produkt gelungen, sondern letztlich im Nachvollzug des Hörers."

„wOchenende zu ZWEIT" (Z. 564) zu verabreden, bei dem Renate zu Hanna nach Bremerhaven fahren soll:

```
Beispiel 61
562   H   →   al[so (.) äh wir] KÖNnen auch;
563   R       [(            )]
564   H   →   wir können auch ganz Unabhängig davon (.) einfach
              auch mal n wOchenende zu ZWEIT abmachen oder so.
565       →   [oder] du kommst mal nach bremerHAven.
566   R       [ja, ]
567   H       [°hh]
568   R       [ja;]
569   H       ne, (.)
570           also- (.)
571           wie du (.) wie du zEIt und LUST hast.
572           (---)
573   R       °hhh also bremerHAven, (.)
574           wi' (.) wie teuer WÄre das denn so-
575           kann ich DANN, (.)
576   H       °hh du kAnnst mitm niederSACHsenticket fahrn?
577           das sind da pro wEg zwanzig EUro;
578           [°hhhhh]
579   R       [AH ja ] okAy;
580   H       ne, (.)
581           das sind eben [zwEI] stunden FAHRT.
582   R                     [ja. ]
583           (1.0)
584   R       gut das GEHT ja eigentlich.
585           °hhhh ja lAss uns das mal über[LE:]gen;
586   H                                     [ja,]
587   R       aber das wÜrd ich eigentlich lIEber machen wenns n
              bisschen SCHÖner is. (.)
588           also <<lachend> [wenns nich mehr so KAL:T] is.>
589   H                       [ja:;     hehehehe       ]
590   H       wenn man sich an_n STRAND [hier lEgen kann,]
591   R                                 [ja:::;          ]
592   H       [((lacht))         ]
593   R       [DAS wär ja geil;  ]
594           boah HANna (.) das wär ja [rIchtig (cool)].
595   H                                 [IÄH::   hihihi]
```

Hannas Vorschlag, dass Renate auch an einem beliebigen anderen Termin zu ihr kommen könnte, wird genau wie in der im vorigen Beispiel analysierten Vorschlagssequenz wieder durch eine ganze Serie von Adverbien und Partikeln modalisiert, die Vagheit markieren: *auch, einfach, auch, mal, oder so, mal*.

Zweimal wird in Z. 564 *auch* verwendet. *Auch* changiert in dieser Äußerung zwischen einer Fokus- und einer Modalpartikel: „Die Verwendung von *auch* als Abtönungspartikel ist in Aussagesätzen sehr schwer von der Gradpartikelverwendung⁵⁷ zu unterscheiden. Das liegt daran, dass *auch* in beiden Verwendungen konnektierende Funktion hat." (Zifonun et al. 1997: 1225) Als Fokuspartikel bezieht sich *auch* jeweils mit einem engen Skopus auf eine Konstituente, die damit hervorgehoben wird. Da es in der Äußerung von Hanna möglich ist, solche Bezugskonstituenten zu bestimmen – es handelt sich um die Adjektivphrase „ganz Unabhängig davon" und die Nominalphrase „n wOchenende zu ZWEIT" – spricht viel für eine Interpretation als Fokuspartikel. Vor allem das erste *auch*, das von der Modalpartikel *mal* getrennt ist, hat diesen fokussierenden Charakter. Gleichzeitig ist im größeren Kontext der Äußerung auch die Interpretation als Modalpartikel möglich. Das gilt speziell für das zweite *auch*, das adjazent zu der Modalpartikel *mal* produziert wird: Thurmair (1989: 160) stellt fest, dass sich bei „allen Verwendungsweisen" der Modalpartikel *auch* „neben dem Merkmal <KONNEX> das Merkmal <ERWARTET> nachweisen" lasse. Dadurch, dass Hanna auf diese Weise mit *auch* den Vorschlag als etwas Erwartbares – und somit Selbstverständliches – markiert, suggeriert sie, dass er interaktional unproblematisch sei.

Ähnlich wie *auch* funktioniert die Modalpartikel *mal*, die nach Weinrich (2005: 855) zum Ausdruck bringt, dass „ein Sachverhalt, der im Kontext mit *mal* steht, seine scharfen Konturen verliert und eine vage, verwischte Horizont-Bedeutung annimmt. Mit dieser Eigenschaft ist die Modalpartikel *mal* besonders geeignet, höfliche Indirektheit zu kennzeichnen [...]." Durch den semantischen Restgehalt, den *mal* mit dem homonymen Temporaladverb *mal* teilt, wird „dem Angesprochenen (zumindest formal) Spielraum gegeben bezüglich des Zeitpunkts der Ausführung der gewünschten Handlung" (Thurmair 1989: 185). Dieser Spielraum hängt wieder eng mit der Wahrung des Gesichts zusammen, d.h. mit der Vermeidung, das Gegenüber auf konkrete Handlungen festlegen zu wollen.

Einfach gehört zu der „peripheren Gruppe" der Modalpartikeln (Zifonun et al. 1997: 1541) und verweist darauf, dass etwas eigentlich *nicht* einfach ist, aber vom Rezipienten als einfach behandelt werden soll, wie Spreckels (2009) anhand einer Analyse des Einsatzes von *einfach* in Erklärsequenzen zeigt:

> Da Erklärungen auf beobachtbaren Erklärerfolg [...] abzielen, bringt die Erklärinteraktion für Erklärende einen potentiellen Gesichtsverlust mit sich, wenn dieser Erfolg ausbleibt.

---

57 Der Begriff *Gradpartikel* wird in der Duden Grammatik (2009: 588) und von mir synonym zu den Begriffen *Steigerungs-* und *Intensitätspartikel* gebraucht (anders als etwa bei Breindl 2009). In der Grammatik der Deutschen Sprache (Zifonun et al. 1997: 1225) dagegen wird der Begriff *Gradpartikel* zur Bezeichnung von in der Duden Grammatik (2009: 589) *Fokuspartikeln* genannten Ausdrücken verwendet, was hier zu der scheinbaren begrifflichen Inkohärenz führt.

> [...] Mithilfe der Konstruktion *einfach* geben Sprecherinnen die Verantwortung an das Gegenüber ab: Wenn als ‚einfach' deklarierte Sachverhalte nicht verstanden werden, muss die Rezipientin den Fehler bei sich suchen. (Spreckels 2009: 140)

Durch *einfach* suggeriert Hanna, dass ihr Vorschlag unproblematisch durchzuführen sei und somit ein nur geringes gesichtsbedrohendes Potential für Renate hat, ihr also nur wenige Verpflichtungen oder Handlungszwänge auferlegt werden.

Als letzter Vagheitsindikator (Weinrich 2005: 833 spricht von einem „Vagheitsanzeiger") wird *oder so* eingesetzt, das als formelhafter „Heckenausdruck" signalisiert, dass „der Vorrat an genaueren Informationen, die noch mitzuteilen wären, erschöpft ist" (Hennig 2006b: 427). Mit dem Verzicht auf Detaillierungen wird bei einem Vorschlag zugleich der Verzicht auf Handlungsfestlegungen angezeigt, genau wie zuvor auch durch *mal* der Verzicht auf die Festlegung konkreter Termine markiert wurde.

Die Partikeln und Adverbien in ihrer Gesamtheit tönen den Vorschlag ab und machen ihn unverbindlich. Ein Vergleich mit der von den abtönenden Elementen „gereinigten" Äußerung (*wir können ganz unabhängig davon ein Wochenende zu zweit abmachen*) zeigt, wie nötig die Abtönung ist: Ohne die „hedges" hätte der Vorschlag einen deutlich verbindlicheren Charakter, der bestenfalls mit Hilfe prosodischer oder gestisch-mimischer Mittel zurückgenommen werden könnte. Gerade angesichts der Tatsache, dass Renate kurz zuvor von ihren Problemen mit der Zeitplanung gesprochen hat, könnte Hannas Vorschlag ohne die Modalisierungen von Renate dahingehend missverstanden werden, dass der vorige Plan des Besuchs von Hanna damit aufgegeben wird und der Vorschlag als Ersatz gedacht ist und entsprechend bereits eine konkrete Planung nach sich ziehen muss.

Interessanterweise baut Hanna jedoch in Z. 565 ihren Vorschlag, obwohl sie mit „oder so" (Z. 564) den Verzicht auf eine Detaillierung angekündigt hat, „durch eine prospektive syntagmatische Expansion" (Auer 2006a: 285) mittels der Konjunktion *oder* aus und konkretisiert ihn hinsichtlich des Ortes („bremerHAven").

Renate nimmt beide Teile des Vorschlags lediglich mit Hörersignalen („ja;"; Z. 566 und 568) zur Kenntnis. Hanna fährt daraufhin weiter mit ihrem Turn fort, indem sie zunächst das Vergewisserungssignal „ne," (Z. 569) produziert, das nach Jefferson (1981: 53) als ein Mittel des „post-response pursuit of response" eingesetzt wird. Gemeint ist damit, dass *ne?* u.a. auch dazu verwendet werden kann, nach einer Antwort, die als unbefriedigend wahrgenommen wird („post-response"), eine weitere Antwort einzufordern („pursuit of response"), wobei alleine durch dieses Einfordern einer weiteren Antwort angezeigt wird, dass die erste Antwort nicht befriedigend war: *Ne?* ist "clearly available as a ‚last resort' after a series of milder attempts to achieve the object of a pursuit" (Jefferson 1981: 86). Gelegentlich wird diese Struktur dazu eingesetzt, anzuzeigen, dass die Antwort nicht nur unbefriedigend war, sondern sogar negativ bewertet wird (Jefferson 1981: 86). Eine solche Lesart hätte ein hohes gesichtsbedrohendes Potential für Renate, da sie so unter einer starken Verpflichtung stünde, den Vorschlag positiv zu ratifizieren. Daher nimmt Hanna direkt im Anschluss, eingeleitet durch den Diskursmarker *also*, den Vorschlag in seiner Verbindlichkeit wieder zurück: „also- (.) wie du (.) wie du zEIt und LUST hast" (Z. 570–571). Dadurch rekontextualisiert sie ihr „ne" als ein einfaches Rückversicherungssignal und bietet zugleich Renate die Chance, ohne Gesichtsverlust eine unverbindlich bleibende Zusage oder sogar eine Ablehnung des Vorschlags zu formulieren.

Die hohe Wahrscheinlichkeit einer Ablehnung des Vorschlags durch Renate wird durch die Pause sowie das Einatmen deutlich, die beide der Markierung einer folgenden dispräferierten Antwort dienen: „(---) °hhh also bremerHAven, (.)" (Z. 572–573).

Wie Auer/Uhmann (1982) und Pomerantz (1984) am Beispiel von Bewertungssequenzen zeigen, besteht die Grundregel bei präferierten gegenüber nicht präferierten zweiten Teilen von Nachbarschaftspaaren darin, dass präferierte zweite Teile möglichst schnell angeschlossen werden, während dispräferierte durch Pausen, Zögerungssignale und Einschubsequenzen hinausgezögert werden. Als präferierte zweite Bewertung gilt eine gleichlaufende Bewertung zu der Erstbewertung, d.h. einer negativen Erstbewertung folgt beispielsweise eine negative Zweitbewertung, einer positiven Erstbewertung dagegen eine positive Zweitbewertung.

Bei Vorschlägen findet sich die gleiche Struktur der Präferenzordnung wieder: Die Annahme eines Vorschlags ist typischerweise der präferierte zweite Paarteil, die Ablehnung ist dispräferiert. Mit Vorlaufelementen wird der Person, die den Vorschlag macht, die Chance gegeben, sich auf die nicht präferierte Reaktion vorzubereiten und möglicherweise – je nachdem wie hoch das Potential des Gesichtsverlusts ist – auch selbst schon vor der eigentlichen Ablehnung des Vorschlags diesen (z.B. hinsichtlich des Zeitraums, der Verbindlichkeit etc.) zu modifizieren. Nach der Pause und dem Einatmen durch Renate (Z. 572–573) folgt als weiteres Vorlaufelement, das eine Ablehnung des Vorschlags indiziert, eine Einschubsequenz: Mit der Frage, wie teuer die Fahrt nach Bremerhaven wäre („wi' (.) wie teuer WÄre das denn so"; Z. 574), schiebt Renate die Lieferung des zweiten Teils des Nachbarschaftspaares *Vorschlag – Akzeptanz/Ablehnung des Vorschlags* weiter hinaus.

Renate fokussiert dabei auf den zweiten und konkreteren Teil von Hannas Vorschlag – die Fahrt nach Bremerhaven – und verwendet das syntaktische Muster der Linksversetzung, um aus den beiden Teilen des Vorschlags (*mal ein Treffen zu zweit + Treffen in Bremerhaven*) letzteren herauszugreifen. Die Wahl des Konjunktivs („WÄre"; Z. 574) statt des ebenfalls möglichen Indikativs weist zusätzlich zu den zuvor genannten Aspekten (Pause, Einatmen, Einschubsequenz) sowie der durch den Vagheitsmarker *so* ausgedrückten Unbestimmtheit darauf hin, dass Hannas Vorschlag von Renate zunächst mit Skepsis aufgenommen wird. Hanna beantwortet Renates Frage nach den Kosten in den Zeilen 576 bis 577: „du kAnnst mitm niederSACHsenticket fahrn? das sind da pro wEg zwanzig EUro". Als dritter Teil der Frage-Antwort-Reaktion-Sequenz wird nun von Renate diese Information mit „AH ja okAy" (Z. 579) quittiert. *Ah ja* hat dabei die Funktion, eine Information als neutral bis positiv zu bewerten (Imo 2009: 76–79) und *okay* dient dazu, eine Sequenz als erfolgreich beendigt anzuzeigen und einen Ausstieg aus der Sequenz zu ermöglichen (Fischer 2006: 359).

Zu erwarten wäre nun, nachdem die Einschubsequenz beendet ist, dass Renate den noch ausstehenden zweiten Teil des Nachbarschaftspaares *Vorschlag – Akzeptanz/Ablehnung des Vorschlags* liefert. Dieser bleibt jedoch weiterhin aus, Hanna produziert wieder das Vergewisserungssignal „ne", gefolgt von einer Mikropause, und baut dann die Einschubsequenz um die Zusatzinformation über die Fahrtdauer aus. Doch auch jetzt reagiert Renate immer noch nicht, sie lässt sich mit ihrer Antwort sehr viel Zeit:

```
Beispiel 62
580   H  →  ne, (.)
581      →  das sind eben [zwEI] stunden FAHRT.
582   R                  [ja. ]
583         (1.0)
584   R     gut das GEHT ja eigentlich.
585         °hhhh ja lAss uns das mal über[LE:]gen;
586   H                                  [ja,]
587   R     aber das wÜrd ich eigentlich lIEber machen wenns n
            bisschen SCHÖner is. (.)
```

Erst nach einer ganzen Sekunde liefert sie eine positive Bewertung (Z. 584), die durch das Adverb *eigentlich*[58] jedoch als Eingeständnis markiert wird. Renate signalisiert dadurch, dass sie dem Gedanken an eine Fahrt nach Bremerhaven trotz des akzeptablen Fahrpreises eher skeptisch gegenübersteht: „Mit *eigentlich* wird der Bezugssachverhalt als für sich betrachtet gewichtig hingestellt und

---

58 *Eigentlich* wird in den Grammatiken oft als Modalpartikel bezeichnet, wogegen allerdings die Tatsache spricht, dass es ohne Bedeutungsveränderung im Vorfeld auftreten kann: *Das geht ja eigentlich – Eigentlich geht das ja.*

in Argumentationen einem Opponenten eine entsprechende Konzession gemacht." (Zifonun et al. 1997: 2411) Entsprechend unverbindlich wird dann – endlich – die offene Projektion, d.h. die Reaktion auf Hannas Vorschläge, geliefert: „°hhhh ja lAss uns das mal überLE:gen" (Z. 585). Sowohl durch die Lexik von *überlegen lassen*, wodurch die Entscheidung auf unbestimmte Zeit hinausgezögert wird, als auch durch die Funktion der Modalpartikel *mal*, eine „vage, verwischte Horizont-Bedeutung" (Weinrich 2005: 855) anzuzeigen, wird eine Rückweisung von Hannas Vorschlag vorbereitet, nach Bremerhaven zu kommen. Diese angekündigte Rückweisung wird jedoch direkt im Anschluss durch eine Präzisierung der Zeit („wenns n bisschen SCHÖner is" und „wenns nicht mehr so KAL:T is" Z. 587–588) als vorläufig angezeigt und so der heikle, da gesichtsbedrohende Aspekt der Ablehnung des Vorschlags umgangen.[59]

Hanna greift Renates Gegenvorschlag auf, das Treffen zu verschieben und präzisiert den Vorschlag dahingehend, dass sie mit „wenn man sich an_n STRAND hier lEgen kann" (Z. 590) in einer kollaborativen Konstruktion die zuvor gegebenen, auf das Wetter bezogenen zeitlichen Angaben von Renate („wenns nich mehr so KAL:T is"; Z. 588) um eine mit dem Wetter zusammenhängende mögliche Freizeitaktivität erweitert. Dieses Aktivitätsangebot wird von Renate begeistert aufgenommen, direkt nach „STRAND" setzt sie mit einem gehauchten und gedehnten „ja:::" ein und fügt dann mit „DAS wär ja geil", „boah HANna (.) das wär ja richtig cool" (Z. 593–594) ein Bewertungsbündel an, das von Hanna prosodisch durch einen in einer hohen Tonhöhe geäußerten, schwer zu transkribierenden Laut (hier mit „IÄH::" wiedergegeben) und zustimmendem Lachen bestätigt wird.

Nachdem der Vorschlag, sich zu zweit zu treffen, auf diese Weise auf einen unbestimmten Zeitpunkt in die Zukunft verlegt wurde, steigt Renate endgültig aus der Vorschlagssequenz aus und kehrt zu dem Hauptthema zurück, dem Grund für den Anruf, der darin bestand, ein Treffen mit Hanna in Kassel zu organisieren:

---

[59] Der strukturelle Ablauf der Einladungssequenz kann wie folgt zusammengefasst werden: Einladung durch Hanna → Verzögerung durch eine Pause und Einatmen durch Renate (erstes Anzeichen für eine dispräferierte zweite Handlung) → Starten einer Einschubsequenz durch Renate (zweites Anzeichen für eine dispräferierte zweite Handlung) → weitere Verzögerung durch eine Pause → Verschieben der Entscheidung (*lass uns das mal überlegen*) und des Termins (*wenns ein bisschen schöner ist*). Durch dieses extreme Hinauszögern der Produktion des zweiten Teils des Nachbarschaftspaares wird Hanna auf eine Ablehnung oder Verschiebung der Einladung vorbereitet und Renate wahrt ihr eigenes und Hannas Gesicht: „Die doppelte Wirkung der Regeln von Selbstachtung und Rücksichtnahme besteht darin, dass jemand sich bei einer Begegnung tendenziell so verhält, dass er beides wahrt: Sein eigenes Image und das der anderen Interaktionspartner." (Goffman 1986a: 17)

```
Beispiel 63
596          (---) ((Hanna lacht bis Z. 790))
597    R     JA;
598          also dann ÄHM- (.)
599          WÜRD ich sagen-
600          hAlten wir doch erst mal so diese MÄRZaktion fest;
```

Dem sequenzterminierenden „JA" in Z. 597 folgt der Diskursmarker „also" in Z. 598, mit dem in einer Konklusion die Aushandlung über die gegenseitigen Besuche beendet und lediglich die „MÄRZaktion" (Z. 600), die der Grund für Renates Anruf war, ratifiziert wird.

Durch das sich von Z. 566 bis 585 erstreckende „doing not answering" (zum Konzept des „doing X" siehe Boden 1994), dem deutlich erkennbaren Vorenthalten einer Antwort, bereitet Renate den Weg für ihren schließlich in den Zeilen 887 bis 594 präsentierten Gegenvorschlag vor, das Treffen auf später, „wenns nicht mehr so KAL:T is" (Z. 588), zu verschieben. Durch ihre jeweils lokal angepassten Reaktionen auf Äußerungen des Gegenübers und die Interpretation dieser Äußerungen als funktionale Beiträge im Kontext des laufenden kommunikativen Projekts produzieren die Gesprächsteilnehmerinnen letztendlich einen ratifizierungswürdigen Vorschlag, der als gemeinsames Produkt wahrgenommen werden kann.

6.3.2 Gesprächseinstieg und Gesprächsausstieg

Ganz besonders zu Beginn und am Ende eines Gesprächs wird der Einfluss der Situation deutlich, in der das Gespräch stattfindet. Dabei spielen kommunikative Gattungen eine besondere Rolle, denn sie dienen als Orientierungsrahmen und machen bestimmte – teilweise hochgradig routinierte – Ein- und Ausstiegsformen erwartbar: Die Begrüßungs- und Verabschiedungssequenzen unterscheiden sich bei einem Vorstellungsgespräch, einer Sprechstunde an der Universität, einem Termin im Bürgerbüro, einem Gespräch mit Familienangehörigen oder einem Gespräch zwischen Freunden erheblich. Die Einordnung eines Gesprächs in den „Haushalt" kommunikativer Gattungen ist deshalb wichtig, weil durch die Wahl einer Gattung bereits bestimmte Parameter gesetzt werden in Bezug auf die zu erwartenden interaktionalen Muster und eingesetzten sprachlichen Mittel: Gespräche sind durch Merkmale auf den drei Ebenen der Außenstruktur, der situativen Realisierungsebene sowie der Binnenstruktur vorgeprägt.

In dem der Analyse zu Grunde liegenden Telefongespräch kann in Bezug auf die **Außenstruktur** festgestellt werden, dass die Interagierenden sich eines Mediums[60] bedienen – des Telefons. Im vorliegenden Fall lässt dieses als traditioneller Festnetzanschluss nur eine Kommunikationsform zu, nämlich die eines *Festnetztelefonats* – anders als beispielsweise die Kommunikation mittels eines Mobiltelefons, das neben dem *Handytelefonat* auch noch die Kommunikationsformen *SMS* und *MMS* zur Verfügung stellt und im Bereich der Kommunikationsform *Handytelefonat* die Besonderheit hat, dass die SprecherInnen ortsungebunden sind, während ein Telefonat über einen Festnetzanschluss Ortsgebundenheit erzwingt.[61] Die Unterscheidung in ortsgebundene und ortsungebundene Gespräche kann für die Kommunikation an sich (und für die von den Interagierenden gewählten sprachlichen Mittel) von Bedeutung werden, da bei einem Mobiltelefon der Empfang abbrechen kann und das Potential, gestört zu werden, deutlich höher ist. Dies zeigt sich an typischen Floskeln der Ortsangabe wie zum Beispiel *Ich sitz grad im Zug* zu Beginn eines Telefonats (um auf potentielle Empfangsprobleme hinzuweisen) oder Entschuldigungen wie *Wir sind grad in einen Tunnel gefahren* bzw. *Empfang war weg* als Startfloskeln für einen Gesprächsneustart, nachdem nach einem Gesprächsabbruch die Verbindung durch erneutes Anrufen wieder hergestellt wurde.

In dem im Folgenden analysierten Telefongespräch können sich die Kommunikationsteilnehmerinnen darauf verlassen, dass Ortsgebundenheit vorliegt – was auch kommunikativ relevant gesetzt wird, wie die Analyse zeigen wird: Mit einem so typischen Gesprächseinstieg durch die Anruferin wie „ich hab

---

60 Nach Dürscheids (2011: 2) engem Medienbegriff handelt es sich bei Medien um von Menschen hergestellte Apparate, die der Herstellung, Modifikation, Speicherung, Verteilung und Rezeption von sprachlichen und nicht-sprachlichen Zeichen dienen. Sprache (d.h. Schall) an sich wäre demnach dieser Auffassung nach kein Medium, Schreibmaschinen, Lautsprecher, Computer, Telefone, Bücher oder Post-it-Zettel dagegen schon. Dieser enge Medienbegriff ist allerdings nicht unumstritten (vgl. die kritische Diskussion alternativer Konzepte in Dürscheid 2011).

61 Siehe auch Dürscheid (2005: 7): „Ein konstitutives Merkmal von Kommunikationsformen ist das jeweils gewählte Zeichensystem. Sind es Schrift- oder Lautzeichen, handelt es sich also um schriftliche oder mündliche Kommunikation? Weiter sind für die Klassifikation die Kommunikationsrichtung und die Anzahl der Kommunikationspartner relevant. Dabei geht es um die Frage, ob die Kommunikation monologisch oder dialogisch ist, bzw. ob es sich um eine Eins-zu-Eins- oder Eins-zu-Viele-Kommunikation handelt. [...] Zwei weitere Merkmale sind die räumliche und zeitliche Dimension der Kommunikation. Beim ersten Punkt ist zu fragen, ob sich die Kommunikationspartner im selben Raum befinden oder eine Distanzkommunikation vorliegt, beim zweiten, ob die Kommunikation synchron oder asynchron verläuft, die Beiträge also unmittelbar aufeinander folgen (wie bei einem Telefongespräch) oder zeitversetzt sind (wie in der Briefkommunikation)."

vorhIn schonmal versucht dich zu erREIchen" (Z. 005), auf den die Angerufene antwortet, dass sie „bis Eben grad unterWEGS" (Z. 009) war, wird von den Interagierenden implizit die kommunikative Konstellation eines Festnetztelefonats erzeugt, bei dem die Anruferin die Abwesenheit der Angerufenen ableiten kann, wenn diese den Hörer nicht abhebt. Bei einem Handytelefonat dagegen kann eine Abwesenheit von zu Hause nicht inferiert werden.

Ein weiteres Merkmal der Kommunikationsform *Festnetztelefonat* liegt in der speziellen Teilnehmerkonstellation begründet: Typischerweise werden – außer man aktiviert bei neueren Telefonen Funktionen wie die der Konferenzschaltung – dyadische Gespräche erwartet. Die Kommunikationsrichtung ist also auf wechselseitigen Austausch ausgelegt. Zudem sind die Gesprächspartner zwar räumlich getrennt, was Gestik und Mimik weitgehend aus der Kommunikation ausschaltet,[62] können aber zeitlich synchron kommunizieren. Die Kommunikationsrichtung ist somit prinzipiell dialogisch geprägt,[63] wobei allerdings eine Besonderheit darin besteht, dass die Anruferin durch einen Anruf eine deutlich stärker wahrnehmbare Gesprächsinitiierung leistet (die daher auch begründet werden muss) als in einer informellen Alltagssituation zweier Bekannter, die sich auf der Straße treffen: Im letzteren Fall wird bereits im Vorfeld durch die Gestik und Mimik, die gegenseitiges Wahrnehmen und Erkennen anzeigen, sowie durch den obligatorischen Austausch von Grußsequenzen eine Vor-Initiierung geleistet, ein Telefongespräch dagegen platzt durch das Klingeln sozusagen ‚aus heiterem Himmel' in die aktuelle Situation der Angerufenen hinein. Die Aspekte der Außenstruktur prägen also die möglichen sprachlichen Strukturen schon deutlich vor.

Die **situative Realisierungsebene** dagegen ist weitaus weniger vorgeprägt (und vorprägend), hier sind konkrete kommunikative Ziele und Verhaltensweisen der Interagierenden von Bedeutung. So ist bei einem informellen Telefongespräch unter Freunden eine mehr oder weniger gleichmäßige Verteilung des Rederechts zu erwarten – was allerdings immer dann nicht zutrifft, wenn z.B. die Anruferin eine Geschichte erzählen will und somit das Rederecht über einen längeren Zeitraum beansprucht oder wenn die Anruferin Informationen von der

---

62 Die Einschränkung durch „weitgehend" ist nötig, da Gestikulieren, Herumlaufen oder auch ein Lächeln oder Stirnrunzeln beim Telefonieren manchmal über die paraverbalen Mittel oder durch Nebengeräusche (z.B. Laufgeräusche, Hantieren mit Geschirr etc.) von dem Gesprächspartner erschlossen werden können.

63 Dies gilt allerdings nicht für Sonderformen wie die Zeitansage, bei der nur ein Gesprächspartner und eine Maschine anwesend sind, und nur eingeschränkt für bestimmte kommunikative Gattungen wie einen Bestellanruf oder einen Anruf bei einer Auskunft, die beide von festen Turn-taking-Strukturen geprägt sind.

Angerufenen erhalten möchte und daher ihr Rederecht über einen längeren Zeitraum abgibt. In beiden Fällen sind aber Ankündigungen („Prä-Sequenzen") nötig, die den jeweiligen Gesprächspartner über die Abweichung von der Normalform des wechselseitigen Austauschs (d.h. von dem Grundmuster des Turn-Taking) informieren.[64]

Typisch für Telefongespräche sind auch bestimmte Nachbarschaftspaare, vor allem zu Beginn (Begrüßung, Identifizierung) und am Ende des Gesprächs (gemeinsames Aushandeln der Gesprächsbeendigung). Der Teilnehmerstatus ist in einem solchen Gespräch wie dem hier vorliegenden von einem symmetrischen sozialen Verhältnis der SprecherInnen geprägt.

Die **Binnenstruktur** umfasst schließlich bei einem informellen, privaten Telefongespräch zwischen Freunden relativ wenige im Voraus zu erwartende Einheiten. Auch diese finden sich primär in den Bereichen der Gesprächseröffnung (es ist eher ein Austausch von informellen Gesprächsfloskeln wie *Hi* oder *Hallo* statt der formelleren Floskel *guten Tag* zu erwarten) und der Gesprächsbeendigung (häufig liegt ein mehrfacher Austausch von *okay* vor, um die Bereitschaft anzuzeigen, das Gespräch zu beenden). Auf prosodischer Ebene sind in einem Privatgespräch deutlichere und breiter gestreute Kontextualisierungshinweise (erstaunte, überraschte, vorwurfsvolle, ärgerliche, freudige etc. Stimme) möglich als in einem formellen Gespräch. Schließlich gilt bei einem Telefongespräch, dass längere Pausen auf Grund der fehlenden visuellen Kommunikationskanäle nicht unkommentiert hingenommen werden können, selbst wenn die Pausen durch eine externe Ablenkung motiviert sind. Es besteht daher eine Tendenz zur kontinuierlichen Aufrechterhaltung der gesprochenen Interaktion oder zumindest der expliziten Thematisierung einer Unterbrechung (z.B. *Moment mal, ich muss eben kurz nach dem Herd sehen*).

Die hier dargestellten Gattungsinformationen sind der Anruferin und der Angerufenen als Mitglieder einer gemeinsamen Kultur bereits *vor* dem Anruf bekannt. Die Gattung *privater, freundschaftlicher Festnetztelefonanruf zwischen Bekannten/Freunden* liefert daher einen Rahmen, an dem sich beide Anruferinnen bei der Sprachproduktion und -rezeption orientieren können und der zu gewissen Routinierungen führt, die sich besonders bei den interaktional schwierigen Stellen der Gesprächseröffnung und Gesprächsbeendigung zeigen.

---

64 Es handelt sich dabei um in der Gesprächsanalyse bereits sehr gut erforschte Bereiche. Ein kurzer Überblick sowohl über das Turn-Taking-System als auch die Verwendung von Prä-Sequenzen findet sich bei Levinson (2000) in den Kapiteln 6.2.1.1 (Sprecherwechsel) und 6.4 (Prä-Sequenzen) sowie bei Gülich/Mondada (2008) in den Kapiteln 4 (Sprecherwechsel) und 5.4.2 (Prä-Sequenzen). Speziell zum sequenziellen Aufbau von Geschichten siehe Jefferson (1972b).

i. Gesprächseinstieg: Die folgenden vierzehn Zeilen umfassen den Beginn des Telefongesprächs vom Klingeln bis zur Initiierung des ersten Themas. Die Sprecherinnen Hanna (H) und Renate (R) sind befreundet und haben vor kurzem ihr Studium beendet, woraufhin Hanna aus der Stadt, in der beide studiert haben, weggezogen ist.

```
Beispiel 64
000            ((zweimaliges Freizeichen))
001     H      hanna BREde?
002     R      °h hallo HANna- (.)
003            hier is reNAte. °hh (.)
004     H      hallo reNAte;
005     R      ich hab vorhIn schonmal versucht dich zu erREIchen;
               (.)
006            da warst du nicht DA·,
007            (--)
008            [wo WARST du denn?]
009     H      [ja: ich war bis  ] Eben grad unterWEGS.
010            ich war inner STADT.
011            °h jo. [hehe     ]
012     R             [SHOppen?] (.)
013     H      °hh NE:_ah ich [mUsst mein:-          ]
014     R                     <<leise> [beSORgungen machen;]>
```

Schon direkt zu Beginn wird die oben erwähnte Routinierung deutlich, die die Durchführung eines Telefonats erleichtert: Das Freizeichen wird nach Schegloff (1968: 1080) als „summons", d.h. als ein Aufruf behandelt, auf den die angerufene Person sich mit ihrem Namen meldet. Dieser Aufruf ist ein „attention-getting device" und dient ähnlich wie Anredeformen (z.B. *Hanna!* oder *Bedienung!*) und Höflichkeitsphrasen (*Entschuldigung, können Sie mir sagen, wie viel Uhr es ist?*) dazu, den Gesprächspartner auf den Beginn eines Gesprächs aufmerksam zu machen und seine Gesprächsbereitschaft („availability to talk"; Schegloff 1968: 1087) zu überprüfen. Das technische Medium des Telefons ist in diesem Fall eng mit in die Kommunikation einbezogen, denn hier löst das Klingeln ein so genanntes „Nachbarschaftspaar" aus, bestehend aus den Teilen *Aufruf* und *Reaktion*. Nachbarschaftspaare („summons-answer sequences") sind nach Schegloff (1968: 1083f.) zu definieren als zweiteilige Strukturen, bei denen der erste Teil von Sprecher A und der zweite von Sprecher B geäußert wird, wobei der A-Teil einen bestimmten zweiten Teil erwartbar macht. Diese Festlegung auf einen erwartbaren zweiten Teil nennt Schegloff „conditional relevance" (*bedingte* oder *konditionelle Relevanz*). Auf einen Aufruf wird als zweiter Teil eine Reaktion erwartet (z.B. über die Ausrichtung des Blicks, eine Antwort oder eben ein Abheben des Telefonhörers zusammen mit einer Reaktionsfloskel wie *hallo*), auf einen Gruß wird als zweiter Teil ein Gegengruß erwartet, auf eine

Bitte das Nachkommen der Bitte oder ein (begründetes) Ablehnen, auf eine Frage eine Antwort etc.

Die Art und Weise, wie genau der zweite Teil auszufallen hat, der bei dem Nachbarschaftspaar *Aufruf – Reaktion* konditionell relevant ist, und was auf diese Sequenz dann folgt, ist allerdings kulturabhängig. Im Deutschen antwortet man im privaten Kontext meist mit dem Namen, allerdings hat es sich seit der Einführung der automatischen Rufnummernanzeige, dank der die Angerufenen ihnen bekannte AnruferInnen bereits im Vorfeld identifizieren können, auch eingebürgert, wie im Englischen mit *hallo* oder sogar mit *hallo + Name des Anrufers* (also mit einer Fremdidentifizierung) zu antworten.[65]

Dem ersten Nachbarschaftspaar, mit dem die Gesprächsbereitschaft überprüft wird, folgt direkt ein zweites, das im Minimalfall aus einem Austausch aus *Gruß und Gegengruß* besteht. Im vorliegenden Fall findet sich eine Kombination aus einem Gruß und einer Selbstidentifizierung: „hallo HANna- (.) hier is reNAte." (Z. 002–003). Letztere ist im privaten Bereich nicht unbedingt notwendig. Wenn die Anruferin meint, die Angerufene könne die Anruferin an der Stimme, über die Rufnummernerkennung oder deshalb, weil ein Anruf zu einem bestimmten Termin geplant war, von selbst erkennen, bleibt sie aus. Oft wird auch lediglich ein *ich bin's* an den Gruß gefügt, auch hier erwartet die Anruferin dann, dass sie über ihre Stimme identifiziert werden kann (Schegloff 1968: 1078 nennt dieses Verfahren „intimacy ploy"). Anders stellt sich die Lage dagegen in formellen Situationen dar: Hier meldet man sich nach einem formellen Gruß (meist *guten Tag*) typischerweise mit Floskeln der Selbstidentifizierung wie *mein Name ist X* (zu Telefongesprächen im institutionellen Kontext vgl. die Arbeit von Bendel 2007).

In dem der Identifizierung folgenden Nachbarschaftspaar *Gruß – Gegengruß* folgt auf den ersten Grußteil „hallo HANna" (Z. 002) der zweite Teil „hallo reNAte" (Z. 004) als Gegengruß. Die Wahl der Grußfloskeln ist dabei für das Anzeigen der gewählten Gattung hoch relevant: Die Gattung *privates Festnetztelefongespräch* impliziert die Wahl einer privaten, informellen Anredefloskel (*hallo* oder *hi*), und umgekehrt wird schon ganz zu Beginn des Gesprächs genau durch

---

[65] In der Untersuchung von Taleghani-Nikazm (2002), in der deutsche und iranische Telefongesprächsanfänge verglichen werden, zeigt sich, dass sowohl Antworten mit Namen (Taleghani-Nikazm 2002: 1818) als auch mit *hallo* (Taleghani-Nikazm 2002: 1917) vorkommen. Kulturelle Unterschiede zum Iranischen finden sich vor allem in den sequenziellen Einheiten, die dem Gesprächseinstieg folgen: Im Deutschen kommt man relativ schnell zum Grund des Anrufs (bzw. zum Reden über ein Thema), während im Iranischen eine stark ritualisierte und umfangreiche Abfrage nach dem Wohlbefinden aller Bekannten vor das eigentliche Thema vorgeschaltet werden muss.

die Wahl einer dieser informellen Floskeln von den Gesprächsteilnehmerinnen signalisiert, dass ihr Teilnehmerstatus der von sozial gleichgestellten Personen in einer informellen Konstellation ist.[66] Das dahinter liegende Prinzip ist in Abschnitt 4.1.1 mit dem Begriff der Reflexivität erläutert worden: Die aktivierte Gattung eines privaten Festnetzgesprächs macht bestimmte sprachliche Formen erwartbar. Umgekehrt wiederum konstituieren aber erst die gewählten sprachlichen Formen genau diese Gattung.

Auch die Wahl der Anredeformen erfüllt eine ähnliche Funktion: Mit den Anredeformen signalisieren die Anruferinnen, dass sie sich Duzen (d.h. dass Vertrautheit und soziale Nähe bestehen). Es wird also ein weiterer Kontextualisierungshinweis („contextualization cue") für die Gattung des privaten Telefongesprächs geliefert, der ein „channelling of interpretation" leistet (Gumperz 1982: 131) und den weiteren Verlauf des Gesprächs in die Bahn einer freundschaftlichen Unterhaltung projiziert. Die Rollen der Beteiligten werden somit bereits zu Beginn des Gesprächs festgelegt: „Begrüßungen dienen natürlich dazu, Rollen zu klären und festzulegen, die die Teilnehmer während der Gesprächsgelegenheit einnehmen, und die Teilnehmer zu diesen Rollen zu verpflichten." (Goffman 1986a: 49)

An der nächsten sequenziellen Position nach der Begrüßung wäre nun die Nennung des Grunds für den Anruf[67] (Sacks 1995: 163; Silverman 1992; Couper-Kuhlen 2001) zu erwarten. Für den Fall, dass die Anruferin mehrfach ergebnislos die Angerufene zu erreichen versuchte, kann allerdings eine Nebensequenz („side sequence"; Jefferson 1972a) eingeschoben werden, in der dieser Umstand verhandelt wird. Gülich/Mondada (2008: 75) fassen solche Sequenzen unter den Punkt der „möglichen Erweiterungen der Eröffnungsphase", die z.B. auch The-

---

66 Linke (2000) macht allerdings einen generellen Trend zu *hallo* statt des formelleren *guten Tag* aus und betrachtet diese Entwicklung im Rahmen einer gesamtgesellschaftlichen Tendenz zur „Informalisierung", „Ent-Distanzierung" und „Familiarisierung". Die Ausbreitung der umgangssprachlichen Grußformel ist nicht zu bestreiten. Je formeller der Anlass wird, desto größer wird allerdings die Wahrscheinlichkeit, dass auf die formelle Variante *guten Tag* zurückgegriffen wird (zu einer detaillierten Auflistung von Grußformeln im Deutschen siehe auch Weinrich 2005: 819–821).

67 Sacks (1995: 159–160) stellt fest, dass die Angerufenen auf den Grund für den Anruf warten. Wenn kein expliziter Grund genannt wird, wird das „erste Thema" oft als der Grund für den Anruf gewertet. Wenn ein Anruf keinen bestimmten Grund hat, wird dies meist von den Anrufern explizit thematisiert, um zu verhindern, dass der Angerufene nach dem Grund des Anrufs im „ersten Thema" sucht: „Callers are attentive to the way in which first topics are heard as special or important. So when you say you are ‚calling for no reason', you can postpone ‚first topic' indefinitely by showing that you do not have a ‚first topic' item." (Silverman 1992: 113)

matisierungen der „Dauer des Telefonklingelns" und „u.U. die Aktivitäten des Angerufenen zum Zeitpunkt des Anrufs" möglich machen.

Solche Erweiterungen der Eröffnungsphase geschehen – wie auch im hier vorliegenden Fall – typischerweise mit Hilfe von festen Floskeln („ich hab vorhIn schonmal versucht dich zu erREIchen"; Z. 005). An dieser Stelle sind wieder der technische Hintergrund durch das gewählte Medium und die durch die Kommunikationsform bereitgestellten Kommunikationsbedingungen von großer Bedeutung: Bei einem Anruf auf eine Festnetznummer hat eine Äußerung wie diese kaum Konsequenzen in Bezug auf eine potentielle Gesichtsbedrohung der Angerufenen: Die Anruferin kann als unmarkierte Erklärung für das Nicht-Beantworten des Telefons schließen, dass die Angerufene nicht zu Hause war, also den „Summons", die Aufforderung durch das Klingeln, schlichtweg nicht hören konnte. Renate zeigt hier, dass sie genau dieses Schlussverfahren anwendet: In Z. 006 äußert sie die Feststellung „da warst du nicht DA:,". Das syntaktische Format des Aussagesatzes weist darauf hin, dass Renate von mehr oder weniger sicherem Wissen ausgeht (sonst hätte Sie eher *Warst du nicht da?* gefragt). Das prosodische Format mit der leichten Steigung der Tonhöhe am Einheitenende dient allerdings dem „try-marking" (Schegloff 1979c) und signalisiert, dass die Äußerung nicht als *völlig* sicheres Wissen, sondern als Vermutung zu verstehen ist. Schegloff (1979c: 18) beschreibt das Konzept des „try-marking" im Kontext der Personenreferenz, wenn ein Sprecher sich unsicher ist, ob die Gesprächspartner einen Namen (oder eine Ortsreferenz) erkennen können. In einem solchen Fall wird die Referenz „with an upward intonational contour, followed by a brief pause" angezeigt: „We shall call this form a 'try-marker'". Dieses Format findet sich auch hier, die Äußerung wird mit einem steigenden Tonhöhenverlauf produziert und es folgt eine kurze Pause. Während es bei den von Schegloff beschriebenen Formen des „try-marking" um den Abgleich von unsicherem Wissen geht, geht es in dem vorliegenden Fall darum, die Äußerung durch die Markierung als unsicheres Wissen (bzw. als Vermutung) als potentiell gesichtsbedrohend zu markieren. Die Gesichtsbedrohung einer Thematisierung des Nicht-Beantwortens des Telefons liegt daran, dass der Anrufer dem Angerufenen unterstellt, er müsse für ihn verfügbar sein und er sich somit das Recht nimmt, über die Privatsphäre des Angerufenen zu entscheiden. Goffman (1967: 71f.) spricht in diesem Kontext von „avoidance rituals" (Vermeidungsritualen), die angewandt werden, wenn man das individuelle Territorium des Anderen verletzt (ein solches „avoidance ritual" ist beispielsweise eine Entschuldigung, wenn man jemanden anspricht). Auch das „try-marking" bei der hier zitierten Äußerung erfüllt die Funktion eines Vermeidungsrituals. Bei einem Festnetztelefonat ist die durch ein Nicht-Beantworten ausgelöste potentielle Gesichtsbedrohung allerdings weniger problematisch, da

Abwesenheit einen guten Grund für das Ignorieren des Telefons darstellt. Bei der Kommunikation mit dem Mobiltelefon dagegen haben Äußerungen wie *Ich hab angerufen, aber du bist nicht drangegangen* ein weitaus höheres Potential, als Vorwurf interpretiert zu werden. Bei einem Mobiltelefon wird angenommen, dass der Angerufene die Aufforderung des Klingelns (das „summons") hört, aber nicht darauf reagiert – was im schlimmsten Fall als absichtliches Ignorieren des Anrufers interpretiert werden kann. Medium und Kommunikationsform haben also durchaus Implikationen in Bezug darauf, welche Äußerungen potentiell problematisch oder unproblematisch für den Teilnehmerstatus der Interagierenden sein können.[68] Im vorliegenden Fall war die Angerufene aber tatsächlich für den Aufruf des Telefons schlichtweg nicht erreichbar.

Oben wurde erwähnt, dass nach der Begrüßungssequenz normalerweise der „Grund für den Anruf" (Sacks 1995: 163; Silverman 1992; Couper-Kuhlen 2001) erwartet wird.[69] Dass diese Erwartungshaltung sehr stabil ist, zeigt sich daran, dass Renate, nachdem sie sich mit Hanna fast zwei Minuten lang in der Einschubsequenz über Hannas verlorenen Personalausweis unterhalten hat, unvermittelt zu dem im Rahmen eines *Telefongesprächs* sequenziell erwartbaren „Grund für den Anruf" wechseln kann: Auch wenn das typische sequenzielle Muster verändert wird, wie im vorliegenden Fall durch den langen Ausbau einer Einschubsequenz über den verlorenen Personalausweis, orientieren sich die TeilnehmerInnen weiterhin an dem Abfolgemuster eines Telefongesprächs, bei dem gilt, dass der Grund für den Anruf von der Anruferin geliefert werden muss.[70] Diese Orientierung wird im folgenden Abschnitt durch Renate deutlich angezeigt:

```
Beispiel 65
097   H      PASS auf. (.)
098          ein ein perSOnenbetrüger läuft [rUm.    hehehe ]
```

---

68 Eine ausführliche konversationsanalytische Untersuchung zur sequenziellen Struktur von Mobiltelefon-Gesprächen und zur Auswirkung der technischen Bedingungen dieser Art der Telefonate auf das Gesprächsverhalten findet sich in Hutchby/Barnett (2005).
69 Schegloff (1986: 116) bezeichnet die Stelle nach dem Austausch der von ihm so genannten „howareyou"-Sequenz die „anchor position", an der typischerweise das Thema des Telefonanrufs genannt wird. Vgl. auch Hutchby/Barnett (2005) zur Struktur von – in diesem Fall mobilen – Telefongesprächen.
70 Das gilt selbstverständlich nur, wenn nicht (a) der Grund ohnehin klar ist, da man z.B. verabredet hat, sich später anzurufen oder (b) wenn man sich – beispielsweise bei einer Fernbeziehung – ohne besonderen Grund regelmäßig anruft. Bei nicht regelmäßigen Anrufen ‚ohne besonderen Grund' findet sich meist zu Gesprächsbeginn eine Floskel wie z.B. *ich wollte nur mal wissen wie es dir so geht*, die das Fehlen eines Grundes offenlegt. Zu einer grundlegenden Darstellung von Gesprächsphasen in Telefonaten siehe Spiegel/Spranz-Fogasy (2001).

```
099    R                          [OH ja. °h ne:;] (.)
100    →    ich wollte dich EIgentlich mal frAgen äh (.) ob du
            nicht mal wieder lUst hast nach KASsel zu kommen;
101         (.)
102    H    JA::: totAl gErne.
```

Mit der abschließenden scherzhaften Bemerkung von Hanna („PASS auf. (.) ein ein perSOnenbetrüger läuft rUm."; Z. 097–098) endet die Sequenz, in der das Thema des verlorenen Personalausweises behandelt wurde. Ein neues Thema kann nun initiiert werden. Ein thematischer Wechsel oder die Einführung eines neuen Themas muss jedoch deutlich markiert werden, wenn der Wechsel von den weiteren GesprächsteilnehmerInnen erkannt und nicht als abrupt wahrgenommen werden soll:[71] Nachdem Renate mit „OH ja." Hannas Inszenierung der Warnung vor einem Personenbetrüger emphatisch quittiert hat, leitet sie daher explizit einen Themen- und Aktivitätswechsel ein. Der Grund für den Anruf („reason-for-a-call"; Sacks 1995: 163) ist nun an der Reihe. Renate markiert zunächst durch das negierende Responsiv „ne:", dass sie einen Aktivitätswechsel intendiert und aus der scherzhaften Interaktionsmodalität (beide Gesprächsteilnehmerinnen lachen in den Zeilen 089 bis 098) aussteigt. Sie signalisiert auf diese Weise, dass eine neue, ernste Interaktionsmodalität eingeleitet werden soll, die in der Folge durch den Vorschlag „ich wollte dich EIgentlich mal frAgen äh (.) ob du nicht mal wieder lUst hast nach KASsel zu kommen" als Grund des Anrufs benannt wird (vgl. die Analyse dieser Vorschlagssequenz in Abschnitt 6.3.1).

ii. Gesprächsausstieg: Der Ausstieg aus einem Gespräch ist in hohem Maße ‚Verhandlungssache'. Das liegt daran, dass sich beide Gesprächspartnerinnen darauf verständigen müssen, die Interaktion zu beenden, und dabei müssen sie beachten, Konventionen der Höflichkeit nicht zu verletzen. Es darf nicht der Anschein erweckt werden, als hätte man keine Lust auf weitere Kommunikation mehr und als wolle man das Gespräch ‚abwürgen'. Außerdem bleibt, auch wenn eine Abschlusssequenz eingeleitet ist, immer die Möglichkeit bestehen, diese zu unterbrechen und ein neues Thema anzubringen.

In dem Telefongespräch passiert auch genau dies. Nach einer ersten Vor-Beendigungssequenz wird die Beendigungssequenz von Hanna wieder unterbrochen und ein neues Thema angesprochen. Danach wird eine neue Beendi-

---

71 „Die Interaktionsteilnehmer orientieren sich nicht nur auf die Platzierung eines Themas in der Gesamtinteraktion, sondern prüfen Äußerungen auch unter dem Aspekt, ob sie zum aktuellen Thema passen [...]. Die sequenzielle Platzierung jeder sprachlichen Form hat eine Bedeutung für ihre praxeologische Interpretation." (Gülich/Mondada 2008: 87)

gungssequenz nötig, um ein zweites Mal das Ende des Gesprächs einzuleiten. Doch zunächst soll im folgenden Abschnitt der erste Versuch von Renate analysiert werden, eine Gesprächsbeendigung zu initiieren:

```
Beispiel 66
658   R     dann sAg einfach beSCHEID.
659         (--)
660   H     hm; (.)
661   R     naJA.
662   H     °h ja;
663         (--)
664   R     GUT ich muss jetzt auch mal eine runde
            wEIterarbeiten,
665         (--)
666   H     ja[WOHL,]
667   R       [ahm;  ](.)
668         aber dann sprEchen wir uns (.) wIEder würd ich sAgen,
669         (--)
670   H     [ja.]
671   R     [MEL]den wir uns gegensEItig,
672         (--)
673   H     jA GERne. (.)
674         [und dann (.) ja,]
675   R     [(na gut ich werd)] mal HIER; (.)
676         n bisschen haha (.) wieder in [die TASten ] hauen,
677   H                                   [wir MAchen;]
678   R     hehehe;
679   H     JA;
680         wir machen n terMIN ab irgendwie und dann;
681         JA.
682   R     cool.
683         DANN freu ich mich.
684   H     ne,
685         <<lauter> ach SO;> (.)
686         äh EIne sAche noch mal eben äh:m:-
```

Bevor der Transkriptausschnitt einsetzt, machte Renate Hanna den Vorschlag, dass sie sie ohne vorherige Absprache einfach mal besuchen kommen könne. Da Renate ein Sofa habe, gebe es keine Probleme bezüglich der Übernachtung. Hanna reagiert auf alle Vorschläge mit nur minimalen Rückmeldungen (vgl. die Analyse von Beispiel 61 zu den Strategien, wie ein Vorschlag zurückgewiesen werden kann). Selbst auf die letzte, insistierende Aufforderung von Renate „dann sAg einfach beSCHEID" (Z. 658), mit der sie Hanna zum Besuch bewegen will, reagiert diese mit typischen dispräferierte zweite Paarteile anzeigenden Signalen, einer Pause (Z. 659) und einem Zögerungssignal („hm;").

Renate verfolgt ihren Vorschlag daraufhin nicht weiter, sondern produziert das Beendigungssignal „naJA" (Z. 661), dessen Funktion bereits ausführlich in Abschnitt 6.1.5 behandelt wurde. Nachdem Renate die Vorschlagssequenz durch „naJA" als beendigt markiert hat, reagiert Hanna mit einem in leicht fallender Tonhöhe realisiertem „ja;" (Z. 662). Die Bedeutung von „ja;" in diesem Kontext (d.h. als Responsiv) kann so formuliert werden, dass es als „Ausdruck [...] weiteren Nachdenkens über den angesprochenen Sachverhalt (deliberatives *ja*)" dient, der „eine künftige Reaktion" in Aussicht stellt, „die dann auch divergent sein kann" (Zifonun et al. 1997: 378). Der Aspekt der möglichen Divergenz bzw. der Deliberation (also der Verschiebung einer Entscheidung) wird durch die folgende Pause zusätzlich ikonisch abgebildet. Parallel zu der rückwirkenden Funktion, ein Thema abzuschließen und zu ‚vertagen', haben Renates „naJA." und Hannas „ja;" an dieser Stelle zugleich auch die vorausblickende Funktion eines „possible pre-closing". Darunter versteht man nach Sacks/Schegloff (1973: 302) Ausdrücke wie „We-ell" oder „So-oo", mit denen ein Sprecher oder eine Sprecherin einerseits einen Turn beansprucht, andererseits aber kein neues Thema anschneidet und so ein mögliches Ende des Gesprächs vorschlägt: „With them a speaker takes a turn whose business seems to be to 'pass', i.e., to indicate that he has not now anything more or new to say [...]."

Renates Grund für den Anruf bestand darin, nachzufragen, wann sich Hanna und Renate mal wieder treffen können. Nachdem nun der Termin im März (unter Vorbehalt der Ergebnisse von Hannas Bewerbungen) geklärt ist und die Klärung weiterer Besuchsvorschläge verschoben wurde (der Besuch Renates in Bremerhaven wurde auf den Sommer, der Vorschlag von Renate, dass Hanna einfach mal so vorbeikommen soll, auf unbestimmte Zeit vertagt), kann nun eine „Beendigung auf der Ebene der Gesamtorganisation des Gesprächs" (Selting 2007b: 309) eingeleitet werden, da der Zweck des Anrufs erfüllt wurde.

Da Hanna nach ihrem „ja;" kein neues Thema anschneidet und somit eine übergaberelevante Stelle entsteht, kann Renate das „pre-closing" (Sacks/Schegloff 1973) einleiten, d.h. Hanna ein Angebot zur Beendigung des Telefongesprächs machen. Dieses Angebot wird durch *gut* initiiert, das in bestimmten Kontexten nach Weinrich (2005: 839) als Dialogpartikel fungiert (im Rahmen dieser Arbeit wird der Begriff *Beendigungssignal* bevorzugt), mit der eine vorangegangene Äußerung oder Sequenz potentiell abgeschlossen werden kann, indem „eine partielle Übereinstimmung mit einem Beitrag des Dialogpartners" – hier also mit dem impliziten Angebot Hannas, die Entscheidung zu vertagen – markiert wird:[72]

---

72 Vgl. auch Barske/Golato (2010: 262), die *gut* als eine Gesprächspartikel (ein „token") sehen, die in bestimmten sequenziellen Umgebungen zugleich rückblickend („responsive to prior talk") und vorausblickend, nämlich sequenzbeendigend („sequence-closing") wirkt.

```
Beispiel 67
664   R  →  GUT ich muss jetzt auch mal eine runde
             wEIterarbeiten,
665          (--)
666   H     ja[WOHL,]
667   R       [ähm; ](.)
668          aber dann sprEchen wir uns (.) wIEder würd ich SAgen,
669          (--)
670   H     [ja.]
671   R     [MEL]den wir uns gegensEItig,
672          (--)
673   H     jA GERne. (.)
```

Hanna ratifiziert das Angebot des Gesprächsausstiegs in Z. 666 durch „jaWOHL" (die Funktion dieses „jaWOHL" wurde in Abschnitt 6.1.2 bereits ausführlich analysiert). Nach der Ratifizierung des „pre-closing" durch Hanna rekapituliert Renate das Gesprächsergebnis („aber dann sprEchen wir uns (.) wIEder würd ich SAgen, (--) MELden wir uns gegensEItig"; Z. 668 bis 671). Durch die Konjunktion „aber" (Z. 668) zeigt Renate an, dass sie kurzzeitig aus der Beendigungssequenz aussteigt, um die Rekapitulation zu liefern (vgl. Birkner et al. 1995: 70, die zeigen, dass „aber in der Interaktion [eine] themasteuernde Funktion" hat). Die Floskel „würd ich SAgen" (Z. 668) dient dabei als modalisierendes Element, das eine Rückstufung des assertiven Gehalts von Äußerungen vornimmt (Imo 2007a: 123) und so aus einer Verpflichtung ein Angebot macht. In diesem Fall modalisiert Renate die Aufforderung „MELden wir uns gegensEItig" (Z. 671) in ein Angebot herab, das von Hanna in Z. 673 durch „jA GERne" positiv bestätigt wird.

In Z. 675 bietet Renate Hanna erneut an, das Gespräch zu beenden:

```
Beispiel 68
674   H     [und dann  (.) ja,]
675   R  →  [(na gut ich werd)] mal HIER; (.)
676      →  n bisschen haha (.) wieder in [die TASten ] hauen,
677   H                                    [wir MAchen;]
678   R     hehehe;
679   H     JA;
680         wir machen n terMIN ab irgendwie und dann;
681         JA.
682   R     cool.
683         DANN freu ich mich.
```

Das vermutete „na gut" am Anfang von Z. 675 hat wie das „gut" in Z. 664 die doppelte Funktion des rückblickenden Signalisierens einer (partiellen) Übereinstimmung und des vorausblickenden Signalisierens eines potentiellen Endes der Sequenz im Sinne eines „pre-closing" (das *na* trägt dabei die Funktion bei, einen Kontextwechsel zu indizieren und zeigt dem Gesprächspartner an, dass die vorigen Äußerungen aus dem Fokus genommen werden; vgl. die ausführliche Analyse von *naja* in Abschnitt 6.1.5). Das begleitende und äußerungsfinale Lachen (Z. 676 und 678) kontextualisiert die Ankündigung, eine neue Aktivität beginnen zu wollen, durch die die Beendigung des Gesprächs eingeleitet wird, als eine potentiell gesichtsbedrohende Handlung (ausführlich zum Konzept der Kontextualisierung Gumperz 1982).[73]

Hanna setzt in Z. 677 zunächst in Überlappung mit „wir MAchen" an, unterbricht dann aber ihre Äußerung und quittiert Renates Ankündigung, „wieder in die TASten hauen" zu wollen (Z. 676) mit dem bestätigenden Responsiv „JA;". In Z. 680 greift sie ihre unterbrochene Äußerung wieder auf („wir machen n terMIN ab irgendwie und dann") und beendet die Projektion, die durch „und dann" ausgelöst wird, mit einem zweiten betonten, diesmal in der Tonhöhe stark fallenden „JA." (Z. 681).

Beide *ja* wirken abschließend, jedoch einmal auf einen fremden und einmal auf einen eigenen Gesprächsbeitrag bezogen: Das erste „JA;" Z. 679 quittiert rückblickend im Sinne eines Responsivs die Äußerung Renates. Das zweite „JA." in Z. 681 dagegen verweist auf die eigene, abgebrochene Äußerung („wir machen n terMIN ab irgendwie und dann"; Z. 680) und signalisiert als Beendigungssignal, dass die Äußerung nicht fortgesetzt wird.

Die Interpretation von Einheiten wie *ja* hängt somit stark von kontextuellen, sequenziellen und prosodischen Zusatzinformationen ab, die notwendige zusätzliche Verstehensanweisungen geben (vgl. die ausführliche Diskussion von *ja* in Abschnitt 6.1). Dass Renate diese abschließende Wirkung erkannt hat, wird sequenziell an ihren positiven Bewertungen deutlich („cool" und „DANN freu ich mich"; Z. 682 und 683). Diese Bewertungen sind zudem als gleichlaufende positive Bewertungen auch stark sequenzterminierend und lassen das Gesprächsende näher rücken, d.h. sie machen die ‚Abwicklungssequenz' von Telefongesprächen (typischerweise über den mehrfachen Austausch terminierender Ausdrücke wie *ja gut, okay, na dann, also dann* u.a.) erwartbar. An dieser Stelle ist somit also bereits die Gesprächsbeendigung auf den Weg gebracht.

Hanna fällt aber nun noch ein Thema ein, über das sie noch sprechen möchte. Ein Ausstieg aus einer bereits laufenden Beendigungssequenz erfordert jedoch einen erhöhten Aufwand und eine Begründung und muss von der Gesprächspartnerin ratifiziert werden:

---

[73] Beim Einsatz des Lachens während der Initiierung einer Gesprächsbeendigung sind gewisse Parallelen zum Einsatz des Lachens im Kontext von „talk about troubles" (Jefferson 1984) erkennbar. Jefferson (1984: 367) stellt fest, dass jemand, der von einem Problem berichtet „can, and perhaps should, laugh in the course of a troubles-telling", während der Rezipient eher nicht lacht.

```
Beispiel 69
682    R       cool.
683            DANN freu ich mich.
684    H       ne,
685         →  <<lauter> ach SO;> (.)
686         →  äh EIne sAche noch [mal] eben äh:m:-
687    R    →                     [ja,]
688    H       LIsa,
689            (1.0)
690    H       äh:m (.) WÜRde gerne:; (.)
```

Hanna setzt in Z. 685 den Erkenntnisprozessmarker „ach SO" ein, der sowohl durch eine höhere Lautstärke als auch einen Tonhöhensprung auf „SO" prosodisch sehr stark hervorgehoben wird. Typischerweise werden Erkenntnisprozessmarker als reaktive Einheiten verwendet, d.h. sie werden eingesetzt, um eine Äußerung eines Gesprächspartners hinsichtlich ihres Informationsgehalts (neue oder bekannte Information) und der Veränderung des Wissensstandes des Rezipienten zu markieren. Entsprechend auffällig wirken Erkenntnisprozessmarker, wenn sie sich kontextuell überhaupt nicht auf eine Vorgängeräußerung beziehen können: Es ergibt keinen Sinn, anzunehmen, dass Hanna in Z. 685 mit ihrem *ach so* auf die vorangegangene positive Bewertung Renates („DANN freu ich mich"; Z. 683) reagiert. In einem solchen Fall würde dadurch die Bewertung als neue und relevante Information (Imo 2009: 64–69; vgl. auch Bredel 2000) und somit als von der Erwartung abweichend markiert, was stark gesichtsbedrohend für Renate wäre.

Die einzige Deutung der Funktion von *ach so*, die an dieser Stelle Sinn ergibt, besteht darin, dass Hanna auf eine ‚virtuelle' neue Information reagiert, d.h. dass sie anzeigt, dass ihr gerade etwas eingefallen ist. *Ach so* legt somit einen kognitiven Prozess offen. Die ‚gedachte' neue Information wird von Hanna vor allem über die prosodische Realisierung von „ach SO" als sehr wichtig und relevant markiert. Diese deutliche Hervorhebung ist notwendig, um aus der bereits eingeleiteten Beendigungsphase des Telefongesprächs wieder aussteigen zu können. Mit Sacks/Schegloff (1973: 319) kann man „ach SO" als Indikator eines „misplacement marking" bezeichnen, mit dem „activities which have a proper place in a conversation but are to be done in some particular conversation in other than their proper place" angezeigt werden: Nach Renates „preclosing" wäre ein folgendes „closing" zu erwarten, nicht die Initiierung eines neuen Themas.

Der Ausstieg aus der Beendigungssequenz wird im Folgenden zusätzlich metakommunikativ durch den konventionalisierten, floskelhaften „misplacement marker" „EIne sAche noch mal eben" (Z. 686) angezeigt und in seinem Umfang eingeschränkt. Dadurch macht Hanna deutlich, dass sie keinen kompletten Ausstieg aus der Beendigungssequenz intendiert, sondern lediglich eine kurzfristige Suspendierung der Beendigung, um ihre „sAche" (Z. 686) anzubringen (vgl. die Diskussion floskelhafter Projektorkonstruktionen wie *die Frage ist* oder *die Sache ist* in Abschnitt 6.2.2). Die Fokuspartikel *noch* verweist darauf, dass Hanna sich klar an der sequenziellen Struktur des Gesprächs orientiert, d.h. dass sie sich der Einleitung in die Gesprächsbeendigung bewusst ist. Sie zeigt damit an, dass sie die Abweichung von der Sequenzstruktur bewusst in Kauf nimmt, weist aber zugleich darauf hin, dass die Unterbrechung nicht lange dauern wird, da sie das neue Thema nur noch schnell vor das endgültige Gesprächsende einschieben wird.

Mit der Modalpartikelkombination *mal eben* wird dabei zum einen „höfliche Indirektheit" (Weinrich 2005: 855) angezeigt und zum anderen eine „Konsequenz aus Vorangegangenem" (Zifonun et al. 1997: 1231) hergestellt. Beides sind weitere Strategien, um die Unterbrechung für die Rezipientin innerhalb der Beendigungssequenz plausibel zu verankern.

Renate stimmt dem temporären Ausstieg aus der Beendigungssequenz in Z. 687 zu und gibt Hanna auf diese Weise das „ticket" (Sacks 1972: 343) für die Präsentation der angekündigten "sAche". Hanna hat nun das Recht, die „sAche" in aller Ruhe und ohne Gefahr, unterbrochen zu werden, darzulegen. Von Z. 688 bis Z. 790 unterhalten sich Hanna und Renate über den Vorschlag der gemeinsamen Freundin Lisa, bei ihr in Hildesheim eine Party zu feiern. Erst als dieses Thema beendet ist, kann eine erneute Beendigungssequenz initiiert werden:

```
Beispiel 70
791    R      NAja.
792    H      <ha:; <enttäuscht>>
793    R      <hAnna ich muss jetzt mal SCHLUSS machen? <lauter,
              höher>> (.)
794    H      JO.
795    R      ähm-
796    H      hau [REIN,       heheheh            ]
797    R          [quatschen wir einfach die TAge] nochmal würd ich
              sAgen ne?
798    H      das MAchen_ma. (.)
799    R      und dU hältst mich aufm lAUfenden (.) was pasSIERT.
800    H      lady R es wAr mir eine EHre wie Immer.
801    R      <<lachend> sehr GERne.> ((Hanna lacht parallel))
802           [oKAY.]
803    H      [AH;  ]
804           ((Hanna und Renate lachen))
805    R      JEder[zeit wIEder.]
806    H           [okAy bis    ] BA:[LD.       ]
807    R                            [bis DANN.]
808    H      tschü[:ss.   ]
809    R           [tschü:ss.]
```

Wieder setzt Renate die Form „NAja" ein, um die vorige Sequenz – hier die Überlegungen, wo Hanna und Renate übernachten könnten – als beendigt anzuzeigen (rückblickende Funktion) und zugleich (vorausblickende Funktion) eine erneute „Vorbeendigung" (Gülich/ Mondada 2008: 82) bzw. ein „possible pre-closing" (Sacks/Schegloff 1973: 303–304) anzukündigen. Das alte Thema wird abgeschlossen und gleichzeitig wird aber auch kein neues initiiert. Dadurch wird der Gesprächspartnerin die Möglichkeit gegeben, durch den Verzicht, selbst ein neues Thema einzuführen, die endgültige Gesprächsbeendigung einzuleiten. Das resignative stimmhafte Ausatmen von Hanna (Z. 792) ist mit beiden Funktionen kompatibel: Zum einen bestätigt sie, dass das Thema beendigt werden kann, zum anderen führt sie auch kein neues Thema ein, lässt also zu, dass dem „possible pre-closing" ein „pre-closing" folgen kann. Dieses wird von Renate im folgenden Turn als (erneutes) explizites Angebot der Gesprächsbeendigung geliefert.

Wie auch bei dem ersten, fehlgeschlagenen Versuch, eine Gesprächsbeendigung zu initiieren („GUT ich muss jetzt auch mal eine runde wEIterarbeiten"; Z. 664), verwendet Renate das Modalverb müssen („ich muss jetzt mal SCHLUSS machen"; Z. 793), um den Ausstieg aus dem Gespräch als externen Zwang zu charakterisieren. Wie bereits mehrfach erwähnt, sind Gesprächsbeendigungen deshalb so problematisch, da sie durch den Vorschlag des Abbruchs der Interaktion auch als Aufkündigung der Solidarität gewertet werden können. Aus diesem Grund finden sich oft korrektive Handlungen, d.h. Entschuldigungen, für die initiierte Gesprächsbeendigung:

> Verabschiedungen können ebenso benutzt werden, um hindernde Umstände anzuführen und sich dafür zu entschuldigen [...], [...] im Fall von Verabschieden für Umstände, die die Teilnehmer an der Fortsetzung ihrer Entfaltung von Solidarität hindern. (Goffman 1986a: 49)

Der Verweis auf einen externen Zwang, d.h. darauf, dass sie weiterarbeiten *muss*, stellt eine Entschuldigung (ein „Korrektiv" nach Goffman 1974b: 197) bereit, mit deren Hilfe der Gesprächsausstieg in Bezug auf die Beziehung zwischen Renate und Hanna unproblematischer gestaltet werden kann.

Der für den sequenziellen Ablauf des Gesprächs besondere Status der Beendigungs-Prä-Sequenz wird durch die Intimität und Dringlichkeit herstellende Anrede („hAnna"; Z: 793) sowie die prosodische Realisierung (lauter und in einer höheren Tonlage) deutlich hervorgehoben. Kotthoff (1994: 84) betont ebenfalls die besondere interaktionale Relevanz – die eng mit der erhöhten Gefahr der Gesichtsbedrohung zusammenhängt – von Gesprächsbeendigungen: „Beendigungsphasen sind mit den Eröffnungsphasen Teil einer rituellen Klammer. Sie sind stark beziehungsrelevant. Es finden zahlreiche beziehungsorientierte Aktivitäten statt [...]. Es wird ‚face work' betrieben." Alle von Kotthoff genannten Aspekte finden sich hier und in den folgenden Turns bis zum Ende des Gesprächs. Das Angebot des „pre-closing" wird dieses Mal von Hanna durch das Antwortsignal „JO." ratifiziert. Der beendigende Charakter (meist als Turn- oder Sequenzbeendigung) von mit in fallender Tonhöhe produziertem *ja* (bzw. *jo*) wurde bereits mehrfach beschrieben. An dieser Stelle erhält „JO." durch die Platzierung innerhalb einer „pre-closing"-Sequenz den Charakter der Einleitung einer Gesprächsbeendigung.

Renate überlässt Hanna nach deren Ratifizierung des Ausstiegsangebots die Initiative (sie produziert nur die Zögerungspartikel „ähm-"), den nächsten Schritt der Gesprächsbeendigung durchzuführen. Mit Kotthoff kann dies ebenfalls als Teil des „face-work" und der Beziehungsarbeit betrachtet werden: Je symmetrischer die Gesprächsbeendigung ausfällt, desto unproblematischer ist sie. Nachdem das „possible pre-closing" und das „pre-closing" von Renate kamen, ist es nun an Hanna, die nächste Stufe einzuleiten. Diese besteht typischerweise in einem Austausch ‚guter Wünsche' (meist *machs gut*, hier sehr umgangssprachlich in Form von „hau REIN" (Z. 796) realisiert).

Die darauf folgende Stufe wird wieder von Renate übernommen, es handelt sich um die abschließende Zusammenfassung der Gesprächsergebnisse (vgl. Gülich/Mondada 2008: 82). Zwei zentrale Gesprächsthemen werden dabei von Renate angesprochen: Durch die Aufforderung „quatschen wir einfach die TAge nochmal würd ich sAgen" (Z. 797) wird auf die Planungen des Besuchs Hannas in Kassel sowie mögliche zusätzliche Treffen verwiesen, und mit „und dU hältst mich aufm LAUfenden (.) was pasSIERT" (Z. 799) spricht Renate nochmals die laufenden Bewerbungen Hannas an und fordert sie auf, sie über neue Entwicklungen zu informieren.

Nach der Gesprächszusammenfassung durch Renate wechselt der Redezug wieder zu Hanna. Hanna führt die nächste Stufe in der Beendigungssequenz durch, die Bewertung des Gesprächs. Dies geschieht meist in Form von formelhaften Komplimenten wie *es war schön, mit dir zu sprechen* oder *es war schön, mal wieder von dir zu hören*. Hanna verwendet dagegen eine kreative Form: „lady R es wAr mir eine EHre wie Immer" (Z. 800). Renate bestätigt das Kompliment im gleichen ironischen Modus in Z. 801 mit „sehr GERne" und in Z. 805 mit „JEderzeit wIEder". Goffman (1986b: 95) beschreibt einen solchen ironischen Austausch von nicht angemessenen Anredeformen als „bewusste zeremonielle Verletzung", die unter anderem der Festigung und Erzeugung von Gemeinsamkeit dient:

> Wenn wir Leute beobachten, die vertraut miteinander sind und daher wenig Wert auf Zeremonie legen müssen, finden wir oft Gelegenheiten, bei denen zeremonielle Verhaltens-

standards, die für diese Situation eigentlich unbrauchbar sind, in einer witzigen Art verwendet werden, um sich damit offensichtlich über soziale Kreise lustig zu machen, in denen dieses Ritual ernsthaft verwendet wird. In der Forschungsklinik reden sich manchmal Krankenschwestern, wenn sie unter sich sind, aus Spaß mit ‚Fräulein' an, Ärzte unter ähnlichen Bedingungen manchmal mit ‚Doktor' im gleichen scherzhaften Ton. (Goffman 1986b: 95)

Dass dieses Spiel mit sehr förmlichen Anredeformen (als „beziehungsrelevante Aktivität" nach Kotthoff) genau an dieser Stelle des Gesprächsausstiegs vorkommt, ist nicht zufällig. Wie bereits mehrfach erwähnt, ist gerade der Gesprächsausstieg für die Beziehungsgestaltung und die Gesichtswahrung der Gesprächsteilnehmerinnen sehr heikel und erfordert entsprechend „Zugänglichkeitsrituale", die den „Wechsel des Zugänglichkeitszustandes" – genauer, den Übergang zu einem Zustand verminderter Zugänglichkeit – markieren (Goffman 1974a: 118).

Nachdem die positive Beziehung von den beiden Sprecherinnen gegenseitig bestätigt wurde, kann nun die eigentliche Endphase, der „abschließende Austausch" (Gülich/Mondada 2008: 82) bzw. „terminal exchange" (Sacks/Schegloff 1973: 295) eingeleitet werden: Zunächst geschieht dies durch das typische gesprächsbeendigende „okAy" (Z. 806), das nach Fischer (2006: 352) „den Gesprächspartner aus der Verantwortung" entlässt. Die Verwendung von *okay* (meist sogar in einem mehrfachen Austausch) am Ende von Telefongesprächen ist ein häufig zu beobachtendes Phänomen und dient dazu, dem Gesprächspartner anzuzeigen, dass das Gespräch nun ohne Gesichtsverlust beendet werden kann, d.h. dass der jeweilige Gesprächspartner keine Verpflichtung zur Aufrechterhaltung des Gesprächs hat. Im vorliegenden Fall kommt statt des Austauschs von *okay* ein mehrfacher Austausch von Verabschiedungsfloskeln vor. Die Floskeln „bis BA:LD" und „bis DANN" sind nach Weinrich (2005: 821) „umgangssprachlich" verwendete Ausdrücke für einen „Abschied auf kürzere Zeit". Es folgt der terminierende Austausch von „tschü:ss" (Z. 808 und 809), das sich (ähnlich wie die Grußformel *hallo*) von einer umgangssprachlichen und stark nähesprachlichen Verabschiedungsfloskel im Laufe der Zeit zu einer unmarkierten Variante entwickelt hat (vgl. Weinrich 2005: 821 sowie Linke 2000).

Von großer Bedeutung ist die zunehmende Synchronisierung der Gesprächspartnerinnen, die sich in einer erhöhten Frequenz von Überlappungen zeigt (von Z. 802 bis zum Ende überlappen alle Gesprächsbeiträge) sowie in dem „prosodic matching" (Szczepek Reed 2007: 35–56) der Verabschiedungsfloskeln „tschü:ss". Beide Sprecherinnen „schwingen" sich in der Beendigungsphase prosodisch aufeinander ein und erzeugen auf diese Weise eine *gemeinsame* Beendigung, die keiner der beiden Sprecherinnen alleine zugeschrieben werden kann. Dies ist auch nötig, da eine Beendigung eines Telefongesprächs, wenn sie einmal eingeleitet wurde, nicht zwangsläufig auch zum Ende des Telefongesprächs führen muss. So lange, bis der Telefonhörer aufgelegt wird, kann immer wieder aus der Beendigungssequenz ausgestiegen und ein neues Thema angesprochen werden. Es gibt somit ein

> potential for reopening topic talk at any point in the course of a closing section. This invites our understanding that to capture the phenomenon of closings, one cannot treat it as the natural history of some particular conversation; one cannot treat it as a routine to be run through, inevitable in its course once initiated. Rather, it must be viewed, as must conversation as a whole, as a set of prospective possibilities opening up at various points in the conversation's course; there are possibilities throughout a closing, including the moments after a 'final' good-bye, for reopening the conversation. Getting to a termination, therefore, involves work at various points in the course of the conversation and the closing section; it requires accomplishing. (Sacks/Schegloff 1973: 324)

Die ‚Arbeit', die die beiden Sprecherinnen mit der sehr umfangreichen Beendigungssequenz hatten – *possible pre-closing* und *pre-closing* in Z. 660–663 und ab Z. 664, Unterbrechung der bereits eingeleiteten Beendigungssequenz durch ein neues Thema von Z. 686 bis 790, erneutes *possible pre-closing* in Z. 791, erneutes *pre-closing* in Z. 793 und dann die immer enger koordinierten endgültigen Schritte der Gesprächszusammenfassung, der Wünsche und Komplimente und der Verabschiedungsfloskeln ab Z. 796 –, zeigt sich deutlich in dem vorliegenden Transkript.[74] Die endgültige Gesprächsbeendigung bis zum Auflegen des Telefonhörers muss über ein Zusammenspiel von lexikalischen Einheiten (*naja, ok, gut, bis dann* etc.), syntaktischen und sequenziellen Strukturen (hier ist u.a. der Aufbau des Gesprächsausstiegs in Nachbarschaftspaaren wie *pre-closing – Bestätigung des pre-closing; Kompliment – Reaktion, Verabschiedungsfloskel – Verabschiedungsfloskel* zu nennen) und prosodischen Mustern (prosodisches „matching") interaktional so ‚entschärft' werden, dass die heikle Stelle der Gesprächsbeendigung – das „closing problem" (Sacks/Schegloff 1973: 290) – gelöst werden kann.

---

[74] Eine sehr komplexe Gesprächsbeendigung mit mehreren „Gesprächsvorbeendigungsinitiativen" und einer durch Einschübe ausgedehnten langen „Gesprächsbeendigungsphase" beschreibt Selting (2007b: 320–332) und kommt zu dem Schluss, „dass auch die Beendigung ganzer Gespräche als ‚Einheiten' problematisch sein kann und von den Interaktionsteilnehmerinnen gemeinsam und flexibel gehandhabt werden muss."

6.3.3 Zusammenfassung der Ergebnisse

Routinierte Formen, die dem Interaktionsmanagement dienen und den Anforderungen von Sprache-in-Interaktion optimal angepasst sind, finden sich nicht nur auf der Ebene einzelner Wörter (vgl. 6.1) oder der Syntax (6.2), sondern auch auf der Ebene von Sequenzen bis hin zur Gesprächsorganisation und der Struktur von Gattungen. Anhand der Diskussion des sequenziellen Musters *Vorschlag – Reaktion auf einen Vorschlag* sowie des Einstiegs in ein und Ausstiegs aus einem Telefongespräch konnten die zu Beginn dieses Abschnitts erwähnten „inter-acts" (Linell/Marková 1993) aufgezeigt werden, mit denen die Interagierenden gemeinsam Handlungen durchführen, während sie kontinuierlich die Reaktionen der jeweiligen Gesprächspartnerin überwachen und ihre eigenen Handlungen dementsprechend anpassen.

Mit Hilfe der Konzepte der „rituellen Klammern" (Goffman 1974a: 118) zu Beginn und am Ende eines Gesprächs sowie der eingangs erwähnten „protektiven Manöver" (Goffman 1986a: 22–23), mit denen die „Erwartungen und Einschätzungen anderer geringfügig modifiziert [werden], so dass diese imstande sind, die Situation als eine solche zu definieren, in der ihre Selbstachtung nicht bedroht ist", kann die Erzeugung geteilter Situationen gut beschrieben werden. Mit Schegloff (1992: 1338) gesprochen geht es darum, fortlaufend für die „Verteidigung der Intersubjektivität" – passender wäre allerdings ein weniger defensiver Begriff wie *„Erhalt* der Subjektivität – zu sorgen:

> The defense of intersubjectivity is *locally managed*, *locally adapted*, and *recipient designed*. [...] The defense of intersubjectivity is *interactional* and *sequential*, coordinating the parties' activities in achieving a joint understanding of what is going on. [...] All of this is to say that the locus of order here is not the individual (or some analytic version of the individual) nor any broadly formulated societal institution, but rather the *procedural infrastructure of interaction*, and, in particular, the practices of talking in interaction. (Schegloff 1992: 1338)

Kommunikative Handlungen sind eingebettet in eine kontinuierliche wechselseitige Überwachung, ob die eigene Wahrnehmung und Einschätzung vom Gesprächspartner geteilt wird. Ist dies nicht der Fall, werden die Wahrnehmungen und Einschätzungen so lange angepasst, bis Intersubjektivität wieder hergestellt wird. Lexikalische, syntaktische, prosodische und sequenzielle Strukturen stellen dabei die Werkzeuge bereit, mit denen dies in der Interaktion erreicht werden kann.

7 Ausblick: Sprache-in-Interaktion in unterschiedlichen Anwendungsfeldern

> Wir werden in der Tat sehen, dass die einzige Prüfung, der ein wissenschaftliches Verfahren unterliegt, das der notwendigen Bedingung der Übereinstimmung mit sich selbst genügt, die Prüfung seines Erfolges in der Praxis ist. (Ayer 1970: 63)

Im ersten, theoretischen Teil der Arbeit wurde darauf verwiesen, dass sich die Strukturen von Sprache-in-Interaktion nicht lediglich in eng umgrenzten Bereichen wie informellen mündlichen Alltagsgesprächen finden lassen und daher aufgrund ihrer weiten Verbreitung einen höheren Stellenwert beanspruchen müssen, als dies bisher der Fall ist. In Abschnitt 7 soll nun anhand dreier ausgewählter Bereiche gezeigt werden, wie sich die Erkenntnisse, die bei der Beschreibung der Strukturen von Sprache-in-Interaktion gewonnen wurden, auf andere linguistische und didaktische Felder anwenden lassen. Dabei wird in Abschnitt 7.1 zunächst diskutiert, inwieweit sich die interaktionale, schriftliche, computervermittelte Kommunikation (z.B. SMS, Chat, E-Mail, IM) mit den Mitteln der Interaktionalen Linguistik beschreiben lässt. In Abschnitt 7.2 soll dann der Frage nachgegangen werden, wie Referenzgrammatiken mit den Strukturen von Sprache-in-Interaktion umgehen können und in Abschnitt 7.3 wird die Thematisierung interaktionaler Sprache im Sprachunterricht – hier am Beispiel der Vermittlung des Deutschen als Fremdsprache – behandelt. Dabei werden in allen drei Abschnitten die in Kapitel 6 diskutierten exemplarischen Bereiche *Partikelgebrauch*, *Einheitenbildung* und *Sequenzmuster/Gattungen* wieder aufgegriffen.

7.1 Sprache-in-Interaktion in computervermittelter Kommunikation

Für Kommunikation, die über die Neuen Medien (computervermittelte Kommunikation, internetbasierte Kommunikation) abgewickelt wird, wird überwiegend die Schrift eingesetzt, mit der aber häufig (quasi)synchron interagiert wird, was wiederum zu einem zeitlich progredienten sequenziellen Aufbau der Kommunikation und zu einem ständigem Herstellen und Aushandeln der gemeinsamen Situation und ihrer Definition führt – beides sind wiederum die zentralen Kriterien für Sprache-in-Interaktion. Das Besondere bei vielen Kommunikationsformen und Gattungen innerhalb der computervermittelten Kommunikation ist, dass die vormals mit wenigen Ausnahmen medial auf die gesprochene Sprache als protoypischen Ort beschränkten Strukturen der Sprache-in-Interaktion nun weithin ‚sichtbar' werden, und auch sichtbar bleiben.¹ Ziegler (2010: 164) spricht dabei von einer „Pragmatisierung der Grammatik", die in den Neuen Medien stattfindet und Altmann (2010: 234) sieht eine durch die Neuen Medien beschleunigte Annäherung „primär bildungssprachlicher Schriftsprache und umgangssprachlicher gesprochener Sprache":

> Die Vereinheitlichung der Aussprache hat im Zeichen der Telekommunikation und der allgemeinen Mobilität einen großen Schritt nach vorne getan, die Annäherung der Grammatik und des Wortgebrauchs von primär bildungssprachlicher Schriftsprache und umgangssprachlicher gesprochener Sprache hängt noch weit zurück, erhält aber in der unmittelbaren Gegenwart große Dynamik durch das Eindringen von Formen der Mündlichkeit in geschriebene Sprache, etwa in SMS, in E-Mails, Chatrooms usw. Die Normierung sprachlicher Erscheinungen tendierte in früheren Jahrzehnten dazu, nicht verstandene Formen der Mündlichkeit mit ästhetischen und logischen Argumenten als umgangssprachlich und stilistisch minderwertig zu stigmatisieren. Erst in den letzten drei bis vier Jahrzehnten versteht man allmählich ihre Funktion und begreift sie als grammatisch regulär [...].

Besonders interessant ist dabei, dass es sich bei dieser Neubewertung der grammatischen Formen für das interaktionale Kommunizieren um einen weltweiten Vorgang zu handeln scheint. So stellt Suzuki (2009: 606) beispielsweise für das Japanische einen ganz ähnlichen Prozess fest, in dem sich vormals feste Zuordnungen bestimmter sprachlicher Formen zu bestimmten sprachlichen Gattungen durch die computervermittelte Kommunikation auflösen:

> The pace of erosion and shifting of boundaries between genres may be accelerated by proliferation of online communication. [...] [T]he basic associations of orality with spontaneity on the one hand and written communication with forethought and planning on the other have now been broken. The field of linguistics may need to be vigilant and adjust to the new order of contemporary communication.

Die neue Sichtbarkeit interaktionaler Sprache durch die Verwendung von Schrift erfordert daher die Entwicklung angemessener Beschreibungsmethoden und -theorien für die interaktional strukturierten Kommunikationsformen innerhalb der computervermittelten Kommunikation.

---

1 So sind beispielsweise Archive von Newsgroups und Foren über das Internet frei zugänglich, die bis in die frühen neunziger Jahre zurückreichen. Kommunikation, die ursprünglich als flüchtig und kurzfristig konzeptualisiert war, erweist sich so dank des Mediums der Schrift und dessen leichter Archivierbarkeit als erstaunlich langlebig.

7.1.1 Partikelgebrauch in der computervermittelten Kommunikation

Der Gebrauch von *ja* in der unter 6.1. beschriebenen formalen und funktionalen Vielfalt ist genausowenig auf die gesprochene Sprache beschränkt wie die Tatsache, dass viele Fälle von *ja* nur kontextspezifisch, und auch dann nur in Annäherungen, beschrieben werden können. In der interaktional eingesetzten schriftlichen Kommunikation finden sich genau die gleichen Verwendungsweisen – mit den gleichen Beschreibungsproblemen.

Im Folgenden werde ich zwei Beispiele aus zwei informellen Plauderchats aus dem *Dortmunder Chat-Korpus* (http://www.chatkorpus.tu-dortmund.de/korpora.html#releasekorpus)[2] sowie zwei Beispiele aus zwei *SMS-Datenbanken* an der Universität Münster (http://cesi.uni-muenster.de/~SMSDB/?site=startseite) bzw. der Universität Essen (http://www.uni-due.de/~hg0263/SMS DB) präsentieren.

Das *Dortmunder Chat-Korpus* enthält Sammlungen von Logfiles (Mitschnitte von Chat-Ereignissen) von unterschiedlichen Chat-Anwendungen (Plauderchats, Experten- und Beratungschats, Medienchats, Seminarchats etc.). Insgesamt sind dort 140.000 Chat-Beiträge gespeichert (http://www.chatkorpus.tu-dortmund.de/). Das hier verwendete Teilkorpus „Releasekorpus" ist kostenfrei und öffentlich zugänglich und umfasst 383 Dokumente mit insgesamt knapp 60.000 Chat-Beiträgen aus den Gattungen *Plauderchat, Hochschulchat, Beratungschat* und *Medienchat* (http://www.chatkorpus.tu-dortmund.de/korpora.html#releasekorpus).

Die SMS-Datenbank an der Universität Münster enthält ausschließlich Privat-SMS und ist nicht öffentlich zugänglich, die an der Universität Essen ist auf Anfrage zugänglich. Bislang enthalten die (weiter wachsenden) Datenbanken über 9.000 SMS-Nachrichten, wobei ein Schwerpunkt auf SMS-Sequenzen und nicht Einzel-SMS-Nachrichten liegt. Zusätzlich zu den SMS-Sequenzen werden Metadaten zu Alter, Geschlecht, Beruf, Herkunftsort, Beziehung der SMS-SchreiberInnen zueinander sowie zu technischen Hintergrundinformationen (Verwendung der T9-Software, Benutzung eines Smartphones etc.) erhoben.

Es zeigt sich, dass in den Datensammlungen der Kommunikationsformen *Chat* und *SMS* aus den beiden Datenbanken die gleiche Vielfalt an *ja*-Formen und *ja*-Funktionen vorkommt wie in dem in Abschnitt 6 analysierten Telefongespräch. Der Grund dafür ist in der interaktionalen Ausrichtung der Chat- und SMS-Sequenzen zu suchen. Da in diesem Abschnitt nur ein kurzer Einblick in

---

[2] Ein Auszug stammt aus dem „Plauderchat Unicum" vom 1.7.2003 und einer aus dem gleichen Chat vom 15.6.2004.

die Analyse von computervermittelter Kommunikation[3] mit interaktionalen Methoden geliefert werden soll, werde ich hier keine umfassende Analyse präsentieren und auch nicht alle Varianten von *ja* diskutieren können.

Im folgenden Auszug aus einem Plauderchat finden sich drei Varianten der Partikel *ja*. Aus Platzgründen wurden die System-Meldungen sowie eindeutig nicht zum Gespräch gehörende Beiträge anderer Mitglieder aus dem Chat-Protokoll entfernt. Die Zahl der gestrichenen Beiträge kann über die Nummerierung ermittelt werden. Bei Bedarf kann das vollständige Chatprotokoll unter der oben angegebenen URL-Adresse eingesehen werden:

Beispiel 71 Plauderchat Unicum vom 15.6.2004

423	**Lear**		na, wie gehts, kleine?
426	***KleineHexe***		och... geht so und bei dir???
427	**Rosenstaub1979**		ahoi
428	**Lear**		holla rose
429	**Rosenstaub1979**		Hey Lear
430	**Rosenstaub1979**		:)
432	**Lear**	→	na ja muß so .... hatte grad sone mittelprächtige überschwemmung zu bewältigen
433	**Lear**		aber sonst is alles fein
434	**Rosenstaub1979**		Du hattest eine Überschwemmung?
437	**Lear**	→	ja, kam vorhin grad in die küche
440	**Lear**		und da war ich den tränen nah
441	**Rosenstaub1979**		Warum denn das? Waschmaschine?
445	**Lear**		äh .. moment mal .. tränen?? .. *blättter* .. nee.. wasser war das richtige wort
446	**Rosenstaub1979**		mmm
447	**Rosenstaub1979**		Watt ist denn passiert?
448	**Lear**	→	ja, die gute alte tante waschmaschine konnte es einfach nicht mehr halten
451	**Lear**		hat ihr mündchen geöffnet und alles auf den boden entleert

---

3 Computervermittelte Kommunikation ist alle Kommunikation, die mit Hilfe eines Mikroprozessors zustande kommt, umfasst also auch SMS-Kommunikation, Voice-over-IP-Telefonie und, wenn man es ganz genau nimmt, auch Mobiltelefonate. Als Teilgruppe der computervermittelten Kommunikation, mit deren Hilfe Formen wie die SMS-Kommunikation ausgegrenzt werden sollten, wurde von Beißwenger/Hoffmann/Storrer (2004) der Begriff der „internetbasierten Kommunikation" vorgeschlagen. Da der SMS-Versand (bzw. der jeweilige SMS-ähnliche Dienst) auf heutigen Smartphones jedoch ebenfalls meist über das Internet erfolgt, ist eine solche Abgrenzung inzwischen weitgehend hinfällig geworden.

Der Chatauszug enthält zunächst das Diskrepanz anzeigende Zögerungssignal bzw. den Diskursmarker „na ja" (Z. 432). Wie in Abschnitt 6.1.5 beschrieben, transportiert *naja* eine „beschwichtigende oder resignative Konnotation" (Weinrich 2005: 837), die es nicht nur für den Einsatz als Beendigungssignal geeignet macht, sondern auch als „Startsignal", mit dem eine Äußerung projiziert wird: Mit *naja* antwortet „Lear" weniger im Sinne eines Responsivs auf die Frage von „*KleineHexe*", denn bei der Frage, wie es „Lear" geht („och... geht so und bei dir???"; Z. 426), handelt es sich um eine Ergänzungs-, und keine Entscheidungsfrage. *Naja* kündigt hier vielmehr durch die genannte resignative Konnotation an, dass die im Folgenden gelieferte Antwort weder uneingeschränkt ‚gut' noch uneingeschränkt ‚schlecht' ist. Der eher resignativen Antwort „muß so" folgt dann auch direkt die Begründung „hatte grad sone mittelprächtige überschwemmung zu bewältigen" (Z. 432), mit der erklärt wird, warum es „Lear" nicht gut geht.

Einige Zeilen weiter unten setzt „Lear" *ja* (Z. 437) als prototypisches Responsiv in einer Frage-Antwort-Sequenz ein, indem er damit die Entscheidungsfrage von „Rosenstaub1979" aus Z. 434 („Du hattest eine Überschwemmung?") affirmierend beantwortet.

Kurz darauf stellt „Rosenstaub1979" in Z. 448 „Lear" die Frage, was denn passiert sei. Hier ist das äußerungsinitiale *ja* in der Antwort von „Lear" kein Responsiv (das als Antwort auf eine Ergänzungsfrage ohnehin nicht angebracht wäre), sondern ein Planungssignal/Diskursmarker, denn die eigentliche Antwort folgt erst nach dem *ja*: „ja die gute alte tante waschmaschine konnte es einfach nicht mehr halten" (Z. 448).

Dass *ja* als Antwortpartikel verwendet wird, ist nicht verwunderlich. Bemerkenswert ist aber der Gebrauch von *ja* als Diskursmarker oder Planungssignal, da im Chat das Signalisieren, dass man einen Turn ergreift, eigentlich keinen Sinn ergibt – der Chatbeitrag wird erst nach dem Abschicken sichtbar, nicht während der Produktion, eine „on line"-Markierung der Äußerungsplanung oder gar eine Äußerungsprojektion ist somit, da der gesamte Beitrag ja auf einmal erscheint, unnötig. In Anlehnung an das Konzept der „emulierten Prosodie" (Haase et al. 1997: 68) kann man hier von „emulierter Interaktivität" sprechen: Der Chatter oder die Chatterin „Lear" erzeugt mit Hilfe des für Sprache-in-Interaktion typischen Diskursmarkers *ja* den Charakter einer spontanen, direkten Interaktion, in der die bereits verstrichene (echte oder vorgespielte) Planungszeit beim Schreiben in die zeitlich versetzte Zeit des Lesens übertragen wird. Dadurch wird die Situationsgebundenheit der Interaktion und ihr spontaner Charakter hervorgehoben.

Ein weiterer interessanter Aspekt, der sowohl in den Chat- als auch den SMS-Daten zu beobachten ist, ist der Einsatz von *ja* als Vergewisserungssignal.

Während in dem Telefongespräch nur ein – noch dazu wenig typischer – Fall des Vergewisserungssignals *ja* festzustellen war, finden sich in den folgenden beiden Beispielen 72 und 73 jeweils eindeutige Fälle:

Beispiel 72 Plauderchat *Unicum* vom 1.7.2003

31	**gummibär**	bis dann *knuddääl*
32	**annett**	Tschüüüüüüü
37	**annett**	hab dich lieb
38	**gummibär**	ich dich auch
39	**dieNachbarin** →	aber du bleibst noch ein wenig, ja?
40	**system**	Juergen betritt den Raum.
41	**dieNachbarin**	ich muss in 10min eh
42	**dieNachbarin**	;)
43	**system**	annett verlässt den Raum.

In Z. 31 verabschiedet sich der Nutzer oder die Nutzerin „gummibär" mit „bis dann *knuddääl*", woraufhin NutzerIn „annett" die Gegen-Verabschiedung „Tschüüüüüüü" (Z. 32) liefert. Die folgenden, getilgten Zeilen beinhalten Interaktionen anderer NutzerInnen, die sich nicht auf die Verabschiedung beziehen. Erst in Z. 37 beenden „annett" und „gummibär" ihre Verabschiedungssequenz mit „hab dich lieb" (Z. 37) und „ich dich auch" (Z. 38).

Im Anschluss an diese Verabschiedungssequenz stellt NutzerIn „dieNachbarin" in Z. 39 die Frage „aber du bleibst noch ein wenig, ja?", die sequenziell betrachtet an NutzerIn „annett" adressiert zu sein scheint. Sowohl die Formulierung der Frage in der syntaktischen Form eines Aussagesatzes („du bleibst noch ein wenig") als auch das Vergewisserungssignal („ja?") dienen dazu, Konsens zu elizitieren (vgl. Hagemann 2009: 171, der die Hauptfunktion von Vergewisserungssignalen in der Markierung von Konsens sieht). NutzerIn „dieNachbarin" zeigt ihre Präferenz einer positiven Antwort von „annett" an und verstärkt zugleich die konditionelle Relevanz der eingeforderten Antwort. Die nachfolgende Beschränkung auf „10min" (Z. 41) und das zwinkernde Emoticon (Z. 42) markieren, dass die Aufforderung, noch weiter im Chatraum zu bleiben, nicht mit einem großen (zeitlichen) Opfer versehen ist. Dennoch verlässt „annett", wie die Systemmeldung in Z. 43 zeigt, den Raum. An dieser Stelle kommen die besonderen medialen Bedingungen des Chattens ins Spiel: Niemand weiß, ob „annett" die letzten Nachrichten von „dieNachbarin" überhaupt noch mitbekommen hat oder vielleicht nach ihrer Verabschiedung von „gummibär" die weiteren Chatbeiträge gar nicht mehr gelesen hat. Die fehlgeschlagene Aufforderung von „dieNachbarin" wird daher auch weder von ihr noch von anderen ChatterInnen thematisiert. Das Nicht-Nachkommen einer durch das Vergewisserungssignal als recht dringlich markierten Aufforderung, noch zehn

Minuten länger im Chat zu bleiben, kann mangels Monitoringmöglichkeiten nicht als bewusstes Ignorieren der Aufforderung gedeutet werden. Trotz – oder vielleicht gerade wegen – der mangelnden Möglichkeiten, die Reaktionen der Interaktionspartner multimodal über Prosodie, Gestik oder Mimik überwachen zu können, besteht der Bedarf für den Einsatz stark interaktionsherstellender Signale wie das Vergewisserungssignal *ja*.

In folgendem Beispiel aus einem kurzen SMS-Dialog aus zwei Nachrichten führt dagegen die durch das Vergewisserungssignal markierte Einforderung zu einer positiven Antwort:[4]

Beispiel 73 SMS-Datenbank
Hey helen! Wünsche dir eine ganz tolle zeit in italien! Lass es dir gut gehen und alles gute beim einleben und natürlich auch für danach! Wir bleiben in kontakt,ja? Glg,tina
Nachricht #1 - 10.09.2010 - 23:06

Hey Tina!Vielen lieben Dank!Ich bin jetzt gerade auf dem Weg nach Hannover.Da treff ich mich mit Anna und dann gehts los!Du wirst von uns hören!;)Glg
Nachricht #2 - 11.09.2010 - 07:00

Bei den SMS-Schreiberinnen handelt es sich um zwei befreundete Studentinnen (linke Spalte: Schreiberin Tina; rechte Spalte: Schreiberin Helen). Die Namen wurden anonymisiert. Tina ist auf dem Weg nach Italien, wo sie längere Zeit verbringen wird. Sie wünscht Helen in ihrer SMS (Nachricht 1) alles Gute und produziert ähnlich wie in dem Chat-Beispiel eine Aufforderung im Hauptsatzmodus („Wir bleiben in kontakt,ja?"), die durch das direkt angehängte Vergewisserungssignal *ja* eine gewisse (positive) Antwortverpflichtung festlegt. In diesem Fall hat die Aufforderung Erfolg, Helen bestätigt mit „Du wirst von uns hören!" Tinas Wunsch, dass sie mit ihr in Kontakt bleiben soll.

Im letzten SMS-Dialog soll noch kurz auf die Abschwächung von *ja* mittels prosodischer – d.h. hier also orthographischer – Mittel eingegangen werden (vgl. dazu die Analyse der Formen *mjoa* und *jo* in Abschnitt 6.1.2):

---

4 Die SMS-Sequenzen sind so angeordnet, dass jeweils die Beiträge von SprecherIn A auf der linken, die von SprecherIn B auf der rechten Spalte angeordnet sind. Die Beiträge werden fortlaufend innerhalb einer Sequenz durchnummeriert und – soweit vorhanden – mit Datum und Uhrzeit versehen.

Beispiel 74 SMS-Datenbank
Hey k. wie waren die klausuren?aus dem gröbsten raus?morgen premiere für mich- klausuraufsicht Hehe.schönen gruß aus dem sonnigen freiburg;)
Nachricht #1 - 08.02.2011 - 17:05

> Joa,ging so.naja,jetzt halt praktikum für 4wochen, ne hausarbeit&noch ne mündliche am 15.3.aber danach hab ich dann frei;)oho,dann sei nich so streng!;)lg
> Nachricht #2 - 08.02.2011 - 17:35

Bei den Schreibern handelt es sich um zwei befreundete Studenten (22 und 24 Jahre alt). Auf die Fragen „wie waren die klausuren?" und „aus dem gröbsten raus?" (Nachricht 1) antwortet Schreiber 2 mit „Joa,ging so.naja,". Das „Joa" erfüllt zwei Aufgaben. Einerseits kann es als ein abgeschwächtes Responsiv (vgl. die Techniken der Abschwächung von Responsiven in Abschnitt 6.1.2, vor allem dabei die Diskussion des Responsivs „mjoa") angesehen werden, mit dem auf die Frage „aus dem gröbsten raus?" geantwortet wird. Andererseits fungiert es wie auch das folgende „naja" als Diskursmarker, der die folgende Antwort auf „wie waren die klausuren?" als nicht uneingeschränkt positiv ankündigt („ging so").

Das Wort „naja" ist – wenn man die Interpunktion als Lieferant zusätzlicher Kontextualisierungshinweise hinzuzieht – anders als „joa" relativ klar als Diskursmarker zu klassifizieren: Der Punkt vor *naja* signalisiert eine abgeschlossene Handlung, das Komma nach *naja* dagegen die Anbindung von *naja* an die Folgehandlung. *Naja* projiziert dabei eine Serie von nicht besonders angenehmen Aufgaben.[5]

Sowohl „naja" als auch „joa" zeigen somit an, dass die Frage „wie waren die klausuren?" ebenso wie die Frage „aus dem gröbsten raus?" aus Nachricht 1 nicht uneingeschränkt positiv – aber auch nicht uneingeschränkt negativ – beantwortet werden.

Auch wenn die Diskussion der Beispiele nur sehr oberflächlich geschehen konnte, so wird doch klar, dass in der Kommunikation via Chat und SMS die

---

5 Die Modalpartikel „halt" in Kombination mit der Folgeäußerung (samt Emoticon) „aber danach hab ich frei;)" kontextualisiert diese Aufgaben als „Pflicht" und entsprechend als wenig angenehm.

gleichen interaktionalen Anforderungen sowie die Merkmale der Sequenzialität, des kooperativen Hervorbringens von Bedeutung und Struktur und der Kontextgebundenheit der Äußerungen vorliegen wie in interaktionaler gesprochener Sprache: Die konkreten Funktionen von *ja* entstehen erst über ihre jeweilige Platzierung im Rahmen eines kommunikativen Projekts und *ja* erfüllt im jeweiligen Äußerungsaufbau und in Bezug auf die Äußerungssituation sehr variable Funktionen.

7.1.2 Einheitenbildung in computervermittelter Kommunikation

Wie in Abschnitt 6.2. gezeigt wurde, kann die Tatsache, dass der Satz in der gesprochenen Sprache nur eine von vielen möglichen Einheiten in Sprache-in-Interaktion ist, durch interaktionale Anforderungen erklärt werden. Die Frage ist nun, ob dieser Befund auch für interaktional ausgerichtete computervermittelte Kommunikation (z.B. Chat oder SMS) aufrechterhalten werden kann.

Dabei ist es wichtig, sehr genau zwischen den *Strukturen gesprochener Sprache* im engeren Sinne und den *Strukturen von Sprache-in-Interaktion* im weiteren Sinne zu unterscheiden.

In seiner Untersuchung der „Sprachhandlungskoordination in der Chat-Kommunikation" fokussiert Beißwenger (2007) stark auf das *Turn-Taking*-System, das er als einen zentralen Aspekt mündlicher interaktionaler Kommunikation ansieht. Er stellt dabei – zu Recht – fest, dass es auf Grund der medialen und technischen Gegebenheiten im Chat schwierig ist, die Chat-Beiträge unter dem Gesichtspunkt des *Turn-Taking* zu analysieren. Mediale Besonderheiten liegen im Bereich der Verwendung der Schrift statt des Lautes, was z.B. prosodische Signale ausschließt. Technische Besonderheiten liegen im Bereich der Verteilung der Chat-Beiträge, die vom Server nach dem „Mühlen-Prinzip" (Beißwenger 2007: 256) veröffentlicht werden, d.h. strikt geordnet nach ihrem Eintreffen und nicht nach ihrem sequenziellen Bezug zu Vorgängeräußerungen. Beißwenger (2007: 263) kommt daher zu dem Schluss, dass „das Konzept des Turns sich im Chat zwar bemerkbar macht, dass es aber lediglich als ‚psychological unit' und somit als Konzept im Kopf der Beteiligten vorhanden ist, für die Strukturierung des Kommunikationsaufkommens aber nicht genutzt werden kann." Zu diesem Ergebnis gelangt er unter anderem im Rahmen der Diskussion eines besonderen Phänomens im Chat, dem so genannten „Splitting" von Beiträgen. „Splitting" bedeutet, dass ChatterInnen ihre Beiträge in kleinere „chunks" verpackt abschicken, was u.a. mit dem Bedürfnis zu tun hat, das „Rederecht" über längere Zeit zu erhalten. Trotz dieser Parallelen sieht Beißwenger dabei ein anderes Prinzip als das des *Turn-Taking* am Werk:

> Auch Splitting-Strategien dürfen nicht als eine Form der Wiedereinführung des Turnkonzepts beziehungsweise der Durchsetzung des Rederechts als eines exklusiven Äußerungsprivilegs aufgefasst werden, sondern stellen Versuche dar, ein funktionales Pendant zum Rederecht und zur legitimierten exklusiven Beitragsproduktion punktuell einzuwerben. Die Rahmenbedingungen [...] sind jedoch andere als im mündlichen Diskurs. (Beißwenger 2007: 264)

Die Frage dabei ist allerdings, ob es legitim ist, das System des *Turn-Taking* auf einen so sehr restriktiven Aspekt wie den der absoluten Synchronizität einzuschränken. Selbstverständlich muss die Organisation der Sprecherbeiträge im Chat anders ablaufen als in einem privaten Telefongespräch (allerdings läuft der Sprecherwechsel auch in einem Interview, im Small-Talk von Angesicht zu Angesicht oder in einer Prüfungssituation anders ab als in einem privaten Telefongespräch). Ob das bedeutet, dass notwendigerweise folgender Schluss daraus zu ziehen ist, ist allerdings fraglich:

> Vielmehr erscheint es auf Grundlage der oben angeführten Überlegungen als plausibel, das Konzept des Turns als ein zentrales Strukturierungselement mündlicher Diskurse für den Chat als paradiskursive Form dahingehend zu erhalten, dass es als kognitives Konzept mit dem Potenzial einer heuristischen Metapher und bisweilen (z.B. im Falle von Splitting) auch dem Status eines strategischen Vorbilds in die Köpfe der Kommunikanten verlagert wird. (Beißwenger 2007: 264)

Das Problem bei dieser Darstellung besteht darin, dass hier suggeriert wird, die KommunikationsteilnehmerInnen hätten aus der medial *gesprochenen* interaktionalen Sprache das Konzept des *Turn-Taking* als abstraktes System (als „strategisches Vorbild") gespeichert, das sie bei der medial geschriebenen interaktionalen Sprache beim Chatten dann zum Einsatz bringen. Es liegt jedoch nahe, dass eine solche Übertragung nicht notwendig ist: Die Tatsache, dass es sich beim Chatten um eine interaktionale Kommunikationsform handelt, führt direkt dazu, dass auch interaktionale Kommunikationsstrukturen zum Einsatz kommen müssen. Dass diese starke Ähnlichkeiten zu denen aufweisen, die auch in der gesprochenen interaktionalen Sprache vorkommen, verwundert daher nicht.

Wenn man die Strukturen betrachtet, die in dem analysierten Telefongespräch vorkommen, so zeigen sich dabei deutliche Ähnlichkeiten zu denen, die Beißwenger (2007: 269) für die Chat-Kommunikation beschreibt. Er stellt zum Beispiel heraus, dass eine Besonderheit in der Chat-Kommunikation sei, dass sich Beiträge nicht direkt sequenziell aufeinander beziehen, da ein Chatter, der gerade selbst einen Beitrag verfasst, nicht bemerkt, dass ein anderer in der Zwischenzeit einen Beitrag verfasst hat.

Ein Beispiel für so einen Fall wäre folgende Sequenz aus einer Chat-Beratung (aus Beißwenger 2007: 269):

Beispiel 75
4		15:53:37	Ratsuchender	ich rede wenig mit ihnen und sie gar nicht
5		15:53:50	Ratsuchender	meine eltern wollen sich scheiden
6		15:54:01	Berater	darf ich fragen, wie alt du bist?
7	→	15:54:03	Ratsuchender	meine mutter is hysterisch
8	→	15:54:06	Ratsuchender	12

Die Tatsache, dass der Ratsuchende in Z. 7 nicht auf die Frage reagiert, sondern erst in Z. 8, hat damit zu tun, dass er den Beitrag in Z. 7 tippt, während die Frage des Beraters auf dem Bildschirm erscheint. Er sieht diese Frage also nicht oder zu spät, was zu der ungewöhnlich erscheinenden Struktur führt.

Doch auch in dem in Abschnitt 6 analysierten Telefongespräch kommt eine ähnliche Struktur vor. Der einzige Unterschied zwischen den Strukturen besteht darin, dass in der gesprochenen interaktionalen Sprache die Reaktionszeit entsprechend schneller ist und daher Überlappungen sichtbar – und medial durch die Abwesenheit eines Verteilsystems wie im Chat überhaupt erst möglich – werden. Jenseits dieses medial bzw. technisch bedingten Unterschieds ist die Grundstruktur jedoch die gleiche:

```
Beispiel 76
060    R     da brauchtest du ja n PERso nich;
061          ne,
062          da brauch[test du deinen REIsepass,]
063    H              [NE::   (.)  ich hAb meinen] rEIsepass; (.)
064          [ja: geNAU. ]
```

Hanna reagiert in Z. 063 auf Renates Feststellung aus Z. 060, während Renate in Z. 062 ihre Äußerung expandiert. Das führt dazu, dass Hanna hintereinander erst mit „NE::" (Z. 063) und dann mit „ja: geNAU" (Z. 064) antwortet, also auf die beiden Feststellungen von Renate zeitlich adjazent reagiert. Auch hier hat man somit eine Verschiebung der sequenziellen Bezüge und keine klare Ordnung mehr in dem Sinne, dass auf die Feststellung in Z. 060 die Antwort „NE:: (.) ich hAb meinen rEIsepass" folgt, dann erst die zweite Feststellung „da brauchtest du deinen REIsepass" und zum Schluss dann „ja: geNAU". SprecherInnen brechen häufig nicht abrupt ab, wenn eine Überlappung entsteht, sondern versuchen, ihre Äußerung zu Ende zu bringen. Es gilt also nicht nur für ChatterInnen, dass sie nicht wissen können, ob ein Gesprächspartner seinen Beitrag beendet hat, sondern auch für SprecherInnen. Die Möglichkeit der kontinuierlichen Äußerungsexpansion oder auch des plötzlichen Neustarts einer Äußerung[6] führt in beiden Fällen dazu, dass sich die Bezüge der Reaktionen auf Vorgängeräußerungen überlagern können.

Auch im Bereich des Splitting im Chat sind deutliche Parallelen zu den Äußerungsproduktionen in der interaktionalen gesprochenen Sprache festzustellen. So diskutiert Beißwenger beispielsweise die Technik einer Chatterin, die ihre Beiträge „hyperkonsequent" splittet, so „dass ohne die jeweils nachfolgende Fortführung ein propositionaler und auch syntaktischer Abschluss unmöglich herzustellen wäre" (Beißwenger 2007: 246):

Beispiel 77 (entnommen aus Beißwenger 2007: 246)
	11:44:23	bsommer	Ich hoffe, dass das auch in Zukunft so bleibt.
→	11:44:32	jecom	mein problem bei ebay ist nur dass ich sowieso sehr
→	11:44:47	jecom	vorsichtig bin, da ich angst habe mal auf
→	11:44:55	jecom	einen betrüger reinzufallen

Der Grund für dieses Aufsplitten von Beiträgen in kleine „chunks" besteht wie auch in der mündlichen interaktionalen Sprache darin, durch die „Erwartbarkeit von Folgebeiträgen Zeiträume" zu eröffnen, die den ChatterInnen Zeit für die Formulierung ihrer Äußerung geben, indem sie von den übrigen ChatterInnen als Aufforderung gesehen werden, „ihre Rezeptionshaltung nicht zu verlassen" (Beißwenger 2007: 247). Die in Abschnitt 6.2.3 diskutierten Strategien der Überschreibung möglicher Zäsuren mit Hilfe des Anhängens von projektionseröffnendem Material (z.B. durch Diskursmarker, die eine Folgeäußerung erwartbar machen oder durch Wörter oder Phrasen, die das Vorfeld einer Folgeäußerung besetzen) sind sehr ähnlich gelagert. Der einzige Unterschied ist, dass in der gesprochenen interaktionalen Sprache das *Chunking* in einem Spannungsfeld aus prosodischen Einheiten auf der einen Seite und syntaktischen, semantischen und funktionalen Einheiten auf der anderen Seite geschieht, während bei der schriftlichen interaktionalen Sprache im Chat das Spannungsfeld aus dem abgeschickten und auf dem Bildschirm dargestellten Beitrag auf der einen

---

6 Vgl. z.B. den Auszug ab Z. 285, in dem Hanna dazu ansetzt, auf Renates Feststellung zu reagieren, während Renate eine Frage nachschiebt, die einen Abbruch von Hannas Turn und einen Umstieg ihrer Orientierung auf die Antwort auf Renates Frage erzwingt:
```
285  R       also da musste ja immer mit m AUto hin oder nIch- (.)
286  H →     °h JA: [aber das-        ]
287  R →            [oder wie groß ] IS der Umkreis so:-
288          was war das WEIteste wo du jemals wArst,
```

Seite und – hier wieder identisch – aus den syntaktischen, semantischen und funktionalen Einheiten auf der anderen Seite besteht.

Beißwenger selbst betont zwar durchaus die strukturellen Gemeinsamkeiten in gesprochener Sprache und Chat, hebt aber auch die Unterschiede sehr deutlich hervor und plädiert für die Entwicklung neuer, eigener Kategorien für den Chat. Meines Erachtens ist es nicht nötig, so weit zu gehen: Die Gemeinsamkeiten interaktionalen Kommunizierens sind größer als die Unterschiede und es scheint daher sinnvoll zu sein, Ansätze wie die Interaktionale Linguistik (wie z.B. Dürscheid/Brommer 2009: 22 es fordern) auf die Analyse computervermittelter interaktionaler Kommunikation anzuwenden.

Ausführlich geht auch Günthner (2011c) auf die Frage der Wahl der angemessenen theoretischen und methodischen Mittel bei der Analyse computervermittelter Kommunikation ein: In ihrer Analyse von SMS-Sequenzen betont sie, dass „SMS-Beiträge organisierte dialogisch ausgerichtete Praktiken sozialer Interaktion darstellen" (Günthner 2011c: 25). Aus diesem Grund sind die für die Analyse mündlicher interaktionaler Kommunikation entwickelten theoretischen Ansätze auch für die Analyse von schriftlicher interaktionaler Kommunikation geeignet:

> Die Interaktionale Linguistik sowie die Konversations- und Gattungsanalyse liefern folglich methodologische und methodische Grundlagen, die auch für die Untersuchung von SMS-Interaktionen brauchbar sind, da sie den dialogischen und zeitlichen Aspekt der Interaktion ins Zentrum ihrer Theorien und Methoden stellen. (Günthner 2011c: 3)

Im Bereich der SMS-Kommunikation entstehen gerade eine Reihe von interaktional ausgerichteten Arbeiten (Günthner 2011c, Günthner 2012, Hauptstock/König/Zhu 2010, Imo 2012c), die zeigen, dass sich SMS-Sequenzen tatsächlich sehr gut mit den Mitteln der Interaktionalen Linguistik analysieren lassen.

7.1.3 Sequenzmuster/Gattungen in computervermittelter Kommunikation

Die „rituellen Klammern" der Gesprächseröffnung und -beendigung sind in der medial *schriftlichen* interaktionalen Kommunikation genauso wichtig wie in der medial *mündlichen* interaktionalen Kommunikation. Günthner (2011c) analysiert beispielsweise SMS-Sequenzen unter anderem in Bezug auf ihre Anfänge, d.h. die interaktionalen Aspekte der Rahmung des Einstiegs in eine SMS-Sequenz. Dabei zeigt sich, dass trotz des äußerst begrenzten Umfangs einer SMS auch hier Rahmungen regelhaft eingesetzt werden, um die sozialen Beziehungen und Kommunikationssituationen anzuzeigen und zu erzeugen. So finden sich formelle Anreden („Liebe Frau Prof. Bucher"), informelle Grußfloskeln mit folgendem Vornamen („Hallo Sophie!"), Koseformen („Hi Schätzchen") aber auch SMS-Beiträge ohne eine rituelle Rahmung („Wie hast du die op überstanden? [...]"). Die Wahl der Form des Einstiegs in eine SMS ist allerdings genauso wenig arbiträr wie die Wahl eines Einstiegs in ein mündliches Gespräch und auch hier ist wieder der interaktionale Aspekt zentral: Die Formen sind „insofern auf die RezipientInnen zugeschnitten, als sie durch die jeweiligen Begrüßungselemente [...] die soziale Beziehung der Interagierenden [...] bzw. häufigen oder seltenen SMS-Austausch indizieren." (Günthner 2011c: 7). Der Kommunikationspartner ist immer schon mitgedacht, ebenso die Situation, d.h. das kommunikative Projekt, das mit der SMS durchgeführt werden soll. Ein fehlender ritueller Einstieg verweist dabei indirekt auf eine anhaltende kommunikative Beziehung: SMS-Mitteilungen sind „dialogisch in einem weiteren [...] Sinne, indem sie intertextuell auf frühere Realisierungsformen dieser Kommunikation verweisen und zugleich als Muster für folgende Aktualisierungen dienen" (Günthner 2011c: 5). Der Gebrauch von Anredeformen ist somit im Bereich der computervermittelten Kommunikation nicht auf ein bestimmtes, beschränktes Inventar an möglichen Einstiegsfloskeln zu reduzieren, sondern kann nur über die Berücksichtigung der jeweiligen sequenziellen und situativen Einbettung erfasst werden.

Die folgende SMS-Sequenz illustriert gut die Besonderheit der „rituellen Klammern" eines Einstiegs und Ausstiegs aus der SMS-Interaktion, wenn die Interagierenden sich in einem „'continuing state of incipient talk'" (Schegloff/Sacks 1974: 325; zitiert nach Günthner 2011c: 15) befinden, in dem man sporadisch immer wieder in Interaktion miteinander tritt und sich daher nicht ständig neu begrüßen und verabschieden muss:

Beispiel 78 SMS-Datenbank
Hi!Sorry,hatte ganz vergessen zu antworten.Ich schreib heut meine letzte Klausur :-)
Und wie stehts bei dir?Meld mich aber auch noch mal im Studi bei dir.lg
Nachricht #1 - 15.02.2011 - 13:26

      Huhu!Hoffe,die Klausur ist gut gelaufen!Mir gehts ganz gut!Freu mich,dass endlich Ferien sind :-) Wollen wir uns demnächst mal wieder treffen?LG
      Nachricht #2 - 16.02.2011 - 10:48

Hi!Klausur war ganz gut,glaub ich.Aber ganz
schön viel Stoff in so kurzer Zeit.Ja, hab das
Praktikum gekriegt :-) Vll klappts ja noch im
Februar mit Treffen?glg
Nachricht #3 - 16.02.2011 - 16:41

> Hättest du Zeit u Lust,das NRW-Ticket ein wenig
> auszunutzen u mal nen Tag nach Köln oder in
> irgendeine andere coole Stadt zu fahren?Vllt
> möchte M ja auch mit..
> Nachricht #4 - 16.02.2011 - 17:15

Da hätte ich auf jeden Fall Bock zu.Hatte eh
vor mein Ticket mal mehr zu nutzen.Fahr
auch nächste Woche mal nach Gelsenkirchen
zum Shoppen :-)
Nachricht #5 - 16.02.2011 - 18:45

> Cool!Wann hättest du denn Zeit!Beginnt dein
> Praktikum schon bald an?Weißt du wie's bei M
> schaut?
> Nachricht #6 - 16.02.2011 - 21:12

Ja, Praktikum fängt am ersten März an.Also ab
nächste Woche hab ich meistens Zeit.Danach
halt auch immer an den we's.Martina kann
wohl nur im Feb,glaub ich.lg
Nachricht #7 - 17.02.2011 - 11:47

> Hab grad versucht,dich anzurufen.. Telefonisch
> kann man das irgendwie besser klären.Ruf doch
> bitte zurück,wenn du wieder da bist!OK?LG
> Nachricht #8 - 17.02.2011 - 15:05

Die Schreiberinnen sind beide Studentinnen. Schreiberin 1 (linke Spalte) ist 24 Jahre alt, Schreiberin 2 ist 23 Jahre alt. Die Start-SMS, mit der die Sequenz eröffnet wird, enthält eine kurze Grußfloskel „Hi!" und direkt im Anschluss daran den Verweis auf die bestehende und damit als mehr oder weniger kontinuierlich wahrgenommene Kommunikation („Sorry,hatte ganz vergessen zu antworten").

Auch der Verweis auf alternative Kommunikationskanäle (wie hier „Studi" in Nachricht 1, womit auf das *Social Network* und die Kommunikationsplattform *Studi-VZ* verwiesen wird) zeigt die auf Dauer angelegte Interaktion an. Der vorliegende SMS-Austausch wird dadurch als eine von vielen Interaktionen konstruiert, die in unterschiedlichen Medien und Kommunikationsformen zwischen den beiden Freundinnen geführt werden.

Gleiches findet sich am Ende der Sequenz, hier wird der Wechsel in ein anderes Kommunikationsmedium („Mixing Media" nach Wyss 2011: 102, „medial hybrider Dialog" nach Günthner 2011c: 20) angezeigt und zugleich auf die Vorteile dieses Mediums gegenüber dem der SMS verwiesen („Telefonisch kann man das irgendwie besser klären"; Nachricht 8). Nachricht 8 schließt mit einem Vergewisserungssignal („OK?") und der knappen Grußfloskel „LG", mit der Sprecherin 2 anzeigt, dass der SMS-Austausch nun beendet ist, die Interaktion aber beim nächstmöglichen Zeitpunkt („Ruf doch bitte zurück,wenn du wieder da bist") fortgesetzt wird.

Auch für das kommunikative Muster von Vorschlägen und deren Annahme/Ablehnung gilt in der SMS-Kommunikation genau wie im mündlichen Gespräch, dass die ‚Arbeit' des Vorschlagens bzw. Verabredens von den GesprächsteilnehmerInnen geteilt wird, wie Günthner (2011c: 12) anhand folgender Sequenz zeigt, in der ein Vorschlag für eine Verabredung ratifiziert wird

Beispiel 79 (entnommen aus Günthner 2011c: 12)
Rolf an Sebastian: 24.10.2009, 17:44
    Hey haste bald mal wieder Lust n Bierchen zu schlürfen? Meld dich mal die Tage bei mir! LG
Sebastian an Rolf: 25.10.2009, 17:59
    Bierchen? Ja klaro! Schlag mal was vor!
Rolf an Sebastian: 25.10.2009, 18:22
    Wie sieht's mit heute Abend aus? Brasserie?
Sebastian an Rolf: 25.10.2009, 18:28
    20 h, Brasserie?
Rolf an Sebastian: 25.10.2009, 18:30
    Alles klar. Dann bis heute Abend. 20 Uhr vor der Brasserie! CUl8ta.

Wie in der in Abschnitt 6.3.1 analysierten Vorschlagssequenz aus dem Telefongespräch finden sich zahlreiche „protektive Manöver", mit denen die Verbindlichkeit des Vorschlags abgeschwächt wird: So modalisiert Rolf in seiner ersten SMS seinen Vorschlag durch „bald mal wieder" und „mal die Tage" als unverbindlich und entsprechend weniger verpflichtend, gibt also Sebastian die Chance, die zeitliche Unbestimmtheit zu nutzen, den Termin der vorgeschlagenen Verabredung zu verzögern (und eventuell auf diese Weise auch auszuschlagen). Sebastian akzeptiert jedoch den Vorschlag, überlässt es dann aber Rolf, einen konkreten Termin zu nennen. Termin und Ort werden wiederum von Rolf mit Fragezeichen als Vorschläge – also als nicht verpflichtend – markiert und der vorgeschlagene Zeitpunkt bleibt vage. Sebastian schlägt daraufhin – ebenfalls durch ein Fragezeichen als unverbindlicher Vorschlag markiert – einen genauen Zeitpunkt vor, der schließlich durch Rolf ratifiziert wird. Die Verabredung zum Treffen wird somit von den beiden SMS-Schreibern konsequent „ko-produziert", die „Verkehrsregeln sozialer Interaktion" (Goffman 1986a: 23), die darin bestehen, Vorschläge und Angebote stets mit ‚Auswegen' zu versehen, um die Möglichkeit für den Gesprächspartner offen zu halten, auszusteigen oder Alternativen vorzuschlagen, zeigen sich hier sehr deutlich. Gerade SMS-Sequenzen erweisen sich für das sequenzielle Muster *Vorschlag – Annahme/Ablehnung* eines Vorschlags als äußerst ergiebig, da die Kommunikationsform SMS, wie auch die Beispiele in der SMS-Datenbank zeigen, dafür besonders gerne eingesetzt wird (siehe auch das eben in Bezug auf den Ein- und Ausstieg in eine SMS-Sequenz analysierte Beispiel 78, in dem ebenfalls der Vorschlag für eine Verabredung und dessen Annahme und die folgende Aushandlung der Details eine zentrale Rolle spielt).

7.2 Sprache-in-Interaktion in Referenzgrammatiken

Mit dem wachsenden Kenntnisstand über die grammatischen Strukturen, die interaktional verwendeter Sprache zu Grunde liegen, wächst auch der Anspruch, diese Strukturen in Referenzgrammatiken angemessen zu repräsentieren. Es ist nicht mehr möglich, Sprache-in-Interaktion als eine Sammlung performanzbedingter Fehler aus der Grammatik des Deutschen auszuschließen. So schwer es auch vielen an der Illusion einer einheitlichen Standardsprache weiter festhaltenden GrammatikautorInnen fallen mag, der „Abschied vom sprachlichen Reinheitsgebot", den Di Meola (2006: 463) so treffend formulierte, lässt sich nicht vermeiden. Das Wort „Abschied" suggeriert allerdings einen Verlust, der aber, wie die vorliegende Arbeit zu zeigen versuchte, eher ein Gewinn ist, denn Grammatik wird hier als ein funktionales Mittel betrachtet, das erst die „verbundene Rede" ermöglicht, die für alltägliche Handlungen und Aufgaben nötig ist und nicht auf das „tot[e] Gerippe" (Humboldt 2008: 165) reduziert, das aus einer Sammlung abstrakter Regeln besteht: „Eine konsequente Vernetzung zwischen Pragmatik und Grammatik könnte somit dazu beitragen, sprachliche Strukturen nicht länger losgelöst aus dem Prozess, dem sie entstammen, zu analysieren, sondern in ihrem ‚Sitz im Leben' [...]." (Günthner 2010a: 146) Um die Frage, wie man den Spagat zwischen einer kleinteiligen, qualitativen und entsprechend ausführlichen Analyse einer wissenschaftlichen Arbeit und der notwendigen Reduktion der Darstellung der grammatischen Strukturen in einer Referenzgrammatik meistern kann, soll es in den folgenden Abschnitten gehen.

7.2.1 Partikelgebrauch in Referenzgrammatiken

Die wichtige Rolle, die Partikeln in Sprache-in-Interaktion spielen – und wie gezeigt wurde, gilt dies sowohl in der medial mündlichen als auch der medial schriftlichen computervermittelten Kommunikation – führt dazu, dass Grammatiken eine angemessene Beschreibung des Partikelgebrauchs anstreben müssen.[7] Dies gilt umso mehr, als zum Beispiel die Duden Grammatik seit 2005 verstärkt Belege aus dem Internet verwendet, die Chance also entsprechend steigt, dass dabei auch vermehrt interaktionale Formen internetbasierter Kommunikation Eingang in die Belegsammlung der Duden Grammatik finden.[8]

Nimmt man die traditionelle, an der Schriftnorm orientierte Vorstellung von Grammatik als Richtschnur, so wird die Reaktion auf die Aufgabe, eine Beschreibung der Partikeln zu leisten, sicherlich so ähnlich ausfallen wie Jeffersons (1983: 1) Reaktion, als sie überlegte, ob nicht auch die Hörersignale „yeah" und „mm hm" regelhaft gebraucht würden: „This cannot be orderly. This has got to be 'garbage'. [...] This thing is not elegant. It seems just too 'terribly mundane', too trivial to be one of society's 'orderly products'." Ein ähnlicher Eindruck kann sich auch bei der Fülle an Realisierungsvarianten von *ja* einstellen. Und dennoch gilt: „And yet, on examination, it seems to be capable of orderliness." (Jefferson 1983: 1–2)

Die Frage ist nur: Wie kann man diese besondere Art von „orderliness" erfassen? Wie soll eine interaktional orientierte Beschreibung von *ja* aussehen? Der bloße Verweis auf die Aktualisierung von Form und Funktion in der konkre-

---

7 Schwitalla (2010: 123) sieht „Konstruktionen an den Rändern von Sätzen" als Hauptkandidaten für Strukturen an, die typisch für die interaktional verwendete Sprache sind und somit als Indizien für die Annahme zweier Systeme (hier monologische und dialogische Sprachstrukturen genannt) gelten könnten. Die Aufnahme solcher Konstruktionen berührt damit den Kern des Selbstverständnisses von Grammatiken.

8 So die Ankündigung im Vorwort der Auflage von 2005, die 2009 unverändert übernommen wurde, dass „große Mengen aktueller Texte, besonders aus der Presse und dem Internet, ausgewertet werden" (Duden 2009: 6).

ten Interaktion alleine reicht dabei nicht aus – auch wenn es *viele* Formen und Funktionen von *ja* gibt, gibt es doch nicht *unendlich viele*.

Ein Kompromiss muss gefunden werden, bei dem die für die Beschreibung im Rahmen einer Referenzgrammatik notwendige Reduktion und Abstraktion des Phänomens gewährleistet wird, ohne dass dabei zugleich jedoch die relevanten interaktionalen Informationen verloren gehen.

Erste Lösungsansätze wurden von der *Grammatik der deutschen Sprache* (Zifonun et al. 1997) und der *Textgrammatik der deutschen Sprache* (Weinrich 2005) aufgezeigt: Erstere versucht, möglichst viele Faktoren zu berücksichtigen (Funktion, Distribution, Prosodie etc.) und somit eine ganzheitliche Beschreibung der Grammatik des Deutschen zu ermöglichen – bleibt aber dennoch deutlich Kategorisierungsbestrebungen verhaftet (gut sichtbar beispielsweise an dem Versuch, alle prosodischen Varianten des Hörersignals *hm* aufzulisten; Zifonun et al. 1997: 369). Letztere versucht, durch die Aufnahme und Analyse von authentischen Gesprächsausschnitten die sprachlichen Mittel in ihrer aktuellen, kontextbezogenen Wirkung zu beschreiben (z. B. in Weinrich 2005: 829–831). Dies geschieht allerdings nur an wenigen Stellen und z.T. recht oberflächlich.

Ein sinnvoller Weg bestünde in der Kombination der Verfahren: Längere Gesprächsausschnitte müssten aufgenommen und die dort verwendeten Partikeln in ihrer Form und Funktion beschrieben werden. Erst auf dieser Basis können dann (vorsichtige) Kategorisierungsversuche vorgenommen werden. Die wichtigste Aufgabe, die Grammatiken zu erfüllen haben, wenn sie Strukturen von Sprache-in-Interaktion beschreiben, ist, die Flexibilität dieser Strukturen nie aus den Augen zu verlieren: Überlagerungen von Funktionen (und Amalgamierungen von Konstruktionen) sind typisch und sogar notwendig für Sprache-in-Interaktion. Gerade in Bezug auf Normierungswünsche muss die Grenze dann gezogen werden, wenn die Gefahr besteht, dass Kategorien als fest und eindeutig hypostasiert werden.

Für den Bereich der Partikeln lässt sich somit sagen, dass ohne eine deutliche Ausweitung der bislang in den meisten Grammatiken eher kurzen Abschnitte zu diesen Phänomenen eine angemessene Beschreibung nicht möglich ist.

Der Vorteil bei der Erweiterung der Beschreibung von Partikelfunktionen ist, dass sie ohne größere Probleme in eine Grammatik integriert werden kann, die Grundstruktur einer Grammatik müsste nicht verändert werden. Partikeln lassen sich ganz konventionell im Bereich der Wortarten behandeln und es müsste lediglich für die unterschiedlichen Partikelklassen gezeigt werden,
- welche davon in monologischer und interaktionaler Sprache gleichermaßen vorkommen – ein gutes Beispiel wäre die Negationspartikel *nicht* –,

- welche eine Tendenz zum vermehrten Gebrauch in interaktionaler Sprache aufweisen und womit das zusammenhängt (ein Beispiel wären Modalpartikeln mit ihrer Grundfunktion, eine „dialogische Sequenz" Diewald 1999: 188 zu unterstellen) und
- welche fast ausschließlich in interaktionaler Sprache auftreten (wie Diskursmarker, Vergewisserungssignale und Beendigungssignale).

Die in interaktionaler Sprache besonders häufig auftretenden Partikeln können dann in den entsprechenden Abschnitten anhand von authentischen Sprachdaten (Gesprächen, Chatsequenzen, SMS-Sequenzen etc.) umfassend in ihrer sequenziellen und situationalen Verankerung beschrieben werden.

7.2.2 Einheitenbildung in Referenzgrammatiken

Weitaus weniger einfach ist die Thematisierung der Einheitenbildung in Sprache-in-Interaktion zu bewerkstelligen. Hier ist es nicht möglich, beispielsweise die in Abschnitt 6.2.3 beschriebenen Prozesse des „chunking" einfach in einem Kapitel zu Satzarten unterzubringen, da es sich bei diesen „chunks" nicht bloß um zusätzliche Form- oder Funktionsvarianten von Sätzen handelt, sondern um ein grundlegendes Strukturmerkmal interaktionaler Sprache an sich, wie Auer (2010) in seiner detaillierten Gegenüberstellung des strukturalistischen Vorgehens und einem an der zeitlichen Progression interaktionaler Sprache orientierten Vorgehen zeigt. Statt des für normierte schriftliche Sätze idealerweise möglichen strukturalistischen Segmentierens (und, in umgekehrter Richtung, des schrittweisen Aufbaus von Sätzen über Wörter und Phrasen) findet in der interaktionalen Sprache ein kontinuierlicher Prozess des „Zäsurierens" statt, in dem es nicht um die Produktion von bestimmten Einheiten geht, sondern um das Setzen (durch den Produzenten/die Produzentin der Äußerung) und Erkennen (durch die RezipientInnen) von möglichen Abschlusspunkten. Für die interaktionale Sprache bedeutet das, dass während der Verarbeitung der zeitlich fortschreitenden Sprachproduktion die RezipientInnen von Äußerungen vor der Aufgabe stehen, „ständig mögliche Abschlusspunkte" zu lokalisieren. Besonders „optimale" bzw. „prägnante" Abschlusspunkte sind dann erreicht, „wenn an einem Punkt sämtliche syntaktische, prosodische und semanto-pragmatische Projektionen abgearbeitet sind" (Auer 2010: 11). Je weniger Merkmale für einen Abschluss zusammenfallen, desto weniger deutlich wird er und desto geringer ist die Wahrscheinlichkeit, dass eine Turnübernahme erfolgt.

Wie gezeigt wurde, sind solche Prozesse des Setzens und möglichen Aufhebens potentieller Gestaltschlüsse auch für die schriftliche interaktionale Sprache beobachtbar, statt prosodischer kommen hier allerdings orthographische und grapho-stilistische[9] Mittel zum Einsatz, um Zäsuren zu markieren.

Die grundlegende Opposition zwischen einem strukturalistischen Vorgehen, das für monologische, normorientierte Sprache funktioniert, und einem die Zeitlichkeit berücksichtigenden Vorgehen, das für interaktionale Sprache funktioniert, muss dazu führen, dass die Grundkonzeption von Referenzgrammatiken überdacht werden muss: Es wird nötig, zwei Bereiche anzunehmen. Ein Bereich befasst sich mit der satzzentrierten monologischen Struktur des Deutschen und einer beschreibt dessen „chunk"-zentrierte interaktionale Struktur.

Bislang lassen sich unterschiedliche Herangehensweisen an dieses Problem finden. Eine Möglichkeit besteht darin, die entsprechenden interaktionalen Phänomene aus der Grammatik auszulagern oder bestenfalls nebenbei zu erwähnen. Eisenberg (2004: 4–5) spricht beispielsweise *weil* und *obwohl* in der Funktion von Diskursmarkern kurz in der Einleitung an, in der Grammatik selbst tauchen die Phänomene (die bezüglich der Einheitenbildung den Projektorkonstruktionen zugerechnet werden könnten) aber nicht mehr auf.

In der IDS-Grammatik wurde genau der gegensätzliche Weg eingeschlagen. Es wurde versucht, die Grammatik im Kern auf Konzepten aufzubauen, die monologischem *und* interaktionalem Sprachgebrauch entsprechen. Dies fängt bereits mit der Definition der Kerneinheiten an: Neben das traditionelle Konzept *Satz* wird gleichberechtigt das interaktionale Konzept *kommunikative Minimaleinheit* als Grundeinheit gestellt:

> Kommunikative Minimaleinheiten sind die kleinsten sprachlichen Einheiten, mit denen sprachliche Handlungen vollzogen werden können. Sie verfügen über ein illokutives Potential und einen propositionalen Gehalt. In gesprochener Sprache weisen kommunikative Minimaleinheiten eine terminale Intonationskontur auf – es sei denn, sie werden mit weiteren kommunikativen Minimaleinheiten koordinativ verknüpft.
>
> Sätze sind übergreifende Konstruktionsformen, die mindestens aus einem finiten Verb und dessen – unter strukturellen und kontextuellen Gesichtspunkten – notwendigen Komplementen bestehen. In Vollsätzen konvergieren die Bestimmungsstücke für kommunikative Minimaleinheiten und Sätze. (Zifonun et al. 1997: 91–92)

---

9 Als grapho-stilistische Gestaltschlüsse in interaktionaler Kommunikation können z.B. Emoticons betrachtet werden, die oft am Ende von Einheiten platziert werden, oder auch orthographische Mittel wie die mehrfachen Pünktchen (...) oder die im Chinesischen sehr häufige Tilde (~) (vgl. Hauptstock/König/Zhu 2010).

Das zentrale Problem wird jedoch bei diesen Definitionen sofort deutlich: Kommunikative Minimaleinheiten werden wieder als segmentierbare Einheiten beschrieben, die ähnlich wie die traditionellen strukturalistischen Einheiten bestimmt werden sollen, nur dass hier nun die Semantik und Pragmatik (das „illokutive Potential") einen wichtigen Stellenwert erhalten. An der zeitlichen Progression ist das Konzept der „kommunikativen Minimaleinheit" dagegen nicht orientiert. Daher taugt es beispielsweise auch nicht dazu, die in Abschnitt 6.2.3 dargestellten „chunks" oder „fragmente" zu erfassen.

Eine ‚mittlere' Perspektive vertritt die Duden Grammatik (2005, 2009). Den Großteil der Grammatik nimmt die Darstellung einer konzeptionell und medial als weitgehend neutral angesehenen *Langue* ein, nach deren ausführlicher Beschreibung dann die Extrakapitel „Der Text" (Duden 2009: 1057–1165) und „Gesprochene Sprache" (Duden 2009: 1165–1244) folgen.[10] Es wird also versucht, an der traditionellen Grammatikschreibung weitgehend festzuhalten, Erkenntnisse aus der empirischen Forschung zu Texten, Gesprächen, Internetkommunikation etc. aber dennoch zu berücksichtigen. Problematisch ist, dass nicht klar wird, welche Konzeptionen hinter den Zusatzkapiteln genau stehen: Das Kapitel „Der Text" scheint eher konzeptionell orientiert (im Sinne einer „konzeptionellen Schriftlichkeit" nach Koch/Oesterreicher 1985) zu sein und nicht medial, da dort immer wieder auch auf gesprochensprachliche Phänomene eingegangen wird. Das Kapitel „Gesprochene Sprache" dagegen ist klar medial *und* konzeptionell orientiert, also auf *interaktionale gesprochene Sprache* eingeschränkt. Diese Unsicherheiten in Bezug auf mediale und konzeptionelle Mündlichkeit und Schriftlichkeit führen dazu, dass auch der computervermittelten Kommunikation früher oder später ein eigenes Kapitel gewidmet werden müsste – erste Ansätze sind bereits mit dem (noch) in „Der Text" integrierten Teilkapitel „Vom Text zum Hypertext" zu erkennen.

Eine Möglichkeit der Reorganisation, die diese Zuordnungsprobleme der Phänomene in den Grammatiken lösen könnte, bestünde darin, konsequent zwischen prototypisch monologischer und prototypisch interaktionaler Sprachverwendung zu unterscheiden: In dieser Sichtweise würde beispielsweise die Organisation von (mündlichen) Sprecher- oder (schriftlichen) Chat- und SMS-Beiträgen im interaktional ausgerichteten Kapitel beschrieben werden, während der (schriftliche) Aufbau einer Betriebsanleitung oder eines Bewerbungsschrei-

---

10 Ähnlich auch die „Textgrammatik der deutschen Sprache" (Weinrich 2005), die ein Kapitel zur „Syntax des Dialogs" (Weinrich 2005: 819–912) enthält, in dem allerdings mit sehr unterschiedlichem Erfolg auf interaktionale Strukturen Bezug genommen wird. Eine positive Ausnahme bildet dabei der Abschnitt, in dem „Gliederungssignale in einem Dialogtext", d.h. anhand eines Transkripts von einem authentischen Gespräch, dargestellt werden.

bens ebenso wie das (mündliche) Halten einer Rede im Bereich der monologischen Sprachverwendung thematisiert würde. Ein solcher Aufbau führt allerdings dazu, dass verstärkt auch auf Gattungen/Textsorten Bezug genommen werden muss, womit zum dritten Abschnitt übergeleitet wird.

7.2.3 Sequenzmuster/Gattungen in Referenzgrammatiken

Dieser letzte Bereich ist der für Referenzgrammatiken problematischste. Wie in der vorliegenden Untersuchung gezeigt wurde, sind grammatische Konstruktionen nicht autonom, sondern erhalten ihre Funktionen erst durch den entsprechenden sequenziellen und situationalen Kontext, in dem sie verwendet werden – wobei sie umgekehrt diese Kontexte wiederum mit erzeugen. Wenn „grammatische Konstruktionen in Zusammenhang mit den kommunikativen Aktivitäten, denen sie entstammen und die sie zugleich mit konstituieren" (Günthner 2010a: 145) betrachtet werden sollen, so genügt es nicht, vom Kontext losgelöste, kurze Beispiele zu präsentieren. Im Extremfall ist es nötig, ganze Gattungs- oder Sequenzmuster mit aufzuführen, damit der Gebrauch der Konstruktionen verstanden werden kann.

Das würde dann dazu führen, dass eine Auflistung einer großen Menge möglicher syntaktischer und sequenzieller Muster geleistet werden müsste, mit denen jeweils unterschiedliche Handlungsmuster (wie die Gesprächseröffnung oder eine Vorschlagssequenz) durchgeführt werden können. Solche „Schemata der Interaktion" (Selting 2007b: 334–335) dürften dabei aber auch wiederum nicht als unabänderlich und fest aufgefasst werden, sondern müssten als flexible Muster beschrieben werden, deren tatsächliche Umsetzung vom Kontext abhängig ist, umgekehrt aber auch Kontext erzeugt und so jeweils im Anschluss Optionen für den Gebrauch weiterer Muster eröffnet oder einschränkt:

> Das Verhältnis zwischen kognitiver Sedimentierung in Konstruktionsschemata (Turnkonstruktionsschemata, Handlungsschemata, Interaktionsschemata etc.) und der Emergenz dieser Schemata im Rahmen der lokalen Organisation des Gesprächs ist reflexiv: Die konkrete Struktur bzw. Aktivität ist einerseits das Produkt der durch die Sozialisation erworbenen Schemata und der damit verbundenen Erwartungen und Erwartungserwartungen sowie der Interaktion im sequenziellen und situativen Kontext. Und sie stellt andererseits den konkreten Kontext wie auch die Orientierung an den relevanten und nahe gelegten Konstruktionsschemata erst her. (Selting 2007b: 334–335)

Der interaktionale Teil einer Grammatik müsste also der Offenheit – und ganz besonders der reflexiven Qualität – der dort beschriebenen Strukturen Rechnung tragen. Dies kann zum Beispiel dadurch geschehen, dass nicht nur ‚gelungene' Umsetzungen eines Musters präsentiert werden, sondern auch ‚misslungene', wie zum Beispiel die unpassende Anfrage der Schülerin an die Professorin, die Abschnitt 7.3.3 behandelt wird, oder eine misslungene Ablehnung eines Vorschlags, die zu Gesichtsverlust und zur interaktionalen Problematisierung führt.

Spätestens an dieser Stelle stößt eine Referenzgrammatik allerdings an ihre Grenzen – der Umfang würde zu mehrbändigen Grammatiken führen, die ihre Funktion als Referenzgrammatiken durch diese Komplexität verlieren. Kompromisse bezüglich der detaillierten sequenziellen und situativen Beschreibung syntaktischer Phänomene sind an dieser Stelle daher unvermeidbar. An welchen Stellen wie gekürzt werden kann, darüber werden in Zukunft noch weitere Diskussionen zu führen sein.

7.3 Sprache-in-Interaktion und Deutsch-als-Fremdsprache

Dass Sprache-in-Interaktion regelhaft aufgebaut ist, dass die Strukturen von Sprache-in-Interaktion auch in interaktionaler Sprachverwendung in den Neuen Medien festgestellt werden können und dass es auch möglich (und notwendig) ist, diese Strukturen in Grammatiken zu beschreiben, ist in den vorigen Abschnitten gezeigt worden. Was noch aussteht, ist die Antwort auf die Frage, ob (und welche) Konsequenzen diese Erkenntnisse für den Lehrkontext im Bereich Deutsch-als-Fremdsprache haben.

7.3.1 Partikelgebrauch im DaF-Unterricht

Bereits 1973 plädierte Beneš dafür, im Fremdsprachenunterricht bestimmte „Schichten des Wortschatzes, die für die Alltagsrede typisch sind", den Schülern „systematisch" einzuprägen, mit der Begründung, dass dadurch ihre „Sprechfertigkeit enthemmt und gefördert" werde. Beneš erwähnt dabei explizit die „für das Deutsche so typischen Kontaktwörter (*doch, wohl, denn, mal, ja*) und Interjektionen (*achwas, nanu, soso*), die den emotional-expressiven Charakter einer Äußerung untermalen" (Beneš 1973: 39). Die Funktionsbeschreibung, die Beneš für diese Wörter gibt, weist klar darauf hin, dass der Begriff der „Alltagsrede" eigentlich besser mit „Sprache-in-Interaktion" wiedergegeben werden müsste: Der die Sprechfertigkeit positiv beeinflussende Charakter dieser Wörter besteht eben genau darin, dass sie dazu dienen, die interaktionale Situiertheit von Sprache zu beherrschen helfen, indem sie Äußerungen modalisieren, die Aufrechterhaltung und Verteilung des Rederechts organisieren und generell für die Alignierung der kommunikativen Projekte und Handlungen der an der Interaktion Beteiligten sorgen. Auch Steinig (1978: 137) hebt die Tatsache hervor, dass „Kontaktwörter" sowie „Eröffnungs- und Schlusssignale" in bestimmten Gesprächstypen von großer Bedeutung für einen reibungslosen Ablauf der Kommunikation sind: „Man sollte dies den Studenten bewusst machen und mit ihnen üben." In neueren Arbeiten weisen Berend/Knipf-Komlósi (2006) in einem programmatischen Aufsatz über den nötigen Wandel des DaF-Unterrichts in Osteuropa auf eine zu verstärkende pragmatische Orientierung hin, bei der der Vermittlung des Partikelgebrauchs – Berend/Knipf-Komlósi (2006: 170) führen beispielsweise die Äußerung „Zieht ihr mal alleine los, ja?" an – eine wichtige Rolle zukommen wird. Am Umfassendsten gehen dabei Kühndel/Obi (2007) vor, die eine Analyse der Berücksichtigung von Partikeln und Interjektionen im DaF-Kontext vorgenommen haben und zu folgendem Ergebnis kommen:

> Und so ist wie auch in den meisten DaF-Lehrwerken in den behandelnden Gutachten und Rezensionen von Lehrwerken ein erhebliches Defizit bezüglich der Behandlung von Partikeln und mehr noch von Interjektionen, die oft nur im Zusammenhang mit Partikeln bzw. als deren Subklasse erwähnt oder beiläufig behandelt werden, als eigenem Gegenstand festzustellen. Auch dieselbe Hilflosigkeit in Bezug auf Definition und Didaktisierung des Themas manifestiert sich. [...] Die Analyse der Lehrwerkskritik in DaF-Zeitschriften und Lehrwerksgutachten der letzten 34 Jahre bestätigt einen Befund, der nur allzu bekannt ist: Neue linguistische Erkenntnisse werden nur zögerlich in den Lehrwerken umgesetzt oder völlig ignoriert. (Kühndel/Obi 2007: 37)

Die oberflächliche Behandlung des Partikelgebrauchs hängt allerdings nicht nur damit zusammen, dass neue Erkenntnisse aus der Linguistik nur zögerlich in Lehrwerken umgesetzt werden. Gerade bei den Partikeln, die extrem situations- und kontextbezogen funktionieren, wirken konstruierte Dialoge, wie sie für die Lehrwerke typisch sind, meist besonders unnatürlich und ‚holprig'.

Kühndel/Obi (2007: 25) stellen zu Recht fest, dass Interjektionen und Partikeln im „alltäglichen Diskurs" eine „bedeutende Rolle" spielen und sich dieser Befund „auch bei der Vermittlung von Deutsch als Fremdsprache niederschlagen" sollte. Das geht aber nur, wenn authentische mündliche oder schriftliche Interaktionen verwendet werden, in denen MuttersprachlerInnen Partikeln in ihrer natürlichen Umgebung einsetzen. Solche natürlichen Interaktionen können sowohl durch CMC-Daten (Chat, SMS, E-Mail-Sequenzen, IM, Foren) als auch durch authentische gesprochene Sprache bereitgestellt werden.

Die Verwendung von Auszügen aus dem in dieser Arbeit analysierten Telefongespräch ermöglicht es beispielsweise, innerhalb von kurzer Zeit eine Vielzahl von *ja*-Varianten zu präsentieren und zu diskutieren, (1) welche Position,

(2) welche prosodische und phonetische Form und schließlich (3) welche Funktion(en) jedes *ja* hat:

```
Beispiel 80: ja am Äußerungsrand
009   H   →  [ja: ich war bis  ] Eben grad unterWEGS.
010              ich war inner STADT.
011          →  °h jo. [hehe     ]
012   R                [SHOPpen?] (.)

Beispiel 81: ja zur Beendigung eines kommunikativen Projekts
221   H      ich schrEIb (.) über (.) ehm theAter; (.) °h
222          ehm (.) Oper mUsical (.) ehm-
223   R      <<leise> DAS is ja cool.> (.)
224   H      JA:: also Alles was Irgendwie mit (.) mit bIldung und
             kultUr zu tun hat ich- °hh
225   R      ja::
226   H      ne-
227          Irgendwelche KLASsischen konzErte; (.) °h
228      →   ALso (.) joa. (.)
```

In Auszug 1 fällt z.B. die Klammerstruktur ins Auge – damit einhergehend die Bedeutung der Ränder von Äußerungen, die zur Platzierung von interaktional operierenden Einheiten verwendet werden. Zudem wird klar, dass *ja* sowohl zur Initiierung einer Äußerung verwendet werden kann (eine Funktion, die besonders wichtig bei Überlappungen ist, da so weniger Äußerungsinhalt verloren geht) als auch zur Beendigung (als Signal an die Gesprächspartnerin, das Rederecht zu übernehmen).

In Auszug 2 kann der Blick von der unmittelbaren sequenziellen Position und Wirkung der Partikeln auf größere Aktivitäten gelenkt werden: *Ja* kann nicht nur Äußerungen beenden, sondern wie in diesem Fall auch ganze kommunikative Projekte, wie zum Beispiel eine Liste.

Aktuelle Tendenzen des Sprachgebrauchs können durch den Einsatz interaktionaler Sprache ebenfalls geklärt werden. So fragte mich auf einer Tagung eine spanische DaF-Lehrende während der Diskussion nach einem Vortrag, ob ich ihr sagen könne, warum ihre StudentInnen, wenn sie nach einem Auslandsaufenthalt aus Deutschland nach Spanien zurückkommen, ständig das Wort *genau* verwenden.

Eine Verwendungsweise von *genau* wurde bereits in Abschnitt 6.1.2 angesprochen. *Genau* ist ein Responsiv, das sowohl alleinstehend als auch zusammen mit *ja* verwendet werden kann und einen deutlich stärker affirmierenden Gehalt als das eher schwach affirmierende *ja* hat. Es wurde darauf hingewiesen, dass bei der Verwendung von *ja* als positivem Responsiv Kombinationen wie *ja klar, ja genau, ja stimmt* häufig sind, die dafür sorgen, eine emphatischere Bejahung zu signalisieren. Zugleich kann *genau* aber auch alleinstehend nicht nur als affirmierendes Responsiv, sondern auch wie auch *ja* als strukturierendes Signal (Diskursmarker, Planungssignal) verwendet werden, wie folgendes Beispiel zeigt:

```
Beispiel 82
259   R       und da wirst du dann artIkel (.) weise beZAHLT?
260           oder wie LÄUFT das;
261   H   →   geNAU: also (.) genAU.
262           ich bin (.) freie MITarbeiterin,
263           DIE rufen mich an wenn se (.) wen brAUchen? °h
```

Auf Renates Frage, ob Hanna als freie Mitarbeiterin „artIkel (.) weise" (Z. 259) bezahlt wird, antwortet Hanna erst mit einem stark akzentuierten und gedehnten „geNAU:" (Z. 261). Sie setzt danach zu einer Erläuterung an, die sie mit dem Diskursmarker „also" einleitet, unterbricht ihre Äußerung und produziert nochmals ein „genAU". Dieses zweite *genau* kann einerseits als zweites, bestätigendes Responsiv angesehen werden, mit dem die zustimmende Antwort unterstrichen wird, andererseits dient es aber auch als segmentierendes Signal zwischen „also" und der ab Z. 262 folgenden detaillierten Erläuterung. Der janusköpfige Charakter, der typisch für viele Verwendungsweisen von *ja* ist – rückblickend mit einer affirmierenden Funktion, vorausblickend zur Ankündigung einer Folgeäußerung – lässt sich auch für *genau* feststellen: Eine Vorgängeräußerung wird quittiert und zugleich eine Folgeäußerung angekündigt.[11]

Eine weitere für den DaF-Unterricht besonders geeignete Möglichkeit, das Gefühl für die Korrelation von Form und Funktion bei der Partikelverwendung zu wecken, kann darin bestehen, prosodische (und orthographische) Varianten von *ja* zu thematisieren. Das sollte zunächst direkt auf der Basis der behandelten Beispiele geschehen, in einer Anschlussübung kann dann die Frage gestellt werden, was denn passiert, wenn man ein Responsiv-*ja* statt in fallender in steigender, gleichbleibender, gedehnter, fallend-steigender etc. Art und Weise ausspricht oder als *jo, joa, mjoa, naja* etc. spricht oder schreibt. Hinweise über die Korrelation von prosodischer Realisierung und Funktion finden sich dabei bereits sehr ausführlich zu *hm* in Ehlich (1979) und zu Interjektionen und Responsiven generell in Zifonun et al. (1997: 360–408).[12] Mit wenig Aufwand

---

11 Dies stützt die Beobachtung, dass *genau* häufig auch als Strukturierungsmittel in studentischen Referaten eingesetzt wird: Das bisher im Referat Präsentierte wird durch *genau* von den Referierenden bestätigt und in einer mentalen Liste ‚abgehakt'. Zugleich wird damit jedoch auch der nächste Argumentationsschritt angekündigt.
12 Vgl. auch Wildmann/Fritz (2001: 228) zur Bedeutung phonologischer Übungen: „So ist die Integration phonologischer Übungen unabdingbar. Nur Sprache, die in ihrer Gesamtheit – also

kann so eine breite Palette an interaktionalen Handlungsoptionen – Ausdruck von Zustimmung, Skepsis, Nachdenken, Nicht-Übereinstimmung etc. – vermittelt werden.

7.3.2 Einheitenbildung im DaF-Unterricht

Anders als bei der Frage, ob der Partikelgebrauch im (DaF)-Unterricht gelehrt werden soll oder ob man auf sequenzielle oder gattungsbezogene Aspekte wie Gesprächseröffnungen eingehen sollte, ist die Frage äußerst umstritten, inwieweit die syntaktischen Strukturen, die mit inkrementeller Äußerungserweiterung, der Projektion von Nachfolgeäußerungen oder dem „chunking" als Verfahren interaktionaler Sprachproduktion zu tun haben, im Unterricht thematisiert oder sogar aktiv vermittelt werden sollen. In ihrer Diskussion von „Normabweichungen" der gesprochenen Sprache in Hinblick auf ihre Vermittlungswürdigkeit stellt Thurmair (2002: 7) fest, dass „sprachliche Normabweichungen etwa, die ausschließlich auf die Bedingungen der Mündlichkeit zurückzuführen sind" keinen Anspruch auf (aktive) Vermittlung haben. Mit „Bedingungen der Mündlichkeit" sind dabei nicht nur mediale Mündlichkeitsfaktoren wie Stimmqualität, Lautstärke o.ä. gemeint, sondern ganz zentral die Aspekte, die im Rahmen dieser Arbeit unter dem Gesichtspunkt der Interaktion beschrieben wurden. Das gilt vor allem für die besonderen Anforderungen an interaktionale Sprache, die Informationen so zu strukturieren, dass sie für die RezipientInnen nachvollziehbar sind, dass der Produzent/die Produzentin Zeit zur Äußerungsplanung bekommt und dass die geplanten Äußerungen ohne Unterbrechungen zu Ende geführt werden können. Das Problem bei der Einordnung Thurmairs ist, dass der Übergang von Reparaturphänomenen (z.B. Wiederholung von Äußerungsteilen oder Konstruktionsabbrüche) zu etablierten Mustern (z.B. Apokoinukonstruktionen) fließend ist – Thurmair fasst alle diese Probleme unter die Rubrik „Performanzprobleme" (Thurmair 2002: 4).

Wenn man jedoch die Liste der Phänomene betrachtet, die Beneš (1973: 41) als Sammlung vermittlungswürdiger Kandidaten im DaF-Bereich erstellt, so wird klar, dass „Performanzprobleme" wie z.B. die *on line*-Planung einer Äußerung oder das Bedürfnis, mit geringem Aufwand einen maximalen Kommunikationserfolg zu erzielen, zur Herausbildung vieler – wenn nicht aller – der von

---

unter Miteinbeziehung aller Ebenen – präsentiert wird, kann die Basis für erfolgreichen Erwerb darstellen."

(Beneš 1973: 41) als „Fälle der lockeren Fügungsweise" bezeichneten Strukturen geführt haben. Genannt werden unter anderem:

> Herausstellung (Meine Bücher, die kriegst du nicht),
> Nachtrag (Die kann ich aber leiden, die Schlanke),
> Einschub (In Connewitz, gleich beim Walde, da haben wir unseren Garten),
> Ausklammerung (so etwas geht bloß zu machen mit viel Kraft),
> Ellipsen (Den Stuhl!, Licht aus!, Dieser Schwindler!),
> häufige Verwendung deiktischer Ausdrucksmittel (das Bild dort) usw. (Beneš 1973: 41)[13]

Solche Strukturen, die – mit Günthner (2011b: 16) gesprochen – zum „festen Wissensrepertoire deutscher MuttersprachlerInnen gehören" und eine wichtige „Ressource zur Durchführung kommunikativer Aufgaben" bereitstellen, können nicht einfach durch Verweis auf ihre Performanzgebundenheit als nicht vermittlungswürdig klassifiziert werden. Genau die Performanzgebundenheit ist ja der Grund, warum diese Strukturen überhaupt entstehen konnten und warum sie hochgradig effizient sind. Wie also soll man „hinsichtlich der Vermittlung des Deutschen als Fremdsprache mit solchen ‚subversiven' Phänomenen" (Günthner 2011b: 16) umgehen?

Die Thematisierung der Syntax von Sprache-in-Interaktion ist sowohl über den Einsatz authentischer gesprochener Sprache (z.B. über Datenbanken wie die in Abschnitt 5.2 beschriebene Datenbank „Gesprochenes Deutsch für die Auslandsgermanistik") als auch den Einsatz von interaktionalen Schriftprodukten wie E-Mails, Chats oder SMS-Sequenzen möglich. Wenn man solche Daten im Unterricht verwendet, so lässt es sich nicht vermeiden, dass auf die eben genannten Strukturen Bezug genommen wird – sie sind zu präsent und kommen zu häufig vor, als dass man sie ignorieren oder als performanzbedingte Fehler abqualifizieren könnte. In seiner Ausarbeitung eines Vorschlags, Chat-Sequenzen im DaF-Unterricht einzusetzen, diskutiert Kilian (2005: 214) beispielsweise den folgenden kurzen Ausschnitt, in dem eine DaF-Lernerin mit

---

[13] Auch Auer (1991) betrachtet beispielsweise „Reparaturen" und „Rechtsversetzungen" als eng zusammengehörige Phänomene: „Ausklammerungen, Nachträge, Reparaturen, Rechtsversetzungen, appositive oder konjunktionale Weiterführungen" seien Strukturen, „die in sonstigen, traditionelleren oder generativen Ansätzen keine gemeinsame Behandlung erfahren, unter interaktiven Gesichtspunkten jedoch zusammengefasst werden können bzw. müssen. [...] Es zeigt sich, dass sich Expansionen des hier besprochenen Typs völlig natürlich aus den Grundbedingungen mündlicher Sprache herleiten lassen, nämlich aus ihrer Dialogizität und Zeitlichkeit. Expansionen eröffnen den Interaktionsteilnehmern die Möglichkeit der permanenten Rückkopplung zwischen Sprecher und Hörer und sind deshalb ein äußerst effizientes Verfahren, um den Abgleich zwischen sprecherseitig präsupponiertem und tatsächlichem Rezipientenwissen zu optimieren." (Auer 1991: 155)

einer Muttersprachlerin kommuniziert. Nachdem das Wort „Fließbandarbeit" von der Muttersprachlerin erwähnt wurde, fragt die Lernerin „marichka1" nach, was das Wort bedeutet:

Beispiel 83
<marichka1>   was ist fliessbandarbeit? [...]
<OpClaudia>   Man muss zB. Teile montieren, schrauben. Alles läuft auf einem Band vor dir. Wie früher die Autoherstellung. [...]
<marichka1>   Bei uns machen das nur die Maenner, Ich meine schrauben, und Teile montieren

Sowohl die Muttersprachlerin als auch die Lernende setzen dabei genau die Strukturen ein, die auch in der interaktionalen gesprochenen Sprache zentral sind: So erweitert „OpClaudia" ihre Äußerung „Alles läuft auf einem Band vor dir." inkrementell durch die Phrase „Wie früher die Autoherstellung". NutzerIn „marichka1" wiederum expliziert das referenziell vage Pronomen „das" inkrementell in einer durch den Diskursmarker „Ich meine" (vgl. Günthner/Imo 2003) eingeleiteten Äußerung mit „schrauben, und Teile montieren". Solche Satzstrukturen müssen meist nicht aktiv vermittelt werden, da sie die idealen „‚Schraubenzieher' für die Aufgaben der mündlichen Kommunikation" (Auer 1998: 305) sind und in interaktionaler Kommunikation quasi automatisch entstehen. Die Lehrenden müssen aber (1) Situationen bereit stellen, in denen diese Strukturen eingesetzt und zur Routine gemacht werden können (Gespräche vorspielen, selbst Alltagsgespräche führen lassen, Chat- und E-Mail-Partnerschaften einrichten) und (2) diese Strukturen nicht negativ bewerten, sondern als in diesem Gebrauch angemessene Konstruktionen erkennen.

Es geht also darum, aus der früheren simplen Regel „Sprich in ganzen Sätzen" eine kontextsensitivere Variante zu machen: Verwende Sätze in Sprache-im-Monolog, aber verwende *chunks* in Sprache-in-Interaktion!

7.3.3 Sequenzmuster/Gattungen im DaF-Unterricht

Der Bereich der „rituellen Klammern", die den Anfang und das Ende eines Gesprächs reibungslos gestalten helfen, ist im DaF-Kontext besonders wichtig. Dabei spielen mehrere Gründe eine Rolle. Zum einen ist es so, dass, wie Linke (2000) zeigt, eine zunehmende Informalisierung im Sprachgebrauch zu beobachten ist, die dazu führt, dass der Gebrauch informeller Grußfloskeln sowie des Duzens statt des Siezens zunimmt. Dies führt allerdings zu mehr, nicht zu weniger Problemen: Während noch bis in die sechziger Jahre des vergangenen Jahrhunderts das *Siezen* im Alltag die Normalform unter Erwachsenen darstellte und außerhalb des familiären Bereichs nur nach umfangreichen Zeremonien – also stark markiert – zur Form des Duzens übergegangen wurde, besteht heute ein breiter Raum, in dem sowohl Höflichkeits- als auch Vertrautheitsformen prinzipiell möglich sind. Mit „prinzipiell" ist gemeint, dass die Wahl der beiden Formen davon abhängt, welcher Kontext lokal erzeugt bzw. welches kommunikative Projekt durchgeführt werden soll. Das bedeutet, dass es nicht möglich ist, als einfache Regel anzugeben „verwende die Höflichkeitsform" – diese kann je nach Kontext als sehr markiert und unangemessen wahrgenommen werden. Der zweite Grund für die zunehmenden Probleme liegt im Bereich der Neuen Medien. Vor allem E-Mails werden heute sowohl im informellen als auch im formellen Kontext gleichermaßen verwendet und die Anforderungen in Bezug auf angemessene Formulierungen sind entsprechend unklar. Im Bereich des Deutschen als Muttersprache zeigt Weidacher (2010) in einer Analyse studentischer Entschuldigungsmails (Entschuldigung für die Abwesenheit von Seminaren) die Probleme auf, die Studierende bei der Wahl angemessener Formulierungen haben – was so weit gehen kann, dass der Zweck der Entschuldigung dabei sogar verfehlt wird. Fokussiert man nur auf die Probleme bei der Wahl der Anredeform, so zeigt sich, dass im Korpus von Weidacher praktisch alle Anredeformen zu finden sind, die im Deutschen überhaupt möglich sind. Sie reichen von einem sehr förmlichen „Sehr geehrter Hr. Prof. X" über „Sehr geehrter Herr X", „Sehr geehrte Frau Professor, „S. g. Prof. X", „Lieber Herr Prof. X", „guten tag!", „Hallo!" bis hin zu einem direkten und abrupten Einstieg in die Mail („Bin krank – Grippe").[14] Die Unsicherheit beim Gebrauch der angemessenen sprachlichen Mittel wird dadurch ebenso deutlich wie die unterschiedlichen Kontextualisierungen, die die E-Mails alleine durch die Wahl der Anrede auslösen: So wird durch die Vollform der Anrede mit Titel („Sehr geehrter Hr. Prof. X") eine entsprechend förmliche Situation hergestellt, mit einem klaren Verweis auf Hierarchien und institutionelle Einbettung. Die Kurzform „S. g. Prof. X" leistet ebenfalls den Verweis auf die institutionelle Einbettung und das Hierarchiegefälle, durch die Abkürzung wird jedoch auf den Charakter einer Routinehandlung verwiesen. Mit „guten tag!" oder „Hallo!" fehlt jeder Verweis auf den institutionellen Kontext und auf eine etablierte Beziehung *Dozent – Student*. Gerade bei der informellen Grußvariante „Hallo!" kann es vorkommen, dass das angestrebte kommunikative Ziel der E-Mail sogar verfehlt wird und die Entschuldigungsmail als unangemessen (zu salopp, zu vertraulich) wahrgenommen wird.

---

14 Die Beispiele stammen aus den Seiten 57, 58, 72, 73, 74 und 75 der Untersuchung von Weidacher (2010). Vgl. auch Bachmann-Stein (2011) zur hochschulischen E-Mail-Kommunikation generell.

Einen extremen Fall des Scheiterns einer Anfrage auf Grund der Wahl unangemessener Rahmung analysiert auch Kiesendahl (2012: 224). Eine Professorin erhielt von einer Gymnasiastin, die sich kurz vor dem Abitur befand, eine E-Mail mit einer Frage zu unterschiedlichen Studiengängen:

Beispiel 84
>   hallo :)
>   ich würde später gerne als deutschlehrerin im
>   ausland (USA/Kanada/Australien??) tätig werden
>   und bin auf der suche nach dem richtigen studienfach.
>   da wäre deutsch als fremdsprache doch das richtige für mich. :)
>   jedoch bin ich mir nicht sicher, ob ich lieber
>   den B.A. (verbunden mit amerikanistik/anglistik)
>   machen soll, oder doch den lehramtsstudiengang.
>   können sie mir da vielleicht weiterhelfen?
>   sind sie eventuell auch über die nc's vom letzten semester informiert?
>   wenn alles klappt, sehen wir uns dann ja vielleicht im oktober! :)
>
>   liebe grüße,
>   Vorname Nachname
>   (Elbe-Gymnasium <Ort>)

Diese E-Mail verfehlte ihren Zweck: Die angeschriebene Professorin antwortete der Schülerin „sie möge ihren Sprachgebrauch in der Kommunikation mit Lehrenden überdenken. Auf die konkreten Fragen der Schülerin ist sie indes nicht eingegangen." (Kiesendahl 2012: 225). Die Schülerin wurde damit gezwungen, ihre Anfrage zu überarbeiten, wenn sie weiterhin Interesse an den von ihr erwünschten Informationen hat. Die überarbeitete Mail traf zwei Tage später bei der Professorin ein:

Beispiel 85
>   Sehr geehrte Frau Prof. Dr. <Nachname>,
>
>   ich möchte mich bei Ihnen für meine
>   unangemessene Ausdrucksweise entschuldigen.
>
>   Ich habe vor, später als Deutschlehrerin im
>   englischsprachigen Ausland tätig zu werden. Nun
>   bin ich auf der Suche nach dem richtigen Studienfach.
>   Der Berufsberater meiner Schule wies mich auf
>   "Deutsch als Fremdsprache" hin. Er konnte mir
>   jedoch nicht sagen, ob ein B.A. oder ein
>   Lehramtsstudium geeigneter für mich wäre.
>   Dementsprechend möchte ich Sie um Hilfe bitten.
>   Können Sie mir eventuell zusätzlich Auskunft
>   über den NC der letzten Semester geben?

Mit freundlichem Gruß,
Vorname Nachname
Elbe-Gymnasium <Ort>

Diese Anfrage hatte nun den gewünschten Erfolg, die Professorin antwortete auf die Fragen. Wenn man die Unterschiede der beiden E-Mails betrachtet, so fällt neben dem Wechsel von der Kleinschreibung (und der generellen Missachtung orthographischer Regeln, wie sie in informeller computervermittelter Kommunikation gängig ist) zur korrekten Orthographie vor allem ein Wechsel im Bereich der „rituellen Klammern" auf: In der ersten E-Mail wurde mit „hallo" eine sehr informelle Anredeform gewählt, auf den Namen – geschweige denn den Titel – wurde verzichtet und das der Grußfloskel folgende Emoticon als Nähe erzeugendes Zeichen verweist ebenfalls auf eine informelle Kommunikation unter Gleichgestellten. Gleiches gilt für den Ausstieg aus dem Gespräch. Mit dem Personalpronomen „wir" – „wenn alles klappt, sehen wir uns dann ja vielleicht im oktober! :)" –, dem erneuten Emoticon am Ende der Äußerung und der Verabschiedung „liebe grüße" wird ebenfalls Nähe und eine symmetrische, informelle Beziehung hergestellt und Vertrautheit impliziert.

Ganz anders in der zweiten E-Mail: Die öffnende rituelle Klammer enthält eine hochgradig formalisierte Anrede- und Grußform mit der vollen Angabe des Titels und setzt somit den Rahmen einer asymmetrischen und institutionell eingebundenen kommunikativen Situation. In der schließenden Klammer wird auf Nähe erzeugende Formulierungen verzichtet und eine formelle, der Situation angemessene Verabschiedung („Mit freundlichem Gruß") gewählt.

Die Diskussion dieses im ersten Anlauf gescheiterten Kommunikationsversuchs zeigt, dass die Thematisierung von sequenziellen Mustern der Gesprächsorganisation im Vermittlungskontext von großer Bedeutung ist. Die erste E-Mail der Schülerin darf nämlich nicht als generell ‚falsch' oder ‚unangemessen' beschrieben werden – im entsprechenden Kontext, mit entsprechenden Gesprächspartnern, wäre diese E-Mail durchaus angemessen gewesen. Wenn sie beispielsweise einer Studentin aus dem ersten Semester diese Frage gestellt hätte, hätte sich die Situation genau umgekehrt dargestellt. Die zweite, formelle E-Mail hätte so markiert wirken können, dass sie im Extremfall ebenfalls zur Nicht-Beantwortung führen könnte.[15]

---

15 Vgl. Heydt (1997: 154), der betont, dass auch informelle Gespräche scheitern können, da sie an festen (Erwartungs)Mustern orientiert sind: "Informelle Gespräche funktionieren nach ziemlich strikten gesellschaftlichen Regeln, die wir dem Lerner vermitteln müssen, damit er in der fremden Sprache effektiv handeln lernt und keinen Anstoß erregt."

Wie bereits erwähnt, lässt sich das Problem also nicht durch die Beschränkung auf einen einzigen Standard lösen, sondern nur, indem die unterschiedlichen sprachlichen Mittel in Bezug zu ihrer Wirkung und Situationsgebundenheit thematisiert werden. Das gilt auch ganz besonders im DaF-Unterricht, wo die Verunsicherung in Bezug auf angemessene Formulierungen noch stärker ist als bei MuttersprachlerInnen. Auffällig wird das beispielsweise bei der Geschäftsmail aus dem Lehrwerk „Unternehmen Deutsch Aufbaukurs B1–2" (2005: 112), die bereits in Abschnitt 4.6.2 diskutiert wurde:

Beispiel 86
> Lieber Rolf, bei einer Besprechung am 18.01. haben die ADMs den Zielen der Vertriebstagung weitgehend zugestimmt. Das zeigt ihre hohe Motivation. Ist doch gut, oder?
> (Unternehmen Deutsch Aufbaukurs; B1–2; 2005: 112)

Diese E-Mail ist absolut angemessen – sofern sich die betreffenden Personen gut kennen und sie in einem engen Gesprächskontakt miteinander stehen. Sie ist unangemessen, wenn das hierarchische Gefälle größer ist oder keine dauerhafte ‚virtuelle' Gesprächssituation, kein „continuing state of incipient talk" besteht.[16]

Der Einsatz und die Diskussion von formellen und informellen Gesprächsanfängen (ganz gleich, ob medial mündlich[17] oder schriftlich realisiert) im Unterricht ist daher zwingend notwendig, um das Gespür für die Angemessenheit der Wahl bestimmter Einstiegs- und Ausstiegsformen bei den Lernenden zu wecken.[18]

---

16 Vgl. die Analyse von Begrüßungen und Verabschiedungen in der SMS-Kommunikation von Günthner (2011c: 15). Günthner zeigt, dass reduzierte Gruß- oder Beendigungseinheiten als Indikatoren dafür dienen können, dass die Interagierenden sich in einem „continuing state of incipient talk" befinden, d.h. in einer Interaktion, die, auch wenn längere Zeiträume ohne Kommunikation zwischen einzelnen Beiträgen liegen, dennoch als dauerhafte Interaktion aufgefasst wird, was dazu führt, dass man sich nicht jedes Mal neu umfassend begrüßen oder verabschieden muss.
17 Hier sei z.B. auf die Untersuchung von „Erstkontakten" im DaF-Kontext von Müller-Jacquier (2002) verwiesen.
18 Das gilt übrigens auch in Bezug auf die Leistungsprüfungen: Die Lehrenden müssen selbst einschätzen können, ob die Wahl der Mittel mit dem Zweck und der Situation korreliert, d.h. auch hier gilt die Abkehr von einer einheitlichen Beurteilung nach einem einzigen als „korrekt" angesehenen sprachlichen Muster: „Ein anderes Problem von authentischen, umgangssprachlichen Texten (nicht nur) von Jugendlichen entsteht dadurch, dass diese Texte teilweise von den Normen und Korrektheitsbedingungen des kodifizierten Standards abweichen. Tauchen solche Texte unverändert in Prüfungen auf, sind Konflikte mit Lehrpersonen, die ein starkes Sprachnormbewusstsein haben, vorprogrammiert. Aber diese Konflikte gilt es auszu-

Gleiches gilt auch für die Vermittlung des Wissens über die Verfahren, mit denen kommunikative Projekte wie Einladungen, Verabredungen, Komplimente, Vorwürfe, Streitgespräche etc. durchgeführt werden. Notwendig ist dabei der Erwerb einer „Sensibilität für Sprache und Sprachgebrauch", die „sowohl die Kenntnis als auch das Verstehen der Organisations- und Verwendungsprinzipien von Sprachen" (Referenzrahmen 1995: 108) umfassen muss. Thurmair (2010: 369) fordert daher auch,

> dass die pädagogische Grammatik so gestaltet sein muss, dass es dem Lerner in optimaler Weise ermöglicht wird, durch einen geschickt gewählten Kontext sein explizites Sprachwissen in implizites, praktisches Sprachkönnen zu überführen. Dazu gehört neben Anschaulichkeit und inhaltlicher Angemessenheit auch die Forderung, dass die verwendeten Texte (also das Sprachmaterial zur Erarbeitung grammatischer Strukturen) wirklich ‚Sprache in Funktion' darstellt. (Thurmair 2010: 369)

Damit sind die beiden zentralen Grundaspekte benannt: Es geht sowohl um das Wissen um bestimmte Muster, um die *Kenntnis*, als auch um die Gebrauchskompetenz und das Abschätzen der interaktionalen Auswirkung, also um das *Verstehen* der Funktionen sprachlicher Mittel. Die in Abschnitt 6.3.1 und 7.1.3 diskutierten Beispiele für die Ablehnung und die Annahme von Vorschlägen zeigen, dass der erste Teil, das Wissen, weitaus einfacher zu vermitteln ist als der zweite Teil, das Verstehen: Es ist in den seltensten Fällen möglich, eine Handlung nach einem festen Schema ablaufen zu lassen. Die Reaktionen der GesprächspartnerInnen müssen laufend beobachtet und die eigenen Äußerungen entsprechend angepasst werden. Kotthoff (1991; 1993) hat diese Problematik in ihrer Analyse von Streitgesprächen im DaF-Kontext beschrieben:

> Sowohl Nichtübereinstimmungen als auch Zugeständnisse (Konsens nach Dissens) sind interaktionelle Aktivitäten, in welchen der Sprecher/die Sprecherin zwischen der Gesichtswahrung und der Botschaftsübermittlung zu vermitteln hat und beide können vor allem im Lernerdiskurs eine Quelle erheblicher Irritationen darstellen. (Kotthoff 1991: 376)

Die Vermittlung im Unterricht kann nur gelingen, wenn nicht nur das strukturelle Wissen vermittelt wird, sondern auch durch die Verwendung von authentischem Material das Gespür dafür, wie solche Aktivitäten sozusagen ‚live' in der Interaktion durchgeführt werden (vgl. auch Kotthoff 2000). Im Anschluss an

---

halten und auszutragen, denn die große Chance bei der Berücksichtigung authentischer Texte in internationalen Prüfungen – und, ebenso wichtig, in prüfungsvorbereitenden Materialien – besteht darin, Lernenden und Prüfungsinteressierten die Vielfalt des Deutschen näher zu bringen und damit auch dazu beizutragen, dass die Lernenden ein Bewusstsein für Varianten des Deutschen und deren Gebrauch entwickeln können." (Studer/Wiedenkeller 2006: 555)

eine solche Vermittlung erst ist es dann möglich, durch das Umsetzen der erfahrenen Handlungsmuster von den DaF-Lernenden beispielsweise im Rahmen von Rollenspielen dieses Wissen und das Gefühl für die Sprachnutzung einzuüben.

8 Fazit

> Die Unterscheidung zwischen dem technischen Wissen der Sprecher und dem reflexiven Wissen der Linguisten gibt der beschreibenden Linguistik, die in unserer Zeit von vielen weitgehend mit der Sprachwissenschaft schlechthin gleichgesetzt wird, ihre volle Berechtigung. Denn ihre Aufgabe besteht darin, das Wissen der naiven Sprecher zu reflektieren und auf einer höheren Stufe der Erkenntnis zu formulieren. (Coseriu 1988: 229)

Die vorliegende Untersuchung zur Struktur und zum Stellenwert von Sprache-in-Interaktion hatte die folgenden Ziele:

Zum einen ging es darum, den aktuellen Stand der Forschung zu den Strukturen von Sprache-in-Interaktion darzustellen und die theoretischen und methodischen Grundannahmen darzulegen, mit deren Hilfe Sprache-in-Interaktion erforscht werden kann.

Das zweite Ziel bestand darin, zu zeigen, dass es mit dem heutigen Forschungsstand möglich ist, eine konsequent interaktional ausgerichtete Beschreibung der grammatischen Strukturen zu liefern, die einem authentischen Gespräch zu Grunde liegen. Dabei zeigte sich allerdings, dass trotz mehrerer Jahrzehnte an Forschungsgeschichte zu Sprache-in-Interaktion noch vieles ungeklärt ist: So gelingt erst seit den letzten Jahren über die Debatte zu Inkrementen (Auer 1991, 2006a, 2007b; Couper-Kuhlen/Ono 2007) und Projektorkonstruktionen (Auer 2005a, Günthner 2008a, c; Günthner/Hopper 2010; Imo 2012b; Wegner 2010) eine Annäherung an eine Methode der Bestimmung sprachlicher Einheiten in der Interaktion, die über die Prozesse der Gestalteröffnung und Gestaltschließung operiert (Auer 2000, 2007a, 2010).[1]

Auch im Bereich der Partikeln sowie generell auf dem Gebiet des Einsatzes von unflektierbaren Wörtern (z.B. Adverbien im Nachfeld) besteht Klärungsbedarf. Viele dieser Phänomene sind bislang noch nicht oder nur oberflächlich beschrieben worden.

Das dritte Ziel bestand darin, zu zeigen, in welchen Anwendungsfeldern das Wissen um Strukturen von Sprache-in-Interaktion relevant wird. Diese Felder betreffen (i) den Umgang mit der *computervermittelten Kommunikation*, (ii) die *Grammatikschreibung*, weiter gefasst auch die Debatte um die Setzung und

---

1 Erst in Ansätzen gelingt dabei mit Hilfe von Konzepten wie „fragments" (Hopper 2004), „Gestalten" (Auer 2010) oder „chunks" (Sinclair/Mauranen 2006) die Entwicklung eines Konzepts zur Beschreibung von Einheiten, die nicht nur negativ vorgeht, wie z.B. bei Becker-Mrotzek/Brünner (2006: 29): „Zentraler Gegenstand unserer Grammatik sind erklärtermaßen Sätze. [...] Entgegen dieser Behauptung verwenden wir jedoch in mündlicher Kommunikation häufig und systematisch Äußerungen, *die nicht satzförmig sind* [meine Hervorhebung; W.I.]."

Begründung sprachlicher Normen und schließlich (iii) die Vermittlung der Strukturen von Sprache-in-Interaktion im Lehrkontext, wobei hier vor allem ein Schwerpunkt auf den *DaF-Unterricht* gelegt wurde.

Es hat sich gezeigt, dass empirisches Arbeiten unerlässlich für eine realistische Beschreibung des Sprachgebrauchs ist, da viele Phänomene erst durch eine qualitative Analyse entdeckt werden können. Die Aufgabe, eine umfassende Grammatik von Sprache-in-Interaktion zu liefern, ist dabei noch lange nicht abgeschlossen. Dennoch ist es möglich und auch sinnvoll, das bisher Erreichte zusammenzutragen und verstärkt in Grammatiken Eingang finden zu lassen. Das erfordert eine Reorientierung des Aufbaus von Grammatiken: Statt des Festhaltens an einer übergreifenden und als universell und grundlegend angesehenen *langue* bietet es sich an, eine Zweiteilung der Grammatiken anzustreben in einen Bereich, in dem monologisch ausgerichtete grammatische Formen diskutiert werden und einen, in dem Strukturen von Sprache-in-Interaktion thematisiert werden. In eine ähnliche Richtung geht Ágel, wenn er das „kontextgrammatische Prinzip" einer Grammatikschreibung dem „symbolgrammatischen Prinzip" gegenüberstellt. Letzteres ist deckungsgleich mit dem hier als „monologische Sprachverwendung" bezeichneten Grammatikverständnis und zeichnet sich unter anderem durch die Merkmale „Kompositionalität, Kompaktheit, formale Konstanz, funktionale Eindeutigkeit, Invarianz, Diskretheit und Segmentbezogenheit" aus. Letzteres dagegen ist im Kontrast dazu durch Merkmale wie „Formelhaftigkeit, Analogiebildung, lose Fügung, formale Inkonstanz, Polyfunktionalität, Varianz, Dichte und Prosodie" gekennzeichnet (vgl. Ágel 2007: 52). Wie die Liste zeigt, enthält Ágels „kontextgrammatisches Prinzip" bereits viele Aspekte der hier beschriebenen interaktionalen Sprachauffassung, wobei allerdings genau die Aspekte interaktionaler Orientierung (Ko-Produktion von Äußerungen und kommunikativen Projekten; ständige Ausrichtung von Äußerungen an der Reaktion des Gegenübers) fehlen. Sie sind jedoch, was die grundlegende Ausrichtung von Ágels (2007) Gegenüberstellung angeht, dort problemlos integrierbar.

Interessant ist, dass Ágel (2007) dabei die Gegenüberstellung der beiden Prinzipien explizit mit der Frage der Normierung korreliert. Er stellt dabei folgendes fest:

> Normierer sind – so wie auch Linguisten – ‚Produkte' der Herausbildung des Symbolgrammatischen Prinzips. Man kann sie weder abschaffen noch ersetzen. Man kann ihre Tätigkeit relativieren, indem man auf die Wirksamkeit auch des Kontextgrammatischen Prinzips verweist. (Ágel 2007: 54)

Um genau diese Wirksamkeit des „kontextgrammatischen" oder, besser, interaktionalen Prinzips der Grammatik(be)schreibung ging es in der vorliegenden

Arbeit. Falls es gelingt, die Ergebnisse, die durch die Anwendung dieses Prinzips gewonnen werden, systematisch auch in der Grammatikschreibung – und dadurch auch im Lehrkontext – umzusetzen, wird sich dadurch zugleich auch das Normverständnis verändern, da Präskription und Deskription eng verbunden sind. Klein (2010: 108) stellt fest, dass im Bereich der Linguistik die „deskriptiven Bemühungen niemals ‚rein' deskriptiv sind. Diejenigen, die sich in der Öffentlichkeit eine normative Sprachwissenschaft wünschen, müssen anerkennen, dass legitime Präskriptivität nur auf wissenschaftlichen, also deskriptiven, Fundamenten ruhen kann." Präskriptive Aussagen können und müssen daher deutlich modifiziert werden, sobald klar wird, dass sie sich nur auf bestimmte Bereiche der Sprachverwendung beziehen können. Dies wiederum leitet über zum letzten Glied in der Kette, dem Lehrbereich. Die Veränderungen in den Kenntnissen über Sprachstrukturen und der damit einhergehenden Veränderung normativer Vorstellungen schlagen sich im Sprachunterricht nieder, und zwar zunächst im Rahmen der Kompetenz der Lehrenden, die Sprachäußerungen aus dem Bereich von Sprache-in-Interaktion einschätzen, bewerten und – wo sinnvoll – vermitteln müssen:

> Gerade in einer Zeit, wo der Sprachgebrauch einem zunehmenden Wandel unterliegt und sprachliche Normen im Fluss sind, ist es wichtig, auf diese Veränderungen im Sprachunterricht Bezug zu nehmen. Hierfür stellt die Sprachwissenschaft dem Lehrer das erforderliche ‚Know-how' zur Verfügung. Das heißt natürlich nicht, dass der Lehrer linguistische Modelle und Beschreibungsverfahren explizit zum Unterrichtsgegenstand machen soll. Wichtig ist vielmehr, dass er um diese Modelle weiß und da, wo es sich vom Unterrichtsthema her anbietet, darauf Bezug nimmt. (Dürscheid 2006a: 387)

Die vorliegende Untersuchung versteht sich als ein Beitrag dazu, ein solches „linguistisches Modell und Beschreibungsverfahren" zur Verfügung zu stellen, mit dem die Einordnung und das Verstehen interaktionaler Sprachstrukturen ermöglicht werden kann.

Literatur

Ágel, Vilmos (1997): Ist der Gegenstand der Sprachwissenschaft die Sprache? In: Kertész, András (Hrsg.): Metalinguistik im Wandel. Frankfurt: Lang, 57–97.
Ágel, Vilmos (2003): Prinzipien der Grammatik. In: Lobenstein-Reichmann, Anja und Oskar Reichmann (Hrsg.): Neue historische Grammatiken. Tübingen: Niemeyer, 1–46.
Ágel, Vilmos (2007): Was ist ‚grammatische Aufklärung' in einer Schriftkultur? Die Parameter ‚Aggregation' und ‚Integration'. In: Feilke, Helmuth, Clemens Knobloch und Paul-Ludwig Völzing (Hrsg.): Was heißt linguistische Aufklärung? Heidelberg: Synchron, 39–58.
Ágel, Vilmos (2008): Bastian Sick und die Grammatik. Ein ungleiches Duell. In: Info DaF 35, 64–84.
Ágel, Vilmos und Mathilde Hennig (Hrsg.) (2007): Zugänge zur Grammatik der gesprochenen Sprache. Tübingen: Niemeyer.
Ágel, Vilmos und Mathilde Hennig (Hrsg.) (2010): Nähe und Distanz im Kontext variationslinguistischer Forschung. Berlin: de Gruyter.
Ahrenholz, Bernt (2003): Grammatik im Kontext von Zweitspracherwerbsforschung und Gesprochene-Sprache-Forschung. In: Deutsch als Fremdsprache 40, 228–232.
Ahrenholz, Bernt (2007): Verweise mit Demonstrativa im gesprochenen Deutsch. Berlin: de Gruyter.
Altmann, Hans (1981): Formen der Herausstellung im Deutschen. Tübingen: Niemeyer.
Altmann, Hans (2010): Die Wortstellung des Deutschen und ihre Funktion. In: Habermann, Mechthild (Hrsg.): Grammatik wozu? Vom Nutzen des Grammatikwissens in Alltag und Schule. Mannheim: Dudenverlag, 226–237.
Al-Nasser, Mohammed (2011): Gesprochene Sprache im Deutsch-als-Fremdsprache-Unterricht: Eigenschaften der gesprochenen Sprache in Lehrwerkdialogen. URL: http://opus.ub.uni-bayreuth.de/volltexte/2011/877.
Ammon, Ulrich (2004): Standard und Variation: Norm, Autorität und Legitimation. In: Neuland, Eva (Hrsg.): Variation im heutigen Deutsch: Perspektiven für den Sprachunterricht. Frankfurt/Main: Lang, 28–40.
Androutsopoulos, Jannis (2007): Neue Medien – neue Schriftlichkeit? In: Mitteilungen des Deutschen Germanistenverbandes 54, 72–97.
Antaki, Charles und Margaret Wetherell (1999): Show Concessions. In: Discourse Studies 1, 2–27.
Anward, Jan (2004): Lexeme Recycled: How Categories Emerge From Interaction. In: Logos and Language 2, 31–46.
Auer, Peter (1991): Vom Ende deutscher Sätze. In: ZGL 19, 139–157.
Auer, Peter (1992): The neverending sentence. In: Kontra, Miklós (Hrsg.): Studies in spoken languages: English, German, Finno-Ugric. Budapest: Linguistics Institute of the Hungarian Academy of Sciences, 41–59.
Auer, Peter (1993): Zur Verbspitzenstellung im gesprochenen Deutsch. In: Deutsche Sprache 21, 193–222.
Auer, Peter (1996): From Context to Contextualization. In: Links & Letters 3, 11–28.
Auer, Peter (1998): Zwischen Parataxe und Hypotaxe: ‚abhängige Hauptsätze' im Gesprochenen und Geschriebenen Deutsch. In: ZGL 26, 284–307.
Auer, Peter (1999): Sprachliche Interaktion. Tübingen: Niemeyer.

Auer, Peter (2000): *On line*-Syntax – oder: was es bedeuten könnte, die Zeitlichkeit der mündlichen Sprache ernst zu nehmen. In: Sprache und Literatur 85, 43–56.
Auer, Peter (2003): Realistische Sprachwissenschaft. In: Linke, Angelika et al. (Hrsg.): Sprache und mehr. Ansichten einer Linguistik der sprachlichen Praxis. Tübingen: Niemeyer, 177–188.
Auer, Peter (2005a): Projection in Interaction and Projection in Grammar. In: Text 25, 7–36.
Auer, Peter (2005b): Delayed Self-repairs as a Structuring Device for Complex Turns in Conversation. In: Hakulinen, Auli und Margret Selting (Hrsg.): Syntax and Lexis in Conversation. Amsterdam: Benjamins, 75–102.
Auer, Peter (2006a): Increments and more. Anmerkungen zur augenblicklichen Diskussion über die Erweiterbarkeit von Turnkonstruktionseinheiten. In: Deppermann, Arnulf, Reinhard Fiehler und Thomas Spranz-Fogasy (Hrsg.): Grammatik und Interaktion. Radolfzell: Verlag für Gesprächsforschung, 279–294.
Auer, Peter (2006b): *Construction Grammar meets Conversation*: Einige Überlegungen am Beispiel von ‚so'-Konstruktionen. In: Günthner, Susanne und Wolfgang Imo (Hrsg.): Konstruktionen in der Interaktion. Berlin: de Gruyter, 291–314.
Auer, Peter (2007a): Syntax als Prozess. In: Hausendorf, Heiko (Hrsg.): Gespräch als Prozess: Linguistische Aspekte der Zeitlichkeit verbaler Interaktion. Tübingen: Narr, 95–124.
Auer, Peter (2007b): Why are increments such elusive objects? An afterthought. In: Pragmatics 17, 647–658.
Auer, Peter (2009): Competence in performance: Code-switching und andere Formen bilingualen Sprechens. In: Gogolin, Ingrid und Ursula Neumann (Hrsg.): Streitfall Zweisprachigkeit – The Bilingualism Controversy. Wiesbaden: Verlag für Sozialwissenschaften, 91–110.
Auer, Peter (2010): Zum Segmentierungsproblem in der Gesprochenen Sprache. In: InLiSt 49, 1–19.
Auer, Peter und Helga Kotthoff (1987): Interkulturelle vs. lernersprachliche Erklärungen für pragmatische Defizite im L2-Erwerbsprozess. In: Englisch Amerikanische Studien 9, 239–249.
Auer, Peter und Susanne Uhmann (1982): Aspekte der konversationellen Bewertungen. In: Deutsche Sprache 10, 1–32.
Ayer, Alfred Jules (1970): Sprache, Wahrheit und Logik. Stuttgart: Reclam.
Bachmann-Stein, Andrea (2009): Textsortenlinguistik und Fremdsprachendidaktik. In: Beiträge zur Fremdsprachendidaktik (Sonderheft 15), 87–104.
Bachmann-Stein, Andrea (2011): E-Mail Kommunikation in der Institution „Hochschule" zwischen Distanzierung und Ent-Distanzierung. In: Birkner, Karin und Dorothee Meer (Hrsg.): Institutionalisierter Alltag: Mündlichkeit und Schriftlichkeit in unterschiedlichen Anwendungsfeldern. Mannheim: Verlag für Gesprächsforschung, 149–166.
Bachtin, Michail M. (1979): Zur Methodologie der Literaturwissenschaft. In: Bachtin, Michael M.: Die Ästhetik des Wortes. Frankfurt/Main: Suhrkamp, 339–357.
Bachtin, Michail M. (1996): Linguistik und Metalinguistik. In: Bachtin, Michail M.: Literatur und Karneval. Frankfurt/Main: Fischer, 101–106.
Baecker, Dirk (2005a): Kommunikation. Leipzig: Reclam.
Baecker, Dirk (2005b): Form und Formen der Kommunikation. Frankfurt/Main: Suhrkamp.
Bär, Jochen A. (2000): Deutsch im Jahr 2000: Eine sprachhistorische Standortbestimmung. In: Eichhoff-Cyrus, Karin M. und Rudolf Hoberg (Hrsg.): Die deutsche Sprache zur Jahrtausendwende: Sprachkultur oder Sprachverfall? Mannheim: Dudenverlag, 9–34.

Ball-Rokeach, Sandra J. und Kathleen Reardon (1988): Monologue, dialogue, and telelog: Comparing an emergent form of communication with traditional forms. In: Hawkins, Robert P. et al. (Hrsg.): Advancing Communication Science: Merging Mass and Interpersonal Processes. Newbury Park: Sage, 135–161.

Barbour, Stephen (2004): Standardvariation im Deutschen und im Englischen: Auswirkungen auf die Kommunikation zwischen Sprechern beider Sprachen. In: Neuland, Eva (Hrsg.): Variation im heutigen Deutsch: Perspektiven für den Sprachunterricht. Frankfurt/Main: Lang, 324–333.

Barden, Birigit, Mechthild Elstermann und Reinhard Fiehler (2001): Operator-Skopus-Strukturen in gesprochener Sprache. In: Liedtke, Frank und Franz Hundsnurscher (Hrsg.): Pragmatische Syntax. Niemeyer: Tübingen, 197–232.

Barkowski, Hans (2009): Deutsch als Zweitsprache. In: Bausch, Karl-Richard et al. (Hrsg.): Handbuch Fremdsprachenunterricht. Tübingen: Francke, 301–304.

Barske, Tobias und Andrea Golato (2010): German *so*: managing sequence and action. In: Text & Talk 30, 245–266.

Barth-Weingarten, Dagmar (2008): Interactional Linguistics. In: Antos, Gerd, Eija Ventola und Tilo Weber (Hrsg.): Handbook of Applied Linguistics (Bd. 2). Berlin: de Gruyter, 77–106.

Barth-Weingarten, Dagmar (2011): Response tokens in interaction – prosody, phonetics and a visual aspect of German JAJA. In: Gesprächsforschung – Online-Zeitschrift zur verbalen Interaktion 12, 301–370.

Baßler, Harald und Helmut Spiekermann (2001): Dialekt und Standardsprache im DaF-Unterricht. In: Linguistik online 9, 1–22.

Becker-Mrotzek, Michael und Gisela Brünner (2002): Simulation authentischer Fälle (SAF). In: Brünner, Gisela, Reinhard Fiehler und Walther Kindt (Hrsg.): Angewandte Diskursforschung. Radolfzell: Verlag für Gesprächsforschung, 72–80.

Becker-Mrotzek, Michael und Gisela Brünner (2006): Gesprächsanalyse und Gesprächsführung. Radolfzell: Verlag für Gesprächsforschung.

Becker-Mrotzek, Michael und Christoph Meier (2002): Arbeitsweisen und Standardverfahren der Angewandten Diskursforschung. In: Brünner, Gisela et al. (Hrsg.): Angewandte Diskursforschung (Bd. 1). Radolfzell: Verlag für Gesprächsforschung, 18–45.

Beckner, Clay und Joan Bybee (2009): A usage-based account of constituency and reanalysis. In: Language Learning 59, 27–46.

Beißwenger, Michael (2002): Getippte ‚Gespräche' und ihre trägermediale Bedingtheit. Zum Einfluss technischer und prozeduraler Faktoren auf die kommunikative Grundhaltung beim Chatten. In: Schröder, Ingo W. und Stéphane Voell (Hrsg.): Moderne Oralität. Marburg: Curupira, 265–299.

Beißwenger, Michael (2007): Sprachhandlungskoordination in der Chat-Kommunikation. Berlin: de Gruyter.

Beißwenger, Michael, Ludger Hoffmann und Angelika Storrer (Hrsg.) (2004): Internetbasierte Kommunikation. Sonderheft Osnabrücker Beiträge zur Sprachtheorie 68.

Bekes, Peter und Eva Neuland (2006): Norm und Variation in Lehrwerken und im muttersprachlichen Unterricht. In: Neuland, Eva (Hrsg.): Variation im heutigen Deutsch: Perspektiven für den Sprachunterricht. Frankfurt/Main: Lang, 507–524.

Bendel, Sylvia (2007): Sprachliche Individualität in der Institution. Tübingen: Francke.

Beneš, Eduard (1973): Alltagsrede und Konversationsübungen im Deutschunterricht. In: Nickel, Gerhard (Hrsg.): Angewandte Sprachwissenschaft und Deutschunterricht. Max Hueber Verlag: München, 32–55.

Berend, Nina und Elisabeth Knipf-Komlósi (2006): ‚*Weil die Gegenwartssprache von der Standardsprache abweicht...*' Sprachliche Variation als Herausforderung für den Deutschunterricht in Osteuropa. In: Neuland, Eva (Hrsg.): Variation im heutigen Deutsch: Perspektiven für den Sprachunterricht. Frankfurt/Main: Lang, 161–175.

Berger, Peter L. und Thomas Luckmann (1980): Die gesellschaftliche Konstruktion der Wirklichkeit. Frankfurt/Main: Fischer.

Bergmann, Jörg (1981): Ethnomethodologische Konversationsanalyse. In: Schröder, Peter und Hugo Steger (Hrsg.): Dialogforschung. Düsseldorf: Schwann, 9–51.

Bergmann, Jörg (1987): Klatsch: Zur Sozialform der diskreten Indiskretion. Berlin: de Gruyter.

Bergmann, Jörg (1988): Ethnomethodologie und Konversationsanalyse. Hagen: Skript Fernuniversität Hagen.

Bergmann, Jörg (1991): Konversationsanalyse. In: Flick, Uwe et al. (Hrsg.): Handbuch qualitative Sozialforschung. München, 213–218.

Bergmann, Jörg (1993): Ethnomethodologische Konversationsanalyse. In: Schröder, Peter und Hugo Steger (Hrsg.): Dialogforschung. Düsseldorf: Pädagogischer Verlag Schwann, 9–52.

Bergmann, Jörg (2001): Das Konzept der Konversationsanalyse. In: Brinker, Klaus, Gerd Antos, Wolfgang Heinemann und Sven F. Sager (Hrsg.): Text- und Gesprächslinguistik, 2. Halbband. Berlin: de Gruyter, 919–927.

Bergmann, Jörg und Thomas Luckmann (1995): Reconstructive Genres of Everyday Communication. In: Quasthoff, Uta (Hrsg.): Aspects of oral communication. Berlin: de Gruyter, 289–304.

Betz, Ruth (2006): Gesprochensprachliche Elemente in deutschen Zeitungen. Radolfzell: Verlag für Gesprächsforschung.

Biere, Bernd Ulrich und Rudolf Hoberg (Hrsg.) (1996): Mündlichkeit und Schriftlichkeit im Fernsehen. Tübingen: Narr.

Birkner, Karin (2001): Ost- und Westdeutsche im Bewerbungsgespräch. Eine kommunikative Gattung in Zeiten gesellschaftlichen Wandels. Tübingen: Niemeyer.

Birkner, Karin (2006): Subjektive Krankheitstheorien im Gespräch. In: Gesprächsforschung – Online-Zeitschrift zur verbalen Interaktion 7, 152–183.

Birkner, Karin (2008): Gesprächsanalytische Perspektiven auf die Kommunikation zwischen Ost- und Westdeutschen. In: Roth, Kersten Sven und Markus Wienen (Hrsg.): Diskursmauern. Bremen: Hempen, 199–215.

Birkner, Karin, Christine Dimroth und Norbert Dittmar (1995): Der adversative Konnektor *aber* in den Lernervarietäten eines italienischen und zweier polnischer Lerner des Deutschen. In: Handwerker, Brigitte (Hrsg.): Fremde Sprache Deutsch. Tübingen: Narr, 65–118.

Birkner, Karin und Friederike Kern (2000): Bewerbungsgespräche mit Ost- und Westdeutschen. In: Auer, Peter und Heiko Hausendorf (Hrsg.): Kommunikation in gesellschaftlichen Umbruchsituationen. Tübingen: Niemeyer, 45–82.

Birkner, Karin und Dorothee Meer (Hrsg.) (2011): Institutionalisierter Alltag: Mündlichkeit und Schriftlichkeit in unterschiedlichen Praxisfeldern. Radolfzell: Verlag für Gesprächsforschung.

Blommaert, Jan (2005): Discourse: A Critical Introduction. Cambridge: Cambridge University Press.

Boden, Deidre (1994): The business of talk: Organization in action. Cambridge: Cambridge University Press.

Boettcher, Wolfgang und Horst Sitta (1983): Grammatik in Situationen. In: Braun, Peter und Dieter Krallmann (Hrsg.): Handbuch Deutschunterricht. Düsseldorf: Schwann, 373–397.

Bose, Ines und Cordula Schwarze (2007): Lernziel Gesprächsfähigkeit im Fremdsprachenunterricht Deutsch. In: Zeitschrift für Interkulturellen Fremdsprachenunterricht 12, 1–30.
Bourdieu, Pierre (1990): Was heißt sprechen? Wien: Wilhelm Braumüller.
Brazil, David (1995): A Grammar of Speech. Oxford: Oxford University Press.
Bredel, Ursula (2000): *Ach so* – Eine Rekonstruktion aus funktional-pragmatischer Perspektive. In: Linguistische Berichte 184, 401–421.
Breindl, Eva und Maria Thurmair (2003): Wie viele Grammatiken verträgt der Lerner? Zum Stellenwert einer ‚Grammatik der gesprochenen Sprache' (nicht nur) für Deutsch als Fremdsprache. In: Deutsch als Fremdsprache 40, 87–93.
Breindl, Eva (2009): Intensitätspartikel. In: Hoffmann, Ludger (Hrsg.): Handbuch der deutschen Wortarten. Berlin: de Gruyter, 397–422.
Brock, Alexander und Dorothee Meer (2004): Macht – Hierarchie – Dominanz – A-/Symmetrie. Begriffliche Überlegung zur kommunikativen Ungleichheit in Gesprächen. In: Gesprächsforschung – Online-Zeitschrift zur verbalen Interaktion 5, 184–209.
Brunner, Gisela, Reinhard Fiehler und Walther Kindt (Hrsg.) (2002): Angewandte Diskursforschung. Radolfzell: Verlag für Gesprächsforschung.
Bubenheimer, Felix (2001): Grammatische Besonderheiten gesprochener Sprache und didaktische Konsequenzen für den DaF-Unterricht. URL: http://www.deutschservice.de/felix/daf/gesprochen.html.
Bücker, Jörg (2012): Sprachhandeln und Sprachwissen: Grammatische Konstruktionen im Spannungsfeld von Interaktion und Kognition. Berlin: de Gruyter.
Bücker, Jörg (i.V.): Jein.
Busse, Dietrich (2006): Sprachnorm, Sprachvariation, Sprachwandel. In: Deutsche Sprache 34, 314–333.
Chafe, Wallace (1994): Discourse, consciousness and time: The flow and displacement of conscious experience in speaking and writing. Chicago: Chicago University Press.
Chomsky, Noam (1965): Aspects of the Theory of Syntax. Cambridge: M.I.T. Press.
Couper-Kuhlen, Elizabeth (2001): Constructing reason-for-the-call turns in everyday telephone conversation. In: InLiSt 25, o.S.
Couper-Kuhlen, Elizabeth (2011): Grammaticalization and Conversation. In: Narrog, Heiko und Bernd Heine (Hrsg.): The Oxford Handbook of Grammaticalization. Oxford: Oxford University Press, 424–437.
Couper-Kuhlen, Elizabeth und Margret Selting (2000): Argumente für die Entwicklung einer 'interaktionalen Linguistik'. In: Gesprächsforschung – Online-Zeitschrift zur verbalen Interaktion 1, 76–95.
Couper-Kuhlen, Elizabeth und Margret Selting (2001a): Forschungsprogramm ‚Interaktionale Linguistik'. In: Linguistische Berichte 187, 257–287.
Couper-Kuhlen, Elizabeth und Margret Selting (2001b): Studies in Interactional Linguistics. Amsterdam: Benjamins.
Couper-Kuhlen, Elizabeth und Tsuyoshi Ono (Hrsg.) (2007): Turn continuation in cross-linguistic perspective. In: Sonderheft Pragmatics 17.
Coseriu, Eugneio (1988): Sprachkompetenz. Tübingen: Francke.
Costa, Marcella (2008): Datensammlungen zum gesprochenen Deutsch als Lehr- und Lernmittel. In: Deutsch als Fremdsprache 45, 133–139.
Crystal, David (2006): Language and the Internet. Cambridge: Cambridge University Press.

Davies, Winifred (2006): Normbewusstsein, Normkenntnis und Normtoleranz von Deutschlehrkräften. In: Neuland, Eva (Hrsg.): Variation im heutigen Deutsch: Perspektiven für den Sprachunterricht. Frankfurt/Main: Lang, 483–491.
Davies, Winifred (2009): Welche sprachlichen Kompetenzen sollten wir von Lehrkräften erwarten? Unveröffentlichtes Vortragsmanuskript.
Davies, Winifred und Nils Langer (2006): ‚Gutes' Deutsch – ‚schlechtes' Deutsch von 1600 bis 2005. In: Sprachreport 22, 2–9.
Denkler, Markus et al. (Hrsg.): Frischwärts und unkaputtbar: Sprachwandel oder Sprachverfall im Deutschen. Aschendorff: Münster.
Deppermann, Arnulf (2001): Gespräche analysieren. Opladen: Leske & Budrich.
Deppermann, Arnulf (2006): *Construction Grammar* – Eine Grammatik für die Interaktion? In: Deppermann, Arnulf, Reinhard Fiehler und Thomas Spranz-Fogasy (Hrsg.): Grammatik und Interaktion. Radolfzell: Verlag für Gesprächsforschung, 43–65.
Deppermann, Arnulf (2007): Grammatik und Semantik aus gesprächsanalytischer Sicht. Berlin: de Gruyter.
Deppermann, Arnulf, Reinhard Fiehler und Thomas Spranz-Fogasy (2006): Zur Einführung: Grammatik und Interaktion. In: Deppermann, Arnulf, Reinhard Fiehler und Thomas Spranz-Fogasy (Hrsg.): Grammatik und Interaktion. Radolfzell: Verlag für Gesprächsforschung, 5–10.
Deppermann, Arnulf und Axel Schmidt (2001): ‚Dissen': Eine interaktive Praktik zur Verhandlung von Charakter und Status in Peer-Groups männlicher Jugendlicher. In: Osnabrücker Beiträge zur Sprachtheorie 62, 79–98.
Deppermann, Arnulf und Reinhard Schmitt (2008): Verstehensdokumentationen: Zur Phänomenologie von Verstehen in der Interaktion. In: Deutsche Sprache 3/08, 220–245.
Di Meola, Claudio (2006): Norm und Variation in der Grammatik: das Beispiel der präpositionalen Rektion im Deutschen. In: Neuland, Eva (Hrsg.): Variation im heutigen Deutsch: Perspektiven für den Sprachunterricht. Frankfurt/Main: Lang, 419–431.
Diewald, Gabriele (1999): Die dialogische Bedeutungskomponente von Modalpartikeln. In: Naumann, Bernd (Hrsg.): Dialogue analysis and the mass media. Tübingen: Niemeyer, 187–199.
Dittmann, Jürgen (1991): Gesprächssituation und Situationsinterpretation: Normale und pathologische Prozesse. In: Dittmann, Jürgen (Hrsg.): Erscheinungsformen der deutschen Sprache: Literatursprache, Alltagssprache, Gruppensprache, Fachsprache. Berlin: Erich Schmidt Verlag, 223–236.
Dittmar, Norbert (2002): Lakmustest für funktionale Beschreibungen am Beispiel von *auch* (Fokuspartikel, FP), *eigentlich* (Modalpartikel, MP) und *also* (Diskursmarker, DM). In: Fabricius-Hansen, Cathrine, Oddleif Leirbukt und Ole Letnes (Hrsg.): Modus, Modalverben, Modalpartikel. Trier: Wissenschaftlicher Verlag, 142–177.
Drew, Paul und John Heritage (1993): Talk at work. Cambridge: Cambridge University Press, 3–65.
Du Bois, John W. (2003): Discourse and grammar. In: Tomasello, Michael (Hrsg.): The New Psychology of Language. New Jersey: Erlbaum, 47–87.
Du Bois, John W. (2010): Towards a Dialogic Syntax. Unveröffentlichtes Manuskript, Stand Februar 2010.
Duden (2005): Die Grammatik, 7. Auflage. Mannheim: Dudenverlag.
Duden (2009): Die Grammatik, 8. Auflage. Mannheim: Dudenverlag.

Dürscheid, Christa (2001): Alte und neue Medien im DaF-Unterricht. In: Deutsch als Fremdsprache 38, 42–46.
Dürscheid, Christa (2003): Syntaktische Tendenzen im heutigen Deutsch. In: ZGL 31, 327–342.
Dürscheid, Christa (2005): Medien, Kommunikationsformen, kommunikative Gattungen. In: Linguistik online 22, 1–16.
Dürscheid, Christa (2006a): Äußerungsformen im Kontinuum von Mündlichkeit und Schriftlichkeit. Sprachwissenschaftliche und sprachdidaktische Aspekte. In: Neuland, Eva (Hrsg.): Variation im heutigen Deutsch: Perspektiven für den Sprachunterricht. Frankfurt/Main: Lang, 375–388.
Dürscheid, Christa (2006b): Einführung in die Schriftlinguistik. Göttingen: Vandenhoeck & Ruprecht.
Dürscheid, Christa (2011): Medien in den Medien, Szenen im Bild. In: Schneider, Jan Georg und Hartmut Stöckl (Hrsg.): Medientheorien und Multimodalität. Ein TV-Werbespot – Sieben methodische Beschreibungsansätze. Köln: Halem, 88–108.
Dürscheid, Christa und Sarah Brommer (2009): Getippte Dialoge in neuen Medien. Sprachkritische und linguistische Analysen. In: Linguistik Online 37, 1–20.
Durrell, Martin (2006): Deutsche Standardsprache und Registervielfalt im DaF-Unterricht. In: Neuland, Eva (Hrsg.): Variation im heutigen Deutsch: Perspektiven für den Sprachunterricht. Frankfurt/Main: Lang, 111–122.
Durrell, Martin und Nils Langer (2005): Gutes Deutsch und schlechtes Deutsch an britischen und irischen Hochschulen. Zur Akzeptanz von Variation im DaF-Unterricht. In: Germanistentreffen: Deutschland – Großbritannien – Irland (DAAD; Dresden; Oktober 2004). Bonn: DAAD, 297–314.
Egbert, Maria (2009): Der Reparatur-Mechanismus in deutschen Gesprächen. Radolfzell: Verlag für Gesprächsforschung.
Ehlich, Konrad (1979): Formen und Funktionen von ‚HM' – eine phonologisch-pragmatische Analyse. In: Weydt, Harald (Hrsg.): Die Partikeln der deutschen Sprache. Berlin: de Gruyter, 503–517.
Ehlich, Konrad (1987): *so* – Überlegungen zum Verhältnis sprachlicher Formen und sprachlichen Handelns. In: Rosengren, Inger (Hrsg.): Sprache und Pragmatik. Stockholm: Almquvist & Wiksell, 279–298.
Ehlich, Konrad (1996): Funktional-pragmatische Kommunikationsanalyse: Ziele und Verfahren. In: Hoffmann, Ludger (Hrsg.): Sprachwissenschaft: Ein Reader. Berlin: de Gruyter, 183–201.
Ehlich, Konrad (2006): Sprachliches Handeln – Interaktion und sprachliche Strukturen. In: Deppermann, Arnulf, Reinhard Fiehler und Thomas Spranz-Fogasy (Hrsg.): Grammatik und Interaktion. Radolfzell: Verlag für Gesprächsforschung, 11–20.
Ehlich, Konrad und Jochen Rehbein (1976): Halbinterpretative Arbeitstranskriptionen (HIAT). In: Linguistische Berichte 45, 21–41.
Eichinger, Ludwig M. (1997): Allen *ein* Deutsch – jedem *sein* Deutsch. Wie man mit Variation umgeht. In: Jahrbuch Deutsch als Fremdsprache 23, 159–173.
Eichinger, Ludwig M. (2003a): Mediation und Vermittlung: Verstehen erzeugen und Verständnis wecken. In: Jahrbuch Deutsch als Fremdsprache 29, 95–106.
Eichinger, Ludwig M. (2003b): Übergänge, Schwellen, Krisen: Das Deutsche und seine Beschäftigung mit ihm. In: Sprachreport 2003/1, 2–4.
Eisenberg, Peter (1999): Grundriss der deutschen Grammatik: Der Satz. Metzler: Stuttgart.
Eisenberg, Peter (2004): Grundriss der deutschen Grammatik: Der Satz. Metzler: Stuttgart.

Eisenberg, Peter (2006): Gesotten und gesiedet. Das kuriose Deutsch der Sprachentertainer. In: Süddeutsche Zeitung, 11.11.2006. (Archiv)
Eisenberg, Peter (2007): Sollen Grammatiken die gesprochene Sprache beschreiben? In: Ágel, Vilmos und Mathilde Hennig (Hrsg.): Zugänge zur Grammatik der gesprochenen Sprache. Tübingen: Niemeyer, 275–295.
Elspaß, Stephan (2004): Standardisierung des Deutschen – Ansichten aus der neueren Sprachgeschichte, von unten. In: Neuland, Eva (Hrsg.): Variation im heutigen Deutsch: Perspektiven für den Sprachunterricht. Frankfurt/Main: Lang, 63–99.
Elspaß, Stephan (2005): Sprachgeschichte von unten. Untersuchungen zum geschriebenen Alltagsdeutsch im 19. Jahrhundert. Tübingen: Niemeyer.
Elspaß, Stephan (2008): Vom Mittelneuhochdeutschen (bis ca. 1950) zum Gegenwartsdeutsch. In: Zeitschrift für Dialektologie und Linguistik 75, 1–20.
Esser, Hartmut (2002): Soziologie: Spezielle Grundlagen. Band 6: Sinn und Kultur. Frankfurt/Main: Campus.
Fandrych, Christian (2008): Sprachliche Kompetenz im ‚Referenzrahmen'. In: Fandrych, Christian und Ingo Thonhauser (Hrsg.): Fertigkeiten – integriert oder separiert? Wien: Praesens Verlag, 13–33.
Fandrych, Christian und Erwin Tschirner (2007): Korpuslinguistik und Deutsch als Fremdsprache – Ein Perspektivenwechsel. In: Deutsch als Fremdsprache 44, 195–204.
Fauconnier, Gilles (2004): Mental Spaces, Language Modalities, and Conceptual Integration. In: Davis, Steven und Brendan S. Gillon (Hrsg.): Semantics: A Reader. Oxford: Oxford University Press, 251–279.
Feilke, Helmuth (1994): Common sense-Kompetenz. Überlegungen zu einer Theorie 'sympathischen' und 'natürlichen' Meinens und Verstehens. Frankfurt/Main: Suhrkamp.
Feilke, Helmuth (1996): Sprache als soziale Gestalt. Frankfurt: Suhrkamp.
Feilke, Helmuth (2012): Transitorische Normen. In: Günthner, Susanne, Wolfgang Imo, Jan Georg Schneider und Dorothee Meer (Hrsg.): Kommunikation und Öffentlichkeit. Sprachwissenschaftliche Potenziale zwischen Empirie und Norm. Tübingen: Niemeyer, 153–182.
Felder, Ekkehard (2003): Sprache als Medium und Gegenstand des Unterrichts. In: Bredel, Ursula et al. (Hrsg.): Didaktik der deutschen Sprache. Paderborn: Schöningh, 43–51.
Fiehler, Reinhard (2000): Gesprochene Sprache – gibt's die? In: Jahrbuch der ungarischen Germanistik 2000, 93–104.
Fiehler, Reinhard (2002): Kann man Kommunikation lehren? Zur Veränderbarkeit von Kommunikationsverhalten durch Kommunikationstrainings. In: Brünner, Gisela et al. (Hrsg.): Angewandte Diskursforschung (Bd. 2). Radolfzell: Verlag für Gesprächsforschung, 72–80.
Fiehler, Reinhard (2006): Was gehört in eine Grammatik gesprochener Sprache? Erfahrungen beim Schreiben eines Kapitels der neuen DUDEN-Grammatik. In: Deppermann, Arnulf, Reinhard Fiehler und Thomas Spranz-Fogasy (Hrsg.): Grammatik und Interaktion. Radolfzell: Verlag für Gesprächsforschung, 21–42.
Fiehler, Reinhard (2007a): Wie kann eine Grammatik der gesprochenen Sprache aussehen? In: Ágel, Vilmos und Mathilde Hennig (Hrsg.): Zugänge zur Grammatik der gesprochenen Sprache. Niemeyer: Tübingen, 297–314.
Fiehler, Reinhard (2007b): Gesprochene Sprache – ein ‚sperriger' Gegenstand. In: Info DaF 34, 460–471.
Fiehler, Reinhard (2009): Kommunikationstraining. In: Fix, Ulla, Andreas Gardt und Joachim Knape (Hrsg.): Rhetorik und Stilistik 2. Berlin: de Gruyter, 2387–2403.

Fischer, Rotraut (1992): Disfluenz als Kontextualisierungshinweis in telefonischen Beratungsgesprächen im Rundfunkt. In: KontRi 23 (Arbeitspapierreihe).
Fischer, Kerstin (2006): Konstruktionsgrammatik und situationales Wissen. In: Günthner, Susanne und Wolfgang Imo (Hrsg.): Konstruktionen in der Interaktion. Berlin: de Gruyter, 343–364.
Fischer, Kerstin (2008): Beyond the sentence: Constructions, frames and spoken interaction. In: Constructions and Frames 2, 185–207.
Ford, Cecilia E. und Sandra A. Thompson (1996): Interactional units in conversation: syntactic, intonational, and pragmatic resources for the management of turns. In: Ochs, Elinor, Emanuel A. Schegloff und Sandra E. Thompson (Hrsg.): Interaction and Grammar. Cambridge: Cambridge University Press, 134–184.
Ford, Cecilia E., Barbara A. Fox und Sandra A. Thompson (2002): Constituency and the Grammar of Turn Increments. In: Ford, Cecilia E., Barbara A. Fox und Sandra A. Thompson (Hrsg.): The language of turn and sequence. Oxford: Oxford University Press, 14–38.
Fox, Barbara A. (2008): Dynamics of discourse. In: Antos, Gerd, Eija Ventola und Tilo Weber (Hrsg.): Handbook of Applied Linguistics (Bd. 2). Berlin: de Gruyter, 255–284.
Fuchs, Peter (1993): Moderne Kommunikation. Frankfurt/Main: Suhrkamp.
Garfinkel, Harold (1967): Studies in Ethnomethodology. New Jersey: Englewood Cliffs.
Garfinkel, Harold (1973): Das Alltagswissen über soziale und innerhalb sozialer Strukturen. In: Arbeitsgruppe Bielefelder Soziologen (Hrsg.): Alltagswissen, Interaktion und gesellschaftliche Wirklichkeit. Opladen: Westdeutscher Verlag, 189–262.
Gelhaus, Hermann (1969): Strukturanalyse und Statistik: Über den Widerstreit zweier Kriterien. In: Wirkendes Wort 19, 310–325.
Glück, Helmut (Hrsg.) (2000): Metzler Lexikon Sprache. Stuttgart: Metzler.
Gobber, Giovanni (2004): Überlegungen zur Kasus-Markierung im heutigen Deutsch. In: Moraldo, Sandro M. und Marcello Soffritti (Hrsg.): Deutsch aktuell: Einführung in die Tendenzen der deutschen Gegenwartssprache. Rom: Soffritti, 242–252.
Goffman, Erving (1967): Interaction ritual: essays in face-to-face behavior. New York: Anchor House.
Goffman, Erving (1981): Forms of Talk. Oxford: Blackwell.
Goffman, Erving (1974a): Der bestätigende Austausch. In: Goffman, Erving: Das Individuum im öffentlichen Austausch. Frankfurt/Main: Suhrkamp, 97–137.
Goffman, Erving (1974b): Der korrektive Austausch. In: Goffman, Erving: Das Individuum im öffentlichen Austausch. Frankfurt/Main: Suhrkamp, 138–254.
Goffman, Erving (1986a): Techniken der Imagepflege. In: Goffman, Erving: Interaktionsrituale. Frankfurt/Main: Suhrkamp, 10–53.
Goffman, Erving (1986b): Über Ehrerbietung und Benehmen. In: Goffman, Erving: Interaktionsrituale. Frankfurt/Main: Suhrkamp, 54–105.
Goffman, Erving (1986c): Einleitung. In: Goffman, Erving: Interaktionsrituale. Frankfurt/Main: Suhrkamp, 7–9.
Götze, Lutz (2001): Normen-Sprachnormen-Normtoleranz. In: Deutsch als Fremdsprache 3, 131–133.
Gohl, Christine (2006): Begründen im Gespräch. Tübingen: Niemeyer.
Gohl, Christine und Susanne Günthner (1999): Grammatikalisierung von *weil* als Diskursmarker in der gesprochenen Sprache. In: Zeitschrift für Sprachwissenschaft 18, 39–75.
Golato, Andrea (2000): *Und ich so / und er so (and I'm like / and he's like)*: An innovative German quotative for reporting on embodied actions. In: Journal of Pragmatics 32, 29–54.

Golato, Andrea (2005): Compliments and Compliment Responses: Grammatical Structure and Sequential Organization. Amsterdam: Benjamins.

Golato, Andrea und Zsuzsanna Faygal (2008): Comparing single and double sayings of the German response token *ja* and the role of prosody – A conversation analytic perspective. In: Research on language and social interaction 41, 1–30.

Grätz, Ronald (2001): Internet – Sprache / Sprache – Internet. In: Portmann-Tselikas, Paul und Sabine Schmölzer-Eibinger (Hrsg.): Grammatik und Sprachaufmerksamkeit. Innsbruck: StudienVerlag, 248–259.

Grewendorf, Günther (1995): Sprache als Organ – Sprache als Lebensform. Frankfurt/Main: Suhrkamp.

Grießhaber, Wilhelm (1987): Einstellungsgespräche. Tübingen: Narr.

Grießhaber, Wilhelm (2007): Deutsch im Umbruch: Zu einigen Aspekten von Sprachwandel im Sprachkontakt. In: Redder, Angelika (Hrsg.): Diskurse und Texte. Festschrift für Konrad Ehlich zum 65. Geburtstag. Tübingen: Stauffenburg, 339–344.

Grosz, Barbara J. (1982): Discourse Analysis. In: Kittredge, Richard und John Lehrberger (Hrsg.): Sublanguage. Berlin: de Gruyter, 138–174.

Gülich, Elisabeth (2008): Alltägliches erzählen und alltägliches Erzählen. In: ZGL 36, 403–426.

Gülich, Elisabeth und Lorenza Mondada (2008): Konversationsanalyse: Eine Einführung an Beispielen aus französischer Kommunikation. Tübingen: Niemeyer.

Günther, Hartmut (2000): Sprechen hören – Schrift lesen – Medien erleben. In: Kallmeyer, Werner (Hrsg.): Sprache und neue Medien. Berlin: de Gruyter, 89–104.

Günthner, Susanne (1993): ‚...weil – man kann es ja wissenschaftlich untersuchen' – Diskurspragmatische Aspekte der Wortstellung in WEIL-Sätzen. In: Linguistische Berichte 143, 37–59.

Günthner, Susanne (1995): Gattungen in der sozialen Praxis. Deutsche Sprache 3, 193–218.

Günthner, Susanne (1999a): Entwickelt sich der Konzessivkonnektor *obwohl* zum Diskursmarker? Grammatikalisierungstendenzen im gesprochenen Deutsch. In: Linguistische Berichte 180, 409–446.

Günthner, Susanne (1999b): *Wenn*-Sätze im Vor-Vorfeld: Ihre Formen und Funktionen in der gesprochenen Sprache. In: Deutsche Sprache 3, 209–235.

Günthner, Susanne (2000a): Grammatik der gesprochenen Sprache – eine Herausforderung für Deutsch als Fremdsprache? In: Info DaF 27, 352–366.

Günthner, Susanne (2000b): Vorwurfsaktivitäten in der Alltagsinteraktion. Tübingen: Niemeyer.

Günther, Susanne (2001): 'wobei (.) es hat alles immer zwei seiten.' Zur Verwendung von *wobei* im gesprochenen Deutsch. In: Deutsche Sprache 4, 313–341.

Günthner, Susanne (2005a): Fremde Rede im Diskurs: Formen und Funktionen der Polyphonie in alltäglichen Redewiedergaben. In: Assmann, Aleida et al. (Hrsg.): Zwischen Literatur und Anthropologie: Diskurse, Medien, Performanzen. Tübingen: Narr, 339–359.

Günthner, Susanne (2005b): Kommunikative Gattungen in interkulturellen Kommunikationssituationen. In: Bismark, Heike et al. (Hrsg.): Usbekisch-deutsche Studien. Münster: Lit-Verlag, 43–62.

Günthner, Susanne (2005c): Grammatikalisierungs-/ Pragmatikalisierungserscheinungen im alltäglichen Sprachgebrauch. Vom Diskurs zum Standard. In: Eichinger, Ludwig M. und Werner Kallmeyer (Hrsg.): Standardvariation. Wie viel Variation verträgt die deutsche Standardsprache? Berlin: de Gruyter, 41–62.

Günthner, Susanne (2006a): Grammatische Analysen der kommunikativen Praxis – ‚Dichte Konstruktionen' in der Interaktion. In: Deppermann, Arnulf et al. (Hrsg.): Grammatik und Interaktion. Radolfzell: Verlag für Gesprächsforschung, 95–122.

Günthner, Susanne (2006b): Rhetorische Verfahren bei der Vermittlung von Panikattacken. Zur Kommunikation von Angst in informellen Gesprächskontexten. In: Gesprächsforschung – Online-Zeitschrift zur verbalen Interaktion 7, 124–151.

Günthner, Susanne (2006c): Von Konstruktionen zu kommunikativen Gattungen: Die Relevanz sedimentierter Muster für die Ausführung kommunikativer Aufgaben. In: Deutsche Sprache 34, 173–190.

Günthner, Susanne (2006d): ‚Was ihn trieb, war vor allem Wanderlust': Pseudocleft-Konstruktionen im Deutschen. In: Günthner, Susanne und Wolfgang Imo (Hrsg.): Konstruktionen in der Interaktion. Berlin: de Gruyter, 59–90.

Günthner, Susanne (2007): Zur Emergenz grammatischer Funktionen im Diskurs – *wo*-Konstruktionen in Alltagsinteraktionen. In: Hausendorf, Heiko (Hrsg.): Gespräch als Prozess. Tübingen: Niemeyer, 125–154.

Günthner, Susanne (2008a): Projektorkonstruktionen im Gespräch: Pseudoclefts, *die Sache ist*-Konstruktionen und Extrapositionen mit *es*. In: Gesprächsforschung – Online-Zeitschrift zur verbalen Interaktion 9, 86–114.

Günthner, Susanne (2008b): Die ‚die Sache/das Ding ist'-Konstruktion im gesprochenen Deutsch – eine interaktionale Perspektive auf Konstruktionen im Gebrauch. In: Stefanowitsch, Anatol und Kerstin Fischer (Hrsg.): Konstruktionsgrammatik II. Von der Konstruktion zur Grammatik. Tübingen: Stauffenburg, 157–178.

Günthner, Susanne (2008c): ‚Die Sache ist...': eine Projektorkonstruktion im gesprochenen Deutsch. In: Zeitschrift für Sprachwissenschaft 27, 39–72.

Günthner, Susanne (2010a): Grammatik und Pragmatik – eine gebrauchsorientierte Perspektive auf die Grammatik gesprochener Alltagssprache. In: Herbermann, Mechthild (Hrsg.): Grammatik wozu? Vom Nutzen des Grammatikwissens in Alltag und Schule. Mannheim: Dudenverlag, 113–126.

Günthner, Susanne (2010b): 'ICH (-) die karTOFFeln fertig,' – Brauchen wir die 'Gesprochene Sprache' in der Auslandsgermanistik? In: Suntrup, Rudolf, Halida Medjitowa und Kristina Rzehak (Hrsg.): Usbekisch-deutsche Studien III: Sprache – Literatur – Kultur – Didaktik. Münster: LIT, 241–260.

Günthner, Susanne (2011a): Aspekte einer Theorie der gesprochenen Sprache – ein Plädoyer für eine praxisorientierte Grammatikbetrachtung. In: Arbeitspapierreihe GIDI 32, 1–40. URL: http://noam.uni-muenster.de/gidi/arbeitspapiere/arbeitspapier32.pdf.

Günthner, Susanne (2011b): Übergänge zwischen Standard und Non-Standard – welches Deutsch vermitteln wir im DaF-Unterricht? In: Wyss, Eva L. und Daniel Stotz (Hrsg.): Sprachkompetenz in Ausbildung und Beruf. Übergänge und Transformationen. Neuenburg: Bulletin VALS ASLA 94/201, 24–47.

Günthner, Susanne (2011c): Zur Dialogizität von SMS-Nachrichten – eine interaktionale Perspektive auf die SMS-Kommunikation. In: Networx 60, 1–37. URL: http://www.mediensprache.net/networx/networx-60.pdf.

Günthner, Susanne (2011d): Syntax des gesprochenen Deutsch. In: Moraldo, Sandro (Hrsg.): Deutsch Aktuell 2. Tendenzen der deutschen Gegenwartssprache. Rom: Carocci, 108–126.

Günthner, Susanne (2012): 'Lupf meinen Slumpf' – die interaktive Organisation von SMS-Dialogen. In: Meier, Christian und Ruth Ayaß (Hrsg.): Sozialität in Slow Motion. Theoretische und empirische Perspektiven. Wiesbaden: Springer, 353–374.

Günthner, Susanne und Hubert Knoblauch (1994): ‚Forms are the food of faith'. Gattungen als Muster kommunikativen Handelns. In: Kölner Zeitschrift für Soziologie und Sozialpsychologie 4, 693–723.
Günthner, Susanne und Hubert Knoblauch (1995): Culturally patterned speaking practices – the analysis of communicative genres. In: Pragmatics 5, 1–32.
Günthner, Susanne und Hubert Knoblauch (1997): Gattungsanalyse. In: Hitzler, Ronald und Anne Honer (Hrsg.): Qualitative Methoden und Forschungsrichtungen in den Sozialwissenschaften. Opladen: Leska & Budrich, 281–308.
Günthner, Susanne und Angelika Linke (Hrsg.) (2006): Linguistik und Kulturanalyse. In: Sonderheft ZGL 34.
Günthner, Susanne und Wolfgang Imo (2003): Die Reanalyse von Matrixsätzen als Diskursmarker. *ich mein*-Konstruktionen im gesprochenen Deutsch. In: Orosz, Magdolna und Andreas Herzog (Hrsg.): Jahrbuch der Ungarischen Germanistik 2003. Budapest/Bonn: DAAD, 181–216.
Günthner, Susanne und Wolfgang Imo (Hrsg.) (2006): Konstruktionen in der Interaktion. Berlin: de Gruyter.
Günthner, Susanne und Jörg Bücker (Hrsg.) (2009): Grammatik im Gespräch. Berlin: de Gruyter.
Günthner, Susanne und Paul J. Hopper (2010): Zeitlichkeit und sprachliche Strukturen: Pseudoclefts im Englischen und im Deutschen. In: Gesprächsforschung – Online-Zeitschrift zur verbalen Interaktion 11, 1–18.
Günthner, Susanne, Wolfgang Imo, Dorothee Meer und Jan Georg Schneider (Hrsg.) (2012): Kommunikation und Öffentlichkeit. Sprachwissenschaftliche Potenziale zwischen Empirie und Norm. Tübingen: Niemeyer.
Gumperz, John J. (1982): Discourse Strategies. Cambridge: Cambridge University Press.
Gut, Ulrike (2007): Sprachkorpora im Phonetikunterricht. In: Zeitschrift für Interkulturellen Fremdsprachenunterricht 13, 1–21.
Haase, Martin et al. (1997): Internetkommunikation und Sprachwandel. In: Weingarten, Rüdiger (Hrsg.): Sprachwandel durch Computer. Opladen: Westdeutscher Verlag, 51–85.
Habermas, Jürgen (1981): Theorie des kommunikativen Handelns (2 Bände). Frankfurt/Main: Suhrkamp.
Hagemann, Jörg (2009): *Tag questions* als Evidenzmarker. Formulierungsdynamik, sequentielle Struktur und Funktionen redezuginterner *tags*. In: Gesprächsforschung – Online-Zeitschrift zur verbalen Interaktion 10, 145–176.
Hauptstock, Amelie, Katharina König und Quiang Zhu (2010): Kontrastive Analyse chinesischer und deutscher SMS-Kommunikation – ein interaktionaler und gattungstheoretischer Ansatz. In: Networx 58, 1–44.
Hartung, Martin (2002): Ironie in der Alltagssprache: Eine gesprächsanalytische Untersuchung. Radolfzell: Verlag für Gesprächsforschung.
Haspelmath, Martin (2002): Grammatikalisierung: von der Performanz zur Kompetenz ohne angeborene Grammatik. In: Krämer, Sybille und Ekkehard König (Hrsg.): Gibt es eine Sprache hinter dem Sprechen? Frankfurt/Main: Suhrkamp, 262–286.
Hausendorf, Heiko (2001): Gesprächsanalyse im deutschsprachigen Raum. In: Brinker, Klaus et al. (Hrsg.): Text- und Gesprächslinguistik: ein internationales Handbuch zeitgenössischer Forschung. Berlin: de Gruyter, 971–978.
Helasuvo, Marja-Liisa (2004): Shared syntax: the grammar of co-constructions. In: Journal of Pragmatics 36, 1315–1336.

Helbig, Gerhard (1992): Wieviel Grammatik braucht der Mensch? In: Deutsch als Fremdsprache 29, 150–155.
Hennig, Mathilde (2002): Wie kommt die gesprochene Sprache in die Grammatik? In: Deutsche Sprache 30, 307–326.
Hennig, Mathilde (2003): ‚Die hat doch Performanzschwierigkeiten'. Performanzhypothese und Kompetenz(en)gegenthese. In: Deutsch als Fremdsprache 40, 80–85.
Hennig, Mathilde (2006a): Grammatik der gesprochenen Sprache in Theorie und Praxis. Kassel: Kassel University Press.
Hennig, Mathilde (2006b): *So, und so, und so weiter*. Vom Sinn und Unsinn der Wortklassifikation. In: ZGL 34, 409–431.
Hentschel, Elke (1986): Ist das nicht interessant? Zur Funktion verneinter Fragen. In: Zeitschrift für Literaturwissenschaft und Linguistik 64, 73–86.
Hentschel, Elke (2002): Unnötige Regeln. In: Themenheft Linguistik online 10, 111–112.
Heritage, John (1984): A change-of-state token and aspects of its sequential placement. In: Atkinson, John M. und John Heritage (Hrsg.): Structures of Social Action. Cambridge: Cambridge University Press, 299–345.
Heritage, John (2001): Ethno-sciences and their significance for conversation linguistics. In: Brinker, Klaus et al. (Hrsg.): Text- und Gesprächslinguistik: ein internationales Handbuch zeitgenössischer Forschung. Berlin: de Gruyter, 908–918.
Heritage, John und Marja-Leena Sorjonen (1994): Constituting and maintaining activities across sequences: *And*-prefacing as a feature of question design. In: Language in Society 23, 1–29.
Hernig, Marcus (2005): Deutsch als Fremdsprache: Eine Einführung. Wiesbaden: Verlag für Sozialwissenschaften.
Herring, Susan C. (2004): Computer-mediated discourse analysis: An approach to researching online behavior. In: Barab, Sasha A., Rob Kling und James H. Gray (Hrsg.): Designing for Virtual Communities in the Service of Learning. New York: Cambridge University Press, 338–376.
Hewitt, John P. und Randall Stokes (1975): Disclaimers. In: American Sociological Review 40, 1–11.
Heyd, Gertraude (1997): Aufbauwissen für den Fremdsprachenunterricht. Tübingen: Narr.
Hoffmann, Ludger (1983): Zur Bestimmung von Erzählfähigkeit am Beispiel zweitsprachigen Erzählens. In: Ehlich, Konrad und Klaus R. Wagner (Hrsg.): Erzähl-Wettbewerb. Bern: Lang, 63–89.
Hoffmann, Ludger (2006): Funktionaler Grammatikunterricht. In: Becker, Tabea und Corinna Peschel (Hrsg.): Gesteuerter und ungesteuerter Grammatikerwerb. Baltmannsweiler: Schneider Verlag Hohengehren, 20–45.
Hoffmann, Ludger (2008): Über *JA*. In: Deutsche Sprache 3, 193–219.
Hoffmann, Ludger (2009): Didaktik der Wortarten. In: Hoffmann, Ludger (Hrsg.): Handbuch der deutschen Wortarten. Berlin: de Gruyter, 925–949.
Hopper, Paul J. (1998): Emergent Grammar. In: Tomasello, Michael (Hrsg.): The New Psychology of Language. Mahwah: Psychology Press, 155–175.
Hopper, Paul J. (2004): The Openness of Grammatical Constructions. In: Chicago Linguistic Society 40, 153–175.
Hopper, Paul J. und Sandra A. Thompson (2008): Projectability and clause combining in interaction. In: Laury, Ritva (Hrsg.): Studies of clause combining: the multifunctionality of conjunctions. Amsterdam: Benjamins, 99–119.

Humboldt, Wilhelm von (2008): Über die Verschiedenheiten des menschlichen Sprachbaus. Frankfurt/Main: Zweitausendeins.
Hundsnurscher, Franz (1986): Dialogmuster und authentischer Text. In: Hundsnurscher, Franz und Edda Weigand (Hrsg.): Dialoganalyse. Tübingen: Niemeyer, 35–49.
Hundsnurscher, Franz (1994a): Einleitung. In: Fritz, Gerd und Franz Hundsnurscher (Hrsg.): Handbuch der Dialoganalyse. Tübingen: Niemeyer, IX–XV.
Hundsnurscher, Franz (1994b): Dialog-Typologie. In: Fritz, Gerd und Franz Hundsnurscher (Hrsg.): Handbuch der Dialoganalyse. Tübingen: Niemeyer, 203–238.
Hundsnurscher, Franz (2001): Das Konzept der Dialoggrammatik. In: Brinker, Klaus, Gerd Antos, Wolfgang Heinemann und Sven F. Sager (Hrsg.): Text- und Gesprächslinguistik. 2. Halbband. Berlin: de Gruyter, 945–952.
Huneke, Hans-Werner und Wolfgang Steinig (1997): Deutsch als Fremdsprache: Eine Einführung. Berlin: Erich Schmidt Verlag.
Huneke, Hans-Werner und Wolfgang Steinig (2005[4]): Deutsch als Fremdsprache. Berlin: Erich Schmidt Verlag.
Hutchby, Ian und Simone Barnett (2005): Aspects of the sequential organization of mobile phone conversation. In: Discourse Studies 7, 147–171.
Hutchby, Ian und Wooffitt, Robin (1998): Conversation Analysis. Cambridge: Polity Press.
Hymes, Dell H. (1972): On Communicative Competence. In: Pride, John B. und Janet Holmes (Hrsg.): Sociolinguistics. Selected Readings. Harmondsworth: Penguin, 269–293.
Imo, Wolfgang (2007a): Construction Grammar und Gesprochene-Sprache-Forschung: Konstruktionen mit zehn matrixsatzfähigen Verben im gesprochenen Deutsch. Tübingen: Niemeyer.
Imo, Wolfgang (2007b): Der Zwang zur Kategorienbildung: Probleme der Anwendung der Construction Grammar bei der Analyse gesprochener Sprache. In: Gesprächsforschung – Online Zeitschrift zur verbalen Interaktion 8, 22–45.
Imo, Wolfgang (2008): Individuelle Konstrukte oder Vorboten einer neuen Konstruktion? Stellungsvarianten der Modalpartikel *halt* im Vor- und Nachfeld. In: Fischer, Kerstin und Anatol Stefanowitsch (Hrsg.): Konstruktionsgrammatik II. Tübingen: Stauffenburg, 135–156.
Imo, Wolfgang (2009): Konstruktion oder Funktion? Erkenntnisprozessmarker („change-of-state tokens") im Deutschen. In: Günthner, Susanne und Jörg Bücker (Hrsg.): Grammatik im Gespräch. Berlin: de Gruyter, 57–86.
Imo, Wolfgang (2010a): ‚Mein Problem ist/mein Thema ist' – how syntactic patterns and genres interact. In: Wanner, Anja und Heidrun Dorgeloh (Hrsg.): Approaches to syntactic variation and genre. Amsterdam: Benjamins.
Imo, Wolfgang (2010b): Das Adverb *jetzt* zwischen Zeit- und Gesprächsdeixis. In: ZGL 38, 25–58.
Imo, Wolfgang (2011a): Ad hoc-Produktion oder Konstruktion? – Verfestigungstendenzen bei Inkrement-Strukturen im gesprochenen Deutsch. In: Lasch, Alexander und Alexander Ziem (Hrsg.): Konstruktionsgrammatik III: Vom Forschungsparadigma zu Fallstudien. Tübingen: Stauffenburg, 141–256.
Imo, Wolfgang (2011b): *Nein* sagen, *wow* meinen... Die Reaktion auf Informationen durch inszeniertes Infragestellen als sequenzielles Muster einer interaktionalen Grammatik. In: Freienstein, Jan Claas, Jörg Hagemann und Sven Staffeldt (Hrsg.): Äußern und Bedeuten: Festschrift für Eckard Rolf. Tübingen: Stauffenburg, 251–264.

Imo, Wolfgang (2011c): On line changes in syntactic gestalts in spoken German. Or: do garden path sentences exist in everyday conversation? In: Auer, Peter und Stefan Pfänder (Hrsg.): Constructions: emerging and emergent. Berlin: de Gruyter, 128–156.

Imo, Wolfgang (2011d): ‚Jetzt gehn wir einen trinken, gell?' Vergewisserungssignale (tag questions) und ihre Relevanz für den DaF-Unterricht. In: Moraldo, Sandro (Hrsg.): Deutsch aktuell 2. Einführung in die Tendenzen der deutschen Gegenwartssprache. Rom: Carocci, 127–150.

Imo, Wolfgang (2011e): Cognitions are not observable, but their consequences are. Mögliche Aposiopesen im gesprochenen Deutsch. In: Gesprächsforschung – Online-Zeitschrift zur verbalen Interaktion 12, 265–300.

Imo, Wolfgang (2012a): ‚Rede' und ‚Schreibe': Warum es sinnvoll ist, im DaF-Unterricht beides zu vermitteln. In: Moraldo, Sandro (Hrsg.): Akten des Kongresses ‚Gesprochene Sprache und DaF'.

Imo, Wolfgang (2012b): Wortart Diskursmarker? In: Rothstein, Björn (Hrsg.): Nicht-flektierende Wortarten. Berlin: de Gruyter, 48–88.

Imo, Wolfgang (2012c): ‚Fischzüge der Liebe': Liebeskommunikation in deutschen und chinesischen SMS-Dialogen. In: Linguistik Online 56, 1–36.

Imo, Wolfgang (i.V.): Authentisches gesprochenes Deutsch im DaF-Unterricht. In: Schulze, Cordula (Hrsg.).

Jefferson, Gail (1972a): Side sequences. In: Sudnow, David N. (Hrsg.): Studies in social interaction. New York: Free Press, 294–333.

Jefferson, Gail (1972b): Sequential aspects of storytelling in conversation. In: Sudnow, Davin N. (Hrsg.): Studies in social interaction. New York: Free Press, 219–248.

Jefferson, Gail (1981): The Abominable *Ne?* An Exploration of Post-Response Pursuit of Response. In: Schröder, Peter und Hugo Steger (Hrsg.): Dialogforschung. Düsseldorf: Pädagogischer Verlag Schwann, 53–88.

Jefferson, Gail (1983): Notes on a Systematic Deployment of the Acknowledgment Tokens ‚Yeah' and ‚Mm hm'. In: TILL (Tillburg papers in language and literature) 30, 1–18.

Jefferson, Gail (1984): On the organization of laughter in talk about troubles. In: Atkinson, Maxwell J. und John Heritage (Hrsg.): Structures of Social Action. Cambridge: Cambridge University Press, 346–369.

Jefferson, Gail (1991): List construction as a task and resource. In: Psathas, George (Hrsg.): Interactional competence. New York: Irvington, 63–92.

Jefferson, Gail (2004): Glossary of transcript symbols with an introduction. In: Lerner, Gene H. (Hrsg.): Conversation Analysis: Studies from the first generation. Philadelphia: John Benjamins, 13–23.

Kallmeyer, Werner (1981): Aushandlung und Bedeutungskonstitution. In: Schröder, Peter und Hugo Steger (Hrsg.): Dialogforschung. Düsseldorf: Schwann, 89–127.

Kelle, Bernhard (2001): Regionale Varietäten im Internet – Chats als Wegbereiter einer regionalen Schriftlichkeit? In: Deutsche Sprache 28, 357–371.

Keppler, Angela (2006): Konversations- und Gattungsanalyse. In: Ayaß, Ruth und Jörg Bergmann (Hrsg.): Qualitative Methoden der Medienforschung. Hamburg: Rowohlt, 293–323.

Kern, Friederike und Margret Selting (2006): Konstruktionen mit Nachstellungen im Türkendeutschen. In: Deppermann, Arnulf, Reinhard Fiehler und Thomas Spranz-Fogasy (Hrsg.): Grammatik und Interaktion. Radolfzell: Verlag für Gesprächsforschung, 319–347.

Kiesendahl, Jana (2012): Normabweichungen und ihre Wirkungsweisen am Beispiel universitärer E-Mail-Kommunikation. In: Günthner, Susanne, Wolfgang Imo, Jan Georg Schneider und Dorothee Meer (Hrsg.): Kommunikation und Öffentlichkeit. Sprachwissenschaftliche Potenziale zwischen Empirie und Norm. Tübingen: Niemeyer, 209–229.

Kieserling, André (1999): Kommunikation unter Anwesenden: Studien über Interaktionssysteme. Frankfurt/Main: Suhrkamp.

Kilian, Jörg (2005): DaF im Chat: Zur Grammatik geschriebener Umgangssprache und ihrem interaktiven Erwerb in computervermittelten Gesprächen. In: Beißwenger, Michael und Angelika Storrer (Hrsg.): Chat-Kommunikation in Beruf, Bildung und Medien. Stuttgart: ibidem, 201–220.

Kilian, Jörg (2006): Standardnormen versus ‚Parlando' in Schüler/innen-Chats. In: Der Deutschunterricht 5, 74–83.

Klein, Wolf Peter (2010): Grammatik zwischen Deskription und Präskription. In: Habermann, Mechthild (Hrsg.): Grammatik wozu? Vom Nutzen des Grammatikwissens in Alltag und Schule. Mannheim: Dudenverlag, 97–111.

Klemm, Michael (1996): Streiten „wie im wahren Leben"? ‚Der heiße Stuhl' und ‚Einspruch!' im Kontext der Personalisierung und Emotionalisierung des Fernsehprogramms. In: Biere, Bernd Ulrich und Rudolf Hoberg (Hrsg.): Mündlichkeit und Schriftlichkeit im Fernsehen. Tübingen: Narr, 135–162.

Knobloch, Clemens (1999): Kategorisierung, grammatisch und mental. In: Redder, Angelika und Jochen Rehbein (Hrsg.): Grammatik und mentale Prozesse. Tübingen: Stauffenburg, 31–48.

Koch, Peter und Wolf Oesterreicher (1985): Sprache der Nähe – Sprache der Distanz. In: Romanistisches Jahrbuch 36, 15–43.

Köster, Ingrid (2006): Sprachvariation als Gegenstand der (außer-universitären) Sprachvermittlung im Ausland. In: Neuland, Eva (Hrsg.): Variation im heutigen Deutsch: Perspektiven für den Sprachunterricht. Frankfurt/Main: Lang, 493–504.

Kotthoff, Helga (1991): Lernersprachliche und interkulturelle Ursachen für kommunikative Irritationen. In: Linguistische Berichte 135, 275–397.

Kotthoff, Helga (1993): Disagreement and concession in disputes: On the context sensitivity of preference structures. In: Language in Society 22, 193–216.

Kotthoff, Helga (1994): Zur Rolle der Konversationsanalyse in der interkulturellen Kommunikationsforschung. In: LiLi 24, 75–96.

Kotthoff, Helga (2000): Kreativität beim Sprechen: Über Interaktionsforschung und Mündlichkeitsdidaktik. In: Witte, Hansjörg et al. (2000): Deutschunterricht zwischen Kompetenzerwerb und Persönlichkeitsbildung. Baltmannsweiler: Schneider Verlag Hohengehren, 235–250.

Kotthoff, Helga (2006): Sprache und Sprechen. In: Scherr, Albert (Hrsg.): Soziologische Basics. Wiesbaden: Verlag für Sozialwissenschaften, 164–169.

Kramsch, Claire (1997): Wem gehört die deutsche Sprache? In: Jahrbuch Deutsch als Fremdsprache 23, 329–347.

Krämer, Sybille und Ekkehard König (Hrsg.) (2002): Gibt es eine Sprache hinter dem Sprechen? Frankfurt/Main: Suhrkamp.

Kress, Karoline (2011): Analyse der Elizitation und Funktion von ‚ja' als Resonanz in deutschen Alltagskonversationen. Magisterarbeit (unveröffentlicht), Universität Kiel.

Krumm, Hans-Jürgen (1997): Welches Deutsch lehren wir? – Einführung in den thematischen Teil. In: Jahrbuch Deutsch als Fremdsprache 23, 133–139.

Krumm, Hans-Jürgen (2006): Normen, Varietäten und Fehler – welches Deutsch soll der Deutsch als Fremdsprache-Unterricht lehren? In: Neuland, Eva (Hrsg.): Variation im heutigen Deutsch: Perspektiven für den Sprachunterricht. Frankfurt/Main: Lang, 459–468.

Kühndel, Diana und Lucia Obi (2007): Partikeln und Interjektionen in DaF-Zeitschriften und Lehrwerksgutachten 1970–2004. In: Zielsprache Deutsch 34, 25–41.

Kupetz, Maxi (i.V.): "Den anderen verstehen" – Verstehensdokumentationen mit mentalen Verben in Reaktion auf Affektdarstellungen. In: Deppermann, Arnulf und Hardarik Blühdorn (Hrsg.): Verstehen.

Lakoff, George (1973): Hedges: A Study in Meaning Criteria and the Logic of Fuzzy Concepts. In: Journal of Philosophical Logic 2, 458–508.

Lalouschek, Johanna (2002): Frage-Antwort-Sequenzen im ärztlichen Gespräch. In: Brünner, Gisela et al. (Hrsg.): Angewandte Diskursforschung. Radolfzell: Verlag für Gesprächsforschung (Bd. 1), 155–174.

Lerner, Gene H. (1996): On the 'semi-permeable' character of grammatical units in conversation: conditional entry into the turn space of another speaker. In: Ochs, Elinor, Emanuel A. Schegloff und Sandra A. Thompson (Hrsg.): Interaction and Grammar. Cambridge: Cambridge University Press, 238–276.

Lerner, Gene H. (2002): Turn-sharing: the choral co-production of talk-in-interaction. In: Ford, Cecilia E., Barbara A. Fox und Sandra A. Thompson (Hrsg.): The Language of Turn and Sequence. Oxford: Oxford University Press, 225–256.

Lerner, Gene (2004): On the Place of Linguistic Resources in the Organization of Talk-in-Interaction: Grammar as Action in Prompting a Speaker to Elaborate. In: Research on Language and Social Interaction 37, 151–184.

Levinson, Stephen C. (2000): Pragmatik. Tübingen: Niemeyer.

Levinson, Stephen C. (2006): Cognition at the heart of human interaction. In: Discourse Studies 8, 85–93.

Liang, Yong (1992): Höflichkeit als interkulturelles Verständigungsproblem. In: Jahrbuch Deutsch als Fremdsprache 18, 65–86.

Linell, Per (1998): Approaching Dialogue. Amsterdam: Benjamins.

Linell, Per (2005): The Written Language Bias. London: Routledge.

Linell, Per (2009): Rethinking Language, Mind, and World Dialogically. Charlotte, NC: IAP.

Linell, Per und Ivana Marková (1993): Acts in Discourse: From Monological Speech Acts to Dialogical Inter-Acts. In: Journal for the Theory of Social Behaviour 23, 173–195.

Linke, Angelika (2000): Informalisierung? Ent-Distanzierung? Familiarisierung? – Sprach(gebrauchs)wandel als Indikator soziokultureller Entwicklungen. In: Der Deutschunterricht 52, 66–77.

Löffler, Heinrich (2004): Wieviel Variation verträgt die deutsche Standardsprache? Begriffsklärung: Standard und Gegenbegriffe. In: Eichinger, Ludwig M. und Werner Kallmeyer (Hrsg.): Standardvariation – Wie viel Variation verträgt die deutsche Sprache? Berlin: de Gruyter, 7–27.

Luckmann, Thomas (1986): Grundformen der gesellschaftlichen Vermittlung des Wissens: Kommunikative Gattungen. In: Kölner Zeitschrift für Soziologie und Sozialpsychologie 27, 191–211.

Luckmann, Thomas (1988): Kommunikative Gattungen im kommunikativen ‚Haushalt' einer Gesellschaft. In: Smolka-Koerdt, Gisela, Peter M. Spangenberg und Dagmar Tillmann-Bartylla (Hrsg.): Der Ursprung von Literatur. München: Fink, 179–288.

Luckmann, Thomas (1992): On the communicative adjustment of perspectives, dialogue and communicative genres. In: Heen Wold, Astri (Hrsg.): The dialogical alternative. Oslo: Scandinavian University Press, 219–234.
Lüger, Heinz-Helmut (2009): Authentische Mündlichkeit im fremdsprachlichen Unterricht? In: Beiträge zur Fremdsprachenvermittlung, Sonderheft 15, 15–37.
Luhmann, Niklas (1976): Einfache Sozialsysteme. In: Auwärter, Manfred, Edit Kirsch und Manfred Schröter (Hrsg.): Seminar: Kommunikation, Interaktion, Identität. Frankfurt/Main: Suhrkamp, 3–34.
Luhmann, Niklas (1984): Soziale Systeme. Grundriss einer allgemeinen Theorie. Frankfurt/Main: Suhrkamp.
Macha, Jürgen (1991): Der flexible Sprecher. Untersuchungen zu Sprache und Sprachbewusstsein rheinischer Handwerksmeister. Köln: Böhlau.
Macha, Jürgen (2006): Dynamik des Varietätengefüges im Deutschen. In: Neuland, Eva (Hrsg.): Variation im heutigen Deutsch: Perspektiven für den Sprachunterricht. Frankfurt/Main: Lang, 149–160.
Maijala, Minna (2009): Wie kann sprachliche und kulturelle Variation vermittelt werden? – Didaktische Überlegungen anhand praktischer Erfahrungen im DaF-Unterricht. In: Info DaF 36, 447–461.
Maitz, Péter und Stephan Elspaß (2007): Warum der ‚Zwiebelfisch' nicht in den Deutschunterricht gehört. In: Info DaF 34, 515–526.
Maitz, Péter und Stephan Elspaß (2009): Sprache, Sprachwissenschaft und soziale Verantwortung – wi(e)der Sick. In: Info DaF 36, 53–57.
Massler, Ute (2008): Ausdruck, Analyse und Förderung der schriftlichen Kommunikations- und Kooperationsfähigkeit in E-Mail-Projekten der Sekundarstufe I. In: Zeitschrift für Interkulturellen Fremdsprachenunterricht 13, 1–20.
Mattheier, Klaus J. (1997): Über Destandardisierung, Umstandardisierung und Standardisierung in modernen europäischen Nationalsprachen. In: Mattheier, Klaus J. und Edgar Radtke (Hrsg.): Standardisierung und Destandardisierung europäischer Nationalsprachen. Frankfurt/Main: Lang, 1–9.
Mazeland, Harrie (1990): 'Yes', 'no', and 'mhm': variations in acknowledgment choices. In: Conein, Bernard, Michel de Fornel und Louis Quéré (Hrsg.): Les formes de la conversation. Issy les Moulineaux: CNET, 251–282.
Mazeland, Harrie (2006): Conversation Analysis. In: Encyclopedia of Language and Linguistics. Oxford: Elsevier, 153–162.
Mazeland, Harrie und Mike Huiskes (2001): Dutch ‚but' as a sequential conjunction. In: Selting, Margret und Elizabeth Couper-Kuhlen (Hrsg.): Studies in Interactional Linguistics. Amsterdam: Benjamins, 141–169.
Meer, Dorothee (2000): ‚Ich hab nur ne ganz kurze Frage'. Sprechstundengespräche an der Hochschule: Eine empirische Studie. In: Forschung und Lehre 12, 642–643.
Meer, Dorothee (2001): ‚So, das nimmt ja gar kein Ende heute, is ja furchtbar' – Ein gesprächsanalytisch fundiertes Fortbildungskonzept zu Sprechstundengesprächen an der Hochschule. In: Gesprächsforschung – Online Zeitschrift zur verbalen Interaktion 2, 90–114.
Meer, Dorothee (2009a): ‚ich muss ja zugeben, dass ich das häufig genauso mach' – Arbeit mit Transkripten in gesprächsanalytisch fundierten Fortbildungen. In: Birkner, Karin und Anja Stukenbrock (Hrsg.): Die Arbeit mit Transkripten in Fortbildung, Lehre und Forschung. Mannheim: Verlag für Gesprächsforschung, 16–26.

Meer, Dorothee (2009b): ‚Unscharfe Ränder'. Einige kategoriale Überlegungen zu Konstruktionen mit dem Diskursmarker *ja* in konfrontativen Talkshowpassagen. In: Günthner, Susanne und Jörg Bücker (Hrsg.): Grammatik im Gespräch. Berlin: de Gruyter, 87–114.

Meer, Dorothee (2012): ‚das is ja völliger BLÖDsinn;' – Konstruktionen der gesprochenen Sprache mit der Abtönungspartikel ‚ja'. In: Rothstein, Björn (Hrsg.): Nicht-flektierende Wortarten. Berlin: de Gruyter, 89–118.

Meggle, Georg (1993): Kommunikation, Bedeutung, Implikatur – Eine Skizze. In: Meggle, Georg (Hrsg.): Handlung, Kommunikation, Bedeutung. Frankfurt/Main: Suhrkamp, 483–507.

Meise-Kuhn, Katrin (1998): Zwischen Mündlichkeit und Schriftlichkeit: Sprachliche und konversationelle Verfahren in der Computerkommunikation. In: Brock, Alexander und Martin Hartung (Hrsg.): Neuere Entwicklungen in der Gesprächsforschung. Tübingen: Narr, 213–235.

Merkel, Silke und Thomas Schmidt (2009): Korpora gesprochener Sprache in Netz – eine Umschau. In: Gesprächsforschung – Online-Zeitschrift zur verbalen Interaktion 10, 70–93.

Mondada, Lorenza und Reinhold Schmitt (2010): Situationseröffnungen. Zur multimodalen Herstellung fokussierter Interaktion. Tübingen: Narr.

Moraldo, Sandro M. (2004): Medialität und Sprache. Zur Verlagerung von Sprachkommunikation auf Datentransfer am Beispiel von SMS und eMail. In: Moraldo, Sandro M. und Marcello Soffritti (Hrsg.): Deutsch aktuell: Einführung in die Tendenzen der deutschen Gegenwartssprache. Rom: Soffritti, 253–270.

Moraldo, Sandro M. (2007): *Blog Notes*. Aspekte gesprochener Sprache in deutschen Online-Tagebüchern. In: Thüne, Eva Maria und Franca Ortu (Hrsg.): Gesprochene Sprache – Partikeln. Tübingen: Niemeyer, 45–56.

Müller-Jacquier, Bernd-Dietrich (2002): Erstkontakte. Zur Behandlung kommunikativer Gattungen im Deutsch als Fremdsprache-Unterricht. In: Barkowski, Hans und Renate Faistauer (Hrsg.): ...in Sachen Deutsch als Fremdsprache. Baltmannsweiler: Schneider Verlag Hohengehren, 397–407

Muhr, Rudolf (1997): Norm und Sprachvariation im Deutschen. Das Konzept ‚Deutsch als plurizentrische Sprache' und seine Auswirkungen auf Sprachbeschreibung und Sprachunterricht DaF. In: Helbig, Gerhard (Hrsg.): Positionen – Konzepte – Zielvorstellungen. Tübingen: Georg Olms Verlag, 179–201.

Neuland, Eva (2006): Variation im heutigen Deutsch: Perspektiven für den Unterricht – Zur Einführung. In: Neuland, Eva (Hrsg.): Variation im heutigen Deutsch: Perspektiven für den Sprachunterricht. Frankfurt/Main: Lang, 9–27.

Norén, Niklas (2007): Apokoinu in Swedish talk-in-interaction. Linköping: Linköping University.

Nussbaumer, Markus und Peter Sieber (1994): Sprachfähigkeiten – Besser als ihr Ruf und nötiger denn je! In: Sieber, Markus (Hrsg.): Sprachfähigkeiten – Besser als ihr Ruf und nötiger denn je! Aarau: Verlag Sauerländer, 303–341.

Olbertz-Siitonen, Margarethe (2007): *ähm* vs. *niinku* – Verzögerungssignale in deutschen und finnischen Dialogen. In: Zeitschrift für Interkulturellen Fremdsprachenunterricht 12, 1–22.

Ono, Tsuyoshi und Sandra A. Thompson (1995): What can conversation tell us about syntax? In: Dawis, Philip.W. (Hrsg.): Descriptive and theoretical modes in the alternative linguistics. Amsterdam: Benjamins, 213–271.

Pansegrau, Petra (1997): Dialogizität und Degrammatikalisierung in E-Mails. In: Weingarten, Rüdiger (Hrsg.): Sprachwandel durch Computer. Opladen: Westdeutscher Verlag, 86–104.

Pekarek Doehler, Simona (2011): Clause-combining and the sequencing of actions: Projector constructions in French talk-in-interaction. In: Laury, Ritva und Ryoko Suzuki (Hrsg.): Subordination in Conversation. Amsterdam: Benjamins, 103–148.
Pfänder, Stefan und Jörg Wagner (2009): Warum wir sprechen, wenn wir klicken. Die Mensch-Maschine-Interaktion als zukunftsweisendes Thema für sprach- und meidenwissenschaftliche Module in germanistischen und romanistischen Studiengängen. In: Kailuweit, Rolf und Stefan Pfänder (Hrsg.): Franko-Media: Aufriss einer französischen Sprach- und Medienwissenschaft. Berlin: BWV, 89–98.
Pieklarz, Magdalena (2010): Gesprochene Sprache in der philologischen Sprachausbildung – Grenzen und wechselnde Herausforderungen. In: Babenko, Natalia S. und Natalia A. Bakshi (Hrsg.): Russische Germanistik. Jahrbuch des Russischen Germanistenverbandes. Moskau: DAAD, 257–273.
Pleister, Michael und Volker Blüher (1994): Zum Problem der Sprachnorm in Grammatiken der deutschen Sprache. In: Jahrbuch Deutsch als Fremdsprache 20, 57–76.
Pomerantz, Anita (1978): Compliment responses: Notes on the co-operation of multiple constraints. In: Schenkein, Jim (Hrsg.): Studies in the organization of conversational interaction. New York: Academic Press, 79–112.
Pomerantz, Anita (1984): Agreeing and disagreeing with assessments. In: Atkinson, J. Maxwell und John Heritage (Hrsg.): Structures of Social Action. Cambridge: Cambridge University Press, 57–101.
Poncin, Kristina (2000): Apokoinukonstruktionen: Empirische Untersuchung ihrer Verwendung in aufgabenorientierten Dialogen und Diskussion ihrer grammatischen Modellierbarkeit in einer Unifikationsgrammatik. URL: http://deposit.ddb.de/cgi-bin/dokserv?idn=960672656.
Psathas, George (1995): Conversation Analysis: The Study of Talk-in-Interaction. Thousand Oaks: Sage.
Rath, Rainer (1979): Kommunikationspraxis. Göttingen: Vandenhoek & Ruprecht.
Raymond, Geoffrey (2004): Prompting Action: The Stand-Alone 'So' in Ordinary Conversation. In: Research on Language and Social Interaction 37, 185–218.
Redder, Angelika (1995): Entwicklungslinien in der Linguistik – für Deutsch als Fremdsprache: Einführung in den thematischen Teil. In: Jahrbuch Deutsch als Fremdsprache 21, 107–116.
Redder, Angelika (2008): Functional Pragmatics. In: Antos, Gerd, Eija Ventola und Tilo Weber (Hrsg.): Interpersonal Communication (Handbook of Applied Linguistics 2). Berlin: de Gruyter, 133–178.
Reershemius, Gertrud (1998): Gesprochene Sprache als Gegenstand des Grammatikunterrichts. In: Info DaF 25, 399–405.
Referenzrahmen (1995): Gemeinsamer europäischer Referenzrahmen für Sprachen: lernen, lehren, beurteilen. Berlin: Langenscheidt.
Rehbein, Jochen (2001): Das Konzept der Diskursanalyse. In: Brinker, Klaus, Gerd Antos, Wolfgang Heinemann und Sven F. Sager (Hrsg.): Text- und Gesprächslinguistik, 2. Halbband. Berlin: de Gruyter, 927–945.
Richter, Regina (2002): Zur Relevanz der Gesprochene-Sprache-Forschung für den DaF-Unterricht. In: Info DaF 29, 306–316.
Rickheit, Gert und Hans Strohner (1993): Grundlagen der kognitiven Sprachverarbeitung. Tübingen: Francke.
Roggausch, Werner (2007): Antwort auf Péter Maitz/Stephan Elspaß und Einladung zur Diskussion. In: Info DaF 34, 527–530.

Roggausch, Werner (2009): Repliken reizen. Neuerliche Entgegnung auf Péter Maitz und Stephan Elspaß. In: Info DaF 36, 76–82.
Sacks, Harvey (1971): Das Erzählen von Geschichten innerhalb von Unterhaltungen. In: Kjolseth, Rolf und Fritz Sack (Hrsg.): Zur Soziologie der Sprache. Kölner Zeitschrift für Soziologie und Sozialpsychologie, Sonderheft 15, 307–314.
Sacks, Harvey (1972): On the analyzability of stories by children. In: Gumperz, John J. und Dell Hymes (Hrsg.): Directions in Sociolinguistics. New York: Holt, 325–345.
Sacks, Harvey (1974): An analysis of the course of a joke's telling in conversation. In: Bauman, Richard und Sherzer, Joel F. (Hrsg.): Explorations into the Ethnography of Speaking. New York: Cambridge University Press, 337–353.
Sacks, Harvey (1984): Notes on Methodology. In: Atkinson, J. Maxwell und John Heritage (Hrsg.): Structures of Social Action: Studies in Conversation Analysis. Cambridge: Cambridge University Press, 21–27.
Sacks, Harvey (1995): Lectures on conversation. Oxford: Blackwell.
Sacks, Harvey und Emanuel A. Schegloff, Emanuel (1973): Opening up Closings. In: Semiotica 8, 289–327.
Sacks, Harvey, Emanuel A. Schegloff und Gail Jefferson (1974): A Simplest Systematics for the Organization of Turn-Taking in Conversation. In: Language 50, 696–735.
Sacks, Harvey, Emanuel A. Schegloff und Gail Jefferson (1977): The Preference for Self-Correction in the Organization of Repair in Conversation. In: Language 53, 361–382.
Sandig, Barbara (1973): Zur historischen Kontinuität normativ diskriminierter syntaktischer Muster in spontaner Sprechsprache. In: deutsche sprache 3, 37–57.
Sandig, Barbara (2000): Zu einer Gesprächs-Grammatik: Prototypische elliptische Strukturen und ihre Funktionen im mündlichen Erzählen. In: ZGL 28, 291–318.
Schegloff, Emanuel A. (1968): Sequencing in conversational openings. In: American Anthropologist 70, 1075–1095.
Schegloff, Emanuel A. (1979a): Identification and recognition in telephone openings. In: Psathas, George (Hrsg.): Everyday language. New York: Irvingtone, 23–78.
Schegloff, Emanuel A. (1979b): The relevance of repair to syntax-for-conversation. In: Givon, Talmy (Hrsg.): Syntax and Semantics. New York: Academic Press, 261–286.
Schegloff, Emanuel A. (1979c): Two preferences in the organization of reference to persons in conversation and their interaction. In: Psathas, George (Hrsg.): Everyday language. New York: Irvingtone, 15–21.
Schegloff, Emanuel A. (1986): The Routine as Achievement. In: Human Studies 9, 111–152.
Schegloff, Emanuel A. (1990): On the organization of sequences as a source of 'coherence' in talk-in-interaction. In: Dorval, Bruce (Hrsg.): Conversational Organization and its Development. Norwood: Ablex, 51–77.
Schegloff, Emanuel A. (1992): Repair after Next Turn: The Last Structurally Provided Defense of Intersubjectivity in Conversation. In: American Journal of Sociology 97, 1295–1345.
Schegloff, Emanuel A. (1993): On talk and its institutional occasions. In: Drew, Paul und John Heritage (Hrsg.): Talk at work. Cambridge: Cambridge University Press, 101–134.
Schegloff, Emanuel A., Elinor Ochs und Sandra A. Thompson (1996): Introduction. In: Schegloff, Emanuel A., Elinor Ochs und Sandra A. Thompson (Hrsg.): Interaction and Grammar. Cambridge: Cambridge University Press, 1–51.
Scheutz, Hannes (2005): Pivot constructions in spoken German. In: Hakulinen, Auli and Margret Selting (Hrsg.): Syntax and Lexis in Conversation. Amsterdam: Benjamins, 103–128.
Schlobinski, Peter (1997): Syntax des gesprochenen Deutsch. Opladen: Westdeutscher Verlag.

Schlobinski, Peter (2000): Chatten im Cyberspace. In: Eichhoff-Cyrus, Karin M. und Rudolf Hoberg (Hrsg.): Die deutsche Sprache zur Jahrtausendwende. Mannheim: Dudenverlag, 63–88.

Schlobinski, Peter (2004): Mündlichkeit/Schriftlichkeit in den Neuen Medien. In: Neuland, Eva (Hrsg.): Variation im heutigen Deutsch: Perspektiven für den Sprachunterricht. Frankfurt/Main: Lang, 126–141.

Schmitz, Ulrich (2000): AUSFAHRT waschen. Über den progressiven Untergang der Flexionsfähigkeit. In: OBST 60, 135–182.

Schneider, Britta und Sabine Ylönen (2008): Plädoyer für ein Korpus zur gesprochenen deutschen Wissenschaftssprache. In: Deutsch als Fremdsprache 45, 139–150.

Schneider, Jan Georg (2008a): Spielräume der Medialität. Berlin: de Gruyter.

Schneider, Jan Georg (2008b): Das Phänomen Zwiebelfisch. Bastian Sicks Sprachkritik und die Rolle der Linguistik. In: Sprachdienst 4, 172–180.

Schneider, Jan Georg (2011): Hat die gesprochene Sprache eine eigene Grammatik? Grundsätzliche Überlegungen zum Status gesprochensprachlicher Konstruktionen und zur Kategorie ‚gesprochenes Standarddeutsch'. In: ZGL 38, 165–187.

Schneider, Wolfgang Ludwig (1994): Die Beobachtung von Kommunikation. Opladen: Westdeutscher Verlag.

Schönfeldt, Juliane (2002): Die Gesprächsorganisation in der Chat-Kommunikation. In: Beißwenger, Michael (Hrsg.): Chat-Kommunikation. Stuttgart: ibidem, 25–53.

Schreiter, Ina (1996): Sprechen. In: Henrici, Gert und Claudia Riemer (Hrsg.): Einführung in die Didaktik des Unterrichts Deutsch als Fremdsprache mit Videobeispielen (Bd. 1). Baltmannsweiler: Schneider Verlag Hohengehren, 53–82.

Schütte, Wilfried (2001): Alltagsgespräche. In: Brinker, Klaus, Gerd Antos, Wolfgang Heinemann und Sven F. Sager (Hrsg.): Text- und Gesprächslinguistik, 2. Halbband. Berlin: de Gruyter, 1485–1492.

Schütte, Wilfried (2002): Normen und Leitvorstellungen im Internet. In: Keim, Inken und Wilfried Schütte (Hrsg.): Soziale Welten und kommunikative Stile. Tübingen: Narr, 339–362.

Schütz, Alfred (1993[1933]): Der sinnhafte Aufbau der sozialen Welt. Frankfurt: Suhrkamp.

Schütze, Fritz (1987): Situation. In: Ammon, Ulrich, Norbert Dittmar und Klaus J. Mattheier (Hrsg.): Sociolinguistics/Soziolinguistik. Berlin: de Gruyter, 157–163.

Schwitalla, Johannes (1997): Gesprochenes Deutsch: eine Einführung. Berlin: Erich Schmidt Verlag.

Schwitalla, Johannes (2001): Gesprochene-Sprache-Forschung und ihre Entwicklung zu einer Gesprächsanalyse. In: Brinker, Klaus et al. (Hrsg.): Text- und Gesprächslinguistik: ein internationales Handbuch zeitgenössischer Forschung. Berlin: de Gruyter, 896–903.

Schwitalla, Johannes (2002): Kleine Wörter. Partikeln im Gespräch. In: Dittmann, Jürgen und Claudia Schmidt (Hrsg.): Über Wörter. Freiburg/Brsg.: Rombach, 259–282.

Schwitalla, Johannes (2003): Gesprochenes Deutsch: Eine Einführung. Berlin: Erich Schmidt Verlag.

Schwitalla, Johannes (2010): Grammatik und gesprochene Sprache. In: Habermann, Mechthild (Hrsg.): Grammatik wozu? Vom Nutzen des Grammatikwissens in Alltag und Schule. Mannheim: Dudenverlag, 112–126.

Schwitalla, Johannes und Ruth Betz (2006): Ausgleichsprozesse zwischen Mündlichkeit und Schriftlichkeit in öffentlichen Textsorten. In: Neuland, Eva (Hrsg.): Variation im heutigen Deutsch: Perspektiven für den Sprachunterricht. Frankfurt/Main: Lang, 389–401.

Selting, Margret (1994): Konstruktionen am Satzrand als interaktive Ressource in natürlichen Gesprächen. In: Haftka, Britta (Hrsg.): Was determiniert Wortstellungsvariation? Opladen: Westdeutscher Verlag, 299–318.

Selting, Margret (1997): So genannte ‚Ellipsen' als interaktiv relevante Konstruktionen? Ein neuer Versuch über die Reichweite und Grenzen des Ellipsenbegriffs für die Analyse gesprochener Sprache in der konversationellen Interaktion. In: Schlobinski, Peter (Hrsg.): Syntax des gesprochenen Deutsch. Opladen: Westdeutscher Verlag, 117–156.

Selting, Margret (2004): Listen: Sequenzielle und prosodische Struktur einer kommunikativen Praktik – eine Untersuchung im Rahmen der Interaktionalen Linguistik. In: Zeitschrift für Sprachwissenschaft 23, 1–46.

Selting, Margret (2007a): ‚Grammatik des gesprochenen Deutsch' im Rahmen der Interaktionalen Linguistik. In: Ágel, Vilmos und Mathilde Hennig (Hrsg.): Zugänge zur Grammatik der gesprochenen Sprache. Niemeyer: Tübingen, 99–135.

Selting, Margret (2007b): Beendigung(en) als interaktive Leistung. In: Hausendorf, Heiko (Hrsg.): Gespräch als Prozess. Tübingen: Narr, 307–338.

Selting, Margret (2008): Linguistic resources for the management of interaction. In: Antos, Gerd, Eija Ventola und Tilo Weber (Hrsg.): Handbook of Applied Linguistics (Bd. 2). Berlin: de Gruyter, 217–253.

Selting, Margret et al. (1998): Gesprächsanalytisches Transkriptionssystem. In: Linguistische Berichte 173, 91–122.

Selting, Margret et al. (2009): Gesprächsanalytisches Transkriptionssystem 2 (GAT 2). In: Gesprächsforschung – Online-Zeitschrift zur verbalen Interaktion 10, 353–402.

Sidnell, Jack (2010): Conversation Analysis. Oxford: Blackwell.

Siebs, Theodor (1957): Deutsche Hochsprache (herausgegeben von de Boor, Helmut und Paul Diels). Berlin: de Gruyter.

Silverman, David (1992): Harvey Sacks: Social Science and Conversation Analysis. Oxford: Oxford University Press.

Sinclair, John McH. und Anna Mauranen (2006): Linear unit grammar: integrating speech and writing. Amsterdam: Benjamins.

Spiegel, Carmen (2009): Transkripte als Arbeitsinstrument: Von der Arbeitsgrundlage zur Anschauungshilfe. In: Birkner, Karin und Anja Stukenbrock (Hrsg.): Die Arbeit mit Transkripten in Fortbildung, Lehre und Forschung. Radolfzell: Verlag für Gesprächsforschung, 7–15.

Spiegel, Carmen und Thomas Spranz-Fogasy (2001): Aufbau und Abfolge von Gesprächsphasen. In: Brinker, Klaus et al. (Hrsg.): Text- und Gesprächslinguistik. Handbücher zur Sprach- und Kommunikationswissenschaft. Berlin: de Gruyter, 1241–1252.

Spiekermann, Helmut (2004): Regionale Standardisierung, nationale Destandardisierung. In: Neuland, Eva (Hrsg.): Variation im heutigen Deutsch: Perspektiven für den Sprachunterricht. Frankfurt/Main: Lang, 100–125.

Spiekermann, Helmut (2007): Standardsprache im DaF-Unterricht: Normstandard – nationale Standardvarietäten – regionale Standardvarietäten. In: Linguistik online 32, 1–14.

Spitzmüller, Jürgen und Ingo H. Warnke (2011): Diskurslinguistik: Eine Einführung in Theorien und Methoden der transtextuellen Sprachanalyse. Berlin: de Gruyter.

Spreckels, Janet (2009): *ich habe einfach gedacht*: Stellungnahme und Positionierung durch *einfach* in Erklärinteraktionen. In: Günthner, Susanne und Jörg Bücker (Hrsg.): Grammatik im Gespräch. Berlin: de Gruyter, 115–148.

Stein, Stephan (1995): Formelhafte Sprache. Frankfurt/Main: Lang.

Stein, Stephan (2004): Formelhaftigkeit und Routinen in mündlicher Kommunikation. In: Steyer, Kathrin (Hrsg.): Wortverbindungen – mehr oder weniger fest. Berlin: de Gruyter, 262–288.
Stein, Stephan (2009): Modalpartikeln im gesprochenen und geschriebenen Deutsch. In: Beiträge zur Fremdsprachenvermittlung (Sonderheft 15), 63–86.
Steinig, Wolfgang (1978): Deutscher Gesprächsunterricht mit ausländischen Studenten. In: Jahrbuch Deutsch als Fremdsprache 4, 127–138.
Steinig, Wolfgang und Hans-Werner Huneke (2007): Sprachdidaktik Deutsch. Berlin: Erich Schmidt Verlag.
Stivers, Tanya und Federico Rossano (2010a): Mobilizing Response. In: Research on Language and Social Interaction 43, 3–31.
Stivers, Tanya und Federico Rossano (2010b): A Scalar View of Response Relevance. In: Research on Language and Social Interaction 43, 49–56.
Storch, Günther (2001): Deutsch als Fremdsprache: Eine Didaktik. München: Fink.
Storrer, Angelika (2002): Sprachliche Besonderheiten getippter Gespräche: Sprecherwechsel und sprachliches Zeigen in der Chat-Kommunikation. In: Beißwenger, Michael (Hrsg.): Chat-Kommunikation. Sprache, Interaktion, Sozialität & Identität in synchroner computervermittelter Kommunikation. Stuttgart: Ibidem Verlag, 3–24.
Storrer, Angelika (2009): Rhetorisch-stilistische Eigenschaften der Sprache des Internets. In: Fix, Ulla et al. (Hrsg.): Rhetorik und Stilistik – Rhetorics and Stilistics. Ein internationales Handbuch historischer und systematischer Forschung. Berlin: de Gruyter, 144–159.
Strauss, Dieter (1979): Zur Begründung von Sprech- und Schreibfertigkeitsübungen für Deutsch als Fremdsprache. In: Jahrbuch Deutsch als Fremdsprache 5, 31–48.
Studer, Thomas und Eva Wiedenkeller (2006): Sprachvariation im Kontext der Leistungsprüfung (DaF): Chancen und Schwierigkeiten. In: Neuland, Eva (Hrsg.): Variation im heutigen Deutsch: Perspektiven für den Sprachunterricht. Frankfurt/Main: Lang, 541–558.
Stukenbrock, Anja (2008): ‚Wo ist der Hauptschmerz?' – Zeigen am menschlichen Körper in der medizinischen Kommunikation. In: Gesprächsforschung – Online-Zeitschrift zur verbalen Interaktion 9, 1–33.
Stukenbrock, Anja (2009a): Referenz durch Zeigen: Zur Theorie der Deixis. In: Deutsche Sprache 37, 289–316.
Stukenbrock, Anja (2009b): Herausforderungen der multimodalen Transkription. Methodische und theoretische Überlegungen aus der wissenschaftlichen Praxis. In: Birkner, Karin und Anja Stukenbrock (Hrsg.): Die Arbeit mit Transkripten in Fortbildung, Lehre und Forschung. Mannheim: Verlag für Gesprächsforschung, 144–170.
Stukenbrock, Anja (2010): Überlegungen zu einem multimodalen Verständnis der gesprochenen Sprache am Beispiel deiktischer Verwendungsweisen des Ausdrucks 'so'. In: Dittmar, Norbert und Nils Bahlo (Hrsg.): Studien zum gesprochenen Deutsch. Tübingen: Lang, 165–193.
Stukenbrock, Anja (i.E.): Deixis in der *face-to-face*-Interaktion. Berlin: de Gruyter.
Suzuki, Satoko (2009): Vernacular Style Writing: Strategic blurring of the boundary between spoken and written discourse in Japanese. In: Pragmatics 19, 583–608.
Szczepek, Beatrice (2000a): Formal Aspects of Collaborative Constructions in English Conversation. In: InLiSt 17, 1–34.
Szczepek, Beatrice (2000b): Functional Aspects of Collaborative Constructions in English Conversation. In: InLiSt 21, 1–36.

Szczepek Reed, Beatrice (2007): Prosodic orientation in English conversation. Basingstoke: Macmillan.
Taleghani-Nikazm, Carmen (2002): A conversation analytical study of telephone conversation openings between native and nonnative speakers. In: Journal of Pragmatics 34, 1807–1832.
ten Have, Paul (2007): Doing Conversation Analysis. London: Sage.
Thompson, Sandra A. und Elizabeth Couper-Kuhlen (2005): The clause as a locus of grammar and interaction. In: Discourse Studies 7, 481–505.
Thimm, Caja (Hrsg.) (2000): Soziales im Netz. Sprache, Beziehungen und Kommunikationskulturen im Internet. Wiesbaden: Westdeutscher Verlag.
Thurmair, Maria (1989): Modalpartikeln und ihre Kombinationen. Tübingen: Niemeyer.
Thurmair, Maria (2002): Standardnorm und Abweichungen. Entwicklungstendenzen unter dem Einfluss der gesprochenen Sprache. In: Deutsch als Fremdsprache 39, 3–9.
Thurmair, Maria (2005): „Aber man spricht doch ganz anders heute!?" Wortstellungsvariationen der gesprochenen Sprache im DaF-Unterricht. In: Fremdsprache Deutsch 32, 42–48.
Thurmair, Maria (2010): Grammatikwissen und Fremdspracherwerb: wer, was und wozu? In: Habermann, Mechthild (Hrsg.): Grammatik wozu? Vom Nutzen des Grammatikwissens in Alltag und Schule. Mannheim: Dudenverlag, 357–370.
Tomasello, Michael (2009): Die Ursprünge der menschlichen Kommunikation. Frankfurt/Main: Suhrkamp.
Topalovic, Elvira und Stephan Elspaß (2008): Die deutsche Sprache – ein Irrgarten? Ein linguistischer Wegweiser durch die Zwiebelfisch-Kolumnen. In: Denkler, Markus et al. (Hrsg.): Frischwärts und unkaputtbar – Sprachverfall oder Sprachwandel im Deutschen. Münster: Aschendorff, 37–58.
Uhmann, Susanne (1997): Selbstreparaturen in Alltagsdialogen. Ein Fall für eine integrative Konversationstheorie. In: Schlobinski, Peter (Hrsg.): Zur Syntax des gesprochenen Deutsch. Opladen: Westdeutscher Verlag, 157–180.
Voiskounsky, Alexander (1998): Telelogue speech. In: Sudweeks, Fay, Margaret McLaughlin und Sheizaf Rafaeli (Hrsg.): Networks and netplay: Virtual groups on the Internet. Cambridge: MIT Press, 27–40.
Volmert, Johannes (2006): Jugendsprachliche Stile und Register. In: Dürscheid, Christa und Jürgen Spitzmüller (Hrsg.): Perspektiven der Jugendsprachforschung. Tübingen: Lang, 87–100.
von Polenz, Peter (1973): Sprachkritik und Sprachunterricht. In: Nickel, Gerhard (Hrsg.): Angewandte Sprachwissenschaft und Deutschunterricht. München: Max Hueber Verlag, 118–167.
von Polenz, Peter (1999): Deutsche Sprachgeschichte: Vom Spätmittelalter bis zur Gegenwart Bd. III. Berlin: de Gruyter.
Wagner, Franz-Josef (2006): Interaktion. In: Bohnsack, Ralf, Winfried Marotzki und Michael Meuser (Hrsg.): Hauptbegriffe Qualitativer Sozialforschung. Opladen: Budrich, 91–92.
Watzlawick, Paul, Janet H. Beavin und Don D. Jackson (2000): Menschliche Kommunikation. Bern: Huber.
Weber, Tilo (2002): Reparaturen: Routinen, die Gespräche zur Routine machen. In: Linguistische Berichte 192, 417–456.
Wegener, Heide (2007): Entwicklungen im heutigen Deutsch – wird Deutsch einfacher? In: Deutsche Sprache 35, 35–62.

Wegner, Lars (2010): Unverbundene WENN-Sätze in der deutschen Gegenwartssprache. In: Studentische Arbeitspapiere SASI 17. URL: http://noam.uni-muenster.de/sasi/Wegner_SASI.pdf.

Weidacher, Georg (2010): Entschuldigungsmails: Konventionalisierung und Variation in der Umsetzung eines Textmusters. In: Luginbühl, Martin und Daniel Perrin (Hrsg.): Muster und Variation: Medienlinguistische Perspektiven auf Textproduktion und Text. Bern: Lang, 51–80.

Weidner, Sven (2010): Sprachkritik als Modeerscheinung. In: SABA (Studentische Arbeiten BA) 1, 1–71. URL: http://audiolabor.uni-muenster.de/saba/?page_id=6.

Weidner, Beate (2012): Gesprochenes Deutsch für die Auslandsgermanistik – Eine Projektvorstellung. In: InfoDaF 39, 31–51.

Weigand, Edda (1994): Discourse, Conversation, Dialogue. In: Weigand, Edda (Hrsg.): Concepts of Dialogue. Tübingen: Niemeyer, 49–75.

Weigand, Edda (2000): The dialogic action game. In: Coulthard, Malcom, Janet Cotterill und Frances Rock (Hrsg.): Dialogue Analysis VII: Working with Dialogue. Tübingen: Niemeyer, 1–18.

Weingarten, Rüdiger (1995): Mediale Kommunikation – Konsequenzen für den Sprachwandel und den Deutschunterricht. In: Jahrbuch Deutsch als Fremdsprache 21, 117–135.

Weingarten, Rüdiger (2001): Voraussetzungen und Formen technisch realisierter Kommunikation. In: Brinker, Klaus, Gerd Antos, Wolfgang Heinemann und Sven F. Sager (Hrsg.): Text- und Gesprächslinguistik, 2. Halbband. Berlin: de Gruyter, 1141–1148.

Weinrich, Harald (2005): Textgrammatik der der deutschen Sprache. Hildesheim: Olms.

Wende, Waltraud (Hrsg.) (2002): Über den Umgang mit der Schrift. Würzburg: Königshausen & Neumann.

Wieler, Petra (2000): Mündlichkeit im Schnittpunkt von Sprach- und Literaturdidaktik. In: Didaktik Deutsch 8, 18–32.

Wildmann, Doris und Thomas Fritz (2001): Authentische Hörtexte und sprachanalytische Aktivitäten. In: Portmann-Tselikas, Paul und Sabine Schmölzer-Eibinger (Hrsg.): Grammatik und Sprachaufmerksamkeit. Innsbruck: StudienVerlag, 216–230.

Willmann, Thomas (1996): Privates in der öffentlichen Kommunikation. In: Knoblauch, Hubert A. (Hrsg.): Kommunikative Lebenswelten. Konstanz: UVK, 201–214.

Wooffitt, Robin (2005): Conversation Analysis and Discourse Analysis. London: Sage.

Wyss, Eva L. (2011): Brautbriefe, Liebeskorrespondenzen und Online-Flirts. Schriftliche Liebeskommunikation vom 19. Jahrhundert bis in die Internet-Ära. In: Luginbühl, Martin und Daniel Perrin (Hrsg.): Muster und Variation: Medienlinguistische Perspektiven auf Textproduktion und Text. Bern: Lang, 81–124.

Ziegler, Arne (2010): Grammatik und Neue Medien – ein pragmatischer Zugang. In: Habermann, Mechthild (Hrsg.): Grammatik wozu? Vom Nutzen des Grammatikwissens in Alltag und Schule. Mannheim: Dudenverlag, 150–172.

Ziegler, Evelyn (1997): Zwischen Dialekt und Standardsprache: Konvergenzprozesse in der Mundart von Lorsch/Südhessen. In: Linguistische Berichte, 530–548.

Ziegler, Evelyn (2000): Wir reden so und sind so und das bleibt auch so! Sprachgebrauch und Spracheinstellung im Familienkontext. In: Stellmacher, Dieter (Hrsg.): Dialektologie zwischen Tradition und Neuansätzen. Stuttgart: Steiner, 65–78.

Ziegler, Evelyn (2005): Die Bedeutung von Interaktionsstatus und Interaktionsmodus für die Dialekt-Standard-Variation in der Chatkommunikation. In: Eggers, Eckhardt, Jürgen

Schmidt und Erich Stellmacher, Dieter (Hrsg.): Neue Dialekte – moderne Dialektologie. Stuttgart: Steiner, 719–745.

Zifonun, Gisela, Ludger Hoffmann und Bruno Strecker (1997): Grammatik der deutschen Sprache. Berlin: de Gruyter.

Zima, Elisabeth (2011): Kognition in der Interaktion. Eine kognitiv-linguistische Studie dialogischer Bedeutungskonstitution in österreichischen Parlamentsdebatten. (unveröffentlichtes Manuskript).

Zimmer, Dieter E. (2005): Sprache in Zeiten ihrer Unverbesserlichkeit. Hamburg: Hoffmann und Campe.

Untersuchte DaF-Lehrwerke:

Arnsdorf, Dieter et al. (2003): Mit uns leben. Deutsch als Zweitsprache. Kursbuch 1. Stuttgart: Klett.

Arnsdorf, Dieter et al. (2004): Mit uns leben. Deutsch als Zweitsprache. Kursbuch 2. Stuttgart: Klett.

Arnsdorf, Dieter et al. (2005): Mit uns leben. Deutsch als Zweitsprache. Kursbuch 3. Stuttgart: Klett.

Braunert, Jörg und Wolfram Schlenker (2005): Unternehmen Deutsch: Aufbaukurs Lehrbuch. Stuttgart: Klett.

Dallapiazza, Rosa-Maria et al. (2009): Tangram aktuell. Ismaning: Hueber Verlag.

Daniels, Albert et al. (2007): Mittelpunkt B 2 (Lehrbuch und Arbeitsbuch mit Audio-CD). Stuttgart: Klett.

Klett Verlag (2003): Passwort Deutsch. Stuttgart: Klett.

Köker, Anne et al. (2004): Berliner Platz 3. Deutsch im Alltag für Erwachsene: Zertifikatsband. Berlin: Langenscheidt.

Kopp, Gabriele und Konstanze Frölich (2005a): Pingpong Neu 1. Ismaning: Hueber Verlag.

Kopp, Gabriele und Konstanze Frölich (2005b): Pingpong Neu 2. Ismaning: Hueber Verlag.

Krulak-Kempisty, Elzbieta et al. (2009): Der Grüne Max. Deutsch als Fremdsprache für die Primarstufe. Berlin: Langenscheidt.

Lanz, Monika und Angelika Lundquist-Mog (2007): Mittelpunkt B2 (Lehrerhandbuch). Stuttgart: Klett.

Lemcke, Christiane et al. (2005): Berliner Platz 1. Deutsch im Alltag für Erwachsene: Lehr- und Arbeitsbuch 1. Berlin: Langenscheidt.

Motta, Georgio und Eva M. Krumm (2007): Wir. Grundkurs Deutsch für junge Lerner. Stuttgart: Klett.

Perlmann-Balme, Michaela et al. (2008): em neu Brückenkurs. Ismaning: Hueber Verlag.

Lösche, Ralf-Peter et al. (2008): Aspekte Mittelstufe Deutsch (B2). Lehrbuch. Berlin: Langenscheidt.

Sonntag, Ralf et al. (2010): Aspekte 3 Mittelstufe Deutsch (C1) Arbeitsbuch. Berlin: Langenscheidt.

Anhang: Das vollständige Transkript eines privaten Telefongesprächs

```
000           ((zweimaliges Freizeichen))
001     H     hanna BREde?
002     R     °h hallo HANna- (.)
003           hier is reNAte. °hh (.)
004     H     hallo reNAte;
005     R     ich hab vorhIn schonmal versucht dich zu erREIchen;
              (.)
006           da warst du nicht DA:,
007           (--)
008           [wo WARST du denn?]
009     H     [ja: ich war bis ] Eben grad unterWEGS.
010           ich war inner STADT.
011           °h jo. [hehe    ]
012     R            [SHOPpen?] (.)
013     H     °hh NE:_ah ich [mUsst mein:-          ]
014     R                    <<leise> [beSORgungen machen;]>
015     H     NE:_jA: ich hAb so- (.)
016           ich hAb meinen NEUen-
017           ich hab n neuen persoNALausweis äh beAn[tragt;]
018     R                                             [aHA. ]
019     H     und musste den ABholen und; °h
020           ich musste zur BA:NK; (.)
021     R            [ja.]
022           und (.) [zur] apoTHEke;
023           [und BLA.]
024     R     [hast den] beANtragt oder schon Abgeholt.
025     H     ABgeholt. hehe
026     R     oKAY-
027           [da muss man Immer] acht EUro zahlen oder sO was;
028     H     [°hhhhhhh     ja.  ]
029     R     [ne, ]
030     H     [°hhh] [ÄH:M:::;           ]
031     R            [rElativ UNverschämt.]
032           (--)
033     H     mjOA ich hab totAl verGESsen wieviel ich bezAhlt
              habe,
034           das WAR jetzt schon;
035           JA- (.)
036           IRgendwie; (.)
037           ACHT fünfzehn-
038           IRgendwas [in der] rIchtung ja.
039     R               [ja-   ]
040           hAst du [n hübsches FOto drauf?]
041     H             [°hhhh ja ich HATte den] ja äh-
042           °hh bei meinem UMzug lEtzte ähm; (.)
043           LETZten herbst hab ich den ja verlOrn; (.)
044           oder [letzten] SOMmer.
045     R          [wie;   ]
```

```
046            du hAst (.) [den] (.) einfach nicht mehr geHABT
               danAch?
047     H                 [ja;]
048            <<lachend> ja> geNAU;
049            ich HAB beim, (.)
050            kurz vorm Umzug irgendwann fEstgestellt dass der WEG
               is,
051            und (.) äh- (.)
052     R      ou; (.)
053     H      ja.
054            hab den dann beim Umzug hab ich dann alle SAchen
               dUrchgeräumt,
055     R      ja-
056     H      und hab geKUCKT, (.)
057            aber hab den nich mehr WIEder [<gefunden. <lachend>>]
058     R                                    [<SCHEIße- <lachend>> ]
059            <<schneller> ja gut aber dann wArst du auch erstmal
               in CHI:na,> ((Hanna lacht parallel))
060            da brauchtest du ja n PERso nich;
061            ne,
062            da brauch[test du deinen REIsepass,]
063     H               [NE:: (.) ich hAb meinen] rEIsepass; (.)
064            [ja: geNAU. ]
065     R      [(ja) und von] dAher war das ja EIgentlich noch ganz
               [GLÜCKlich al]so-
066     H      [°hhhhhhhhhhh]
067            ja[(h)a hahahehe,]
068     R        [ansOnsten wärs] SCHLECHT gewesen.
069     H      [ja. ]
070     R      [°hhhh] [NAAJ:;            ]
071     H              [und jetzt hab ich] geguckt ob er jetzt
               wieder (.) AUF(.)taucht beim EInräumen und so;
072            Aber (.) äh-
073     R      ne:-
074     H      IS_er [nich also- ]
075     R            [ach ne beim] UMzug,
076            das kannst verGESsen.
077            der liegt jetzt in irgendner kIste wahrSCHEINlich,
               (.)
078            [un:d-]
079     H      [°hhh ] DU: ich wEIß gar nich ob ich den vOrher-
080            kann ich den auch irgendWO-
081     R      ach so [RICHtig.]
082     H             [WEIß ich] nich.
083            [wEIßte ich hab kein] PLAN also-
084     R      [(                 )]
085     H      [°hhhhhh]                   [ER is ein]fach
086     R      [ach is e]gAl jetzt haste (.) [n NEUen. ]
        H      verschwUnden.
087     R      [n HÜBschen mit einem schönen- hehe]
088     H      [hehehe Irgendwer (.) IRgendwer gibt] sich jetzt als
               Ich aus.
089            mUsst jetzt a' darauf ACHten dass- ((beide lachen bis
               Z. 093))
```

```
090   R         oKAY. (.)
091             also wenn ich jemand in KASsel sEhe;
092   H         ja.
093   R         der dann einen einen äh personalausweis mit einem
                schönen blOnden fOto ZÜCKT dann äh:;
094             SEH ich [das sofOrt.] °h
095   H                 [geNAU dann-]    (.)
096   R         ALles klar. (.)
097   H         PASS auf. (.)
098             ein ein perSOnenbetrüger läuft [rUm.   hehehe ]
099   R                                        [OH ja. °h ne:;] (.)
100             ich wollte dich EIgentlich mal frAgen äh (.) ob du
                nicht mal wieder lUst hast nach KASsel zu kommen;
101             (.)
102   H         JA::: [totAl gErne.       ]
103   R               [(also) ob du was ge]PLANT hast so (.) in den
                [nächsten paar wOchen;]
104   H         [°h äh:m               ] ich HAB (.) das sogar son
                bisschen geplAnt,
105             und ZWAR ähm- (.)
106             meine ELtern die ähm fliegen am: (.) höä-
107             ich glaub am; (.)
108             ja am ACHTundzwanzigsten; (.)
109   R         [ja:,]
110   H         [°hhh]  in die türKEI-
111             und die kommen am sIEbten WIEder;
112             und (.) ähm; (.)
113             DA: überlEg ich momentan grade ob ich dann für die:
                wOche,
114             nach KASsel beziehungsweise nach fUlda komme.
115   R         für die GANze woche?
116             (---)
117   H         JA;
118   R         COOL; (.)
119   H         [ALso für des sind dann irgendwie acht TAge oder so.]
120   R         [aber wAs hat das jetzt damit zu tun dass deine     ]
                eltern WEG sind;
121             EINfach damit du (.) [(              )]
122   H                              [äh JA ne: weil ich] hier in
                bremerhAven ja äh so Ungefähr noch überhAUpt keine
                [kon]tAkte hab;
123   R         [ja;]
124   H         und °hhh [ÄHM da würd ich ] hier so ne woche
125   R                  [°hh nur wÄre es-]
      H         rUmhängen irgend[wie.]
126   R                         [WÄ  ]re es nich wIchtig,
127             dass da überhaupt jemand DA is,
128             so um für die ROLLläden hoch und runter zu machen und
                blUmen(.)kästen (.) gießen und so-
129   H         ja (dann) DA, (.)
130             da hätten se glaub ich IRgend[wen al]so-
131   R                                      [oKAY. ]
132             weil [dAs] ist immer das was mEIne eltern mich
                FRAgen,
```

```
133  H              [ja-]
134  R       ob ich nicht dann extra [KOMmen könnte;]
135  H                               [((lacht      ))]
136  R       und (.) (    )
137  H       ne:, ((lacht))
138          [wir können ja] n HAUSsitter (.) bUchen [hier;]
139  R       [(           )]                         [ja::;]
140  H       IRgendwo; ((lacht))
141          [ne: hier] und hier im Obergeschoss sind ja auch die
142  R       [ähm;    ]
     H       bEIden stuDENtenweges drin,
143          das HEIßT,
144  R       [AH ja mhm-]
145  H       [des äh (.)] Oben läuft das dann sOwieso.
146  R       oKAY;
147  H       ja.
148  R       <<leise> gut=> (.)
149         °h ja das wÄr ja COOL;
150          dann wÄrst du ja ne ganze WOche da. (.)
151  H       °h [ja: (.) und-    ]
152  R          [dann: eh kÖnnen] wir dich ja einfach unter uns
                AUFteilen.
153          dann kannst du mAl bei HANS übernAchten,
154          mAl bei MIR [ übernAch]ten,
155  H                   [((lacht))]
156          JA: ich hAb dann auch gedAcht dann; (.)
157          fahr ich vielleicht drEI tage zu JUlia,
158          nach FULda oder so:, (.)
159  R       ja:;
160  H       und- (.)
161          bin den rEst der zeit in KASsel-
162         °h aber ich mUss überLEgen;
163          WEIL ich (.) ähm:- (.)
164          ich hAb ja mehrere beWERbungen laufen-
165          und eVENtuell stArtet schon was am ersten mÄrz. °hh
166  R       aHA? (.)
167          was WÄre das dEnn;
168  H       ((H räuspert sich und schluckt))
169  H       ich HAB mich (.) ähm,
170          (--)
171          anner (.) inner ZEItung bewOrben;
172          und anner FACHhochschule.
173          (--)
174  R       fü:r PRAKtika.
175  H       [eh:- ]
176  R       [Oder,]
177  H       ja: und volontariAT.
178  R       AH ja.
179          KRASS,
180  H       ja. (.)
181          und eh WENN ich das krIEge,
182          KÖNNte es sein dass es schon am ersten märz beginnt;
183          und DANN kann ich nIch kommen.
184          [((lacht        ))]
```

```
185   R   [ne: DAS is klAr;]
186       das is ja total KURZfristig; (.)
187       wann WEIß man das dEnn.
188       (--)
189   H   <hm DAS (.) eh frag ich mich auch. <H lacht>>
190   R   hatteste denn da schon n
          [rIchtiges beWERbungs]gespräch?
191   H   [ich WEIß nich genau.]
192   R   oder hAste das erstmal nur ABgeschickt;
193       (---)
194   H   äh ich habs anner FACHhochschule hab ichs einfach
          Abgeschickt;
195       und ehm anner zEItung WAR ich? (.)
196       und bIn da jetzt auch schon freie MITarbeiterin,
197       SCHREIB jetzt schon die ersten sAchen; °hhh
198       und dann ehm (.) JA. (.)
199   R   bei der [bre]merhavener ZEItung? (.)
200   H           [ne,]
201   R   oder WIE heißt die.
202   H   geNAU. ((lacht))
203   R   [WO:W (was                   )]
204   H   [<<lachend> ihr bremerHAvener.] (.)
205       renAte reNAte.> (.) hahaha
206   R   ja ich hab geLERNT; (.)
207       [ich SAge nich mehr bremerHAver,]
208   H   [du hast dir das dirEkt geMERKT;]
209   R   [ich sage bremerHAvener.]
210   H   [ICH hab ich hab,        ]
211   R   [ja, ]
212   H   [zwei] drei wochen geBRAUCHT;
213       bis ich nicht mehr bremerhaver geSAGT hab.
214       °hh und meine stIEfmama mich KILlen wollte;
215   R   JAja,
216       ((beide lachen 1.5 Sek. lang))
217   R   und äh wOzu biste wOfür biste jetzt ZUständig da?
218       was SCHREIBSte da?
219       (--)
220   H   Äh:: ich bIn in der kulTURredaktion. (.)
221       ich schrEIb (.) über (.) ehm theAter; (.) °h
222       ehm (.) Oper mUsical (.) ehm-
223   R   <<leise> DAS is ja cool.> (.)
224   H   JA:: also Alles was Irgendwie mit (.) mit bIldung und
          kultUr zu tun hat ich- °hh
225   R   ja:;
226   H   ne-
227       Irgendwelche KLASsischen konzErte; (.) °h
228       ALso (.) joa. (.)
229   R   aHA,
230       über klAssische konzerte kannst du dich wirklich
          ÄUßern?
231       also da WÜRde ich halt nur sagen;
232       ja war eh: (.) hhh° LANGweilig?
233   H   ((lacht während des nächsten Turns))
234   R   oder hat sich SCHÖN angehört? (.)
```

235		also sehr viel FACHmännischer kann ich da [nIch was] zu sAgen.
236	H	[SEHR gut.]
237		ne: ich ich bIn ja ich hAb ja ne ne ne KLASsische musikAlische AUsbildung quasi also; (.) °h
238		von DAher.
239		ich (.) spiel meh[rere FLÖten und klavIEr und] so (weiter).
240	R	[(dann) fühlst dich DA: fit;]
241		[oKAY.]
242	H	[°hh] Und (.) und hab auch sElber (.) äh EIniges an klassischen konzerten geGEben; (.) °hh
243		und (.) JA.
244	R	dann kannst du SAgen; (.)
245		is TOP oder is flOp. hahaha
246	H	geNAU. (.)
247		und mein CHOR- (.)
248		ehm anner SCHUle war auch; (.)
249		also ich WAR da (.) ehm an meiner,
250		an meinem gymnAsium war ich im KAMmerchor und (hab);
251	R	ja STIMMT (.) is ja [auch-]
252	H	[°h DA] ham wir immer latEInische <<lachend> messen [gesUngen und so> und;]
253	R	[ja. schö::n;]
254	H	also ich KENN mich (.) m: auch mit klAssischer musik gut aus.
255		und-
256		JO.
257	R	ja <krass <behaucht>>-
258	H	ne,
259	R	und da wirst du dann artIkel (.) weise beZAHLT?
260		oder wie LÄUFT das;
261	H	geNAU: also (.) genAU.
262		ich bin (.) freie MITarbeiterin,
263		DIE rufen mich an wenn se [(.)] wen brAUchen? °h
264	R	[mhm,]
265	H	Ich hehe (.) rufen mich jetzt äh (.) immer DANN an wenn sie;
266		(.) so famIlienfeindliche (.) terMIne quasi haben ne,
267	R	AH ja.
268	H	wo kEIner von den andern °hhh [wirklich] HIN will;
269	R	[klar.]
270	R	ja;
271	H	und das krieg ICH da(h)ann natürlich. (.)
272	R	und finds des oKAY:,
273	H	ne? (.)
274		ja.
275		(--)
276	H	ich bin ja °hh frei EINsetzbar.
277	R	[ja.]
278	H	[ne,] (.)
279		also. (.)
280		MICH halten ja keine schreienden kinder <<lachend> von irgendwas ab.>

```
281   R     ja KLAR. (.)
282         ich dEnk halt nur wenn das irgendwie jetzt gAnz
            sponTAN is,
283         und du entweder was ANderes vor hast,
284         Oder wenns halt relativ weit WEG ist; (.)
285         also da musste ja immer mit m AUto hin oder nIch- (.)
286   H     °h JA: [aber das-    ]
287   R            [oder wie groß] IS der Umkreis so:-
288         was war das WEIteste wo du jemals wArst,
289         (--)
290   H     nE: das war BISher jetzt alles direkt in
            [bremerhAven.]
291   R     [ach SO;     ]
292         IN der [stadt;]
293   H            [Aber- ]
294   R     oKAY.
295   H     JA: also am sAmstag fahr ich einmal nach wOlfsburg;
            (.)
296         das sind fünfundvierzig miNUten. (.)
297   R     ah JA.
298   H     also DAS is dann schon ne Ecke aber;
299   R     ja;
300   H     °hhh
301   R     aber das is jetzt NICH so n tAUbenzüchterverein oder
            so-
302         das zählt nicht unter kulTUR. (.)
303         Oder? (.)
304   H     <<lachend> NEIN;> hahaha
305   R     hAste ja GLÜCK gehabt.
306         HE[he.]
307   H       [NE:] die hAm: (.) also des die hier im theAter;
308         in bremerhaven ham die REgelmäßige; °hh
309         STÜcke; (.)
310         und (.) ähm (.) °hhh GANZ regelmäßige AUfführungen
            und so und;
311         ähm- (.)
312         [DA gUck ich mir eigentlich das mEIste an.        ]
313   R     [is ja cOOl da kannste die auch auch alle umSONST]
            angucken.
314   R     Oder?
315         GRAtis.
316   H     JA: und ich hAtte;
317         dAs war der WITZ;
318         WEIßte,
319         ich hab mich da beWORben und; °hhh
320         dann sagte er diREKT;
321         JOU:.
322         AB in die kultUrredaktion-
323         [NE und;] °hh
324   R     [(klar;)]
325   H     und Ich sagte JA(h)::,
326         °h ne; (.)
327         für WAS brAuchen se mich denn so,
328         und ER sagte dann;
```

```
329        ja;
330        dIEs und JEnes vielleicht und so und;
331        ich HATte für die gAnzen sachen schon kA:rten.
332        [hahaha hahahaha]
333   R    [NEIN;     OH:::,]
334   H    ja weil ich EH-
335        weils mich EH interessiert;
336   R    [ja geNAU. ]
337   H    [und ich EH] da immer hIngehe;
338        WEIßte?
339        ((H lacht))
340   H    [des wAr dann so (.) COOL.     ]
341   R    [weil SONST ist halt die sAche;]
342        du kannst dich nIch so richtig zuRÜCKleh:nen und des
           genIEßen;
343        du musst dann halt SCHO:N irgendwie dir auch
           zwischendurch notIzen machen;
344        ne, °hh
345   H    J[A:         ja dann-]
346   R     [also das IS dann so:-]
347        (.) nich rEIne [FREI]zeit;
348   H                   [ja; ]
349   R    aber trO(h)tzdem eh find ich das is no(h)ch n guter
           JOB also;
350        (.) ga(h)nz EHRlich.
351   H    hehe
352   R    besser als über irgendwelche loKALereignisse zu
           schreiben;
353        (--)
354   R    finde ICH [also so: so:- ]
355   H              [JA. (.) JAja; ]
356        obWOHL; (.)
357        hier im TAUbenzüchterverein;
358        wo dus grad SAGST,
359        gabs GRAD n skandAl. ((lacht))
360   R    aHA, (.)
361   H    MENSCH.
362        ((Beide lachen 1,5 sek.))
363   H    ja(ha;)
364   R    und über dEn durftest du dann NICHT berichten. hahaha
365   H    äh nein.
366   R    <<in ironischem Ton> SCHA:de.> (.) hehehe
367   H    ne:. (.)
368        JA;
369        NE und das (.) also das t' mAcht mir unheimlich spAß,
370   R    [ja GLAUB ich; ]
371   H    [das LIEGT mir-]
372        (---)
373   H    jo: und ICH (.) ähm- °hh
374        JA das an der fAchhochschule Is eben auch n
           volontariat in der (.) prEsse und
           Öffentlichkeitsarbeit,
375   R    aHA,
376   H    m:: und das- (.)
```

```
377        DA bin ich eben nich sIcher wann das (.) stArten
           würde.
378        weil da stand zum (.) °h nÄchstmöglichen ZEITtpunkt
           wird besetzt.
379        das HEIßT- (.) °hhh
380   R    oKAY.
381   H    ja dIEse woche endet die (.) FRIST? (.)
382   R    ja:,
383        (---)
384   H    dann verMUT ich die (.) ham nÄchste woche
           <<sehr schnell> bewErbungs>gespräche und dann, (.) °h
385   R    geNAU.
386   H    KÖNnte es ja theoretisch sein dass die sEhr schnell
           EInstellen ne,
387   R    die frAge is halt immer nur bei d' solchen
           hOchschulen oder auch FACHhochschulen- (.)
388        die müssen erstmal diese verTRÄge dUrchkriegen ne?
389        [dann dann] hOcken die da: (.) inner verWALtung,(.)°h
390   H    [ja oKAY. ]
391   R    un::d also das kEnn ich von meinem EIgenen vertrAg;
392        das hat äh sechs wOchen mindestens geDAUert;
393        bis das halt [mal DURCH] war. (.)
394   H                 [ACH gott.]
395   R    und von dAher is halt die frAge ob die DAS meinen.
           (.)
396        mit NÄCHSTmö(h)glichem zEI(h)tpu(h)unkt ne?
397   H    hihi;
398        ja: ALso;
399        d' da d' ich RUF am besten mal an und frag-
400        WANN das so [geplAnt] is;
401   R                [ja.    ]
402   H    weil dann kAnn ich auch meinen MÄRZ planen [ne,]
403   R                                               [ja ]
           [geNAU.]
404   H    [WEIL  ] die-
405        °h weil der (.) ähm der chEfredakteur möchte jetzt
           gern dass ich im mÄrz dann °h PRAKtikum mache,
406   R    ja.
407   H    ähm (.) bei der bremerhavener ZEItung- °hhhh (.)
408        u:nd da WÜRD ich dAnn ja;
409        ehm (.) ja: erstmal (.) näher (.) da RAN[rücken] ne;
410   R                                            [ja;   ]
411   H    als [frei]e mitarbeiterin [renn] ich da raus und
412   R        [ja; ]                [(  )]
      H    wieder [REIN (.)] und [äh; (.)]
413   R           [geNAU.  ]     [geNAU. ]
414   H    rein und wieder RAU(h)S.
415        [hehe,            ]
416   R    [(ne:) ich denk mal] n prAktikum (.) das is auf jeden
           fall DIE sAche wie man überhaupt an n volontariAt
           kommt. °hhh
417   H    [ja; ]
418   R    [also] die NEHmen- (.)
419        ne,
```

```
420         Alle volonTÄre; (.)
421         haben vorher PRAKtikum irgendwo gemAcht mEIstens.
422   H     JA. (.)
423         und (.) °hh ich HATte mich da-
424         sO wie DU mir das mal Irgendwann ge'-
425         du hAttest mir da IRgendwann mal diesen tIpp gegeben
            dass man- °hhhh
426         sich nich für n PRAKtikum bewirbt-
427         sondern für n volontariAT,
428         und dann REINschreibt;
429         ich WÜRde auch n prAktikum machen; (.)
430         e' w' WENN es keinen plAtz gibt momentan.
431         ne?
432         [und- (.)]
433   R     [ja:;    ]
434   H     [°hh IRgendwie so.      ]
435   R     [is halt Immer die frage] wie das so ANkommt bei den
            leuten.
436         NE das is-
437         (---)
438         °hhh wEIß ich [AUCH] nich.
439   H                   [mhm;]
440   R     ALso:-
441   H     also ich HABS jetzt eben so gemAcht,
442         [und und] (.) eh HAB auch direkt mit ihm gesprOchen,
443   R     [ja. ja.]
444   H     mit dem CHEF[redak]teur und der; (.)
445   R                 [oKAY.]
446   H     FAND das jetzt gut,
447         hat sich geFREUT und.
448   R     ja;
449   H     °hhh ähm da wird im sOmmer irgendwann n platz FREI?
450         (.) fürs volontariAT,
451         und er MEInte- °hh
452         wenn ich mich im PRAKtikum gut Anstell;
453         und in der freien MITarbeit und so;
454         hab ich da sEhr gute CHANcen drauf.
455   R     hat er dir schon geSAGT. (.)
456   H     hat er mir ge[SAGT.]
457   R                  [ja SU]per. (.)
458         hAnna das is RICH[tig] gut.
459   H                      [ja,]
460   R     ganz EHRlich.
461   H     hehehe;
462   R     ja KRASS,
463         ((beide lachen))
464   R     dAnn (.) [gehst ] du äh: (.) ins ZEItungsgeschä(h)ft.
465   H              [(ju:;)]
466   R     das is ja COOL.
467         [hehehe-]
468   H     [jA. (.)]
469         oder eben DA an die (.) fAchhochschule;
470         aber die °h bIEten eben auch dann so: hospiTANzen in-
            (.)
```

```
471  R   mhm,
472  H   In eh in (.) deren ZEItung und so an und; [(°hhh)]
473  R                                                    [ja:;   ]
474  H   BLAblabla ne,
475  R   [(ja geNAU;)]
476  H   [ALso ich    ] möchte einfach in diesen berEIch
         irgendwie rEIn und;
477      °hh[hh joa. ]
478  R      [TUT sich] ja richtig was bei dIr;
479      hAlt mich mal aufm LAUfenden.
480      das fInd ich ja [SPANnend.]
481  H                   [((lacht))] (.) JA::;
482  R   aber gUt ich hoffe natürlich TROTZdem;
483      dass es dann nIch schon äh im märz LO:Sgeht.
484      damI(h)it du da(h)ann [nochmal hierHERkommen kannst.]
485  H                         [°hhhh    hehehehehe         ]
         hehehehe; °hhhh
486      JA: sonst mUss ich mal irgendwie;
487      äh:;
488  R   JA:; (.)
489      also [bei MIR is halt-  ]
490  H        [weiß ich AUch nich] sO (.) SO dann kOmmen.
491      ne,
492  R   auch einfach in den: nä' in den nÄchsten °hh WOchen
         oder;
493      EIgentlich jetzt in der GANzen nächsten zEIt-
494      is bei mir Immer SO:,
495      dass ich meine wOchenenden ziemlich GU:T, °h
496      und lAnge im voraus PLA:nen muss. °hhh
497  H   [ja;          ]
498  R   [weil ich jetzt] EInfach geMERKT habe ne,(.)
499      FERNbeziehung; ((lacht))
500      das (.) WILL al[les] organisIErt sein. °h
501  H                  [ja;]
502  R   an[sOn]sten äh (.) KLAPPT das nich. (.)
503  H     [ja;]
504  R   [°hhhh weil-]
505  H   [wie (.) wie ] lange FÄHRST du?
506      bis (.) zu MARkus?
507  R   ä:hm von KASsel aus vIEr stunden. (.)
508  H   <<gehaucht> BOAH:;>
509  R   ja:; (.)
510      das is halt [die   ] SAche.
511  H               [oKAY:;]
512      also in me' hehe in CHIna is das ne kUrze entfernung
         [übrigens. hehe ]
513  R   [ja ich WEIß. (.)]
514  H   ((lacht während der folgenden beiden Zeilen))
515  R   in usA: is das AUCH ne ku(h)urze entfE(h)ernung (.)
         aber-
516      hm:: [(m(h)a) hier find ichs jetzt] nich SO:: kurz.
         (.)
517  H        [KURZstrecke; (.)    hehehe]
518  R   also das Is halt EINfach (    ) wenn man::-
```

```
519        Abends (.) LOSfährt.
520        dann (.) IRgendwie:-
521        WEIß ich nicht;
522        wenn man wenn man (.) bis SECHS uhr Arbeitet;
523        dann is man halt nicht vor zEhn uhr dann DA. °hh
524   H    [mhm;            ]
525   R    [oder ich] muss mir halt äh den lUxus einer BAHNcard
           gönnen- (.)
526        dann KANN ich auch mitm icE fahren;
527        dann gEhts n bisschen SCHNELler, °hhhh
528   H    ja;
529   R    äh:m- (.)
530        und deswegen hAt man einfach nich so viel ZEIT,
531        und man mUss auch wirklich KUcken; (.)
532        ähm-,
533        trEffen wir uns in NÜRNberg;
534        oder in KASsel; (.)
535        oder vielleicht bei markus Eltern in FRANKfurt;
536        das ham wir halt am LETZten wOchenende gemacht. (.)°h
537        oder auch [mal ] in REMscheid;
538   H              [mhm;]
539   R    weil ICH jetzt zum beispiel am nächsten wochenende in
           rEmscheid sein muss- °hh
540   H    [ja;]
541   R    [äh:] da muss ich BAbysitten;
542        und bin auch EINgeladen (.) aufm gebUrtstag.
543        und dAnn: muss man einfach KUcken,
544        okAy kann der andere dann AUCH dahin kOmmen.
545        dass man sich halt irgendWO:-
546        in IRgendeiner stadt zumindest da(h)ann trifft. °hhhh
547   H    ja;
548   R    weil anSONSten (.) ähm; (.)
549        gibt es sO viele terMIne und so:;
550        die alle dann schon in w' wOchen VOraus liegen,
551   H    ((Geräusch zwischen Husten und Lachen))
552   R    und dann blEIbt es auf der STREcke. (.)
553        und das is (.) einfach alles DOOF (.) also,
554        (---)
555   R    °hh ja: aber deswegen fInd ichs halt auch cOOl wenn
           du jetzt sagst irgendwie MÄRZ,
556        und so dann kann ich das EINplanen, °hhhhh
557   H    [ja;    ]
558   R    [(ähm-)] (.)
559        nE dann halt ich mir das nämlich einfach schonmal
           FREI; (.)
560        so n [BISsschen,]
561   H         [°hhhhhhhh]
562        al[so (.) äh wir] KÖNnen auch;
563   R      [(            )]
564   H    wir können auch ganz Unabhängig davon (.) einfach
           auch mal n wOchenende zu ZWEIT abmachen oder so.
565        [oder] du kommst mal nach bremerHAven.
566   R    [ja, ]
567   H    [°hh]
```

```
568  R        [ja;]
569  H        ne, (.)
570           also- (.)
571           wie du (.) wie du zEIt und LUST hast.
572           (---)
573  R        °hhh also bremerHAven, (.)
574           wi' (.) wie teuer WÄre das denn so-
575           kann ich DANN, (.)
576  H        °hh du kAnnst mitm niederSACHsenticket fahrn?
577           das sind da pro wEg zwanzig EUro;
578           [°hhhhh]
579  R        [AH ja  ] okAy;
580  H        ne, (.)
581           das sind eben [zwEI] stunden FAHRT.
582  R                      [ja. ]
583           (1.0)
584  R        gut das GEHT ja eigentlich.
585           °hhhh ja lAss uns das mal über[LE:]gen;
586  H                                      [ja,]
587  R        aber das wÜrd ich eigentlich lIEber machen wenns n
              bisschen SCHÖner is. (.)
588           also <<lachend> [wenns nich mehr so KAL:T] is.>
589  H                        [ja:;      hehehehe      ]
590  H        wenn man sich an_n STRAND [hier lEgen kann,]
591  R                                  [ja:::;          ]
592  H        [((lacht))       ]
593  R        [DAS wär ja geil;]
594           boah HANna (.) das wär ja [rIchtig (cool)].
595  H                                  [IÄH::   hihihi]
596           (---) ((Hanna lacht bis Z. 790))
597  R        JA;
598           also dann ÄHM- (.)
599           WÜRD ich sagen-
600           hAlten wir doch erst mal so diese MÄRZaktion fest;
601           und anSONSten ähm- (.)
602           plAnen wir WIRKlich schon mal-
603           also mEInetwegen können wir sonst auch schon mal in_n
              aPRIL reinplanen oder so,
604  H        [JA, (.) KÖMma auch. ]
605  R        [ANders wirds bei mIr] nicht mÖglich sein. (.)
606           das ist einfach das was ich in letzten wochen geMERKT
              habe, (.)
607           weil sonst STA[peln] sich alle (.) termIne (.) und
              dann- (.)
608  H                      [ja. ]
609  R        °h [kommt man] zu NIX mehr. (.)
610  H           [°hhhhhhh ]
611           du wir können uns (.) uns GERne fürn (.) m:
              belIEbiges wochenende das bei dIr noch frei is
              ver[Abre]den;
612  R           [ja; ]
613  H        bei mIr sind so ungefähr noch ALle frei,
614  R        <<leise> oKAY;>
615           is doch schön für <DICH; <lachend>>
```

```
616  H    JA; (.)
617       ALso; (.)
618  R    [ja;]
619  H    [ja;]
620  R    [ich hab jetzt grAd meinen kaLENder nich] da,
621  H    [ja oder auch NICH; (.) hehehe              ]
622  R    JOjo;
623       och KOMM,
624       es wIrd auch wieder ANdere zeiten geben hAnna-
625       also von DA[her,]
626  H               [NE:] aber ich mEIn,(.)
627       ne, (.)
628       weil ich EInfach hier noch keine konTAKte hab
          [und deshalb;] (.)
629  R    [ja: KLA:R;  ]
630  H    [mich nich (.)] wirklich mit FREUNden
631  R    [das STIMMT;  ]
     H    verab[rede und so ne,]
632  R        [ja, das STIMMT;]
633       aber ich SAG ja [wenn du Erstmal wieder] was
          Arbeitest,
634  H                    [(                    )]
635  R    dann wIrd (.) wErden auch wieder ANdere zei(h)eiten
          kommen;
636       also (.) von DAher,
637  H    JA:,
638       ja;
639       [ja im] moMENT is das natürlich so; (.)
640  R    [(    )]
641  H    dann DENK ich <<genervt> ehe::a> ne,
642  R    [KLAR; ]
643  H    [<oKAY,] <genervt>> hehehe
644       (--)
645  R    JA: also wIE gesagt,
646       ansOnsten KOMM doch auch mal;
647       ich mein du kannst auch immer spontAn mal einfach
          FRAgen, (.)
648       eh: (.) wenn ich in KASsel bIn,
649       und auch wenn MARkus da is;
650       Is doch kein proBLEM, (.)
651       dann KOMMSte einfach mal für ne nacht. (.)
652  H    ((lachendes Ausatmen in einer Silbe))
653  R    also: warum denn NICH, (.)
654       °hhh ich hab doch [noch] n SOfa im wOhnzimmer, (.)
655  H                      [ja, ]
656  R    haha_das GEHT.
657  H    ((lacht))
658  R    dann sAg einfach beSCHEID.
659       (--)
660  H    hm; (.)
661  R    naJA.
662  H    °h ja;
663       (--)
664  R    GUT ich muss jetzt auch mal eine runde
```

```
                wEIterarbeiten,
665             (--)
666    H        ja[WOHL,]
667    R          [ähm; ](.)
668             aber dann sprEchen wir uns (.) wIEder würd ich SAgen,
669             (--)
670    H        [ja.]
671    R        [MEL]den wir uns gegensEItig,
672             (--)
673    H        jA GERne. (.)
674             [und dann  (.) ja,]
675    R        [(na gut ich werd)] mal HIER; (.)
676             n bisschen haha (.) wieder in [die TASten ] hauen,
677    H                                      [wir MAchen;]
678    R        hehehe;
679    H        JA;
680             wir machen n terMIN ab irgendwie und dann;
681             JA.
682    R        cool.
683             DANN freu ich mich.
684    H        ne,
685             <<lauter> ach SO;> (.)
686             äh EIne sAche noch [mal] eben äh:m:-
687    R                           [ja,]
688    H        LIsa,
689             (1.0)
690    H        äh:m (.) WÜRde gerne:; (.)
691             <eh wann sInd denn Osterferien;
692             WEIß ich nich. °h <leiser und schneller>>
693             die hat ja bis zu den Osterferien totAl viel zu TUN?
694    R        ja:, (.)
695    H        aber dann IN den Osterferien wIll sie sich gerne mit
                mir trEffen; (.)
696             und ZWAR- (.)
697             nicht in kAssel oder in bremerhAven sondern in
                HILdesheim.> (.)
698    R        aHA:, (.)
699             ((H räuspert sich))
700    H        weil das so auf der HÄLFte is;
701             und weil sie MEInte; (.) °h
702             dass uns ja da KEIN Arsch kennt,
703             und wir da rIchtig Übel PARty machen können.
704             [(( Hanna lacht))            ]
705    R        [<ja DAS is ja wItzig.] <leise>>
706             (--)
707    H        und dann (.) dEnk ich mal bist du auch hErzlich
                <EINgeladen. <lachend>>
708    R        [aber w' wo WILL sie denn dann da-]
709    H        [°hh falls du mal anoNYM,           ]
710    R        [wo wIll sie denn dann da] (bei n') ÜberNACHten? (.)
711    H        [hhh heheheheh            ]
712    R        KENNT sie da [jEmanden?]
713    H                     [JA se',  ]
714             JA:,
```

```
715        du WEIßT auch wen. (.)
716   R    ja ich WEI:ß. (.)
717        aber [HANna;] (.)
718   H         [hahaha]
719   R    da können WIR (.) [nIcht] (.) übernAchten.
720   H                      [°hhhh]
721        Oder,
722   H    nein WIR nicht. (.) hehe
723        ich muss mir dann noch wEn aus HILdesheim aufreißen
           vOrher;
724   R    ja aber ich SAG mal (da)- (.)
725        PARtymachen,
726        eh: heißt für mIch jetzt eigentlich NICHT dann n: °hh
           n n zUg zu nehmen um zwÖlf.
727        sondern IRgendwie- (.)
728        dass man da halt BLEIben kann. (.)
729   H    ((Hanna lacht))
730   R    ich WEIß nich. (.)
731   H    JA. (.)
732        DEShalb.
733        ich MUSS noch.
734        ich muss mal MEIne;
735   R    ((Renate lacht))
736   H    ich mUss mal wen AUFtun.
737   R    [lErn du mal jemanden KENnen.      ]
738   H    [ich l' ich gEh mal da SHOPpen.]
739        ((beide lachen))
740   R    ich wÜrde eventuell HEIke kennen.
741        fällt mir EIN; (.)
742        DIE is doch [in hIldesheim.] (.)
743   H                [ja KLAR.       ]
744   R    STIMMT das fällt mir [(                    )]
745                             [((Hanna atmet sehr laut ein))]
746   R    °hh ich mein mit dEr hab ich seit nem JAHR nichts
           mehr zu tUn;
747        aber man kann den kontAkt ja mal wieder AUFleben
           lassen.
748   H    JA [dAs wär cool.    ]
749   R       [vielleicht NICHT] direkt mit der Anfrage;
750        können wir zu zweit bei dir PEN:nen,
751        [Aber-]
752   H    [NE:; ]
753        [fang'] FANG mal jetzt (.) Unauffällig [An? ]
754   R    [hehe ]                                [ja:,]
755   H    und dann-
756        ((Hanna und Renate lachen ca. 1.0 Sek.))
757   R    das wär ne lUstige akTIO:N. (.)
758   H    dAs [wär toTAL witzig.          ]
759   R        [weil dann würde man auch] JOchen mal wIEdersehn.
760        ne? (.)
761   H    JA:- (.)
762        und und wir WÜRden mal; (.)
763        ne, (.)
764        OHne irgendwelche; (.)
```

```
765        ETwaigen stu[dEnten um uns rum pArty machen] können.
766   R                [haste rEcht (du) hast RECHT.  ]
767        is keine schlechte iDEE [(hanna        )].
768   H                              [ hehehehehehehehe ]
769   R    ich bAU jetzt ([mal ich] bAU mir) den konTAKT mal
           wieder auf,
770   H                 [JUhu;   ]
771   R    <und dann GEHT das schon. (.) <lachend>>
772   H    <ja: MACH das mal. (.) <lachend>>
773        au HEIke hab ich auch; (.)
774        oh: ich weiß gar nich wie lange ICH kein
           [kontAkt mehr zu ihr hab.]
775   R    [au::   ich (.)         ] hab IRgendwie-
776        auch die toTAL ausn AUgen verloren;
777        ich WEIß halt gar nicht jetzt so rIchtig;
778        äh: (.) hm: obs noch n kontakt GIBT. (.)
779        <aber man kAnn das ja mal wieder AUFfrischen. <sehr
           schnell>>
780   H    ja sie hat mir IRgendwann zwischendurch mal (.)
           Irgendwie geschrIEben. (.)
781   R    aHA, (.)
782   H    aber das is AUCH [schon] Ewigkeiten her, (.)
783   R                     [ja,  ]
784   R    ich hab auch [WIRKlich an- ]
785   H                 [also beSTIMMT] n jahr. (.)
786   R    an [ihrem geBURTS]tag das letzte mal mit ihr
           gesprOchen.
787   H       [MINdestens.  ]
788   R    is SCHON;
789   H    ja,
790   R    im okTOber gewesen;
791        NAja.
792   H    <ha:; <enttäuscht>>
793   R    <hAnna ich muss jetzt mal SCHLUSS machen? <lauter,
           höher>> (.)
794   H    JO.
795   R    ähm-
796   H    hau [REIN,       heheheh              ]
797   R        [quatschen wir einfach die TAge] nochmal würd ich
           sAgen ne?
798   H    das MAchen_ma. (.)
799   R    und dU hältst mich aufm lAUfenden (.) was passIERT.
800   H    lady R es wAr mir eine EHre wie Immer.
801   R    <<lachend> sehr GERne.> ((Hanna lacht parallel))
802        [oKAY.]
803   H    [AH;  ]
804        ((Hanna und Renate lachen))
805   R    JEder[zeit wIEder.]
806   H         [okAy bis    ] BA:[LD.         ]
807   R                           [bis DANN.]
808   H    tschü[:ss.    ]
809   R         [tschü:ss.]
```

Sachregister

Beendigungssignal 169, 184–190, 196–198, 258–261, 273, 288
Change-of-state token
    siehe *Erkenntnisprozessmarker*
chunk 157, 202, 210, 220–225, 229, 232–235, 277, 280, 288–290, 296, 305
computervermittelte Kommunikation 2–5, 8, 11, 94–99, 104, 121, 269–285, 290, 301, 305
contextualization cue
    siehe *Kontextualisierungshinweis*
Deutsch als Fremdsprache 3–5, 18, 99–101, 107–139, 145–151, 292–304
Dialog 28–30, 35–46, 60–61, 64–71, 158, 160, 190, 196, 259, 281–282, 284
dialogic syntax 41–43
Dialogism 44–46
Diskurs 21–34
Diskursmarker 16, 81–82, 116, 134, 158–159, 176–184, 196, 198–199, 212, 221, 224–226, 245, 248, 273, 276, 280, 288, 295, 298
Erkenntnisprozessmarker 134, 158–159, 193–196, 226, 262
Expansion 68, 80, 202–213, 223, 232, 235, 244, 280
Fragment 202, 220–237, 290, 305
Gemeinsamer Europäischer Referenzrahmen für Sprachen 19, 107–114, 117–118, 133–134, 303
Gesprächsanalyse 26, 51–58, 71–76, 93, 114, 123–124, 133, 151
Gesprächseinstieg 49, 70, 237, 248–257
Gesprächsausstieg 257–268
Gesprächsbeendigung 65, 83, 173–174, 190, 251, 258–268
Hörersignal 66, 174–176, 189, 194, 196–198, 223, 225, 230, 235, 244, 286–287
Interaktion 46–58
Interaktionale Linguistik 77–83, 99, 281
Inkrement
    siehe *Expansion*
joint construction 67–68
Kommunikation 22–28

kommunikative Gattungen 46, 61, 64, 69, 71, 82, 84–88, 91, 97, 109, 123, 125, 158, 237, 248–268, 281–285, 291–292, 298–304
Kontext 41–64, 69–71, 73, 82, 86–88, 143, 145, 156–158, 169, 172–173, 189–190, 198–200, 260–262, 277, 291, 293, 306
Kontextualisierungshinweis 90, 158, 183, 185, 218, 251, 254, 276
Konversationsanalyse
    siehe *Gesprächsanalyse*
Korpora 145–151
Modalpartikel 115, 145, 158–161, 198, 214–215, 218, 242–243, 246–247, 263, 288
Norm 4, 7–14, 18–19, 94–98, 100–107, 119–121, 126–132, 136–139, 147, 201, 210, 220, 223, 270, 285–292, 296, 302, 306–307
Partikeln 68, 82, 95, 124–125, 134–136, 140, 145, 157–200, 231, 242–244, 259, 265, 271–277, 286–288
Planungssignal 176–184, 196–197, 273, 295, 212
Projektionen 16, 50, 57, 61–62, 69, 80–81, 213–220, 225, 227, 229–230, 232, 247, 261, 273, 280, 288, 296
Projektorkonstruktion 81, 157, 202, 213–229, 289, 305
Referenzrahmen
    siehe *Gemeinsamer Europäischer Referenzrahmen für Sprachen*
Referenzgrammatik 2–5, 59, 159, 285–292
Reflexivität 61–64, 69, 87, 254
Responsiv 161–176, 178–179, 181, 185–186, 189, 195, 196–198, 224, 239–240, 257, 259, 261, 273, 276, 294–295
Satz 13, 17, 80, 136, 200–237, 277–281, 288–291, 296–298
Sequenzialität 26–58, 61–66, 196–198, 277–278
Sequenzmuster 76, 237–248, 281–285, 291–292, 298–304
Segmentieren 234, 288, 295

Situation 19–20, 23, 32–33, 43–50, 55–56, 60, 67–68, 73, 82, 85, 91–93, 98, 105–106, 109–111, 118, 121, 123, 129–130, 133, 148, 156, 183, 195, 198, 227, 238, 241, 248, 266, 268, 273, 281, 288, 291, 293, 301–302
Sprachkritik 9–10, 100–101, 147
Vergewisserungssignal 83, 117, 134, 158, 163, 191–193, 196–198, 225, 244, 246, 273–275, 284, 288

Vorschlag 161, 163, 165–166, 188–189, 196, 237– 248, 258–259, 268, 284–285, 303
Zäsurieren 157, 201–203, 207, 209, 220–237, 288–289
Zögerungssignal 75, 175–176, 181–182, 185, 198, 245, 258, 273

Personenregister

Ágel, Vilmos 2, 61, 96, 306
Auer, Peter 27, 55, 61–62, 66, 68, 73, 80–81, 117, 144–145, 157, 161, 169, 170, 175, 183, 187, 193–199, 202–212, 214, 216–217, 220, 222–223, 225, 227, 229, 233–236, 240, 244–245, 288, 297–298, 305
Ahrenholz, Bernt 135–136, 141
Altmann, Hans 212, 270
Androutsopoulos, Jannis 8, 12, 97–98
Bachtin, Michail M. 27, 30, 41–43, 45, 60–61
Baecker, Dirk 24–27
Bär, Jochen A. 4, 6–9
Barth-Weingarten, Dagmar 59, 77, 80, 171
Becker-Mrotzek, Michael 88, 90, 103, 125, 141–143
Beißwenger, Michael 96, 277–281
Bergmann, Jörg 1, 38, 52–53, 74, 84, 86, 89, 151
Betz, Ruth 8, 152
Birkner, Karin 83, 85–86, 90, 106, 260
Blommaert, Jan 29
Bourdieu, Pierre 9, 101–102
Brazil, David 232–233
Breindl, Eva 122, 243
Brünner, Gisela 59, 88, 103, 125, 142–143, 145
Chafe, Wallace 223, 232
Couper-Kuhlen, Elizabeth 27, 78–80, 140, 156, 200, 233, 254, 256, 305
Costa, Marcella 147–149
Crystal, David 96–97
Davies, Winifred 129, 131, 138
Deppermann, Arnulf 79, 86, 103
Diewald, Gabriele 158, 160, 288
du Bois, John W. 40–43
Dürscheid, Christa 2, 17, 20, 94–95, 97, 121, 156, 281, 307
Durrell, Martin 105, 120–121, 131, 134, 137–138
Ehlich, Konrad 22, 24, 30–31, 33–34, 78, 152, 295
Eisenberg, Peter 2, 140, 195, 205, 289

Elspaß, Stephan 4, 6, 11, 100–102
Esser, Hartmut 55
Fandrych, Christian 110–111, 113–114, 148
Feilke, Helmuth 88, 111, 119
Fiehler, Reinhard 2–3, 13, 79, 91–94, 103–104, 134–135, 211
Fox, Barbara A. 59, 77, 80
Garfinkel, Harold 16, 72–73, 187
Goffman, Erving 21–22, 144, 157, 164, 173, 238, 241, 254–255, 264–268, 285
Golato, Andrea 76, 172
Gülich, Elisabeth 74, 76, 164, 185, 190, 194, 264–266
Günthner, Susanne 13–14, 19, 61, 76, 79, 82–84, 86–87, 90, 103, 109, 125, 158–159, 179–180, 202, 212, 214, 214–219, 227, 281–282, 284, 286, 291, 297–298, 305
Gumperz, John J. 90, 254, 261
Gut, Ulrike 142
Hausendorf, Heiko 52
Helbig, Gerhard 119, 128, 132
Hennig, Mathilde 2, 13, 57, 96, 125–126, 131, 169, 192, 244
Hentschel, Elke 132, 166
Heritage, John 39, 51, 193
Herring, Susan C. 56, 96
Hoffmann, Ludger 135, 160, 162, 178–179, 184, 197
Hopper, Paul J. 82, 202, 214, 220, 305
Hundsnurscher, Franz 30, 35–37, 44
Huneke, Hans-Werner 18–20, 98–99, 107, 122, 142, 144, 147
Hutchby, Ian 52
Imo, Wolfgang 13, 61, 70, 86, 88, 134, 158–159, 161, 180, 184, 193–194, 211, 226, 229, 235, 246, 260, 262, 281, 298, 305
Jefferson, Gail 38, 51, 74–75, 152, 175, 177, 185, 244–245, 254, 286
Kelle, Bernhard 121, 131
Kiesendahl, Jana 300–301
Kieserling, André 47–50
Kilian, Jörg 14, 122, 297
Koch, Peter 9, 32–33, 57, 95, 97, 290

Köster, Ingrid 142
Kotthoff, Helga 91, 144–145, 264–266, 303
Krumm, Hans-Jürgen 18
Lerner, Gene 68, 80, 82, 206, 223
Levinson, Stephen C. 30, 66
Linell, Per 21, 30, 41, 44–46, 60–71, 102–103, 151, 198, 237, 268
Luckmann, Thomas 84–88
Lüger, Heinz-Helmut 19, 123–124, 133–134, 143–144
Luhmann, Niklas 26, 47, 50
Macha, Jürgen 11, 130–131, 147
Maitz, Péter 100–102
Mauranen, Anna 157, 202, 220, 223–225, 229, 233, 305
Mazeland, Harrie 180
Meer, Dorothee 13, 86, 106, 150, 161, 179–180
Mondada, Lorenza 74, 164, 185, 190, 254, 264–266
Moraldo, Sandro 11–12, 97
Müller-Jacquier, Bernd-Dietrich 84
Muhr, Rudolf 138
Neuland, Eva 19, 115, 120
Oesterreicher, Wulf 9, 32–33, 57, 95, 97, 290
Ono, Tsuyoshi 77
Pomerantz, Anita 62, 68, 76, 161, 170, 183, 245
Psathas, George 52, 55–56
Redder, Angelika 30–33, 78
Reershemius, Gertrud 118
Rehbein, Jochen 30–32, 152
Richter, Regina 128
Roggausch, Werner 100–102
Sacks, Harvey 1, 38, 51, 53–54, 73–76, 83, 126, 173, 190, 240, 254, 256–257, 259, 262–264, 266–267, 282

Sandig, Barbara 83, 227, 231
Schegloff, Emanuel A. 38–39, 50–51, 54–57, 65, 74–77, 83, 126, 173, 190, 208, 252–253, 255–256, 259, 262, 264, 266–268, 282
Schlobinski, Peter 96, 98
Schneider, Jan Georg 13, 49, 78, 100
Schneider, Wolfgang Ludwig 26–28
Schütz, Alfred 91
Schütze, Fritz 55
Schwitalla, Johannes 8, 43, 82, 152, 158
Selting, Margret 27, 31, 78–79, 83, 129, 152–153, 156–157, 177, 186–187, 189, 202, 211, 213, 219, 226, 259, 291
Sinclair, John McH. 157, 202, 220, 223–225, 229, 233, 305
Spranz-Fogasy, Thomas 79, 168, 256
Spiekermann, Helmut 10, 104–105, 130–131, 138
Stein, Stephan 88, 111, 145
Steinig, Wolfgang 18–20, 98–99, 107, 122, 142, 144, 147, 293
Storrer, Angelika 48, 59, 272
Stukenbrock, Anja 53, 152, 241
ten Have, Paul 89
Thompson, Sandra A. 55–57, 77, 80, 140, 200, 222, 225, 236
Thurmair, Maria 16, 122, 126–129, 159–160, 243, 296, 303
Uhmann, Susanne 19, 62, 68, 76, 126, 161, 170, 183, 245
von Polenz, Peter 7–10, 13, 18, 106
Weigand, Edda 28, 30, 35–40
Weinrich, Harald 3, 13, 161–162, 173, 186, 190–191, 194, 241, 243–244, 247, 259, 263, 266, 273, 287
Wooffitt, Robin 29, 52
Wyss, Eva Lia 284

www.ingramcontent.com/pod-product-compliance
Lightning Source LLC
Chambersburg PA
CBHW070604170426
43200CB00012B/2585